Zielartikulationen großer europäischer Aktiengesellschaften
in Geschäftsberichten

Europäische Hochschulschriften
Publications Universitaires Européennes
European University Studies

Reihe V
Volks- und Betriebswirtschaft

Série V Series V
Sciences économiques, gestion d'entreprise
Economics and Management

Bd./Vol. 2840

PETER LANG
Frankfurt am Main · Berlin · Bern · Bruxelles · New York · Oxford · Wien

Lutz Kalka

Zielartikulationen großer europäischer Aktiengesellschaften in Geschäftsberichten

PETER LANG
Europäischer Verlag der Wissenschaften

Die Deutsche Bibliothek - CIP-Einheitsaufnahme

Kalka, Lutz :

Zielartikulationen großer europäischer Aktiengesellschaften in Geschäftsberichten / Lutz Kalka. - Frankfurt am Main ; Berlin ; Bern ; Bruxelles ; New York ; Oxford ; Wien : Lang, 2002
(Europäische Hochschulschriften : Reihe 5, Volks- und Betriebswirtschaft ; Bd. 2840)
Zugl.: Halle-Wittenberg, Univ., Diss., 2000
ISBN 3-631-38934-5

3
ISSN 0531-7339
ISBN 3-631-38934-5

www.peterlang.de

Inhaltsverzeichnis

Tabellenverzeichnis

Abbildungsverzeichnis

Abkürzungsverzeichnis

AB	Aktiebolag
Abb.	Abbildung
AER	American Economic Review
AG	Aktiengesellschaft
AMR	Academy of Management Review
ASQ	Administrative Science Quarterly
ASR	American Sociological Review
BFuP	Betriebswirtschaftliche Forschung und Praxis
BB	Betriebs-Berater
bzgl.	bezüglich
ca.	circa
CMR	California Management Review
DBW	Die Betriebswirtschaft
d. h.	das heißt
diesbzgl.	diesbezüglich
durchschnittl.	Durchschnittlich
EK	Eigenkapital
et al.	et alii
etc.	et cetera
evtl.	eventuell
f	folgende
ff	fortfolgende
FK	Fremdkapital
ggf.	gegebenenfalls
GuV	Gewinn- und Verlustrechnung
HBR	Harvard Business Review
HM	Harvard Manager
i. d. R.	in der Regel
inkl.	inklusive
i. S.	im Sinne
Jg.	Jahrgang
JoBE	Journal of Business Ethics
KGaA	Kommanditgesellschaft auf Aktien
krp	Kostenrechnungs-Praxis
LRP	Long Range Planning
MIR	Management International Review
No.	Number
Nr.	Nummer
o. V.	ohne Verfasserangabe
plc	public limited company
Rg.	Rang
RoI	Return on Investment
s.	siehe
S.	Seite
SA	Société Anonyme
SMJ	Strategic Management Journal
SMR	Sloan Management Review

s. o.	siehe oben
Sp.	Spalte
Tab.	Tabelle
u. a.	unter anderem
u. U.	unter Umständen
v. a.	vor allem
vgl.	vergleiche
Vol.	Volume
vs.	versus
WiSt	Wirtschaftswssenschaftliches Studium
WISU	Wirtschaftsstudium
z. B.	zum Beispiel
z. T.	zum Teil
ZfB	Zeitschrift für Betriebswirtschaft
ZfbF	Zeitschrift für betriebswirtschaftliche Forschung
ZFO	Zeitschrift Führung + Organisation
ZfP	Zeitschrift für Planung

1 Einleitung

1.1 Bedeutung von Unternehmenszielen in Praxis und Theorie

Unternehmensziele zeichnen sich dadurch aus, daß ihnen sowohl in der gesellschaftlichen Diskussion als auch in der Wirtschaftspraxis und sogar für die Wirtschaftstheorie eine herausragende Relevanz zugeschrieben wird. Trotzdem (oder vielleicht gerade deswegen) scheint über die inhaltliche Ausgestaltung des Zielsystems der Unternehmung wenig Einigkeit zu bestehen.

So bedarf es keiner akribischen Suche in politischen und ökonomischen Publikationen, um festzustellen, daß das Thema „Unternehmensziele" - wenn auch nicht notwendigerweise unter diesem Titel - Gegenstand einer heftigen öffentlichen Diskussion in Deutschland ist.

Während es um den vielzitierten Gegensatz von Ökologie und Ökonomie[1] ruhiger geworden zu sein scheint, rückt die Thematisierung der Interessen von Aktionären einerseits und weiteren von der Unternehmenstätigkeit betroffenen Gruppen andererseits in den Vordergrund („Horror und Erfolg - Gewinne rauf, Arbeitsplätze weg ..."[2]). Die Diskussion um den Shareholder Value, das „Management-Thema des Jahres"[3] (1996), symbolisiert einen tatsächlichen oder vermeintlichen Wandel in deutschen Unternehmen. „Die Gemütlichkeit des rheinischen Kapitalismus geht zu Ende"[4], heißt es, und Medien, die Vorgänge in der deutschen Wirtschaft seit langem kritisch verfolgen, gedenken geradezu wehmütig führender Manager vergangener Zeiten und deren Zielsetzungen.[5] Unternehmenslenker heutiger Tage sind hingegen dem Vorwurf ausgesetzt, sie „huldigen nach US-Vorbild dem Kult um die Aktie"[6] und geraten auf die Anklagebank: „Manager auf Beutezug. Die Unersättlichen. Deutschlands Unternehmens-Kultur wird zerschlagen - statt nationaler Verantwortung und Sicherung von Arbeit soll nur noch die Aktien-Rendite zählen."[7]

Daß Unternehmensziele offensichtlich eine Wirkungsbreite und -stärke aufweisen, die über das eigentliche Wirtschaftsgeschehen weit hinausgeht, weil grundlegende Werte berührt sind, zeigt sich nicht nur darin, daß die gesellschaftliche Funktion der Marktwirtschaft (und damit der in ihr agierenden Unternehmen) zum Gegenstand der Diskussion wird, sondern auch an dem breiten Kreis der an der Diskussion beteiligten Personen und Institutionen, zu denen auch die Kirchen gehören.[8]

Kennzeichen der gesellschaftlichen Diskussion von Unternehmenszielen ist somit die Thematisierung von Zielkonflikten und eines Zielwandels vor dem Hintergrund gesellschaftlicher Maßstäbe auch nichtökonomischer Natur. Doch selbst über das Ausmaß der Veränderung

---

[1] Vgl. z. B. Meffert, Kirchgeorg (1993), S. 3.

[2] o. V. (1997b), S. 92.

[3] Eicker (1996) S. K1.

[4] o. V. (1997a), S. 91.

[5] Vgl. o. V. (1997b), S. 92, wo der langjährige Chef der deutschen Bank Hermann Josef Abs genauso zitiert wird („Gewinn ist gut, aber nicht alles.") wie die Forderung von Hans Merkle (Bosch), daß der ideale Unternehmer der Volkswirtschaft dienen müsse.

[6] Ebenda.

[7] Breme (1996), S. 1.

[8] Exemplarisch sind Schlagzeilen wie „Die menschliche Ordnung. - Otto Graf Lambsdorff über die Mißverständnisse der Kirchen mit der sozialen Marktwirtschaft" auf der einen Seite und Aussagen wie die des Jesuiten Lay auf der anderen Seite: „Ich fürchte, daß viele Unternehmen künftig mehr denn je mißbraucht werden, daß sie aufhören, soziale Systeme zum Erbringen ökonomischer Leistungen zu sein." Siehe Lambsdorff (1997), S. 30; Lay (1996), S. 15.

im Zielsystem von Unternehmen herrscht keine Einigkeit. Vielmehr wird gleichzeitig hinterfragt, ob die in der öffentlichen Diskussion zum Ausdruck gebrachte Aufregung überhaupt gerechtfertigt ist:

> „Alle reden von Shareholder Value - und meinen damit nichts weiter als das gute alte Ziel der Gewinnmaximierung ... Da nun plötzlich alle Manager nach Shareholder Value streben, drängt sich allerdings die Frage auf, was sie vorher getan haben." [9]

Sind Unternehmensziele von hoher Relevanz für die Gesellschaft, gilt dies erst recht für die Unternehmen selbst. Die Zielsetzung gilt als „konstitutives, originäres Element der Unternehmungsführung"[10], der amerikanische Vorstandsvorsitzende gar als „custodian of corporate objectives"[11], also als „Hüter der Unternehmensziele". Unternehmensziele stellen „potentielle kritische Erfolgsfaktoren"[12] dar, und Studien versuchen einen Zusammenhang zwischen Eigenschaften des Zielsystems eines Unternehmens und dem Unternehmenserfolg herzustellen.[13]

Neben vielen anderen Funktionen[14] wird ihnen die der Differenzierung gegenüber Wettbewerbern und somit auch ein identitätsstiftendes Element zugesprochen.[15] Im Umkehrschluß werden Ziele als wichtiger Bestandteil der Konkurrenzanalyse betrachtet.[16] Letzteres gewinnt besondere Bedeutung vor dem Hintergrund des zunehmend globalen Wettbewerbs. So sehen etwa Hampden-Turner und Trompenaars eine „world competition between rival cultures of capitalism"[17], sprechen dieser Konkurrenz eine zunehmende Kriegsähnlichkeit zu und folgern: "Our future economic success depends on how well we understand the deepest motivations of our trading partners."[18]

Weit verbreitet ist in diesem Zusammenhang eine Gegenüberstellung der drei Wirtschaftsregionen USA, Europa und Japan - also der sogenannten „Triade"[19] - in anschaulichen, aber vereinfachenden Darstellungen. Dabei wird amerikanischen Unternehmen in der Regel eine Präferenz kurzfristiger finanzwirtschaftlicher Ziele zugesprochen, japanischen Unternehmen eine langfristige Orientierung am Marktanteil, während europäischen Unternehmen (i. d. R. ohne weitere nationale Differenzierung) eine diffuse mittlere Position zugeordnet wird.[20]

Neben der gesellschaftlichen und der (wirtschafts-)praktischen Bedeutung von Unternehmenszielen ist ihre Relevanz für die Wirtschaftstheorie bemerkenswert:

> „Die grundlegende Bedeutung der unternehmerischen Prinzipien oder Ziele ist beim Aufbau der Theorie der Unternehmung zu berücksichtigen. ... Am Anfang jeder Bemühung um eine solche Theorie steht

---

[9] Simon (1996), S. 164.

[10] Heßhaus (1977), S. 48.

[11] Andrews (1987), S. 7.

[12] Hoffmann (1986), S. 834.

[13] Vgl. Shetty (1979), S. 74; Raffée, Fritz (1991), S. 1218-1221. Allerdings kommen beide Untersuchungen zu eher gegenteiligen Ergebnissen.

[14] Vgl. im einzelnen den Abschnitt 2.3.4 dieser Arbeit

[15] Vgl. Andrews (1987), S. 15.

[16] Vgl. Porter (1983), S. 81-91.

[17] Hampden-Turner, Trompenaars (1993), S. 2.

[18] Ebenda, S. 4.

[19] Vgl. Ohmae (1985), S. 9.

[20] Vgl. Bleicher (1991), S. 462-472; Servatius (1991), S. 10; Gladwin (1984), zitiert bei Ronen (1986), S. 438f.

deshalb die Frage, welche Ziele die im Modell konzipierte Unternehmung verfolgt. Je nach der Wahl der Ziele wird der Aufbau der Unternehmenstheorie verschieden sein."[21]

Im Hinblick auf den Zielbezug von Entscheidungen, die im Rahmen betriebswirtschaftlicher Modelle thematisiert werden, wird die Betriebswirtschaftslehre gar als „teleologische Wissenschaft"[22] bezeichnet, und ein besonderes Ziel und dessen angestrebtes Niveau, nämlich die „Gewinnmaximierung", erfüllte „über Jahrzehnte"[23] die Funktion, den Gegenstand der Betriebswirtschaftslehre abzugrenzen.[24]

Bei den meisten Autoren gilt die Zielverfolgung als definitorischer Bestandteil einer Organisation,[25] und Typologien von Organisationen beruhen häufig auf dem Unterschiedsmerkmal der Verfolgung andersartiger Ziele.[26] Ist allerdings für die einen eine Organisation ohne Zielverfolgung nicht denkbar, stellen andere die Existenz von Unternehmenszielen in Frage: "People (i.e., individuals) have goals, collectivites of people do not."[27]

Die Besonderheit der Unternehmensziele im wissenschaftlichen Kontext besteht somit darin, daß sie nicht nur Objekt der Forschung sind. Vielmehr prägen Prämissen über das Unternehmen und seine Ziele den Forschungsprozeß selbst.

1.2 Problemstellung der vorliegenden Arbeit und Vorgehensweise

Untersuchungsgegenstand des empirischen Teils der Arbeit (Kapitel 5) sind Zielartikulationen in Geschäftsberichten deutscher und ausländischer Großunternehmen.

Im ersten Schritt dieser empirischen Untersuchung werden die Zielartikulationen in deutschen Geschäftsberichten, die sich auf das Jahr 1990 beziehen, mit entsprechenden Aussagen in schweizerischen, französischen, schwedischen und britischen Geschäftsberichten verglichen. Zweck dieses Vergleichs ist die Identifikation nationaler Unterschiede, Gemeinsamkeiten und insbesondere von Spezifika bei der Kommunikation von Zielen in deutschen Geschäftsberichten, die zu einem Zeitpunkt verfaßt wurden, als der Shareholder Value noch kein Gegenstand einer breiten öffentlichen Diskussion war.

Basierend auf den Erkenntnissen des ersten Schritts werden im zweiten Schritt die Geschäftsberichte des Berichtszeitraums 1995 derselben deutschen Unternehmen untersucht. Von Interesse ist nun, ob und inwiefern eine Veränderung in der Kommunikation von Unternehmenszielen stattgefunden hat, wie sie der in der deutschen Öffentlichkeit diskutierte Zielwandel erwarten läßt. Die Auswertung der Geschäftsberichte erfolgt über eine Inhaltsanalyse, deren Daten anschließend statistisch ausgewertet werden.

Prämisse der Untersuchung ist, daß die Zielartikulationen in Geschäftsberichten zwar das tatsächliche Zielsystem des Unternehmens nicht exakt widerspiegeln, aber zumindest als Indikator desselben dienen können. Die öffentliche Artikulation von Zielen dürfte nämlich

---

[21] Heinen (1976), S. 17.

[22] Bartels (1987), S. 239. Die Teleologie ist die „Lehre vom Zweck und von der Zweckmäßigkeit", vgl. Duden (1996), S. 734.

[23] Schweitzer (1997), S. 48.

[24] Vgl. die Darstellung bei Schweitzer (1997), S. 48f und Abschnitt 2.3.4 dieser Arbeit.

[25] Vgl. Kieser, Kubicek (1992), S. 4.

[26] Vgl. Mayntz (1963), S. 59f, wo Organisationen mit geselligen Zielen, Einwirkungszielen und Leistungszielen unterschieden werden. Schulz (1979), S. 745, kennzeichnet gemeinwirtschaftliche Unternehmen durch das „außerökonomische Oberziel".

[27] Cyert, March (1963), S. 26.

nicht nur eine gewisse Selbstverpflichtung darstellen, sondern auch Aufschluß darüber geben, welchen gesellschaftlichen Ansprüchen sich die Unternehmen ausgesetzt sehen.

Ziel der eigenen Untersuchung im einzelnen ist es, neue Erkenntnisse hinsichtlich der folgenden Fragen zu gewinnen:

- Setzen sich Unternehmen noch eigene Ziele? Oder ist die Unternehmensführung gekennzeichnet durch das ziellose Reagieren auf eine zunehmend dynamische und unvorhersehbare Umwelt?
- Welche Ziele verfolgen Unternehmen? Welchen Stellenwert haben insbesondere die traditionellen finanziellen Ziele im Vergleich zu Zielen aus dem strategischen oder normativen Bereich?
- Inwiefern sind an die Stelle der Unternehmensziele die Ziele der Stakeholder getreten? Wessen Ziele haben ggf. die höchste Bedeutung?
- Existieren Zielartikulationsmuster derart, daß verschiedene Gruppen von Unternehmen unterschieden werden können, die unterschiedliche Zielinhalte artikulieren?
- Unterscheiden sich die Ziele deutscher Großunternehmen zu Beginn der neunziger Jahre von denen ihrer europäischen Nachbarn? Sind länderspezifische Muster feststellbar oder verfügen zu diesem Zeitpunkt international agierende Großunternehmen bereits über ähnliche Zielsysteme aufgrund vergleichbarer ökonomischer Zwänge, denen sie unterliegen? Falls nationale Unterschiede bestehen, entsprechen sie anderen Forschungsergebnissen mit Bezug zur Zielproblematik und den z. T. existierenden Klischees?
- Hat sich das Zielsystem von deutschen Großunternehmen im Laufe der neunziger Jahre gewandelt? Haben sich im internationalen Vergleich ggf. identifizierte Spezifika in der Zielartikulation deutscher Unternehmen erhalten oder wurden diese abgebaut?

Grundlage einer solchen Analyse muß eine auf den Veröffentlichungen der wissenschaftlichen Literatur basierende theoretische Behandlung der verschiedenen Ziele von Unternehmen sein (Kapitel 2). Besonderes Augenmerk wird hierbei auf unterschiedliche grundlegende Unternehmensverständnisse gerichtet, da diese sich auch in einer unterschiedlichen Behandlung und Bewertung einzelner Zieldimensionen widerspiegeln. Im weiteren läßt sich hieraus ein für die Inhaltsanalyse brauchbares Ordnungsschema von Zielen entwickeln.

Eine bessere Einordnung der Ergebnisse in Kapitel 5 soll dem Leser durch einen Rückblick auf bisherige Erkenntnisse der empirischen Zielforschung ermöglicht werden (Kapitel 3). Außerdem muß dem Umstand Rechnung getragen werden, daß die Zielproblematik in dieser Arbeit in einem internationalen Kontext analysiert wird (Kapitel 4).

Auch wenn die „Beiträge zum Themenkomplex Unternehmerziele aufgrund der Vielzahl der Veröffentlichungen enzyklopädisch kaum faßbar“[28] sind, erscheint die Erwartung eines zusätzlichen Erkenntnisgewinns durch die hier vorliegende Untersuchung aus mehreren Gründen berechtigt:

- Der schon erwähnte Wandel in den Unternehmenszielen macht neue Untersuchungen notwendig.
- Die Durchführung eines internationalen Vergleichs und eines Zeitvergleichs bei Untersuchungen der empirischen Zielforschung stellen Ausnahmen dar.
- Die untersuchten Texte (Geschäftsberichte) werden zumindest im Rahmen der Zielforschung wenig genutzt.

---

[28] Deges (1993), S. 189.

- Damit zusammenhängend stellt die Methode der Inhaltsanalyse ein bei der Erforschung von Unternehmenszielen eher seltenes Vorgehen dar, da nach wie vor die Befragung vorherrschend ist.

2 Ziele in der wirtschaftswissenschaftlichen Theorie und in der Organisationstheorie

Zunächst (Abschnitt 2.1) sollen der Zielbegriff, Zieleigenschaften und Beziehungen von Zielen zueinander dargestellt werden. Danach (Abschnitt 2.2) erfolgt eine kurze Darstellung der Forschung zur „organizational effectiveness", die ebenfalls die Zielproblematik thematisiert und Ansatzpunkte für eine sinnvolle Strukturierung des Themas liefert. Anschließend (Abschnitt 2.3) wird detaillierter ausgeführt, welche Ziele auf welche Weise in der wirtschaftswissenschaftlichen Literatur diskutiert werden.

2.1 Erfassung und Ordnung von Zielen

2.1.1 Der Begriff des Unternehmensziels

Der Begriff *„Ziel"*[29] hat seinen Ursprung im Germanischen und im Laufe der letzten Jahrhunderte verschiedene Bedeutungen innegehabt:[30] Allgemein besteht ein Bezug zu einer Handlung und dem für sie angesetzten zeitlichen Endpunkt. Damit sind schon zwei der vier definitorischen Merkmale eines Ziels umschrieben:[31]

1. *Aktivitätsorientierung,*
2. *Zukunftsbezug,*
3. *Beschreibung eines bestimmten Zustands (bzw. Ergebnisses oder Ereignisses),*
4. *positive Valenz.*

Diese vier Elemente sind implizit auch in eher allgemeineren Definitionen (z. B. „erwünschte, zu erreichende Situation"[32]) enthalten.

Während die meisten Autoren[33] die Begriffe „Ziel" und „Zweck" im Zusammenhang mit Unternehmen synonym verwenden, setzen andere[34] den *Zweck* eines Unternehmens mit seiner gesellschaftlichen Funktion gleich. Während der Begriff des Unternehmensziels dann die Perspektive des Unternehmens widerspiegelt, erfolgt beim Unternehmenszweck eine Betrachtung aus dem gesellschaftlichen Umfeld des Unternehmens auf das Unternehmen.

In der englischsprachigen Literatur werden v. a. die Begriffe „goal" und „objective" verwendet, wobei „goal" eine allgemeine Umschreibung eines erwünschten Zustands bezeichnet. Ein „objective" stellt hingegen eine präzisere Umschreibung des Gewünschten dar und ermöglicht somit eine nachträgliche Kontrolle der Zielerreichung, wie aus folgender Abgrenzung beider Begriffe deutlich wird:

> "... the organization's goals represent the desired general ends toward which efforts are directed. Objectives are specific, and often quantified, versions of goals. For example, management may establish a goal 'to expand the size of the firm through internal growth.' From this goal, a number of specific objectives may be derived, such as 'to increase sales by 10 percent each year for the next eight years.' ... As you can see, objectives are verifiable."[35]

---

[29] Die Verwendung von Kursivdruck dient im folgenden der Hervorhebung besonders wichtiger Begriffe und Unternehmensziele sowie einer besseren Übersicht einzelner Textpassagen.

[30] Vgl. ebenda, S. 4; Schmidt-Sudhoff (1966), S. 15f.

[31] Vgl. Hamel (1992), Sp. 2635.

[32] R.-B. Schmidt (1977), S. 113.

[33] Vgl. R.-B. Schmidt (1988), S. 355f, und die dort angegebene Literatur; Kupsch (1979), S. 1.

[34] Vgl. z. B. Hopfenbeck (1997), S. 356.

[35] Wright, Pringle, Kroll (1992), S. 49; ähnlich Richards (1986), S. 1.

Allerdings werden beide Begriffe auch synonym verwendet,[36] und sogar eine Verwendung, die beide Begriffe umgekehrt zur obigen Abgrenzung definiert, ist zu finden.[37]

Der Betrachtungsgegenstand des empirischen Teils dieser Arbeit sind Ziele von *Aktiengesellschaften.* Da diese eine rechtliche Form von Unternehmen darstellen und die wirtschaftswissenschaftliche Literatur zu Zielen die *Unternehmens*ziele in den Mittelpunkt stellt, soll im konzeptionellen Teil der Arbeit der Begriff des Unternehmens dem der Aktiengesellschaft vorgezogen werden. Unter einem *Unternehmen*[38] soll ein Betrieb der Fremdbedarfsdekkung verstanden werden. Ein *Betrieb* wiederum ist eine bedarfsdeckende (technische, soziale, wirtschaftliche und umweltbezogene) Einheit, die selbständige Entscheidungen fällt und eigene Risiken trägt.[39] Die in Kapitel 5 betrachtete Gruppe der *Großunternehmen* ist dadurch charakterisiert, daß ihr Umsatz größer ist als der anderer Unternehmen im gleichen Land während derselben Betrachtungsperiode.

Organisationen können definiert werden als „soziale Gebilde, die dauerhaft ein Ziel verfolgen und eine formale Struktur aufweisen, mit deren Hilfe Aktivitäten der Mitglieder auf das verfolgte Ziel ausgerichtet werden sollen.“[40] Insofern zählen Unternehmen zur Gruppe der Organisationen, womit auch die Organisationsliteratur für die Erforschung von Unternehmenszielen von Relevanz ist.

2.1.2 Zieldimensionen und daraus abgeleitete Zielsystematiken

„Zieldimensionen“[41], „Zielelemente“[42] oder „Zielkomponenten“[43] dienen der näheren Beschreibung eines Ziels. Folgende Dimensionen können unterschieden werden:[44]

- Der *Zielgegenstand bzw. Zielinhalt* beschreibt, was erreicht werden soll.
- Der *Zielmaßstab* beinhaltet eine Meßvorschrift bzgl. des angestrebten Zustands, was besonders bei nichtquantitativen Zielen zu problematisieren ist.
- Die *Zielausprägung* bestimmt das angestrebte Niveau des Ziels.
- Der *Zeitbezug* legt den für die Zielerreichung zur Verfügung stehenden Zeitraum fest.
- Der *Zielbezug* ordnet dem Ziel die für die Zielerreichung verantwortliche Organisationseinheit zu.
- Die *Zielpriorität* legt bei Existenz mehrerer Ziele die relative Bedeutung dieser Ziele zueinander fest.

Insbesondere die Dimension des *Zielinhalts* dient als Ausgangspunkt zur Unterscheidung von Zielen. Die so von zahlreichen Autoren generierten Übersichtsdarstellungen der Ziele des Unternehmens sind jedoch durchaus unterschiedlich.

---

36 Vgl. Bedeian, Zammuto (1991), S. 26, wo dies explizit geschieht.

37 Vgl. Wilson (1992), S. 23.

38 „Unternehmen“ und „Unternehmung“ werden in dieser Arbeit als Synonyme verstanden, wie dies etwa bei Schweitzer (1997), S. 30, geschieht.

39 Vgl. ebenda; R.-B. Schmidt (1977), S. 40-42.

40 Kieser, Kubicek (1992), S. 4. Freilich ist die Prämisse der dauerhaften Zielverfolgung nicht unproblematisch, was noch näher zu erörtern sein wird.

41 Heinen (1976), S. 59.

42 Kupsch (1979), S. 15.

43 Kaluza (1979), S. 139.

44 Vgl. Töpfer (1987), S. 9-11.

Heinen[45] beispielsweise nennt Gewinn-, Umsatz-, und Wirtschaftlichkeitsstreben, die Sicherung des Unternehmenspotentials sowie der Liquidität, Unabhängigkeits-, Vereinigungs-, Prestige- und Machtstreben, ethische und soziale Bestrebungen sowie „sonstige" Zielvorstellungen.

Ulrich und Fluri[46] unterscheiden Marktleistungs-, Marktstellungs-, Rentabilitäts-, Macht- und Prestigeziele, finanzwirtschaftliche Ziele, soziale Ziele in bezug auf die Mitarbeiter und gesellschaftsbezogene Ziele.

Von besonderer Bedeutung im deutschen Sprachraum ist die durch Kosiol[47] vorgenommene Unterscheidung zwischen Sachziel und Formalziel der Wirtschaft: Das Sach- bzw. Materialziel bezieht sich auf Art, Menge und Zeitpunkt der am Markt abzusetzenden Produkte, während das Formalziel Ausdruck einer näher zu definierenden Wirtschaftlichkeit (z. B. dem Gewinn oder der Rentabilität) ist. Alternativ kann von materialen und nominalen Zielen gesprochen werden.[48]

Selchert[49] unterscheidet Formal-, Sach-, Sozial- und Umweltziele, während etwa Schmidt[50] Liquiditäts-, Erfolgsentstehungs-, Erfolgsverwendungs-, Produktarten- und Produktmengenziele nennt.

Hahn[51] differenziert zwischen (monetären) Wertzielen, Sach- bzw. Leistungszielen und Sozial- bzw. Humanzielen.

Ulrich[52] ordnet Zahlungsbereitschafts- und Ertragsziele einem finanzwirtschaftlichen Konzepts des Unternehmens, Produkt- und Marktziele einem leistungswirtschaftlichen Konzept und gesellschafts- und mitarbeiterbezogene Ziele einem sozialen Konzept des Unternehmens zu.

Ganz andere Differenzierungen bzgl. der inhaltlichen Dimension macht Etzioni[53], wenn er zwischen den ursprünglichen Primärzielen einer Organisation und den an den Bedürfnissen des Organisationsapparates selbst ausgerichteten Sekundärzielen unterscheidet.

Von ähnlichen Gedanken geleitet ist die Unterscheidung zwischen „transitiven" Zielen, die die Einwirkung der Organisationstätigkeit auf die Umwelt umschreiben, und „reflexiven" Zielen, die am Überleben der Organisation ausgerichtet sind, durch Mohr.[54]

Interessant ist auch die von Perrow[55] vorgenommene Abgrenzung der „official goals", die der Öffentlichkeit gegenüber kommuniziert werden und den „operative goals", die das tatsächliche Handeln im Unternehmen leiten.

Jackson, Morgan und Paolillo[56] zählen vier verschiedene Kategorien von Zielen auf: „Domain goals" definieren die Branche des Unternehmens, während „Output goals" eine nähere Differenzierung der Produkte erlauben. „System goals" werden hier als Ansprüche der wichtigsten Anspruchsgruppen an das Unternehmen definiert und „Derived goals" umfassen soziale Ziele.

---

[45] Vgl. Heinen (1976), S. 59-82.
[46] Vgl. Ulrich, Fluri (1992), S. 97f.
[47] Vgl. Kosiol (1972), S. 54 und 223-227.
[48] Vgl. Bidlingmaier (1964), S. 42f.
[49] Vgl. Selchert (1991), S. 43.
[50] Vgl. R.-B. Schmidt (1977), S. 116-125.
[51] Vgl. Hahn (1994a), S. 61-63.
[52] Vgl. H. Ulrich (1978), S. 172
[53] Vgl. Etzioni (1967), S. 15.
[54] Vgl. Mohr (1973), S. 475f.
[55] Vgl. Perrow (1961), S. 855f.
[56] Vgl. Jackson, Morgan, Paolillo (1986), S. 32-34.

Ebenfalls den Inhalt von Zielen betreffend nimmt Schmidt-Sudhoff[57] eine Differenzierung von ökonomischen vs. metaökonomischen, legalen vs. illegalen sowie wirtschaftsfriedlichen vs. -kämpferischen Zielen vor. Er faßt letztlich alle aufgeführten Ziele unter den Kategorien „intern" und „extern" zusammen.

Kaluzas[58] Unterscheidung zwischen monetären und nichtmonetären Zielen im Rahmen der Inhaltsdimension von Zielen könnte ebenso der Dimension *„Zielmaßstab"* zugeordnet werden. Gleiches gilt für die Differenzierung zwischen quantitativen und qualitativen Zielen,[59] da oft Zielinhalte quasi zwangsläufig einen bestimmten Maßstab nach sich ziehen (z. B. bei der Größe „Gewinn").

Die Dimension der *Zielausprägung* bzw. der Zielfunktion führt zu der Unterscheidung von Zielen als extremal, melioral, limital oder faktal.[60] Mit diesen Adjektiven wird umschrieben, ob ein Extremalwert, eine graduelle Verbesserung, ein bestimmtes Anspruchsniveau oder - im Falle eines Ziels, das nominalskaliert ist - eine Zielerreichung der Tatsache nach angestrebt wird.[61]

Neben dem Maximierer, der einen Maximalwert anstrebt und dem Fixierer, der die Realisation einer bestimmten Größe anstrebt, werden auch der Approximierer, der Abweichungen von der gewünschten Zielgröße minimieren will, und der Satisfizierer, der die Erreichung eines Mindestniveaus anstrebt, unterschieden.[62] Auch die Unterscheidung von Wachstums-, Erhaltungs- und Schrumpfungszielen[63] ist am Zielniveau orientiert.

Der *Zeitbezug* von Zielen spiegelt sich v. a. in der Unterscheidung kurz-, mittel- und langfristiger Ziele wider,[64] wobei die zur Abgrenzung verwendeten Zeiträume oder gesetzten Zeitpunkte variieren.[65]

Eine dynamische Betrachtung ermöglicht zusätzlich die Unterscheidung von dauerhaften und vorübergehenden Zielen, wobei letztere eben nur für bestimmte Bezugszeitgrößen von Relevanz sind.[66]

Der *Zielbezug* umschreibt, auf welche Organisationseinheit sich das Ziel bezieht. Im Falle des Unternehmensziels ist es das Unternehmen, im Falle des Entscheidungsziels sind es einzelne Entscheidungseinheiten, die sich mit der Lösung konkreter Probleme befassen.[67] Wird ein Teilsystem des Unternehmens betrachtet, kann auch von Sektoralzielen gesprochen werden.[68]

Die bisherigen Unterscheidungen lassen den Prozeß der Zielbildung außer acht: Im Rahmen der Planung werden Ausgangsziele (Ziele vor Planung) in Planziele transformiert.[69] Bei den

---

[57] Vgl. Schmidt-Sudhoff (1966), S. 96-100.
[58] Vgl. Kaluza (1979), S. 141.
[59] Vgl. Schmidt-Sudhoff (1966), S. 95f.
[60] Vgl. Hamel (1992), Sp. 2643f.
[61] Vgl. Hauschildt (1977), S. 284-286.
[62] Vgl. Dinkelbach (1978), S. 55-57.
[63] Vgl. z. B. Kupsch (1979), S. 20.
[64] Vgl. Heinen (1976), S. 119f.
[65] Vgl. ebenda, S. 86.
[66] Vgl. ebenda, S. 88.
[67] Vgl. Kaluza (1979), S. 137f.
[68] Vgl. Berthel (1973) S. 4-9.
[69] Vgl. Kupsch (1979), S. 23.

Ausgangszielen kann es sich um Individualziele handeln, die an die Organisation herangetragen werden und bei entsprechender Durchsetzung und Verabschiedung zu Organisationszielen werden.[70]

Sind die oben genannten Dimensionen eines Ziels schließlich so präzise formuliert, daß eine Zielerreichung überprüfbar ist, liegt ein operationales Ziel vor.[71] In der angelsächsischen Literatur wird dementsprechend von „tangible“ oder „intangible goals“ gesprochen.[72]

2.1.3 Zielbeziehungen

Die Besonderheit einer weiteren und oben bereits erwähnten Dimension von Zielen, der *Zielpriorität*, besteht darin, daß hier die Beziehung von Zielen zueinander innerhalb einer Zielordnung thematisiert wird.

Die „Präferenz- bzw. Dringlichkeitsrelation“[73] beschreibt die Bedeutung von Zielen und kann ihren Ausdruck in der Zuordnung numerischer Zielgewichte finden.[74] Dementsprechend werden Haupt- bzw. Primärziele mit hohem Gewicht von Neben- bzw. Sekundärzielen mit niedrigerem Gewicht unterschieden.[75]

Dürfen in einer Entscheidungssituation nur solche Handlungsalternativen ausgewählt werden, bei denen die Erreichung eines bestimmten Niveaus eines Ziels sichergestellt ist, muß dieses Ziel durch die Formulierung als Nebenbedingung in das Entscheidungsmodell aufgenommen werden. Tatsächlich können aber Nebenbedingungen den Lösungsraum soweit einschränken, daß sie und nicht eine zu maximierende Zielgröße die optimale Alternative determinieren: “If you allow me to determine the constraints, I don't care who selects the optimization criterion.”[76]

Die „Interdependenzrelation“[77] zweier Ziele drückt die Abhängigkeit der Zielerreichungsgrade voneinander aus und kann durch ihre Korrelation oder durch die Zielelastizität ausgedrückt werden.[78]

Zielkomplementarität liegt vor, wenn ein höherer Erreichungsgrad eines Ziels gleichzeitig zur höheren Erreichung des anderen Ziels führt, während bei gegenteiligem Zusammenhang eine Zielkonkurrenz vorliegt. Ist kein Zusammenhang vorhanden, liegt Zielneutralität vor.[79] Entsprechend wird von komplementären, konkurrierenden oder indifferenten Zielen gespro-

---

70 Vgl. Thompson (1967), S. 127f.

71 Vgl. Welge (1985), S. 57. Allerdings sind die Kriterienkataloge für die Operationalität von Zielen in der Literatur unterschiedlich umfangreich. So hält z. B. Welge auch die Angabe eines räumlichen Bezugs und Zumbach (1979), S. 4, die Realisierbarkeit des Ziels für notwendig, während etwa bei Berthel (1973), S. 24, der Bezug zur Organisationseinheit fehlt.

72 Vgl. Warner, Havens (1968), S. 540.

73 Kirsch (1977), S. 148.

74 Vgl. Kupsch (1979), S. 30-33.

75 Vgl. Heinen (1976), S. 107.

76 Simon (1964), S. 6.

77 Kirsch (1977), S. 147.

78 Vgl. Kupsch (1979), S. 26f.

79 Vgl. ebenda, S. 26-28.

chen.[80] Dabei ist zu beachten, daß eine Zielbeziehung partiell komplementär und partiell konkurrierend sein kann.[81] Dies ist denkbar, wenn beispielsweise eine Umsatzsteigerung zunächst den Gewinn erhöht, weitere Maßnahmen zur Umsatzerhöhung den Gewinn anschließend aber wieder senken. Die Interdependenzrelation ist somit keine den Zielpaaren erkennbar anhaftende und immer geltende Eigenschaft, sondern muß durch Analyse der zur Verfügung stehenden Alternativen und ihrer Zielwirkungen untersucht werden.[82]

„Von der Interdependenzrelation ist die Kompatibilitätsrelation zu unterscheiden, obwohl dies in der Regel nicht geschieht."[83] Letztere drückt aus, ob zwei Ziele gleichzeitig erreichbar sind, was in Grenzen selbst bei konkurrierenden Zielen der Fall sein kann.[84]

Die „Instrumentalrelation"[85] zweier Ziele drückt aus, daß die Erreichung eines Ziels angestrebt wird, um ein anderes Ziel zu erreichen. Ersteres hat somit Mittelcharakter, wobei damit implizit eine zumindest partielle Komplementarität beider Ziele oder zumindest eine Kompatibilität unterstellt wird.[86] Im Verhältnis beider Ziele zueinander besteht eine Rangordnung. Werden mehrere Ziele in einer Rangordnung geordnet, entsteht eine Hierarchie von Ober-, Zwischen- und Unterzielen.[87]

Die finale Denkweise des Ziel-Mittel-Schemas basiert dabei auf der kausalen Betrachtung des Ursache-Wirkungs-Schemas:[88] Aus dem unendlichen Strom der kausalen Zusammenhänge wird eine bestimmte Wirkung durch eine positive Bewertung zum Ziel deklariert und somit ihre Herbeiführung angestrebt. Dies soll durch Auslösung einer Ursache, die dadurch die Funktion eines Mittels hat, erreicht werden. Problematisch wird die Analyse dadurch, daß neben der erwünschten Wirkung (dem Ziel) auch unbeabsichtigte (Neben-)Wirkungen ausgelöst werden können und auch die Erreichung des Ziels wiederum Folgen hat.

Die Aufstellung einer Hierarchie von Ober- und Unterzielen kann deduktiv oder induktiv erfolgen.[89] Im ersten Fall erfolgt die Ableitung von Unterzielen aus dem Oberziel durch eine definitionslogische Aufspaltung des Oberziels, was bei zahlreichen formalzielorientierten Kennzahlensystemen der Fall ist.[90] Im zweiten Fall beruht die Ableitung auf empirisch gewonnenen Erkenntnissen. Diese beziehen sich entweder auf die eben genannten Ursache-Wirkungs-Zusammenhänge, oder es handelt sich bei den abgeleiteten Zielgrößen um Indikatoren, die stellvertretend für das eigentliche Ziel stehen, wobei ein positiver Zusammenhang zwischen Indikator und höherrangigem Ziel unterstellt wird.[91]

---

[80] Vgl. Heinen (1976), S. 94.
[81] Vgl. Kupsch (1979), S. 29.
[82] Vgl. Berthel (1973), S. 50.
[83] Kirsch (1977), S. 148.
[84] Vgl. ebenda.
[85] Ebenda, S. 149.
[86] Vgl. ebenda.
[87] Vgl. Heinen (1976), S. 102.
[88] Vgl. Homann (1980), S. 4f.
[89] Vgl. Heinen (1976), S. 106.
[90] Vgl. Kupsch (1979), S. 86-91.
[91] Vgl. ebenda, S. 83.

Auch ist zu beachten, daß ein niederrangiges Ziel Mittel in bezug auf ein höherrangiges Ziel ist, aber nicht jedes Mittel ein Ziel ist: Zur Erreichung eines Ziels eingesetzte Güter oder vorgenommene Handlungen werden nämlich ebenfalls als Mittel bezeichnet.[92]

Ein Zielsystem wird definiert als „eine geordnete Gesamtheit von Zielen, zwischen denen Beziehungen bestehen und die gleichzeitig verfolgt werden"[93]. Die Anforderungen, die es erfüllen muß, sind entsprechend anspruchsvoll:[94] Die realistischen, durchsetzbaren, operationalen und aktuellen Ziele müssen vollständig, konsistent, transparent, prüfbar und im Einklang mit organisatorischen Erfordernissen in ihren Beziehungen zueinander abgebildet werden.

Die dynamische Betrachtung des Zielsystems führt ferner zu der Erkenntnis, daß ein Wandel bei der Verfolgung von Zielen durch eine Organisation stattfinden kann. Zu unterscheiden sind:[95]

- *Zielnachfolge*: Ein Ziel gilt als erreicht und wird deshalb durch ein neues ersetzt.
- *Zielkonkretisierung*: Ein allgemein formuliertes Ziel wird hinsichtlich einer oder mehrerer der oben genannten Dimensionen präzisiert und damit operationalisiert.
- *Zielwandel*: Alte Ziele werden nicht weiter verfolgt und durch neue Ziele ersetzt. Dies kann einerseits bewußt geschehen, andererseits aber auch ungewolltes Ergebnis einer Zielkonkretisierung sein:[96] Letzteres wird besonders deutlich bei Organisationen, die eher qualitative Ziele verfolgen (z. B. Krankenhäuser). Die Konzentration auf leicht meßbare Erfolgsindikatoren kann dann zu einer Zielverkehrung derart führen, daß diese zum Selbstzweck werden und ihren Mittelcharakter verlieren.

Die oben dargestellten zahlreichen Zieldimensionen und ihre jeweiligen Ausprägungen führen zu einer enormen Vielzahl alternativer Möglichkeiten der Erfassung und Ordnung von Unternehmenszielen. Weitere Hinweise für eine sinnvolle Systematik von Zielen bieten die Arbeiten, welche die „organizational effectiveness" thematisieren. Hierauf soll im folgenden näher eingegangen werden.

2.2 Die Zielthematik in der Literatur zur „organizational effectiveness"

2.2.1 Grundlagen der Forschung zur „organizational effectiveness"

Wenn von den „twin topics of effectiveness and goals"[97] gesprochen wird, ist dies darauf zurückzuführen, daß *Effektivität als Grad der Zielerreichung* definiert werden kann,[98] weshalb „organizational effectiveness" auch als „the ultimate dependent variable in organizational research"[99] bezeichnet wird. In Abgrenzung hierzu wird bei der *Effizienz* das in der Effektivi-

---

92 Vgl. Heßhaus (1977), S. 58.

93 Selchert (1991), S. 51.

94 Vgl. ebenda.

95 Vgl. Mayntz (1963), S. 66-74.

96 Vgl. Etzioni (1967), S. 20-23.

97 Jackson, Morgan, Paolillo (1986), S. 24.

98 Vgl. ebenda: „Effectiveness is commonly referred to as the degree to which predetermined goals are achieved."

99 Cameron, Whetten (1983), S. 2.

tätsbetrachtung analysierte Ergebnis in Beziehung zu einer für die Zielerreichung aufgewandten Input-Größe gesetzt.[100]

Insbesondere im angelsächsischen Raum entwickelte sich in den siebziger Jahren eine rege Diskussion über „organizational effectiveness" im Zusammenhang mit der Frage, wann Unternehmen oder einzelne Projekte als erfolgreich bewertet werden können. Freilich wurden sehr schnell zahlreiche Probleme bei der Messung der Effektivität deutlich, wobei mehrere Fragen aufgeworfen wurden:[101]

- Findet Effektivität als Konstrukt, also als abstrakte Idee, überhaupt eine Entsprechung in der Wirklichkeit, d. h. gibt es überhaupt Effektivität oder werden unzulässigerweise unterschiedliche und nicht in Beziehung zueinander stehende Aspekte vermengt?
- Sind Kriterien der Effektivität zeitunabhängig oder gelten beispielsweise in Zeiten der Rezession andere Kriterien als im Wirtschaftswachstum?
- Welchen Zeithorizont hat Effektivität und beeinträchtigt etwa eine kurzfristige Effektivität die langfristige Effektivität?
- Kann eine Organisation überhaupt effektiv sein, wenn einzelne Effektivitätskriterien sich widersprechen?
- Ist Effektivität quantifizierbar und damit meßbar?
- Gelten für verschiedene Organisationen unterschiedliche Effektivitätskriterien?
- Zu welchem Zweck soll die Messung der Effektivität erfolgen?
- Auf welcher Ebene (z. B. der der Organisation oder der von Individuen) soll die Bewertung erfolgen?
- In welcher Beziehung stehen die bei der Effektivitätsbestimmung verwendeten Kriterien zur eigentlichen Effektivität? Ist etwa Zufriedenheit der Organisationsmitglieder ein Indikator, eine Resultante oder eine Voraussetzung für Effektivität?

Angesichts der zahlreichen offenen Fragen darf es nicht verwundern, daß Campbell[102] bei einer Literaturdurchsicht allein dreißig Indikatoren von Effektivität fand. Seine Liste umfaßte so unterschiedliche Größen wie Effizienz, Gewinn, Wachstum, Flexibilität, Stabilität, Qualität, Motivation und Arbeitsmoral der Mitarbeiter sowie positive Beurteilungen durch externe Gruppen (Lieferanten, Kunden, Aktionäre etc.). Dabei erwies sich die Definition und Messung einiger dieser Größen ebenfalls als problematisch.

Cameron zog die Schlußfolgerung: "Organizational effectiveness is inherently paradoxical. To be effective, an organization must possess attributes that are simultaneously contradictory, even mutually exclusive."[103]

Scott versuchte, die Probleme der Effektivitätsforschung unter Bezugnahme auf die Thematik der Organisationsziele wie folgt zu erklären: "... it is necessarily related to the concept of organizational goals - one of the most complex and controversial topics in organization theory."[104]

Die Uneinigkeit auch unter Wissenschaftlern, welche Kriterien Effektivität umfaßt, gipfelte schließlich sogar in dem Aufruf, die Forschung zur Effektivität völlig einzustellen.[105]

---

[100] Vgl. Jackson, Morgan, Paolillo (1986), S. 24. Eine entgegengesetzte Definition von Effektivität und Effizienz findet sich bei Staehle, Grabatin (1979), S. 89.

[101] Vgl. Steers (1975), S. 551-555; Cameron, Whetten (1983), S. 8.

[102] Vgl. Campbell (1977), S. 36-39.

[103] Cameron (1986), S. 544.

[104] Scott (1977), S. 64.

[105] Vgl. Goodman, Atkin, Schoorman (1983), S. 166.

Wenn auch weiterhin kein Konsens besteht, herrscht doch weitgehende Einigkeit darüber, daß sich im Effektivitätsverständnis ein Wandel vollzogen hat und mindestens drei[106] Modelle unterschieden werden können: Das *Zielmodell*, das *Systemmodell* und das *Organisationsteilnehmermodell*. Die Unterschiede sind auf unterschiedliche Konzeptionalisierungen darüber zurückzuführen, was eine Organisation ist bzw. welche organisatorischen Phänomene in der Analyse besondere Berücksichtigung finden sollen.[107]

2.2.2 Modelle der Effektivität

2.2.2.1 Zielmodell

Im Zielmodell kommt die traditionelle Sichtweise von Effektivität zum Ausdruck.[108] Vertreter des Zielmodells sehen in der Organisation ein Instrument zur Erreichung von gemeinsamen Zielen rational handelnder Entscheidungsträger, weswegen auch vom „rational model“ oder „mechanical model“ gesprochen wird.[109] Verfolgte Zielgrößen (deren Festlegung nicht weiter problematisiert wird) sind bezogen auf Unternehmen die traditionellen Größen des Rechnungswesens (v. a. der Gewinn).[110] Eine Organisation gilt als effektiv, wenn sie diese vorher gesetzten Ziele tatsächlich erreicht.[111]

2.2.2.2 Systemmodell

Im Systemmodell steht die Beziehung der Organisation zu ihrer Umwelt im Vordergrund. Die wachsende Dynamik und Komplexität dieser Umwelt wird zur Herausforderung für die Organisation.[112]

Die Erreichung (verschiedener) Ziele wird nur noch als eine von mehreren Funktionen erachtet, die die Organisation erfüllen muß. Das Systemproblem wird in der Erhaltung eines Gleichgewichts mit der Umwelt gesehen.[113] Neben die aus dem Zielmodell bekannten, vorgegebenen Ziele treten die „Bedürfnisse“ der Organisation, deren Erfüllung notwendige Bedingung für ihr Überleben ist. Die Organisation wird zum Selbstzweck und ist nicht mehr nur Instrument: “Whatever the plans of their creators, organizations ... become ends in themselves and possess their own distinctive needs that have to be satisfied.”[114]

---

106 Übersichten finden sich bei Hoffmann (1980), S. 72-81; Staehle (1991), S. 411-419; Jackson, Morgan, Paolillo (1986), S. 24-27; Cunningham (1977), S. 465-469; Keeley (1978), S. 272-278; Zammuto (1982), S. 31-46; Quinn, Rohrbaugh (1983), S. 363-365. Z. T. werden mehr als drei Modelle unterschieden, doch werden die drei oben genannten von allen Autoren aufgeführt. Eine höhere Zahl ergibt sich aus Aufspaltungen der drei Modelle in weitere Unterkategorien.

107 Vgl. Cameron, Whetten (1983), S. 5.

108 Vgl. Jackson, Morgan, Paolillo (1986), S. 25.

109 Vgl. Gouldner (1959), S. 404f.

110 Vgl. Bedeian, Zammuto (1991), S. 61.

111 Vgl. Jackson, Morgan, Paolillo (1986), S. 25.

112 Vgl. Campbell (1977), S. 20.

113 Vgl. Gouldner (1959), S. 405.

114 Ebenda.

Der Fokus der Betrachtung verlagert sich somit von den ursprünglichen Zielen zu den Voraussetzungen bzw. Mitteln der Zielerreichung.[115] Nicht mehr die Zielgrößen des Outputs stehen im Mittelpunkt, sondern die Erlangung der Inputs, die für die Erstellung der Outputs notwendig sind.[116] Eine starke Verhandlungsposition der Organisation gegenüber ihrer Umwelt erleichtert den Erwerb der benötigten Ressourcen und wird selbst zu einer handlungsleitenden Zielgröße.[117] Ein Wandel im Vokabular signalisiert eine Veränderung der Anspruchsniveaus:[118] Statt von „Maximierung" wird von „Balance" gesprochen, die der Aufrechterhaltung von Mindestniveaus verschiedener Größen dient.

Als Beleg für die Angemessenheit einer solchen Sichtweise von Organisationen dient z. B. die Analyse des Verhaltens von politischen Parteien, wenn etwa die Erlangung von Macht zum Hauptziel zu werden scheint, und zwar bei relativ großer Kompromißbereitschaft hinsichtlich der ursprünglichen Sachziele.[119] Ebenfalls beschrieben wird das Phänomen, daß eine Organisation sich nach überaus erfolgreicher Erreichung ihres satzungsgemäßen Ziels eben nicht auflöst, sondern neue Ziele sucht.[120]

Der Vorteil dieses Ansatzes ist seine Fähigkeit, organisationales Verhalten, das aus Sicht des Zielmodells irrational erscheint (z. B. die Anhäufung von großen Sicherheitsreserven), zu erklären.[121] Problematisch bleibt allerdings, daß das Ziel des Überlebens der Organisation und daraus abgeleitete Anforderungen (z. B. die Flexibilität) i. d. R. nicht präzisiert werden. Geschieht dies doch, müssen letztlich wie schon im Zielmodell operationale Ziele abgeleitet werden.[122] Auch sagt ein Überleben einer Organisation und ein ihr in diesem Ansatz damit zugestandenes „Effektivitätsprädikat" wenig über ihre Effizienz (wenn etwa das Hauptgeschick eines Unternehmens in der Erlangung von Subventionen zu bestehen scheint)[123] oder über die moralische Qualität der verfolgten Ziele (wenn etwa eine kriminelle Organisation ihre Macht ausbaut und so ihr Überleben sichert) aus.[124] Insofern und weil das Überleben als Oberziel den Status quo festschreibt, erscheint die Charakterisierung dieses Ansatzes als wertfrei, wie von manchen Autoren[125] vorgenommen, problematisch.[126]

2.2.2.3 Organisationsteilnehmermodell

Hier erfolgt ein Wechsel der Perspektive: Nicht mehr die Organisation und ihre Bedürfnisse, sondern die der zu ihr in Beziehung stehenden Menschen stehen im Vordergrund. Dabei gehen die in Betracht kommenden Gruppen über den Kreis der Organisationsmitglieder hinaus

---

115 Vgl. Campbell (1977), S. 48.
116 Vgl. Bedeian, Zammuto (1991), S. 91.
117 Vgl. Yuchtman, Seashore (1967), S. 898.
118 Vgl. Etzioni (1961), S. 262.
119 Vgl. ebenda, S. 267.
120 Vgl. Bedeian, Zammuto (1991), S. 45.
121 Vgl. Etzioni (1961), S. 269.
122 Vgl. Miles (1980), S. 371.
123 Vgl. ebenda, S. 372.
124 Vgl. Bedeian, Zammuto (1991), S. 68.
125 Vgl. Zammuto (1982), S. 33-37, und die dort angegebene Literatur.
126 Vgl. ebenda.

und können z. B. auch Umweltaktivisten umfassen.[127] Eine Organisation gilt nun als effektiv, wenn sie die Mindesterwartungen ihrer Anspruchsgruppen befriedigen kann.[128]

Die Vertreter des Organisationsteilnehmermodells sehen in den beiden erstgenannten Modellen lediglich Sonderfälle ihres eigenen und allgemeineren Modells:[129] Demnach orientiert sich das Zielmodell implizit an den Interessen der Unternehmenseigentümer und der für sie tätigen Manager. Das Systemmodell stellt den Systemerhalt in den Mittelpunkt und thematisiert somit die Ansprüche solcher Gruppen, die daran ein besonderes Interesse haben dürften (Manager und andere Arbeitnehmer eines Unternehmens; Gläubiger sowie diejenigen, die für das Unternehmen „lebenswichtige" Ressourcen kontrollieren und damit eine lukrative Austauschbeziehung aufrechterhalten können).

Auch kann der Bezug auf die Ziele der Anspruchsgruppen neue Erklärungsansätze für einen Zielwandel des Unternehmens beisteuern:[130] Dieser ist demnach z. B. Ausdruck unterschiedlicher Zeithorizonte der Anspruchsgruppen und ihrer Forderungen, die vom Unternehmen nacheinander „abgearbeitet" werden.

Allerdings bietet auch das Organisationsteilnehmermodell keinen eindeutigen Maßstab für die Effektivität des Unternehmens. Die Effektivitätskriterien, mit denen unterschiedliche Gruppen an das Unternehmen herantreten, weisen nämlich z. T. negative Korrelationen auf oder sind bestenfalls schwach positiv korreliert.[131] Das Unternehmen steht dann vor der Frage, welche Ansprüche Priorität besitzen sollen, wobei v. a. zwei sehr gegensätzliche Vorgehensweisen vorgeschlagen werden:

1. Die effektive Organisation befriedigt die Ansprüche der mächtigsten Anspruchsgruppen, wobei deren Macht ein Spiegelbild der Abhängigkeit des Unternehmens von diesen Gruppen und den von ihnen kontrollierten Ressourcen ist.[132]
2. Ausgehend von Gerechtigkeitsüberlegungen gilt eine Organisation als um so effektiver, je besser die schwächsten Gruppen („least advantaged participants") von ihr gestellt werden.[133]

2.2.2.4 Zusammenfassung und Integration der Modelle

Die Problematik des Themas „Effektivität von Organisationen" besteht darin, daß eine Bewertung der Organisation vorgenommen werden soll, über die anzusetzenden Maßstäbe aber kein Konsens besteht.

Zum einen ist dies auf unterschiedliche Betrachtungsweisen des Untersuchungsobjekts „Organisation" zurückzuführen. Während etwa im Systemmodell die Organisation als Institution und die Bewältigung der Umweltanforderungen zum Hauptthema werden, wird ersteres im Organisationsteilnehmermodell zugunsten einer Betrachtung der beteiligten Gruppen aufgegeben und letzteres im Zielmodell weitgehend ignoriert. Zum anderen weisen die mit dem Unternehmen in Beziehung stehenden Gruppen z. T. divergierende Interessen auf. Die Beur-

---

[127] Vgl. Connolly, Conlon, Deutsch (1980), S. 213
[128] Vgl. Miles (1980), S. 375
[129] Vgl. Connolly, Conlon, Deutsch (1980) S. 213; Bedeian, Zammuto (1991), S. 70.
[130] Vgl. Connolly, Conlon, Deutsch (1980), S. 215.
[131] Vgl. Friedlander, Pickle (1968), S. 298-304.
[132] Vgl. Pennings, Goodman (1977), S. 154-157.
[133] Vgl. Keeley (1978), S. 282-286.

teilung der Effektivität des Unternehmens setzt dann eine Wertung der verschiedenen Ansprüche voraus.

Quinn und Rohrbaugh[134] kommen zu dem Schluß, daß es sich bei der Effektivität weniger um ein Konzept (als Abstraktion vorgenommener Beobachtungen) als um ein Konstrukt handelt, das verschiedene widersprüchliche Konzepte beinhaltet und eine Abstraktion noch höherer Ebene darstellt ("... model described above is a type of oxymoron, a combination of seemingly contradictory or incongruous concepts."[135]).

Den Autoren kommt der Verdienst zu, die eher auf gedanklichen Abstraktionen basierende Unterscheidung dreier Effektivitätsmodelle im Rahmen einer Expertenbefragung in Teilen erhärtet zu haben:[136] Dabei wurden den Befragten die dreißig von Campbell in der Literatur gefundenen Kriterien der Effektivität[137] vorgelegt. Ihre Aufgabe bestand darin, die subjektiv empfundene „Ähnlichkeit" der Kriterien zu bewerten.

Resultat waren drei Gruppen ähnlicher Kriterien: Eine Gruppe beinhaltete u. a. die Kriterien „Effizienz", „Gewinn" und „Kontrolle" und wurde von den Autoren unter dem Sachzusammenhang „rational model" subsumiert. Eine zweite Gruppe ähnlicher Kriterien wurde von den Autoren als Ausdruck des „open systems model" gedeutet und beinhaltete unter anderem die Größen „Flexibilität" und „Wachstum". Die dritte Gruppe ähnlicher Kriterien umfaßte die Ansprüche der Mitarbeiter des Unternehmens und wurde von den Autoren unter dem „human resource model" zusammengefaßt. Dieses war somit weniger umfassend als das Organisationsteilnehmermodell, das auch die Ansprüche anderer Gruppen beinhaltet. In der Befragung von Quinn und Rohrbaugh wurden Effektivitätskriterien anderer Anspruchsgruppen (z. B. der Aktionäre) der Gruppe der Kriterien des „open systems model" zugeordnet, da sie von den Befragten und auch den Autoren als Ausdruck der Ansprüche der Umwelt an das Unternehmen interpretiert wurden.

Die Unterschiede bei der Abgrenzung der Effektivitätsmodelle (einerseits im größten Teil der Literatur zur Organisationseffektivität die Unterscheidung zwischen Ziel-, System- und Organisationsteilnehmermodell; andererseits bei Quinn und Rohrbaugh das „rational model", das „open systems model" und das „human resource model") zeigen alternative Möglichkeiten auf, die Ansprüche verschiedener Anspruchsgruppen des Unternehmens in der Effektivitätsbetrachtung zu berücksichtigen.

Das Systemmodell geht vom Überlebensziel der Organisation aus und berücksichtigt die Ziele der Anspruchsgruppen nur als überlebensrelevante Umweltrestriktionen. Beim Organisationsteilnehmermodell dominiert hingegen die Perspektive der Anspruchsgruppen. Die konsequente Verfechtung des Organisationsteilnehmermodells betrachtet die Organisation als ein Geflecht von Verträgen zwischen verschiedenen Anspruchsgruppen mit jeweils eigenständigen Zielen, während die Idee eines Organisationsziels schließlich völlig aufgegeben wird. Eine Unterscheidung zwischen Organisation und Umwelt erübrigt sich ("... the individual person is the ultimate object of value in the contractual view ... Social systems are seen to exist for the people, not the reverse ..."[138]).[139]

---

[134] Vgl. Quinn, Rohrbaugh (1983), S. 363f.

[135] Ebenda, S. 374.

[136] Vgl. ebenda, S. 368-374.

[137] Vgl. Abschnitt 2.2.1 dieser Arbeit.

[138] Keeley (1980), S. 356.

[139] Vgl. ebenda, S. 342-358.

Bei Quinn und Rohrbaugh hingegen umfaßt das „open systems model“ (neben den Systemzielen der Unternehmung) die Ziele externer Anspruchsgruppen der Unternehmung, während das „human resource model“ die Ziele der internen Anspruchsgruppe der Mitarbeiter in den Vordergrund stellt.

Auch der Versuch einer Ordnung der Modelle von Quinn und Rohrbaugh in einem Lebenszyklusmodell ist vorgenommen worden:[140] Demnach ist eine Organisation in einer frühen Phase ihrer Existenz besonders auf die Unterstützung durch ihre Umwelt angewiesen (was der Betrachtung im Rahmen des „open systems model“ nahekommt), muß danach Probleme der Mitarbeitermotivation („human relations model“) und der internen Effizienz („rational model“) lösen, bevor eine Dezentralisation erstarrter Strukturen wieder zu mehr Flexibilität führen soll (erneut „open systems model“).

Die Unterscheidung dreier großer Bereiche von Effektivität deckt sich schließlich mit einem Vorschlag, der nicht von den inhaltlichen Kriterien der Effektivität, sondern von Eigenschaften der Entscheidungssituation ausgeht:[141]

- Sind Standards des Erwünschten unumstritten und kausale Zusammenhänge gewiß (z. B. in einer sehr stabilen Umwelt), ist die Effektivität durch die Messung von Effizienz zu bestimmen.
- Ist im Unterschied dazu das Wissen über Ursache-Wirkungs-Zusammenhänge nicht ausreichend (also in komplexen und dynamischen Situationen, von denen im Systemmodell ausgegangen wird), gilt allein die Erreichung eines erwünschten Standards als Nachweis von Effektivität.
- Sind die zu erreichenden Standards hingegen umstritten (wie im Organisationsteilnehmermodell angenommen), ist Effektivität über einen sozialen Test (z. B. die Erforschung der Zufriedenheit der Betroffenen) festzustellen.

Festzuhalten bleibt, daß das Konzept der „organizational effectiveness“ eng mit der Zielthematik verknüpft ist, seine konkrete inhaltliche Ausgestaltung aber davon abhängig ist, welche Annahmen über die Organisation als Prämisse gesetzt werden. Insofern erscheint es sinnvoll, vor der Diskussion einzelner Unternehmensziele Vorannahmen in der Wissenschaft bzgl. Unternehmen zu untersuchen, soweit sie für die Zielthematik von Relevanz sind.

2.3 Die Zielthematik in der wirtschaftswissenschaftlichen Literatur

2.3.1 Unterschiedliche Denkschulen bei gleichem Erfahrungsgegenstand und deren Ursachen

Kieser[142] (in einem Buch über Organisationstheorien), Mintzberg[143] (in einem Beitrag über unterschiedliche Denkschulen zur Strategieformulierung) und Morgan[144] (in einem Vergleich unterschiedlicher Sichtweisen der Organisation) bedienen sich illustrierend eines Gedichts, in dem die Begegnung sechs blinder Männer mit einem Elefanten geschildert wird.

---

140 Vgl. Quinn, Cameron (1983), S. 43f.

141 Vgl. Thompson (1967), S. 84-87.

142 Vgl. Kieser (1993a), S. 1.

143 Vgl. Mintzberg (1990), S. 105f.

144 Vgl. Morgan (1986), S. 340-343.

Dem ersten (der den Elefanten von der Seite berührt) erscheint der Elefant wie eine Mauer, dem zweiten (der einen Stoßzahn spürt) wie ein Speer, dem dritten (der den Rüssel hält) wie eine Schlange. Weitere Vermutungen scheinen auf einen Baum (der Fuß), einen Fächer (das Ohr) und auf ein Seil (der Schwanz) hinzudeuten. Die so gegensätzlichen Vermutungen führen zu einem lauten Disput zwischen den Männern, von denen sich jeder im Recht wähnt, aber doch nur teilweise recht hat, weil jeder einem anderen Aspekt desselben Beobachtungsgegenstandes seine Aufmerksamkeit schenkt.

Die oben genannten Autoren ziehen despektierlich Parallelen zwischen den sechs Blinden und Wissenschaftlern, da auch letztere sich nur ganz bestimmten Aspekten (z. B. der Organisation bzw. des Unternehmens) widmen, was zur Herausbildung verschiedener Ansätze führt.

Im folgenden soll näher auf die Ursachen für die Vielfalt der Ansätze, deren Relevanz hinsichtlich der Zielthematik und sich daraus ergebende Kategorisierungsmöglichkeiten von Zielen eingegangen werden.

Als Ursachen der Vielfalt können unterschiedliche Wissenschaftsziele, Differenzen in der Abgrenzung des Erkenntnisgegenstandes, andere Leitideen und - aus allem resultierend - die Verwendung unterschiedlicher Untersuchungsmethoden genannt werden.

2.3.1.1 Wissenschaftsziele

Bzgl. des Wissenschaftsziels können vier verschiedene Forschungskonzeptionen unterschieden werden:[145]

1. Die *Begriffslehre* bemüht sich um die Definition und Abgrenzung von Begriffen und bildet somit die Basis der aufeinander aufbauenden Konzeptionen.[146]
2. Die *Theorie* trifft Aussagen über Ursache-Wirkungs-Zusammenhänge und dient damit den theoretischen Wissenschaftszielen der Erklärung und Prognose.[147]
3. Die *Technologie* bedient sich der durch die Theorie ergründeten Kausalzusammenhänge, indem aufgezeigt wird, wie beabsichtigte Wirkungen (also Ziele) durch Gestaltung von Ursachen (also Mitteln) erreicht werden können, womit ihr pragmatisches Wissenschaftsziel umschrieben ist.[148]
4. Die *Philosophie* behandelt und trifft Werturteile über die in der Technologie thematisierten Ziele, die dabei eingesetzten Mittel und die dabei entstehenden (Neben-)Wirkungen, weswegen hier von einem normativen Wissenschaftsziel gesprochen werden kann.[149] Die Besonderheit der Philosophie liegt darin, daß das Kriterium der Wahrheit, das in der Theorie und daraus folgend auch in der Technologie als Gütemaßstab dient, nicht zur Begründung von Werturteilen tauglich ist. Werturteile sind nämlich nicht „wahrheitsfähig“, d. h. ihre Begründung erfolgt durch Rückgriff auf andere Werturteile und ist nicht objektiv überprüfbar.[150] Dem Postulat der Werturteilsfreiheit[151] wird somit in der Philosophie nicht gefolgt.

---

145 Vgl. Chmielewicz (1979), S. 8-18.

146 Vgl. ebenda, S. 43-77.

147 Vgl. ebenda, S. 150-163.

148 Vgl. ebenda, S. 169-205.

149 Vgl. ebenda, S. 207-321.

150 Vgl. hierzu auch den Abschnitt 2.3.4.3.

151 Für eine detaillierte Diskussion des Postulats der Werturteilsfreiheit vgl. Chmielewicz (1979), S. 293.

Ziele spielen in den Forschungskonzeptionen eine unterschiedliche Rolle: Der Begriffslehre kommt lediglich die Aufgabe zu, den Zielbegriff zu definieren und ihn von verwandten Begriffen (z. B. Werten) abzugrenzen. Die Theorie befaßt sich mit Zielen als Objekt der Forschung, und als Beispiel sei die empirische Zielforschung genannt.[152] Freilich ist insbesondere in der Betriebswirtschaftslehre der Übergang zur Technologie fließend. So weist Chmielewicz[153] darauf hin, daß etwa Modelle der Kosten-„theorie" implizit oder explizit die Ziele der Gewinnmaximierung bzw. Kostenminimierung beinhalten, so daß eine mögliche Zuordnung dieser Bereiche zur Technologie zu einer erheblichen Reduktion des Umfangs der betriebswirtschaftlichen „Theorie" führen würde. In der Philosophie schließlich sind Ziele (bzw. deren Vorzugswürdigkeit) Bestandteil einer wertenden Aussage.

2.3.1.2 Erkenntnisgegenstand

Neben der Frage des Wissenschaftsziels stellt sich in jeder Wissenschaft die Frage nach ihrem Gegenstand, auch in Beziehung zu anderen Wissenschaften. Der *Erfahrungsgegenstand* grenzt den konkreten Gegenstand der Betrachtung ab.[154] In der Betriebswirtschaftslehre ist dies der Betrieb.[155] Diese Abgrenzung ist jedoch nicht ausreichend, da unterschiedliche Wissenschaften durchaus von demselben Erfahrungsobjekt ausgehen.[156]

Neben den Erfahrungsgegenstand muß somit ein Auswahlprinzip treten, das einen bestimmten Problemkreis im Zusammenhang mit dem Erfahrungsobjekt identifiziert, mit dem sich die Wissenschaft beschäftigen soll. Der so näher eingegrenzte Fragenkomplex wird als *Erkenntnisgegenstand* der Wissenschaft bezeichnet.[157] Anschaulich wird die Differenzierung zwischen Erfahrungsgegenstand und Erkenntnisgegenstand durch die Analogie der Landkarte:[158] Neben die Auswahl des Kartenausschnitts (also des Erfahrungsobjekts) tritt die Entscheidung, welche Aspekte in der Karte dargestellt werden sollen. Letzteres (also das Erkenntnisobjekt) manifestiert sich in der Kartenlegende.

Von Bedeutung für die Fragestellung dieser Arbeit ist die Frage nach dem Erkenntnisgegenstand der Betriebswirtschaftslehre deshalb, weil die Verfolgung eines bestimmten Ziels, nämlich des Gewinns (und seine Maximierung) „über Jahrzehnte"[159] als Auswahlprinzip der Betriebswirtschaftslehre galt. Eine solche Abgrenzung hat zur Folge, daß die Beschäftigung mit anderen Zielen nicht oder höchstens in bezug auf das Gewinnziel in den Gegenstandsbereich der Betriebswirtschaftslehre fällt.

Den damit verbundenen Problemen (so die kritisierte mangelnde Realitätsnähe der Betriebswirtschaftslehre oder der Ausschluß mancher - z. B. öffentlicher - Betriebe aus der Betrachtung)[160] ist dadurch begegnet worden, daß schließlich das Wirtschaften in Betrieben bei nur begrenzt zur Verfügung stehenden Ressourcen als erweiterter Erkenntnisgegenstand

---

[152] Vgl. ebenda, S. 186 und S. 282.
[153] Vgl. ebenda, S. 186-189.
[154] Vgl. R.-B. Schmidt (1979), S. 9.
[155] Vgl. Schweitzer (1997), S. 41.
[156] So beschäftigen sich z. B. Medizin und Psychologie mit dem Erfahrungsobjekt „Mensch".
[157] Vgl. Schweitzer (1997), S. 45-47; R.-B. Schmidt (1977), S. 10.
[158] Vgl. Elschen (1991), S. 1010.
[159] Schweitzer (1997), S. 48.
[160] Vgl. ebenda, S. 48f; Chmielewicz (1979), S. 23f.

der Betriebswirtschaftslehre Anerkennung fand:[161] Das diesen Erkenntnisgegenstand bestimmende Auswahlprinzip ist das Ergiebigkeitsprinzip, welches eine Anwendung des Rationalprinzips auf Entscheidungen in Betrieben darstellt. Erkenntnisobjekt sind somit Entscheidungen in Betrieben, die eine optimale Zielerreichung unter der Bedingung der Güterknappheit verwirklichen sollen. Diese Abgrenzung ist insofern weiter gefaßt, als über den Inhalt der Ziele nichts ausgesagt wird.

Unberührt von der Anerkennung des Ergiebigkeitsprinzips als Auswahlprinzip der Betriebswirtschaftslehre ist, daß das Wirtschaften in Betrieben vielfältigen außerökonomischen (z. B. psychischen, kulturellen, politischen und juristischen) Einflüssen ausgesetzt ist, die in das Fachgebiet anderer Wissenschaften fallen. Innerhalb der Betriebswirtschaftslehre ist aber umstritten, inwiefern und welche Kenntnisse aus Nachbardisziplinen in die Betriebswirtschaftslehre einfließen sollen. Raffée unterscheidet zwei „Basiskonzepte" der Betriebswirtschaftslehre:[162] Das ökonomische Basiskonzept, das die Berücksichtigung außerökonomischer Aspekte und Disziplinen weitgehend ausklammert, und das sozialwissenschaftliche Basiskonzept, das insbesondere psychologische und sozialwissenschaftliche Erkenntnisse miteinbezieht.

Der mangelnde Konsens über die Einbeziehung oben genannter Aspekte in die Betriebswirtschaftslehre führt zu der Schlußfolgerung, daß das Fach durch einen „pluralistischen Wissenschaftsbetrieb" [163] gekennzeichnet ist. Ausdruck diese Zustands ist die Vielfalt der der Betriebswirtschaftslehre zugeordneten „Basiskonzepte"[164], „Wissenschaftsprogramme"[165], „Forschungsprogramme"[166], „Ansätze"[167], „Unternehmungsmodelle"[168], „Theorien der Unternehmensführung"[169], „Paradigmen"[170] oder „Denkschulen"[171].

So diskutiert Schanz[172] in einer Übersicht betriebswirtschaftlicher Wissenschaftsprogramme das neoklassisch orientierte Programm der Betriebswirtschaftslehre, die entscheidungsorientierte, systemorientierte, ökologisch verpflichtete, verhaltenstheoretische und arbeitsorientierte Betriebswirtschaftslehre sowie den Neuen Institutionalismus, während etwa Raffée[173] auch den Evolutionsansatz, den situativen Ansatz und den Marketingansatz anführt. Kieser[174] vergleicht mindestens neun verschiedene Organisationstheorien, die nur z. T. bei Schanz und Raffée behandelt werden, während Staehle[175] mindestens zwölf Ansätze unterscheidet.

---

161 Vgl. Schweitzer (1997), S. 49-58.

162 Vgl. Raffée (1993), S. 25-29.

163 Schanz (1997), S. 95.

164 Raffée (1993), S. 25.

165 Schanz (1997), S. 99.

166 Sandner (1990), S. 5.

167 Chmielewicz (1979), S. 24.

168 Kupsch (1979), S. 6.

169 Macharzina (1995), S. 34. Dabei ist wiederum umstritten ist, in welcher Beziehung Unternehmensführung bzw. Management zur Betriebswirtschaftslehre stehen. Siehe dazu Staehle (1991), S. 68-70.

170 Georgiou (1973), S. 291.

171 Astley, Van den Van (1983), S. 246.

172 Vgl. Schanz (1997), S. 111-191.

173 Vgl. Raffée (1993), S. 29-44.

174 Vgl. Kieser (1993b).

175 Vgl. Staehle (1991), S. 21-65.

Somit ist die Wahl des Erkenntnisgegenstandes vorbestimmend dafür, welche Sachzusammenhänge (und welche Ziele) Gegenstand der Forschung sein sollen.

2.3.1.3 Leitideen

Weitere Ursache der Vielfalt von Ansätzen sind neben unterschiedlichen Wissenschaftszielen und Abgrenzungen des Erkenntnisgegenstands auch die unterschiedlichen *„Leitideen"*[176] der Ansätze. Es handelt sich dabei um Annahmen über den Untersuchungsgegenstand und die daraus abzuleitenden Untersuchungsmethoden.

Unterschiede ergeben sich z. B. aus differierenden Annahmen darüber, ob die Betrachtungsobjekte (also in der Betriebswirtschaftslehre die Betriebe) eher deterministischer (reaktiver, anpassender) oder voluntaristischer (aktiver, autonomer) Natur sind[177] oder ob sich der Fokus der Betrachtung und die daraus folgenden Aussagen auf Populationen von Organisationen (also z. B. Unternehmen einer Branche), einzelne Organisationen[178] oder Individuen[179] beziehen sollen.

Die Zielproblematik berührend muß somit nicht nur geklärt werden, inwiefern das Unternehmen in der Wahl seiner Ziele frei ist. Auch muß berücksichtigt werden, ob ein Unternehmensmodell die Existenz einer oder mehrerer Entscheidungseinheiten unterstellt und ob Zielkonflikte dementsprechend überhaupt problematisiert werden.[180]

Weiterhin ist die Unterscheidung zwischen einem realtypischen (durch Beobachtung und Erfahrung gewonnenen) und einem idealtypischen (theoretischen Zwecken dienenden, stärker abstrahierenden) Unternehmensmodell von Bedeutung und resultiert in unterschiedlichen Annahmen hinsichtlich der Zielausprägung.[181]

Burrell und Morgan[182] ordnen Organisationstheorien entlang einer Objektivismus-Subjektivismus-Dimension, wobei sich objektivistische und subjektivistische Organisationstheorien ontologisch, epistemologisch,[183] methodologisch und hinsichtlich des Menschenbildes unterscheiden:

- *Objektivistische Theorien* gehen von einer vom menschlichen Bewußtsein unabhängigen Wirklichkeit aus, die durch die Suche nach kausalen Zusammenhängen erklärt und prognostiziert werden soll, was in Anlehnung an naturwissenschaftliche Methoden geschieht. Menschliche Handlungen gelten als tendenziell umweltdeterminiert.
- *Subjektivistische Theorien* sehen in der Wirklichkeit ein Bewußtseinsprodukt, das somit nicht erklärt, sondern nur teilnehmend und empathisch über das mit einem freien Willen ausgestattete Subjekt „verstanden" werden kann.[184]

---

[176] Schanz (1997), S. 93.
[177] Vgl. Astley, Van den Van (1983), S. 246f.
[178] Vgl. ebenda.
[179] Vgl. Kubicek (1981), S. 459.
[180] Vgl. Kupsch (1979), S. 6-14.
[181] Vgl. Bidlingmaier (1964), S. 15 und S. 99.
[182] Vgl. Burrell, Morgan (1979), S. 1-9.
[183] Ontologie ist die Lehre vom Sein; Epistemologie ist die Erkenntnistheorie. Vgl. Duden (1997), S. 570 und S. 232.
[184] Vgl. zu den Grundlagenmethoden der Betriebswirtschaftslehre Raffée (1993), S. 13-25.

Deutlich wird, daß es sich bei den verschiedenen Ansätzen (auch den objektivistischen!) um menschliche Konstruktionen handelt,[185] die die Wahrnehmung der Eigenheiten einer Organisation bzw. eines Unternehmens determinieren ("A way of seeing is a way of not seeing."[186]) und zu unterschiedlichen Schlußfolgerungen führen: "... the kinds of answers we get are limited by the kinds of questions we ask."[187]

2.3.2 Ordnung der unterschiedlichen Denkschulen

Ausgehend von der Existenz zahlreicher unterschiedlicher Denkschulen und der sich daraus ergebenden jeweils unterschiedlichen Thematisierung der Unternehmensziele erscheint es sinnvoll, die Ansätze (ähnlich wie bei der Darstellung der Literatur zur „organizational effectiveness") auf einige Grundmodelle zurückzuführen. Vorschläge hierzu sind von mehreren Autoren erarbeitet worden. Hieraus ergeben sich auch Hinweise auf eine mögliche Ordnung von Unternehmenszielen.

Die „wohl bekannteste Typisierung betriebswirtschaftlicher Paradigmen"[188] ist von Scott[189] vorgenommen worden. Er unterscheidet ursprünglich „three perspectives on organizations"[190]:

Als *Organisation im Sinne eines rationalen Systems*[191] bezeichnet er eine Sichtweise der Organisation als Instrument zur Erreichung vorher gesetzter Ziele. Die Hauptfunktion von Zielen liegt in ihrer Rolle als Entscheidungskriterium bei der Alternativenauswahl zur Erreichung eines optimalen Ergebnisses, weshalb Ziele operational und nicht vage formuliert sein sollen. Besonderer Wert wird auf eine stark formalisierte und Kontrolle garantierende Organisationsstruktur als Mittel der Zielerreichung gelegt. Scott ordnet Taylors „Scientific Management"[192], Fayols administrative Lehre[193] und Webers Bürokratietheorie[194] diesem Organisationsbild zu.

Die Sichtweise der *Organisation als natürliches System*[195] kann v. a. als Ergebnis von Beobachtungen tatsächlicher Entscheidungen und Handlungen in Unternehmen betrachtet werden. Es findet eine Abkehr vom Bild der Organisation als rationales Modell in zweierlei Hinsicht statt. Zum einen tritt über die schon im rationalen Modell gesetzten Ziele das Überlebensziel, das bei Gefährdung auch die Aufgabe der ursprünglichen gesetzten Ziele rechtfertigt. Zum anderen wird die Organisation auch als soziales System gesehen, das eine informelle Struktur aufweist, die Ausdruck von Bedürfnissen und Verhaltensweisen der Mitarbeiter ist. Diese Betrachtungen sieht Scott in den Arbeiten der Human Relations School[196], dem Modell von Parsons[197], in dem die Zielerreichung nur noch eine von mehreren Aufgaben der Organi-

---

185 Vgl. Scholl (1993), S. 411.
186 Poggi (1965), S. 284.
187 Thompson (1967), S. 2.
188 Härle (1991), S. 9.
189 Vgl. Scott (1992), S. 27-122.
190 Ebenda, S. 27f.
191 Vgl. ebenda, S. 29-50.
192 Vgl. Taylor (1911).
193 Vgl. Fayol (1916).
194 Vgl. Weber (1921).
195 Vgl. Scott (1992), S. 50-75.
196 Vgl. z. B. Mayo (1945).
197 Vgl. Parsons (1961).

sation ist, und den Arbeiten von Barnard[198], welche die Wichtigkeit einer kollektiven Sinngebung betonen, repräsentiert.

Die *Organisation als offenes System*[199] überwindet schließlich die eher interne Betrachtung der beiden ersten Perspektiven. Scott ordnet dieser Perspektive die Kontingenztheorie[200] zu, die die Existenz eines „one best way" der rationalen Betrachtung mit Verweis auf unterschiedliche Umwelteigenschaften relativiert. Die Beschäftigung mit der Umwelt und die Schwierigkeit der Bestimmung einer Grenze zwischen Umwelt und offenem System gipfelt schließlich in einer Betrachtung des Unternehmens als „loosely coupled system"[201]. Die Analyse verlagert sich dann auf einzelne Interessengruppen und deren Ziele. Scott sieht diese Sichtweise in den Arbeiten von Cyert und March[202] sowie der agency-Theorie[203] verwirklicht.

Boulding[204] bemüht sich um die Aufstellung einer Hierarchie theoretischer Systeme bzw. Theorien. Die Ebenen der Hierarchie sind bestimmt durch das Ausmaß der Komplexität der jeweiligen Theorie, wobei diese Komplexität wiederum auf die des betrachteten Untersuchungsgegenstandes zurückzuführen ist. Er unterscheidet neun Hierarchieebenen (der Untersuchungsgegenstände und damit auch der Theorien), wobei eine höhere Ebene die jeweils unteren Ebenen umfaßt.

Die ersten drei Ebenen umfassen *physikalische (nicht lebende) Systeme*. Während auf der ersten Ebene statische Strukturen betrachtet werden, richtet sich die Aufmerksamkeit auf der zweiten Ebene (der Boulding die klassischen Naturwissenschaften zuordnet) einfachen dynamischen Systemen zu, wie etwa Uhrwerken. Auf der dritten Ebene werden kybernetische Kontrollsysteme, die der Einhaltung eines bestimmten, von außen vorgegebenen Gleichgewichts dienen (z. B. der Thermostat), näher untersucht.

Übertragen auf Unternehmenstheorien heißt dies, daß das Hauptaugenmerk einer solchen „physikalischen" Betrachtungsweise der Optimierung des materiellen Transformationsprozesses innerhalb des Unternehmens gilt. Die Modelle von Taylor[205] im angelsächsischen Bereich oder Gutenberg[206] aus der deutschen Betriebswirtschaftslehre können hier eingeordnet werden.[207]

Die mittleren drei Ebenen der Hierarchie von Systemen umfassen den *biologischen Bereich*. Die vierte Ebene ist die des offenen Systems (Beispiel: Zelle), dessen Austausch mit seiner Umwelt der Strukturerhaltung dient. Die Komplexität steigt über die fünfte Ebene (Beispiel: Pflanze), in der das Lebewesen einem vorgegebenen Wachstumspfad folgt, zur sechsten Ebene (Beispiel: Tier), die v. a. durch eine größere Leistungsfähigkeit der Informationsverarbeitung gekennzeichnet ist.

Als diesen drei Ebenen zuzuordnende Unternehmensmodelle gelten[208] die Kontingenztheorie, verschiedene Wachstumsmodelle des Unternehmens oder das Modell von

---

198 Vgl. Barnard (1938).
199 Vgl. Scott (1992), S. 76-94.
200 Vgl. z. B. Lawrence, Lorsch (1967).
201 Scott (1992), S. 77.
202 Vgl. Cyert, March (1963).
203 Vgl. z. B. Alchian, Demsetz (1972) und Jensen, Meckling (1976).
204 Vgl. Boulding (1956), S. 202-205.
205 Vgl. Taylor (1911).
206 Vgl. z. B. Gutenberg (1951).
207 So geschehen bei Scholz (1990), S. 294, und Härle (1992), S. 13-17.
208 Vgl. Scholz (1990), S. 294f; Härle (1992), S. 17-32.

Beer[209], der eine Analogie zwischen der Lenkung eines Unternehmens und der Arbeit eines Nervensystems sieht.

Die höchsten drei Ebenen der Hierarchie umfassen den ***humanen Bereich***, wobei auf der siebten Ebene das Individuum und auf der achten Ebene soziale Systeme betrachtet werden. Kennzeichnend für diesen Bereich ist die Fähigkeit zur Selbstreflexion und die Möglichkeit der symbolhaften Kommunikation (z. B. durch die Sprache), die der Schaffung von Sinn dient. Die „transzendenten Systeme" der neunten Ebene finden keine reale Entsprechung und dienen der Illustration der These von Boulding von der möglichen Existenz von Systemen bisher unbekannter Komplexität.

Die Betrachtung des Unternehmens unter diesem sozialen Aspekt erfolgt v. a. im Rahmen der inzwischen zahlreichen Veröffentlichungen zur Unternehmenskultur.[210]

Auch Ulrich unterscheidet „drei Ebenen zur Erfassung sozialer Systeme"[211]. Demnach wird die *materielle Ebene* der toten Systeme im Unternehmen durch die physikalischen und geldmäßigen und somit quantitativ erfaßbaren Transformationsprozesse repräsentiert. Die *funktionelle Ebene* der lebendigen nichtmenschlichen Systeme stellt das Funktionieren und die (beschränkte) Möglichkeit der Lenkung des Unternehmens und damit sein Überleben in einer komplexen Umwelt in den Vordergrund, während die *Sinnebene* der lebendigen menschlichen Systeme durch soziale Erscheinungen im Unternehmen repräsentiert ist.

Ulrich stellt den Bezug her zwischen den drei unterschiedlichen Aspekten des Unternehmensgeschehens und den sich daraus ergebenden Aufgaben des Managements:[212] Auf der ersten Ebene ist es die rationale Planung unter Zuhilfenahme formaler Methoden zur Optimierung quantitativer Ergebnisse. Auf der zweiten Ebene, ausgehend von einem reduzierten Glauben an die Leistungsfähigkeit von Prognosen und der Einwirkungsmöglichkeit der Gestaltung, ist es die Schaffung von Strukturen, die z. B. durch Steigerung der Lernfähigkeit des Unternehmens sein Überleben sichern. Auf der dritten Ebene besteht die Aufgabe des Managements in der Ausrichtung auf menschliche Ziele, die sich etwa in einer Diskussion über die gesellschaftliche Verantwortung des Unternehmens widerspiegelt und von Ulrich als „teleologisches Denken"[213] bezeichnet wird.

Kirsch spricht von „Sinnmodellen" des Unternehmens und nennt ebenfalls drei Hauptmodelle:[214] Das *Zielmodell* sieht im Unternehmen das Instrument zur Erreichung vorbestimmter Ziele, während das *Überlebensmodell* von dem Überleben der Organisation (losgelöst von den - wechselnden - in Beziehung zum Unternehmen stehenden Gruppen) geleitet ist.[215] Er favorisiert das *Fortschrittsmodell*, das „einen Fortschritt in der Befriedigung der Bedürfnisse und Interessen der internen und externen Organisationsteilnehmer"[216] erreichen soll.

Von besonderer Relevanz ist sein Hinweis, daß die Dominanz eines Modells im Denken der Unternehmensführer aus den Ziel-(Mittel-)Artikulationen des Unternehmens erkennbar sein kann:[217] Artikuliert das Unternehmen sein Überlebensziel, um die Ziele der Organi-

---

209 Vgl. Beer (1972).

210 Vgl. Scholz (1990), S. 295f; Härle (1992), S. 32-37.

211 H. Ulrich (1985), S. 22-25.

212 Vgl. ebenda, S. 25f.

213 Ebenda, S. 26.

214 Vgl. Kirsch (1990), S. 472f.

215 Vgl. ebenda, S. 484f.

216 Ebenda, S. 485.

217 Vgl. ebenda, S. 486.

sationsteilnehmer zu erfüllen (Fortschrittsmodell), oder will es deren Ziele erfüllen, um zu überleben (Überlebensmodell)?

Heinen[218] spricht von „Sinnorientierungen" von Betriebswirtschaften, die sich inhaltlich mit den Ausführungen von Kirsch decken. Die hier verwendeten Begriffe sind (in entsprechender Reihenfolge) das *Dezisionen-*, das *Reaktionen-* und das *Aktionen-Modell.*

Schwaninger[219] unterscheidet in seinen Ausführungen die aus den drei „unterschiedlichen logischen Ebenen"[220] des Unternehmensgeschehens abgeleiteten drei Ebenen des operativen, strategischen und normativen Managements, wie sie auch von Bleicher[221] differenziert werden.

Während das *operative Management* an der Wirtschaftlichkeit orientiert ist, die sich in finanzwirtschaftlichen Zielgrößen wie „Erfolg" (i. S. v. „Gewinn") ausdrückt, dient das *strategische Management* der Pflege bestehender und der Schaffung neuer Erfolgspotentiale (also Erfolgsvoraussetzungen). Es ist somit Ausdruck der zu bewältigenden Umweltveränderungen und problematisiert die an die zukünftigen Zahlungen geknüpfte leistungswirtschaftliche Dimension und somit die Sachziele des Unternehmens. Maßstab des *normativen Managements* schließlich ist die Befriedigung der an das Unternehmen herangetragenen Ansprüche, die über die ökonomische Ebene hinausgehen können und soziale und ökologische Ziele umfassen. Bzgl. der Organisationsmitglieder hat das normative Management eine sinn- und identitätsstiftende Funktion.

Die den drei Ebenen des Managements zugrundeliegenden Probleme sind somit das *Effizienzproblem*, das auf die Knappheit der zur Verfügung stehenden Ressourcen zurückzuführen ist, das *Steuerungsproblem*, dessen Gründe Dynamik und Komplexität und Ungewißheit der Umwelt sind, und das *Legitimationsproblem*, welches bedingt ist durch konfliktäre Ansprüche verschiedener Gruppen an das Unternehmen.[222]

Auch bei Morgan[223] sind die verschiedenen Aspekte des Unternehmensgeschehens und ihrer wissenschaftlichen Analyse Grundlage eines Systematisierungsversuchs unterschiedlicher Organisationstheorien. Er geht davon aus, daß die jeweiligen Grundannahmen einer Theorie bzgl. ihres Untersuchungsgegenstandes auf wahrnehmungsleitenden Metaphern basieren bzw. diese widerspiegeln.[224] Dabei ist die metaphorische Sichtweise gekennzeichnet durch eine bewußte oder unbewußte Übertragung von Phänomenen eines Erfahrungsbereichs in einen anderen, was einerseits dem Verständnis von Zusammenhängen dienen kann und eine Heuristik für mögliche Problemstellungen darstellt, andererseits aufgrund der Nichtidentität der beiden Bereiche eine einseitige Hervorhebung bestimmter Aspekte bewirkt. Seine Darstellung ist differenzierter und geht über die vorherrschende Unterteilung in drei zu unterscheidende Ebenen hinaus.

Die bei den oben genannten Autoren behandelten Sachzusammenhänge, die mit den Stichworten „materiell", „physikalisch", „rationales System", „Zielmodell" und „operatives

---

218 Vgl. Heinen (1985), S. 59f.
219 Vgl. Schwaninger (1989), S. 163-198.
220 Ebenda, S. 191.
221 Vgl. Bleicher (1991), S. 49-55.
222 Vgl. Ulrich, Fluri (1992), S. 19.
223 Vgl. Morgan (1986).
224 Vgl. ebenda, S. 11-17.

Management" umschrieben werden können, werden von Morgan unter der Metapher *„organizations as machines"* zusammengefaßt.[225]

Die Sichtweise, unter der die Stichworte „biologisch", „funktionell", „Überlebensmodell" oder „strategisches Management" fallen, erscheint hier unter dem Titel *„organizations as organisms"*.[226]

Differenzierter ist bei Morgan v. a. die Darstellung bzgl. der Aspekte der „sozialen" bzw. „Sinn"-Ebene, die in den Bereich des „normativen Managements" fällt: Unter die Metapher *„organizations as cultures"* subsumiert er die sozialen Phänomene, die das Unternehmen als soziale Einheit erscheinen lassen und sich etwa in gemeinsamen Werten und daraus abgeleiteten Zielen äußern.[227] Hingegen repräsentiert die Metapher *„organizations as political systems"* den sozialen Aspekt der Organisation in entgegengesetzter Weise:[228] Gegenstand der Analyse sind die internen und externen Anspruchsgruppen des Unternehmens mit ihren z. T. konfligierenden Zielen und die Prozesse der Zieldurchsetzung. Das Bild „der" Organisation als Einheit wird hier also zugunsten eines aus unterschiedlichen Gruppen bestehenden „loose networks of people"[229] aufgegeben. Die Grenzziehung zwischen Unternehmen einerseits und Umwelt andererseits wird aufgegeben.

Darüber hinaus behandelt Morgan weitere vier Metaphern, die andere Aspekte des Organisationsgeschehens hervorheben und bei den anderen zuvor genannten Autoren nicht oder nur im Rahmen ihrer Unterscheidung von drei Ebenen behandelt werden. *„Organizations as brains"* hebt das Problem der Informationsverarbeitung in der Organisation vor dem Hintergrund einer komplexen Umwelt hervor,[230] während *„organizations as flux and transformation"* den Wandel der Organisation thematisiert.[231] *„Organizations as psychic prisons"* hat die Nachteile einer starken Organisationskultur, die zu einer sehr eingeschränkten Realitätssicht der Unternehmensmitglieder führen kann, zum Gegenstand.[232] *„Organizations as instruments of domination"* hebt schließlich den politischen Aspekt der tatsächlichen oder angeblichen Ausbeutung vieler durch wenige hervor, wie schon durch den Marxismus thematisiert.[233]

Kaplan und Norton[234] unterscheiden vier verschiedene, ursächlich miteinander verknüpfte Perspektiven der Unternehmenstätigkeit. Im Rahmen ihres Konzepts sollen jeder Perspektive unternehmensspezifisch ausgewählte Kennzahlen zugeordnet werden, die (übersichtlich angeordnet auf einer „Balanced Scorecard") der Steuerung der Unternehmenstätigkeit dienen.

Den Ausgangspunkt stellt die *finanzwirtschaftliche Perspektive* dar, die ihren Ausdruck in monetären Zielgrößen wie Cash-flow, Rentabilität oder auch Umsatz findet. Die *Kundenperspektive* ist der finanzwirtschaftlichen Perspektive vorgelagert und berücksichtigt die Erlöskomponente des finanziellen Ergebnisses, indem Zielgrößen wie Kundenzufriedenheit, -treue und Produktqualität Beachtung finden. Voraussetzung zur Erreichung dieser Ziele ist wiederum die Berücksichtigung der *internen Prozeßperspektive,* da Erfolge im Absatz-

---

225 Vgl. ebenda, S. 19-38.
226 Vgl. ebenda, S. 39-76.
227 Vgl. ebenda, S. 111-140.
228 Vgl. ebenda, S. 141-198.
229 Ebenda, S. 154.
230 Vgl. ebenda, S. 77-109.
231 Vgl. ebenda, S. 233-272.
232 Vgl. ebenda, S. 199-231.
233 Vgl. ebenda, S. 237-319.
234 Vgl. Kaplan, Norton (1997).

markt leistungsfähige interne Prozesse voraussetzen. Mögliche Kennzahlen sind Durchlauf- und Entwicklungszeiten oder Ausschußquoten. Die *Lern- und Entwicklungsperspektive* knüpft an den Grundlagen für erfolgreiche interne Prozesse an und stellt z. B. Mitarbeitermotivation und -qualifikation in den Vordergrund.

2.3.3 Schlußfolgerungen

Zusammenfassend kann konstatiert werden, daß zahlreiche Ansätze zur Erklärung betriebswirtschaftlicher Phänomene existieren. Sie sind auf mindestens drei grundlegende Perspektiven, die jeweils andere Eigenschaften und Probleme des Unternehmensgeschehens in den Vordergrund stellen, zurückzuführen. Eigentlich herrscht nicht einmal Einigkeit darüber, welche dieser Theorien bzw. der hinter ihnen stehenden Metaphern überhaupt unter die Bezeichnung „Betriebswirtschaftslehre" fallen.

So gelten für Anhänger eines rein ökonomischen Basiskonzepts, die die Betriebswirtschaftslehre von anderen Disziplinen und deren Erkenntnissen stärker abgrenzen (und somit in Morgans Terminologie Verfechter der Maschinenmetapher des Unternehmens sind) unternehmenskulturelle oder -ethische Fragestellungen als nicht mehr zur Betriebswirtschaftslehre zugehörig.[235] Sogar Anhänger einer wissenschaftlichen Behandlung dieser weitergehenden Fragestellungen scheinen die engere Abgrenzung der Betriebswirtschaftslehre zu übernehmen, wenn für sie nur die traditionellen Fragestellungen unter den Begriff „Betriebswirtschaftslehre" fallen. Dies ist etwa der Fall, wenn die Betriebswirtschaftslehre i. S. des ökonomischen Basiskonzepts als Konzept des deutschen Sprachraums charakterisiert wird[236] und für seine Überwindung durch eine „Managementlehre" oder „Unternehmungsführungslehre" plädiert wird, „die sich von diesem wirtschaftswissenschaftlichen Denken lösen muß."[237]

Andere Wissenschaftler gehen hingegen von einem weiten und alle Metaphern umfassenden Begriff der Betriebswirtschaftslehre aus, wenn z. B. von den drei „Sinnorientierungen der Betriebswirtschaftslehre"[238] gesprochen wird (bei der das ökonomische Basiskonzept eben nur eine Sinnorientierung ist) oder die „ökologisch verpflichtete Betriebswirtschaftslehre" und die „arbeitsorientierte Einzelwirtschaftslehre" zu den betriebswirtschaftlichen Wissenschaftsprogrammen gezählt werden.[239]

Die obige Darstellung der Betriebswirtschaftslehre(n) ist in zweierlei Hinsicht hilfreich.

Zum einen erscheint es hinsichtlich der Diskussion von Unternehmenszielen und ihrer Artikulation in Geschäftsberichten notwendig, zunächst von einem weiten Unternehmensverständnis auszugehen, das nicht auf die Erfassung von Zielartikulationen ökonomischen Inhalts beschränkt ist. Vielmehr ist gerade von Interesse, welche Ziele überhaupt die Unternehmensführung kennzeichnen und auch geäußert werden. Zu klären wäre im empirischen Teil dieser Arbeit etwa, inwiefern neben präzise formulierte Gewinnziele allgemeinere (z. B. Überleben) oder außerökonomische Ziele (z. B. Umweltschutz) treten.

Zum anderen setzt die Erfassung von Zielen verschiedenen Inhalts nicht nur eine umfassende theoretische Behandlung voraus, sondern insbesondere eine über die Aneinanderrei-

---

235 Vgl. Raffée (1993), S. 25-27.

236 Vgl. H. Ulrich (1985), S. 4.

237 Ebenda, S. 15.

238 Heinen (1985), S. 59.

239 Vgl. Schanz (1997), S. 83.

hung von Zielen und deren Definition hinausgehende ordnende Darstellung von Zielzusammenhängen. Nur dann besteht die Möglichkeit, aus den zahlreichen Zielinhalten ein für die Inhaltsanalyse geeignetes Ordnungsmuster[240] entwickeln zu können. Dabei erscheint es sinnvoll, die oben unterschiedenen Metaphern als Grundlage einer solchen Ordnung zu wählen. Auf bestimmten Grundannahmen aufbauende alternative Unternehmensverständnisse finden nämlich ihren Ausdruck in einem spezifischen Muster von Zieldimensionen, d. h. bestimmten Verknüpfungen von Zielinhalten, angestrebten Zielniveaus, Zielprioritäten, Zielbezügen oder Zeithorizonten. Außerdem entspricht eine an den obigen Metaphern orientierte Diskussion von Zielen auch der zeitlichen bzw. historischen Entwicklung der betriebswirtschaftlichen Ansätze.[241]

In Abkehr von der offensichtlich beliebten (aber nicht einheitlichen) Dreiteilung, wie sie sowohl in der Literatur zur „organizational effectiveness" als auch in der wirtschaftswissenschaftlichen Literatur zur Anwendung kommt, soll die Zielthematik im folgenden im Rahmen von vier Problemzusammenhängen bzw. Metaphern erörtert werden, wie sie bei der Wiedergabe der Systematik von Morgan diskutiert wurde.[242] Neben die Metaphern der Maschine, des Organismus und der Kultur, die von der Einheit des Unternehmens ausgehen (und implizit oder explizit die Existenz von Unternehmenszielen voraussetzen), tritt dann die Sichtweise des Unternehmens als politisches System, in dessen Rahmen die Ziele der zum Unternehmen in Beziehung stehenden Individuen und deren Zieldurchsetzungsprozesse im Vordergrund stehen.

2.3.4 Die Behandlung der Zielthematik vor dem Hintergrund unterschiedlicher Unternehmensmetaphern

2.3.4.1 Die Zielthematik im Rahmen der Maschinenmetapher

2.3.4.1.1 Das Unternehmensbild

Die Organisation und somit auch ein Unternehmen wird im Rahmen der Maschinenmetapher als Instrument betrachtet, was der ursprünglichen Bedeutung des griechischen Wortes „organon" (Werkzeug, Instrument) entspricht.[243] Zwar darf durchaus eine arbeitsteilige Entscheidungsstruktur innerhalb des Unternehmens unterstellt werden, doch gewährleistet ein dezidiertes System von Regeln und Kontrollen ein zielkonformes Handeln auf allen Ebenen,[244] so daß das Unternehmen als „structure of manipulable parts"[245] gesehen werden kann.

Die Fiktion einer Entscheidungseinheit und eines Zielträgers wird deutlich, wenn die Begriffe „Unternehmen" und „Unternehmer" synonym verwandt werden.[246] Das Bild des Entscheidungsträgers geht vom idealtypischen neoklassischen Modell des „homo oeconomicus" aus, der sein Handeln auf die Maximierung einer positiv bewerteten Zielgröße ausrichtet, wo-

---

240 Im Detail beschrieben wird dieses Ordnungsmuster in Abschnitt 5.2.3.4 dieser Arbeit.

241 Vgl. Heinen (1985), S. 59.

242 Vgl. Abschnitt 2.3.2.

243 Vgl. Morgan (1986), S. 22f.

244 Vgl. Scott (1992), S. 31-34.

245 Gouldner (1959), S. 405.

246 Vgl. Bidlingmaier (1964), S. 16-20.

bei üblicherweise die Gewinnmaximierung unterstellt wird.[247] Dabei wird traditionell vorausgesetzt, daß ihm alle für die Entscheidung benötigten Informationen zur Verfügung stehen (Informationsprämisse[248]) und ihm eine Anpassung an Datenänderungen unendlich schnell möglich ist (Reaktionsprämisse[249]). Das Entscheidungsproblem ist gut strukturierbar und mittels der Anwendung eines Algorithmus lösbar, so daß von einem geschlossenen Entscheidungsmodell gesprochen werden kann.[250] Die Betrachtung ist auf quantitativ erfaßbare Vorgänge im Unternehmen fokussiert, so daß materielle Transformationsprozesse und ihre Abbildung in ökonomischen Größen im Vordergrund stehen.[251]

Die Komplexität und Realitätsnähe der Modelle kann durch variierende Annahmen bzgl. der Anzahl der verfolgten Ziele oder des Sicherheitsgrads der Modellgrößen gesteigert werden. Außerdem kann eine statische Betrachtung durch eine dynamische ersetzt werden.[252] Bidlingmaier faßt das Unternehmensbild wie folgt zusammen:

> „Auf der Idealfigur des homo oeconomicus aufbauend, wird der Wirtschaftsprozeß zu einem berechenbaren, mechanischen oder gar automatischen Geschehen, die Wirtschaftstheorie zu einer Technik des rationellen Handelns, deren Erkenntnisobjekt - infolge der Elimination aller subjektbedingten Friktionen und Störungen - der rein technische Vorgang der Mittelanordnung ist."[253]

Für ihn erlangt die Wirtschaftswissenschaft „den Charakter einer exakten Naturwissenschaft"[254].

Die *Funktion des Ziels* besteht in seiner Eigenschaft als Entscheidungskriterium, das die Bewertung der zur Verfügung stehenden Handlungsalternativen ermöglicht und zur Auswahl der zielmaximierenden Alternative führt.[255] Die Entscheidung ist somit „zweckrational", da beispielsweise Traditionen oder Emotionen in der Entscheidungsfindung keine Rolle spielen.[256] Freilich ist bei gegebener Zielfunktion und bekannten Daten und Kausalzusammenhängen die zieloptimale Handlung determiniert, so daß eher von einem Reagieren als einem Agieren des Unternehmers gesprochen werden kann.[257] Nach erfolgter Ausführung der Entscheidung dient der Zielwert als Sollgröße im Vergleich mit der Istgröße der Erfolgskontrolle.[258]

Mit Verweis auf die unter 2.3.1 dargelegten Gründe für die Existenz verschiedener Ansätze kann konstatiert werden: Die hier vorliegende Sichtweise des Unternehmens ist gekennzeichnet durch ein pragmatisches, am Gewinnziel oder damit zusammenhängenden Größen orientiertes Wissenschaftsziel. Dies setzt die Betrachtung quantitativer Zusammenhänge im ökonomischen Bereich des Erfahrungsgegenstands „Unternehmen" voraus, welches als eine Entscheidungseinheit und damit idealtypisch wahrgenommen wird.

Die Kritik an der Maschinenmetapher setzt an einer oder mehrerer ihrer Prämissen an. So wird z. B. unter Hinweis auf die in der Realität feststellbaren vielfältigen Unternehmensziele

---

[247] Vgl. Schanz (1997), S. 116-118.
[248] Vgl. Bidlingmaier (1964), S. 30.
[249] Vgl. ebenda, S. 31.
[250] Vgl. zur Definition und zur Abgrenzung zu offenen Entscheidungsmodellen Kaluza (1979), S. 72.
[251] Vgl. H. Ulrich (1985), S. 23.
[252] Vgl. ebenda, S. 73f.
[253] Bidlingmaier (1964), S. 188.
[254] Ebenda.
[255] Vgl. Kupsch (1979), S. 39.
[256] Vgl. Bidlingmaier (1964), S. 30.
[257] Vgl. ebenda, S. 32f.
[258] Vgl. Amshoff (1993), S. 152.

für eine realtypische Revision des Unternehmensbildes plädiert.[259] Die Vielzahl der Ziele wird u. a. auf die zahlreichen Interessengruppen und deren Ziele zurückgeführt.[260] Auch wird die Annahme der Maximierung des Gewinns über eine Kritik an der Informationsprämisse in Frage gestellt.[261]

Letztlich ist eine derartige Kritik[262] jedoch problematisch, da ein bestimmtes Unternehmensbild verbunden mit einem bestimmten Wissenschaftsziel durchaus problemgerecht sein kann. Machlup, der ironisch „twenty-one concepts of the firm"[263] unterscheidet, faßt zusammen:

> "I hope there will be no argument about which concept of the firm is the most important or most useful. Since they serve different purposes, such an argument would be pointless. It would degenerate into childish claims about one area of study being more useful than another."[264]

Als Repräsentant der Maschinenmetapher für den angelsächsischen Raum wird v. a. der schon erwähnte Taylor angeführt.[265] Im Rahmen seines „Scientific Management" erfolgt eine Übertragung ingenieurwissenschaftlicher Erkenntnisse und Methoden auf die Tätigkeit im Unternehmen. Ziel ist die technisch und ökonomisch effizienteste Bewältigung einer Aufgabe, wobei der Arbeitsablauf durch stetige Kontrolle und eine extreme Arbeitsteilung gekennzeichnet ist.

Im deutschen Sprachraum ist die Betriebswirtschaftslehre Erich Gutenbergs durch die hier dargelegte Sichtweise gekennzeichnet: Sie wird als „Wissenschaft von der Produktivitätsbeziehung"[266] umschrieben, wobei anspruchsvolle mathematische Verfahren vorwiegend der Bestimmung gewinnmaximaler bzw. kostenminimaler Problemlösungen dienen sollen.

Verbreitet[267] ist auch eine Einordnung der Arbeiten Max Webers zur Bürokratie unter die Maschinenmetapher, was sich mit deren Betonung von Rationalität, Effizienz und unpersönlicher Regelungen erklären läßt. Allerdings ist sein Erfahrungsgegenstand die Verwaltung.

2.3.4.1.2 Zielinhalte im Rahmen der Maschinenmetapher

Da im Rahmen der Maschinenmetapher quantitativ erfaßbare Vorgänge und ihre Abbildung in ökonomischen Größen im Vordergrund stehen, sind die im Rahmen der Maschinenmetapher behandelten Zielgrößen die finanziellen Ziele, von denen die wichtigsten nun kurz diskutiert werden sollen.

---

[259] Vgl. Bidlingmaier (1964), S. 39

[260] Vgl. Cyert, March (1963), S. 28.

[261] Vgl. Schreyögg (1984), S. 34.

[262] Malik (1984), S. 259f, bezeichnet die Maschinensichtweise als „konstruktivistische Methode" und listet beispielsweise dreizehn ihrer „Fehler" auf.

[263] Machlup (1967), S. 26.

[264] Ebenda, S. 28.

[265] Vgl. Morgan (1986), S. 29-33.

[266] Schanz (1997), S. 83; im einzelnen vgl. ebenda, S. 111-120.

[267] Vgl. Morgan (1986), S. 24f; Scott (1992), S. 38-45.

2.3.4.1.2.1 Liquidität

Verschiedene Interpretationen des *Liquiditätsbegriffs* werden unterschieden:[268] Der Begriff kann als Synonym für Zahlungsmittel verwendet werden oder als die Eigenschaft von Vermögensposten in eben diese Zahlungsmittel transformiert werden zu können. Schließlich umschreibt er die Fähigkeit einer Wirtschaftseinheit, zu jedem Zeitpunkt ihre Zahlungsverpflichtungen erfüllen zu können.

Wenn die Liquidität als „wichtigste finanzwirtschaftliche Zielsetzung“[269] bezeichnet wird, ist die dritte Bedeutung des Begriffs in seiner Eigenschaft als Nebenbedingung gemeint. Bei dauernder Zahlungsunfähigkeit ist die Existenz des Unternehmens beendet. Insofern liegt hier eine klassifikatorische Formulierung des Liquiditätsziels vor, während bei den beiden erstgenannten Definitionen seine Erfüllung auf einer metrischen Skala gemessen werden kann.[270]

Letzteres gilt auch für die in der Liquiditätsanalyse verwendeten Kennzahlen, wo Bestände an Zahlungsmitteln und mehr oder weniger geldnahe Vermögensposten in Bezug gesetzt werden zu kurzfristigen (oder darüber hinausgehenden) Verbindlichkeiten.[271] Diese Kennzahlen sollen Rückschlüsse auf die Zahlungsfähigkeit des Unternehmens erlauben und sind somit eigentlich keine eigenständigen Ziele, sondern Indikatoren. Da allerdings Indikatoren, z. B. in einer externen Kreditwürdigkeitsprüfung, eine Signalwirkung haben können und ihre Interpretation dann konkrete Konsequenzen hat, scheint ihre Verfolgung als eigenständige Zielgrößen im Rahmen der Bilanzpolitik des Unternehmens durchaus sinnvoll.[272]

Intern kann die Liquidität genauer erfaßt werden durch eine stetige Fortschreibung des Anfangsbestands der Zahlungsmittel über die Erfassung aller Vorgänge, die einen Zu- oder Abfluß von Zahlungsmitteln darstellen.[273]

2.3.4.1.2.2 Unternehmensbezogene finanzielle Erfolgsgrößen

Der *Gewinn* ist die Zielgröße, der in den traditionellen Entscheidungsmodellen die größte Bedeutung zukommt,[274] wobei zwischen einem absoluten und einem relativen Gewinn *(Rentabilität)* unterschieden werden kann.[275] Diese besondere Relevanz des Gewinns steht auch nicht im Widerspruch zu der oben erwähnten herausragenden Bedeutung der Liquidität. Während nämlich der Liquidität die Rolle der Nebenbedingung zukommt, die in jedem Zeitpunkt erfüllt sein muß, gilt der Gewinn (bzw. die *Gewinnerzielung* in Abgrenzung zu *Gewinnverwendungszielen*[276]) in der traditionellen Betriebswirtschaftslehre als zu maximierende Zielgröße.

---

268 Vgl. Lücke (1984), S. 2361.
269 Ebenda.
270 Vgl. Kupsch (1979), S. 82.
271 Vgl. Lücke (1984), S. 2421f.
272 Vgl. Stein (1993), S. 978f.
273 Vgl. Lücke (1984), S. 2420f.
274 Vgl. Heinen (1976), S. 28.
275 Vgl. Lücke (1984), S. 2361.
276 Vgl. H. Ulrich (1978), S. 138-142.

Allerdings können mehrere absolute Gewinnbegriffe unterschieden werden:[277] Der *Kapitalgewinn* ergibt sich als Differenz zwischen Erlösen und Kosten und unterscheidet sich vom *pagatorischen Gewinn* darin, daß nur bei letzterem die Zinsen auf das Fremdkapital gewinnmindernd in die Rechnung einbezogen werden.[278] Einen noch engeren Gewinnbegriff bei gleichen Ausgangsdaten stellt schließlich der *kalkulatorische Gewinn* dar. Hier wird lediglich der auf das spezifische Leistungsprogramm des Unternehmens zurückzuführende Erfolg einbezogen und zusätzlich um kalkulatorische Zinsen und den kalkulatorischen Unternehmerlohn gemindert.

Für alle drei Erfolgsbegriffe gilt, daß (in unterschiedlichem Ausmaß) eine Orientierung am Unternehmen selbst bzw. an den Kapitalgebern als Erfolgsempfängern erfolgt, da Zahlungen an andere Gruppen (z. B. die Arbeitnehmer) als Kosten erfaßt werden. Eine diesbzgl. Modifikation führt zu dem Erfolgsbegriff der *Wertschöpfung*.[279]

Eine Maximierung des Gewinns bei gegebener Erlös- und Kostenfunktion erfolgt bei der Menge, bei der Grenzerlöse und Grenzkosten gleich sind.[280] Wird die Erzielung eines Gewinns als Mehrung des Kapitals interpretiert, kann das Ziel der *Kapitalerhaltung* lediglich als Vermeidung einer negativen Gewinngröße gedeutet werden, wobei die reale Kapitalerhaltung (im Gegensatz zur nominalen) Kaufkraftänderungen berücksichtigt.[281]

Die Beziehung zwischen den Zielgrößen Gewinn und Liquidität muß in Abhängigkeit von der betrachteten Zeitdauer bewertet werden: Kurzfristig liegt ein Zielkonflikt vor, da die zur Liquiditätserhaltung gehaltenen Zahlungsmittelreserven nicht anderweitig ökonomisch verwertbar sind und somit das Ergebnis belasten.[282] Eine längerfristige Betrachtung läßt jedoch den Schluß zu, daß eine Steuerung des Unternehmens über die Gewinngröße eine Liquiditätsvorsteuerung darstellt, da hier Vorgänge (z. B. das Entstehen von Forderungen) erfaßt werden, die zu späteren Zeitpunkten liquiditätswirksam sind.[283] Diese Sichtweise geht somit von einer Komplementarität aus, bei der der Gewinn Mittel zur Erreichung des Liquiditätsziels ist. Verbreiteter dürfte allerdings die Sichtweise der Liquidität als Mittel sein, das erst den Unternehmensfortbestand und somit die Erreichung aller übrigen Ziele gewährleistet.[284]

Von den relativen Gewinngrößen werden v. a. die *Gesamtkapitalrentabilität* und die *Eigenkapitalrentabilität* in der Literatur behandelt:[285] Erstere setzt den Kapitalgewinn in Bezug zum Gesamtkapital, während letztere den pagatorischen Gewinn im Verhältnis zum Eigenkapital ermittelt. Somit wird eine Erfolgsgröße im Zähler in Beziehung gesetzt zu der entsprechenden Größe im Nenner, die aufgewandt wurde, um diesen Erfolg zu erzielen.

---

[277] Vgl. Kirsch (1968), S. 28-33; Hahn (1994b), S. 127.

[278] Von den Posten der Gewinn- und Verlustrechnung wird i. d. R. der Jahresüberschuß, d. h. der Gewinn vor Rücklagenbildung, als Ausdruck des Periodenerfolgs verwendet. Vgl. Hahn (1994b), S. 127; Perridon, Steiner (1995), S. 512.

[279] Vgl. R.-B. Schmidt (1977), S. 116-119.

[280] Zur mathematischen Ableitung vgl. Kirsch (1968), S. 21f.

[281] Vgl. Schierenbeck (1998), S. 584. Erfolgt statt einer geldlichen eine güterwirtschaftliche Betrachtung, wird von verschiedenen Formen der Substanzerhaltung gesprochen. Vgl. dazu Kaluza (1979), S. 156f.

[282] Vgl. Hahn (1994b), S. 146.

[283] Vgl. Gälweiler (1981), S. 85.

[284] Vgl. z. B. Heinen (1976), S. 74-77.

[285] Vgl. ebenda, S. 62-64.

Bei konstantem Gesamtkapital bzw. Eigenkapital erreichen diese relativen Zielgrößen ihr Maximum, wenn eine Maximierung der jeweiligen absoluten Zählergrößen gegeben ist. Eine differenziertere Betrachtung ist vonnöten, wenn die Prämisse des konstanten Kapitals aufgegeben wird:[286] Ausgehend von der mathematischen Regel, daß ein Quotient dann maximiert wird, wenn die Zählerelastizitäten gleich den Nennerelastizitäten sind, gilt für das Maximum einer Rentabilität entsprechend, daß die Elastizität der Gewinngröße gleich der Kapitalelastizität sein muß.

Das Verhältnis von Eigenkapitalrentabilität und Gesamtkapitalrentabilität wird durch die Leverageformel ausgedrückt:[287]

$$\text{Eigenkapitalrentabilität} = \text{Gesamtkapitalrentabilität} + \frac{\text{Fremdkapital}}{\text{Eigenkapital}}\left(\text{Gesamtkapitalrentabilität} - \text{Fremdkapitalzins}\right)$$

Aus der Formel[288] wird ersichtlich, daß die Eigenkapitalrentabilität höher ist als die Gesamtkapitalrentabilität, solange letztere einen höheren Wert aufweist als der Fremdkapitalzins. Eine Erhöhung des *Verschuldungsgrades* (Quotient von Fremdkapital zu Eigenkapital) wirkt als Hebel und bewirkt in diesem Fall einen Anstieg der Eigenkapitalrendite, da bei konstantem Eigenkapital die zusätzliche Belastung durch die Fremdkapitalzinsen über die höhere Rentabilität kompensiert wird. Insofern läßt sich aus dem Ziel der Eigenkapitalrentabilität auch das Ziel eines bestimmten Verschuldungsgrades des Unternehmens ableiten.

Eine weitere Rentabilitätsgröße, deren Bedeutung v.a. darin liegt, daß sie der Ausgangspunkt eines Kennzahlensystems („DuPont-System of Financial Control") ist, ist der *„Return on Investment"* (RoI), der allgemein wie folgt definiert werden kann (was eine nähere Bestimmung der zu verwendenden Gewinngröße erfordert):[289]

$$\text{RoI} = \frac{\text{Gewinn}}{\text{Gesamtkapital}} = \left(\frac{\text{Gewinn}}{\text{Erlöse}}\right) \text{x} \left(\frac{\text{Erlöse}}{\text{Gesamtkapital}}\right)$$

$$= \text{Umsatzrentabilität x Kapitalumschlag}$$

Diese Zerlegung des RoI und weitere Aufspaltungen ermöglichen eine Ursachenforschung bei unbefriedigendem RoI, der beispielsweise nicht nur auf eine ungünstige Kostenstruktur (die sich in der Umsatzrentabilität niederschlägt), sondern eben auch durch ein im Verhältnis zum investierten Kapital unbefriedigenden Umsatz zurückgeführt werden kann. Problematisch ist die Verwendung des RoI dann, wenn der Jahresüberschuß als Gewinngröße verwendet wird, da sich dann Zähler und Nenner insofern nicht entsprechen, als in die Gewinngröße die Fremdkapitalzinsen gewinnmindernd eingehen, obwohl das Fremdkapital Teil der Bezugsbasis im Nenner ist.[290]

---

286 Vgl. Hahn (1994b), S. 135-145.

287 Vgl. Schierenbeck (1998), S. 65; Perridon, Steiner (1995), S. 445f.

288 Zur Erleichterung der Lesbarkeit erfolgt die Darstellung mathematischer Zusammenhänge hier und im folgenden ohne Rückgriff auf Abkürzungen und Symbole. Ähnlich etwa bei R. Schmidt (1993).

289 Vgl.Schierenbeck (1998), S. 64; Perridon, Steiner (1995), S. 524-527; Bühner (1990), S. 26.

290 Vgl. Bühner (1990), S. 26f.

Die Beziehung zwischen der Eigenkapitalrentabilität und dem RoI (bei Verwendung des pagatorischen Gewinns als Konkretisierung der Gewinngröße) ist wie folgt:[291]

$$\text{Eigenkapitalrentabilität} = \frac{\text{Gewinn}}{\text{Eigenkapital}}$$

$$= \left(\frac{\text{Gewinn}}{\text{Erlöse}}\right) \times \left(\frac{\text{Erlöse}}{\text{Gesamtkapital}}\right) \times \left(\frac{\text{Gesamtkapital}}{\text{Eigenkapital}}\right)$$

$$= \text{RoI} \times \left(\frac{\text{Gesamtkapital}}{\text{Eigenkapital}}\right)$$

Ob bzw. in welchem Bereich die Ziele der Gewinnmaximierung und der Rentabilitätsmaximierung komplementär sind, hängt von den Annahmen hinsichtlich der Erlös- und Kostenfunktionen ab:[292] Bei linearen Erlös- und Kostenfunktionen und unter der Voraussetzung, daß die Erlösfunktion eine größere Steigung als die Kostenfunktion hat, wird die gewinn- und rentabilitätsmaximale Menge erst bei der Kapazitätsgrenze erreicht. Zusätzlich befinden sich hier die Maxima der *Umsatzrentabilität* (Gewinn/Erlöse), der *Kostenrentabilität* (Gewinn/Kosten) und der *Wirtschaftlichkeit* (Erlöse/Kosten)[293]. Bei nichtlinearer Gewinnfunktion hingegen läßt sich zeigen, daß die rentabilitätsmaximale Menge (und dies gilt sowohl für die Kapitalrentabilität als auch für die anderen eben genannten Rentabilitäten) immer unter der gewinnmaximalen liegt. Allerdings kann Hahn nach umfangreichen graphischen Darstellungen folgern,

> „daß selbst bei Aufgabe dieser Linearitätsprämisse und der Unterstellung stark gekrümmter Kurven der Konkurrenzbereich der Ziele relativ klein ist. Geht man ferner davon aus, daß die zu diesem Nachweis erforderlichen Kurven in der Praxis entweder nur schwer oder zum Teil praktisch überhaupt nicht ermittelt werden können, dann läßt sich aus den voranstehenden Ausführungen der für die praktische Unternehmungsführung sehr wichtige Schluß ziehen, daß mögliche Konkurrenzbeziehungen zwischen den bisher betrachteten Zielen in der Regel vernachlässigt werden können."[294]

Eine weitere Rentabilitätskennzahl, der *CFROI*, basiert auf der Idee, das gesamte Unternehmen als Investition zu betrachten, und stellt den internen Zinsfuß der entsprechenden Investitionsrechnung dar:[295]

Als Anschaffungsauszahlung dient die „Bruttoinvestitionsbasis", die den aktualisierten Anschaffungswert der Aktiva des Unternehmens darstellt (bereinigt um das der Unternehmung zinslos zur Verfügung stehende Fremdkapital). Die Aktualisierung besteht darin, aus den Buchwerten des Sachanlagevermögens durch Aufaddierung der kumulierten Anschaffungskosten und anschließende Inflationierung deren aktuellen Anschaffungswert zu erhalten.

Zahlungszufluß der Investitionsrechnung ist erstens der „Brutto-Cash-Flow". Er kann bei Betrachtung durch Unternehmensexterne berechnet werden, indem - basierend auf der Gewinn- und Verlustrechnung des Basisjahres - zunächst der sich aus dem Umsatz ergebende Cash-flow ermittelt wird und anschließend zahlungswirksame außerordentliche Erträge sowie Aufwendungen, Zinszahlungen und durch Desinvestitionen bedingte Zahlungen berücksich-

---

291 Vgl. ebenda, S. 32.

292 Vgl. im folgenden Hahn (1994b), S. 135-145.

293 Während die Wirtschaftlichkeit eine in Geldgrößen bewertete Output-Input-Relation repräsentiert, basiert die Produktivität auf den entsprechenden physischen Mengen.

294 Hahn (1994b), S. 145.

295 Vgl. Kloock, Coenen (1996), S. 1101-1107.

tigt werden. Dieser Brutto-Cash-Flow wird über einen Zeitraum angesetzt, der der durchschnittlichen Nutzungsdauer des im Unternehmen vorhandenen Sachanlagevermögens zum Betrachtungszeitpunkt entspricht. Als weiterer Zahlungszufluß wird zweitens der „Nettowert der nichtabschreibbaren Aktiva" zum Ende der Nutzungsdauer angesetzt.

Die Vorteile des CFROI gegenüber dem Gewinn und der Rentabilität ergeben sich aus den bei der Berechnung von Cash-flow und Brutto-Investitionsbasis vorgenommenen Korrekturen, die die Ansatz- und Bewertungswahlrechte des Jahresabschlusses neutralisieren sollen.

Problematisch ist andererseits, daß bei dem Ansatz des zukünftigen Cash-flows und der Nutzungsdauer Ist-Daten in die Zukunft projiziert werden.

Wird die Gesamtkapitalrentabilität des Unternehmens in Beziehung gesetzt zu seinen gewichteten Kapitalkosten[296] und die Differenz auf das eingesetzte Kapital bezogen, ergibt sich ein Residualeinkommen des Unternehmens, das als *Economic Value Added (EVA)* bezeichnet wird:[297]

$$\text{EVA} = (\text{Gesamtkapitalrentabilität} - \text{Kapitalkosten}) \times \text{Gesamtkapital}$$

Die Beziehung zwischen den Wachstumsmöglichkeiten eines Unternehmens einerseits und seiner Rentabilität andererseits wird ebenfalls in der Literatur unter Zuhilfenahme vereinfachender Prämissen dargestellt.[298] Für das Eigenkapitalwachstum eines Unternehmens (als jährliche Steigerung der Eigenkapitalbasis ohne zusätzliche Aufnahme von Eigenkapital, unter Aufrechterhaltung eines konstanten Verschuldungsgrads und bei einer bestimmten Einbehaltungsquote als Gegengröße zur Ausschüttungsquote) gilt:

$$\text{Eigenkapitalwachstum} = \text{Eigenkapitalrentabilität} \times \text{Einbehaltungsquote}$$

$$= \left(\text{Gesamtkapitalrentabilität} + \left(\frac{\text{Fremdkapital}}{\text{Eigenkapital}} \right) \times \left(\text{Gesamtkapitalrentabilität} - \text{Fremdkapitalzins} \right) \right)$$

$$\times \text{ Einbehaltungsquote}$$

Sind Verschuldungsgrad und Einbehaltungsquote vom Unternehmen gesetzte Größen und der Fremdkapitalzinssatz gegeben, ergibt sich aus obiger Gleichung, daß die vom Unternehmen erzielte Gesamtkapitalrentabilität und das ihm mögliche Kapitalwachstum in einer linearen Beziehung zueinander stehen.

Wird zusätzlich angenommen, daß auch Umsatzwachstum und Kapitalwachstum proportional zueinander sind, leitet sich daraus die Forderung nach Konsistenz von Wachstums- und Rentabilitätszielen des Unternehmens ab, falls keine externe Zuführung weiteren Kapitals erfolgen soll.

---

296 Zur Berechnung der Kapitalkosten siehe Abschnitt 2.3.4.1.2.3 dieser Arbeit.

297 Vgl. Bühner (1996), S. 395f.

298 Vgl. im folgenden Donaldson (1984), S. 64-72; Hax, Majluf (1991), S. 167f; Reilly (1989), S. 464f.

2.3.4.1.2.3 Der Shareholder Value als aktionärsbezogene Zielgröße

Die Verfechtung des Shareholder Value als Zielgröße der Unternehmensführung basiert auf den Problemen, die mit der Gewinngröße verbunden sind:[299]

- Ansatz- und Bewertungswahlrechte gewähren dem Unternehmen die Möglichkeit, die Gewinngröße zu manipulieren, wodurch der Gewinn als Maßstab der Unternehmensleistung an Aussagekraft verliert. Änderungen beim Ansatz oder der Bewertung führen dann zu einer veränderten Gewinngröße, die nicht Ausdruck einer Veränderung der tatsächlichen Zahlungsströme ist (abgesehen von denjenigen Steuerzahlungen, die gewinnabhängig sind).
- Die Zahlen des Rechnungswesens spiegeln den Zahlungsstrom des Unternehmens nur unzureichend wider, was daran liegt, daß einige zahlungswirksame Vorgänge in der betrachteten Periode nicht in die Gewinngröße eingehen (z. B. die bei Wachstum u. U. notwendigen Investitionen bei Sachanlagen oder Vorräten) oder umgekehrt zahlungsunwirksame Vorgänge in die Ergebnisrechnung einfließen (z. B. Erhöhung von Forderungen oder Verbindlichkeiten, Abschreibungen).
- Handlungsalternativen mit gleichem Erwartungswert des Gewinns werden als gleichrangig bewertet, da Risikoerwägungen nicht in die Wertung eingehen.
- Der Zeitwert des Geldes geht nicht in die Bewertung ein, so daß die zeitliche Verteilung der mit einer Investition verbundenen Erfolgsgrößen irrelevant bleibt.
- Das Gewinnziel wird in der Regel als Gewinnerzielungsziel interpretiert, das über die Gewinnverwendung nichts aussagt. Bei einer Orientierung an der Zielgröße „Gewinn" erscheint die Einbehaltung von Gewinnen zum Zweck weiterer Investitionen schon dann gerechtfertigt, wenn eine Investitionsmöglichkeit einen positiven Gewinnerwartungswert aufweist (alternative Investitionsmöglichkeiten der Aktionäre gehen dann aber nicht mehr in das Kalkül ein, so daß eine derartige Verfolgung des Gewinnziels gesamtökonomisch nicht optimal ist[300]).

Auch die Verwendung relativer Gewinngrößen ist problembehaftet:[301]

- Die oben genannten Einwände gegen die Gewinngröße gelten auch für den RoI und die Gesamt- und Eigenkapitalrentabilität, da hier der Gewinn in den Zähler Eingang findet.
- Auch die entsprechenden Nenner basieren auf Zahlen des Rechnungswesens und sind somit vergangenheitsorientiert. Beispielsweise wird ein Unternehmen durch erhöhte Abschreibungen seiner Aktiva eine niedrigere Investitionsbasis aufweisen, was zu einem erhöhten Ausweis von Rentabilität führt.
- Gleiches wird bewirkt, wenn hinsichtlich der Erhaltung des Unternehmenswertes eigentlich notwendige Investitionen unterbleiben. In diesem Fall steigt die Rentabilitätsgröße, wenn ein zu kurzer Zeithorizont bei der Betrachtung die Berücksichtigung der langfristigen negativen Auswirkungen solchen Handelns verhindert.
- Ein weiterer Nachteil der Rentabilitätsgrößen ist ihr Verhalten bei Veränderung der Kapitalstruktur des Unternehmens. So bleibt die Gesamtkapitalrentabilität unabhängig von einer Variation des Verschuldungsgrads konstant, da die Erfolgsgröße vor Zinszahlungen berechnet wird. Geht hingegen beim RoI der Jahresüberschuß in den Zähler ein, wirkt sich hier eine Abnahme des Verschuldungsgrades aufgrund geringerer Zinszahlungen in jedem

---

299 Vgl. Rappaport (1986), S. 19-27.

300 Damit verliert das Gewinnziel einen Teil seiner Legitimation. Siehe dazu auch Abschnitt 2.3.4.3.1.3.

301 Vgl. Rappaport (1986), S. 31-43.

Fall und unabhängig vom Ausgangsniveau positiv aus. Umgekehrtes gilt, wie oben ausgeführt, für die Eigenkapitalrentabilität, solange die Gesamtkapitalrentabilität den Fremdkapitalzinssatz übersteigt.

Geeigneter erscheint somit eine Größe, die zukunftsorientiert und unbeeinflußt von der Ausübung von Wahlrechten des Rechnungswesens ist. Berücksichtigt werden müssen ferner die mit einer Handlungsalternative vereinbarten verbundenen Risiken, der Zeitwert des Gelds, der Verschuldungsgrad des Unternehmens und die den Aktionären zur Verfügung stehenden Alternativen.

Erfüllt sind diese Bedingungen vom *Shareholder Value*. Dieser ist definiert als die Differenz zwischen dem Marktwert des Unternehmens und dem Marktwert des Fremdkapitals.[302] Er stellt somit den Marktwert des Eigenkapitals dar:

Shareholder Value = Unternehmenswert - Wert des Fremdkapitals

Die Bestimmung des Shareholder Value erfolgt in mehreren Schritten, die zunächst der Bestimmung des Unternehmenswertes dienen:[303] Im ersten Schritt müssen - auf den Planungsdaten des Unternehmens basierend - die zukünftigen operativen Zahlungsströme des Unternehmens geschätzt werden, die nach Vornahme der Investitionen den Kapitalgebern zur Verfügung stehen. Diese werden anschließend mit dem Kapitalkostenzinssatz des Unternehmens abgezinst. Hieraus ergibt sich ein ausschließlich auf den Daten des Planungszeitraums basierender Unternehmenswert. Dieser muß ergänzt werden um den abgezinsten Restwert, der sich auf den Zeitraum jenseits des Planungshorizontes bezieht. Weiterhin geht in den Unternehmenswert der Wert des nicht betriebsnotwendigen Vermögens ein. Es gilt also:

Unternehmenswert	=	Barwert des freien betrieblichen Cash-flows im Planungszeitraum
		+ Barwert des Restwerts
		+ Marktwert des nicht betriebsnotwendigen Vermögens

Zur Bestimmung des freien betrieblichen Cash-flows:[304] Die güterwirtschaftlichen Aktivitäten des Unternehmens werden hier erfaßt, indem (bei einer auf dem Umsatzkostenverfahren basierenden Ergebnisrechnung) Umsatzerlöse, (Herstellungs-, Vertriebs- und Verwaltungs-)Kosten und sonstige betriebliche zahlungswirksame Erträge und Aufwendungen einer Periode nach Rückaddition der in ihnen enthaltenen Abschreibungen bzw. Erhöhungen der Pensionsrückstellungen im betrieblichen bzw. operativen Cash-flow zusammengefaßt werden. Nach Abzug der geschätzten Steuerzahlungen und der geplanten Investitionen (in Sachanlagen, immaterielles Vermögen und Erhöhung des Working Capital) ergibt sich der freie betriebliche Cash-flow einer Periode. Die so erhaltenen Werte für jede Periode des Planungszeitraums werden schließlich durch Abzinsung in einem Barwert zusammengefaßt.

Zur Bestimmung des Kalkulationszinsfußes:[305] Hier sind zunächst Eigen- und Fremdkapitalkosten des Unternehmens zu bestimmen.

---

302 Vgl. ebenda, S. 51.

303 Vgl. ebenda, S. 50-65.

304 Vgl. R. Schmidt (1993), S. 282f, wo ein auf den Posten der deutschen GuV (Umsatzkostenverfahren) basierendes Ermittlungsschema vorgestellt wird.

305 Vgl. Rappaport (1986), S. 55-59.

Die Bestimmung der Eigenkapitalkosten basiert auf dem Capital Asset Pricing Model (CAPM). Dieses besagt, daß die Renditeforderung des Aktionärs sich aus zwei Elementen zusammensetzt, die durch (Börsen-)Marktbeobachtung ermittelt werden können: Der Rendite einer risikolosen Anlage und einem Risikozuschlag. Letzterer erfaßt, welche Risikoprämie allgemein für das Tragen des Marktrisikos aufgeschlagen wird und wie sich speziell die betrachtete Aktie im Verhältnis zum Markt verhält (β, das systematische Risiko):

$$\text{Eigenkapitalkosten} = \text{risikofreier Zinsfuß} + (\text{Marktrisiko} - \text{risikofreier Zinsfuß}) \times \beta$$

Die Höhe der Fremdkapitalkosten ergibt sich aus dem Fremdkapitalzinssatz, der am Markt für die Überlassung von Fremdkapital mit einer Fristigkeit, die dem Planungshorizont des betrachteten Zahlungsstroms entspricht, gefordert wird.

Der Kalkulationszinsfuß, zu dem die freien Cash-flows abgezinst werden, wird determiniert durch den gewichteten Durchschnitt aus dem Eigenkapital- und dem Fremdkapitalzinssatz. Die Sätze werden entsprechend der vorliegenden oder angestrebten Kapitalstruktur (zu Marktwerten) gewichtet, wobei die steuerliche Abzugsfähigkeit der Fremdkapitalkosten berücksichtigt wird:

$$\text{Kalkulationszinsfuß} = \left(\frac{\text{Eigenkapital}}{\text{Eigenkapital} + \text{Fremdkapital}}\right) \times \text{Eigenkapitalkosten} + \left(\frac{\text{Fremdkapital}}{\text{Eigenkapital} + \text{Fremdkapital}}\right) \times (1 - \text{Steuersatz}) \times \text{Fremdkapitalkosten}$$

Zur Bestimmung des Barwerts des Restwertes:[306] Es handelt sich um den Barwert derjenigen Cash-flows, die dem Unternehmen jenseits des Planungszeitraums zufließen. Naturgemäß müssen hier vereinfachende Annahmen über die Höhe der zu erwartenden Cash-flows getroffen werden, die wiederum auf Einschätzungen der zukünftigen Marksituation basieren. Wird von einer langfristigen Zunahme des Wettbewerbs ausgegangen, die dazu führt, daß das Unternehmen nur noch seine Kapitalkosten erwirtschaftet, wird für jede Periode derselbe konstante Wert, z. B. der Cash-flow der letzten Planungsperiode, angesetzt. Hierdurch wird nicht negiert, daß die Cash-flows der Folgeperioden schwanken werden. Vielmehr wird angenommen, daß diese Schwankungen hinsichtlich des Shareholder Value irrelevant sind, da sie diesen weder positiv noch negativ verändern, wenn genau die Kapitalkosten erwirtschaftet werden. Formal liegt somit eine unendliche Rente vor, deren Barwert zum Beginn des nicht geplanten Zeitraums letztlich noch auf den Beginn des Planungszeitraums abgezinst werden muß.

Insbesondere hinsichtlich der Berechnung der in den Planungszeitraum fallenden Cash-flows wird in der Literatur ein Verfahren vorgeschlagen, das von vereinfachenden Annahmen ausgeht:[307] Ausgangspunkt ist, daß der Umsatz einer Periode sich durch Annahme einer Wachstumsrate aus dem Umsatz der Vorperiode ergibt. Der Zahlungszufluß wird dann als prozentualer Bruchteil des Umsatzes angesetzt, womit Auszahlungen im Rahmen der Unternehmenstätigkeit (über die „Umsatzüberschußrate") und Steuerzahlungen berücksichtigt werden sollen. Vom so erhaltenen Wert werden schließlich Auszahlungen für die Erweiterungsinvesti-

---

[306] Vgl. ebenda, S. 59-64.
[307] Vgl. ebenda, S. 51-55.

tionen abgezogen, bei denen ein proportionaler Zusammenhang mit dem Umsatzwachstum unterstellt wird:

Freier CF einer Periode
= (Umsatz der Vorperiode) x (1+Umsatzwachtumsrate) x Umsatzüberschußrate x (1-„CF-Steuersatz")
- Umsatzzunahme x (Erweiterungsinvestitionsrate für Anlagen + Erweiterungsinvestitionsrate für Working Capital)

Freilich wird hier die Einfachheit der Rechnung mit einer verminderten Genauigkeit bezahlt, so daß gerade die Vorteile der Shareholder-Value-Berechnung (die ja ohnehin schon auf unsicheren Zukunftsdaten beruht, wobei der Restwert üblicherweise bei hoher Ungewißheit den größten Anteil am Shareholder Value hat) gegenüber den traditionellen Ansätzen „freiwillig" gemindert werden.[308] Andererseits ist positiv zu bewerten, daß die vereinfachte Rechnung die Aufmerksamkeit auf diejenigen Größen lenkt, die letztlich den Shareholder Value determinieren und somit Ansatzpunkte für dessen Steigerung bieten.

Neben der Verbesserung dieser sogenannten „value driver"[309] oder der Verminderung der Kapitalkosten (z. B. über eine Veränderung des Verschuldungsgrades oder aufgrund von neuen Aktivitäten, die das systematische Risiko des Unternehmens mindern), kommen weitere Maßnahmen zur Steigerung des Shareholder Value in Betracht. Diese betreffen die Perspektive des Managements und die Bewertung durch Aktionäre:[310] Für erstere kann die Relevanz des Shareholder Value als zu verfolgende Zielgröße durch eine Kopplung der Vergütung an ihn gesteigert werden,[311] während letztere durch eine transparente Informationspolitik vom Wert der Unternehmensaktien überzeugt werden sollen.

Eine Modifikation des Shareholder-Value-Konzeptes ist durch Hahn erfolgt:[312] Hier wird - in Loslösung von der wörtlichen Bedeutung der Zielgröße - bestritten, daß der Shareholder Value allein den Aktionären zusteht, da seine Erwirtschaftung auch den Mitarbeitern zuzuschreiben ist. Nur ein Teil des Shareholder Value als Rückzahlungsanspruch aufgrund vertraglicher Vereinbarungen (z. B. in Form von Mindestdividenden) wird den Aktionären zugestanden. Die verbleibende Restgröße wird als „residualer Unternehmungskapitalwert" (nicht zu verwechseln mit dem Restwert als Komponente des Unternehmenswertes, der in der englischsprachigen Literatur „residual value" heißt) bezeichnet, für die eine Verwendung in Form von Tantiemen, zusätzlichen Kapitalausschüttungen oder Einbehaltung „zur Stärkung der Unternehmung" vorgeschlagen wird.

Residualer Unternehmungskapitalwert
= Shareholder Value - vertraglich vereinbarte Rückzahlungsansprüche der Eigenkapitalgeber

Die Orientierung des Shareholder-Value-Ansatzes an den Interessen der Aktionäre ist auch der Ausgangspunkt der Argumentation derjenigen Autoren, die ihm kritisch gegenüber stehen.[313] Wenn in seiner Verfolgung „die Abkehr von der modernen systemtheoretischen Er-

---

[308] Zu Problemen und Manipulationsmöglichkeiten der Shareholder-Value-Bestimmung vgl. R. Schmidt (1993), S. 286-288.

[309] Rappaport (1986), S. 50.

[310] Vgl. ebenda, S. 60-68.

[311] Zu Möglichkeiten der konkreten Ausgestaltung bei der Verwendung des Shareholder Value als Anreizgröße, notwendigen Voraussetzungen sowie Vor- und Nachteilen vgl. Elschen (1991), S. 209-220.

[312] Vgl. Hahn (1994b), S. 297-305.

[313] Vgl. z. B. Bleicher (1991), S. 94-110; Janisch (1992), S. 59-107.

kenntnis und Sichtweise der Unternehmung i. S. einer pluralistischen Wertschöpfungseinheit"[314] erkannt wird, die zur „eindimensionalen, monistischen Zielkonzeption und Unternehmungsbetrachtung"[315] zurückführt, stellt dies sicherlich ein negatives Werturteil dar. Allerdings zeigt diese Bewertung gleichzeitig, daß der Shareholder Value auch und gerade von seinen Kritikern in seiner Bedeutung mindestens gleichrangig neben die traditionelle Zielgröße der Betriebswirtschaftslehre - den Gewinn - eingeordnet wird. Zumindest innerhalb der „eindimensionalen" bzw. an ökonomischen Größen orientierten Betrachtungsweise des Unternehmens kann er in Anbetracht der oben dargelegten Schwächen der Gewinngröße positiv beurteilt werden, da in ihm Daten der Unternehmensplanung mit Erkenntnissen der Unternehmensbewertung am Kapitalmarkt verbunden werden.

Die Ermittlung des Shareholder Value ist somit auch differenzierter als Berechnungen, die traditionell im Rahmen der Bewertung von Aktien durchgeführt werden. Diese unterstellen bestimmte Dividendenentwicklungen, beruhen aber auf den traditionellen Erfolgsgrößen des Rechnungswesens. Basieren die verwendeten Werte allerdings auf einer detaillierten Unternehmensgesamtplanung, wie sie zur Berechnung des Shareholder Value notwendig ist, wird auch das Ergebnis dem Shareholder Value nahe kommen.[316]

Beispielhaft soll im folgenden die Berechnung des *Marktwertes des Eigenkapitals* eines Unternehmens (bei konstanter Wachstumsrate der Dividende) und die sich daraus ergebende Kennzahl des *Markt-Buchwert-Verhältnisses* gezeigt werden:[317]

$$\text{Marktwert des Eigenkapitals} = \left(\frac{\text{Dividende des ersten Jahres}}{\text{Diskontierungszinsfuß} - \text{Wachstumsrate der Dividende}} \right)$$

Mit

Dividende des ersten Jahres = (1 - Einbehaltungsrate) x Gewinn des ersten Jahres

und

Gewinn des ersten Jahres = Eigenkapitalrendite x Buchwert des Eigenkapitals

folgt:

$$\text{Marktwert des Eigenkapitals} = \left(\frac{1 - \text{Einbehaltungsrate}}{\text{Diskontierungszinsfuß} - \text{Wachstumsrate der Dividende}} \right) \text{ x Eigenkapitalrendite x Buchwert des Eigenkapitals}$$

und somit:

---

[314] Janisch (1992), S. 103.

[315] Ebenda.

[316] Vgl. R. Schmidt (1993), S. 290-293, wo der Shareholder Value mit anderen aktionärsorientierten Ansätzen verglichen wird.

[317] Vgl. Brealey, Myers (1991), S. 52f; Hax , Majluf (1991), S. 227-234.

$$\frac{\text{Marktwert des Eigenkapitals}}{\text{Buchwert des Eigenkapitals}}$$

$$= \frac{1 - \text{Einbehaltungsrate}}{\text{Diskontierungszinsfuß} - \text{Wachstumsrate der Dividende}} \times \text{Eigenkapitalrendite}$$

$$= \frac{\text{Eigenkapitalrendite} - \text{Einbehaltungsrate} \times \text{Eigenkapitalrendite}}{\text{Diskontierungszinsfuß} - \text{Wachstumsrate der Dividende}}$$

Mit

$$\text{Wachstumsrate der Dividende} = \text{Einbehaltungsrate} \times \text{Eigenkapitalrendite}$$

folgt:

$$\frac{\text{Marktwert des Eigenkpitals}}{\text{Buchwert des Eigenkapitals}} = \frac{\text{Eigenkapitalrendite} - \text{Wachstumsrate der Dividende}}{\text{Diskontierungszinsfuß} - \text{Wachstumsrate der Dividende}}$$

Der Marktwert des Eigenkapitals ist also größer oder gleich seinem Buchwert, wenn das Unternehmen eine Eigenkapitalrendite erwirtschaftet, die mindestens so hoch ist wie der Diskontierungszinsfuß. Ist dies nicht der Fall, wird Wert vernichtet.

Abschließend ist festzuhalten, daß eine selbst auf die finanzielle Sphäre des Unternehmens beschränkte Betrachtung einen Katalog zahlreicher Ziele ergibt, von denen der Gewinn nur eine Zielgröße darstellt. Die Vielfalt ist dadurch bedingt, daß etwa neben zahlungsstromorientierte Größen buchhalterische Kennziffern treten, die Betrachtung unternehmens- oder kapitalmarkt- und damit aktionärsbezogen sein kann, absolute und relative Ergebnisgrößen genauso unterschieden werden wie Ergebniserzielungs- und Ergebnisverwendungsziele und darüber hinaus schon rein definitorisch zu einzelnen Zielen Unterziele abgeleitet werden können. Insofern ist die Frage, welche finanziellen Ziele tatsächlich von einem Unternehmen verfolgt werden, gerechtfertigt und bedarf zur Beantwortung der empirischen Zielforschung.

2.3.4.2 Die Zielthematik im Rahmen der Organismusmetapher

2.3.4.2.1 Das Unternehmensbild

2.3.4.2.1.1 Umwelt als Problem

Bereits in den sechziger Jahren[318] ist konstatiert worden, daß die Ausrichtung des Unternehmensgeschehens an bestimmten Ergebnisgrößen (wie z. B. dem Gewinn) Ausdruck einer „technischen Rationalität“[319] ist, die nur einen Teil der „organisationalen Rationalität“[320] repräsentiert. Zur Aufrechterhaltung der in den Unternehmenszahlen widergespiegelten Tätigkeiten müssen nämlich die keineswegs unproblematischen Aktivitäten des Erwerbs von not-

[318] Vgl. Thompson (1967), S. 14-20.
[319] Ebenda, S. 14.
[320] Ebenda, S. 19.

wendigen Inputs und des Absatzes der Outputs sichergestellt werden, was eine Sichtweise des Unternehmens als offenes und in eine Umwelt eingebettetes System impliziert.[321] Pfeffer und Salancik formulieren diesbzgl.:

> "The central goal of most theories is the maximization of output from given resources ... But questions about how resources come to be acquired are left unanswered or are completely neglected."[322]

Die Probleme, die unsichere Umwelteinflüsse für das Unternehmen darstellen, spiegeln sich in der Metapher des Organismus wider, bei der dem Unternehmen Eigenschaften eines Lebewesens zugesprochen werden:[323] In den Vordergrund der Betrachtung rückt der zur Aufrechterhaltung eines internen Gleichgewichts notwendige kontinuierliche Austausch mit der Umwelt, der das Überleben des Systems gewährleistet. Zudem wird die interne Differenzierung des Systems in funktionale Subsysteme betont, aus der sich umgekehrt die Notwendigkeit ihrer Integration ergibt.

Das „principle of requisite variety"[324] postuliert, daß eine zunehmend komplexe Umwelt ihre Entsprechung in einer zunehmenden Komplexität des Systems haben muß, da nur so die vielschichtigen Herausforderungen durch die Umwelt entsprechend vielseitig beantwortet werden können. Die Wechselbeziehung zwischen der Umwelt und dem System zwingen dieses zu Veränderungen, so daß ein evolutionärer Prozeß in Gang kommt. Die Sichtweise eines deterministischen, kausalen Zusammenhangs ("Firm A will reach objective B with strategy C in environment D by implementing plan E."[325]) zwischen Zuständen wird allerdings in Frage gestellt. Statt dessen erscheint eine Zielerreichung auf verschiedenen Wegen möglich (Äquifinalität).[326]

2.3.4.2.1.2 Eigenschaften und Bereiche der Umwelt

Die Umwelt des Unternehmens ist komplex, dynamisch und ungewiß:[327]

- Die *Komplexität* bezeichnet die Vielfalt der Umweltfaktoren, denen das System ausgesetzt ist, und der Zusammenhänge zwischen ihnen.
- Die *Dynamik* erfaßt die Geschwindigkeit der Veränderung dieser Faktoren.
- Die *Ungewißheit* drückt den Mangel an zur Verfügung stehenden Informationen über zukünftige Umweltereignisse aus, dem sich die Entscheidungsträger im Unternehmen gegenüber sehen.

In bezug auf das Unternehmen kann die Umwelt in mindestens drei Bereiche unterteilt werden:[328] *Wirtschaft*, *Gesellschaft* und *ökologisches System*. Hinsichtlich der Wirtschaft wird zwischen branchenspezifischer Umwelt des Unternehmens (unter Berücksichtigung der Beschaffungsmärkte einerseits und der Absatzmärkte andererseits) und gesamtwirtschaftlichen Einflüssen unterschieden.[329] Innerhalb des gesellschaftlichen Bereichs erfolgt eine Unter-

---

[321] Vgl. ebenda, S. 19f.
[322] Pfeffer, Salancik (1978), S. 3.
[323] Vgl. Morgan (1986), S. 46f.
[324] Ebenda, S. 47.
[325] Jauch, Glueck (1988), S. 27.
[326] Vgl. Morgan (1986), S. 46.
[327] Vgl. Ulrich, Fluri (1992), S. 46.
[328] Vgl. Sauter-Sachs (1992), S. 192.
[329] Vgl. Kreikebaum (1989), S. 34.

scheidung von technologischer, sozio-kultureller, politischer und gesetzlicher Sphäre.[330] Das ökologische System, in das die Gesellschaft eingebettet ist, besteht aus dem Boden, dem Wasser, der Luft und den Lebewesen.[331]

Eine Durchsicht[332] der Literatur zur strategischen Unternehmensführung - wobei die Unternehmensstrategie als „Management der System-Umweltbeziehungen"[333] und das Management wiederum als Bewältigung von Komplexität[334] umschrieben werden können - läßt eine einmütige Einschätzung der Umweltentwicklung der letzten Jahre derart erkennen, daß Komplexität, Dynamik und Ungewißheit gestiegen sind.

Als Ausdruck der zunehmenden Komplexität werden etwa eine Verschärfung des Wettbewerbs und eine Globalisierung der Märkte genannt. Die steigende Dynamik drückt sich z. B. in einer Verkürzung der Produktlebenszyklen aus, die eine Amortisation der Forschungs- und Entwicklungsausgaben erschwert. Eine Erhöhung der Ungewißheit ist darauf zurückzuführen, daß die Extrapolation vergangener Entwicklungen (z. B. eines stetigen Wachstums) in vielen Bereichen zu keinen brauchbaren Prognosen mehr führt (z. B. wegen der Sättigung von Märkten). Durch einfache Gesetzmäßigkeiten nicht mehr beschreibbare Richtungs- und Niveauänderungen werden unter dem Stichwort „Diskontinuitäten" zusammengefaßt[335] und sind Ausdruck nichtlinearer und aufgrund komplexer Kausalketten z. T. kontra-intuitiver Zusammenhänge.[336]

Diese in der ökonomischen Umwelt des Unternehmens beobachtbaren Prozesse sind darüber hinaus beeinflußt von Veränderungen in der technischen (z. B. Möglichkeiten der Informationsverarbeitung), sozio-kulturellen (z. B. Wertewandel), rechtlich-politischen (z. B. Liberalisierung der Kapitalmärkte) und ökologischen (z. B. Verknappung von Rohstoffen) Umwelt.

Das Management steht somit vor dem Dilemma, aufgrund der komplexen, dynamischen und ungewissen Zusammenhänge mehr Reaktionszeit zu benötigen, aufgrund eben dieser Zusammenhänge aber immer weniger davon zu haben: Die „Zeitschere"[337] öffnet sich.

2.3.4.2.1.3 Überlebensziel

Vor dem Hintergrund der Herausforderungen, die die Umwelt für das Unternehmen darstellt, erfahren auch die Unternehmensziele eine neue Interpretation, nämlich als Mittel zur „Sicherung der Überlebensfähigkeit der Unternehmung als Ganzes"[338]. Diese Betrachtung des *Überlebensziels* als oberster Maxime der Unternehmenstätigkeit spiegelt sich in folgender Aussage wider:

---

330 Vgl. die unterschiedlichen Kategorien bei Hahn (1990a), S. 31; Kreikebaum (1989), S. 34; Welge, Al-Laham (1992), S. 86f.

331 Vgl. Meffert, Kirchgeorg (1993), S. 7.

332 Vgl. z. B. Kreikebaum (1989), S. 28f: Hahn (1990a), S. 31-33; Schröder (1989), S. 209; Duhnkrack (1984), S. 16; Bennigsen-Förder (1988), S. 38-42.

333 So eine Überschrift bei Staehle (1991), S. 561.

334 Vgl. Schwaninger (1990), S. 45.

335 Vgl. Janisch (1992), S. 261f.

336 Vgl. Forrester (1971), S. 82-86.

337 Bleicher (1991), S. 20.

338 Gälweiler (1987), S. 68.

„Es ist heute unstrittig, daß das übergeordnete Unternehmensziel die Existenzsicherung ist. Gewinne sind nichts anderes als operative Zielgrößen, die nur kurzfristigen Handlungsansporn bilden ... Sie sind Restgrößen der strategischen Arbeit, aber niemals eigenständige, in sich begründbare strategische Ziele." [339]

Besonders deutlich wird die Analogie zum Lebewesen in Aussagen wie:

„Jede Organisation hat wie jeder Organismus naturgemäß ein vorrangiges Ziel: das Bestreben, zunächst einmal sich selbst zu erhalten." [340]

Die Interpretation einer Organisation und damit auch des Unternehmens als Instrument zur Zielerreichung, die oben als „Maschinensichtweise" bezeichnet wurde, wird hier also aufgegeben. Die Organisation wird vielmehr zum Selbstzweck ("... organizations ... become ends in themselves ..."[341]) und bei Gefährdung des Überlebensziels erfolgt eher eine Veränderung der ursprünglich verfolgten Ziele, da diese ja dem Unternehmensziel untergeordnet sind und die Zielerreichung nur noch eine von mehreren (z. B. neben der Anpassung oder der internen Integration) überlebensnotwendigen Funktionen darstellt.[342]

Etymologisch ist „Überleben" auf die Bedeutung „übrig bleiben" zurückzuführen.[343] Das Überlebensziel verweist also auf die Fortsetzung der Existenz und die Vermeidung des Sterbens, ohne aber einen positiv bewerteten Zustand inhaltlich näher zu spezifizieren. Kennzeichnend für das Überlebensziel ist somit seine inhaltliche Vagheit: Solange die Organisation existiert, hat sie zwar überlebt, für die Sicherstellung des zukünftigen Überlebens ist dies jedoch irrelevant und das Überleben als Entscheidungskriterium aufgrund seiner Unbestimmtheit untauglich.[344] Die mangelhafte Spezifikation des Überlebensbegriffs hängt mit den Umweltveränderungen zusammen, denen das System ausgesetzt ist und das zu notwendigen Anpassungen des Systems und damit zum Systemwandel führt. Das Überleben stellt deshalb weniger einen Zustand der Identitätserhaltung und mehr eine „Abfolge von Identitäten"[345] dar und ist somit ein andauernder Prozeß.[346] Dieser findet seinen Ausdruck weniger im Streben nach Erreichung eines erwünschten Zustands und mehr im ständigen Bemühen um die Erfüllung von Nebenbedingungen, die an das System gestellt werden.[347]

2.3.4.2.1.4 Flexibilität

Das Überlebensziel kann gedeutet werden als Weiterentwicklung traditioneller Zielvorstellungen (der Maschinensichtweise) aufgrund einer graduellen Erhöhung der Abstraktion und Komplexität der Betrachtung.[348] Als entscheidungsleitende Maxime muß es somit konkretisiert werden. In einem ersten Schritt werden üblicherweise die Forderungen nach Sicherheit und Anpassungsfähigkeit als Mittel zum Erreichen des Überlebensziels erhoben.[349] Die *Sicherheit* bezeichnet eine gewünschte Eigenschaft des Austauschs zwischen System und Um-

---

339 Schröder (1989), S. 211.
340 Galbraith (1968), S. 189.
341 Gouldner (1959), S. 405.
342 Vgl. Parsons (1961), S. 38-41; Gross (1969), S. 282-284.
343 Vgl. Maul (1993), S. 716.
344 Vgl. Mintzberg (1983), S. 365.
345 Weber (1985), S. 77.
346 Vgl. Morgan (1986), S. 72.
347 Vgl. Luhmann (1968), S. 84.
348 Vgl. Luhmann (1968), S. 103-107.
349 Vgl. Mintzberg (1983), S. 265; Miles (1980), S. 370-372; Bütow (1980), S. 48.

welt, während die *Anpassungsfähigkeit* auf die Möglichkeiten des Systems abstellt, die Sicherheit dieses Austauschs auch in einer veränderten Umwelt zu gewährleisten.

Wenn „Anpassungsfähigkeit als oberstes Systemziel“[350] benannt wird und Sicherheit und Flexibilität zu „Leitideen“[351] eines Unternehmenskonzepts deklariert werden, erfolgt sogar eine Verlagerung der Perspektive, indem das Überlebensziel offenbar nur noch stillschweigend vorausgesetzt wird.

Zwei Arten von Anpassungsfähigkeit bzw. *Flexibilität* können unterschieden werden:[352]

1. Die *„reaktive Anpassungsfähigkeit“*[353] bzw. *„Handlungsflexibilität“*[354] bezieht sich auf die Fähigkeit des Unternehmens, seine Eigenvarietät zu erhöhen und damit auf Veränderungen in seiner Umwelt reagieren zu können.
2. Dagegen hat die *„antizipative Anpassungsfähigkeit“*[355] bzw. *„Built-in-Flexibilität“*[356] zum Ziel, auf die das Unternehmen betreffende Umweltvarietät einzuwirken, indem diese verringert wird oder ihre Auswirkungen auf das Unternehmen gesenkt werden, wodurch der notwendige Austausch von Ressourcen gewährleistet werden soll.

Es bestehen mehrere Möglichkeiten zur Steigerung der Eigenvarietät:[357]

- Die *Aktionsflexibilität* bezeichnet den Handlungsspielraum, den das Unternehmen in den einzelnen funktionalen Bereichen aufweist. Beispiele hierfür sind etwa die Fähigkeit, die Bezugsquellen jederzeit wechseln zu können (Beschaffungsbereich), die Verfügbarkeit von Maschinen, deren Output quantitativ und qualitativ variierbar ist (Produktionsbereich) und die Fähigkeit, auf veränderte Bedürfnisse der Kunden reagieren zu können (Absatzbereich).
- Die *Prozeßflexibilität* bezieht sich auf die Fähigkeit des Unternehmens, Planungsprozesse (z. B. durch den Einsatz von Früherkennungssystemen) und die daraus folgenden Aktivitäten mit hoher Geschwindigkeit vorzunehmen.
- Die *Strukturflexibilität* resultiert aus den aufbau- und ablauforganisatorischen Eigenheiten des Arbeitsprozesses (z. B. dem Grad der Formalisierung oder den den Mitarbeitern zugestandenen Entscheidungsfreiheiten) und ist wesentlich durch die Flexibilität des Personals hinsichtlich Wahrnehmung, Problemlösungsfähigkeit und Rollenverständnis bestimmt.
- Die *Zielflexibilität* schließlich umfaßt die Veränderbarkeit der Ziele des Unternehmens hinsichtlich einer oder mehrerer Zieldimensionen (wie Zielinhalt, -ausmaß oder -zeitbezug).

Neben diesen eher passiven und reaktiven Alternativen steht dem Unternehmen die Option offen, seinen Erfolg gegen die Umweltveränderungen zu „immunisieren“, indem die Abhängigkeit des Unternehmens von seiner Umwelt reduziert wird. Dies bedeutet, daß die eigene Position im bzw. die Einwirkungsmöglichkeiten auf den System-Umwelt-Austausch verbessert werden, weshalb hier nicht von einer reaktiven, sondern von einer antizipativen Anpassungsfähigkeit des Unternehmens gesprochen werden kann.

---

[350] M. Schmidt (1987), S. 14.

[351] H. Ulrich (1978), S. 175.

[352] Beide Begriffe werden hier synonym verwendet. Zu unterschiedlichen Abgrenzungen verschiedener Autoren s. die Darstellung bei M. Schmidt (1987), S. 41-46.

[353] Ebenda, S. 103

[354] Meffert (1985), S. 124.

[355] M. Schmidt (1987), S. 76.

[356] Meffert (1985), S. 124.

[357] Vgl. ebenda, S. 125-133; M. Schmidt (1987), S. 103-131.

Die Abhängigkeit des Unternehmens gegenüber einem Austauschpartner wird bestimmt durch folgende Einflußgrößen:[358]

- die Wichtigkeit der vom Unternehmen benötigten Ressource, die am quantitativen Ausmaß des notwendigen Austauschs und ihrer (Nicht-)Ersetzbarkeit gemessen werden kann;
- die Kontrolle, die die andere Partei über die Ressource bzw. deren Austausch ausübt; zu nennen ist neben dem Eigentum an der Ressource die Fähigkeit, den Zugang zu ihr (z. B. über die Kontrolle von Informationen oder das Einwirken auf gesetzliche Regelungen bzgl. des Austauschs) zu beeinflussen;
- die Möglichkeit, die Ressource über andere Austauschpartner beziehen zu können;
- die umgekehrte Abhängigkeit des Austauschpartners vom Unternehmen, das u. U. ebenfalls vom Austauschpartner dringend benötigte Ressourcen kontrolliert.

Die Senkung der Abhängigkeit des Unternehmens von seiner Umwelt kann verschiedenartig erfolgen:[359]

- Eine Möglichkeit besteht in einer Steigerung seiner *Innovationsfähigkeit*. Innovationen können nämlich nicht nur Ausdruck einer (reaktiven) Anpassung an Kundenerwartungen sein. Mögliche Folge von Prozeßinnovationen ist vielmehr die Senkung der Abhängigkeit von bestimmten Rohstoffen und damit von Lieferanten, während Produktinnovationen und die mit ihnen einhergehende Einzigartigkeit des Produkts die Position gegenüber den Abnehmern stärken können.[360]
- Die Beziehung zu Lieferanten einerseits und Abnehmern andererseits steht auch im Vordergrund bei Maßnahmen zur *Erhöhung der logistischen Flexibilität*. Den Beschaffungsbereich betreffende Beispiele sind das Anlegen von Lagern, die Verbreiterung der Lieferantenbasis oder die Rückwärtsintegration. Im Absatzbereich sind entsprechend die Beeinflussung der Nachfrage durch Werbung oder preispolitische Maßnahmen, die Übernahme von Konkurrenten, die Verbreiterung des Kundenkreises oder die Vorwärtsintegration zu nennen. Im Absatz- und im Beschaffungsbereich können ferner langfristige Verträge Risiken mindern.
- Eine dritte Alternative geht über den betrachteten Geschäftsbereich und dessen vor- und nachgelagerte Wertschöpfungsstufen hinaus und besteht in der Durchführung einer *Diversifikation*. Hier wird der Gedanke der Abhängigkeitsreduktion durch eine Risikostreuung über verschiedene Geschäftsbereiche hinweg verwirklicht.

Festzuhalten bleibt, daß sich die Strategie der Erhöhung der antizipativen Anpassungsfähigkeit des Unternehmens durch eine Reduktion seiner Umweltabhängigkeit grundlegend von der Strategie der passiven Anpassung unterscheidet. Die Verminderung der Umweltabhängigkeit kann nämlich als Erhöhung der *Macht* interpretiert werden.[361] Es handelt sich dabei um eine Kategorie, die über den Bereich der klassischen Ökonomie hinausgeht:

> "The textbook path to organizational survival is internal efficiency: build the better mousetrap or build the old trap less expensively ... There is, however, a whole class of alternative or supplementary solutions - the political devices that maximize organizational return at some cost to other organizations or individuals. These alternatives we have called political, in contrast to the economic or technical alternatives."[362]

---

[358] Vgl. Pfeffer, Salancik (1978), S. 45-54.

[359] Vgl. M. Schmidt (1987), S. 76-103.

[360] Vgl. auch Abschnitt 2.3.4.2.3.4 dieser Arbeit.

[361] Vgl. Emerson (1962), S. 31-40.

[362] Katz, Kahn (1978), S. 249.

2.3.4.2.2 Zielbestimmung im Rahmen der Strategieentwicklung

2.3.4.2.2.1 Der Strategiebegriff

Der Begriff der *Strategie* ist griechischen Ursprungs und dem militärischen Bereich entnommen:[363] Im Gegensatz zur situationsspezifischen Taktik bezeichnet er die allgemeine Entwicklungsrichtung des Heeres.

Seine Übernahme in den Kontext der Unternehmensführung findet erstmalig zu Beginn der fünfziger Jahre statt.[364] In die betriebswirtschaftliche Literatur erfolgt der Eingang über die Anwendung der Spieltheorie auf Entscheidungsprobleme, wobei die Strategieerstellung darin gesehen wird, jeder möglichen Situation die richtige Handlungsalternative zuzuordnen.[365] Im Mittelpunkt der Unternehmensstrategie steht somit die zielgerichtete Anpassung des Unternehmens an eine sich verändernde Umwelt.[366] Der Gedanke eines jederzeit geltenden „one best way" zur Erreichung des angestrebten Ziels wird durch die Forderung nach einem situationsadäquaten Gestaltung der Unternehmensführung ersetzt.[367]

Einigkeit über die Definition des Strategiebegriffs besteht nicht,[368] doch lassen sich einige grundlegende Kennzeichen benennen:[369] Demnach umfaßt eine Strategie die Kombination von Maßnahmen zur Zielerreichung des Unternehmens. Inhaltlich wird dies durch die Angabe des Marktes des Unternehmens, seine dort angestrebte Positionierung und die dazu notwendigen Kompetenzen ausgefüllt. Entspricht die realisierte Maßnahmenkombination dabei einem Muster, dem ein integrierter Plan als Ausdruck einer Absicht zugrundeliegt, wird von einer „deliberate strategy"[370] gesprochen. Wird hingegen ein Muster erkennbar, das so nicht beabsichtigt war, liegt eine „emergent strategy"[371] vor.

Kontrovers wird diskutiert, ob Ziele der Strategie vorausgehen oder Teil der Strategie sind. Allerdings ist der Argumentation zuzustimmen, daß sich der Widerspruch bei Berücksichtigung mehrerer Zielebenen auflöst:[372] Einerseits kann die Strategie als Mittel zur Verwirklichung oberster Ziele interpretiert werden, andererseits können Ziele einer unteren Hierarchieebene erst nach der Wahl der Strategie abgeleitet werden.

2.3.4.2.2.2 Erfolgspotentiale als zusätzliche Zielgrößen der Unternehmensführung

Einigkeit besteht darin, daß die Strategie der „Sicherstellung des Unternehmenserfolges"[373] dienen soll. Allerdings erfordert die Komplexität, Dynamik und Ungewißheit der Umwelt, der sich das Unternehmen gegenüber sieht, eine Orientierung an (dem Erfolg vorgelagerten) *Erfolgspotentialen*, die zu den zentralen Zielgrößen im Rahmen der strategischen Unterneh-

---

363 Vgl. Kreikebaum (1989), S. 24f.
364 Vgl. Mintzberg (1990), S. 113.
365 Vgl. Kreikebaum (1989), S. 25.
366 Vgl. ebenda.
367 Vgl. exemplarisch Lawrence, Lorsch (1967), S. 1-47.
368 Vgl. Welge, Al-Laham (1992), S. 166-169, wo allein vierzig Definitionen angeführt werden.
369 Vgl. ebenda, S. 170.
370 Mintzberg (1990), S. 151-154.
371 Ebenda.
372 Vgl. Schreyögg (1984), S. 87f.
373 Ebenda, S. 5.

mensführung werden.[374] Ein Erfolgspotential wird als „Gefüge aller jeweils produkt- und marktspezifischen erfolgsrelevanten Voraussetzungen“[375] bezeichnet. Die dynamische Sichtweise, nach der der Erfolg (i. S. von Gewinn oder Rentabilität) eine Vorsteuergröße der Liquidität ist, wird somit um eine weitere, zeitlich vorgelagerte und sachlich andersartige Ebene erweitert.[376]

Die Verfolgung des Gewinnziels als entscheidungsleitender Größe der Unternehmensführung wird also durchaus aufrechterhalten. Die enge Verbindung der strategischen mit der operativen Ebene der Unternehmensführung zeigt sich etwa dann, wenn die Flexibilität auch als „Produktivität zweiter Ordnung“[377] bezeichnet wird oder die im Rahmen der strategischen Unternehmensführung verfolgten Erfolgspotentiale synonym auch als „Ertragspotentiale“[378] bezeichnet werden.

Die strategische Unternehmensführung und ihre Ausrichtung an Erfolgspotentialen kann somit als durch die Veränderung der Umwelt des Unternehmens bedingte Weiterentwicklung der Budgetierung und Langfristplanung verstanden werden.[379] Dabei ist eine Unterscheidung zwischen strategischer Planung und strategischem Management üblich, wobei letzteres über die Planung hinausgeht und die Phasen der Ausführung und der Kontrolle miteinbezieht.[380]

Zu unterscheiden sind die Orientierung an Erfolgspotentialen und einige verwandte Konzepte.

Das Konzept der *„strategischen Erfolgspositionen“*[381] geht zunächst von im Unternehmen oder in seiner Umwelt existierenden und hinsichtlich der Wertschöpfung des Unternehmens attraktiven Konstellationen aus, die als „Nutzenpotentiale“ bezeichnet werden. Beispiel eines Nutzenpotentials ist etwa das sich aus neuen Finanzinstrumenten und Deregulierungen eröffnende Finanzpotential. Als „strategische Erfolgsposition“ wird dann die Fähigkeit des Unternehmens verstanden, eben diese Nutzenpotentiale zu erschließen.

Ebenfalls sind die Erfolgspotentiale von den *„kritischen Erfolgsfaktoren“*[382] abzugrenzen. Letztere sind die Bezeichnung für diejenigen Variablen, die einen besonders starken Einfluß auf die Profitabilität des Unternehmens haben. Der dynamische Aspekt der Betrachtung steht hier (im Gegensatz zu den Erfolgspotentialen) im Hintergrund. Seine Attraktivität gewinnt das Konzept der kritischen Erfolgsfaktoren vielmehr aus der Annahme, daß die Konzentration auf einige wenige Bereiche (z. B. die Produktion bzw. Produktivität bei hoher Bedeutung der Preiswürdigkeit eines Produkts oder das Marketing bei starker Bedeutung des Produktimages) den Gewinn des Unternehmens sichert. Zu beachten ist, daß kritische Erfolgsfaktoren branchenspezifisch sein können und auch innerhalb einer Branche ein Wandel in den

---

[374] Vgl. Gälweiler (1987), S. 24; Kreikebaum (1989), S. 25; Welge, Al-Laham (1992), S. 5.

[375] Gälweiler (1987), S. 26.

[376] Vgl. ebenda, S. 27-31.

[377] Hill, Fehlbaum, Ulrich (1994), S. 164.

[378] Gälweiler (1986), S. 246.

[379] Vgl. Timmermann (1988), S. 87f; Welge, Al-Laham (1992), S. 7-24.

[380] Vgl. Timmermann (1988), S. 87f; Welge; Al-Laham (1992), S. 15.

[381] Pümpin (1992), S. 19-39.

[382] Zur Geschichte des Begriffs, alternativen Definitionen und Techniken ihrer Bestimmung vgl. Leidecker, Bruno (1984), S. 23-32.

entscheidenden Erfolgsfaktoren erfolgt.[383] Bemerkenswert ist, daß die Qualität des unternehmerischen Zielsystems ebenfalls zu den kritischen Erfolgsfaktoren gerechnet wird.[384]

2.3.4.2.2.3 Der Strategieprozess in präskriptiv-synoptischer Sichtweise

Als Modelle des strategischen Planungsprozesses werden *präskriptiv-synoptische und deskriptiv-inkrementale Sichtweisen* unterschieden, wobei das Hauptaugenmerk der Literatur zunächst ersteren galt. Wie die Umschreibung schon andeutet, haben präskriptiv-synoptische Ansätze den Anspruch, die „richtige" Vorgehensweise hinsichtlich des Ablaufs des Prozesses und der zu berücksichtigenden inhaltlichen Aspekte darzustellen.[385]

Die Analyse der Umwelt und des Unternehmens bildet den Ausgangspunkt der *präskriptiv-synoptischen Sichtweise* des Planungsprozesses. Generell erfolgt eine Analyse der Umwelt (bzw. der verschiedenen Umwelten) unter zukünftigen Chancen- und Risikogesichtspunkten und eine Analyse des Unternehmens über die Erstellung eines Stärken-Schwächen-Profils.[386] Angestrebt wird ein „fit" zwischen Unternehmen und Umwelt, der auch im Rahmen der Kontingenztheorie eine zentrale Rolle spielt, wo ein Zusammenhang zwischen Dynamik und Ungewißheit der Umwelt einerseits und der Art der Differenzierung und Integration im Unternehmen andererseits postuliert wird.[387]

Eine Thematisierung einzelner Zielgrößen (wie z. B. des Marktanteils oder der Kosten) und ihrer Beziehungen zueinander erfolgte bei den präskriptiv-synoptischen Ansätzen zunächst nur ungenügend, auch weil der Prozeß der Strategieentwicklung als kreativer, situationsspezifischer Akt interpretiert wurde („design school of strategy formation"),[388] dem u. U. allerdings eine detaillierte und formalisierte Dekomposition in organisationsbezogene Teilpläne und -ziele folgte („planning school of strategy formation").[389]

Dies änderte sich seit Beginn der siebziger Jahre mit der Einführung verschiedener „strategischer Planungskonzepte"[390], „Denkmuster"[391] oder „Grundmodelle"[392], die als „Instrumente und Entscheidungshilfen der strategischen Unternehmensplanung"[393] dienten. Zu nennen sind etwa die Produkt-Markt-Matrix, der Produktlebenszyklus, das Konzept der Erfahrungskurve, das Konzept der strategischen Geschäftseinheiten, die Portfolioplanung, der Ansatz der Wettbewerbsstrategie oder die Erkenntnisse der PIMS-Studien.[394] Ergänzt wurden

---

[383] Vgl. Reimann (1989), S. 89f.

[384] Vgl. die Befragung von Führungskräften bei Hoffman (1986), S. 831-843, bei der Unternehmensziele als wichtigster Faktor genannt wurden.

[385] Vgl. Welge, Al-Laham (1992), S. 35. Zu den Merkmalen der deskriptiv-inkrementalen Ansätze in Abgrenzung zu den präskriptiv-synoptischen s. im einzelnen Abschnitt 2.3.4.2.2.4.

[386] Vgl. z. B. Schreyögg (1984), S. 78.

[387] Vgl. Lawrence, Lorsch (1967), S. 1-47.

[388] Vgl. Mintzberg (1990), S. 111-117.

[389] Ebenda, S. 117-124.

[390] Timmermann (1988), S. 88.

[391] Rühli (1994), S. 32.

[392] Chrubasik, Zimmermann (1987), S. 426.

[393] So die Überschrift eines Kapitels bei Kreikebaum (1989), S. 60.

[394] Vgl. z.B. die Dartstellung bei Kreikebaum (1989), S. 60-102; Timmermann (1988), S. 88-95; Gomez (1993), S. 24-28.

diese Planungskonzepte durch Faustregeln wie die, die eigenen Kräfte konzentriert einzusetzen[395] oder den Wettbewerber nicht im Bereich seiner größten Stärken herauszufordern.[396]

Die Relevanz der Planungskonzepte für die strategische Unternehmensführung besteht einerseits darin, daß Aussagen über gesetzmäßige Zusammenhänge wichtiger Zielgrößen getätigt werden (wobei die Erkenntnisse über empirische statistische Auswertungen - z. B. PIMS - oder über eine idealtypische Abstraktion von Beobachtungen - z. B. Produktlebenszyklus - gewonnen werden können)[397]; andererseits kann ihre Leistung darin bestehen, empirische Phänomene durch gedankliche Abstraktion zu schematisieren und somit auf einige wenige Dimensionen zurückzuführen (z. B. im Fall der Abgrenzung strategischer Geschäftseinheiten).[398] In jedem Fall wird ein Ordnungsrahmen zur Analyse zur Verfügung gestellt: Der Stratege ist nicht mehr der kreative Gestalter bzw. „Designer" einer Strategie, sondern der Wählende zwischen mehreren theoretisch denkbaren strategischen Alternativen. Durch Auswahl einer bestimmten Strategie, mit der die Verfolgung bestimmter Ziele einhergeht, erfolgt eine entsprechende Positionierung des Unternehmens („positioning school of strategic management"),[399] aus der sich die weitere Vorgehensweise aufgrund der postulierten Zusammenhänge weitgehend vorbestimmt ergibt.

Leitmotiv der betrachteten Entscheidungsprobleme ist nicht mehr, „die Dinge richtig zu tun" (also eine Orientierung an der Wirtschaftlichkeit), sondern zunächst überhaupt „die richtigen Dinge zu tun".[400] Begründet wird dies mit dem schnellen Wandel der Umwelt, der z. B. die Auswahl zukunftsträchtiger Geschäftsfelder zum Problem macht.[401] Die Ebene der Betrachtung ist also eine andere als die der „Maschinensichtweise", obwohl der Gedanke der rationalen Auswahl der besten Handlungsalternative aufrechterhalten wird, weshalb die Kennzeichnung als präskriptiver Ansatz der strategischen Unternehmensplanung berechtigt ist.[402]

Dabei wird davon ausgegangen, daß die Bestimmung dessen, was „richtig" ist, in einem systematischen Prozeß erfolgt:[403] An dessen Anfang stehen oberste, eher allgemein formulierte Unternehmensziele, die über eine seit den siebziger Jahren zunehmend detaillierte Analyse von Unternehmen und Umwelt in einem das Gesamtunternehmen umfassenden strategischen Plan münden. Dieser ist letztlich auf allen Unternehmensebenen zu implementieren und dessen Ausführung zu kontrollieren.

Eine *Funktion der Ziele* ist somit die des Inputs der Unternehmensplanung. Ferner dienen sie der Koordination eines komplexen, arbeitsteiligen Systems und steuern das System in einer noch komplexeren Umwelt.[404]

2.3.4.2.2.4 Der Strategieprozess in deskriptiv-inkrementaler Sichtweise

Von präskriptiv-synoptischen Ansätzen der strategischen Unternehmensführung zu unterscheiden sind die *deskriptiv-inkrementalen Ansätze*.[405] Ausgangspunkt letzterer ist die Intenti-

---

395 Vgl. Pümpin (1992), S. 43.

396 Vgl. Simon (1988), S. 476.

397 Zur kritischen Bewertung vgl. Chrubasik, Zimmermann (1987), S. 426-450.

398 Vgl. z. B. Abell (1980).

399 Vgl. Mintzberg (1990), S. 124-137.

400 Vgl. Schwaninger (1989), S. 412.

401 Vgl. Pfeiffer, Dögl (1990), S. 257.

402 Vgl. Schreyögg (1984), S. 133-138.

403 Vgl. Schwaninger (1989), S. 85; 133-135.

404 Vgl. Kupsch (1979), S. 63-112.

on, den Prozeß der strategischen Unternehmensführung, wie er tatsächlich in der Praxis stattfindet, zu beschreiben.[406] Das technologische Wissenschaftsziel der präskriptiv-synoptischen Ansätze tritt somit zurück zugunsten eines eher theoretischen Ziels der Beschreibung.

Der Anspruch, ein realitätsgerechtes Bild der Unternehmenspraxis zu liefern, zeigt sich v. a. in den relativ bescheidenen Prämissen bzgl. der Möglichkeiten der Unternehmensplanung:[407] Die Annahmen klarer, zu maximierender Ziele, die zu Beginn eines umfassenden, langfristig orientierten und systematischen Planungsprozesses stehen, an dessen Ende die Auswahl der besten Alternative erfolgt, werden in den deskriptiv-inkrementalen Ansätzen in unterschiedlich starkem Ausmaß gelockert. Soweit Ziele überhaupt spezifiziert werden, wird lediglich ein Streben nach ihrer Satisfizierung unterstellt. Die analytische und zeitliche Trennung zwischen Zielbestimmung, Analyse, Alternativenauswahl und Ausführung wird als realitätsfern erachtet. Das Handeln des Unternehmens wird weitgehend als Reagieren auf äußere Einflüsse charakterisiert und ist demnach kurzfristig orientiert. Auch die Anzahl der zur Verfügung stehenden Handlungsalternativen wird als begrenzt angesehen und basiert weitgehend auf bekannten Problemlösungen.

Grundlegend für die deskriptiv-inkrementalen Betrachtungsweise der strategischen Unternehmensführung ist die Annahme einer lediglich begrenzten Rationalität des Unternehmens bzw. seiner Entscheidungsträger, denen nicht genügend Informationen bzw. Informationsverarbeitungskapazität bzgl. der Umwelt, möglichen Alternativen und deren Konsequenzen zur Verfügung stehen.[408]

Resultat dieser Prämissen sind Kennzeichnungen der Unternehmenstätigkeit als „strategischer Opportunismus“[409] bzw. „logischer Inkrementalismus“[410] (wenn trotz aller situationsspezifischer Flexibilität eine intendierte Enwicklungsrichtung erkennbar ist und Verhaltensänderungen Teil und Resultat eines Lernprozesses sind) oder gar als „Durchwursteln“[411] (wenn nur noch die schrittweise, probleminduzierte Abweichung vom Status quo das „marginale“ Handeln bestimmt).[412] Dem Unternehmen werden dann geradezu anarchische Züge zugesprochen, wobei Probleme, Lösungen, Entscheidende und Entscheidungsgelegenheiten nur zufällig aufeinandertreffen.[413] Wird gar eine Analogie zur biologischen Evolutionstheorie gezogen, wird das Unternehmen schließlich vollends zur passiven Größe, das der Auslese durch die Umwelt ausgesetzt ist.[414]

Die den Zielen von deskriptiv-inkrementalen Ansätzen der Unternehmensführung zugesprochenen *Funktionen* variieren:[415] Wird das Bild des Unternehmens als (flexibler) Akteur wenigstens z. T. aufrechterhalten, dienen Ziele gerade einer sonst kaum noch möglichen Koordination und Sinngebung der begrenzt rationalen Entscheidungsträger. Ziele sind dann vage formuliert, gleichzeitig aber sehr anspruchsvoll und damit motivierend (Beispiel: „Wir wollen

---

405 Vgl. Mintzberg (1990), S. 108; Schreyögg (1984); Welge, Al-Laham (1992), S. 35-43.

406 Vgl. Mintzberg (1990), S. 108.

407 Vgl. Picot, Lange (1979), S. 573.

408 Vgl. Cyert, March (1963), S. 114-127.

409 Isenberg (1987), S. 92.

410 Quinn (1980), S. 56.

411 „muddling through“, Lindblom (1959), S. 79.

412 Vgl. Lindblom (1959), S. 79-88, insbesondere S. 82f.

413 Vgl. Cohen, March, Olsen (1972), S. 1-25.

414 Vgl. die Darstellung des Population-Ecology-Ansatzes bei Kieser (1993c), S. 243-259.

415 Vgl. Mintzberg (1990), S. 148-154.

das beste und erfolgreichste Unternehmen der Luftfahrtindustrie sein."[416]) und werden in diesem Zusammenhang auch als „Visionen" bezeichnet.[417] Ist die Strategie des Unternehmens hingegen nur noch emergent, d. h. ergibt sich eine Aktionsfolge, die überhaupt nicht intendiert war und reaktiven Charakter hat, haben Ziele lediglich ex post eine rechtfertigende Funktion: In einer Rückbetrachtung wird dem Handeln des Unternehmens ein Sinn zugeschrieben, der ex ante nicht gegeben war. Ziele leiten nicht mehr das Handeln, sondern interpretieren es lediglich.[418]

2.3.4.2.3 Zielinhalte im Rahmen der Strategieentwicklung

Die im vorherigen Abschnitt als Erfolgspotentiale bezeichneten Zielgrößen der strategischen Unternehmensführung, die als produkt- und marktspezifische Voraussetzungen des Unternehmenserfolgs bezeichnet wurden und damit das Überleben des Unternehmens sichern, müssen inhaltlich ausgefüllt werden. Die wichtigsten in der Literatur thematisierten Zielgrößen und ihr Bezug zum Erfolgsziel sollen im folgenden dargestellt werden.

Der *„Market-based View of Strategy"*[419] legt den Schwerpunkt der Betrachtung auf den Absatzmarkt.[420] Die Erklärung des ökonomischen Erfolgs eines Unternehmens erfolgt über die Branchenstruktur (und damit über das Sachziel des Unternehmens, vgl. Abschnitt 2.3.4.2.3.1) und das strategische Verhalten des Unternehmens (Kostenführerschaft, vgl. Abschnitt 2.3.4.2.3.2, oder Differenzierung, vgl. Abschnitt 2.3.4.2.3.3).

Im Mittelpunkt des *„Resource-based View of Strategy"*[421] stehen hingegen die Ressourcenschaffung bzw. -beschaffung des Unternehmens sowie das Ressourcenmanagement im Unternehmen[422] (vgl. Abschnitt 2.3.4.2.3.4). Während sich also der „Market-based View" auf die externen Erfolgspotentiale konzentriert, stehen beim „Resource-based View" die internen Erfolgspotentiale im Vordergrund.[423] Beide Sichtweisen schließen sich nicht aus, sondern ergänzen sich vielmehr, da die im Rahmen des „Market-based View" betrachteten Strategien und Ziele entsprechende Fähigkeiten des sie verfolgenden Unternehmens voraussetzen, die im „Resource-based View" thematisiert werden.[424]

Weitere strategische Überlegungen und daraus abgeleitete Ziele ergeben sich schließlich daraus, daß ein Unternehmen u. U. in verschiedenen Geschäftsfeldern tätig ist (vgl. Abschnitt 2.3.4.2.3.5).

---

416 Aussage von British Airways, zitiert bei Gomez (1993), S. 124.

417 Vgl. ebenda.

418 Vgl. Weick (1985), S. 341.

419 Rühli (1994), S. 34.

420 Vgl. ebenda, S. 34f.

421 Ebenda, S. 42.

422 Vgl. ebenda.

423 Vgl. Bamberger, Wrona (1996), S. 147.

424 Vgl. Rühli (1994), S. 49; Hamel, Prahalad (1995), S. 52.

2.3.4.2.3.1 Das Sachziel des Unternehmens

Das *Sach- oder Leistungsziel des Unternehmens* bezeichnet das angestrebte Leistungsprogramm und beschreibt somit das Tätigkeitsfeld des Unternehmens.[425] Synonym wird auch vom *Unternehmenszweck*[426] oder von *„business mission"* gesprochen.[427]

Da insbesondere Großunternehmen in verschiedenen Branchen tätig sind und dementsprechend mehrere verschiedene Sachziele aufweisen, stellt sich die Frage nach der Abgrenzung der Tätigkeitsbereiche eines Unternehmens voneinander. Diese werden auch als *Strategische Geschäftsbereiche*, *Strategische Geschäftsfelder* oder *Strategische Geschäftseinheiten* bezeichnet.[428] In der einfachsten und populären Darstellung wird ein Unternehmen entlang der beiden Dimensionen „Produkte" und „Märkte" in verschiedene Geschäftseinheiten aufgegliedert.[429]

Allerdings sind tiefere bzw. alternative Aufgliederungen möglich. In einem ersten Schritt kann etwa aus der Produkt-Dimension die Dimension der Technologie ("how customer needs are to be satisfied"), aus der Markt-Dimension die Dimension der Kundengruppe ("who is being satisfied") und aus Teilaspekten der beiden ursprünglichen Dimensionen die Dimension der Funktion ("what is being satisfied") abgeleitet werden, so daß sich hier ein dreidimensionaler Raum zur Unterscheidung von Geschäftseinheiten ergibt.[430] Die Einführung weiterer Dimensionen (z. B. Absatzkanäle oder Regionen)[431] und weiterer Kriterien des Vorliegens einer Geschäftseinheit (z. B. die eigenverantwortliche Entscheidungskompetenz bei der Führung der Geschäftseinheit oder die Möglichkeit der Zuordnung einer Gewinngröße zur Geschäftseinheit)[432] zur Unterscheidung strategischer Geschäftsbereiche sind möglich.

Unterschiedliche Arten der Bearbeitung einer der genannten Dimensionen durch eine Geschäftseinheit sind ferner Ausgangspunkt der Charakterisierung der Strategie einer Geschäftseinheit:[433] Eine *„focused strategy"* liegt vor, wenn nur bestimmte Segmente einer Dimension bearbeitet werden, beispielsweise nur Kunden im deutschsprachigen Markt bedient werden. Werden hingegen alle Segmente einer Dimension angesprochen, liegt entweder eine *„differentiated strategy"* (z. B. werden Kunden in der ganzen Welt, aber unter Berücksichtigung regionaler Gegebenheiten differenziert angesprochen) oder eine *„undifferentiated strategy"* (wenn keine unterschiedliche Behandlung der Segmente erfolgt) vor.

Vereinfachend kann angenommen werden, daß eine „undifferentiated strategy" aufgrund von Skaleneffekten und einem standardisierten Vorgehen durch eine hohe Effizienz gekennzeichnet ist. Eine „focused strategy" ist hingegen geleitet vom Ziel der Effektivität i. S. einer besseren Befriedigung spezieller Kundenbedürfnisse, während eine „differentiated strategy" versucht, sowohl Effektivität als auch Effizienz zu erreichen.[434]

---

425 Vgl. Hahn (1994b), S. 10 und 17; Hahn (1994a), S. 63.

426 Die Definition des Unternehmenszwecks ist somit nicht einheitlich. Der Unternehmenszweck kann (vgl. Abschnitt 2.1.1) die Funktion des Unternehmens in der Gesellschaft bezeichnen, aber auch sein Sachziel.

427 Vgl. Amshoff (1993), 162.

428 Vgl. Duhnkkrack (1984), S. 136, und die dort angegebene Literatur.

429 Vgl. Abell (1980), S. 12.

430 Vgl. ebenda. S. 169-190.

431 Vgl. Schwaninger (1989), S. 315f.

432 Vgl. Rothschild (1980), S. 14.

433 Vgl. Abell (1980), S. 173-175.

434 Vgl. ebenda.

Die Unterscheidung mehrerer Geschäftseinheiten eines Unternehmens ist deswegen für die Zieldiskussion relevant, da eine Ziel- und Strategieverfolgung sowohl auf der Ebene der Geschäftsbereiche („*business strategy*") als auch auf der Ebene des Gesamtunternehmens („*corporate strategy*") stattfindet,[435] wobei Gesamtunternehmensstrategien wiederum Auswirkungen auf die Ziele einzelner Geschäftsbereiche haben können.[436]

Mit dem Sachziel und damit dem Tätigkeitsbereich einer Geschäftseinheit ist auch ihre Zugehörigkeit zu einer Branche gegeben. Ein Charakteristikum der Branche ist ihre Wettbewerbsintensität, die sich, wenn sie hoch (niedrig) ist, in einem niedrigen (hohen) Gewinnpotential der Branche niederschlägt.[437] Dies setzt der vom einzelnen Unternehmen erreichbaren Rentabilität zumindest Grenzen derart, daß ein durchschnittlich leistungsstarkes Unternehmen in einer wettbewerbsschwachen Branche eine höhere Rendite erzielen dürfte als ein Spitzenunternehmen in einer sehr wettbewerbsintensiven Branche. Sachziel und Formalziel des Unternehmens hängen somit zusammen. Die zukünftige Wettbewerbsintensität und die sich daraus ergebende Branchenrentabilität sind von mehreren Faktoren beeinflußt:[438]

- die *Wahrscheinlichkeit des Markteintritts neuer Konkurrenten* in die Branche; sie ist bei Existenz hoher Eintrittsbarrieren gering; diese liegen vor, wenn etwa die Produktion großer Mengen zu einer Senkung von Stückkosten führt, der Eintritt mit hohem Kapitalbedarf verbunden ist, Kunden aufgrund von Qualitätsvermutungen oder auch von Umstellungskosten eine hohe Loyalität aufweisen und der Zugang zu Bezugs- oder Absatzkanälen schwierig ist; auch die Gefahr von Gegenmaßnahmen der etablierten Anbieter gegenüber potentiellen Branchenneulingen stellt eine Eintrittsbarriere dar und hängt sowohl von den Ressourcen der alten Marktteilnehmer als auch von dem folgenden Einflußfaktor ab;
- die *bisherige Wettbewerbsintensität* der Branche; als Indikatoren sind hier z. B. die Art des Wettbewerbs (Preis- oder Produktdifferenzierung), die Anzahl der Wettbewerber, hohe Fixkosten, Überkapazitäten und hohe Austrittsbarrieren zu nennen;
- die *Bedrohung durch branchenfremde Produkte*; diese ist gegeben, wenn etwa dieselbe Funktion bzw. Problemlösung (z. B. der Transport von Gütern) für dieselben Kundengruppen durch eine neue Technologie (z. B. Flugzeug statt Eisenbahn) erfüllt wird;
- die *Verhandlungsstärke der Kunden*; sie wird erhöht durch die eben genannte Möglichkeit der Substitution sowie durch eine geringe Anzahl von Käufern, bei denen zusätzlich nur geringe Umstellungskosten bei Wechsel des Lieferanten anfallen (z. B. aufgrund der Homogenität des Produkts) und denen die Möglichkeit der Rückwärtsintegration als Alternative offensteht; eine hohe quantitative und qualitative Bedeutung des Produkts für gut informierte und finanziell belastete Kunden trägt zusätzlich zu einer hartnäckigeren Verhandlungsposition der Käufer bei;
- die *Verhandlungsstärke der Lieferanten*; sie entspricht der Verhandlungsschwäche der betrachteten Branche als Kunde, so daß die unter dem vorherigen Punkt genannten Aspekte mit umgekehrtem Vorzeichen gelten.

Bestätigt wird die Beziehung zwischen einigen der eben genannten Punkte und der Rentabilität der Unternehmen einer Branche durch statistische Analysen.

---

[435] Vgl. Hax, Majluf (1991), S. 31-92.

[436] Vgl. hierzu die Diskussion der Portfoliokonzepte in Abschnitt 2.3.4.2.3.5.

[437] Vgl. Porter (1983), S. 25-29.

[438] Vgl. ebenda, S. 29-55.

Eine „Meta-Analyse“[439], die 320 empirische Studien zwischen 1921 und 1987 auswertete, kommt zu einer positiven, signifikanten Beziehung zwischen der Rentabilität und u. a. folgenden Größen: Dem Vorliegen von Markteintrittsbarrieren (z. B. einem hohen Investitionsbedarf und der Existenz von „economies of scale“), einer hohen Konzentration in der Branche und einer geringen Bedrohung durch Importe.

Die wohl bekannteste Studie in diesem Zusammenhang, die den „Profit Impact of Market Strategies“ („PIMS“) untersuchte, bestätigt u. a. die positiven Einflüsse, die vom Marktwachstum und einer relativ geringen Bedeutung des Produkts für die Käufer auf die Rentabilität ausgehen.[440]

Die Wettbewerbsintensität der Branche und das sich aus ihr ergebende Gewinnpotential spiegeln die Machtposition der Unternehmen einer Branche wider. Die Attraktivität von Branchen hinsichtlich ihrer Rentabilität und die sich daraus ergebende Auswahl des Sachziels durch ein Unternehmen (“where to compete”[441]) - bzw. zahlreicher Sachziele im Rahmen der Gesamtunternehmensstrategie eines mehrere Geschäftsfelder umfassenden Unternehmens - sind also geleitet von dem Gedanken eines mächtigen Unternehmens und eher (ohn-)mächtiger Marktpartner. Der Eintritt in strukturell attraktive Branchen ist somit ein Beispiel der oben dargestellten Strategie der antizipativen Flexibilität bzw. Built-in-Flexibilität.

Die Orientierung an den Bedürfnissen der Kunden (also eine Verfolgung der reaktiven Flexibilität zur Überlebenssicherung) im Rahmen der Strategie einer Geschäftseinheit (“how to compete”[442]) kann erst nach erfolgter Bestimmung des Sachziels erfolgen und soll in den beiden nächsten Abschnitten thematisiert werden.

2.3.4.2.3.2 Ziele im Rahmen der Strategie der Kostenführerschaft

Aus Sicht des Kunden ist die Kaufentscheidung durch zwei Faktoren determiniert:[443] Den wahrgenommenen Nutzen, den er mit dem Produkt verbindet, und den Preis, den er dafür zu entrichten hat. Die Differenz zwischen dem Maximalpreis, den der Kunde zu zahlen bereit ist (und der vereinfacht als Quantifikation des Nutzens interpretiert werden kann) und dem Marktpreis ergibt den Preisspielraum des Anbieters.

Aus Sicht des Unternehmens ergeben sich somit zwei idealtypische Vorgehensweisen bei Verfolgung des Sachziels des Unternehmens:[444]

1. Die eine Alternative, die *Strategie der Kostenführerschaft*, die im folgenden kurz beschrieben werden soll, besteht im Angebot eines Produkts, das bei im Vergleich zur Konkurrenz durchschnittlichem Nutzen einen geringen Preis aufweist. Mit den Worten von Katz und Kahn[445] verfolgt das Unternehmen hier die Strategie, die „billigere Mausefalle“ anzubieten. Aus Sicht des Unternehmens ist ein angestrebter Gewinn nur bei hohen Umsätzen und niedrigen Kosten zu erzielen.
2. Die andere Alternative - die *Strategie der Differenzierung* - besteht im Angebot eines Produkts, das (verglichen mit dem der Wettbewerber) einen hohen Nutzen für den Kunden

439 Capon, Farley, Hoenig (1990), S. 1149.
440 Vgl. Buzzell, Gale (1989), S. 40.
441 Hatten, Hatten (1988), S. 235.
442 Ebenda.
443 Vgl. Emans (1988), S. 123.
444 Vgl. ebenda.
445 Vgl. Katz, Kahn (1978), S. 249, und deren in Abschnitt 2.3.4.2.1.4 wiedergegebene Aussage.

aufweist, der dementsprechend auch die Bereitschaft zur Zahlung eines höheren Preises aufbringt. Der höhere Preis, der in den Umsatz des Unternehmens einfließt, trägt damit zur Deckung der Kosten des Unternehmens bei, die bei einem qualitativ hochwertigen Produkt (die „bessere Mausefalle") ebenfalls hoch sein dürften.

Die Verfolgung der Kostenführerschaft basiert auf dem *Konzept der Erfahrungskurve*:[446] Es besagt, daß sich die auf die Wertschöpfung bezogenen Stückkosten eines Produkts bei Verdoppelung der kumulierten Produktionsmengen um zwanzig bis dreißig Prozent verringern können. Voraussetzung dafür ist der Eintritt der Ursachen, mit denen dieser Effekt erklärt wird. Angeführt werden in diesem Zusammenhang individuelle und organisatorische Lerneffekte im Produktionsbereich, die Fixkostendegression, Größenvorteile („economies of scale", die zusätzlich auch bei der Beschaffung etwa als Rabatte, im Absatz als Senkung von Werbe- und Distributionskosten oder im Finanzbereich durch Zugang zu Großunternehmen vorbehaltenen Instrumenten und Konditionen auftreten)[447] und im Laufe der Zeit vorgenommene technische Verbesserungen.

Ein Kostenvorteil gegenüber Wettbewerbern ergibt sich also bei relativ höherer kumulierter Produktionsmenge. Werden dabei zeitgleiche Markteintritte aller Konkurrenten und vergleichbare Wachstumsverläufe unterstellt, spiegeln die relativen Marktanteile einer Periode die kumulierten Produktionsmengen wider. Die Strategie der Kostenführerschaft geht also mit dem *Ziel der Marktführerschaft* einher, womit der *Marktanteil* zur zentralen Zielgröße wird. Eine Aufrechterhaltung des Kostenvorteils ist nämlich bei den gegebenen Prämissen nur bei einem *Wachstum* gewährleistet, das mindestens dem des Marktes entspricht. Ökonomisch sinnvoll ist eine aus der Strategie der Kostenführerschaft abgeleitete Niedrigpreispolitik, wenn sie zu Marktanteilsgewinnen führt und u. U. weniger effiziente Produzenten zur Aufgabe zwingt.[448]

Der Erfahrungskurveneffekt ist um so stärker, je homogener die betrachtete Produktmenge ist. Zu beachten ist somit, daß hinsichtlich der Ausnutzung des Erfahrungskurveneffekts ein geringerer Unternehmensumsatz bei hohem Marktanteil einem hohen Unternehmensumsatz bei geringen Marktanteilen in vielen Märkten vorzuziehen ist.[449]

Der Vorteil der Strategie der Kostenführerschaft für den Kunden besteht im günstigen Preis, den er zu entrichten hat. Insofern erfolgt hier eine Anpassung an Kundenbedürfnisse, die Ausdruck der reaktiven Flexibilität des Unternehmens ist.

Eine besondere Form, die kumulierte Produktmenge zu steigern, besteht in der *internationalen Expansion* des Unternehmens. Mehrere Phasen des Internationalisierungsprozesses werden unterschieden, wobei i. d. R. dem anfänglichen Export zunächst die Auslandsproduktion und dann der Aufbau mehr oder weniger selbständiger Tochterunternehmen folgt.[450]

Das internationale Wachstum des Unternehmens ist allerdings nicht nur durch Kostenerwägungen motiviert. Risiko- und Konkurrenzüberlegungen treten hinzu:[451] Eine internationale Streuung der Aktivitäten kann nämlich zyklische Entwicklungen in einzelnen Märkten ausgleichen und schützt vor Handelsschranken und Währungsrisiken. Die so erzielte Größe ermöglicht außerdem eine Produktvielfalt, die trotzdem kostengünstig hergestellt wer-

---

[446] Vgl. Welge, Al-Laham (1992), S. 72-82, und die dort angegebene Literatur.

[447] Vgl. Bea (1982), S. 453.

[448] Vgl. Gälweiler (1987), S. 37-44.

[449] Vgl. ebenda, S. 171-173; Gälweiler (1986), S. 284-288.

[450] Vgl. Duhnkrack (1984), S. 9-11.

[451] Vgl. Womack, Jones, Roos (1991), S. 214-220.

den kann. Ferner bedeutet die Präsenz in einem Markt die Verhinderung einer Monopolsituation zugunsten eines ebenfalls dort tätigen international Konkurrenten.

Das internationale Wachstum des Unternehmens trägt somit nicht nur über die Erlangung zusätzlicher Kostenvorteile zur Erhöhung der Eigenvarietät bei, sondern verringert gleichzeitig die Umweltvarietät, der das Unternehmen ausgesetzt ist.

Bestätigt wird der positive Zusammenhang zwischen dem relativen Marktanteil und der Rentabilität durch die PIMS-Studien, die als weitere Vorteile eines hohen Marktanteils anführen, daß risikoaverse Kunden den jeweiligen Marktführer einer Branche präferieren.[452] Die schon erwähnte Meta-Analyse ergibt ebenfalls einen signifikanten positiven Zusammenhang zwischen der Rentabilität eines Unternehmens einerseits und seinem Wachstum sowie seinem Marktanteil andererseits.[453]

Neben den problematischen Aspekten des Erfahrungskurvenkonzepts selbst (etwa seiner Allgemeingültigkeit, der Homogenität der Produkte im Zeitablauf, der Abgrenzung des Marktes und vielen mehr[454]) sind die Risiken der angestrebten Kostenführerschaft zu beachten:[455] Diese liegen v. a. in der Gefahr einer erfolgreichen Imitation durch Konkurrenten oder Branchenneulinge, des Verlusts der Kostenvorteile aufgrund technischer Veränderungen, der mangelnden Flexibilität aufgrund der wegen der Größenvorteile getätigten hohen Investitionen, der Problematik einer gleichzeitig angestrebten Kostenführerschaft durch mehrere Konkurrenten sowie der mangelnden Sinnhaftigkeit der Kostenführerschaft, wenn die Bedeutung des Preises für die Kaufentscheidung der Kunden zweitrangig ist. Die erhöhte Flexibilität bei der Preisgestaltung ist bei der Notwendigkeit hoher Investitionen also mit der Gefahr einer niedrigen Eigenvarietät im Produktionsbereich verbunden.

Schließlich sind mit einer auf Größe ausgerichteten und einer zentralen Steuerung bedürfenden Strategie der Kostenführerschaft „diseconomies of scale" verbunden, die v. a. auf einen erhebliche Koordinationsaufwand zurückzuführen sind.[456]

Bei der Diskussion des Wachstumsziels darf allerdings nicht außer acht gelassen werden, daß statt eines positiven und möglichst hohen Wachstums auch eine *Konsolidierung* Unternehmensziel sein kann. Dies trifft insbesondere dann zu, wenn das Wachstum hohe Investitionen voraussetzt, die das Unternehmen nicht tätigen kann oder - insbesondere bei negativer Einschätzung der Zukunftsaussichten eines Geschäftsfeldes - will.[457]

2.3.4.2.3.3 Ziele im Rahmen der Strategie der Differenzierung

Wie im vorherigen Abschnitt einleitend ausgeführt, ist unter der Strategie der Differenzierung als alternativer Vorgehensweise zur Kostenführerschaft die angestrebte Einzigartigkeit bzw. Sonderstellung des Marktangebots des Unternehmens gemeint, die das Produkt aus Sicht der Kunden von Konkurrenzprodukten abhebt.[458] Unter Differenzierung wird also nicht nur die

[452] Vgl. Buzzell, Gale (1989), S. 40 und S. 63-88.
[453] Vgl. Capon, Farley, Hoenig (1990), S. 1149 und 1156.
[454] Vgl. Chrubasik, Zimmermann (1987), S. 434-438.
[455] Vgl. Porter (1983), S. 75f; Porter (1986), S. 44.
[456] Vgl. Bea (1982), S. 453.
[457] Vgl. Montanari, Morgan, Bracker (1990), S. 129-133.
[458] Vgl. Porter (1983), S. 65f.

differenzierte Bearbeitung der unterschiedlichen Segmente eines Marktes verstanden. Freilich ist denkbar, daß die Einzigartigkeit des Angebots erreicht wird, indem zielgruppenspezifische Produkte angeboten werden, womit eine Differenzierung im hier gemeinten Sinn durch eine Differenzierung in ihrer zweiten Bedeutung erzielt wird.

Mehrere Ansatzpunkte zur Differenzierung können unterschieden werden.

Zuerst werden die *Problemlösungsfähigkeit* des Produkts, *Zusatzleistungen*, die mit dem Produkt verbunden sind (z. B. Service oder Garantie) sowie die *Qualität* des Produkts genannt.[459] Letztere kann sich einerseits auf die Ausprägung der vorgenannten Punkte beziehen (etwa Qualität als hohe Problemlösungsfähigkeit, die die Zufriedenheit des Kunden fördern soll) oder aber eigenständige Bedeutung haben (etwa Qualität als Fehlerfreiheit des Produkts, wodurch eine potentielle Unzufriedenheit des Kunden vermieden werden soll).[460]

Auch wird beim Produkt zwischen einem *Grundnutzenpotential* (seine materiellen und technischen Eigenschaften) und einem *Zusatznutzenpotential* (z. B. das Design oder die Verpackung) unterschieden, die beide Ansatzpunkte zur Differenzierung bieten.[461] Ferner ist zu beachten, daß neben objektiven Produktmerkmalen die subjektive Wahrnehmung des Produkts durch den Kunden zur Differenzierung des Angebots beitragen kann.[462]

Ergebnissen der PIMS-Studien zufolge ist die Qualität der Produkte eines Unternehmens sogar der wichtigste zur Rentabilität des Unternehmens beitragende Faktor, was nicht nur auf die Erzielbarkeit höherer Preise zurückzuführen ist. Vielmehr trägt demnach die Qualität auch zum Wachstum eines Unternehmens bei und kann somit zur Nutzung von Größenvorteilen beitragen.[463]

Die Meta-Analyse bestätigt ebenfalls die Plausibilität der Differenzierungsstrategie. Es besteht ein positiver Zusammenhang zwischen dem Unternehmenserfolg einerseits und der Qualität der Produkte und den dafür notwendigen Ausgaben für Forschung und Entwicklung andererseits.[464]

Trotzdem ist die Strategie der Differenzierung mit Risiken verbunden. Diese sind gegeben, wenn Differenzierungsmerkmale von Konkurrenten (ohne den entsprechend gleichen Aufwand) kopiert werden können, vom Kunden nicht als Nutzen wahrgenommen werden oder dieser nicht bereit ist, einen für das Unternehmen kostendeckenden Preis zu zahlen.[465]

Die Differenzierungsstrategie weist somit eine andere inhaltliche, aber auch zeitliche Orientierung auf als die Strategie der Kostenführerschaft. Während letztere nämlich darin besteht, im Vergleich zum Wettbewerb ähnliche und damit in der Vergangenheit bewährte Problemlösungen preiswerter anzubieten, basiert die Differenzierungsstrategie auf der Einzigartigkeit des Angebots und setzt neuartige Problemlösungen voraus.[466] Diese Einzigartigkeit ist aber nicht nur Ausdruck einer reaktiven, auf die Kundenprobleme bezogenen Flexibilität, sondern durch

---

459 Vgl. Bühner (1988), S. 395-397; Welge, Al-Laham (1992), S. 236f.

460 Vgl. Juran (1988).

461 Vgl. Duhnkrack (1984), S. 178.

462 Vgl. Welge, Al-Laham (1992), S. 236; Schreyögg (1984), S. 26.

463 Vgl. Buzzell, Gale (1989), S. 7f.

464 Vgl. Capon, Farley, Hoenig (1990), S. 1149.

465 Vgl Porter (1986), S. 44.

466 Vgl. Gälweiler (1987), S. 28 und S. 46.

die bewußte Abhebung von der Konkurrenz und die damit verbundene Schaffung von Quasi-Monopolen auch Ausdruck einer antizipativen, machtorientierten Anpassung.[467]

Grundsätzlich gilt die Strategie der Differenzierung als nicht mit der der Kostenführerschaft vereinbar, da sie mit höheren Aufwendungen (z. B. in der Forschung zur Lösung des Kundenproblems oder der Werbung zur Imageverbesserung) verbunden ist.[468] Allerdings wird die Gegenüberstellung von einer mit hohen Kosten verbundenen Strategie der an Qualitätszielen orientierten Differenzierung einerseits und einer an niedrigen Kosten und hohen Quantitäten orientierten Strategie der Kostenführerschaft andererseits zunehmend aufgegeben. Dabei erscheinen Differenzierungsstrategien ökonomisch zunehmend sinnvoller. Neue (flexible) Technologien erlauben nämlich eine höhere Produktvielfalt bei unveränderten Kosten[469] oder führen zu der Erkenntnis, daß die Orientierung am Qualitätsziel (in der Fertigung und damit auch bei den Produkten) relativ kostengünstig sein kann, da das Ausmaß von Nachbesserungen sinkt und dadurch die Notwendigkeit von Sicherheitsbeständen abnimmt.[470]

2.3.4.2.3.4 Ziele im Rahmen des „Resource-based View" der strategischen Unternehmensführung

Im Mittelpunkt des „Resource-based View" der strategischen Unternehmensführung stehen die Ressourcenschaffung und -beschaffung des Unternehmens. Diese sind die Voraussetzungen für die Aktivitäten im Markt, die Gegenstand des „Market-based View" sind. Mehrere Arten von Ressourcen werden unterschieden:[471]

- *finanzielle Ressourcen*, die über Eigen- und Fremdkapitalgeber sowie im Rahmen der Unternehmenstätigkeit zufließen;
- *physische Ressourcen* wie Rohstoffe und Anlagen;
- *intangible Ressourcen*, zu denen Rechte, das Image des Unternehmens, das Know-how der Mitarbeiter und besondere Fähigkeiten des Unternehmens zählen;
- *organisationale Ressourcen*, die die Managementsysteme im Unternehmen (z. B. Planungssysteme, Controlling, Organisationsstruktur etc.) umfassen.

Mehrere Bedingungen sind Voraussetzungen dafür, daß die Ressourcen zu einem Wettbewerbsvorteil führen, der sich in einem dauerhaften und überdurchschnittlichen Erfolg eines Unternehmens niederschlägt:[472]

- Die Ressourcen bzw. ihr Einsatz müssen zu am Absatzmarkt relevanten Kosten- oder Differenzierungsvorteilen und somit zum Kundennutzen beitragen.
- Die Ressourcen müssen knapp sein, so daß nicht jeder Wettbewerber in gleichem Maße über sie verfügen kann.
- Die Ressourcen dürfen nicht von Wettbewerbern durch interne Maßnahmen imitierbar sein.
- Die Ressourcen dürfen nicht über externe Markttransaktionen zu den Wettbewerbern transferierbar sein.
- Die Ressourcen dürfen nicht durch andere Ressourcen mit strategisch äquivalenter Bedeutung substituierbar sein.

---

[467] Vgl. Schreyögg (1984), S. 26-29.

[468] Vgl. Porter (1983), S. 66; Duhnkrack (1984), S. 180.

[469] Vgl. Stalk, Hout (1990), S. 62-65.

[470] Vgl. Womack, Jones, Roos (1991), S. 18.

[471] Vgl. Bamberger, Wrona (1996), S. 132-134; Barney (1991), S. 101.

[472] Vgl. Bamberger, Wrona (1996), S. 135-140; Barney (1991), S. 105-112.

- Die sich aus den Ressourcen und ihrem Einsatz ergebenden ökonomischen Vorteile fließen dem Unternehmen und nicht etwa einem aufgrund seines Know-hows mächtigen Mitarbeiter des Unternehmens zu.

Den Schwerpunkt der Diskussion im Rahmen des Ressourcenansatzes bilden die Fähigkeiten und Technologien eines Unternehmens, die zu einem höheren Kundennutzen beitragen. Diese Ressourcen werden als *Kernkompetenzen* des Unternehmens bezeichnet.[473] Dem Wettbewerb am Absatzmarkt geht somit ein Wettbewerb um Kernkompetenzen voraus,[474] die als Vorsteuergrößen des Erfolgs am Markt und damit des Unternehmenserfolgs verstanden werden können und deren Aufbau entsprechend langfristig vorbereitet werden muß.[475] Zu beachten ist, daß die Anzahl der Kernkompetenzen auch großer Unternehmen eher gering ist und eine Kernkompetenz in mehreren Geschäftsfeldern zur Anwendung kommen kann.[476]

Beispiele für Kernkompetenzen sind bestimmte technologische Fertigkeiten (etwa besondere Kenntnisse in der Mikroelektronik)[477] und ein hohes Leistungsvermögen in einzelnen betrieblichen Funktionsbereichen (etwa ein besonders effizientes Logistik- oder Marketing-Management)[478].

Zu den Kernkompetenzen des Unternehmens, die in der Literatur besondere Beachtung finden, gehören *Schnelligkeit* und *Innovationsfähigkeit.*

Mit Bezug auf den Wettbewerb in den Absatzmärkten bedeutet die Verfolgung des Ziels der *Schnelligkeit* sowohl eine angestrebte Beschleunigung der wiederkehrenden Prozesse im Unternehmen (z. B. der Durchlaufzeiten von Kundenaufträgen) als auch eine Verkürzung des Zeitraums für die Entwicklung und Einführung neuer Verfahren und Produkte.[479]

Hintergrund der Notwendigkeit der Beschleunigung der Prozesse im Unternehmen ist eine zunehmend dynamische Umwelt. Den mit der Beschleunigung verbundenen zusätzlichen Kosten stehen sowohl Kosteneinsparungen gegenüber (z. B. aufgrund des Abbaus von Sicherheitspuffern wegen schnellerer Reaktionszeiten oder aufgrund erzielter Größenvorteile des ersten Anbieters im Markt) als auch Differenzierungsvorteile, die sich in einem höheren erzielbaren Preis niederschlagen können.[480] Es wird somit von „economies of speed"[481] gesprochen.

Die *Innovationsfähigkeit* des Unternehmens schlägt sich in Prozeß- und Produktinnovationen nieder. *Prozeßinnovationen* sind neuartige Faktorkombinationen und wirken in der Regel innerbetrieblich (z. B. durch die Beschleunigung interner Abläufe oder Kosteneinsparungen), können aber über niedrigere Absatzpreise oder eine höhere Qualität der Produkte zum Kundennutzen beitragen.[482] *Produktinnovationen* stellen hingegen eine neuartige Leistung dar, die im Absatzmarkt angeboten wird.[483] Die Neuartigkeit setzt also eine entsprechende Schnelligkeit bei der Entwicklung dieser Leistung voraus.

---

473 Vgl. Hamel, Prahalad (1995), S. 302.
474 Vgl. ebenda, S. 52.
475 Vgl. ebenda, S. 68.
476 Vgl. ebenda, S. 64.
477 Vgl. Prahalad, Hamel (1990), S. 90.
478 Vgl. Hamel, Prahalad (1995), S. 300-304.
479 Vgl. Fischer (1993), S. 67.
480 Vgl. Stalk, Hout (1990), S. 48; Davidow, Malone (1993), S. 33.
481 Chandler (1990), S. 25.
482 Vgl. Hauschildt (1993), S. 9.
483 Vgl. ebenda.

Sowohl die Schnelligkeit als auch die Innovationsfähigkeit stellen somit Unternehmensziele dar, die zur reaktiven und zur antizipativen Flexibilität des Unternehmens beitragen: Sie ermöglichen die Anpassung des Unternehmens an die Erwartungen seiner Umwelt und verbessern gleichzeitig seine Verhandlungsposition.

2.3.4.2.3.5 Ziele im Rahmen geschäftsfeldübergreifender Strategien

Besteht ein Unternehmen aus mehreren Geschäftsbereichen, ergibt sich die Notwendigkeit einer über die einzelnen *„business strategies"* hinausgehenden *„corporate strategy"*, in der die Beziehungen der Geschäftsbereiche zueinander und zur Unternehmenszentrale zum Betrachtungsgegenstand werden.[484]

Unternehmen stehen mehrere Möglichkeiten des Wachstums über den ursprünglichen Geschäftsbereich hinaus offen:[485] Während bei der *Marktentwicklung* lediglich die bekannten Produkte auf neuen (z. B. Auslands-)Märkten abgesetzt werden und bei der *Produktentwicklung* die bekannten Märkte mit neuen Produkten zu versorgen sind, werden bei der *Diversifikation* in beiden Bereichen neue Wege beschritten.

Drei verschiedene Arten der Diversifikation werden unterschieden:[486]

1. Bei der *horizontalen Diversifikation* erfolgt eine Erweiterung der Sachziele des Unternehmens durch eine Erweiterung des Leistungsprogramms, wobei jedoch ein sachlicher Zusammenhang mit den ursprünglichen Sachzielen besteht.
2. Bei der *vertikalen Diversifikation* erfolgt eine Erweiterung der Wertschöpfungstiefe derart, daß etwa das Geschäft von Lieferanten (Rückwärtsintegration) oder Abnehmern (Vorwärtsintegration) aufgenommen wird.
3. Bei der *lateralen Diversifikation* besteht kein sachlicher Bezug zum ursprünglichen Geschäft.

Die drei Diversifikationsformen unterscheiden sich nicht nur in der Beziehung der Geschäftsfelder zueinander. Ihnen liegen auch unterschiedliche Motivationen zugrunde. Beide Aspekte führen zu anderen Arten der Unternehmensführung, die entsprechend an anderen Zielen und anderen Rollen der Unternehmenszentrale deutlich werden.

Bei einer *horizontalen Diversifikation* treten zwischen den Geschäftsbereichen Verflechtungen materieller und immaterieller Art sowie Konkurrenzverflechtungen auf:[487]

- *Materielle Verflechtungen* beruhen etwa auf Möglichkeiten gemeinsamer Beschaffung, der Anwendung gleicher Produktionstechnologien, der gemeinsamen Nutzung der Dienste der Unternehmenszentrale oder der Verwendung der gleichen Distributionskanäle.
- *Immaterielle Verflechtungen* bestehen, wenn die Führung mehrerer Geschäftsbereiche auf einer geschäftsfeldübergreifenden Kernkompetenz (z. B. im Marketing von Konsumgütern oder in der Anwendung bestimmter Technologien) des Unternehmens basiert.
- *Konkurrenzverflechtungen* liegen vor, wenn ein Geschäftsbereich als Teil eines größeren Unternehmens im Wettbewerb mit Geschäftsbereichen anderer diversifizierter Unterneh-

---

[484] Vgl. Porter (1986), S. 405-408.

[485] Vgl. Ansoff (1987), S. 108f.

[486] Vgl. Welge, Al-Laham (1992), S. 296-298, und die dort angegebene Literatur.

[487] Vgl. Porter (1986), S. 413-415.

men steht. Über den Bezug zu den Gesamtunternehmen ist dann der Geschäftsbereich auch von Ereignissen anderer Geschäftsbereiche betroffen.

Die möglichen Verflechtungen zwischen einzelnen Geschäftsfeldern stellen Synergiepotentiale dar,[488] wobei *Synergie* einerseits als Prozeß des Zusammenwirkens zwischen den Geschäftsfeldern und andererseits als Ergebnis dieses Zusammenwirkens (i. S. eines Synergieeffekts) definiert werden kann.[489] Bezogen auf die Führung der einzelnen Geschäftsfelder heißt dies, daß durch dieses Zusammenwirken Kostenersparnisse (z. B. durch Nutzung derselben zentralen Abteilungen), Differenzierungsvorteile (z. B. durch Imageübertragung zwischen verschiedenen Produkten) und (Verhandlungs-)Machtzuwächse realisierbar (z. B. gegenüber Rohstofflieferanten) sein können, die für die einzelnen Geschäftsbereiche bei isoliertem Vorgehen nicht erreichbar sind.[490]

Dies setzt allerdings ein gemeinsames und in der Regel durch die Unternehmenszentrale gesteuertes Vorgehen voraus, bei dem Koordinationskosten, Kompromißkosten (jede Geschäftseinheit muß ihre isolierten Ziele dem Gesamtnutzen unterordnen) und Kosten der Inflexibilität (die einzelne Geschäftseinheit besitzt geringere Entscheidungsfreiheit; dem Gesamtunternehmen wird die Abgabe von Geschäftsfeldern, die lediglich aufgrund von Synergieüberlegungen gehalten werden, erschwert) anfallen.[491]

Die Vornahme einer *vertikalen Diversifikation* (Erweiterung der Wertschöpfungstiefe) ist nicht nur durch Kostenziele (z. B. Einsparungen durch die räumliche und zeitliche Integration von Produktionsschritten oder einen besseren Informationsfluß) und Differenzierungsziele (z. B. durch die eigene Vermarktung der Produkte) motiviert. Vielmehr kommen hier der Sicherstellung der Versorgung und des Absatzes sowie der Gewinnung einer stärkeren Verhandlungsposition gegenüber Lieferanten und Abnehmern eine besondere Bedeutung zu.[492]

Andererseits erfolgt durch die Bevorzugung unternehmensinterner Transaktionen gegenüber Markttransaktionen eine erhöhte Bindung von Kapital (z. B. in Form eines erhöhten Fixkostenanteils), und der Austausch von Produkten und Know-how mit externen Unternehmen wird eingeschränkt, so daß wie bei der horizontalen Diversifikation Koordinations-, Kompromiß- und Inflexibilitätskosten anfallen.[493]

Problematisiert wird die vertikale Diversifikation durch den Versuch einer Bestimmung der optimalen Leistungstiefe des Unternehmens. In einer Kalkulation müssen die intern anfallenden Kosten der Koordination und Produktion der bei einer Marktlösung anfallenden Summe der Transaktions- und Transportkosten und den zu entrichtenden Produktpreisen gegenübergestellt werden. Ebenfalls zu berücksichtigen sind die Charakteristika der Leistungen, die entweder intern oder über den Markt bezogen werden sollen: Je spezifischer, hinsichtlich der Kernkompetenz des Unternehmens (und damit strategisch) bedeutsamer, änderungsanfälliger und häufig anfallender die Leistungen bzw. ihre Erstellung sind, desto sinnvoller erscheint ihre Eigenerstellung im Rahmen der vertikalen Diversifikation.[494]

Hinsichtlich der Auswirkungen der vertikalen Integration auf die Rentabilität ergibt sich kein einheitliches Bild. So kommt die PIMS-Studie zu keiner eindeutigen Bewertung,[495]

488 Vgl. Gälweiler (1987), S. 86.
489 Vgl. Ropella (1989), S. 189f.
490 Vgl. Porter (1986), S. 436-443.
491 Vgl. ebenda, S. 422-428.
492 Vgl. Porter (1983), S. 378-386.
493 Vgl. ebenda, S. 386-393.
494 Vgl. Picot (1991), S. 344-353.
495 Vgl. Buzzell, Gale (1989), S. 137-149.

während die Meta-Analyse die vertikale Integration auf Unternehmensebene positiv, auf Branchenebene jedoch negativ bewertet.[496]

Kennzeichen der *lateralen Diversifikation* ist, daß kein sachlicher Zusammenhang zwischen den Geschäftsfeldern besteht. Eine Analyse dieser Form der Diversifikation kann dementsprechend nicht bei den Vorteilen ansetzen, die eine Geschäftseinheit durch die Verbindung mit einer zum gleichen Unternehmen gehörenden anderen Geschäftseinheit hat. Vielmehr erfolgt eine an Zahlungsströmen oder anderen finanziellen Größen orientierte Betrachtung auf Gesamtunternehmensebene, in der die einzelne Geschäftseinheit in ihrem Beitrag zum größeren Ganzen analysiert wird.

Instrument der Analyse sind verschiedene *Portfolio-Ansätze*. Gemeinsam ist ihnen die Darstellung des Gesamtunternehmens als Portfolio verschiedener Geschäftseinheiten. Diese werden in einer zweidimensionalen Matrix visualisiert, wobei eine Dimension i. d. R. auf eine oder mehrere Eigenschaften der Märkte Bezug nimmt und die andere auf eine oder mehrere Eigenschaften der jeweiligen Geschäftseinheiten. Der Unterschied zwischen den konkurrierenden Ansätzen beruht darauf, welche Größen bei der Analyse ausgewählt werden. Entsprechend finden z. B. Marktanteils-Marktwachstums-, Branchenattraktivitäts-Geschäftsfeldstärken-, Produktlebenszyklus-Wettbewerbspositions-, Technologieattraktivitäts-Ressourcenstärke- oder neuerdings Ökologieattraktivitäts-Ökologiestärke-Portfolios Verwendung.[497]

Aus der Stellung der einzelnen Geschäftseinheit im zweidimensionalen Raum des Portfolios wird eine Vermutung über die finanzielle Situation der Geschäftseinheit abgeleitet. Beispielsweise wird bei einer Geschäftseinheit mit hohem relativen Marktanteil in einer nur noch wenig wachsenden Branche ein hoher Cash-flow-Überschuß angenommen bzw. bei einer Geschäftseinheit, die viele Wettbewerbsvorteile in einem attraktiven Markt aufweist, eine erhöhte Mittelbindung unterstellt.[498]

Für die Zieldiskussion ist nun relevant, daß aus der Position der jeweiligen Geschäftseinheit im Portfolio ihre Normstrategie abgeleitet wird. Dabei muß die Gesamtheit aller Normstrategien zum einen in einem finanziellen Gleichgewicht des Gesamtunternehmens resultieren; zum anderen muß sie dem Sachverhalt Rechnung tragen, daß Branchen, in denen ein Geschäftsbereich tätig ist, im Verlauf der Zeit einen Wachstums- bzw. Attraktivitäts- (oder ganz allgemein: Lebens-)zyklus durchlaufen. Ein Gleichgewicht der Cash-flows ergibt sich also nur dann, wenn etwa die Überschüsse der eben erwähnten etablierten und risikoarmen Geschäftseinheiten zu Lasten des Wachstums in diesen Bereichen abgeschöpft und in junge, risikoreiche Geschäftseinheiten zur dortigen Förderung des Wachstums investiert werden. I. S. eines finanziell ausgewogenen Portfolios ist somit eine finanzielle - damit aber auch wahrscheinlich sachliche - Verschiedenartigkeit und Unabhängigkeit der Geschäftseinheiten gewünscht, und die Ziele der Geschäftseinheit leiten sich aus der Situation des Gesamtunternehmens ab.

Bei horizontaler und vertikaler Diversifikation hingegen wird an sachliche Gemeinsamkeiten angeknüpft und die Gesamtunternehmensstrategie leitet sich aus den (Sach-)Zielen der Geschäftseinheiten ab. Zusammen mit den sich daraus ergebenden unterschiedlichen Rollen der Unternehmenszentrale kann gefolgert werden: „Die strategische Steuerung diversifi-

---

[496] Vgl. Capon, Farley, Hoenig (1990), S. 1149.

[497] Vgl. Kreikebaum (1989), S. 85-91; Welge, Al-Laham (1992), S. 182-220; Hahn (1990b), S. 221-253; Hinterhuber (1992a), S. 106-143.

[498] Vgl. z. B. Welge, Al-Laham (1992), S. 197-211.

zierter Unternehmen bewegt sich prinzipiell im Spannungsfeld von Formalziel- und Sachzielkontrolle."[499]

Die Kritik an den Portfolio-Konzepten konzentriert sich auf zwei Bereiche. Zum einen[500] werden die mangelnde Realitätsnähe des Konzepts und die damit zusammenhängende Fragwürdigkeit der Normstrategien beklagt. Problematisch sind z. B. Auswahl, Anzahl und Operationalisierung der Dimensionen. Dies gilt auch für die Abgrenzung der Geschäftsbereiche, welche darüber hinaus i. d. R. in „Zwischenbereichen" der Matrix konzentriert sein dürften, so daß eindeutige Vorgehensweisen nicht offensichtlich sind. Zum anderen[501] wird der mangelnde Erfolg der lateralen Diversifikation auch gerade in finanzieller Hinsicht beklagt, der sich in negativen Reaktionen am Kapitalmarkt, zu beobachtenden Revisionen von Akquisitionen und einer negativen Bewertung durch die schon mehrfach zitierte Meta-Analyse[502] dokumentiert. Daraus wird gefolgert, daß die Diversifikation in unbekannte Geschäftsfelder eher Risiken birgt und aus Sicht des Gesamtunternehmens unterbleiben sollte. Außerdem ist sie den Aktionären durch Diversifikation ihrer Aktienbestände möglich und somit auf Unternehmensebene überflüssig.

2.3.4.3 Die Zielthematik im Rahmen der Kulturmetapher

2.3.4.3.1 Außerwirtschaftliche Maßstäbe menschlichen Handelns

2.3.4.3.1.1 Wirtschaft als eines von mehreren gesellschaftlichen Subsystemen

Die moderne Gesellschaftsstruktur und das Wirtschaften als ein Teilbereich dieser Gesellschaft sind das Ergebnis einer seit Jahrhunderten stattfindenden Entwicklung.[503]

An deren Beginn steht eine relativ homogene, lediglich *segmentär differenzierte Gesellschaft*, die zunächst aus relativ gleichartigen Teilen (Segmenten, wie z. B. Sippen) besteht, deren einzelne Mitglieder v. a. mit verschiedenen Formen der Selbstversorgung beschäftigt sind. Bei der „Erstellung" von (v. a. eßbaren) Produkten im Rahmen der Jagd, des Sammelns und der Landwirtschaft fallen gesellschaftlicher Zweck, individueller Antrieb und „Organisationsziel" zusammen, sofern von letzterem i. S. eines kollektiven und abgestimmten Vorgehens überhaupt gesprochen werden kann.

Im weiteren Verlauf der Entwicklung entstehen größere Gesellschaften, die zusätzlich in *Schichten* differenziert sind. Moderne Gesellschaften schließlich besitzen darüber hinaus eine *funktionale Differenzierung*.

Die funktional differenzierte Gesellschaft weist besondere Eigenheiten auf:[504] Sie ist gekennzeichnet durch die Existenz spezialisierter Teilbereiche, die bestimmte Funktionen ausüben, entsprechend eigenen Gesetzmäßigkeiten unterliegen und andere Teilbereiche lediglich als Umwelt wahrnehmen. Beispiele autonomer Subsysteme sind die *Wissenschaft*, deren Funktion die Erkenntnisgewinnung ist und durch die Unterscheidung von Wahrheit und Unwahrheit geleitet ist, die *Rechtsprechung*, wo zwischen Recht und Unrecht unterschieden wird, und die

499 Hasselberg (1991), S. 16.
500 Vgl. z. B. Hahn (1990b), S. 241-245; Welge, Al-Laham (1992), S. 201f.
501 Vgl. z. B. Porter (1987), S. 31; Campbell (1992), S. 114-116.
502 Vgl. Capon, Farley, Hoenig (1990), S. 1149.
503 Vgl. im folgenden Willke (1994), S. 85; Hillmann (1988), S. 45f; Härle (1992), S. 1f.
504 Vgl. Homann, Blome-Drees (1992), S. 10-13; Luhmann (1986), S. 75f.

Politik, in der um gesellschaftliche Entscheidungsmacht gerungen wird. Es kann somit von autonomen Subsystemen gesprochen werden, die einer „eigenen Rationalität"[505] unterliegen. Eine Einheit der Gesellschaft, wie sie auch noch weitgehend in lediglich geschichtet differenzierten Gesellschaften besteht (wo etwa die politischen Machthaber bestimmen, was wahr oder rechtmäßig ist), ist nicht mehr gegeben.

Die *Wirtschaft*[506] kann als eines der Subsysteme der modernen Gesellschaft betrachtet werden, innerhalb dessen Angebot von und Nachfrage nach Gütern auf Märkten zusammengeführt und über den Preismechanismus koordiniert werden. Aus vielen dezentral getroffenen Entscheidungen resultiert, was für wen auf welche Weise produziert wird.[507]

Die Arbeitsteilung innerhalb der modernen Wirtschaft und sogar innerhalb von Organisationen führt allerdings zu einem Auseinanderfallen individueller Ziele des Wirtschaftens (wie z. B. dem Einkommen oder der Selbstverwirklichung), Organisationszielen (wie dem Gewinn) und dem gesellschaftlichen Zweck des Wirtschaftens.[508] Letzterer besteht nach wie vor in der Befriedigung der Bedürfnisse der Nachfrager, was eine möglichst effiziente Verwendung knapper Ressourcen voraussetzt und durch den Wettbewerb zwischen verschiedenen Anbietern gewährleistet sein soll.[509]

Preisen kommt dabei eine zentrale Funktion zu. Einerseits signalisieren sie den Anbietern die Intensität der Nachfrage und damit eigene Gewinnmöglichkeiten. Entsprechend werden die begrenzten Ressourcen einer gesamtwirtschaftlich sinnvollen Allokation zugeführt. Andererseits signalisieren sie den Nachfragern die mit dem Erwerb eines Wirtschaftsgutes verbundene Budgetbelastung und repräsentieren unter der Bedingung eines begrenzten Budgets den Verzicht auf den Erwerb anderer Güter, was gesamtwirtschaftlich zu einer Beschränkung der Nachfrage führt. Die mögliche bzw. tatsächliche Austauschbeziehung zwischen Anbieter und Nachfrager wird somit durch den Preis quantitativ abgebildet.[510]

Die grundlegende kommunikative Handlung zwischen beiden Marktpartnern ist die Zahlung; das Kommunikationsmedium ist das Geld.[511] Handlungsleitend im Subsystem Wirtschaft sind also nicht Unterschiede zwischen Wahrheit und Unwahrheit (wie in der Wissenschaft), Rechtmäßigkeit und Unrechtmäßigkeit (wie im Justizsystem) oder Machtgewinn und Machtverlust (wie im politischen System). Vielmehr gilt: „Zahlen oder Nichtzahlen - das ist, ganz streng gemeint, die Seinsfrage der Wirtschaft."[512] Da gleichzeitig eine Zahlung die „Transformation von Haben in Nichthaben"[513] (von Geld) darstellt, spiegelt die Bewertung von Investitionen anhand von Gewinn- oder Rentabilitätsgrößen nichts anderes als das Bemühen um die Wiederherstellung von Zahlungsfähigkeit wider.[514]

Wenn die Zahlung die zentrale Größe der wirtschaftlichen Kommunikation ist, kann die zentrale Bedeutung der Gewinngröße in allen ihren Ausprägungen als Vorsteuergröße der Zahlungsfähigkeit nicht verwundern. Die im Rahmen des strategischen Managements ver-

---

505 Homann, Blome-Drees (1992), S. 13.

506 Mit „Wirtschaft" ist hier die Marktwirtschaft und nicht die Planwirtschaft gemeint. Gerade letztere zeichnet sich eben dadurch aus, daß das politische System das Wirtschaftssystem dominiert.

507 Vgl. Dyllick (1988), S. 127-134.

508 Vgl. Härle (1992), S. 1-3.

509 Vgl. Dyllick (1989), S. 130.

510 Vgl. Härle (1992), S. 190-192.

511 Vgl. Luhmann (1988), S. 14.

512 Luhmann (1986), S. 104.

513 Ebenda.

514 Vgl. ebenda (1986), S. 109.

folgten internen und externen Erfolgspotentiale dienen dann ebenfalls der Sicherstellung der Zahlungsfähigkeit, da jede Zahlung an eine entsprechende Sachleistung gekoppelt ist. Insofern sind die im Rahmen der Maschinen- und Organismusmetapher behandelten Ziele Teil derselben ökonomischen Rationalität.

Wenn diese Rationalität in der öffentlichen Diskussion problematisiert wird, liegt dies zum einen am Versagen des Marktmechanismus. Dies ist etwa der Fall, wenn Kosten oder Nutzen einer Austauschbeziehung z. T. externalisiert werden. Die einzelwirtschaftliche Logik entspricht dann nicht einer gesamtwirtschaftlichen Logik, da an der Austauschbeziehung unbeteiligte Dritte ebenfalls belastet oder begünstigt werden. Noch drastischer wird das Marktversagen im Fall öffentlicher Güter deutlich, die trotz Bedarfs aufgrund ihrer besonderen Eigenschaften überhaupt nicht am Markt angeboten werden.[515]

Zum anderen ergeben sich Probleme aus den Ergebnissen des Wirtschaftsprozesses, selbst wenn ein Marktversagen nicht vorliegt. Grund dafür ist, daß die der Wirtschaft eigene Rationalität systemspezifische Maßstäbe aufweist, die nicht notwendigerweise den Maßstäben anderer Subsysteme oder der Gesamtgesellschaft gerecht werden, wie im folgenden näher diskutiert werden soll.

2.3.4.3.1.2 Die Diskussion der Maßstäbe menschlichen Handelns im Rahmen der Ethik

Der Begriff der *Ethik* ist griechischen Ursprungs und wird in seiner Bedeutung auf zwei verschiedene, aber verwandte Bereiche zurückgeführt. Erstens besteht ein Bezug zu Sitten, Bräuchen, Gewohnheiten und anderen Verhaltensnormen, die in einer Gesellschaft praktiziert werden. Im deutschen Sprachgebrauch wird in diesem Zusammenhang von Moral oder Sitte gesprochen. Zweitens bezieht sich der Begriff auf die Qualität des Verhaltens im Sinne eines wie auch immer näher definierten „Guten" in Abgrenzung zum „Bösen" oder „Schlechten". Dabei ist eine dem Verhalten innewohnende und keine instrumentelle Qualität gemeint, bei der die Unterscheidung zwischen „richtig" und „falsch" Anwendung findet. Dieser zweite Sachzusammenhang wird als Moralität oder Sittlichkeit bezeichnet.[516]

Inzwischen hat sich eine Begriffsabgrenzung zwischen Moral und Ethik derart durchgesetzt, daß sowohl *Moral* als auch *Moralität* die Gesamtheit der im menschlichen Leben beobachtbaren impliziten Verhaltensregulative bezeichnen. Im Gegensatz zu expliziten Rechtsnormen fallen hierunter gemeinsam anerkannte Normen und Werte, die in Form von Geboten und Verboten das Handeln der Mitglieder einer Gemeinschaft regulieren. Bemerkenswert an der Einordnung von Sachverhalten der Realität in die Kategorien „gut" und „schlecht" ist, daß sie außerhalb der Logik der verschiedenen gesellschaftlichen Subsysteme steht, bei denen vielmehr eine „Entmoralisierung"[517] stattgefunden hat.[518]

Die *Ethik* hingegen repräsentiert die Wissenschaft vom moralischen Handeln und Urteilen. Die Fragestellung der Ethik ist dabei nicht die moralische Qualität einzelner Handlungen, sondern die Diskussion möglicher Prinzipien oder Kriterien, an denen Handlungen (und auch Ziele) gemessen bzw. mit denen sie begründet werden können. Entsprechend ist es auch

---

[515] Vgl. Härle (1992), S. 192-195.

[516] Vgl. Pieper (1991), S. 12-32 und S. 143-148.

[517] Luhmann (1986), S. 92.

[518] Besonders deutlich wird dies beim Rechtssystem, wo eben nicht geklärt wird, ob ein Angeklagter moralisch besonders verabscheuungswürdig gehandelt hat, sondern lediglich, ob sein Handeln illegal gewesen ist.

nicht Aufgabe der Ethik, die moralische Qualität eines Ziels (z. B. des Gewinnziels) zu bestimmen, sondern Kriterien zu thematisieren, mit denen die Qualität solch eines Ziels bewertet werden kann.[519]

Zusammenfassende Darstellungen zur Ethik[520] machen deutlich, daß verschiedene Ansätze zur Ethik existieren, die auf unterschiedlichen Prinzipien beruhen:

- Die *Nutzenethik bzw. utilitaristische Ethik*, die besonders im angelsächsischen Bereich vertreten wird, repräsentiert den Standpunkt, daß die moralische Bewertung von Handlungen nicht an deren zugrundeliegenden Absichten, sondern deren Folgen anzuknüpfen hat. Maßstab ist dabei der Nutzen, den die von der Handlung Betroffenen im Sinne der Erfüllung ihrer Bedürfnisse erzielen, wobei der Gesamtnutzen sich aus den Einzelnutzen der Betroffenen ergibt.[521]
- Die *deontologische bzw. Maximenethik* leitet die Qualität einer Handlung aus der Geltung ihr zugrundeliegender (und nicht weiter thematisierter) Maximen ab. Diese Maximen basieren auf den Rechten und damit zusammenhängenden Pflichten aller Individuen und sollen dementsprechend von allen und gegen alle Individuen anwendbar sein. Beispiele solcher Maximen sind die zehn Gebote der Bibel oder die „goldene Regel" („Was du nicht willst, das man dir tu, das füg' auch keinem andern zu."[522]).[523]
- Die *Gerechtigkeitsethik* basiert auf dem Prinzip der Gleichheit, die darin ihren Ausdruck finden soll, daß Gleichem eine gleiche Behandlung widerfahren soll. Vereinbar mit dem Gleichheitsgrundsatz wäre etwa eine gleichmäßige Verteilung der wirtschaftlichen Ergebnisse zwischen den Mitgliedern einer Gruppe. Ebenfalls denkbar ist aber auch eine Äquivalenz zwischen Ergebnissen und den ihnen zugrundeliegenden (unterschiedlichen) Beiträgen der Mitglieder oder zwischen den Ergebnissen und den Bedürfnissen der Mitglieder.[524]

Problematisch an den drei eben beschriebenen Ethiken ist zum einen, daß schon jede für sich betrachtet zu keinem eindeutigen Urteil über die Qualität einer Handlung führen muß. Zum anderen kann die alternative Anwendung der in den drei Ethiken vertretenen Positionen zu unterschiedlichen Bewertungen derselben Handlung führen.

So ist bei der Nutzenethik zu klären, wie der Nutzen zu messen ist und ob der größere Gesamtnutzen für eine Gemeinschaft eine Nutzenminderung bei einzelnen Personen rechtfertigt. Fragen der absoluten Rechte einzelner Individuen oder einer gerechte Nutzenverteilung werden nicht befriedigend beantwortet.[525]

Die Maximenethik nimmt Bezug auf Grundprinzipien, die selbst wiederum nicht begründet werden. Dies erfordert die Bezugnahme auf sehr allgemeine und unumstrittene Prinzipien, die als Entscheidungshilfe im konkreteren Problemfall, wenn etwa Rechte von Individuen kollidieren, nur bedingt tauglich sind.[526] Auch ist die Betonung der Beweggründe des Handelns unter Vernachlässigung der Folgen problematisch, da eine „gute Absicht" eben nicht notwendigerweise auch zu einem guten Ergebnis führt.

---

519 Vgl. Pieper (1991), S. 12-32 und S. 143-148.

520 Vgl. z. B. Dyllick (1989), S. 196-219; Pieper (1991), S. 203-251; Macharzina (1995), S. 197-203; Hoffmann, Rebstock (1989), S. 671-674.

521 Vgl. Dyllick (1989), S. 197-202.

522 Pieper (1991), S. 39.

523 Vgl. ebenda, S. 202-206; Hoffman, Rebstock (1989), S. 672.

524 Vgl. Dyllick (1989), S. 207-212.

525 Vgl. ebenda, S. 197-202; Birnbacher (1990), S. 69-80.

526 Vgl. Macharzina (1995), S. 200; Hoffmann, Rebstock (1989), S. 672.

Auf verschiedene Auslegungsmöglichkeiten des Gerechtigkeitsbegriffs wurde oben schon hingewiesen.

Eine alternative Vorgehensweise besteht darin, sich von den inhaltlichen Aspekten, die den Maßstab zur Beurteilung von Handlungen liefern, zu lösen. Statt dessen wird im Rahmen der *Verfahrens- bzw. Diskursethik* problematisiert, welche Voraussetzungen ein Prozeß zur Bestimmung eben dieser Inhalte in einer konkreten Entscheidungssituation erfüllen muß.[527]

Im Idealfall sind dies die Beteiligung aller Betroffenen einer Handlung an der Diskussion, die Einstimmigkeit der Beschlüsse, die Gleichberechtigung aller Beteiligten, die Abwesenheit von jeglicher Art von Zwang sowie die notwendige Kompetenz, Informiertheit und Unvoreingenommenheit der Beteiligten.[528]

Problematisch ist hier die mangelnde Realisierbarkeit dieser Bedingungen, die nicht nur praktisch, sondern auch theoretisch unmöglich erscheint, da (wie an der Umweltdiskussion deutlich wird) einige Betroffene (nämlich folgende Generationen) überhaupt nicht einbezogen werden können[529] oder Betroffenheit und Unvoreingenommenheit sich tendenziell ausschließen.[530]

Zusammenfassend ist somit zu konstatieren, daß ein verbindlicher Katalog bzw. eine Hierarchie von Prinzipien, die als Maßstab moralisch guten Handelns dienen können und gleichzeitig so spezifisch sind, daß sie im Einzelfall handlungsleitend sind, nicht existiert.

2.3.4.3.1.3 Die Diskussion des Spannungsfeldes zwischen ökonomischen Zielen und moralischen Maßstäben im Rahmen der Wirtschafts- und Unternehmensethik

Der Zusammenhang zwischen ökonomischen und nichtökonomischen Maßstäben des wirtschaftlichen Handelns nimmt einen zunehmend breiten Raum in der öffentlichen Diskussion ein. Während die Relevanz des Themas unbestritten ist („Ethik ist Chefsache geworden."[531]), wird die Notwendigkeit der Ausrichtung der Unternehmensführung an anderen als ökonomischen Größen z. T. sehr heftig und kontrovers diskutiert („soziales und ethisches Gesäusel"[532]).

Ursachen der Diskussion sind neben den schon erwähnten Defiziten des Wirtschaftssystems (Marktversagen und Existenz öffentlicher Güter) gesellschaftliche Veränderungen, die dazu führen, daß auf ökonomische Ziele ausgerichtete Unternehmensaktivitäten gegen gesellschaftliche Normen verstoßen.

Die Auswirkungen berühren zunächst das interne Funktionieren des Unternehmens. So wird seit den siebziger Jahren ein Wertewandel beobachtet, der zu einem Widerspruch zwischen veränderten Erwartungen der Arbeitnehmer an ihre Tätigkeit im Unternehmen und eher unveränderten Bedingungen des Arbeitslebens führt. Beschrieben wird ein Prioritätenwechsel hinsichtlich der Inhalte (vom Einkommensinteresse zu Fragen der inhaltlichen und sozialen

---

[527] Vgl. Dyllick (1989), S. 212.
[528] Vgl. Chmielewicz (1979), S. 261, und die dort angegebene Literatur.
[529] Vgl. Dyllick (1989), S. 214.
[530] Vgl. Hax (1995), S. 180.
[531] Homann (1991), S. 99.
[532] o. V. (1990), S. 37.

Ausgestaltung des Arbeitsumfelds) und des Ausmaßes der Arbeitsmotivation (z. B. größerer Stellenwert der Freizeit) bei den Arbeitnehmern.[533]

Darüber hinaus ist ein Wandel in der Beziehung zwischen dem Unternehmen und seiner Umwelt festzustellen:[534] Eine „vermehrte Politisierung und Moralisierung unternehmerischen Handelns"[535] findet insofern statt, als Unternehmen verstärkter öffentlicher Beobachtung und Kritik ausgesetzt sind. Neu ist, daß diese Kritik nicht an den wirtschaftlichen Leistungen der Unternehmen oder an etwaigen Gesetzesverstößen anknüpft. Vielmehr wird auch oder gerade die gesetzestreue und am Gewinn oder anderen finanziellen Größen ausgerichtete Unternehmensführung mit zunehmenden Widerständen und Ansprüchen konfrontiert.[536] Das (Groß-)Unternehmen wird zur „quasi-öffentlichen Institution"[537].

Diese Entwicklungen spiegeln sich auch in der wissenschaftlichen Diskussion wider. In dem Maße, in dem das gesellschaftliche Subsystem Wirtschaft zunehmend mit außerökonomischen Ansprüchen konfrontiert wird, wird die Frage nach dem Gegenstand der Wirtschaftswissenschaften von einigen Autoren neu gestellt und heftig diskutiert.[538] Während Vertreter der traditionellen Betriebswirtschaftslehre in der Unternehmensethik ein „fragwürdiges Ordnungselement in der Marktwirtschaft"[539] sehen, bemängeln andere ein „einseitig sachrationales, ökonomisches Denken"[540] und fordern „eine methodische Versöhnung von ökonomischer Rationalität und ethischer Vernunft"[541]. Ob und wie wirtschaftliche Notwendigkeiten und moralische Ansprüche in modernen Ökonomien und durch einzelne Unternehmen miteinander vereinbart werden können, ist *Inhalt der Wirtschafts- und Unternehmensethik*.[542]

In welcher Beziehung die Verfolgung ökonomischer Ziele durch das Unternehmen (v. a. das Gewinnziel und seit einigen Jahren der Shareholder Value) zu moralischen Maßstäben steht, wird kontrovers beurteilt.

Die *erste Sichtweise* besteht darin, der Marktwirtschaft selbst eine moralische Qualität zuzuerkennen. Sie wird als Garant des gesellschaftlichen Wohlstands gesehen.[543] Dieser ist Resultat eines Wettbewerbsprozesses, der sich durch einen effizienten Umgang mit knappen Ressourcen auszeichnet und eine Ausbeutung der Konsumenten durch die Anbieter verhindert.[544] Ferner spiegelt das Marktgeschehen die Summe der einzelnen Entscheidungen der Marktteilnehmer wider und wird somit als Ausdruck individueller Freiheiten interpretiert.[545] Die ausschließliche Orientierung an der Effizienz und dem Gewinn stellt außerdem Marktbeziehun-

533 Vgl. v. a. die Darstellung bei Härle (1992), S. 75-86.

534 Vgl. Dyllick (1989), S. xv-xx.

535 Ebenda (1989), S. xvi.

536 Hierauf soll weiter unten im Rahmen der Diskussion des Verhältnisses ökonomischer und moralischer Maßstäbe eingegangen werden.

537 So bezeichnet im Titel der Arbeit von P. Ulrich (1977).

538 Vgl. exemplarisch Schneider (1990), S. 869-891; Steinmann, Löhr (1991), S. 525-528; P. Ulrich (1991), S. 529-536; Schneider (1991), S. 537-543; Steinmann, Löhr (1995), S. 143-174; Pies, Blome-Drees (1995), S. 175-179.

539 Hax (1995), S. 180.

540 Hoffmann, Rebstock (1989), S. 682.

541 P. Ulrich (1987), S. 125.

542 Vgl. Homann, Blome-Drees (1992), S. 14.

543 Vgl. Smith (1776).

544 Vgl. Schneider (1990), S. 879.

545 Vgl. Homann (1980), S. 225.

gen her, die frei sind von außerökonomischen Ressentiments hinsichtlich Rasse, Herkunft oder Status.[546] Außerdem ist ein am Markt realisiertes Einkommen bzw. ein Gewinn gleichbedeutend mit der Nichtinanspruchnahme des Einkommens anderer Mitglieder der Gesellschaft.[547]

Wird aber dem System Marktwirtschaft moralische Qualität zugeschrieben, kann ein systemkonformes Verhalten nicht unmoralisch sein. Besitzen das „Spiel" und seine „Spielregeln" eine moralische Qualität, sind die „Spielzüge" der Beteiligten allenfalls als „moralfrei" anzusehen.[548] Folgerichtig sind dann moralisch motivierte, aber verlustbringende Aktionen von Unternehmen abzulehnen. Wohl berühmtester Verfechter dieser Ansicht ist Milton Friedman, der folgert:

> „Es gibt wenig Entwicklungstendenzen, die so gründlich das Fundament unserer freien Gesellschaft untergraben können, wie die Annahme einer anderen sozialen Verantwortung durch Unternehmer, als die, für die Aktionäre ihrer Gesellschaften soviel Gewinn wie möglich zu erwirtschaften. Das andere ist eine zutiefst subversive Doktrin."[549]

Neben der mangelnden Systemkonformität einer Verfolgung nichtökonomischer Ziele (Effizienzverluste und damit schlechtere Erfüllung der eigentlichen Aufgabe der Wirtschaft, Wettbewerbsverzerrungen, Verletzung der Eigentumsrechte der Aktionäre) wird die ohnehin schon große Machtfülle der Unternehmen angeführt. Eine Erweiterung des Aufgabenspektrums von Unternehmen und eine daraus resultierende Vermischung von Zuständigkeiten werden abgelehnt, da dies zur Übernahme von Aufgaben führt, die in die Entscheidungsbefugnis dazu demokratisch legitimierter, kompetenterer und besser kontrollierter staatlicher Instanzen fallen sollten.[550]

Weist die Rahmenordnung tatsächlich Defizite auf, weil etwa die Gesetzgebung nicht schnell genug auf neue und Handlungsbedarf aufweisende Entwicklungen reagiert, wird die Pflicht des Unternehmens lediglich darin gesehen, entsprechende wettbewerbsneutrale Korrekturen (Gesetzesänderungen oder branchenweite Vereinbarungen) anzuregen.[551]

Eine *zweite Sichtweise* ergibt sich, wenn die moralische Legitimation des Wirtschaftssystems als Ausgangspunkt der Argumentation entfällt. Dann sind das finanzielle Ergebnis einerseits und die Moral andererseits zwei voneinander unabhängige Orientierungsgrößen, zwischen denen in Einzelfällen sowohl positive als auch negative Beziehungen bestehen.

Entsprechend werden *positive Kompatibilität* (hohe moralische Akzeptanz und Rentabilität), *moralischer Konfliktfall* (niedrige moralische Akzeptanz bei hoher Rentabilität, z. B. der Verkauf von Waffen oder eine umweltbelastende Produktion) und *ökonomischer Konfliktfall* (hohe moralische Akzeptanz bei unbefriedigender Rentabilität, z. B. eine umweltschonende Produktion, die nicht am Markt honoriert wird) unterschieden.[552] Auch ist zu beachten, daß die Zielbeziehungen nicht notwendigerweise stabil sind (z. B. wenn ein zunehmendes soziales Engagement des Unternehmens zunächst in einer steigenden Gewinnhöhe resultiert, ehe der Zusammenhang bei weiterem Ausbau des Engagements negativ wird).[553]

---

546 Vgl. Luhmann (1988), S. 19.

547 Vgl. Schneider (1990), S. 869.

548 Vgl. Homann, Blome-Drees (1992), S. 35-50.

549 Friedman (1984), S. 176.

550 Vgl. Ulrich (1990), S. 834; Frederick, Davis, Post (1988), S. 39-43.

551 Vgl. Homann, Blome-Drees (1992), S. 112-131.

552 Vgl. Pies, Blome-Drees (1993), S. 753.

553 Vgl. Richards (1986), S. 99.

Die unbestritten attraktivste Konstellation besteht somit, wenn moralische und ökonomische Ziele gleichzeitig realisiert werden können (positive Kompatibilität). Dabei kann - in Umkehrung der herkömmlichen Sichtweise, in deren Rahmen die Folgen ökonomischen Handelns moralisch bewertet werden - ein moralisches bzw. soziales Engagement als Heuristik zur Entdeckung neuer Gewinnpotentiale verwendet werden.[554] Der positive Zusammenhang besteht nicht nur darin, daß die Rücksichtnahme auf moralische Standards (z. B. in der Produktion und der Produktpalette oder ein gesellschaftliches Engagement) als Investition in das Image des Unternehmens aufgefaßt werden kann, welches sich dann in entsprechenden Umsätzen niederschlägt („Korrekte Kunden kauen Katjes."[555]). Vielmehr stellt die Einhaltung verbindlicher moralischer Standards im Verhältnis zu Marktpartnern und Unternehmensmitgliedern auch ein Verhaltensregulativ dar, das zur Senkung von Transaktionskosten führen kann.[556] Dies gilt extern, indem die Beziehungen des Unternehmens zu seiner Umwelt durch das entgegengebrachte Vertrauen stabilisiert werden. Gleichzeitig repräsentiert die Akzeptanz verbindlicher Normen durch die Unternehmensmitglieder ein internes Koordinationsinstrument, das insbesondere bei komplexen Abläufen formale Mechanismen ersetzen kann (jedenfalls solange ein „fit" zwischen den Werten im Unternehmen und der von ihm verfolgten Strategie besteht[557]).[558] Auch schränkt ein gemeinsames Wertesystem die Gruppenegoismen im Unternehmen und das Auftreten darauf zurückzuführender suboptimaler Ergebnisse ein.[559] Von der zusätzlichen Motivation der Mitarbeiter und ihrer höheren Identifikation mit ihrem Unternehmen werden ebenfalls positive ökonomische Auswirkungen (z. B. größere Anstrengung, höhere Treue zum Unternehmen, weniger Krankmeldungen) erwartet.[560]

Ferner ist zu berücksichtigen, daß soziale Normen über den Eingang in die politische Diskussion letztlich in die den Handlungsspielraum des Unternehmens bestimmende Gesetzgebung einfließen können[561] und daß eine permanente Mißachtung moralischer Anforderungen zum möglichen Machtverlust des Unternehmens beitragen könnte.[562] Dies bedeutet, daß der Gegensatz zwischen Markt und Moral sich zumindest in einigen Fällen bei langfristiger Betrachtung auflöst. Die Moral wird dann zur weiteren, den ökonomischen Zielen zeitlich vorgelagerten und sachlich andersartigen Vorsteuergröße der Unternehmensführung.

Empirische Untersuchungen bestätigen allerdings den positiven Zusammenhang zwischen wirtschaftlichem Erfolg und moralischer Qualität nur bedingt. Während die schon erwähnte Meta-Analyse zu einem positiven Ergebnis kommt,[563] relativiert eine andere Untersuchung[564] dieses Ergebnis. Demnach ist ein ausgeprägtes Wertesystem im Unternehmen lediglich ein asymmetrischer Erfolgsfaktor. Es trägt dann ergänzend positiv zum Unternehmenserfolg bei, wenn ein Unternehmen auch aufgrund einer positiven Ausprägung anderer Faktorenbündel (z. B. eine marktgerechte Wettbewerbsstrategie oder die Qualität des Managements) erfolgreich ist. Ökonomisch erfolglose Unternehmen hingegen weisen bei diesen (wichtigeren) Faktoren unterdurchschnittliche Kennzahlen auf, was dann auch durch ein aus-

---

[554] Vgl. Pies, Blome-Drees (1993), S. 754; Chrisman, Carroll (1984), S. 61-64.
[555] o. V. (1995), S. 118.
[556] Vgl. Wieland (1993), S. 16f.
[557] Vgl. Hinterhuber (1992b), S. 247.
[558] Vgl. Dill, Hügler (1987), S. 147-154.
[559] Vgl. ebenda, S. 152-154.
[560] Vgl. ebenda, S. 154-159.
[561] Vgl. Mendelow (1983), S. 73.
[562] Vgl. Frederick, Davis, Post (1988), S. 36.
[563] Vgl. Capon, Farley, Hoenig (1990), S. 1149.
[564] Vgl. Krüger (1989), S. 13-18.

geprägtes Wertsystem im Unternehmen kaum noch kompensiert werden kann. Hinsichtlich des Zusammenhangs zwischen Umweltschutz und finanziellem Erfolg besteht schließlich ein völliger Dissens unter befragten Führungskräften. In gleichem Maße werden positive und negative Korrelationen gesehen.[565]

Wird die Legitimation jeglicher Unternehmenstätigkeit aufgrund der moralischen Qualität des Wirtschaftssystems (i. S. der ersten skizzierten Sichtweise) negiert, werden diejenigen Unternehmensaktivitäten zum Problem, bei denen die Möglichkeit zur Gewinnerzielung mit der Einhaltung von moralischen Prinzipien unvereinbar erscheint. Die Einhaltung letzterer erfordert dann die Einstellung rentabler unmoralischer Geschäfte (moralischer Konfliktfall) oder gar die Vornahme unrentabler, aber moralisch gebotener Handlungen (ökonomischer Konfliktfall).

Verfechter einer gesellschaftlichen Verantwortung des Unternehmens („corporate social responsibility"[566]) verweisen im ökonomischen oder moralischen Konfliktfall nicht nur auf die langfristige Kongruenz von Ökonomie und Moral; und sei es, daß diese nur darin besteht, daß soziales Engagement ungünstigere staatliche Regulierungen bis zur Verstaatlichung verhindert. Vielmehr werden hauptsächlich außerökonomische Argumente angeführt. Betont wird nämlich die Einbettung des Wirtschaftssystems in einen gesamtgesellschaftlichen Zusammenhang. Aus der Machtposition der Unternehmen wird eine entsprechende - nicht rechtliche, doch kausale und moralische - Verantwortung abgeleitet, deren Wahrnehmung nicht widerrechtlich ist und zudem ein flexibles Gegengewicht zur Macht und Reglementierungswut des finanziell überforderten Staats darstellt. Zudem wird auf ein tatsächliches soziales Engagement der Wirtschaft hingewiesen, womit der eigene Standpunkt als wirklichkeitsnah und die Gegenposition als realitätsferne Theorie dargestellt werden.[567]

Mehrere Konzepte werden in der Literatur danach unterschieden, auf welche Weise moralischen Prinzipien im Konfliktfall Geltung verschafft werden kann:[568] *Individualethische Ansätze* knüpfen nicht an der Institution „Unternehmen" oder gar der Wirtschaftsordnung an, sondern an den Präferenzen bzw. dem Gewissen der einzelnen Entscheidungsträger in der Wirtschaft. Durch Appelle soll ein Bewußtseinswandel bewirkt werden, der zu Berücksichtigung moralischer Gebote führt. Das Dilemma zwischen dem individuellem Gewissen und den Sachzwängen der Systemebene wird allerdings nicht weiter problematisiert.[569] Eine zweite Konzeption verlangt eine institutionelle *„situationale Beschränkung des Gewinnprinzips"*[570], womit die im Prinzip anerkannte Verfolgung des Gewinnziels im Konfliktfall hinter das moralisch Gebotene zurücktreten soll. Eine dritte Konzeption schließlich fordert die *„Versöhnung von ökonomischer Rationalität und ethischer Vernunft"*[571]. Die Wirtschaft und die in ihr tätigen Unternehmen werden nicht mehr als gesellschaftliches Subsystem mit einer eigenständigen Rationalität verstanden. Vielmehr werden die Beteiligten und Betroffenen und deren (auch außerökonomische) Ziele in den Vordergrund gestellt. Es wird für einen Entscheidungsprozeß plädiert, der nicht durch die anonymen Marktmechanismen bestimmt ist,

565 Vgl. Umweltbundesamt (1991), S. 205f.

566 Frederick, Davis, Post (1988), S. 28.

567 Vgl. Frederick, Davis, Post (1988), S. 36-39; H. Ulrich (1990), S. 834.

568 Vgl. die Übersichten bei Härle (1992), S. 226-235; Homann (1991), S. 102-105; Homann, Blome-Drees (1992), S. 168-185; Pies, Blome-Drees (1993), S. 749-751.

569 Vgl. Homann, Blome-Drees (1992), S. 168-173.

570 Steinmann, Oppenrieder (1985), S. 173.

571 P. Ulrich (1987), S. 125.

sondern den Forderungen der Diskursethik gerecht wird, was dann zu einer „kollektiven Präferenzordnung der Unternehmung"[572] führen soll.[573]

Eine derartige, alle gesellschaftliche Gruppen einbeziehende Unternehmensführung gilt bei ihren Verfechtern als höchste (und dritte) Stufe der gesellschaftlichen Verantwortung des Unternehmens und wird als *„social responsiveness"* bezeichnet. Die erste Stufe (*„social obligation"*) stellt dabei ein lediglich gesetzestreues Verhalten dar, während die zweite Stufe (*„social responsibility"*) sich in freiwilligen philanthropischen Akten äußert („charity principle", z. B. Spenden) oder die Unternehmensführung als öffentlichen Treuhänder betrachtet („stewardship principle"), der allerdings im Gegensatz zur „social responsiveness" eigenständig entscheidet.[574]

2.3.4.3.2. Das Unternehmensbild

2.3.4.3.2.1 Unternehmenskultur und ihre Bestandteile

Unter dem Begriff der *Unternehmenskultur* wird die von den Mitgliedern eines Unternehmens geteilte Gesamtheit von Werten, Normen, Symbolen, Einstellungen, Überzeugungen und Idealen verstanden.[575] Dem Unternehmen werden also Eigenschaften einer Miniaturgesellschaft zugeschrieben.[576] Während die Unternehmensethik Maßstäbe für die eben aufgezählten Größen geben kann, also Hinweise auf ein „Soll" beiträgt, verkörpert die Unternehmenskultur das entsprechende „Ist".[577]

Über weitere konstitutive Merkmale des Kulturbegriffs herrscht genausowenig Einigkeit[578] wie über seine Bedeutung und Behandlung im Rahmen der wissenschaftlichen Analyse von Unternehmen.

Ein Standpunkt geht davon aus, daß ein Unternehmen eine Kultur „hat". Damit soll ausgedrückt werden, daß die Kultur lediglich eine zusätzliche Variable darstellt, die in ihren verschiedenen Ausprägungen und ihrer Beziehung zu anderen Unternehmensvariablen untersucht und gegebenenfalls zieladäquat manipuliert werden kann. Eine derartige Sichtweise verbleibt hinsichtlich ihrer Annahmen über das Untersuchungsobjekt und die anzuwendenden Untersuchungsmethoden im Rahmen einer objektivistischen Unternehmenstheorie.

Ein gegensätzlicher Standpunkt geht davon aus, daß ein Unternehmen eine Kultur „ist" und repräsentiert damit eine subjektivistische Unternehmenstheorie. Demnach ist die Wirklichkeit - bezogen auf das Selbstverständnis des Unternehmens und die Wahrnehmung der Umwelt im Unternehmen - ein Produkt subjektiver Interpretationsprozesse. Eine Analyse muß dann bei den einzelnen Individuen ansetzen und die dementsprechende Untersuchungsmethode hauptsächlich qualitativer Natur sein.[579]

---

[572] Ebenda, S. 138.
[573] Vgl. ebenda, S. 137-143.
[574] Vgl. Frederick, Davis, Post (1988), S. 31.
[575] Vgl. Gabele (1993), S. 118; Hoffmann, Rebstock (1989), S. 680.
[576] Vgl. Morgan (1986), S. 121.
[577] Vgl. Hoffmann, Rebstock (1989), S. 681.
[578] Vgl. Kroeber, Kluckhohn (1952), deren Auswertung 164 Definitionen des Kulturbegriffs ergab.
[579] Vgl. Heinen (1987), S. 14-20; Burrell, Morgan (1979), S. 1-9.

Unabhängig von den Unterschieden beider Betrachtungsweisen wird deutlich, daß hier Aspekte des Unternehmensgeschehens zum Gegenstand der Betrachtung werden, die über ökonomische Problemstellungen im Sinne des effizienten Umgangs mit knappen Ressourcen hinausgehen. Im Mittelpunkt stehen vielmehr evaluative und soziale Aspekte, die gar nicht oder nur am Rande der Maschinen- oder der Organismusmetapher des Unternehmens thematisiert werden.

Werden die *Bestandteile der Unternehmenskultur* danach geordnet, inwiefern sie sichtbar bzw. den Unternehmensmitgliedern überhaupt bewußt sind, ergeben sich drei Kulturebenen, die unterschiedlich erfaßt werden können, so daß sowohl objektivistische als auch subjektivistische Untersuchungsmethoden gerechtfertigt erscheinen:[580]

- Die *oberste und sichtbare Ebene* der Unternehmenskultur bilden Artefakte und Schöpfungen des Unternehmens, worunter etwa die Architektur der Gebäude, die Kleiderordnung, das sichtbare Verhalten der Unternehmensmitglieder oder offizielle Dokumente (z. B. Geschäftsberichte) fallen.
- Die *mittlere Ebene* umfaßt die nur teilweise bewußten, von den Unternehmensmitgliedern gemeinsam gehaltenen Werte.
- Die *tiefste Ebene* schließlich umfaßt unbewußte (und deswegen über eine Beobachtung oder die direkte Befragung nicht bestimmbare) Annahmen der Unternehmensmitglieder über grundlegende Zusammenhänge in der Welt. Hierzu zählen z. B. die Beziehung zwischen Mensch und Natur, die Natur des Menschen, die Beziehung von Menschen zueinander oder das Zeitverständnis.

Zusammenfassend können also *die dingliche, die evaluative und die kognitive Ebene der Unternehmenskultur* unterschieden werden.[581]

Den engsten Bezug zum Zielbegriff weisen dabei *Werte* auf, wobei wie schon beim Kulturbegriff keine allgemein anerkannte Definition existiert.

Einige Autoren benutzen Ziel- und Wertbegriff sogar synonym. Beispielhaft sei das 7-S-Modell von McKinsey genannt, in dessen Zentrum zunächst von „übergeordneten Zielen" und in späteren Darstellungen ersatzweise von „gemeinsamen Werten" gesprochen wird,[582] oder die Einschätzung, daß die Diskussion von Werten im Zusammenhang mit Unternehmen lediglich eine modische Verpackung der alten Zielthematiken sei.[583] Die Gleichsetzung beider Begriffe ist damit zu erklären, daß der Wertbegriff wie auch der Zielbegriff eine positive Bewertung bzw. etwas Wünschenswertes beinhalten.[584]

Beide Begriffe können zunächst voneinander abgegrenzt werden, indem Werte als „wichtigste Ziele"[585] definiert werden. Weiterer Anknüpfungspunkt der Unterscheidung ist neben dem unterschiedlichen Stellenwert der allgemeinere Charakter von Werten (Ziele als Konkretisierungen von Werten,[586] ihr größerer Geltungsbereich, ihre höhere Zeitstabilität[587] und ihre stärkere Verankerung in der Persönlichkeit der Menschen[588]).[589] Die Funktion von

---

580 Vgl. Schein (1984), S. 3f.

581 Vgl. Kasper (1987), S. 5f.

582 Vgl. den Hinweis bei Peters, Waterman (1990), S. 323.

583 Vgl. Will (1992), S. 33f.

584 Vgl. Heinen (1987), S. 22; Hoffmann, Rebstock (1989), S. 674.

585 Freeman, Gilbert (1991), S. 78.

586 Vgl. Dietel (1987), S. 227.

587 Vgl. Will (1992), S. 64.

588 Vgl. Gabele (1989), S. 628.

Werten in bezug auf Ziele besteht dann in der Legitimation letzterer[590] und in der Interpretation mehrerer Ziele, falls diese in einzelnen Entscheidungssituationen in konfliktärer Beziehung stehen.[591]

2.3.4.3.2.2 Abgrenzung des Unternehmenskulturbegriffs von verwandten Begriffen

Der Begriff der Unternehmenskultur muß ebenso von verwandten Begriffen abgegrenzt werden.

So beschreibt das Begriff des *Organisationsklimas* die Wahrnehmung der eigenen Unternehmenskultur durch die Mitarbeiter des Unternehmens. Er verweist auf die Problematik, daß die im Unternehmen vorherrschende Unternehmenskultur von zumindest einigen Mitgliedern als in Widerspruch stehend zu den eigenen Erwartungen und Werten wahrgenommenen werden kann, was ein „schlechtes" Organisationsklima zur Konsequenz hat.[592]

Das *Image* des Unternehmens ist hingegen ein Fremdbild des Unternehmens von Gruppen, die nicht Mitglieder des Unternehmens sind. Es ist somit ein vereinfachtes Bild und muß nicht notwendigerweise der Kultur des Unternehmens entsprechen.[593]

Corporate Identity umfaßt die Selbstdarstellung des Unternehmens in seiner Bemühung um ein einheitliches Erscheinungsbild in der Öffentlichkeit. Sie repräsentiert also das eigene „Wunsch-Image".[594]

Die *Unternehmensphilosophie* bzw. ihre Niederlegung in *Unternehmensgrundsätzen* oder *Unternehmensleitbildern* schließlich beschreibt eine Unternehmenskultur, wie sie von den zur Erstellung dieser Dokumente legitimierten Personengruppen (i. d. R. die Führungsspitze) angestrebt wird, also eine „Wunsch-Unternehmenskultur".[595]

Die Unternehmensphilosophie, die Erwartungen und Forderungen anderer unternehmensinterner und -externer Gruppen sowie der Unternehmensführung vorliegende Informationen (über das Unternehmen und seine Umwelt) resultieren in der *Unternehmenspolitik*.[596] Diese beinhaltet den *Unternehmenszweck*, der die Produkt-Markt-Kombination des Unternehmens umschreibt, die obersten Unternehmensziele und die Verhaltensgrundsätze gegenüber allen gesellschaftlichen Gruppen im Umfeld des Unternehmens.[597]

Der Begriff der *Mission* wird entweder als Synonym des Unternehmenszwecks oder in einer sehr umfassenden Bedeutung verwendet, die die sachlichen Aspekte der Unternehmenspolitik und ihre unternehmensphilosophischen Grundlagen umfaßt.[598]

Auch der Begriff der *Vision* ist nicht einheitlich definiert. Entweder wird er i. S. der „Mission" verwendet oder aber derart, daß eine Vision in Abgrenzung zur Mission ein eher plastisches, die Emotionen ansprechendes und weiter in die Zukunft reichendes Bild der Mission ist.[599]

---

589 Vgl. Heinen (1987), S. 23.
590 Vgl. Dietel (1987), S. 227.
591 Vgl. Heinen (1987), S. 37.
592 Vgl. Hax, Majluf (1991), S. 123f; Staehle (1991), S. 453-464; Kasper (1987), S. 10-12.
593 Vgl. Hinterhuber (1992b), S. 260; Weber (1985), S. 302.
594 Vgl. Hinterhuber (1992b), S. 261; Weber (1985), S. 179f.
595 Vgl. Welge (1985), S. 19; Dill, Hügler (1987), S. 164; Kasper (1987), S. 12f.
596 Vgl. Ulrich, Fluri (1992), S. 80.
597 Vgl. ebenda, S. 80 und 94-100.
598 Vgl. Campbell, Devine, Young (1992), S. 34-53.
599 Vgl. ebenda, S. 59f; Wilson (1992), S. 18-22.

Für die Unterscheidung von Werten als Teil einer Unternehmenskultur bzw. einer von der Unternehmensleitung gewünschten Unternehmenskultur und Zielen bestätigen die eben genannten begrifflichen Zusammenhänge, daß Werte Grundlagen von Zielen sind, ohne aber mit ihnen identisch sein zu müssen. Grund dafür ist, daß Unternehmensziele Resultat eines Entscheidungsprozesses sind, in den neben den im Unternehmen vorhandenen Werten auch die Werte und Forderungen externer Gruppen und Informationen über die Situation des Unternehmens in seiner Umwelt fließen.

2.3.4.3.2.3 Kulturtypologien

Eine Möglichkeit der Typologisierung von Unternehmenskulturen knüpft an deren nichtinhaltliche Aspekte an:[600]

- Der *Verankerungsgrad* der Unternehmenskultur beschreibt das Ausmaß, in dem die Normen und Werte der Unternehmenskultur gleichzeitig den Normen und Werten der einzelnen Unternehmensmitglieder entsprechen. Bei einer geringen Akzeptanz liegt demnach ein niedriger Verankerungsgrad vor.
- Das *Übereinstimmungsausmaß* bezeichnet die Homogenität der im Unternehmen geltenden Normen und Werte, so daß ein niedriger Wert Ausdruck der Existenz unterschiedlicher Subkulturen im Unternehmen ist.
- Die *Systemvereinbarkeit* schließlich bezeichnet das Ausmaß der Übereinstimmung zwischen den sich aus der Unternehmenskultur einerseits und formalen Verhaltensregulativen andererseits ergebenden Handlungsanweisungen.

Eine andere Möglichkeit der Typologisierung von Unternehmenskulturen knüpft an inhaltlichen Unterschieden an und führt entsprechend der Vielfalt denkbarer Werte, Normen oder Annahmen zu ganz unterschiedlichen Darstellungen in der Literatur. Die Bandbreite der Typologien reicht von einfachen und auf zwei Dimensionen basierenden Matrizen bis hin zu sehr komplexen Darstellungen.

Beispielsweise unterscheiden Raffée und Fritz vierzehn fundamentale unternehmerische „Werthaltungen oder Grundhaltungen ..., die das Selbstverständnis eines Unternehmens dauerhaft bestimmen und damit zugleich die Unternehmensphilosophie charakterisieren."[601] Die Einteilung basiert auf der Unterscheidung begünstigter Bezugsgruppen (z. B. kundenorientierte und mitarbeiterorientierte Grundhaltung), funktionaler Gesichtspunkte (z. B. produktionsorientierte und verkaufsorientierte Grundhaltung) oder anderer Sachzusammenhänge (z. B. finanzielle Grundhaltung und umweltorientierte Grundhaltung).

Ähnlich differenziert Bleicher[602] verschiedene Profile von Unternehmensphilosophien danach, ob lediglich die Interessen der Eigentümer oder ebenso die anderer Bezugsgruppen berücksichtigt werden („Shareholder"- vs. „Stakeholder"-Interessen), inwiefern ökologische Gesichtspunkte relevant sind und ob das Unternehmen als Institution mit eigenem Überlebensziel oder lediglich als Instrument gesehen wird.

Deal und Kennedy[603] knüpfen an Eigenschaften der Situation an, in der sich ein Unternehmen befindet, und ziehen daraus Rückschlüsse auf Charakteristika der Unternehmenskul-

---

600 Vgl. Heinen (1987), S. 26-33.

601 Raffée, Fritz (1991), S. 1216.

602 Vgl. Bleicher (1994), S. 81.

603 Vgl. Deal, Kennedy (1987) S. 152.

tur; etwa derart, daß eine Unternehmensumwelt mit hohen Risiken und schnellen Rückkopplungen intern zu einer „Macho-Kultur der harten Männer" führt.

Pümpin[604] unterscheidet „introvertierte" und „extrovertierte" Unternehmen, je nachdem, ob die Aufmerksamkeit auf das Innere des Unternehmens oder auf seine Umwelt gerichtet ist.

Denison[605] fügt dieser Perspektive die Bevorzugung von Stabilität bzw. Wandel als zweite Dimension hinzu und differenziert somit vier Kulturtypen.

Kirsch[606] unterscheidet zwischen Ziel-, Überlebens- und Fortschrittsmodell und charakterisiert diese als „Sinnmodelle", „Weltbilder" oder „Selbstbeschreibungen", die die herrschende Unternehmenskultur prägen. Dabei entspricht das Zielmodell der Maschinenmetapher des Unternehmens, das Überlebensmodell der Organismusmetapher, während das Fortschrittsmodell an den moralisch begründeten Interessen der von der Unternehmenstätigkeit betroffenen Personengruppen anknüpft. Weitere Typologien[607] sind der Literatur zu entnehmen.

2.3.4.3.2.4 Die Kulturmetapher im Vergleich zur Maschinen- und Organismusmetapher

Die vergleichende Betrachtung verschiedener Kulturtypologien zeigt, daß die Sichtweise des Unternehmens als Kultur eine Erweiterung traditioneller Unternehmensverständnisse darstellt. Letztere werden dadurch relativiert, daß sie lediglich als spezielle Ausprägungen unter einer größeren Anzahl möglicher Kulturtypen dargestellt werden.

In Abgrenzung zur Maschinenmetapher ist das Unternehmen nicht mehr notwendigerweise Instrument der Unternehmenseigentümer und deren ökonomischen Interessen. In Abgrenzung zur Organismusmetapher ist es nicht mehr nur Selbstzweck, dessen Überlebensmaxime jegliche Gruppeninteressen dominiert.

Kritiker[608] des traditionellen Unternehmensverständnisses bedienen sich der Kulturmetapher, um neben die aus finanziellen und sachlichen Aspekten der Unternehmenstätigkeit abgeleiteten ökonomischen Maßstäbe der Unternehmensführung moralisch legitimierte Zielgrößen zu stellen. Die Wirtschaft und ihr Lenkungssystem „Markt" werden nicht als autonom dargestellt, sondern in einen gesamtgesellschaftlichen Zusammenhang eingebunden, in dem die „Moral" ebenfalls Lenkungsfunktionen übernimmt. Betrachtet werden nicht nur das wirtschaftliche Handeln, sondern auch dessen tatsächliche und potentielle Auswirkungen. Die Frage lautet, was das Unternehmen der Gesellschaft zufügt und was es für die Gesellschaft tun kann.[609]

Dementsprechend erfolgt eine erweiterte Betrachtung von Ansprüchen an das Unternehmen. In einem ersten Schritt geschieht dies durch die Betonung der (auch außerökonomischen) Bedürfnisse der Mitarbeiter und gesamtgesellschaftlicher Anliegen (Beispiel Umwelt-

---

604 Vgl. Pümpin (1982), S. 143.

605 Vgl. Denison (1990), S. 1-16.

606 Vgl. Kirsch (1990), S. 484-487.

607 Vgl. z. B. Press (1990), S. 72f; Scholz (1988), S. 85; Peters, Waterman (1990), S. 327f; Kasper (1987), S. 86-107; Freeman, Gilbert (1991), S. 100f; Mintzberg (1983), S. 291-319.

608 Vgl. z. B. Bleicher (1994), S. 96-98, bei dem zwischen der traditionellen „opportunistischen" und einer „verpflichteten" Management- und Unternehmensphilosophie unterschieden wird, oder P. Ulrich (1987), S. 125, der für die ökonomische Rationalität eine „philosophisch-ethische Erweiterung von innen" verlangt.

609 Vgl. Dyllick (1989), S. 91-95.

schutz).[610] Weiterentwickelt wird die Interpretation des Unternehmens als Treuhänder sowohl gesamtgesellschaftlicher Interessen als auch der Ansprüche unterschiedlicher Gruppen insbesondere im „stakeholder concept"[611]. Im Rahmen dieses Konzeptes werden mögliche Anspruchsgruppen des Unternehmens sehr differenziert erfaßt und die Berücksichtigung ihrer jeweiligen Ansprüche gefordert.[612]

Inwiefern eine auf moralischen Gesichtspunkten basierende Betrachtung des Unternehmens eher als Gegensatz oder als Ergänzung einer v. a. ökonomischen Sichtweise gesehen werden kann, ist für die hier vorzunehmende Diskussion von Unternehmenszielen nur von eingeschränkter Relevanz. Entscheidend ist der Verweis auf weitere mögliche Unternehmensziele: Während die Organismusmetapher die finanziellen Ziele der Maschinenmetapher um die Diskussion der an die Zahlungsströme gekoppelten Sachzusammenhänge ergänzt, steuert die Kulturmetapher die Berücksichtigung zusätzlicher außerökonomischer Ziele bei.

Selbst bei einer Ablehnung der moralisch motivierten Verfolgung außerökonomischer Unternehmensziele verbleibt immer noch die Möglichkeit, soziale oder ökologische Ziele in ihren ökonomischen Auswirkungen zu untersuchen. Bei positivem Zusammenhang erlangen soziale oder ökologische Zielsetzungen dann den Charakter zusätzlicher Vorsteuergrößen der Unternehmensführung, die (genauso wie etwa Erfolgspotentiale der strategischen Ebene) der Erreichung originärer finanzwirtschaftlicher Ziele dienen.

Wenn Maschinen-, Organismus- und Kulturmetapher nicht als alternative und sich gegenseitig ausschließende Sichtweisen des Unternehmens verstanden werden, sondern als verschiedenartige Problemkomplexe, denen ein einzelnes Unternehmen gleichzeitig ausgesetzt ist, führt dies zu einer dreidimensionalen Betrachtung des Unternehmens mit jeweils anderen Zielzusammenhängen:[613] Neben die mit finanzwirtschaftlichen Dimensionen befaßte operative Ebene und die mit leistungswirtschaftlichen Dimensionen beschäftigte strategische Ebene tritt die normative Ebene. Sie thematisiert die gesellschaftliche Legitimation des Unternehmens und damit auch soziale und ökologische Aspekte der Unternehmenstätigkeit.

In englischer Terminologie tritt also zu der *„business level"* (i. S. eines einzelnen Geschäftsbereichs) und der *„corporate level"* (i. S. eines Portfolios verschiedener Geschäftsbereiche) die *„enterprise level"*, in der das Unternehmen als „corporate citizen", d. h. als „unternehmerischer Staatsbürger", seiner gesellschaftlichen Verantwortung gerecht werden soll.[614] Sozusagen werden die Imperative, „die Dinge richtig zu tun" der operativen Ebene und „die richtigen Dinge zu tun" der leistungswirtschaftlichen Ebene um den Imperativ, „die guten Dinge zu tun", ergänzt.

2.3.4.3.2.5 Entstehung und Veränderung der Unternehmenskultur

Entsprechend der Definition der Kultur als soziales (also überindividuelles) Phänomen, werden in der Literatur diejenigen Aspekte der Entstehung und Veränderung von Kulturen (und damit auch von Werten und Zielen) thematisiert, die diese Gemeinsamkeit bewirken. Im Vordergrund stehen nicht gegensätzliche Ziele verschiedener Individuen und daraus entstehende

---

610 Vgl. hierzu Abschnit 2.3.4.3.3.

611 Freeman (1984), S. vi.

612 Freeman (1984).

613 Vgl. Schwaninger (1989), S. 189-198.

614 Vgl. Montanari, Morgan, Bracker (1990), S. 121.

Konflikte, sondern die Prozesse, die zu einer einheitlichen Unternehmenskultur führen und deren Voraussetzungen.

Das Teilen gemeinsamer Werte durch die Unternehmensmitglieder kann auf verschiedene Ursachen zurückgeführt werden:[615]

- Eine Erklärung besteht darin, daß ohnehin nur Personen mit gleichen oder ähnlichen Werten durch das Unternehmen angezogen werden bzw. durch einen entsprechenden Rekrutierungsprozeß ausgewählt werden.
- Eine zweite Erklärung besteht darin, daß sich Unternehmensmitglieder bei Eintritt in die Organisation bewußt den Werten der Unternehmenskultur unterwerfen. Dies ist auf ein Kalkül zurückzuführen, wonach die Anreize, die das Unternehmen bietet, ein solches Verhalten vorteilhaft für das Individuum erscheinen lassen.
- Die dritte Erklärung verweist auf einen Sozialisationsprozeß, der bei gezielter und formalisierterer Beinflussung Indoktrinationscharakter annehmen kann und in dessen Verlauf das Individuum die Werte der Unternehmenskultur übernimmt.

Im Rahmen der Sozialisation erfolgt die Kulturvermittlung durch *Symbole*, wobei Symbole als Zeichen mit Bedeutungsinhalt definiert werden.[616]

Zu den auf der Sprache basierenden Symbolen zählen die das Unternehmen betreffenden Geschichten, Anekdoten, Leitsätze und Mythen. Da ihre Funktion in einer Vermittlung der Werte und Normen des Unternehmens besteht, ist ihr Wahrheitsgehalt von sekundärer Bedeutung.[617]

Zu den auf Handlungen basierenden Symbolen zählen Riten, Rituale (besonders formalisierte Riten) oder Zeremonien (hinsichtlich Ort, Zeit oder Ablauf festgelegte expressive Handlungsabläufe), die etwa Feiern, Auszeichnungen oder andere Zusammenkünfte regeln.[618]

Beispiele gegenständlicher Symbole sind Architektur, Statussymbole oder Kleidungssitten.[619]

Gemeinsam ist den Symbolen eine implizite Kulturvermittlung von Werten oder Normen, die zu deren Verankerung in der Persönlichkeit der Unternehmensmitglieder führen kann, aber die Interpretation der Symbole in einem interaktiven Prozeß voraussetzt. Resultat des Sozialisationsprozesses ist eine kollektive Sichtweise der Wirklichkeit im Unternehmen.[620]

Die Hervorhebung der wahrnehmungsbeeinflussenden Funktion der Unternehmenskultur deckt sich mit der erkenntnistheoretischen Position des radikalen Konstruktivismus, nach der Wissen und Wirklichkeit nicht bildhaft übereinstimmen. Vielmehr sei Wissen das Ergebnis eines aktiven und subjektiven Interpretationsprozesses. An diesem Wissen werde solange festgehalten, bis es den zu lösenden Problemen nicht mehr gerecht wird und die eigenen Konstruktionen der Wirklichkeit sich als dysfunktional erweisen. Erst dann besteht ein Zwang, praxisgerechtere Konstruktionen zu entwerfen.[621] Eine „starke" Unternehmenskultur im Sinne eines hohen Verankerungsgrades und Übereinstimmungsmaßes birgt somit neben allen Vor-

---

615 Vgl. Mintzberg (1983), S. 155-161.
616 Vgl. Kasper (1987), S. 45.
617 Vgl. ebenda, S. 47-53; Gussmann, Breit (1987), S. 111-116.
618 Vgl. Kasper (1987), S. 53-57; Gussmann, Breit (1987), S. 116-118.
619 Vgl. Kasper (1987), S. 57f.
620 Vgl. Gussmann, Breit (1987), S. 113f und S. 118-121.
621 Vgl. von Glasersfeld (1981), S. 16-38.

teilen die Gefahr eines Festhaltens an in der Vergangenheit bewährten, aber eventuell nicht zukunftstauglichen Konstruktionen.

Verschiedene Ansätze behandeln die Bestimmungsfaktoren und den Verlauf der Weiterentwicklung von Unternehmenskulturen. Während etwa revolutionäre Ansätze eine abrupte und starke Veränderung thematisieren, beschreiben diffusionistische Ansätze eine Wandlung durch Umwelteinflüsse und evolutionäre Ansätze einen Zufallsprozeß kultureller Mutationen im Unternehmen, denen eine entsprechende Selektion folgt.[622] Auch ist ein typischer Lebenszyklus denkbar, nach dem eine Unternehmenskultur zunächst an Stärke gewinnt, ehe der Verankerungsgrad wieder abnimmt und die einheitliche Kultur in Subkulturen zerfällt.[623]

2.3.4.3.3 Zielinhalte im Rahmen der Kulturmetapher

Kennzeichen der hier zu behandelnden Ziele, die auch als unter das „Soziale Konzept"[624] des Unternehmens fallende Ziele oder als „Sozialziele"[625] bezeichnet werden, ist ihr außerökonomischer Inhalt. Grundlage ist das Verständnis des Unternehmens als gesellschaftliche Institution in zweifacher Hinsicht: Als „Bestandteil der grösseren menschlichen Gesellschaft"[626] und als „Gesellschaft von Menschen im kleinen"[627]. Die *Funktion* sozialer Unternehmensziele besteht somit sowohl in der Legitimation der Unternehmenstätigkeit nach außen, was eine Weiterführung und gesellschaftliche Unterstützung der Unternehmenstätigkeit rechtfertigt, als auch für die Unternehmensmitglieder in einer motivierenden und koordinierenden Sinngebung hinsichtlich ihres eigenen Handelns im Unternehmen.

Traditionell werden mitarbeiterbezogene und gesellschaftsbezogene Ziele zu den sozialen Unternehmenszielen gezählt.[628]

Mitarbeiterbezogene Ziele des Unternehmens leiten sich aus den Bedürfnissen derjenigen Menschen ab, die im Unternehmen tätig sind. Eine bekannte Einteilung menschlicher Bedürfnisse ist die Maslow'sche Bedürfnishierarchie, die zwischen physiologischen Bedürfnissen, Sicherheitsbedürfnissen, Bedürfnissen nach Zugehörigkeit und Liebe, nach Achtung und nach Selbstverwirklichung unterscheidet.[629] Kennzeichnend für entsprechende Unternehmensziele ist, daß sie über die ökonomische Ebene der Zahlung bzw. der Sicherstellung der dauerhaften Zahlung der vereinbarten Löhne hinausgehen. Sie betreffen z. B. die *Sicherheitsstandards* im Unternehmen, zusätzliche *finanzielle Leistungen*, das *Einräumen individueller Entscheidungsfreiräume*, fortschrittliche *Regelungen zur Arbeitszeit*, die *Bereitstellung von Freizeiteinrichtungen*, die *Förderung der Mitarbeiter*, die *Anerkennung ihrer Interessenvertretungen* etc.[630]

Gesellschaftsbezogene Ziele beziehen sich hingegen auf die Ansprüche anderer gesellschaftlicher Gruppen oder die Einhaltung gesamtgesellschaftlicher Normen und Zielsetzun-

---

622 Vgl. Kasper (1987), S. 108-117.

623 Vgl. Bleicher (1984), S. 496.

624 H. Ulrich (1978), S. 172.

625 Selchert (1991), S. 43.

626 Ebenda.

627 H. Ulrich (1978), S. 146.

628 Vgl. ebenda, S. 149-166.

629 Vgl. Maslow (1981), S. 62-74.

630 Vgl. den Zielkatalog bei H. Ulrich (1978), S. 160.

gen, deren Berücksichtigung moralisch geboten erscheint. Hierzu zählen auch diejenigen ökonomischen Ziele, die nicht unternehmensbezogen, sondern gesamtgesellschaftlicher Natur sind (*Vollbeschäftigung, gesellschaftlicher Wohlstand* etc.). Während weitere unter das soziale Konzept des Unternehmens fallende Ziele wie der *Konsumentenschutz*, die *Förderung von Minderheiten und Frauen* im Unternehmen noch einen konkreten Bezug zur wirtschaftlichen Tätigkeit des Unternehmens aufweisen, ist dies beispielsweise bei der *Förderung von Bildung, Forschung, Sport, Gesundheit oder Kultur* nur in geringem Maße der Fall.[631]

Die Sichtweise des Unternehmens als soziale Institution, wie sie im Stakeholder-Konzept thematisiert wird, berücksichtigt nicht nur mitarbeiterbezogene und gesamtgesellschaftliche Ziele. Vielmehr werden die Ziele aller direkt oder indirekt von der Unternehmenstätigkeit betroffenen gesellschaftlichen Gruppen einbezogen. Da die Anspruchsgruppen des Unternehmens, ihre Ziele und ihre Beziehungen zueinander im Zentrum der noch zu diskutierenden Politikmetapher stehen, soll darauf im folgenden Abschnitt (2.3.4.4) näher eingegangen werden.

Zu den sozialen Unternehmenszielen wird üblicherweise auch der *Umweltschutz* gezählt.[632] Eine gesonderte Behandlung erscheint nicht nur aufgrund der gewachsenen Bedeutung ökologischer Fragestellungen, sondern auch aus inhaltlichen Gründen geboten. Während nämlich die gesellschaftliche Umwelt des Unternehmens aus verschiedenen Interessengruppen besteht, die Ansprüche an das Unternehmen artikulieren, kann die natürliche Umwelt selbst keine Ansprüche an das Unternehmen stellen. Vielmehr muß der Schutz der Umwelt erst Eingang in die gesellschaftliche Diskussion finden, indem „Anwaltsgruppen des Ökosystems"[633] Umweltziele zu ihren eigenen Zielen machen.[634]

Bestandteile der natürlichen Umwelt des Unternehmens sind Boden, Wasser, Luft und die dort existierenden Lebewesen, deren Beziehungen zueinander von der Ökologie thematisiert werden. Die Funktion der Umwelt für den Menschen (und für die Wirtschaft) besteht in der Bereitstellung von Ressourcen (Versorgungsfunktion), der Aufnahme der während der Fertigung anfallenden Substanzen bzw. der nicht mehr genutzten Endprodukte (Trägerfunktion) und in der Aufrechterhaltung eines lebenserhaltenden Gleichgewichts (Regelungsfunktion).[635]

Der Umweltschutz als Unternehmensziel hat eine Vermeidung oder Verminderung von Umweltbelastungen zum Inhalt[636] und kann bei der Beschaffung (durch einen geringen Verbrauch von Ressourcen), der Produktion (durch Senkung von dabei anfallenden Schadstoffen) und dem Absatz (wiederverwertbarer oder leicht entsorgbarer Produkte) ansetzen.[637]

Die Einbeziehung des Umweltschutzes in das Zielsystem des Unternehmens ist auf verschiedene Weise möglich: Eine Betrachtung als Kostenfaktor oder Restriktion betont eine konfliktäre Beziehung zu ökonomischen Zielen, während seine Einordnung als Sachziel des Unternehmens (z. B. in Form der Herstellung schadstoffarmer Autos) komplementär zum Gewinnziel sein kann. Auch ist der Umweltschutz als eigenständige zusätzliche (nicht der Ökonomie, sondern dem Bereich der Moral zuzurechnende) Zielgröße denkbar.[638]

---

631 Vgl. weitere Ziele ebenda, S. 150; Hite, Bellizzi, Fraser (1988), S. 772-775; Vyakarnam (1992), S. 59-65.

632 Vgl. z. B. H. Ulrich (1978), S. 151f; Ulrich, Fluri (1992), S. 98.

633 Sauter-Sachs (1992), S. 193.

634 Vgl. ebenda.

635 Vgl. Meffert, Kirchgeorg (1993), S. 7.

636 Vgl. ebenda, S. 16.

637 Vgl. Hopfenbeck (1997), S. 763.

638 Vgl. Meuser (1994), S. 57-60.

Daß die Verfolgung des Umweltschutzziels nur eingeschränkt erfolgt, ist nicht nur auf mögliche Kostenerhöhungen für das Unternehmen zurückzuführen. Es kommt hinzu, daß einer einseitigen Belastung des Unternehmens oder umweltbewußter Kunden ein Nutzen gegenübersteht, der der gesamten Gesellschaft zugute kommt (Kollektivgutcharakter des Umweltschutzes).[639] Außerdem weist ein am Umweltschutz orientiertes Verhalten einen langfristigeren Horizont auf, als es in jeglicher strategischen Planung die Regel ist.[640]

2.3.4.4 Die Zielthematik im Rahmen der Politikmetapher

2.3.4.4.1 Das Unternehmensbild im Vergleich zur Maschinen-, Organismus- und Kulturmetapher

Sowohl die Maschinen- als auch die Organismus- und die Kulturmetapher betrachten das Unternehmen als handelnde Einheit, lediglich der Zielkatalog erfährt eine Erweiterung. Anstelle des gewinnmaximierenden Unternehmens tritt ein viele Ziele verfolgender Akteur. Insbesondere die Einbeziehung außerökonomischer Ziele und der Ziele verschiedener gesellschaftlicher Gruppen erfolgt über die Bezugnahme auf Werte, die in der Unternehmung und sogar in der Gesellschaft gemeinsam gehalten werden. Naturgemäß werden von den Verfechtern der Einbeziehung dieser Ziele in das Zielsystem des Unternehmens mögliche Zielkonflikte nicht in den Vordergrund gestellt. Das Unternehmensbild wandelt sich lediglich von *„one actor/one goal"* zu *„one actor/multiple goals"*.[641]

Die Betrachtung des Unternehmens als handelnde Einheit wird als „Reifikation"[642] bezeichnet, zu der die gegensätzliche Position des Reduktionismus existiert.[643] Der Reduktionismus versucht die im Unternehmen zu beobachtenden Phänomene auf einzelne Individuen und deren Eigenschaften bzw. Verhalten zurückzuführen, so daß der Fokus der Betrachtung ein neuer ist. Für die Zielproblematik bedeutet dies, daß zunächst nicht Ziele „des" Unternehmens zu analysieren sind, sondern Individualziele und deren Beziehung zueinander. Anschließend ist zu klären, aufgrund welcher Prozesse und Ursachen welche Ziele und v. a. wessen Ziele in welchem Ausmaß letztendlich verfolgt und erfüllt werden.

Diese Sichtweise des Unternehmens kann als „politisch" charakterisiert werden, wenn unter *Politik* ein Prozeß der Geltendmachung und Realisierung von Interessen zwischen verschiedenen Akteuren verstanden wird und Interessen die Ziele der jeweiligen Individuen oder Gruppen sind.[644] Gemeint sind hier also weder die Politik i. S. einer Unternehmenspolitik, die auf Modellen der strategischen Planung basierend grundlegende Ziele und Strategien des Unternehmens festlegt, noch die Politik als Technologie (in Abgrenzung zur Theorie).

Politik im hier genannten Sinne umfaßt vielmehr zwei unterschiedliche Sichtweisen.

Die erste Sichtweise betont die Aufnahme und Verarbeitung der Forderungen verschiedener Gruppen (der „Satellitengruppen") durch eine Gruppe (die „Kerngruppe"), die zur Festlegung grundlegender, verbindlicher Ziele des Unternehmens autorisiert ist. Hier wird die

---

[639] Vgl. Meffert, Kirchgeorg (1993), S. 23.
[640] Vgl. ebenda, S. 20.
[641] Vgl. Mintzberg (1983), S. 8-16.
[642] Der Begriff ist lateinisch-englischen Ursprungs und steht für Vergegenständlichung oder Konkretisierung, vgl. Duden (1997), S. 695.
[643] Vgl. Kirsch (1977), S. 95, Simon (1964), S. 1.
[644] Sandner (1990), S. 69.

Existenz von Unternehmenszielen noch anerkannt, jedoch sind diese Ergebnis von Abläufen, an deren Ausgangspunkt die Ziele einzelner Gruppen stehen. In dieser Betrachtung sind Unternehmen „organizations as systems of government“[645]. Das Unternehmensbild dieser Sichtweise ist das des *„multiple actors/multiple goals“*.[646]

Die zweite Sichtweise betrachtet die Handlungen der verschiedenen Gruppen miteinander und gegeneinander im Rahmen der Verfolgung ihrer jeweiligen Ziele, wobei die Unternehmensführung nicht Entscheidungsinstanz, sondern ebenfalls nur noch eine der verschiedenen Gruppen ist.[647] Hier erscheint das Unternehmen nur noch als „system of interacting individuals“[648] oder als „loose network of people with divergent interests“[649], das gar keine eigenen Ziele mehr aufweist: "People (i.e. individuals) have goals; collectivities of people do not."[650] Die zweite Sichtweise ist somit radikaler als die erste. Unternehmen sind dann auch nicht mehr „systems of government“, sondern lediglich „systems of political activity“[651]. Das Unternehmensbild der zweiten Sichtweise ist das des *„multiple actors/no goals“*, wenn mit „goals“ lediglich Ziele des Unternehmens gemeint sind.[652]

Es bestehen somit Gemeinsamkeiten und Unterschiede zwischen der Politik- und der Kulturmetapher.

Gemeinsam ist beiden die Erweiterung der Betrachtung um soziale Aspekte. Im Fall der Kulturmetapher geschieht dies v. a. durch den Bezug auf die Moral als Orientierungsgröße für die Unternehmensführung, aus der die Legitimität von nichtökonomischen Zielen und von Interessen verschiedener Anspruchsgruppen abgeleitet wird. Im Fall der Politikmetapher wird dies durch den Fokus auf die Anspruchsgruppen (mit ihren ökonomischen und außerökonomischen Zielen und nicht unbedingt marktkonformen Verhaltensweisen) als Ausgangspunkt der Analyse erreicht.

Diese gemeinsame Erweiterung der Betrachtung um außerökonomische Aspekte des Unternehmensgeschehens durch Kultur- und Politikmetapher ist die Ursache für die vorherrschende[653] Unterscheidung von drei Unternehmensmetaphern und damit drei großen Zielzusammenhängen:

- operative Ebene mit dem Fokus auf finanzielle Ziele,
- strategische Ebene mit dem Fokus auf vorgelagerte Erfolgspotentiale,
- normative Ebene mit der Betonung von gesamtgesellschaftlichen Zielen sowie Zielen verschiedener Anspruchsgruppen.

Angemessen erscheint eine Unterscheidung zwischen Kultur- und Politikmetapher[654] deshalb, weil sowohl der Prozeß der Zielbestimmung als auch der Stellenwert der Unternehmensziele ein anderer ist: Die Kulturmetapher entwirft ein harmonisches Bild des Unternehmens, das ökonomische und nichtökonomische Ziele verschiedener Anspruchsgruppen verfolgt. Unterstellt wird, daß es Unternehmensziele gibt, in die die Ziele der einzelnen Anspruchsgruppen aufgrund gemeinsam gehaltener moralischer Maßstäbe relativ problemlos

---

645 Morgan (1986), S. 143.
646 Vgl. Mintzberg (1983), S. 16-20.
647 Vgl. Dorow (1982), S. 20-31
648 Simon (1964), S. 1.
649 Morgan (1986), S. 154.
650 Cyert, March (1963), S. 26.
651 Morgan (1986), S. 148.
652 Vgl. Mintzberg (1983), S. 16-20.
653 Vgl. hierzu die Darstellung in Abschnitt 2.3.2.
654 Wie sie hier in Übereinstimmung mit Morgan (1986) erfolgt.

integriert werden können. Die Politikmetapher hingegen betont die Ziele der Anspruchsgruppen, hinter die die Unternehmensziele zurücktreten, und die konfliktären Zieldurchsetzungsprozesse zwischen ihnen (wie noch näher auszuführen sein wird).

Zu den Unternehmenstheorien, deren Ausgangspunkt nicht „das" Unternehmen, sondern das Individuum und seine Handlungen und Ziele sind, werden die entscheidungsorientierte Betriebswirtschaftslehre in ihrer realtheoretischen Variante und die verhaltenstheoretische Betriebswirtschaftslehre gerechnet.[655]

Ebenfalls an dieser Stelle zu nennen sind die Theorie der Verfügungsrechte und die Agenturtheorie als institutionenökonomische Organisationstheorien. Im Mittelpunkt stehen hier zwar alternative institutionelle Arrangements des ökonomischen Austauschs (etwa die Verteilung von Verfügungsrechten oder die Ausgestaltung von Verträgen zwischen Auftraggeber und Agent), doch wird ebenfalls von verschiedenen, nutzenmaximierenden Akteuren ausgegangen, die zueinander in Beziehung treten.[656] Daß die traditionelle Betonung der Einheit des Unternehmens aufgegeben wird, zeigt sich besonders deutlich, wenn das Unternehmen lediglich als „legale Fiktion" oder als Geflecht von Verträgen gedeutet wird.[657]

Die Literatur zur „corporate governance ... as the system by which companies are controlled, directed and made accountable to shareholders and other stakeholders"[658] legt den Schwerpunkt auf einen internationalen Vergleich bzgl. der Leitung und Kontrolle von Unternehmen. Einflußfaktoren wie unterschiedliche rechtliche Grundlagen, sonstige institutionelle Ausgestaltungen und die Macht einzelner gesellschaftlicher Gruppen stehen im Mittelpunkt des Interesses.[659]

2.3.4.4.2 Ziele der Anspruchsgruppen

Eine Analyse der Ziele der verschiedenen, mit dem Unternehmen in Beziehung stehenden Gruppen setzt zunächst eine Bestimmung eben dieser Gruppen voraus.

Dabei kann je nach Art der Beziehung zum Unternehmen zwischen Mitgliedern, Teilnehmern und Betroffenen unterschieden werden:[660]

- *Mitglieder* sind durch Übernahme einer formalen Rolle im Unternehmen gekennzeichnet.
- *Teilnehmer* unterhalten lediglich eine Transaktionsbeziehung mit dem Unternehmen.
- *Betroffene* stellen einen noch weitergehenden Personenkreis dar, der auch ohne Existenz einer Transaktionsbeziehung mit Anreizen oder Belastungen der Unternehmenstätigkeit konfrontiert ist (z. B. als Nachbarn eines Unternehmens).
- *Interessenten* des Unternehmens sind diejenigen Betroffenen, die ihrerseits versuchen, auf das Unternehmen einzuwirken.

Mitglieder, Teilnehmer und Betroffene werden auch als *„influencer"*[661] oder *„stakeholder"* bezeichnet ("A stakeholder is any group or individual who can affect, or is affected by, the

---

[655] Vgl. Schanz (1997), S. 120-129 und S. 152-163.

[656] Vgl. die zusammenfassende und vergleichende Darstellung bei Ebers, Gotsch (1993), S. 194-216.

[657] So betonen Jensen, Meckling (1976), S. 310: "It is important to recognize that most organizations are simply legal fictions which serve as a nexus for a set of contracting relationships among individuals."

[658] Demirag (1998a), S. 15.

[659] Vgl. z. B. Demirag (1998b), Gerum (1998).

[660] Vgl. Kirsch (1990), S. 19-22.

[661] Mintzberg (1983), S. 22.

achievement of a corporation's purpose."[662]). Im deutschen Sprachgebrauch entspricht dies der Bezeichnung *„Anspruchsgruppe"*.[663]

Die Ziele der jeweiligen Anspruchsgruppen werden als „typische Ansprüche"[664] an das Unternehmen, als von den Gruppen angestrebter „Nutzen"[665], als „interest"[666], als „stakeholder effectiveness criteria"[667] oder als „Anreize"[668], die das Unternehmen den Gruppen bietet, umschrieben.

Der Literatur sind zahlreiche Übersichtsdarstellungen der verschiedenen Anspruchsgruppen und der von ihnen im Bezug auf die Unternehmenstätigkeit verfolgten Ziele zu entnehmen. Die Übersichten beinhalten die schon diskutierten Ziele der Mitarbeiter des Unternehmens sowie allgemeine gesellschaftliche Ziele, gehen aber darüber hinaus und sind recht umfassend:[669]

- Als *Ziele der Unternehmensmitglieder* gelten - wie schon weiter oben ausgeführt - die Sicherheit des Arbeitsplatzes, das Einkommen, die Befriedigung sozialer Bedürfnisse, die Mitbestimmung, die persönliche Anerkennung und die Selbstverwirklichung. Dabei wird den (gegenüber den sonstigen Mitarbeitern) materiell besser gestellten Mitgliedern der Unternehmensleitung eine stärkere Orientierung an Zielen der Selbstverwirklichung und der Macht zugesprochen. Außerdem wird eine Identifikation der Mitarbeiter mit den jeweiligen funktionalen Zielen ihres Arbeitsbereichs derart konstatiert, daß etwa Mitarbeiter der Produktion in ihrem Handeln eher in Kostenkategorien denken und Mitarbeiter im Absatzbereich Umsatzziele zu ihren eigenen Zielen machen.
- *Ziele der Unternehmenseigner* sind die Einkommenserzielung durch Dividenden und Kurswertsteigerungen bei gleichzeitig gewünschter Sicherheit des eingesetzten Kapitals und die sich aus der Eigentümerfunktion ergebenden Mitspracherechte.
- *Ziele der Fremdkapitalgeber* sind die Verzinsung des eingesetzten Kapitals und dessen sichere Tilgung.
- *Ziele der Lieferanten* sind der hohe und stabile Absatz ihrer Produkte zu einem möglichst hohen Preis und möglichst früher Bezahlung.
- *Ziel der Kunden* ist die Versorgung mit den nachgefragten Gütern und Dienstleistungen in der gewünschten Qualität und Quantität zu möglichst vorteilhaften Konditionen.
- *Ziele der Konkurrenten*, die ebenfalls vom Verhalten ihrer Wettbewerber tangiert sind und somit zur Gruppe der Betroffenen zählen, i. S. von Erwartungen an das Unternehmen sind die Einhaltung brancheninterner Spielregeln, die Kooperation in Fragen des gemeinsamen Brancheninteresses und die Vermeidung aller Aktivitäten, die die Attraktivität der Branche schädigen (z. B. Preiskriege).

Inwiefern Interessenvertretungen der eben genannten Gruppen (z. B. *Gewerkschaften*, *Konsumentenorganisationen*, *Unternehmensverbände* und *Kontrollorgane* des Unternehmens) nur

---

662 Freeman (1984), S. vi.

663 Vgl. Sauter-Sachs (1992), S. 189.

664 Hill, Fehlbaum, Ulrich (1994), S. 150.

665 Janisch (1992), S. 144.

666 Frederick, Davis, Post (1988), S. 88.

667 Mendelow (1983), S. 71.

668 Heinen (1976), S. 199.

669 Vgl. im folgenden Frederick, Davis, Post (1988), S. 88; Janisch (1992), S. 188f; Hill, Fehlbaum, Ulrich (1994), S. 150f; R.-B. Schmidt (1977), S. 66-102; Dyllick (1988), S. 47-53; Freeman (1984), S. 62f; Duhnkrack (1984), S. 70-75; Kaluza (1979), S. 233; Ulrich, Fluri (1992), S. 79; Hinterhuber (1992), S. 3; Selchert (1991), S. 53; Schiemenz, Seiwert (1979), S. 584-589; Schmid (1997), S. 633-635.

deren jeweilige Ziele verfolgen oder als Institutionen eigenständige Ziele aufweisen, wird in den Darstellungen kontrovers beurteilt.

Noch differenziertere Darstellungen unterscheiden Anspruchsgruppen wie den *Staat*, die *Gemeinden* als Standorte der Unternehmen, *Bürgerinitiativen*, *kirchliche Organisationen* und *Umweltschutzorganisationen*. Weitere Ziele, denen die Unternehmenstätigkeit gerecht werden muß und von denen angenommen wird, daß über sie ein breiter Konsens zwischen den Anspruchsgruppen besteht, werden üblicherweise der Restgröße *„Gesellschaft"* bzw. *„Öffentlichkeit"* zugeordnet. Die entsprechenden Ziele sind z. T. ökonomischer Natur (Steuereinnahmen, gesellschaftlicher Wohlstand, Beschäftigung etc.) oder werden moralisch begründet (Umweltschutz, Tierschutz, Einhaltung gesetzlicher und sozialer Normen, Fragen der sozialen Gerechtigkeit etc.).

2.3.4.4.3 Zielkonflikte

Aus der Verfolgung unterschiedlicher Ziele durch verschiedene Gruppen und der Unvereinbarkeit dieser Ziele resultieren folgende Konflikte:[670]

- Ein *intrapersonaler Konflikt* liegt vor, wenn vom Individuum verfolgte Ziele nicht gleichzeitig erreichbar sind. Beispielhaft sei eine mangelnde Vereinbarkeit eines hohen Einkommens und einer hohen Sicherheit zu nennen oder von monetären und nichtmonetären Zielen eines Arbeitnehmers.
- *Interpersonelle Konflikte* hingegen beruhen auf der Unvereinbarkeit von Zielen verschiedener Individuen. Sie können intragruppal auftreten (wenn etwa innerhalb der Gruppe der Aktionäre von Klein- und Großaktionären unterschiedliche Ziele verfolgt werden) oder intergruppal (wenn z. B. Einkommensziele der Mitarbeiter mit denen der Aktionäre unvereinbar sind).

Eine weitere Unterscheidung von Konflikten setzt nicht bei den beteiligten Zielträgern an, sondern bei den Ursachen der Konflikte:[671]

- *Motivkonflikte* liegen vor, wenn das Handeln der Individuen von unterschiedlichen Beweggründen geleitet ist und entsprechend andere Ziele verfolgt werden.
- *Verteilungskonflikte* beruhen hingegen gerade darauf, daß eine Konkurrenz um dieselben knappen Ressourcen besteht.
- *Wahrnehmungskonflikte* haben ihre Ursache nicht in unvereinbaren Zielen, sondern in unterschiedlichen Informationen über die Realität oder ihrer Bewertung, was zur Bevorzugung anderer Entscheidungsalternativen führt.
- *Rollenkonflikte* schließlich beruhen nicht auf den ursprünglichen Zielen der Individuen, sondern auf der Unvereinbarkeit der ihnen entgegengebrachten Rollenerwartungen.
- *Machtkonflikte* unterscheiden sich als „Meta-Konflikte" von den übrigen Konflikten dadurch, daß hier die Macht Gegenstand unvereinbarer Interessen ist. Sie aber ist ein Mittel zur Durchsetzung der eigenen Ziele innerhalb der anderen Konflikte.

Eine Möglichkeit der detaillierten Analyse der Zielbeziehungen und der potentiellen Konflikte besteht darin, alle Ziele jeweils zweier Anspruchsgruppen auf ihre Vereinbarkeit zu untersuchen. Resultat jedes Gruppenvergleichs ist eine „Konfliktmatrix", die bzgl. jedes Ziels dar-

---

670 Vgl. R.-B. Schmidt (1978), S. 70-118.

671 Vgl. Hauschildt (1977), S. 125-127.

stellt, ob zwischen den zwei Gruppen ein Konflikt, Komplementarität oder Indifferenz besteht. Werden solche Konfliktmatrizen für verschiedene Paare von Anspruchsgruppen erstellt, vermindert sich die Anzahl derjenigen Ziele, die von allen betrachteten Gruppen geteilt werden, mit jeder Analyse weiter.[672]

Damit wird die Frage aufgeworfen, ob die Existenz gemeinsamer, im Interesse aller Anspruchsgruppen liegender Unternehmensziele überhaupt möglich ist bzw. wie die Verfolgung von Zielen, die nicht im Interesse aller Gruppen sind, erklärt werden kann.

2.3.4.4.4 Die Darstellung der Zielbestimmung im Rahmen der Politikmetapher

Eine mögliche Erklärung der Integration der verschiedenen und z. T. konfligierenden Gruppenziele besteht im *Verweis auf eine Kerngruppe*, die durch Verträge oder gesetzliche Regelungen zur Aufstellung verbindlicher, gemeinsamer Ziele legitimiert ist. Gleich einer Regierung sieht sich die Kerngruppe, die im Falle des Unternehmens mit dem Vorstand gleichgesetzt wird, umgeben von Wünschen, die als Forderungen an die Kerngruppe herangetragen werden. Aus Individualzielen werden somit „Ziele für das Unternehmen". Nur einige von ihnen erfahren eine unveränderte Autorisierung durch die Kerngruppe und werden zu „Zielen des Unternehmens". Andere werden überhaupt nicht aufgegriffen oder als Resultat kooperativer oder konfliktärer Entscheidungsprozesse modifiziert. Diejenigen Ziele, denen die meiste Unterstützung widerfährt (etwa im Rahmen eines Wahlverfahrens im Vorstand), setzen sich durch.[673]

Zu unterscheiden ist obige Darstellung von *Modellen der Mehrpersonenzielsetzung*, die die Bedeutung der Kerngruppe vernachlässigen und die unmittelbaren Zieldurchsetzungsprozesse zwischen den verschiedenen Anspruchsgruppen thematisieren.[674] Ob, in welchem Ausmaß und wie eine Anspruchsgruppe ihre Ziele durchsetzen kann, hängt davon ab,

- ob tatsächlich ein Konflikt mit anderen Gruppen besteht,
- ob ein von allen Beteiligten anerkannter Entscheidungsmechanismus existiert,
- ob das Ziel für die Gruppe überhaupt von hoher Bedeutung ist (was Auswirkungen auf ihre Kompromißbereitschaft hat),
- welche Macht und welchen Einfluß die Gruppe besitzt.

So geht etwa die *Teamtheorie* von identischen Zielvorstellungen der Individuen oder Gruppen aus, so daß nur noch die gegenseitige Abstimmung zum Problem wird.[675] Auch kann ein ursprünglich bestehender Konflikt durch die Abkehr von traditionellen Handlungsalternativen und Verfolgung innovativer Strategien aufgelöst werden, was als Problemlösung bezeichnet wird.[676]

Theorien der sozialen Wahl hingegen gehen von unterschiedlichen Zielvorstellungen aus, versuchen aber die Individualnutzen in eine Gesamtnutzenfunktion eingehen zu lassen, die zu maximieren ist.[677] Auch ist denkbar, daß die Konfliktparteien sich dem Urteil eines

---

[672] Vgl. Dlugos (1981), S. 658; Schiemenz, Seiwert (1979), S. 593-597.
[673] Vgl. Kirsch (1977), S. 121-142, der ein Modell von Easton (1965) weiterentwickelt.
[674] Vgl. Dorow (1982), S. 123.
[675] Vgl. Heinen (1982), S. 620.
[676] Vgl. Blake, Shepard, Mouton (1964), S. 13.
[677] Vgl. Heinen (1982), S. 620.

Schiedsrichters oder der Entscheidung durch Los unterwerfen, insbesondere wenn dem Konfliktausgang keine sehr hohe Bedeutung zugemessen wird.[678]

Existiert jedoch ein Zielkonflikt, der für die beteiligten Parteien von hoher Bedeutung ist, ohne daß verbindliche Entscheidungsmechanismen existieren, kommen *Macht- und Beeinflussungsprozesse* zum Tragen. Über den Einsatz von Macht oder Einfluß erfolgt der Versuch eines Individuums oder einer Gruppe, auf die Handlungen und/oder Ziele anderer einzuwirken.

Macht ist die Kapazität, beim anderen eine Verhaltensänderung auch gegen dessen Willen durchzusetzen. Sie gründet darauf, die Entscheidungssituation der Gegenpartei mit positiven oder negativen Konsequenzen (Anreizen, Versprechungen, Zwängen oder Drohungen) derart zu restrukturieren, daß diese i. S. des Machtausübenden agiert. Quellen der Macht sind der Besitz oder zumindest die Kontrolle von Ressourcen, worunter nicht nur physische Güter, sondern auch die Fähigkeit zur Vornahme von Sanktionen, der Besitz von Informationen oder besondere persönliche Qualitäten gezählt werden. Insbesondere bei internen Abläufen im hierarchisch strukturierten Unternehmen kommt dabei der *Autorität* als legitimer Macht besondere Bedeutung zu.[679]

Weniger deutlich als in der persönlichen Beziehung zwischen dem Vorgesetzten und seinem Untergebenen zeigt sich Macht in den Regeln und Richtlinien, die das Geschehen im Unternehmen lenken. Diese können nämlich als das „verfestigte Ergebnis vorhergehender Machtprozesse“[680] gedeutet werden.

Während *nichtrelationale Theorien der Macht* den Besitz von Ressourcen in den Mittelpunkt stellen, thematisieren *relationale Theorien* die Beziehung zwischen dem Machtausübenden und demjenigen, der der Macht ausgesetzt ist. Dies ist insofern von Relevanz, als der Besitz von Ressourcen allein dann nicht in Macht resultiert, wenn derjenige, der potentieller Machtausübung ausgesetzt ist, sich alternativer Bezugsquellen bedienen kann oder seinerseits Ressourcen besitzt, die für die Gegenpartei wichtig sind.[681]

Im Gegensatz zur Macht, die gegen den Willen anderer eingesetzt wird, ist *Einfluß* die Kapazität, auf eben diesen Willen anderer Individuen oder Gruppen einzuwirken, so daß diese ihre ursprünglichen Ziele im Sinne des Beeinflussenden modifizieren.

Hierbei wird nicht die Entscheidungsstruktur der anderen Partei mit Verweis auf positive oder negative Konsequenzen verändert, sondern die Wahrnehmung der anderen Partei. Zum einen geschieht dies in Form der Überzeugung oder Überredung, in deren Rahmen der Beeinflußte zu dem Schluß kommt, daß die vom Beeinflussenden vorgegebenen Werte oder Ziele auch zu einer besseren Befriedigung der eigenen Bedürfnisse führen. Zum anderen erfolgt dies, indem dem Beeinflußten eine moralische Verpflichtung suggeriert wird, seine ursprünglich verfolgten Ziele aufzugeben.[682] Das eher positive und harmonische Bild des Unternehmens als Kultur und der Führung als Kulturvermittlung kann vor diesem Hintergrund auch als Versuch der Beeinflussung der Unternehmensmitarbeiter durch die Gruppe der Unternehmensleitung interpretiert werden.

---

[678] Vgl. ebenda.

[679] Vgl. MacMillan (1978), S. 6-28.

[680] Sandner (1990), S. 83.

[681] Vgl. ebenda, S. 13-45.

[682] Vgl. MacMillan (1978), S. 6-28.

Mintzberg entwickelt eine Unternehmenstypologie, die auf zwei Dimensionen basiert. Betrachtet wird einerseits die Verteilung der Macht zwischen Anspruchsgruppen, die nicht Unternehmensmitglieder sind. Andererseits wird unterschieden, auf welche Weise das Verhalten im Unternehmen gelenkt wird. Für ihn ergeben sich sechs typische Konstellationen, die sich auf das Zielsystem des Unternehmens auswirken:[683]

- Ist die Macht in einer einzigen externen Gruppe konzentriert und wird das Unternehmen bürokratisch (also über Regeln) gelenkt, werden klare, operationale Ziele verfolgt. Das Unternehmen gleicht einem *„Instrument"*.
- Ist die Macht so stark zwischen den externen Gruppen gestreut, daß diese sich gegenseitig in ihrem Einfluß auf die Unternehmensmitglieder neutralisieren und erfolgt eine bürokratische Lenkung, werden die Ziele des Überlebens und des Wachstums verfolgt (*„Closed System"*).

Bei letztgenannter Machtverteilung führt

- eine auf persönlichen Weisungen beruhende Lenkung im Unternehmen zur Verfolgung persönlicher Ziele der Unternehmensleiter (*„Autocracy"*),
- eine auf einer Ideologie beruhende Lenkung zur Verfolgung der entsprechenden ideologischen Ziele (*„Missionary"*),
- eine auf Expertenwissen basierende Lenkung zur Verfolgung der innerhalb des Berufsstandes der Experten populären Ziele (*„Meritocracy"*).
- Die letzte Konstellation (*„Political Arena"*) beschreibt schließlich einen Zustand, in dem mehrere externe Gruppen Macht auf das Unternehmen ausüben und die Abläufe innerhalb des Unternehmens in Ermangelung anderer Lenkungsmechanismen durch die Verfolgung partikulärer Interessen gekennzeichnet sind. Gemeinsame Unternehmensziele existieren nicht mehr.

Da außerhalb der unternehmensinternen, auf Autorität basierenden Machtstruktur die Machtverhältnisse bzw. Einflußmöglichkeiten keineswegs einseitig verteilt sind, erfolgt tatsächlich ein Prozeß der wechselseitigen Einwirkung, wie er Kennzeichen von *Verhandlungen* ist.[684]

Ergebnis solcher Verhandlungen, in denen sich einige Gruppen zu Koalitionen gegen andere Gruppen verbinden, sind Kompromisse, die die ursprünglichen Zielkonflikte i. d. R. nicht aufzulösen vermögen, weshalb auch von Quasi-Lösungen gesprochen wird. Die Individualziele werden in ihrem Umfang und Anspruchsniveau nur teilweise realisiert, das gemeinsame Zielsystem wird bewußt vage formuliert, miteinander unvereinbare Ziele werden sequentiell verfolgt und Kompromisse mit durch Ausgleichszahlungen erzielten Zugeständnissen erkauft.[685]

2.3.4.5 Zusammenfassung der Unternehmensziele

Die Erörterung der verschiedenen Zieldimensionen[686] sowie der vier unterschiedenen Unternehmensmetaphern zeigt, daß die Anzahl potentieller Unternehmensziele sehr hoch ist und entsprechend zahlreiche Möglichkeiten existieren, diese in eine Ordnung zu bringen.

---

683 Vgl. Mintzberg (1983), S. 31-319.

684 Vgl. Kirsch (1977), S. 224.

685 Vgl. Cyert, March (1963), S. 26-43.

686 Vgl. Abschnitt 2.1.2.

Insofern soll an dieser Stelle lediglich eine kurze Übersicht der in Abschnitt 2.3.4 diskutierten Ziele erfolgen, die keinen erschöpfenden Katalog aller theoretisch möglichen Unternehmensziele darstellen kann.

Im Gegensatz zu anderen der Literatur zu entnehmenden und z. T. oben diskutierten Zielkataloge ist die folgende Übersicht jedoch nicht nur relativ umfassend, sondern darüber hinaus in einen Ordnungsrahmen eingebettet, der verschiedene Sachzusammenhänge der Unternehmenstätigkeit und damit korrespondierende Unternehmensverständnisse unterscheidet. Die Aufstellung kann insofern auch als Ausgangspunkt eines für die in Kapitel 5 zu entwikkelnden Kategorienschemas[687] dienen, das die in den Geschäftsberichten thematisierten Unternehmensziele inhaltsanalytisch erfaßt.

Leitidee der *Maschinenmetapher* ist die aus der Knappheit von Gütern abgeleitete Effizienz. Das Unternehmensgeschehen wird quantitativ abgebildet und die entsprechenden Zielgrößen sind somit vorwiegend finanzieller Art. Hierzu gehören

- zahlungsstromorientierte Größen wie die Liquidität oder der Cash-flow;
- absolute und relative Gewinngrößen als Vorsteuergrößen der Liquidität;
- kapitalbezogene Ziele (z. B. der Verschuldungsgrad), die wiederum in die Rentabilitätsgrößen eingehen;
- neben die Gewinnerzielung tretende Gewinnverwendungsziele;
- Zielgrößen, die aus dem (Aktien-)Kapitalmarkt abgeleitet sind wie der Shareholder Value.

Leitidee der *Organismusmetapher* ist das Überleben des Unternehmens in einer zunehmend komplexen, dynamischen und unsicheren Umwelt. Entsprechend liegt der Fokus der Betrachtung auf den an die Zahlungsströme gekoppelten Sachaspekten im Markt und in der Unternehmung. Zielgrößen sind

- aus dem Überlebensziel abgeleitete Systemziele wie Flexibilität, Sicherheit, Unabhängigkeit etc.;
- externe (marktbezogene) Erfolgspotentiale wie das Sachziel bzw. die Sachziele der Unternehmung, der (nationale und internationale) Umsatz bzw. das Wachstum (u. U. aber auch die Konsolidierung), der Marktanteil, die Qualität etc.;
- interne Erfolgspotentiale wie die Innovationsfähigkeit, die Schnelligkeit oder eine auf anderen Stärken des Unternehmens basierende und nicht näher spezifizierte Form der Wettbewerbsfähigkeit;
- spezifisch geschäftsfeldübergreifende Ziele wie die Synergie.

Prämisse der *Kulturmetapher* ist die Existenz moralisch legitimierter Prinzipien, die von den Menschen innerhalb und außerhalb des Unternehmens weitgehend geteilt werden und insofern für ihr Handeln von Relevanz sind. Entsprechende Zielgrößen, deren Verfolgung die gesellschaftliche Akzeptanz des Unternehmens sichern sollen (die wiederum Voraussetzung der wirtschaftlichen Tätigkeit ist), sind

- ökonomische Ziele volkswirtschaftlicher Natur wie etwa die Vollbeschäftigung,
- außerökonomische Ziele wie z. B. die Unterstützung karitativer Einrichtungen,
- ökologische Ziele.

---

[687] Vgl. Abschnitt 5.2.3.4 dieser Arbeit.

Im Vordergrund der *Politikmetapher* stehen die auch schon im Rahmen der Kulturmetapher thematisierten Gruppen in und außerhalb des Unternehmens und deren Ziele in bezug auf das Unternehmen. Von Relevanz sind Ziele der

- Unternehmensmitglieder (inkl. der Unternehmensleitung),
- Eigenkapitalgeber (weswegen der Shareholder Value auch diesem Kontext zugeordnet werden kann),
- Fremdkapitalgeber,
- Kunden,
- Lieferanten,
- Wettbewerber,
- Interessenvertretungen (Gewerkschaften, Verbraucherverbände etc.),
- staatlichen Institutionen (unterschiedlichster Ebene),
- Umweltschutzorganisationen,
- sonstigen gesellschaftliche Gruppen.

3 Ziele als Objekt der betriebswirtschaftlichen empirischen Forschung

3.1 Gegenstand, Methoden und Probleme der empirischen Zielforschung

Die Literatur zur Zielforschung umfaßt ein Spektrum vielfältiger Fragestellungen, von denen die empirische Zielforschung lediglich ein Teilgebiet darstellt.[688]

Die Aufgabe letzterer besteht darin, Aussagen über die in der Realität verfolgten Ziele, ihr Zustandekommen und ihre Auswirkungen zu treffen. Die empirische Zielforschung unterstützt die Theorie also nicht nur durch die Gewinnung von Existenzaussagen über tatsächlich verfolgte Ziele, auch wenn dies der Schwerpunkt ist. Sie trägt darüber hinaus zur Generierung und zum Überprüfen von Hypothesen bei. Bedingungshypothesen befassen sich mit dem Zusammenhang zwischen Zielen und ihren möglichen Einflußgrößen (z. B. bestimmte Eigenschaften des Unternehmens oder der Umwelt), während Wirkungshypothesen hauptsächlich den Einfluß von Zielen auf Prozesse der Unternehmensführung untersuchen.[689]

Die Geschichte der empirischen Zielforschung kann in mehrere Phasen unterteilt werden, die (in chronologischer Reihenfolge) mit den Adjektiven „unerwünscht", „entbehrlich" und „problematisch" zu belegen sind.

Zunächst erfolgte ein bewußter Verzicht auf eine empirische Zielforschung, um eine Etablierung der Betriebswirtschaftslehre als neue Disziplin nicht zu gefährden. Gefürchtet wurde das Image einer Wissenschaft im Dienste eines zumindest moralisch zweifelhaften Gewinnziels. In dem Maße, in dem das Gewinnziel den Erkenntnisgegenstand der Betriebswirtschaftslehre determinierte, erschien eine empirische Zielforschung nicht notwendig. Dies änderte sich schließlich in den sechziger Jahren mit Befragungen von Unternehmern und in Unternehmen, die die Existenz zahlreicher anderer Ziele neben dem Gewinnziel bestätigten.[690]

Bis zum Ende der siebziger Jahre erfolgten zahlreiche Studien, „ohne daß die empirische Zielforschung zu einheitlichen oder abschließenden Resultaten gelangt wäre."[691] Die Thematisierung von Unternehmenszielen erfolgte anschließend eher implizit innerhalb der Behandlung strategischer Planungskonzepte. Erst seit Mitte der achtziger Jahre ist wieder eine Hinwendung zur Zielforschung zu konstatieren, was v. a. auf die wachsende Bedeutung ökologischer und international vergleichender Fragestellungen zurückgeführt wird.[692]

Die Charakterisierung der empirischen Zielforschung als „problematisch" hängt sowohl mit dem Untersuchungsgegenstand als auch mit den angewandten Methoden zusammen.

Als „gedankliche Vorstellung"[693] sind Ziele empirisch nur über Befragungen, Beobachtungen oder Inhaltsanalysen zu bestimmen,[694] wobei direkte und indirekte Vorgehenswei-

---

688 Vgl. Strebel (1981), S. 457, der bei einer Literaturdurchsicht als weitere Gebiete der Zielforschung nennt: Funktionen von Zielen, entscheidungslogische Betrachtungen, Aspekte der Zielformulierung, Zielveränderungen, Analysen des Zielsystems und Abgabe von Werturteilen; Hauschildt (1977), S. 7, erwähnt folgende Schwerpunkte: Ansätze zur Formalisierung komplexer Ziele, Einbeziehung von Individualzielen in die Zieldiskussion, Ziele öffentlicher Unternehmen, Ziele im Zusammenhang mit der Systemtheorie, Ziele als Elemente von Führungsstilen, Aufbau von Zielsystemen.

689 Vgl. Kupsch (1979), S. 137-141; Hauschildt, Hamel (1978), S. 240.

690 Vgl. Hauschildt (1970), S. 545-548.

691 Fritz, Förster, Wiedmann, Raffée (1988), S. 567.

692 Vgl. ebenda, S. 567-573.

693 Kupsch (1979), S. 142.

sen unterschieden werden. Letztere versuchen aus Mittelentscheidungen Rückschlüsse auf die zugrundeliegenden Ziele zu ziehen.[695]

Beklagt wird ein „Methodenmonismus“[696], da die überwiegende Mehrzahl der Studien auf mündlichen Befragungen basiert. Diese sind jedoch lediglich Momentaufnahmen, die auf den Aussagen eines engen Personenkreises beruhen. Problematisch ist somit, inwiefern statt Unternehmenszielen lediglich Ziele der Unternehmensleitung bestimmt werden, wobei beide nicht notwendigerweise identisch sein müssen, und ob den Befragten die Ziele überhaupt bewußt und damit artikulierbar sind. Unterstellt wird außerdem, daß das Handeln im Unternehmen tatsächlich zielgeleitet ist und daß eine ehrliche Beantwortung anstelle einer idealisierenden oder rationalisierenden erfolgt.[697]

Auch kann aus der Häufigkeit von Zielnennungen oder der Zuweisung einer hohen Bedeutung zu einem Ziel nicht unbedingt auf die tatsächliche Struktur der Zielhierarchie geschlossen werden, da die so hervorgehobenen Ziele u. U. nur Mittelcharakter bzgl. anderer (Ober-)Ziele haben und letztere als so selbstverständlich gelten, daß sie in nur geringem Maß thematisiert werden.[698]

3.2 Ergebnisse der empirischen Zielforschung

3.2.1 Frühere Untersuchungen

Wie oben[699] erwähnt, kam eine erste Phase der empirischen Forschung über Ziele Ende der siebziger Jahre zu einem Abschluß, ehe die Thematik ab Mitte der achtziger Jahre wieder aufgegriffen wurde.

Zu der ersten Phase bis 1980 werden etwa dreißig Untersuchungen gezählt.[700] Abgesehen von der angewandten Methode - in der überwältigenden Mehrzahl die schriftliche oder mündliche Befragung[701] - sind die Untersuchungen sehr heterogen und somit nur bedingt vergleichbar. Unterschiede bestehen z. B. darin, ob direkt nach Unternehmenszielen gefragt wird oder etwa die Motive preispolitischer bzw. investiver Entscheidungen ergründet werden. Die Studien beziehen sich auf Unternehmen aus unterschiedlichen Ländern und Branchen. Die Anzahl der untersuchten Unternehmen, der Kreis der Befragten, der Umfang der ggf. vorgegebenen Antwortmöglichkeiten und erforschten Ziele und das Jahr der Befragung variieren beträchtlich.

Im folgenden soll lediglich eine knappe Darstellung und Zusammenfassung der Forschungsergebnisse einiger der älteren Studien in chronologischer Reihenfolge erfolgen, da anderweitig einige integrierende Betrachtungen schon vorgenommen worden sind.[702]

---

694 Vgl. Kupsch (1979), S. 141-143.

695 Vgl. Heinen (1976), S. 30.

696 Hauschildt, Hamel (1978), S. 244.

697 Vgl. ebenda, S. 243-246.

698 Vgl. Heinen (1976), S. 44.

699 Vgl. Abschnitt 3.1.

700 Vgl. Hauschildt (1980), Sp. 2424.

701 Vgl. Hauschildt, Hamel (1978), S. 241, die in einem Schaubild zeigen, daß mit Ausnahme von drei Untersuchungen ausschließlich die Methode der schriftlichen oder mündlichen Befragung angewandt wurde.

702 Vgl. Hauschildt, Hamel (1978), S. 237-250; Kaluza (1979), S. 246-292; Hauschildt (1977), S. 1-7; Heinen (1976), S. 30-36; Hauschildt (1985), S. 289-291, und die jeweils dort angeführte Literatur.

Eine der ältesten der empirischen Zielforschung zugerechneten Studien ist die Arbeit von Katona und Morgan[703] von 1952. Erfragt wurden die Motive für Erweiterungsinvestitionen bei 192 amerikanischen Industrieunternehmen, so daß naturgemäß der Katalog erfaßter Unternehmensziele limitiert war. Als Hauptinvestitionsgrund erwies sich die Anpassung der Kapazität an die bestehende Nachfrage, während Wirtschaftlichkeits- und Kostenüberlegungen erst mit weitem Abstand als zweite Ursache genannt wurden. Weitere Gründe waren die Änderung der Produktpalette, die Anpassung an die zukünftige Nachfrage und eine generelle Expansionspolitik des Unternehmens.

Auch die Untersuchung von Kaplan, Dirlam und Lanzilotti[704] aus dem Jahre 1958 ergibt nur indirekt und sehr eingeschränkt Aufschluß über Unternehmensziele. Hier wurden die Manager zwanzig amerikanischer Großunternehmen über die die Preispolitik bestimmenden Zielsetzungen befragt. Am häufigsten wurden (in dieser Reihenfolge) die angemessene Rentabilität, stabile Preise bzw. Margen, die Stabilisierung oder Erhöhung der Marktposition und die Anpassung an Wettbewerber genannt.

Direkt nach den Unternehmensziele von 145 amerikanischen Industrieunternehmen mit mehr als fünfzig Mitarbeitern fragte Dent[705]. Der Gewinn erwies sich als wichtigstes Unternehmensziel (36 % der Antworten) vor dem (Sach-)Ziel der Versorgung des Marktes mit Produkten (21 %) und dem Unternehmenswachstum (12 %).

Auffällig ist, daß die Bedeutung des Ziels der Wohlfahrt der Mitarbeiter (5 %) mit zunehmender Unternehmensgröße (ausgedrückt durch die Mitarbeiterzahl) bei nicht gewerkschaftlich organisierten Unternehmen abnahm, bei gewerkschaftlich organisierten Unternehmen aber zunahm.[706]

Gutenberg[707] erforschte im Rahmen einer Befragung die Motive von Investitionsentscheidungen von 76 Industrieunternehmen. Die bessere Qualität der Produkte, die Einsparung von Arbeitskräften und die Anpassung an technische Entwicklungen wurden als wichtigste Gründe genannt.

Fogs[708] Befragung von 139 dänischen Industrieunternehmen beschränkte sich auf die der Preispolitik zugrundeliegenden Gewinnziele und kam zu dem Ergebnis, daß eine langfristige und keine kurzfristige Gewinnmaximierung angestrebt wird.

Die erste umfassende Befragung zu den Unternehmenszielen deutscher Unternehmen wurde 1966 von Heinen[709] vorgenommen. Führende Mitarbeiter aus 25 süddeutschen Unternehmen wurden in einem frei geführten, aber auf einem Fragebogen basierenden Gespräch befragt. Dabei mußten acht vorgegebene Unternehmensziele in eine Rangfolge gebracht werden. Die Auswertung ergab folgende mittlere Rangwerte:

---

[703] Vgl. Katona, Morgan (1952), S. 67-90, besonders S. 84.

[704] Vgl. Kaplan, Dirlam, Lanzilotti (1958), besonders S. 128.

[705] Vgl. Dent (1959), S. 365-393.

[706] Vgl. ebenda, S. 380f.

[707] Vgl. Gutenberg (1959), v. a. S. 220.

[708] Vgl. Fog (1960), v. a. S. 28-32.

[709] Vgl. Heinen (1976), S. 37-44, insbesondere S. 39. Die Veröffentlichung 1976 ist die dritte Auflage des erstmals 1966 erschienenen Buches.

Ziel	Mittlerer Rangwert
1. Gewinn	2,44
2. Sicherheit	3,24
3. Unabhängigkeit	4,46
4. Kundenpflege	4,50
5. Soziale Verantwortung gegenüber der Belegschaft	4,51
6. Wachstum	4,87
7. Marktanteil	5,20
8. Prestige	6,47

Tab. 1: Zielrangfolge in der Befragung von Heinen

Interessant sind die sich widersprechenden Begründungen für die Einordnung des Gewinnziels als wichtigstes Ziel: Einige Befragte begründeten dies mit seinem Mittelcharakter hinsichtlich der anderen Ziele, während andere genau umgekehrt argumentierten und in den restlichen Zielen Mittel zur Erreichung des Gewinnziels sahen.

Czeranowsky und Strutz[710] werteten 105 von deutschen Unternehmen beantworteten Fragebögen aus. Zur Auswahl standen ebenfalls acht Unternehmensziele. Wie bei Heinen waren der Gewinn und die Sicherheit die wichtigsten Ziele, während die soziale Verantwortung nur unterdurchschnittliche Bedeutung hatte und das Prestige unbedeutend war. Im Gegensatz zur Studie von Heinen wurden der Marktanteil und das Wachstum hier jedoch höher eingestuft.

Ziel	Mittlerer Rang
1. Gewinn	2,37
2. Sicherheit	3,64
3. Marktanteil	3,67
4. Wachstum	4,52
5. Umsatz	4,64
6. Soziale Verantwortung	4,78
7. Ansehen in der Öffentlichkeit	5,47
8. Unabhängigkeit	6,91

Tab. 2: Zielrangfolge in der Befragung von Czeranowsky und Strutz

Klein-Blenkers[711] untersuchte die Ziele von 191 Unternehmern im deutschen Facheinzelhandel. Die Tabelle gibt an, wie oft (in %) das jeweilige Ziel als wichtig angesehen wurde:

---

710 Vgl. Czeranowsky, Strutz (1970), S. 121-124, insbesondere S. 123.

711 Vgl. Klein-Blenkers (1972), S. 69-75, insbesondere S. 72, und S. 81-83.

Ziel	Anteil der Unternehmer (%), welche dieses Ziel als bedeutsam für die Betriebspolitik angaben
1. Gewinn	91
2. Wachstum	80
3. Unabhängigkeit	78
4. Sicherung des Bestehenden	76
5. Umsatz	73
6. Soziale Verantwortung gegenüber der Belegschaft	59
7. Genügend Zeit für Privatleben	45
8. Verbraucherversorgung	34
9. Gesellschaftliche Anerkennung	25
10. Sonstige (nicht vorgegebene) Ziele	7

Tab. 3: Zielrangfolge in der Befragung von Klein-Blenkers

Bilkey[712] befragte amerikanische Unternehmen im Zusammenhang mit Investitionen in einem Entwicklungsland. Auf einer Skala von 0 bis 100 wurde die Bedeutung von fünf Zielen erfragt. Bemerkenswert ist hier der erste Rang des Marktziels noch vor dem Gewinnziel. Die soziale Zielsetzung der Entwicklungshilfe hatte hingegen die mit Abstand schwächste Bedeutung.

Ziel	Durchschnittliche Bewertung
1. Ausbau und Sicherung der Märkte	81
2. Gewinn	78
3. Wachstum	77
4. Sicherheit der Investition	75
5. Beitrag zur Entwicklung unterentwickelter Länder	47

Tab. 4: Zielrangfolge in der Befragung von Bilkey

Nordmann[713] führte Gespräche in neunzehn Unternehmen der schweizerischen Maschinenindustrie. Die Frage nach den jeweils fünf wichtigsten Unternehmenszielen ergab folgende mittlere Rangwerte. Dabei ist allerdings zu beachten, daß ein Ziel, dem von wenigen Unternehmen ein hoher Rang zugeordnet wurde, einen höheren mittleren Rangwert aufweist als ein Ziel, das von vielen Unternehmen auf Rang 4 oder 5 gesetzt wurde.

---

[712] Vgl. Bilkey (1973), insbesondere S. 624.

[713] Vgl. Nordmann (1974), insbesondere S. 130.

Ziel	Mittlerer Rangwert
1. Gewinn	1,85
2. Rentabilität	2,33
2. Sicherheit	2,33
4. Marktanteil	2,50
5. Wachstum	2,83
6. Soziale Verantwortung	3,14
7. Umsatz	3,22
8. Unabhängigkeit	3,25
9. Innerbetriebliche Ziele	3,33
10. Image	4,00
11. Prestige	4,25
12. Liquidität	4,40
13. Politische Ziele	4,50

Tab. 5: Zielrangfolge in der Untersuchung von Nordmann

Hervorzuheben ist, daß in der Untersuchung von Nordmann kein Ziel häufiger zu den fünf wichtigsten Größen gezählt wurde als das Ziel der sozialen Verantwortung, das allerdings nur auf die eigenen Mitarbeiter bezogen wurde. Unter politischen Zielen verstand Nordmann die Einflußnahme der Unternehmen auf politische Entscheidungsprozesse. Zu den innerbetrieblichen Zielen zählte er z. B. das gute Betriebsklima und die Heranbildung von kreativen und risikofreudigen Managern. Unter Image faßte er die Eigenschaften des Unternehmens zusammen, die ihm besondere Anerkennung verschaffen, wie etwa die Qualität der Produkte, während Prestige diese Anerkennung selbst bezeichnete.

Eine sehr umfangreiche und auf einer Inhaltsanalyse basierende Untersuchung nahm Hauschildt[714] vor. Allerdings galt sein Interesse nicht den Zielen des Gesamtunternehmens. Vielmehr wurden die Ziele im Rahmen einer einzigen zu fällenden Entscheidung, der Beschaffung einer EDV-Anlage, untersucht. Ergebnis der Auswertung von schriftlichen Dokumenten war u. a., daß die artikulierten Entscheidungskriterien v. a. technischer Natur sind und mehr als doppelt so häufig auftreten wie ökonomische Kriterien. Die Zielbestimmung bildete nicht den Ausgangspunkt des Entscheidungsprozesses, sondern erfolgte schrittweise im Rahmen aufeinanderfolgender Problemlösungsschritte.[715]

Shetty[716] bat amerikanische Großunternehmen um „statements of corporate goals“ und stellte eine Rangliste auf, die auf der Anzahl der Unternehmen basierte, die das jeweilige Ziel in diesen Dokumenten thematisierten. Aussagen von 82 Unternehmen aus vier Branchen lagen vor. Dabei erwies sich der Gewinn als wichtigste Zielsetzung unabhängig von der (am Umsatz gemessenen) Unternehmensgröße, während sozialen Zielen von größeren Unternehmen eine höhere Bedeutung beigemessen wurde als von kleineren Unternehmen. Wachstums- und

---

714 Vgl. Hauschildt (1977).

715 Vgl. ebenda, S. 48 und S. 261-269. Siehe auch Abschnitt 5.2.1.3 dieser Arbeit.

716 Vgl. Shetty (1979), S. 71-79, insbesondere S. 73.

Marktanteilsziele hatten in der Nahrungsmittelbranche eine stärkere Bedeutung, während bei der chemischen Industrie der Stellenwert von Forschung und Entwicklung herausragte.

Ziel	**Anzahl der Unternehmen, die das Ziel nannten**
1. Gewinn	73
2. Wachstum	67
3. Marktanteil	54
4. Soziale Verantwortung	53
5. Wohlfahrt der Mitarbeiter	51
6. Produktqualität & Service	49
7. Forschung & Entwicklung	44
8. Diversifikation	42
9. Effizienz	41
10. Finanzielle Stabilität	40
11. Ressourcenerhaltung	32
12. Management-Entwicklung	29
13. Internationalisierung	24
14. Konsolidierung	14

Tab. 6: Zielrangfolge in der Auswertung von Shetty

Kaluza[717] legte Kfz-Versicherungsunternehmen einen Katalog von 13 Zielen vor und bat um die Benennung der sechs wichtigsten Ziele. Entsprechend der Position in der jeweiligen Rangfolge wurde jedem Ziel ein „Rangwert“ zwischen 6 (wichtigstes Ziel) und 0 (nicht zu den wichtigsten sechs Zielen zugehörig) zugeordnet. Die Auswertung der 39 befragten Unternehmen ergab die in Tab. 7 dargestellten mittleren Rangwerte.

Die Vornahme einer Faktorenanalyse führte zur Unterscheidung dreier Faktoren: Dem Erfolgsziel, das durch Gewinn- und Wachstumsvorstellungen geprägt war, dem Sicherheitsziel und dem Leistungsziel, das das Sachziel der Unternehmen benannte.

717 Vgl. Kaluza (1979), S. 610-697, insbesondere S. 611.

Ziel	Mittlerer Rangwert
1. Sicherheit des Unternehmens	4,21
2. Marktversorgung	3,00
3. Kostendeckung	2,56
4. Umsatzausweitung	2,51
5. Gewinnstreben	2,49
6. Erhaltung/Vergrößerung der Unternehmung	2,33
7. Wahrung der Zahlungsfähigkeit	1,72
8. Substantielle Kapitalerhaltung	0,87
9. Halten des Marktanteils	0,46
9. Ethische und soziale Prinzipen	0,46
11. Unabhängigkeitsstreben	0,26
12. Nominelle Kapitalerhaltung	0,10
13. Ansehen und Macht	0,03

Tab. 7: Zielrangfolge in der Befragung von Kaluza

3.2.2 Neuere Untersuchungen

Im folgenden soll auf Ergebnisse neuerer Untersuchungen eingegangen werden. Die Abgrenzung zu den oben dargestellten Arbeiten ergibt sich zum einen aus einer chronologischen Betrachtung, die für die Periode zwischen 1980 und 1985 eine Vernachlässigung der empirischen Zielforschung zugunsten der Literatur zur strategischen Unternehmensführung konstatiert.[718] Zum anderen erfolgt in mehreren Untersuchungen nach 1985 auch eine inhaltliche Veränderung, da der Umfang der betrachteten Ziele erweitert wird und insbesondere das Umweltschutzziel Berücksichtigung findet. Zusätzlich kommen einige Autoren der nachfolgend betrachteten Studien zu dem Ergebnis, daß sich ein inhaltlicher Wandel hinsichtlich der von Unternehmen verfolgten Ziele vollzogen hat.

Fritz, Förster, Raffée und Silberer[719] untersuchten im Rahmen einer standardisierten mündlichen Befragung die Ziele von 43 Industrieunternehmen, 13 Kaufhauskonzernen und Versandhandelsunternehmen sowie 146 Facheinzelhandelsbetrieben im In- und Ausland. Die Bewertung von zwölf Unternehmenszielen auf einer Skala von 5 (sehr wichtig) bis 1 (sehr unwichtig) ergab für die Industrieunternehmen folgende Rangliste:

[718] Vgl. Fritz, Förster, Wiedmann, Raffée (1988), S. 567.

[719] Vgl. Fritz, Förster, Raffée, Silberer (1985), S. 375-394, insbesondere S. 380; Fritz (1986), S. 358-365.

Ziel	Arithmetisches Mittel der Wichtigkeitseinschätzungen
1. Sicherung des Unternehmensbestands	4,84
2. Qualität des Angebots	4,72
3. Gewinn	4,65
4. Deckungsbeitrag	4,42
5. Soziale Verantwortung	4,28
6. Ansehen in der Öffentlichkeit	4,26
7. Umsatz	4,19
8. Wachstum des Unternehmens	3,98
9. Verbraucherversorgung	3,74
10. Marktanteil	3,69
11. Macht/Einfluß auf den Markt	3,60
12. Umweltfreundlichkeit/Schonung natürlicher Ressourcen	3,37

Tab. 8: Zielrangfolge in der Befragung von Fritz, Förster, Raffée und Silberer (Industrieunternehmen)

Besonders auffällig ist, daß das Gewinnziel nicht an erster Stelle rangierte, was im übrigen auch für die größeren und die kleineren Handelsunternehmen galt.

Anschließend versuchten die Autoren, eine faktorenanalytische Verdichtung der Unternehmensziele vorzunehmen. Ergebnis war bei den Industrieunternehmen das Vorliegen von drei Basiszielen, die als Markt-, Leistungs- und Ertragsziel bezeichnet wurden. Dem Marktziel wurden Ziele, die die Marktstellung des Unternehmens beschreiben wie Umsatz, Marktanteil und Marktmacht zugeordnet. Das Leistungsziel umfaßte ein breiteres Spektrum von sicherheits-, produkt- und gesellschaftsbezogenen Zielen, während das Ertragsziel durch das Gewinnziel des Unternehmens ausgedrückt wurde. Während zwischen dem Marktziel und den anderen beiden Zielen ein komplementärer Zusammenhang festgestellt wurde, galt dies für die Beziehung zwischen Ertrags- und Leistungsziel nicht.

Weiter wurde im Rahmen von Kausalanalysen der Einfluß von fünf Situationsvariablen auf die drei Basisziele ergründet: Die Unternehmensgröße wies dabei einen positiven Zusammenhang mit der Wichtigkeit aller drei Basisziele auf, was auf das vermutliche Vorliegen anderer (persönlicher) Ziele bei von Unternehmern geführten Kleinunternehmen zurückgeführt wurde. Mit steigender Konkurrenzintensität ergab sich eine höhere Bedeutung des Marktziels und eine geringere Bedeutung des Leistungsziels. Ein Einfluß der Nationalität auf die Bedeutung der drei Basisziele wurde nicht beobachtet. Mit zunehmender Delegation der Unternehmerfunktion an Manager nahm die Bedeutung des Marktziels zu. Mit höherer Hierarchieebene der Befragten stieg die Wichtigkeit des Leistungsziels, während für untere Hierarchieebenen Ertrags- und v. a. Marktziele eine höherer Bedeutung hatten.

Eine auf einer schriftlichen Befragung basierende Untersuchung von Töpfer[720], die sich der Umwelt- und Benutzerfreundlichkeit von Produkten als strategischen Unternehmenszielen widmete, kam hinsichtlich der Bedeutung von Sicherheits-, Gewinn- und Umweltschutzzielen zu ähnlichen Ergebnissen wie die zuletzt genannte Studie. Bei den mehr als 2000 befragten

[720] Vgl. Töpfer (1985), S. 241-251.

Industrieunternehmen ergaben sich allerdings lediglich 196 verwertbare Rückläufe. Die Bedeutung von sieben Zielen bei Verwendung der gleichen fünfstufigen Skala war wie folgt:[721]

Ziel	**Arithmetisches Mittel der Wichtigkeitseinschätzungen**
1. Sicherung der Wettbewerbsfähigkeit	4,42
2. Angemessener Gewinn	4,14
3. Verbesserung der Marktposition	4,02
3. Benutzerfreundlichkeit der Produkte	4,02
5. Erhaltung der Marktposition	3,98
6. Erhaltung der Arbeitsplätze	3,65
7. Umweltfreundlichkeit der Produkte	3,15

Tab. 9: Zielrangfolge in der Befragung von Töpfer

Gabele und Kretschmer[722] werteten Grundsatzdokumente von 51 Großunternehmen verschiedener Branchen aus. 31 der Dokumente wurden von den Autoren als Unternehmensgrundsätze klassifiziert und in 30 waren zielbezogene Aussagen zu finden. Die Tabelle gibt die Anzahl der Unternehmen an, die zu den nachstehenden Zielinhalten Aussagen trafen:[723]

Ziel	**Anzahl der Unternehmen, die das Ziel thematisierten**
1. Gewinn und Rentabilität	26
2. Wirtschaftlichkeit und Produktivität	14
3. Wachstum	13
4. Selbständigkeit und Unabhängigkeit	9
5. Sicherheit und Risiko	8

Tab. 10: Zielrangfolge in der Auswertung von Gabele und Kretschmer

Pantalone und Welch[724] legten großen amerikanischen Unternehmen eine Liste finanzieller Unternehmensziele vor und erfragten, welches das wichtigste langfristige Ziel sei. Die 111 verwertbaren Antworten führten zu folgendem Ergebnis:

721 Vgl. ebenda, S. 245.

722 Vgl. Gabele, Kretschmer (1986).

723 Vgl. ebenda, S. 84.

724 Vgl. Pantalone, Welch (1986), S. 29-40.

Ziel	Anzahl der Unternehmen, die das Ziel als Hauptziel nannten
1. Gewinn pro Aktie	34
2. Aktionärsvermögen	23
3. Eigenkapitalrentabilität	20
4. Vorsteuer-Ergebnis	9
5. Cash-flow	7
6. Umsatzwachstum	5
7. Gesamtkapitalrentabilität	4
Andere Ziele	9

Tab. 11: Zielrangfolge in der Befragung von Pantalone und Welch

Die Forscher stellten allerdings fest, daß diejenigen Unternehmen, die das Aktionärsvermögen als Hauptziel nannten, keine signifikant bessere Aktienentwicklung aufwiesen als die anderen Unternehmen.

Eine von Raffée, Förster und Krupp[725] durchgeführte Untersuchung von Industrieunternehmen aus drei Branchen (Kraftfahrzeuge, Freizeit- und Elektrohaushaltsgeräte) ergab die in Tab. 12 wiedergegebene und auf einer sechsstufigen Skala basierende Rangordnung von Zielen.

Die Autoren konstatierten mit Bezug auf den niedrigen Rang des Gewinnziels und mit Verweis auf ältere Untersuchungen „in hohem Maße eine abnehmende Bedeutung des Gewinnziels im Zeitverlauf."[726] Bzgl. ökologischer Ziele kam die Untersuchung zu dem Ergebnis, daß deren Bedeutung bei der Kraftfahrzeugindustrie besonders hoch war und sogar die des Gewinnziels übertraf.

Ferner knüpften die Autoren an die bei Fritz, Förster, Raffée und Silberer[727] erfolgte Rückführung des unternehmerischen Zielsystems auf drei Basisziele (Markt-, Leistungs- und Ertragsziel) an. Ergebnis hier war u. a., daß die Herstellung umweltfreundlicher Produkte nicht dem Markt-, sondern dem Leistungsziel zuzuordnen ist.[728] Das Ziel der Wettbewerbsfähigkeit, das in der Rangliste den ersten Platz einnahm, konnte nicht eindeutig einem der drei Basisziele zugeordnet werden und wurde als übergeordnetes Ziel interpretiert. Allerdings bestand der stärkste Zusammenhang mit dem Marktziel, das als „wichtigste Grundlage für das Wettbewerbsziel"[729] angesehen wurde.

---

725 Vgl. Raffée, Förster, Krupp (1987), zitiert und erweitert bei Fritz, Förster, Wiedmann, Raffée (1988), S. 567-586, insbesondere S. 571.

726 Fritz, Förster, Wiedmann, Raffée (1988), S. 573.

727 Vgl. Fritz, Förster, Raffée, Silberer (1985), S. 375-394.

728 Vgl. Fritz, Förster, Wiedmann, Raffée (1988), S. 574.

729 Ebenda, S. 576.

Ziel	**Arithmetisches Mittel der Wichtigkeits-einschätzungen**
1. Wettbewerbsfähigkeit	5,77
2. Qualität des Angebots	5,72
3. Sicherung des Unternehmensbestands	5,51
4. Qualitatives Wachstum	5,40
5. Ansehen in der Öffentlichkeit	5,25
6. Verbraucherversorgung	5,13
7. Deckungsbeitrag	5,09
8. Gewinn	5,02
9. Soziale Verantwortung	4,96
10. Schonung natürlicher Ressourcen & umweltfreundliche Produktion	4,78
11. Verbraucherversorgung mit besonders umweltfreundlichen Produkten	4,68
11. Unabhängigkeit	4,68
13. Umsatz	4,64
14. Marktanteil	4,62
15. Quantitatives Wachstum	4,15
16. Macht/Einfluß auf den Markt	4,04

Tab. 12: Zielrangfolge in der Untersuchung von Raffée, Förster und Krupp

Meffert und Kirchgeorg[730] untersuchten den Stellenwert von Umweltschutzzielen im Zielsystem von zweihundert Unternehmen aus verschiedenen Branchen. Dabei gaben 86,4 % der befragten Unternehmen an, Umweltschutzziele zu verfolgen, wobei allerdings nur 58,4 % dieser Unternehmen dies auch schriftlich festhielten.[731] Die Bedeutung des Umweltschutzziels und anderer Ziele zeigt die folgende Tabelle. Jedes Ziel wurde auf einer Skala zwischen 1 („sehr viel wert“) und 6 („überhaupt kein Wert“) bewertet.

Dem Umweltschutzziel kam allenfalls eine mittlere Bedeutung zu. Allerdings stellten die Autoren fest, daß seine Bedeutung in den Branchen mit „hohem ökologischen Betroffenheitsgrad“ (z. B. Mineralölindustrie und chemische Industrie) höher eingeschätzt wurde als in Branchen wie der Nahrungs- und Genußmittelindustrie.[732] Bemerkenswert ist ferner die Unterscheidung zwischen einem langfristigen Gewinnziel (mit hoher Bedeutung) und einem kurzfristigen Gewinnziel (mit geringer Bedeutung).

[730] Vgl. Meffert, Kirchgeorg (1989), insbesondere S. 14.

[731] Vgl. ebenda, S. 11.

[732] Vgl. ebenda, S. 15f.

Ziel	Arithmetisches Mittel der Bewertung
1. Sicherung der Wettbewerbsfähigkeit	1,19
2. Langfristige Gewinnerzielung	1,42
3. Produktivitätssteigerungen	1,48
4. Kosteneinsparungen	1,52
5. Mitarbeitermotivation	1,56
6. Image	1,57
7. Erschließung neuer Märkte	1,70
8. Umweltschutz	1,88
9. Erhaltung von Arbeitsplätzen	1,93
10. Marktanteil	2,15
11. Kooperation mit dem Handel	2,28
12. Umsatz	2,50
13. Kurzfristige Gewinnerzielung	3,09

Tab. 13: Zielrangfolge in der Befragung von Meffert und Kirchgeorg

Ein weiterer Gegenstand der Untersuchung war die erfragte Beziehung des Umweltschutzziels zu anderen Zielen. Dabei wurde der Umweltschutz von den Befragten in einer konfliktären Beziehung zur kurzfristigen Gewinnerzielung, zu Kosteneinsparungen und zu Produktivitätssteigerungen gesehen. Die Beziehung zu allen anderen Zielen wurde als komplementär eingeschätzt, wobei der positivste Zusammenhang mit dem Unternehmens- bzw. Produktimage und der Mitarbeitermotivation gesehen wurde.

Eine Faktorenanalyse führte zu einer Unterscheidung mehrerer „Basisziele“, zu denen ähnlich wie bei Fritz, Förster, Raffée und Silberer[733] ein Markt-, ein Leistungs- sowie ein lang- und ein kurzfristiges Erfolgsziel zählten. Das Umweltschutzziel wies einen positiven Zusammenhang mit den drei erstgenannten Basiszielen auf. Besonders stark ausgeprägt war der Zusammenhang mit dem Leistungsziel. Die Autoren unterschieden zwischen marktgerichteten (z. B. in Form einer Diversifikation in den Umweltschutzmarkt) und innengerichteten (z. B. in Form von Umweltschutzinvestitionen) Umweltschutzstrategien. Beide waren nicht auf die oben genannten Basisziele zurückzuführen, wohl aber auf das Umweltschutzziel, das von den Autoren deshalb ebenso als Basisziel interpretiert wurde. [734]

Die Zielbeziehung zwischen Umwelt- und Unternehmenszielen wurde auch im Rahmen von Interviews mit etwa 600 Unternehmen im Auftrag des Umweltbundesamts ergründet.[735] Dabei mußten die befragten Geschäftsführer vorgegebene Unternehmensziele als komplementär (+), neutral (+/-) oder konkurrierend (-) zum Umweltziel einordnen. Es ergaben sich folgende Resultate (in %):

[733] Vgl. Fritz, Förster, Raffée, Silberer (1985), S. 375-394.
[734] Vgl. Meffert, Kirchgeorg (1989), S. 20-27.
[735] Vgl. Umweltbundesamt (1991), S. 205f.

Ziel	Einschätzung in %		
	+	+/-	-
Ansehen in der Öffentlichkeit	86,8	11,9	1,3
Wahrnehmung sozialer Verantwortung	84,4	14,9	0,8
Mitarbeitergewinnung/Motivation/Arbeitsplatzqualität	72,4	24,6	2,9
Kunden- und Marktorientierung	62,6	34,8	2,6
Unternehmensexistenz sichern	59,9	34,1	6,0
Angebotsqualität	58,2	37,4	4,3
Konkurrenzsituation verbessern	51,2	36,6	12,2
Unternehmenswachstum	46,4	41,8	11,7
Marktanteil steigern	44,6	43,8	11,5
Umsatz steigern	43,7	45,6	10,7
Wettbewerbsfähigkeit steigern	41,7	32,1	15,9
Gewinn/ROI steigern	27,8	39,2	33,1
Unabhängigkeit des Unternehmens	26,2	68,5	5,4
Liquidität	15,7	52,1	32,2

Tab. 14: Einschätzung der Komplementarität des Umweltschutzziels mit anderen Zielen in der Befragung des Umweltbundesamtes von 1991

Das Umweltschutzziel wurde von den Befragten somit weitgehend als komplementär bzw. neutral zu anderen Zielen bewertet, wobei allerdings gerade bei den so zentralen Zielgrößen Gewinn und Liquidität ein eher negativer Zusammenhang gesehen wurde.

Werner[736] unterzog die Lageberichte von 18 deutschen Rückversicherungsunternehmen aus verschiedenen Jahrgängen einer Inhaltsanalyse. Dabei wurden Textelemente der Lageberichte den drei Wortfeldern Gewinn, Wachstum und Sicherheit zugeordnet und die Häufigkeit ihres Auftretens in Beziehung zur Textlänge gesetzt.

Artikulationen zum Gewinn- und zum Wachstumsziel wiesen einen höheren prozentualen Anteil im Text auf (im Durchschnitt ca. fünf bzw. vier Prozent) als Artikulationen zum Sicherheitsziel (ca. ein bis zwei Prozent), auch wenn letztere im Zeitablauf an Bedeutung gewannen.[737] Eine Analyse von Wortfeldfolgen, die das paarweise Auftreten von Wortfeldern untersuchte (also Gewinn und Sicherheit, Gewinn und Wachstum sowie Wachstum und Sicherheit), zeigte, daß eine „weitgehend gleichgewichtige Beziehung zwischen den Zielbündeln"[738] vorlag.

Problematisch ist freilich, inwiefern aus im Text beobachtbaren Häufigkeiten und Folgen auf die Bedeutung von Zielen und auf Zielzusammenhänge geschlossen werden kann. Auch war das Spektrum der untersuchten Ziele relativ eng.[739]

---

736 Vgl. Werner (1990a).

737 Vgl. die graphische Darstellung ebenda, S. 1022.

738 Ebenda, S. 1030.

739 Zur Kritik vgl. Wolf (1991), S. 914f.

Raffée und Fritz[740] unternahmen eine schriftliche Befragung deutscher Industrieunternehmen unterschiedlicher Branche und Größe, aus der sich 144 verwertbare Fragebögen ergaben. Untersucht wurden drei verschiedene, aber miteinander in Beziehung stehende Komplexe. Die erste Frage galt der Unternehmensphilosophie bzw. dem Selbstverständnis und der Grundhaltung des Unternehmens, die zweite den Unternehmenszielen und die dritte den Unternehmensstrategien.

Bei der Erfassung der Unternehmensphilosophie wurden den Befragten vierzehn knapp umschriebene „Grundhaltungen“ vorgelegt, deren Übereinstimmung mit dem eigenen Selbstverständnis auf einer siebenstufigen Skala bewertet werden sollte. Beispielsweise wurde die „kundenorientierte Grundhaltung“ derart charakterisiert: „Wir sind ein Unternehmen, für das eine maximale Kundennähe, d. h. das dauerhafte Erkennen und Erfüllen aller Wünsche unserer Kunden die oberste Leitmaxime darstellt.“ Die Umschreibung der „produkttechnischen Grundhaltung“ lautete: „Wir legen größten Wert auf technisch perfekte Produkte.“ Aus der Bewertung anhand einer siebenstufigen Skala ergab sich folgende Rangfolge:[741]

Grundhaltung	**Arithmetisches Mittel der Bewertung**
1. Kundenorientierte Grundhaltung	5,82
2. Produkttechnische Grundhaltung	5,69
3. Absatzmarktorientierte Grundhaltung	5,45
4. Verkaufsorientierte Grundhaltung	5,28
5. Produktionsorientierte Grundhaltung	5,19
6. Kostenorientierte Grundhaltung	5,00
7. Finanzielle Grundhaltung	4,99
8. Innovationsorientierte Grundhaltung	4,78
9. Umweltschutzorientierte Grundhaltung	4,51
10. Mitarbeiterorientierte Grundhaltung	4,43
11. Wettbewerbsorientierte Grundhaltung	4,14
12. Technologieorientierte Grundhaltung	4,09
13. Öffentlichkeitsorientierte Grundhaltung	3,71
14. Gesellschaftsorientierte Grundhaltung	2,89

Tab. 15: Rangfolge der Grundhaltungen in der Befragung von Raffée und Fritz

Somit bezogen sich die ersten sechs Ränge auf den Absatz und die Produkte bzw. deren Produktion, während die finanzielle Grundhaltung („Wir verstehen uns als ein Unternehmen, das besonderen Wert auf ein möglichst hohes finanzielles Ergebnis legt.“) erst an siebter Stelle folgte.

Die Frage nach der Bedeutung verschiedener Unternehmensziele ergab folgende Rangfolge (gleiche Skalierung wie oben):[742]

---

[740] Vgl. Raffée, Fritz (1992), S. 303-322.

[741] Vgl. ebenda, S. 309.

[742] Vgl. ebenda, S. 310.

Ziel	Arithmetisches Mittel der Bewertung
1. Kundenzufriedenheit	6,12
2. Sicherung des Unternehmensbestandes	6,08
3. Wettbewerbsfähigkeit	6,00
4. Qualität des Angebots	5,89
5. Langfristige Gewinnerzielung	5,80
6. Gewinnerzielung insgesamt	5,74
7. Kosteneinsparungen	5,73
8. Gesundes Liquiditätspolster	5,64
9. Kundenloyalität	5,64
10. Kapazitätsauslastung	5,57
11. Rentabilität des Gesamtkapitals	5,56
12. Produktivitätssteigerungen	5,54
13. Finanzielle Unabhängigkeit	5,54
14. Mitarbeiterzufriedenheit	5,42
15. Umsatz	5,24
16. Erhaltung und Schaffung von Arbeitsplätzen	5,20
17. Wachstum des Unternehmens	5,05
18. Marktanteil	4,92
19. Umweltschutz	4,87
20. Soziale Verantwortung	4,86
21. Ansehen in der Öffentlichkeit	4,61
22. Kurzfristige Gewinnerzielung	4,48
23. Macht/Einfluß auf dem Markt	4,46
24. Verbraucherversorgung	4,14

Tab. 16: Rangfolge der Unternehmensziele in der Befragung von Raffée und Fritz

Aus dem fünften Rang der langfristigen Gewinnerzielung schlossen die Autoren, daß dieses Ziel „keineswegs einen dominanten Bestandteil des Zielsystems der Unternehmen“[743] bildet. Im ersten Rang der Kundenzufriedenheit wurde eine Bestätigung der kundenorientierten Grundhaltung der Unternehmen gesehen. Die im Vergleich zur Studie von Meffert und Kirchgeorg geringe Bedeutung des Umweltschutzziels (Rang 19) wurde von Raffée und Fritz darauf zurückgeführt, daß erstere einen höheren - für die gesamte deutsche Industrie nicht repräsentativen - Anteil von Unternehmen aus ökologisch problematischen Branchen einbezogen hatten.[744]

Abschließend wurde die Bedeutung der von den Unternehmen verfolgten Strategien erfragt:[745]

[743] Ebenda, S. 311.

[744] Vgl. ebenda, S. 314.

[745] Vgl. ebenda, S. 316.

Strategie	Arithmetisches Mittel der Bewertung
1. Qualitätsführerschaft	5,27
2. Rationalisierung in der Fertigung	4,96
3. Rationalisierung in anderen Bereichen	4,89
4. Differenzierung gegenüber der Konkurrenz	4,86
5. Entscheidungsdelegation an Mitarbeiter	4,69
6. Bearbeitung von Marktnischen	4,56
7. Einführung neuer Produkte	4,43
8. Strategie der Corporate Identity	4.34
9. Förderung der Mitarbeiter	4,32
10. Marktsegmentierung	4,17
11. Einführung neuer Produktionsverfahren	4,15
12. Technologieführerschaft	4,14
13. Standardisierung des Angebots	3,92
14. Internationale Strategien	3,91
15. Finanzwirtschaftliche Strategien	3,81
16. Diversifikation	3,60
17. Kostenführerschaft	3,51
18. Umfassendes Recycling	3,28
19. Kooperation mit anderen Firmen	3,20
20. Portfolio-Management	3,03
21. Mitarbeiterbeteiligung am Erfolg oder am Kapital	2,99
22. Unterstützung kultureller und gesellschaftlicher Institutionen	2,65
23. Firmenaufkäufe/-übernahmen/-beteiligungen	2,42
24. Dialog mit der Öffentlichkeit	2,40
25. Sportförderung	2,28
26. Patent- und Lizenzvergabe	2,26
27. Vorwärtsintegration	1,61
28. Rückwärtsintegration	1,49

Tab. 17: Rangfolge der Unternehmensstrategien in der Befragung von Raffée und Fritz

Eine Untersuchung der Korrelationen zwischen den gewählten Strategien und den Grundhaltungen der Unternehmen zeigte, daß die an erster Stelle genannte Strategie der Qualitätsführerschaft v. a. Ausdruck einer innovations- und technologieorientierten Grundhaltung war und nur in geringerem Maße auf einer starken Kundenorientierung basierte. Da der Zusammenhang zwischen Grundhaltungen bzw. Zielen auf der einen Seite und Strategien auf der anderen Seite hinter den Erwartungen der Autoren zurückblieb, wurde von den Autoren ein Schnittstellenproblem zwischen normativer und strategischer Unternehmensebene konstatiert.[746]

[746] Vgl. ebenda, S. 315f.

Daß andererseits jedoch ein enger Zusammenhang zwischen unternehmerischer Grundhaltung, Unternehmenszielen und Unternehmensstrategien existiert, wird an den im Rahmen der drei Komplexe abgefragten Kategorien deutlich, deren inhaltliche Abgrenzung zumindest problematisch erscheint. So wurde etwa im Rahmen der Grundhaltungen die Bedeutung einer kostenorientierten Grundhaltung abgefragt, die Liste der Unternehmensziele wies das Ziel der Kosteneinsparungen auf, und bei den Unternehmensstrategien wurde die Strategie der Kostenführerschaft aufgelistet. Im Prinzip wurde also in allen drei Fällen das Ziel der Kostensenkung (allerdings mit unterschiedlichem Stellenwert) thematisiert. Ähnliches gilt für andere Ziele. So kann beispielsweise die finanzielle Grundhaltung des Unternehmens Ausdruck einer Gewinnorientierung sein, und das Ziel der Qualität ist auch in der Strategie der Qualitätsführerschaft enthalten.

Drei weitere, im folgenden dargestellte Veröffentlichungen basieren auf dem Datenmaterial der eben genannten Untersuchung. Zwei thematisieren den Zusammenhang zwischen dem Unternehmenserfolg einerseits und den Ausprägungen der unternehmerischen Grundhaltungen bzw. der Unternehmensstrategien andererseits. Die dritte untersucht den Zusammenhang zwischen dem Umweltschutzziel und mehreren ökonomischen Erfolgsgrößen.

Raffée und Fritz[747] unterschieden erfolgreiche und weniger erfolgreiche Unternehmen anhand der Zielerreichungsgrade eines komplexen Zielbündels von 24 Zielen. Hauptergebnis ihrer Analyse war, daß in der Gruppe der erfolgreichen Unternehmen dreizehn von vierzehn unternehmerische Grundhaltungen stärker ausgeprägt waren. Die weniger erfolgreichen Unternehmen wiesen lediglich eine stärker wettbewerbsorientierte Grundhaltung auf, wobei über die Ursachen nur spekuliert werden konnte. Hinsichtlich der Einschätzung der Bedeutung verschiedener Unternehmensstrategien galt ebenso, daß in der Gruppe der erfolgreichen Unternehmen allen Unternehmensstrategien eine höhere Bedeutung beigemessen wurde. Die Autoren schlossen daraus, daß nicht ein bestimmtes Muster an Grundhaltungen oder Strategien erfolgreiche von weniger erfolgreichen Unternehmen unterscheidet, sondern die Intensität des verfolgten normativen und strategischen Managements.[748]

Raffée, Effenberger und Fritz[749] ermittelten anhand der Ausprägungen der Unternehmensstrategien drei Unternehmens-Cluster. Während „Strategie-Ignoranten“ den untersuchten Unternehmensstrategien geringe Bedeutung beimaßen und „Strategie-Spezialisten“ nur bestimmten Unternehmensstrategien einen hohen Wert zuordneten, wiesen „Strategie-Generalisten“ einer großen Anzahl der erfragten Strategien einen hohen Wert zu.[750] Die der letzten Gruppe zugehörigen Unternehmen wiesen den höchsten Zielerreichungsgrad (sowohl bzgl. des Zielbündels von 24 Zielen als auch bei den Zielgrößen Umsatz, Gewinn und Rentabilität) auf.[751]

Fritz[752] untersuchte anhand eines multivariaten Kausalmodells die Auswirkungen des Umweltschutzes als vom Unternehmen verfolgtes Ziel auf die Erreichung anderer Zielgrößen. Dabei konnte zwischen direkten Effekten, die sich unmittelbar auf diese Zielgrößen auswirk-

[747] Vgl. Raffée, Fritz (1991), S. 1211-1226.
[748] Vgl. ebenda, insbesondere S. 1216-1221.
[749] Vgl. Raffée, Effenberger, Fritz (1994), S. 383-396.
[750] Vgl. ebenda, S. 386-391.
[751] Vgl. ebenda, S. 391-394.
[752] Vgl. Fritz (1995), S. 347-357.

ten und indirekten Effekten, die über weitere Zwischenvariablen wirkten, unterschieden werden. Untersuchungsergebnisse waren positive direkte Effekte auf das Wachstums- bzw. Umsatzziel und die Produktivität sowie ein positiver indirekter Effekt auf die Kapazitätsauslastung. Da auch der negative direkte Effekt auf die kurzfristige Gewinnerzielung durch positive indirekte Effekte kompensiert wurde, sah der Autor einen positiven Zusammenhang zwischen ökologischen und ökonomischen Unternehmenszielen und plädierte für eine Aufwertung ersterer im Zielsystem des Unternehmens.

Albach[753] knüpfte an eine eigene, 1975 vorgenommene Untersuchung von Führungsgrundsätzen von Großunternehmen an und wiederholte diese sechzehn Jahre später. Dabei untersuchte er das Selbstverständnis der Unternehmen, die Einschätzung der Bedeutung der wichtigsten Bezugsgruppen, die Unternehmensziele und -werte. Es ergaben sich die folgenden Rangfolgen bzw. durchschnittlichen Ränge beim Selbstverständnis:[754]

Rang 1991 (1975)	**Das Unternehmen ist**
1. (2.)	Hersteller von Produkten, mit denen der Markt versorgt wird.
2. (3.)	Konkurrent anderer Hersteller, der seine Markstellung erhalten/ausbauen will.
3. (1.)	eine soziale Einrichtung, in der sich Mitarbeiter frei entfalten.
4. (5.)	eine soziale Institution, die die Belange des Gemeinwohls beachtet.
5. (4.)	Teil einer freiheitlichen Gesellschaftsordnung, zu der es sich bekennt.
6. (6.)	Hersteller von umweltfreundlichen Produkten und Verfahren.

Tab. 18: Rangfolge der Selbstverständnisse in den Untersuchungen von Albach

Marktgesichtspunkte rückten somit in den Vordergrund („Unternehmen treten 1991 wieder für die Werte aus dem 19. Jahrhundert ein."[755]), während der Mitarbeiterbezug an relativer Bedeutung verlor und der Rang des Umweltschutzes sich nicht veränderte. Die Einschätzung der wichtigsten Bezugsgruppen war wie folgt:[756]

Rang 1991 (1975)	**Bezugsgruppe**	**Durchschnittlicher Rangwert 1991 (1975)**
1. (2.)	Kunden	1,56 (1,93)
2. (1.)	Mitarbeiter	2,06 (1,44)
3. (3.)	Kapitalgeber	3,38 (2,45)
4. (4.)	Öffentlichkeit	3,84 (2,80)
5. (5.)	Lieferanten	4,66 (3,00)

Tab. 19: Rangfolge der Bezugsgruppen in der Untersuchung von Albach

Die Ergebnisse bzgl. eines veränderten Selbstverständnisses des Unternehmens wurden also bestätigt. Bemerkenswert war darüber hinaus die Verschlechterung des durchschnittlichen

753 Vgl. Albach (1994), S. 1-25.

754 Vgl. ebenda, S. 8.

755 Ebenda.

756 Vgl. ebenda, S. 10.

Rangwertes für die Gruppe der Kapitalgeber. Beim durchschnittlichen Rang der Unternehmensziele ergab sich folgendes Bild:[757]

Rang 1991 (1975)	**Ziel**	**Durchschnittlicher Rangwert 1991 (1975)**
1. (2.)	Wettbewerbsfähigkeit	1,38 (2,00)
2. (1.)	Gewinn, Erfolg	2,31 (1,77)
3. (4.)	Wachstum	3,56 (2,33)
4. (3.)	Stabilität	4,34 (2,11)
5. (5.)	Sicherung der sozialen Belange der Mitarbeiter	5,00 (3,18)
6. (6.)	Arbeitsplatzsicherheit	5,41 (3,99)

Tab. 20: Rangfolge der Unternehmensziele in den Untersuchungen von Albach

Die Beobachtung von Fritz, Raffée und Mitarbeitern, wonach das Gewinnziel an Bedeutung verliert, fand sich also auch hier wieder.

Die Rangfolge der „Unternehmenswerte" nach der Anzahl der Nennungen (nur 1991) war:[758]

Unternehmenswert	**Anzahl der Nennungen**
1. Teamarbeit	25
2. Internationalität	20
3. Umweltschutz	19
4. Gesetzestreue	17
5. Selbstverwirklichung/-erfüllung	16
6. Ethische Normen/Werte	12
7. Sicherheit/Gesundheit	1

Tab. 21: Rangfolge der Unternehmenswerte in der Untersuchung von Albach

Auffällig ist, daß der Umweltschutz von Albach nicht den Unternehmenszielen, sondern den Unternehmenswerten zugeordnet wurde.

3.2.3 Zusammenfassung

Etwa seit den sechziger Jahren stellt die empirische Zielforschung ein Forschungsgebiet der Betriebswirtschaftslehre dar. Der Schwerpunkt der Forschung besteht darin, Aussagen über die von Unternehmen verfolgten Ziele zu gewinnen. Da Ziele als kognitive Phänomene nicht direkt beobachtbar sind, sind unterschiedliche Untersuchungsmethoden möglich, wobei schriftliche und mündliche Befragungen die bei weitem bevorzugten Vorgehensweisen darstellen. Die Analysen unterscheiden sich in zahlreichen weiteren Aspekten, was ihre Vergleichbarkeit stark einschränkt. Zu nennen sind

- der Untersuchungszeitpunkt (also das Jahr der Analyse),

---

[757] Vgl. ebenda, S. 12.

[758] Vgl. ebenda, S. 20.

- der Untersuchungsschwerpunkt (der nicht notwendigerweise Unternehmensziele zum Gegenstand hat),
- die Anzahl der untersuchten Unternehmen, ihre Branchenzugehörigkeit, ihre Größe, ihr nationaler Ursprung und andere Unternehmenscharakteristika,
- der Kreis der befragten Personen,
- die Antwortvorgaben bei Befragungen (Anzahl der vorgegebenen Ziele; i. d. R. geschlossene Fragestellungen),
- die Bewertung einzelner Ziele (unterschiedliche Skalierungen, relative vs. absolute Bedeutungszuordnungen),
- die Berücksichtigung bzw. Nichtberücksichtigung sowohl verschiedener Kontextfaktoren (z. B. obige Unternehmenscharakteristika) in ihrer Auswirkung auf das unternehmerische Zielsystem als auch von möglichen Zielzusammenhängen,
- die Anwendung bzw. Nichtanwendung anspruchsvollerer (z. B. multivariater) statistischer Methoden.

Vor diesem Hintergrund und der sich wandelnden Unternehmensumwelt dürfte die oben[759] zitierte Kritik am Mangel einheitlicher oder abschließender Ergebnisse der empirischen Zielforschung nicht verwundern und auch weiterhin Gültigkeit haben. Lediglich Tendenzaussagen sind möglich.

Schon frühere, bis zum Ende der siebziger Jahre vorgenommene Untersuchungen bestätigen die Existenz eines viele Ziele umfassenden Zielsystems des Unternehmens, wobei die hohe Relevanz finanzieller Ziele (insbesondere des Gewinns) eher bestätigt wurde. Während auch einige strategische Ziele als bedeutend eingeschätzt wurden (v. a. Sicherheit, Wachstum und Marktanteil), nahmen soziale Ziele und auch Ziele der Stakeholder im Vergleich hierzu eher hintere Rangplätze ein. Kritisch ist anzumerken, daß der Katalog untersuchter Unternehmensziele wenig umfassend war, was insbesondere für die beiden letztgenannten Zielkategorien gilt. Auch beschränkten sich die Auswertungen i. d. R. auf Häufigkeitsanalysen.

Neuere Untersuchungen kommen in der Mehrheit zu dem Ergebnis, daß das Gewinnziel und andere finanzielle Ziele in ihrer Bedeutung weiterhin hoch eingeschätzt werden, aber ihre Spitzenstellung eingebüßt haben. Die höchste Bedeutung scheinen der Organismusmetapher zuzurechnende Ziele zu besitzen, die das Bestehen des Unternehmens in einer zunehmend unsicheren Umwelt betreffen wie die „Sicherung des Unternehmensbestands" oder die „Wettbewerbsfähigkeit". Daß der Fokus v. a. auf dem Geschehen am Absatzmarkt liegt, zeigt sich auch daran, daß die Gruppe der Kunden den höchsten Stellenwert besitzt. Soziale Ziele (wie der Umweltschutz) und auch Stakeholder-Ziele, die in früheren Untersuchungen allerdings auch in viel geringerem Umfang erfragt wurden, gewinnen an Bedeutung. In mehreren Untersuchungen führen multivariate Analysemethoden zur Berücksichtigung möglicher Einflüsse von Kontextfaktoren wie auch der Beziehungen zwischen Zielen. Zu beachten ist allerdings, daß die Ergebnisse in Einzelfällen durchaus widersprüchlich sind. Kritisch ist weiterhin anzumerken, daß es sich bei fast allen Untersuchungen nach wie vor um Befragungen handelt, bei denen ein abgeschlossener (und unterschiedlich umfangreicher) Zielkatalog vorgelegt wird. Sie stellen lediglich Momentaufnahmen dar und sind auf Unternehmen aus einem Land beschränkt. Auf international vergleichende Untersuchungen, in deren Rahmen auch die Zielproblematik berührt wird (ohne i. d. R. Hauptuntersuchungsgegenstand zu sein), wird im nächsten Kapitel eingegangen.

---

[759] Vgl. Abschnitt 3.1 dieser Arbeit.

4 Der Einfluß der nationalen Umwelt des Unternehmens auf die Unternehmensführung

Bisher wurden für die Diskussion von Unternehmenszielen relevante Ergebnisse der wirtschaftswissenschaftlichen Theorie (Kapitel 2) und der empirischen Forschung (Kapitel 3) dargestellt.

Im folgenden soll näher thematisiert werden, inwiefern sich die jeweiligen nationalen Umwelten von Unternehmen als mögliche Bedingungsfaktoren von Zielsystemen unterscheiden, welche potentiellen Zusammenhänge zwischen den Bedingungsfaktoren und den Zielen bestehen und welche Unterschiede in den Zielsystemen der Unternehmen daraus resultieren. Ergebnisse der vergleichenden Managementforschung werden insbesondere in bezug zu Deutschland, der Schweiz, Frankreich, Schweden und Großbritannien wiedergegeben, da es sich hierbei um die Länder handelt, denen die in Kapitel 5 analysierten Geschäftsberichte entstammen.

4.1 Ansätze und Methoden der vergleichenden Managementforschung

Der Beginn der vergleichenden Managementforschung, die auch unter dem Begriff des „comparative management“ subsumiert wird,[760] wird auf eine Studie von Harbison und Myers[761] von 1959 zurückgeführt, in der Managementsysteme in zehn Ländern thematisiert wurden.[762]

Der Forschungsgegenstand kann unterschiedlich abgegrenzt werden. Eine sehr weite Definition bestimmt den Vergleich von *Unternehmen in anderen Kontexten* zum Inhalt der vergleichenden Managementforschung. Hierunter würde etwa die Untersuchung von Gemeinsamkeiten und Unterschieden zwischen Unternehmen verschiedener Branchen sowie deren Ursachen fallen.[763] Eine zweite Abgrenzung (“a limited but often used definition”[764]) beschränkt den Vergleich auf *Unternehmen aus unterschiedlichen Ländern bzw. Kulturen*[765] und wird auch als ländervergleichende bzw. internationale Managementforschung bezeichnet.[766] Während diese eine breitere Palette nationaler Unterschiede (z. B. ökonomischer oder rechtlicher Natur) in ihrem Einfluß auf die Unternehmensführung untersucht, ist der Gegenstand der vergleichenden Managementforschung als „kulturvergleichende Managementforschung“ lediglich das *Management vor dem Hintergrund unterschiedlicher soziokultureller Einflüsse*.[767]

Ebenso unterschiedlich sind in der wissenschaftlichen Literatur die Einschätzungen, ob bzw. in welchem Ausmaß und warum sich das Management in anderen nationalen Kontexten unterscheidet. Entsprechend können mehrere Ansätze unterschieden werden:[768]

---

760 Vgl. die synonyme Verwendung bei von Keller (1989), Sp. 232.

761 Vgl. Harbison, Myers (1959).

762 Vgl. die Einschätzung bei von Keller (1982), S. 10.

763 Vgl. Nath (1988), S. 1.

764 Ebenda.

765 Vgl. ebenda. Auch wenn Länder und Kulturen in der Literatur zur vergleichenden Managementforschung oft gleichgesetzt werden, ist zu beachten, daß ein Land nicht nur durch die Kultur definiert ist. Wenn der Kulturbegriff im internationalen Vergleich außerdem an der Sprache anknüpft, weist demnach ein Land wie etwa die Schweiz mehrere Kulturen auf.

766 Vgl. von Keller (1982), S. 99.

767 Vgl. ebenda, S. 103.

768 Vgl. Ronen (1986), S. 20, Nath (1988), S. 4-7.

- Der *„universalist approach"* betont die weltweiten Gemeinsamkeiten in der Unternehmensführung, die sich aus dem Gebot des wirtschaftlichen Umgangs mit knappen Ressourcen ergeben. Ökonomische Theorien oder Managementpraktiken werden deshalb als weitgehend universell geltend und einsetzbar eingeschätzt.
- Der *„economic cluster approach"* basiert ebenfalls auf einer ökonomischen Betrachtung, geht aber aufgrund von Unterschieden im Entwicklungsstand der Volkswirtschaften auch von nationalen Unterschieden in der Unternehmensführung aus.
- Der *„cultural cluster approach"* rückt kulturelle Unterschiede in den Vordergrund der Betrachtung.
- Der *„environmental approach"* bezieht ein breites Spektrum von sowohl ökonomischen als auch sozialen (kulturellen, rechtlichen etc.) Kontextfaktoren und deren mögliche Konsequenzen auf das Management ein.

Hintergrund und Auslöser der vergleichenden Managementforschung sind das Wachstum des internationalen Handels, die Zunahme von Auslandsinvestitionen, die daraus folgende Existenz international tätiger Unternehmen mit neuen Anforderungen an das Management sowie Schwierigkeiten bei der Übertragung vermeintlich allgemeingültiger Problemlösungen in spezifischen nationalen Umfeldern.[769]

Besonders seit den achtziger Jahren sind die vergleichenden Forschungen zum Management Ausdruck eines starken internationalen Wettbewerbs und gestiegener Markterfolge japanischer Unternehmen, die im Westen zu einem wachsenden Bewußtsein für kulturelle Unterschiede und mögliche kulturelle Erfolgsursachen geführt haben.[770]

Dem Vergleich als Methode zur Bestimmung von Gemeinsamkeiten und Unterschieden von Untersuchungsgegenständen kommen mehrere Funktionen zu:[771]
- Die *deskriptiv-klassifikatorische Funktion* besteht darin, aufgrund der Ausprägungen bestimmter Merkmale der Untersuchungsgegenstände eine Klassifikation vorzunehmen.
- Die *heuristisch-illustrative Funktion* besteht darin, auf der Basis von festgestellten Gemeinsamkeiten und Unterschieden Hypothesen über kausale Zusammenhänge zu gewinnen.
- Die *Kontrollfunktion* dient der Überprüfung solcher Hypothesen.
- Aus den theoretischen Funktionen leitet sich die *pragmatische Funktion* ab, die der Lösung praktischer Probleme dienen soll.

Wie der Vergleich konkret ausgestaltet ist, hängt sowohl davon ab, welchem Ansatz der kulturvergleichenden Forschung sich der Forscher verpflichtet fühlt und (bei Einbeziehung der Kulturvariable) welches Kulturverständnis er hat. Steht bei einer vergleichenden Untersuchung die ökonomische Seite des Unternehmens und sein jeweiliger ökonomischer Kontext im Vordergrund oder liegt ein Verständnis der Kultur als quantitativ erfaßbare Variable vor, wird ein quantitativ-empirischer Vergleich unter Einbeziehung möglichst vieler Unternehmen durchzuführen sein. Bei Interpretation der (Landes und Unternehmens-)Kultur als nicht quan-

---

[769] Vgl. von Keller (1982), S. 52-69.

[770] Sehr illustrativ ist etwa die Beschreibung bei Ohmae (1986), S. 171: „Doch das japanische Unternehmenskonzept ... unterscheidet sich grundlegend vom westlichen Modell, das die Aktionäre als die Besitzer des Unternehmens und die Arbeiterschaft als angestellte Arbeitskräfte versteht. ... Zahlreiche japanische Vorstandsmitglieder werden sagen, wenn sie gefragt werden, was sie für ihre Hauptverantwortung halten, daß sie für das Wohlergehen ihres Personals arbeiten. Aktionäre rangieren in diesem Zusammenhang bei ihnen nicht höher als Bankiers."

[771] Vgl. von Keller (1982), S. 30-39; derselbe (1989), S. 232f.

titativ erfaßbare, aber für die Unternehmensführung relevante Größe wird ein um „Verstehen" bemühtes qualitatives Instrumentarium verwendet werden, das bei einzelnen Fällen ansetzt.[772]

Zu unterscheiden ist die Forschung zum „comparative management" von der Thematik des „international business", das traditionell die gleichzeitige Tätigkeit des multinationalen Unternehmens in verschiedenen nationalen Kontexten thematisiert.[773]

4.2 Dimensionen der nationalen Umwelt

4.2.1 Nichtkulturelle Dimensionen

In der Literatur finden sich zahlreiche und unterschiedlich breite und tiefe Darstellungen derjenigen Größen, deren Ausprägungen in den jeweiligen nationalen Umwelten unterschiedlich sind:[774]

- Die *geographische Lage* und die *Größe der Fläche* bestimmt die Ausstattung des Landes mit natürlichen Ressourcen, die klimatischen Bedingungen, aber auch die Nachbarschaft zu anderen Staaten.
- Die eingesetzte *Technologie* ist Ausdruck des jeweiligen technologischen Entwicklungsstands des Landes, der wiederum durch Kapital- und Wissensressourcen bedingt ist. Die Technologie beeinflußt nicht nur die industrielle Produktion, sondern auch die Kommunikation und das Transportsystem.
- Das *ökonomische System* befindet sich ebenfalls auf einer bestimmten Entwicklungsstufe. Zu unterscheiden sind z. B. die Bedeutung einzelner Sektoren (Landwirtschaft, Industrie und Dienstleistung) und Branchen, die Bedeutung großer und kleiner Unternehmen sowie das Vorhandensein oder die Entwicklungsstufe bestimmter Märkte (z. B. für Risikokapital). Unterschiedliche Nachfrage- und Angebotsbedingungen auf einzelnen nationalen Märkten führen insbesondere bei geringer internationaler Verflechtung zu anderen Preisen und anderen Machtverhältnissen zwischen den Marktteilnehmern.
- Andere *rechtliche Rahmenbedingungen* beeinflussen ebenfalls die Art der Beziehungen zwischen den Marktteilnehmern und bestimmen etwa die Mitspracherechte einzelner Gruppen (z. B. Aktionäre, Mitarbeiter, Kunden) bei den Entscheidungen im Unternehmen. Das Rechtssystem bestimmt außerdem steuerlich bedingte Belastungen des Unternehmens und die Art der Abbildung der Unternehmenstätigkeit durch das Rechnungswesen.
- Dieses Rechtssystem ist seinerseits Ausdruck historischer und aktueller *politischer Rahmenbedingungen* und Kräfteverhältnisse, die zur Dominanz bestimmter politischer und ökonomischer Ideologien führen.

4.2.2 Kulturelle Dimensionen

Insbesondere im Rahmen derjenigen vergleichenden Managementforschung, die sich als kulturvergleichend definiert, gilt die Aufmerksamkeit den Unterschieden zwischen den jeweiligen kulturellen Kontexten. Dabei ist zu berücksichtigen, daß zumindest einige der oben dar-

---

[772] Ein Plädoyer für letzteres hält von Keller (1982), S. 411-413.

[773] Vgl. ebenda, S. 2.

[774] Vgl. z. B. von Keller (1982), S. 129; Nath (1988), S. 16; Terpstra, David (1985); Porter (1991), S. 93-154.

gestellten Kontextfaktoren (z. B. das Rechtssystem) nicht notwendigerweise als eigenständige Einflußfaktoren neben der Kultur interpretiert werden müssen, sondern ebenso als Bestandteil dieser Kultur gelten können.

In der Literatur sind verschiedene Modelle zu finden, die diejenigen Dimensionen von Kulturen aufzeigen, deren Ausprägungen im nationalen Umfeld unterschiedlich sind.

So unterscheidet von Keller[775] bei der Betrachtung der sozio-kulturellen Umwelt des Unternehmens zwischen der sozialen Organisation, den Sozialisationsbedingungen und der Weltanschauung. Von Relevanz sind diese bei der Betrachtung der Unternehmensführung aufgrund ihres möglichen Einflusses auf die Werte und Ziele der Anspruchsgruppen des Unternehmens und die Gestaltung der Beziehung der Anspruchsgruppen zueinander, was wiederum zu einem vermuteten Einfluß auf die Unternehmensphilosophie und damit auf die Unternehmensziele führt.

Die *soziale Organisation* einer Gesellschaft ist gekennzeichnet durch die Durchlässigkeit der sozialen Schichtung, die Legitimationsquellen von Autorität und die soziale Distanz zwischen gesellschaftlichen Klassen. Hinsichtlich der Führung im Unternehmen ist dies von Relevanz bzgl. der Fragen, inwiefern Maßstäbe der ökonomischen Effizienz oder individueller Leistung durch außerökonomische Kriterien (z. B. soziale Herkunft) ersetzt werden und welcher Führungsstil praktiziert wird.

Die jeweiligen *Sozialisationsbedingungen* sind geprägt durch die Art des Erziehungsstils (z. B. autoritär vs. partizipativ), die Inhalte der vermittelten Werte und Charakteristika der durchgeführten Sanktionen (z. B. materiell vs. sozial) und lassen ebenfalls prägende Einflüsse auf Autoritätsbeziehungen im Unternehmen sowie Ziele der Individuen vermuten. Neben der Sozialisation innerhalb der Familie kommt den innerhalb des Ausbildungssystems vermittelten Maßstäben dann eine besondere Rolle zu, wenn die Unternehmensführer in spezifischer Weise sozialisiert werden. Dies kann etwa der Fall sein, wenn sich diese in verschiedenen Ländern aus unterschiedlichen fachlichen Disziplinen rekrutieren.

Die *Weltanschauung* als Teil der sozio-kulturellen Umwelt des Unternehmens beinhaltet u. a. religiöse Überzeugungen, optimistische oder fatalistische Annahmen über die Möglichkeiten, das eigene Schicksal beeinflussen zu können, und die Zeitorientierung. Für die Unternehmensführung denkbare Folgen sind auf der finanziellen Ebene ein unterschiedliches Ausmaß der Akzeptanz einer Gewinnmaximierung, auf der strategischen Ebene ein eher aktives oder reaktives Management mit anderen Zeithorizonten der Planung und auf der normativen Ebene eine unterschiedlich starke Berücksichtigung außerökonomischer Faktoren. Dabei gilt die Sprache in ihrer Struktur und ihrem Vokabular als Spiegelbild der Denkstruktur und der Wahrnehmungsprozesse der Angehörigen einer Kultur.

Kluckhohn und Strodtbeck[776] unterscheiden in ihrem vielzitierten und einflußreichen Modell[777] folgende sechs Grundorientierungen der Weltanschauung, die sich in ihren Ausprägungen in unterschiedlichen Ländern unterscheiden und ebenfalls ihren Ausdruck in der jeweiligen Unternehmensführung finden:

1. ein optimistisches oder pessimistisches *Menschenbild*, das die Natur des Menschen als eher gut oder böse einschätzt und andere Kontrollmechanismen im Unternehmen erfordert;

---

[775] Vgl. im folgenden von Keller (1982), S. 128-227.

[776] Vgl. Kluckhohn, Strodtbeck (1961), S. 12.

[777] So die Einschätzung bei Mead (1994), S. 50, der das Modell in einem Vergleich zwischen den USA und Europa einsetzt.

2. die *Beziehung des Menschen zur Natur*, als deren Beherrscher oder Teil er sich selbst sieht und z. B. zu anderen Einstellungen bzgl. des Umweltschutzes führen kann;
3. die *Beziehung der Menschen zueinander*, die eher individualistisch orientiert sind oder sich als Teil einer Gemeinschaft definieren, was bzgl. der Unternehmensführung zu einer unterschiedlichen Gewichtung der Bedürfnisse des Individuums und des Gesamtunternehmens führt;
4. die *Aktivitätsorientierung des Menschen*, die entweder durch ein zielorientiertes Handeln oder eher durch ein passives, meditatives Sein gekennzeichnet ist;
5. die *Zeitorientierung des Menschen*, die an der Vergangenheit, der Gegenwart oder der Zukunft ausgerichtet sein kann;
6. die *räumliche Konzeption des Menschen*, die durch eine Präferenz für Nähe oder Distanz gekennzeichnet ist.

Hampden-Turner und Trompenaars[778] unterzogen sieben moderne Industriestaaten einer Analyse und faßten das Ergebnis unter dem Titel "The Seven Cultures of Capitalism" zusammen. Demzufolge werden sieben Dimensionen einer Kultur unterschieden, wobei jede Dimension ein Kontinuum darstellt, an dessen Enden sich gegensätzliche Ausprägungen befinden:

1. *„Universalism vs. Particularism“* bezeichnet die Tendenzen, das zwischenmenschliche Verhalten entweder an universellen „unpersönlichen“ Prinzipien und Normen oder aber an der individuellen Beziehung zum jeweiligen Gegenüber auszurichten.
2. *„Analyzing vs. Integrating“* steht für eine Realitätsbetrachtung, die entweder auf einzelne Details oder auf die Analyse von Zusammenhängen fokussiert ist.
3. *„Individualism vs. Communitarism“* entspricht dem Gegensatz zwischen Individualismus und Gemeinschaftsorientierung.
4. *„Inner-directed vs. Outer-directed Orientation“* thematisiert die gegensätzlichen Selbstverständnisse der Handelnden als selbst- oder fremdbestimmte Akteure.
5. *„Time as Sequence vs. Time as Synchronization“* beschreibt den Gegensatz zwischen einem Verständnis, das Zeit als Aneinanderreihung einzelner aufeinanderfolgender und relativ unabhängiger Perioden sieht und einer eher zyklisch orientierten Betrachtung wiederkehrender Perioden.
6. *„Achieved Status vs. Ascribed Status“* symbolisiert eine an Leistung oder aber an anderen Kritieren (z. B. Herkunft) orientierte Bewertung der Unternehmensmitglieder.
7. *„Equality vs. Hierarchy“* thematisiert die Beziehung der Unternehmensmitglieder in ihrem Rang zueinander.

Die Darstellung von Trompenaars[779] enthält einige der eben genannten Unterscheidungen und führt zwei weitere Dimensionen der Kultur an:

1. *„Neutral vs. Emotional“* thematisiert, inwiefern bei geschäftlichen Interaktionen zwischen Menschen die emotionale neben die rationale Ebene tritt.
2. *„Diffus vs. Spezifisch“* unterscheidet, ob Aspekte der beruflichen Wirklichkeit (z. B. die Position im Unternehmen) andere Lebensbereiche durchdringen (z. B. die Anerkennung im privaten Bereich) oder es sich eher um spezifische und voneinander unabhängige Bereiche handelt.

---

[778] Vgl. Hampden-Turner, Trompenaars (1993), insbesondere S. 10f.

[779] Trompenaars (1993), insbesondere S. 22 und S. 95-133.

Schneider[780] entwickelt ebenfalls einen Katalog der Dimensionen nationaler Kulturen und setzt diese in Beziehung zum Prozeß der Strategieformulierung im Unternehmen. Zwei Untergruppen von Dimensionen werden unterschieden, wobei eine Gruppe als relevant für die externe Anpassung des Unternehmens an seine Umwelt angesehen wird, während die zweite Gruppe die Gestaltung der menschlichen Beziehungen zueinander berührt und im Rahmen des Unternehmensgeschehens für die interne Integration von Bedeutung ist.

Zur ersten Gruppe der Dimensionen zählt das Ausmaß der Akzeptanz von Ungewißheit, die Bemühung um eine Kontrolle der Umwelt, eine aktive oder passive Orientierung, ein eher quantitatives oder qualitatives Wirklichkeitsverständnis, die jeweilige Zeitorientierung und die Einstellung zum Wandel. Zur zweiten Gruppe werden das Ausmaß der Hierarchie, der Individualismus oder Kollektivismus sowie die Personen- oder Aufgabenorientierung gezählt.[781]

Schneider sieht einen Zusammenhang zwischen Ausprägungen dieser Dimensionen einerseits und dem praktizierten Strategieprozeß andererseits. Ihre mit Beispielen illustrierte Darstellung resultiert in den beiden bekannten Idealtypen des präskriptiven und deskriptiven Strategiemodells. Das präskriptive Modell, das durch die Existenz eines Systems operationalisierter Ziele gekennzeichnet ist, wird als Ausdruck des Bedürfnisses gesehen, die Umwelt zu kontrollieren. Das Unternehmensgeschehen ist hierarchisch und aufgabenorientiert. Das deskriptive Modell, das eine schwächere Zielorientierung aufweist, resultiert demnach aus einem eher adaptiven Umweltbezug. Intern liegt eine starke Gruppenorientierung und eine schwache Hierarchieausprägung vor.[782]

Die Darstellungen der kulturellen Dimensionen bei von Keller, Kluckhohn und Strodtbeck, Hampden-Turner und Trompenaars sowie Schneider bilden für die Autoren den Ausgangspunkt der Analyse verschiedener nationaler Kulturen. Die folgenden vier von Hofstede[783] angeführten Dimensionen sind umgekehrt Ergebnis einer faktorenanalytischen Verdichtung der Antworten einer Befragung. Teilnehmer waren IBM-Mitarbeiter in fünfzig Ländern und drei Regionen (West- und Ostafrika sowie arabische Länder):

1. Die *Machtdistanz* in einer Gesellschaft bezeichnet das Ausmaß der Akzeptanz einer ungleichen Machtverteilung innerhalb einer Organisation durch die eher machtlosen Mitglieder.
2. Der *Individualismus* kennzeichnet eine Gesellschaft, in der die Individualziele handlungsleitend sind und die Beziehungen zwischen den Individuen als eher distanziert beschrieben werden können.
3. Die *Ungewißheitsvermeidung* charakterisiert das von den Mitgliedern einer Kultur empfundene Ausmaß der Bedrohung in ungewissen oder unbekannten Situationen.
4. Die *Maskulinität* steht für das Ausmaß, in dem sich männliche Angehörige einer Gesellschaft in ihren Werten und Zielen von weiblichen unterscheiden. Das Denken ersterer ist geleitet durch eine höhere Ausprägung von Konkurrenzdenken, Ehrgeiz und Streben nach materieller und gesellschaftlicher Dominanz.

Hofstede zeigt auf, wie Ausprägungen dieser vier Dimensionen die Situation in der Familie, der Schule und auch am Arbeitsplatz prägen:

---

780 Vgl. Schneider (1989).

781 Vgl. ebenda, S. 152-154.

782 Vgl. ebenda, S. 155-162.

783 Vgl. Hofstede (1980); derselbe (1991), S. 23-158.

- Unternehmen in Gesellschaften mit kleiner Machtdistanz zeichnen sich demnach durch flachere Hierarchien, stärkere Dezentralisierung, ein geringeres Einkommensgefälle der Mitarbeiter, weniger Statussymbole, stärkere Partizipation und einen demokratischen Führungsstil aus.[784]
- Unternehmen in eher individualistischen Gesellschaften sind charakterisiert durch eine sachliche, aufgaben- und nutzenorientierte Beziehung der Unternehmensmitglieder zueinander, während moralische Leitgrößen und zwischenmenschliche Beziehungen sowie ein Gruppengeist eher in kollektivistischen Gesellschaften vorherrschen.[785]
- Unternehmen in Gesellschaften mit schwächerer Ungewißheitsvermeidung sind gekennzeichnet durch wenig Formalisierung und Standardisierung und durch eine ausgeprägte Offenheit für innovative Ideen.[786]
- Unternehmen in eher femininen Gesellschaften zeichnen sich durch kooperatives Sozialverhalten der Mitglieder aus, deren Motivation ein „Arbeiten, um zu leben" (und nicht umgekehrt) ist.[787]

Aus den beiden Dimensionen der Machtdistanz und der Ungewißheitsvermeidung und ihren jeweiligen Ausprägungen (niedrig bzw. hoch) leitet Hofstede vier „implicit models of organizations" ab:[788] Eine hohe Ausprägung beider Dimensionen kennzeichnet die „pyramid of people", die er (wie weiter unten noch auszuführen ist), in Frankreich verwirklicht sieht, während das Gegenstück als „village market" (z. B. in Großbritannien und Schweden) bezeichnet wird. Zwischenformen sind die „well-oiled machine" mit geringer Machtdistanz und hoher Ungewißheitsvermeidung (z. B. in Deutschland und der Schweiz) und die „family" mit hoher Machtdistanz und geringer Ungewißheitsvermeidung.

So wie die Sprache Teil der Kultur ist, kann das jeweilige nationale System der Rechnungslegung ebenfalls als Teil der Kultur verstanden werden ("Accounting is said to be the language of business."[789]). Gray[790] greift die vier Dimensionen Hofstedes auf und versucht, einen Zusammenhang zwischen diesen und den Eigenschaften des jeweiligen nationalen Rechnungswesens zu entwickeln.

Demnach resultieren ein starker Individualismus sowie geringe Ausprägungen der Ungewißheitsvermeidung und der Machtdistanz in einem Prüfungswesen, das weniger durch staatliche und uniforme Regeln (bzw. Gesetze) und mehr durch ein unabhängigen, flexiblen und dem eigenen Sachwissen verpflichteten Berufsstand gekennzeichnet ist. Die Abbildung des Unternehmensgeschehens erfolgt durch Meßvorschriften, die als tendenziell optimistisch (vs. „vorsichtig") bezeichnet werden können. Die Darstellung ist transparent und in geringerem Maße verschwiegen.

Zusätzlich ist eine Unterscheidung danach möglich, ob das System den nationalen ökonomischen Zielen dienen soll und somit am staatlichen Informationsbedarf orientiert ist („macroeconomic system") oder eine möglichst gute Abbildung der ökonomischen Effizienz der Unternehmen ergeben soll.[791]

---

784 Vgl. Hofstede (1991), S. 35-37.

785 Vgl. ebenda, S. 63-71.

786 Vgl. ebenda, S. 120-126.

787 Vgl. ebenda, S. 92-101.

788 Vgl. ebenda, S. 140-143.

789 Ebenda, S. 155.

790 Vgl. Gray (1988), S. 1-15.

791 Vgl. Oldham (1987), S. 3-5 und S. 34f.

Mögliche andere Bestimmungsgründe für die Eigenheiten des Rechnungswesens sind das Rechtssystem des Landes, die Bedeutung verschiedener Kapitalgebergruppen wie Banken oder Aktionäre, Informationserfordernisse der nationalen Börse, die nationale Wirtschaftspresse, das Steuersystem, die Bedeutung des Berufsstandes der Rechnungsprüfer, Inflationserfahrungen und Krisen in der Vergangenheit und Gegenwart, der Einfluß der Wissenschaft sowie der Einfluß anderer Länder.[792]

4.3 Ergebnisse der vergleichenden Managementforschung

4.3.1 Gesamtbetrachtung

Den Versuch einer Gesamtdarstellung der bis 1979 erschienenen Untersuchungen zur (kultur-)vergleichenden Managementforschung unternahm von Keller.[793] Er zählte 790 Veröffentlichungen, die sich hinsichtlich der Fragestellung, der Untersuchungsmethode, dem Untersuchungszeitpunkt und den einbezogenen Ländern stark unterschieden. Als Schwerpunkt der Forschung wurden Fragen zu Werthaltungen, Motivationen und Arbeitszufriedenheit von Managern sowie zum Führungsprozeß und zur Organisationsstruktur im Unternehmen identifiziert. Die Mehrzahl der Veröffentlichungen stellten Berichte und Aufsätze in Zeitschriften und anderen Periodika dar und waren empirische Arbeiten quantitativ-statistischer Art.

Das mit Abstand am häufigsten untersuchte Land waren die USA, wobei die dort untersuchten Fragestellungen und Methoden häufig auf Untersuchungen anderer Länder übertragen wurden. Dies und die Vornahme einiger eher qualitativ-beschreibender Studien bzw. „impressionistischer" Erfahrungsberichte aus einem Land sind eine Erklärung dafür, daß „implizit vergleichende Einzelländerstudien"[794] und Zwei-Länder-Studien deutlich (zusammen ca. 70 %) überwogen.

Ronen und Shenkar[795] zählten 1985 in einer Übersicht acht Mehr-Länder-Studien (mit den bei von Keller benannten Inhalten), die sich einer Cluster-Analyse zur Gruppierung ähnlicher Länder bedienten. Übereinstimmende Ergebnisse aller Studien waren Länder-Cluster, deren zugrundeliegende Dimensionen die geographische Nähe, die Sprache und die Religion waren.

Identifiziert wurden nämlich in allen Studien ein „Anglo"-Cluster (dem neben Großbritannien seine früheren Kolonien wie die USA, Kanada und Australien zugerechnet wurden), ein „Germanic"-Cluster (Deutschland, Schweiz, Österreich), ein „Nordic"-Cluster (skandinavische Länder), ein „Latin European"-Cluster (Frankreich, Spanien, Italien und andere), ein „Latin American"-Cluster (z. B. Mexiko, Argentinien), ein „Far Eastern"-Cluster (z. B. Singapur, Taiwan) und ein „Arab"-Cluster (z. B. Saudi-Arabien, Oman). In der Gesamtbetrachtung konnten vier Länder (Japan, Brasilien, Israel, Indien) keinem dieser Cluster eindeutig zugeordnet werden.

Als weiteres Ergebnis dieser Studien ist allerdings festzuhalten, daß (je nach Studie) nur ein Drittel bis zur Hälfte der Streuungen der Ergebnisse auf das jeweilige Herkunftsland zurückzuführen waren. Insbesondere hinsichtlich der Struktur und Bedeutung der mit der Ar-

---

792 Vgl. Nobes, Parker (1991), S. 10-21; Gray, Campbell, Shaw (1984), S. 13-28.

793 Vgl. von Keller (1982), besonders S. 228-276.

794 Ebenda, S. 413.

795 Vgl. Ronen, Shenkar (1985), S. 435-454.

beit verbundenen individuellen Bedürfnisse der Manager (z. B. Verdienst und Selbstverwirklichung als unterschiedliche Motivationen) überwogen die Gemeinsamkeiten.[796]

International vergleichende Studien mit der Zielproblematik als Hauptuntersuchungsgegenstand sind hinsichtlich der Anzahl der einbezogenen Länder, Unternehmen und Unternehmensziele i. d. R. wenig umfassend.

Beispielsweise beschränkten Abegglen und Stalk[797] ihre Analyse auf einen Vergleich amerikanischer und japanischer Unternehmen, demzufolge erstere die Rendite des Eigenkapitals und letztere einen hohen Marktanteil favorisierten. Gladwin[798], Negandhi[799] und Bleicher[800] positionierten europäische Unternehmen ohne weitere Differenzierung stark abstrahierend bzw. idealtypisch und ohne detaillierte Erläuterung in einem Zwischenbereich zwischen den USA und Japan, was Zielinhalte und angestrebte Zielausmaße betraf. Andere Arbeiten beschränkten sich ebenfalls auf die Vergleiche von Unternehmenszielen in zwei Ländern[801] oder schilderten lediglich in der Praxis gewonnene persönliche Impressionen über die Unternehmensführung in einem fremden Land.[802] Die Relevanz der Nationalität als Einflußvariable von Unternehmenszielen ist nicht eindeutig geklärt. Während etwa amerikanische und japanische Unternehmen bei der Erreichung bestimmter finanzieller Ziele unterschiedlich erfolgreich zu sein schienen,[803] kam eine andere Studie aus dem gleichen Jahr[804] zu dem Ergebnis, daß sich amerikanische und japanische Unternehmen zumindest in der Anzahl der verfolgten Ziele nicht unterscheiden.

Von Keller zog in einem 1989 erschienenen Artikel eine eher ernüchternde Bilanz des Wissensstandes der kulturvergleichenden Managementforschung, die „einen eher fragmentarischen und wenig praxisbezogenen Eindruck macht"[805], wobei der „tatsächlich erzielte theoretische Erkenntnisfortschritt eher gering und häufig inkonsistent"[806] sei.

4.3.2 Vergleichende Darstellungen unter Einbeziehung Deutschlands, der Schweiz, Großbritanniens, Schwedens und Frankreichs

Im folgenden soll auf einige Untersuchungen bzw. Darstellungen aus den achtziger und neunziger Jahren eingegangen werden, die zu einem Vergleich des ökonomischen, rechtlichen und kulturellen Kontextes der Unternehmensführung sowie des Managements und der Unternehmensziele in Deutschland, der Schweiz, Frankreich, Schweden und Großbritannien beitragen.

---

796 Vgl. zu letzterem Ronen (1986), S. 145-155.

797 Vgl. Abegglen, Stalk (1986), S. 218f.

798 Vgl. Gladwin (1984), zitiert bei Ronen (1986), S. 438f.

799 Vgl. Negandhi (1979), S. 107f.

800 Vgl. Bleicher (1991), S. 467.

801 Vgl. z. B. Hoffmann (1987), S. 91-97, wo amerikanische und deutsche Unternehmenskulturen verglichen werden, oder Budde, Child, Francis, Kieser (1982), S. 1-32, die u. a. die Ziele deutscher und britischer Unternehmen erfragen. Siehe hierzu auch Abschnitt 4.3.2.3 dieser Arbeit.

802 Vgl. z. B. Jaensch (1989), S. 275-286, wo die „Unternehmensführung in den USA aus deutscher Sicht" dargestellt wird.

803 Vgl. Brown, Soybel, Stickney (1994), S. 75-83. Ähnlich auch bei Haar (1989), S. 5-18.

804 Vgl. Roth, Ricks (1994), S. 103-120.

805 von Keller (1989), Sp. 234.

806 Ebenda.

Es sind diejenigen Länder, die die größte Anzahl europäischer Großunternehmen beheimaten und aus denen Geschäftsberichte in Kapitel 5 einer Inhaltsanalyse unterzogen werden.

4.3.2.1 Der „World Competitiveness Report"

Relativ umfassend hinsichtlich der behandelten Länder und Aspekte ist der regelmäßig erscheinende „World Competitiveness Report". Der Report des Jahres 1990[807] untersuchte die Wettbewerbsfähigkeit von 23 Industrieländern und (in einer getrennten Analyse) 10 Schwellenländern. Er basierte einerseits auf 200 meßbaren Kategorien und andererseits auf 126 qualitativen Einschätzungen durch Wirtschaftsführer in den untersuchten Ländern.

Deutschland, die Schweiz, Frankreich, Schweden und Großbritannien wurden zur Gruppe der Industriestaaten gezählt, wobei bzgl. des *Bruttosozialprodukts* pro Einwohner die Schweiz (Rang 1) als reichstes Land einen etwa doppelt so hohen Wert aufwies als Großbritannien (Rang 16 als „ärmstes" Land dieser fünf Staaten).[808]

Die hier betrachteten fünf Staaten wiesen nach den USA und Japan die größte *Anzahl von Unternehmen, die zu den 500 umsatzstärksten der Welt gehörten*, auf.[809]

Die *Beschäftigungsstruktur* in Deutschland war verglichen mit der der anderen vier Staaten am traditionellsten, d. h. der Anteil der Beschäftigten im industriellen Sektor war relativ hoch und im Dienstleistungssektor relativ niedrig. Unter den fünf hier betrachteten Ländern war die Bedeutung des Dienstleistungssektors in Großbritannien und Schweden am höchsten.[810]

Den höchsten *Stellenwert des Exports* als Anteil am Bruttosozialprodukt wies die Schweiz auf (Rang 4), die geringste Bedeutung bestand in Frankreich (Rang 16).[811] Die Schweiz war auch das Land, dessen *Ausstattung mit natürlichen Ressourcen* am negativsten beurteilt wurde.[812]

Allgemein wurde die *industrielle Effizienz* der Schweiz (Rang 2 vor Deutschland auf Rang 5) am besten beurteilt, während Schweden (Rang 17) hier am schlechtesten abschnitt.[813] Gleiches galt hinsichtlich der Einschätzung des *staatlichen Einflusses* (z. B. bzgl. der Steuern oder Regulierungen) auf die Wettbewerbsfähigkeit der Unternehmen.[814] Allerdings litten deutsche Unternehmen von allen 23 betrachteten Industrieländern unter der höchsten prozentualen *steuerlichen Belastung*.[815]

---

807 Vgl. World Competitiveness Report (1990). Auch wenn die dort getätigten Aussagen eher grundlegender Natur sind und somit über einen längeren Zeitraum gelten dürften, wurde bewußt der Report des Jahres 1990 ausgewählt, um einen besseren Bezug zur Analyse derjenigen Geschäftsberichte herzustellen, die sich ebenfalls auf das Jahr 1990 beziehen.

808 Vgl. ebenda, S. 92.

809 Vgl. ebenda, S. 98.

810 Vgl. ebenda, S. 148.

811 Vgl. ebenda, S. 184.

812 Vgl. ebenda, S. 50.

813 Vgl. ebenda, S. 40.

814 Vgl. ebenda, S. 48.

815 Vgl. ebenda, S. 117.

Auch war die *Börsenmarktkapitalisierung* pro Einwohner in Deutschland und Frankreich (Rang 11 und 14) im Gegensatz zu den anderen drei Ländern (Schweiz, Großbritannien und Schweden auf den Rängen 2, 3 und 4) gering.[816]

Während der *Einfluß des Bankensektors* auf die Unternehmensführung für Frankreich (Rang 17) eher negativ eingeschätzt wurde, galt das Gegenteil für Schweden (Rang 1), die Schweiz (Rang 2) und Deutschland (Rang 6).[817]

Durch eine besonders *langfristige Verfolgung von Unternehmenszielen* wurde die Unternehmensführung in Deutschland, Schweden und der Schweiz (hinter Japan auf den Plätzen 2, 3 und 4) gekennzeichnet. Hier schnitt Großbritannien (Rang 15) besonders schlecht ab.[818]

Den höchsten Wert bzgl. des *Ausmaßes der Delegation* im Unternehmen wies Schweden (Rang 1) auf, während Frankreich Rang 17 einnahm.[819]

Die *Beziehungen zwischen Arbeitnehmern und Arbeitgebern* wurden für die Schweiz am besten (von allen 23 Industrieländern) beurteilt. Es folgten Deutschland (Rang 5), Schweden (Rang 11), Frankreich (Rang 13) und Großbritannien (Rang 18).[820]

Letzteres war auch deshalb bemerkenswert, weil das *Ausmaß der „Industrial Democracy"* i. S. von verbrieften Entscheidungsrechten der Arbeitnehmerschaft in der Schweiz (ebenso in Frankreich) nur als durchschnittlich bezeichnet werden konnte, während es in Deutschland und Schweden hoch, in Großbritannien hingegen gering war.[821] Auch die rechtliche Ausgestaltung der Leitung und Kontrolle von Unternehmen war in den betrachteten Ländern unterschiedlich geregelt. Während in Deutschland eine Differenzierung von Geschäftsführungsorgan und Kontrollorgan stattfand („Trennungsmodell") und die gesetzlichen Regelungen zur Mitbestimmung eine Vertretung der Arbeitnehmer im Aufsichtsrat vorsahen, dominierte in den anderen Ländern das „Vereinigungsmodell", wobei insbesondere Großbritannien „mitbestimmungsfrei"[822] war.[823]

Hinsichtlich der im Rahmen der Unternehmensführung verfolgten Werte oder Ziele ergab sich folgendes Bild:

Dem *Ziel der Produktqualität* waren besonders Deutschland und die Schweiz (Ränge 2 und 3) verpflichtet, während hier Frankreich (Rang 16) und Großbritannien (Rang 17) Nachholbedarf aufwiesen.[824]

Der *Umweltschutz* wurde in Schweden, der Schweiz und in Deutschland (Ränge 2, 3, und 4) in stärkerem Maße berücksichtigt als in Frankreich (Rang 14) und Großbritannien (Rang 18).[825] Allerdings wirkten *staatliche Bestimmungen hinsichtlich des Umweltschutzes und der Arbeitssicherheit* in Schweden (Rang 23) und Deutschland (Rang 20) besonders negativ auf die Wettbewerbsfähigkeit der Unternehmen.[826]

---

816 Vgl. ebenda, S. 133.
817 Vgl. ebenda, S. 135.
818 Vgl. ebenda, S. 206.
819 Vgl. ebenda, S. 227.
820 Vgl. ebenda.
821 Vgl. auch die vergleichende Darstellung bei Ronen (1986), S. 367-372.
822 Gerum (1998), S. 90.
823 Vgl. ebenda, S. 87-101.
824 Vgl. World Competitiveness Report (1990), S. 125.
825 Vgl. ebenda, S. 233.
826 Vgl. ebenda, S. 168.

Die *Stellung von Frauen in der Arbeitswelt* war besonders vorteilhaft in Schweden (Rang 5). In Frankreich, Deutschland und Großbritannien wurde sie als eher mittelmäßig (Rang 10, 11 und 12) und in der Schweiz als schlecht (Rang 19) eingeschätzt.[827]

Auf die *Weiterbildung der Mitarbeiter* wurde in Deutschland, der Schweiz und Schweden ein hoher Wert gelegt (Rang 2, 3 und 6), während Großbritannien hier eher niedrig (Rang 20) eingestuft wurde.[828]

Die *gesellschaftliche Akzeptanz der Unternehmen* in der Gesellschaft war in der Schweiz (Rang 2 hinter Japan) am höchsten, während diese in den anderen vier Ländern durchschnittlich ausgeprägt war.[829]

Abschließend kam der „World Competitiveness Report 1990“ zu dem Ergebnis, daß von den hier betrachteten Ländern die Schweiz (Rang 2 hinter Japan), Deutschland (Rang 4 hinter den USA) und Schweden (Rang 6) eher eine hohe Wettbewerbsfähigkeit aufweisen, während Großbritannien und Frankreich (auf den Rängen 12 und 14 bei 23 betrachteten Industrieländern) nur durchschnittlich abschnitten.[830]

4.3.2.2 Unterschiede im Rechnungswesen

Mehrere Darstellungen in der Literatur widmen sich einem Vergleich der jeweiligen nationalen Systeme des Rechnungswesens und ordnen Länder bzw. Ländergruppen entlang ausgewählter Dimensionen ein.

Wie bereits oben[831] angedeutet, stellte Gray[832] einen Zusammenhang zwischen den Eigenschaften einer Kultur und den Charakteristika des Rechnungswesens her. Aufbauend auf den Ergebnissen von Hofstede stellte er Hypothesen bzgl. der zu erwartenden Ausprägungen des Rechnungswesens in einigen Ländergruppen auf.

Auf einem *Kontinuum zwischen Flexibilität und Uniformität* des Rechnungswesens vermutete er den „Anglo“-Cluster (u. a. mit Großbritannien) in stärkerer Ausprägung und den „Nordic“-Cluster (mit Schweden) in schwächerer Ausprägung auf der flexibleren Seite, während der „Germanic“-Cluster (Deutschland, Schweiz) und besonders der „More Developed Latin“-Cluster (Frankreich) durch eine höhere Uniformität der Regeln zur Rechnungslegung gekennzeichnet wurden.

Auf dem *Kontinuum zwischen „Professionalism“ und „Statutory Control“* ordnete er alle vier Gruppen der westlichen Industrieländer dem ersten Bereich zu und vermutete somit einen relativ schwach ausgeprägten staatlichen Einfluß auf die Rechnungslegung und -prüfung. Wiederum bestand die größte Distanz zwischen dem „Anglo“-Cluster und dem „More Developed Latin“-Cluster, wo er den größten staatlichen Einfluß vermutete.

Beim *Kontinuum zwischen Verschwiegenheit und Transparenz* wurde dem „Germanic“-Cluster der höchste Grad der Verschwiegenheit zugeschrieben. Es folgten das „More Developed Latin“-Cluster, das „Nordic“-Cluster und schließlich das „Anglo“-Cluster, für das die höchste Transparenz vorausgesagt wurde.

827 Vgl. ebenda, S. 232.
828 Vgl. ebenda, S. 151.
829 Vgl. ebenda, S. 225.
830 Vgl. ebenda, S. 13.
831 Vgl. Abschnitt 4.2.2.
832 Vgl. Gray (1988), S. 1-15.

Hinsichtlich des *Konservativismus bzw. Optimismus bei der Abbildung der Geschäftsvorgänge* wurden die „More Developed Latin"- und die „Germanic"-Cluster als eher dem Vorsichtsprinzip zuneigend charakterisiert, während „Nordic"- und „Anglo"-Cluster als eher optimistisch eingeschätzt wurden.

Während Gray aus den kulturellen Eigenschaften von Ländergruppen Hypothesen über die Eigenschaften der jeweiligen Systeme des Rechnungswesens ableitete, beschrieb Oldham[833] die tatsächlichen nationalen Praktiken. Er unterschied zwei grundlegende Dimensionen des Rechnungswesens und ordnete europäische Staaten entlang dieser zwei Dimensionen ein.

Die erste Dimension stellte ein *uniformes System* mit einheitlichen Regelungen einem *pragmatischen System* mit eher flexiblen, am Einzelfall orientierten Lösungen gegenüber. Oldham bestätigte die Einschätzung Grays bzgl. Frankreich, einem hochentwickelten lateineuropäischen Land, als Land mit uniformen Regeln und Großbritannien, dem „Anglo"-Cluster zugehörig, als Land mit eher flexiblen und pragmatischen Gegebenheiten. Für ihn nahmen Deutschland und Schweden eine Mittelstellung ein, während er das Rechnungswesen der Schweiz als eher pragmatisch einstufte.

Die zweite Dimension betraf die Unterscheidung zwischen dem am staatlichen Informationsbedarf ausgerichteten *„macroeconomic system"* (hierzu wurden Frankreich, Schweden und Deutschland gezählt) und dem an den Informationsbedürfnissen des Unternehmens bzw. seines ökonomischen Umfeldes ausgerichteten *„microeconomic system"* (hierzu wurde die Schweiz gerechnet). Hierbei nahm Großbritannien eine Mittelstellung ein.

Gray, Campbell und Shaw[834] unternahmen in tabellarischer Form einen Vergleich der Systeme des Rechnungswesen in 30 Staaten.[835]

Sie bestätigten die in der Schweiz praktizierte Verschwiegenheit und die relativ große Offenheit in Großbritannien,[836] konstatierten einen starken staatlichen Einfluß in Frankreich und Deutschland[837] und identifizierten für Großbritannien die Wettbewerber, Arbeitnehmer und Analysten als Hauptnutznießer der bereitgestellten Informationen.[838] Während der Schweiz und Großbritannien eine leistungsfähige und informative Wirtschaftspresse zugesprochen wurde, wurde dies für Deutschland und Frankreich verneint.[839] Für Frankreich, Deutschland und Großbritannien wurden die Regelungen in den USA als größter internationaler Einflußfaktor genannt, während für die Schweiz zusätzlich ein Einfluß deutscher und britischer Regelungen gesehen wurde.[840]

Weitere Informationsquellen des internationalen Vergleichs sind Sammelwerke, die die verschiedenen Rechnungssysteme getrennt thematisieren, aber bestimmte nationale Eigenheiten herausarbeiten.[841]

Diese bestätigten den Staat als traditionellen Hauptadressaten der Rechnungslegung in Frankreich,[842] wo ebenso wie in Deutschland die Maßgeblichkeit der Handelsbilanz für die

---

[833] Vgl. Oldham (1987), S. 7-35.

[834] Vgl. Gray, Campbell, Shaw (1984).

[835] Schweden fand hier jedoch keine Berücksichtigung.

[836] Vgl. Gray, Campbell, Shaw (1984), S. 15.

[837] Vgl. ebenda, S. 16.

[838] Vgl. ebenda, S. 25.

[839] Vgl. ebenda, S. 26.

[840] Vgl. ebenda, S. 23.

[841] Vgl. z. B. Gräfer, Demming (1994); Nobes, Parker (1991); Choi, Mueller (1992).

Steuerbilanz galt ("Financial Reports reflect tax laws - not primarily the information needs of investors and other financial market participants."[843]).[844] Für Deutschland wurde eine Dominanz der Kapitalerhaltung und des Gläubigerschutzes als Ziele der Rechnungslegung konstatiert,[845] während in Großbritannien die Informationsfunktion (v. a. bzgl. der Anteilseigner) dominierte und ggf. sogar ein Abweichen vom gesetzlichen Wortlaut rechtfertigte.[846]

4.3.2.3 Kulturvergleichende Arbeiten

Als wohl umfangreichste Studie zur kulturvergleichenden Managementforschung kann die oben[847] erwähnte Arbeit von Hofstede[848] gelten. Sie basierte auf 116.000 beantworteten Fragebögen (mit jeweils 150 Fragen) und identifizierte vier Dimensionen, die in verschiedenen Ländern unterschiedlich ausgeprägt waren.

Die Dimension der *Machtdistanz*, die die Akzeptanz einer ungleichen Machtverteilung und eines eher autoritären Führungsstils bezeichnet, wies in den meisten hochentwickelten Industriestaaten eine niedrige Ausprägung auf. Deutschland (Rang 42), Großbritannien (mit identischem Wert), die Schweiz (Rang 45) und Schweden (Rang 47) nahmen innerhalb der 53 untersuchten Länder bzw. Regionen hintere Plätze ein. Lediglich Frankreich wies hier einen höheren Wert (Rang 15) auf.[849]

Umgekehrt wies der *Individualismus* (als Gegensatz des Kollektivismus) in den entwickelten Ländern relativ hohe Werte auf. Dabei war dieser in Großbritannien (Rang 3) noch stärker ausgeprägt als in Schweden, Frankreich (beide auf Rang 10), der Schweiz (Rang 14) und Deutschland (Rang 15).[850]

Stärkere Unterschiede bestanden bei der Neigung zur *Ungewißheitsvermeidung*, die die empfundene Angst gegenüber unbekannten Situationen mißt und durch Fragen gemessen wurde, die etwa die Einstellung zur Einhaltung von Regeln oder die Neigung, den Arbeitgeber zu wechseln, erforschten. Während Schweden (Rang 49) und Großbritannien (Rang 47) hier sehr geringe Werte aufwiesen, war die Angst in der Schweiz (Rang 33), Deutschland (Rang 29) und besonders in Frankreich (Rang 10) stärker ausgeprägt.[851]

Die *Maskulinität*, die u. a. den Stellenwert materieller Werte und des beruflichen Erfolgs mißt, wies in der Schweiz (Rang 4), Großbritannien und Deutschland (beide auf Rang 9) eine hohe Ausprägung auf, während dies in Frankreich (Rang 35) und Schweden (Rang 53) nicht der Fall war.[852]

Bemerkenswert waren somit insbesondere die starke Machtdistanz und die Ungewißheitsvermeidung in Frankreich, der Individualismus und die geringe Ungewißheitsvermeidung in Großbritannien sowie die geringe Ungewißheitsvermeidung und die „feminine" Einstellung

---

842 Vgl. Schwandtner, S. 168.
843 Choi, Mueller (1992), S. 96.
844 Vgl. Schwandtner, S. 168.
845 Vgl. Pooten, S. 318.
846 Vgl. Köhler, Rotter, S. 387.
847 Vgl. Abschnitt 4.2.2.
848 Vgl. Hofstede (1980).
849 Vgl. die Übersicht bei Hofstede (1991), S. 26.
850 Vgl. ebenda, S. 53.
851 Vgl. ebenda, S. 113.
852 Vgl. ebenda, S. 84.

in Schweden, wo die Qualität der persönlichen Beziehungen am Arbeitsplatz sehr hoch bewertet wurde.

Horovitz[853] befragte 180 Manager in Deutschland, Frankreich und Großbritannien und stellte in Deutschland und Frankreich eine Dominanz des Produktionsbereichs in Verbindung mit einer eher starren Organisationsstruktur und stärkeren Kontrollen fest, während in Großbritannien relativ autonome Teileinheiten anhand von Finanzgrößen gesteuert wurden.[854]

Budde, Child, Francis und Kieser[855] befragten Manager in 18 britischen und 26 deutschen Unternehmen und stellten neben einer stärkeren Entscheidungszentralisierung in deutschen Unternehmen fest, daß diese eine schwächere Gewinnorientierung aufwiesen, auch wenn in beiden Ländern dem Gewinnziel die höchste Bedeutung beigemessen wurde.[856] Auffällig war ferner der hohe Stellenwert des Unternehmensprestiges in Deutschland.[857]

Laurent[858] versuchte aus den Antworten von 817 Managern aus zehn Staaten deren implizites Managementverständnis zu ergründen. Als Ergebnis konstatierte er, daß französische Manager ihre Tätigkeit stärker politisch interpretieren als ihre Kollegen in anderen Ländern. Dies galt sowohl für Prozesse im Unternehmen als auch in der Gesellschaft. Das Unternehmen wurde als hierarchisches Autoritätssystem wahrgenommen. Demgegenüber sahen deutsche und schweizerische Manager das Unternehmen in stärkerem Maße als System formaler Rollen.

Hoffmann[859] befragte Mitarbeiter aus 13 deutschen und 9 amerikanischen Konzernen. Er stellte fest, daß amerikanische Unternehmen eher kurzfristig orientiert waren und ökonomische Ziele verfolgten, während deutsche Unternehmen eine breitere und langfristigere Zielorientierung aufwiesen, was sich in einer häufigeren Nennung von Zielen wie Überleben oder Existenzsicherung äußerte.[860]

Kreder und Zeller[861] verglichen Kontrollmechanismen auf der obersten Managementebene in 27 deutschen und 13 amerikanischen Großunternehmen. Während in deutschen Unternehmen eine eher explizite und persönliche Kontrolle von Verhalten stattfand, war die Kontrolle in amerikanischen Unternehmen eher aufgabenbezogen und erfolgte über die Vorgabe von Input- oder Output-Zielen.

Mole[862] verglich die Geschäftspraktiken in den zwölf 1990 zur Europäischen Gemeinschaft gehörigen Staaten und bezog sein Wissen aus Befragungen von 200 Managern.

Er bestätigte für Deutschland eine starke staatliche Regelung des Wirtschaftsgeschehens, den Bankeneinfluß, die Langfristorientierung, die starke Stellung der Gewerkschaften, die Sicherheitsorientierung, eine Dominanz von Ingenieuren und einen geringen Anteil von

---

853 Vgl. Horovitz (1980).
854 Vgl. ebenda, S. 103 und 148.
855 Vgl. Budde, Child, Francis, Kieser (1982).
856 Vgl. ebenda, S. 25.
857 Vgl. ebenda, S. 12.
858 Vgl. Laurent (1983), S. 75-96, besonders S. 79-85.
859 Vgl. Hoffmann (1987).
860 Vgl. ebenda, S. 96.
861 Vgl. Kreder, Zeller (1988), S. 58-66.
862 Vgl. Mole (1990).

Frauen im Management und meinte ferner eine Humorlosigkeit festzustellen, die seiner Auffassung nach mit höherer hierarchischer Stellung zunahm.[863]

Für französische Unternehmen wurde ein Zentralismus konstatiert, der eine Parallele zur zentralistischen Staatsauffassung aufwies. Eine weitere Verbindung zwischen Unternehmen und Staat stellten die personellen Verflechtungen zwischen beiden Bereichen dar. Der Glaube an Pläne fördere zudem ausgeprägte strategische Planungen, die von Führungskräften wahrgenommen wurden, die das Management als intellektuelle Herausforderung interpretierten und sich aus einigen wenigen Hochschulen und reichen Familien rekrutierten.[864]

Großbritannien war hingegen gekennzeichnet durch einen geringen Einfluß des Staates auf die Wirtschaft, schwache Gewerkschaften und eine (Finanz-)Planung, die den Spezialisten der Finanzrechnung einen starken Einfluß einräumte.[865]

Porter[866] untersuchte den Einfluß der nationalen Kontexte auf die Wettbewerbsfähigkeit von Unternehmen und charakterisierte in diesem Zusammenhang die Situation in der Schweiz, Deutschland, Großbritannien und Frankreich.

Für die schweizerischen Unternehmen konstatierte er eine Strategie der Differenzierung und Internationalisierung, eine Konzentration auf ausgewählte Segmente, Risikoscheu (Ausschluß riskanter Investitionen, aber auf der individuellen Ebene Abschluß zahlreicher Versicherungen), das Streben nach Perfektionierung des Bestehenden (statt nach risikobehafteten Innovationen) und ein entspanntes Verhältnis zwischen Arbeitgebern und Arbeitnehmern sowie Investoren und Management.[867]

Ähnliche Aussagen wurden für Deutschland getroffen. Genannt wurden der Hang zur Perfektion im Rahmen von Differenzierungs- und Internationalisierungsstrategien, Mängel bei Innovationen, eine pragmatische Haltung der Gewerkschaften, eine konsensorientierte Unternehmensführung, langfristig orientierte Aktionäre und eine eher technisch orientierte Betriebsführung. Eine starke Reglementierung des Wirtschaftsgeschehens durch den Staat erwies sich gleichzeitig als positiv (als Zwang zur Innovation, z. B. beim Umweltschutz) und negativ (als Konservierung veralteter Wirtschaftszweige wie z. B. im Schiffsbau). Die von ihm festgestellten Trends einer verstärkten finanziellen Orientierung der Unternehmensführung und zur unverbundenen Diversifikation bewertete er negativ hinsichtlich der zukünftigen Wettbewerbsfähigkeit.[868]

Die Situation in Großbritannien wurde gekennzeichnet durch ein schlechtes Verhältnis zwischen Arbeitgebern und Gewerkschaften. Aufgrund eines von institutionellen Anlegern dominierten Kapitalmarktes war die Unternehmensführung an der Steigerung des Aktienwertes orientiert, allerdings nicht im gleichen Ausmaß wie in den USA. Erklärt wurde die Orientierung an lediglich zufriedenstellenden Ergebnissen der Unternehmenstätigkeit mit einer reservierten Haltung der gesellschaftlichen Oberschicht gegenüber dem Wettbewerb und einem weiteren Anhäufen von Reichtümern.[869]

Schwedische Unternehmen zeichneten sich durch eine Strategie der Internationalisierung in v. a. auf Rohstoffen des Heimatlandes basierenden Branchen aus und wurden von Führungskräften mit vorwiegend technischem Hintergrund geleitet. Während individuelle

---

[863] Vgl. ebenda, S. 30-47.

[864] Vgl. ebenda, S. 13-29.

[865] Vgl. ebenda, S. 96-112.

[866] Vgl. Porter (1991).

[867] Vgl. ebenda, S. 348-350.

[868] Vgl. ebenda, S. 391-401.

[869] Vgl. ebenda, S. 522-526.

Wertvorstellungen, ein Hang zur Kooperation und hohe Steuersätze das Streben nach Reichtum einschränkten, nahm die Orientierung an finanziellen Ergebnissen durch einen stärkeren Einfluß ausländischer Aktionäre zu.[870]

Amado, Faucheux und Laurent[871] grenzten amerikanische und französische Sichtweisen der Organisation voneinander ab. Demnach besteht die amerikanische Perspektive („functionalist and instrumental") darin, in der Organisation ein System von Aktivitäten zur Erreichung von Zielen zu sehen, in dem die Mitarbeiter als Inhaber von Rollen auftreten. Die französische Perspektive („personalist and social") sieht in der Organisation eine Macht- und Autoritätssystem, in dem soziale Akteure mit grundsätzlich divergierenden Interessen agieren.

Die Arbeit von Hampden-Turner und Trompenaars[872] basierte auf einer schriftlichen Befragung von 15.000 Managern aus sieben Staaten (Deutschland, Großbritannien, Frankreich, Schweden, Japan, die Niederlande und die USA).

Sie bestätigte das ausgeprägte Hierarchiedenken in Frankreich, wobei die Hierarchie im Unternehmen das Ergebnis eher arbeitsunabhängiger Kriterien, z. B. der besuchten Hochschule, war.[873] Als weitere Besonderheit wurde für Frankreich die Ablehnung vereinfachender und als allgemeingültig angenommener Deutungsmodelle der Welt genannt, die insbesondere dem angelsächsischen Bereich zugeschrieben wurden.[874] Ebenfalls bestätigt wurden der Individualismus in Großbritannien und Schweden, während Frankreich und Deutschland ein stärkeres Gemeinschaftsdenken aufwiesen.[875] In den letztgenannten Ländern wurde die Frage nach dem Gewinn als einzigem Unternehmensziel nur von 16 % (Frankreich) bzw. 24 % (Deutschland) der Befragten bejaht, während hier Schweden (27 %) und Großbritannien (33 %) höhere Werte aufwiesen. Das Klischee von der hohen Bedeutung des Gewinnziels in den USA (40 %), der geringen Bedeutung in Japan (8 %) und der mittleren Position Europas wurde in der Befragung also bestätigt.[876]

Bzgl. Deutschlands sahen die Autoren eine traditionell einflußreiche Rolle des Staates auf die Wirtschaft aufgrund einer relativ späten Industrialisierung, einen starken Einfluß der Banken, eine Bevorzugung von Industriegütern gegenüber Konsumgütern sowie dem Servicebereich, eine sich auch in der Abneigung gegenüber finanziellen Spekulationen ausdrückende Risikoscheu und ein kooperatives, aber damit wettbewerbsfeindliches Verhalten.[877]

Schweden wurde charakterisiert als eine Ökonomie mit starker internationaler Ausrichtung, deren Unternehmen unter dem Einfluß von Banken und einiger sehr reicher Familien stehen. Weitere Kennzeichen waren der hohe Anteil arbeitender Frauen, ein starker Einfluß von Gewerkschaften und eine Dominanz von Ingenieuren im Management.[878]

Großbritannien schien in der Zuerkennung eines hohen Prestiges zum Finanzwesen und eines niedrigeren Prestiges für die Industrie gegenteilige Präferenzen als Deutschland aufzuweisen.[879]

---

870 Vgl. ebenda, S. 371-374.

871 Vgl.Amado, Faucheux, Laurent (1991), S. 62-95.

872 Vgl. Hampden-Turner, Trompenaars (1993).

873 Vgl. ebenda, S. 93.

874 Vgl. ebenda, S. 19-34.

875 Vgl. ebenda, S. 49.

876 Vgl. ebenda, S. 32.

877 Vgl. ebenda, S. 197-233.

878 Vgl. ebenda, S. 233-260.

879 Vgl. ebenda, S. 293-332.

In Frankreich beobachteten die Autoren bei einer weniger regelgeleiteten und stärker personalisierten Führung von Unternehmen einen Hang zu großen Visionen und zu Luxusgütern als Sachziel.[880]

Auf dem gleichen Datenmaterial basierten auch die Aussagen von Trompenaars.[881] Er unterschied - abgeleitet aus jeweils zwei Ausprägungen zweier kultureller Dimensionen - vier verschiedene Unternehmenskulturen und traf für 12 Länder Aussagen darüber, welche Unternehmenskultur jeweils vorherrschend sei.

Demnach zeichneten sich deutsche Unternehmen durch eine besonders hierarchische und aufgabenorientierte Unternehmenskultur aus. Den Gegenpol hierzu bildete Schweden mit einer eher egalitären und personenorientierten Unternehmenskultur. Die in Frankreich vorherrschende Unternehmenskultur wurde mit dem Schlagwort „Familie“ umschrieben, da es sich um eher hierarchische, aber personenorientierte Organisationen handelte. Britische Unternehmen schließlich wurden als tendenziell egalitär und aufgabenorientiert umschrieben.

Auf Erfahrungs- und Expertenberichten basierte die Darstellung der Unternehmensberatung „Roland Berger & Partner“[882], in der das Management in Deutschland, Frankreich und Großbritannien (sowie Italien und Spanien) thematisiert wurde.

Neben der oben schon erwähnten unterschiedlichen Bedeutung der Ausbildungsschwerpunkte für den Zugang zum Management wurde auch die jeweilige Relevanz bestimmter Funktionsbereiche in den Unternehmen herausgestellt. Während in Frankreich der Personalbereich und die Unternehmensplanung als wichtigste Funktionen genannt wurden, waren dies in Großbritannien Personal, Finanzen, Vertrieb und Marketing und in Deutschland die „Verwaltung“[883].

Als Hauptziel französischer Unternehmen erwies sich die Marktführerschaft in Europa, was ebenso bei deutschen Unternehmen der Fall war.[884] Allerdings waren die Ziele der französischen Unternehmen klarer formuliert, während deutsche Unternehmen eine größere Anzahl von Zielen nannten, ohne in gleichem Maße Prioritäten zu setzen.[885]

Bestätigt wurden die Konsensorientierung des deutschen Managements,[886] das geringe Umweltbewußtsein in Frankreich,[887] die dortige gute Beziehung zwischen Staat und Wirtschaft[888] und die zentralistische Struktur der französischen Großunternehmen.[889]

Brabet und Klemm[890] führten drei Studien in Frankreich und eine Studie in Großbritannien durch, die die Erstellung und die Inhalte von „mission statements“ zum Gegenstand hatten. In den französischen Unternehmen waren eine große Anzahl von Mitarbeitern und z. T. Unternehmensexterne in den Erstellungsprozeß einbezogen, während dieser in Großbritannien schneller erfolgte und eine geringere Anzahl (leitender) Mitarbeiter betraf. Entsprechend wa-

---

880 Vgl. ebenda, S. 334-342.
881 Vgl. Trompenaars (1993), S. 199-232.
882 Vgl. Simon, Bauer, Jägeler (1993).
883 Vgl. ebenda, S. 50; der Begriff der Verwaltung wird nicht näher erläutert.
884 Vgl. ebenda, S. 64.
885 Vgl ebenda, S. 69 und 80.
886 Vgl. ebenda, S. 70.
887 Vgl. ebenda, S. 88.
888 Vgl. ebenda, S. 93f.
889 Vgl. ebenda, S. 152-154.
890 Vgl. Brabet, Klemm (1994), S. 84-94.

ren die französischen Dokumente länger, beinhalteten allgemeinere (d. h. konsensfähige) Aussagen und hoben Kunden und Mitarbeiter als wichtige Stakeholder hervor. Die britischen „mission statements" beinhalteten im Vergleich dazu mehr Aussagen zur Geschäftsstrategie, zu finanziellen Zielen und erklärten z. T. die Aktionäre zur wichtigsten Bezugsgruppe des Unternehmens.

Im Rahmen einer Studie[891] des „European Round Table of Industrialists" und der „École Supérieure de Lyon" wurden 51 Manager aus 40 Großunternehmen in 14 westeuropäischen Ländern befragt. Thema der weitgehend unstrukturierten Interviews war das Management im eigenen Land und in anderen europäischen Ländern.

Das Management in Großbritannien wurde als grundlegend verschieden von demjenigen auf dem europäischen Festland beurteilt. Als Kennzeichen wurden u. a. eine kurzfristige Orientierung, die Dominanz der Interessen der Aktionäre, eine hohe Bedeutung des Handels und der Kapitalmärkte, die variable Vergütung des Managements sowie dessen große Handlungsfreiheiten gegenüber der Arbeitnehmerschaft und dem Staat genannt.

Das „Latin"-Cluster umfaßte die südeuropäischen Staaten (inkl. Frankreich) und wurde u. a. charakterisiert durch einen stärkeren Einfluß des Staates, mehr Protektionismus, eine höhere Bedeutung der Hierarchie im Unternehmen und - speziell in Frankreich - die Relevanz von Eliten.

Die dritte Gruppe umfaßte die nördlichen europäischen Länder, die wiederum aus den drei Untergruppen der skandinavischen, der Benelux- und der „germanischen" Länder (Deutschland, Österreich, Schweiz) bestand. Als kennzeichnend für letztere wurden die Mitbestimmung und die Loyalität der Mitarbeiter zum Unternehmen sowie die langfristige Orientierung auch der Aktionäre genannt.

Macharzina, Oesterle und Wolf[892] führten eine Cluster-Analyse durch, die auf dem Datensatz von Hofstede basierte und die in verschiedenen Ländern unterschiedlichen Ausprägungen bzgl. Individualismus, Machtdistanz, Ungewißheitsvermeidung und Maskulinität berücksichtigte. Basierend auf den Ergebnissen, die eine Aufteilung der europäischen Länder in drei Cluster ergab, formulierten die Autoren Hypothesen bzgl. der in den Länder-Clustern bevorzugten Unternehmensziele, Strategien, Organisationsstrukturen und Formen der Koordination.

Ein erstes Cluster umfaßte nordische Länder (u. a. Schweden, Norwegen, Finnland, Dänemark). Bzgl. der dort vorherrschenden Unternehmensziele vermuteten die Autoren eine hohe Bedeutung kurzfristiger Erfolgsgrößen aufgrund einer starken Ausprägung der Individualität in diesen Ländern und einen hohen Stellenwert der Flexibilität aufgrund einer geringen Ungewißheitsvermeidung. Ein zweites Cluster bildeten die anglo-germanischen Länder (u. a. Deutschland, Schweiz, Großbritannien). Hohe Werte bei Individualität und Maskulinität führten zur Annahme der Dominanz kurzfristiger finanzieller Erfolgsgrößen. Die romanischen Länder (u. a. Frankreich und Italien) bildeten das dritte Cluster und waren durch starke Machtdistanz und Ungewißheitsvermeidung gekennzeichnet. Entsprechend wurde die Dominanz von Zielen mächtiger Gruppen und eine hohe Bedeutung des Sicherheitsziels vermutet.

---

891 Vgl. Calori (1994), S. 5-30.

892 Macharzina, Oesterle, Wolf (1998), S. 137-164.

Ein von Demirag[893] initiiertes internationales Forschungsprojekt hatte die Kurz- bzw. Langfristorientierung von Unternehmen vor dem Hintergrund unterschiedlicher Systeme der „corporate governance" zum Inhalt. Finanzchefs deutscher, schweizerischer, französischer, schwedischer, britischer und anderer Unternehmen wurden befragt, inwiefern sie sich einem kurzfristigen Ergebnisdruck ausgesetzt sehen, der die Durchführung langfristiger Forschungs- und Enwicklungsprojekte erschwert.

Ausgangspunkt war die Differenzierung zwischen einem „market-oriented outsider model" der Unternehmenskontrolle, in dem die Interessen der Aktionäre dominieren (z. B. in Großbritannien und den USA) und einem „network-oriented insider model", das durch die Ziele und die Macht unterschiedlicher Stakeholder-Gruppen geprägt ist und in dem Banken eine herausgehobene Position zukommt (z. B. in den kontinentaleuropäischen Ländern).[894]

Keinen Zielkonflikt zwischen den Ergebniserwartungen der Aktionäre und der Finanzierung von Forschungs- und Entwicklungsprojekten sahen lediglich die Hälfte der britischen Finanzdirektoren. Als im internationalen Vergleich besonders hoch wurde zudem die Gefahr einer feindlichen Übernahme gesehen.[895] Im eine langfristige Orientierung begünstigenden deutschen Umfeld (Trennung von - mitbestimmtem - Aufsichtsrat und Vorstand, relativ niedrige Marktkapitalisierung und geringe Bedeutung der Privatanleger, hohe Fremdkapitalquoten und starke Position der Banken, Häufigkeit feindlicher Unternehmensübernahmen noch gering) wurde sowohl der Druck seitens des Kapitalmarkts wahrgenommen als auch die Notwendigkeit, Strukturen zu schaffen, die die Langfristorientierung von Forschung und Entwicklung gewährleisten. Die Befragten aus schweizerischen Unternehmen sprachen der Problematik eine noch höhere Bedeutung zu.[896] Das Gegenteil galt für französische Unternehmen: Geprägt von einem Umfeld, in dem institutionelle Aktionäre eine eher geringe und staatliche Institutionen eine hohe Bedeutung aufweisen und sowohl privater als auch staatlicher Sektor von derselben gesellschaftlichen Elite beherrscht werden, wurde der Druck des Kapitalmarktes als eher gering angesehen.[897] In schwedischen Unternehmen, traditionell von Eigentümer-Familien und langfristig orientierten Ingenieuren an der Unternehmensspitze dominiert sowie in ein „sozialdemokratisches" Umfeld eingebettet, wurde ein zunehmender Ergebnisdruck wahrgenommen. Zurückgeführt wurde dieser aber nicht nur auf eine gestiegene Bedeutung des Aktienmarkts als Finanzierungsquelle, sondern ebenso auf einen verstärkten Wettbewerb in den internationalen Absatzmärkten.[898] Einig waren sich die Befragten in allen Ländern, daß die Unternehmen einem erhöhten Informationsbedarf der Aktionäre gerecht werden müssen.[899]

Schmidt[900] analysierte die Geschäftsberichte der jeweils zehn größten Unternehmen aus Deutschland, der Schweiz, Großbritannien und Frankreich hinsichtlich Aussagen zum Unternehmensleitbild und zu den verfolgten Unternehmenszielen. Die Analyse umfaßte neben diesem Querschnitts- auch einen Langfristvergleich, da jeweils vierzig Dokumente für die Jahre 1986 und 1996 ausgewertet wurden.

---

893 Vgl. Demirag (1998b).

894 Vgl. Demirag (1998a), insbesondere S. 15-19.

895 Vgl. Demirag (1998c), S. 57-91.

896 Vgl. R. Schmidt (1998a), S. 297-332.

897 Vgl. Kennedy (1998), S. 235-268.

898 Vgl. Adolfsson, Homberg, Jönsson (1998), S. 185-210.

899 Vgl. Demirag, Tylecote (1998), S. 363-378.

900 Vgl. R. Schmidt (1998b), S. 119-138.

Deutsche Geschäftsberichte für das Jahr 1986 enthielten kaum Aussagen zum Unternehmensleitbild i. S. eines grundlegenden Handlungsrahmens des Unternehmens, während bei den Zielen die langfristige Unternehmenssicherung und die Wettbewerbsfähigkeit im Vordergrund standen. Die Mehrzahl der zehn Jahre später verfaßten Geschäftsberichte wies hingegen Aussagen auf, die das Unternehmen in das „Bezugsgruppendreieck“[901] von Aktionären, Kunden und Mitarbeitern einordnete. Innerhalb dieses Rahmens wurden Zielaussagen bzgl. der Steigerung des Unternehmenswertes getätigt. Die Analyse offenbarte somit einen merklichen Wandel.

Den französischen und schweizerischen Geschäftsberichten war im Zeitverlauf eine ähnliche Entwicklung zu entnehmen. Die Orientierung an den Zielen der Aktionäre und anderer Bezugsgruppen nahm zu. Britische Unternehmen dokumentierten hingegen schon 1986 eine deutliche Ausrichtung an ihren Stakeholdern. Zehn Jahre später wurde die bereits hohe Bedeutung der Aktionäre eher um eine Aufwertung von Kunden und Mitarbeitern ergänzt. Als Ziel mit zunehmender Bedeutung konnte eine führende Position im globalen Rahmen identifiziert werden.

4.3.2.4 Einzelländerstudien

Weitere Quellen, die Aufschluß über individuelle Ziele, den Führungsprozeß im Unternehmen und Unternehmensziele bieten, sind Beiträge, die sich auf die Analyse der Eigenheiten eines einzigen Landes beschränken.

So umschrieb etwa Allen[902] die *deutsche Gesellschaft* mit ihrem ökonomischen System und dem Handeln im Unternehmen mit dem Begriff des Kommunitarismus. Er setzte es in Gegensatz zur angelsächsischen Philosophie des Individualismus und führte seine Wurzeln bis in das letzte Jahrhundert zurück. Die deutsche Wirtschaftsform wurde aufgrund ihrer Konsensorientierung, der Rolle der Verbände und der föderalen politischen Struktur als organisierter Kapitalismus gekennzeichnet.

Chandler[903] bezeichnete das deutsche Wirtschaftssystem als „Cooperative Managerial Capitalism“[904], in dem im Gegensatz zu den USA der Glaube an die Vorteile des Wettbewerbs geringer und die Kooperation zwischen Unternehmen größer sei.

Ähnlich wie Allen und Chandler betonten auch Warner und Campbell[905] die Konsensorientierung der deutschen Gesellschaft. Die besondere Bedeutung der Produktqualität und eine langfristige Orientierung (statt der Ausrichtung an kurzfristigen finanziellen Zielen) wurden als weitere Besonderheiten genannt.

Bemerkenswert ist eine Aussage von Koch, die er in einem Artikel über die Kriterien der hierarchischen Unternehmensplanung traf:

---

901 Ebenda, S. 124.

902 Vgl. Allen (1987), S. 79-103.

903 Vgl. Chandler (1990), S. 393-427.

904 Ebenda, S. 393.

905 Vgl. Warner, Campbell (1993), S. 89-108.

„Offenbar scheut man sich in der Bundesrepublik vielfach, den Ausdruck '(nachhaltige) Gewinnmaximierung' zu gebrauchen, obwohl es in einer wettbewerbsorientierten Marktwirtschaft das elementare Kriterium darstellt."[906]

Bergmann beschäftigte sich in zwei Aufsätzen[907] mit der *Unternehmenskultur in der Schweiz*, deren Hauptkennzeichen er wie folgt zusammenfaßte:

„Das Unternehmen hat keine sozialen Verpflichtungen, die darüber hinaus gehen, seine wirtschaftliche Aufgabe zu erledigen. Sein Platz in der Gesellschaft ist auf diesen wirtschaftlichen Zweck begrenzt. Es ist Gesellschaft, nicht Gemeinschaft ..."[908]

Dabei wurde - im Gegensatz zu anderen Darstellungen, die den Gemeinsinn im deutschsprachigen Raum betonen - der schweizerische Mitarbeiter als Individualist dargestellt, der sich aber aus einer wahrgenommenen Interessensidentität mit dem Unternehmen bereitwillig in dieses einfügt, was ihm durch das Gewähren großer Freiräume im Unternehmen erleichtert wird. Das Verhältnis des Unternehmens zu seiner Umwelt war demnach von einem Unabhängigkeitsstreben bestimmt, das sich beispielsweise in einem niedrigen Verschuldungsgrad und einer geringen Transparenz nach außen äußerte.[909] Das Verhalten im Unternehmen und des Unternehmens wurde als nüchtern, pragmatisch, materialistisch, produktionsorientiert, risikoscheu und eher reaktiv bezeichnet.[910]

Ammon[911] beschrieb die engen Verflechtungen zwischen der *französischen Wirtschaft* und dem französischen Staat. Eine traditionelle Funktion der Wirtschaft bestand in ihrem Beitrag zum Machtzuwachs des Staates, durch dessen Förderung die Entstehung einer international bedeutenden Luxusgüterindustrie ermöglicht wurde.[912] Die Verbindung wurde von Ammon als nach wie vor enger als in anderen Staaten charakterisiert und auf die staatliche Förderung großer Unternehmen,[913] strategisch wichtiger Branchen (z. B. der Kernkraft)[914] und einen Personalaustausch zwischen beiden Bereichen verwiesen („Das Ökonomische ist nicht vollständig aus dem Politischen herausgetreten."[915]).[916] Auch besonders stark ausgeprägte außenwirtschaftliche Zielsetzungen, die sich auf den europäischen Raum bezogen, wurden mit Verweis auf die politischen Ziele des Staates erklärt.[917] Ferner wurde - in Abgrenzung zu angelsächsischen Denkhaltungen - eine Priorität des kollektiven Willens, der sich auf gesamtgesellschaftlicher Ebene im Staat widerspiegelt, gegenüber dem Willen der Individuen konstatiert.[918]

---

906 Koch (1981), S. 5.

907 Vgl. Bergmann (1990), S. 360-370; derselbe (1993), S. 15-44.

908 Derselbe (1993), S. 29.

909 Vgl. derselbe (1990), S. 367-369.

910 Vgl. ebenda, S. 361-366.

911 Vgl. Ammon (1989).

912 Vgl. ebenda, S. 67 und S. 89-91.

913 Vgl. ebenda, S. 194.

914 Vgl. ebenda, S. 119-121.

915 Ebenda, S. 116.

916 Vgl. ebenda, S. 158-168.

917 Vgl. ebenda, S. 202-212.

918 Vgl. ebenda, S. 101-107.

McCormick betonte den parteienübergreifenden Konsens der Staatsziele und der Rolle des Staates in Frankreich: "Growth, grandeur, and an important role for the state are values shared by all ideological schools."[919]

Choi und Mueller[920] wiesen darauf hin, daß in französischen Unternehmen die Effizienz zwar einen hohen Stellenwert genießt, die Effektivität eines Unternehmens aber weniger durch den Gewinn und mehr durch das Unternehmenswachstum gemessen wird.

Barsoux und Lawrence[921] zeigten die Parallelen zwischen einer zentralistischen Staatsverfassung und der hierarchischen Führungsstruktur im französischen Unternehmen, dem ein „Président-Directeur-Général" vorsteht.[922] Sie verwiesen auf den mathematisch-naturwissenschaftlichen Hintergrund der meisten Manager, die in der Unternehmensführung - im Vergleich zum angelsächsischen Bereich - weniger eine Aktivität und mehr eine Herausforderung des Intellekts sehen, was sich in einer ausgeprägten und mit konkreten Zahlen spezifizierten strategischen Planung ausdrückt.[923]

Auch Sorge[924] betonte die traditionell enge Verflechtung des zentralistischen Staates und einer Wirtschaft, die relativ hierarchisch gegliedert ist und den Ungewißheiten des Wettbewerbs durch logisch hergeleitete Regeln, Problemlösungsalgorithmen und Denkmodelle zu begegnen sucht. Er wies darauf hin, daß die Werte und Ziele des leitenden Managements durch die jeweiligen professionellen Standards geprägt sind und die Gewinnmaximierung darin nur einen geringen Stellenwert einnimmt.

Darstellungen des *schwedischen Wirtschaftsgeschehens*[925] beschrieben einerseits dessen positive Eigenheiten, betonten aber andererseits die Probleme und Ernüchterungen bei der Verfolgung des Schwedischen Modells.

Kennzeichnend sei demnach ein traditioneller Konsens über die Ziele der Vollbeschäftigung, Gleichberechtigung und einer egalitären Gesellschaft.[926] Ergebnis einer diesbzgl. Politik wäre allerdings eine Zweiteilung der Wirtschaft in einen geschützten, leistungsschwachen Sektor und einen wettbewerbsstarken, international tätigen und zunehmend am Gewinn orientierten Sektor.[927]

Bezeichnete Chandler das Wirtschaftssystem in Deutschland als „Cooperative Managerial Capitalism", so war die entsprechende Umschreibung für *Großbritannien* aufgrund zahlreicher Großunternehmen im Familienbesitz die des „Personal Capitalism"[928]. Ein niedriges Niveau der Auslandsinvestitionen führte er auf das Interesse der Aktionäre an einem kontinuierlichen Dividendenstrom zurück.[929]

---

[919] McCormick (1987), S. 75.
[920] Vgl. Choi, Mueller (1992), S. 92.
[921] Vgl. Barsoux, Lawrence (1992).
[922] Vgl. ebenda, S. 32.
[923] Vgl. ebenda, S. 31-34.
[924] Vgl. Sorge (1993), S. 65-87.
[925] Vgl. Lundberg (1985), S. 1-36; Maccoby (1991), Czarniawska-Joerges (1993), S. 229-247.
[926] Vgl. Maccoby (1991), S. 4-7.
[927] Vgl. Lundberg (1985), S. 21; Maccoby, S. 35.
[928] Chandler (1990), S. 237.
[929] Vgl. ebenda, S. 237-239.

Krieger[930] beschrieb und beklagte einen ideologischen Wandel in der britischen Gesellschaft, der nach der Machtübernahme durch Margaret Thatcher 1979 durchaus vorhandene Wurzeln des Gemeinschaftsdenkens (i. S. eines Wohlfahrtsstaates) zugunsten eines Neoindividualismus zurückdrängte und die Briten zu einer Nation von Aktionären machen sollte.

4.3.2.5 Zusammenfassung der nationalen Besonderheiten

Zusammenfassend ergeben sich somit folgende Eindrücke hinsichtlich der wirtschaftlichen Tätigkeit und insbesondere der traditionell verfolgten Unternehmensziele in den einzelnen Ländern:

In *Deutschland* ist das Gewinnziel lediglich ein Element eines sehr umfangreichen Zielsystems. Eine Gewinnmaximierung scheint gesellschaftlich nicht akzeptiert zu sein. Die Abbildung des Geschäftsgeschehens und damit auch der Gewinngröße durch das Rechnungswesen ist geleitet von den Zielen der Kapitalerhaltung, des Gläubigerschutzes und der Bestimmung der Steuerschuld, erfolgt entsprechend vorsichtig und ist in relativ geringem Maße an den Informationsbedürfnissen der Aktionäre ausgerichtet.

Die Unternehmensführung ist langfristig orientiert und bemüht, Risiken zu vermeiden und das Überleben des Unternehmens zu sichern. Die Bedeutung der Industrie ist noch höher als in anderen entwickelten Gesellschaften. Ihre Qualitätsorientierung ist auch auf den Ehrgeiz eines eher technisch vorgebildeten Managements zurückzuführen.

Dem Umweltschutz kommt eine hohe Bedeutung zu, während man das soziale Ziel der Gleichberechtigung von Mann und Frau im Wirtschaftsleben noch nicht realisiert hat.

Die Beziehungen zwischen den einzelnen Anspruchsgruppen sind gekennzeichnet durch ein Bemühen um Konsens, wobei sowohl das Miteinander im Unternehmen als auch die Beziehung des Unternehmens zu seiner Umwelt stark und z. T. gesetzlich reglementiert sind. Die Mitspracherechte der Mitarbeiter sind im internationalen Vergleich hoch.

Trotz der Zurechnung der *Schweiz* zum selben „germanischen" Kulturkreis ergeben sich neben vielen Gemeinsamkeiten auch einige Unterschiede im Vergleich zum deutschen Nachbarn.

Die Bilanzierung der Geschäftsvorgänge ist in noch höherem Maße konservativ und verschwiegen als in Deutschland und auch das strategische Management ist durch Vorsicht, eine langfristige Orientierung und ein hohes Qualitätsbewußtsein gekennzeichnet.

Ebenso bestehen Gemeinsamkeiten bei der hohen Bedeutung des Umweltschutzes und der nur schwach ausgeprägten Gleichberechtigung. Der gesellschaftliche Konsens über die Aufgaben und Ziele der Unternehmen scheint jedoch größer und eindeutiger zu sein als in Deutschland. Die Unternehmenstätigkeit ist stärker auf ökonomische Ziele ausgerichtet, was von der Arbeitnehmerschaft akzeptiert und vom Staat unterstützt wird.

Im Gegensatz hierzu ist das Bild des *französischen Unternehmens* nicht das einer Handlungseinheit im autonomen gesellschaftlichen Subsystem der Ökonomie. Vielmehr besteht eine enge Verknüpfung mit dem politischen Bereich, der auch das Unternehmensverständnis zu prägen scheint.

---

930 Vgl. Krieger (1987), S. 29-53.

Die Abbildung der finanziellen Unternehmenstätigkeit ist traditionell bestimmt von den Informationsbedürfnissen des Staates, und dem Gewinnziel kommt nicht die hauptsächliche Priorität zu.

Den höchsten Stellenwert nehmen die strategische Planung und ihre Ziele ein. Die Marktführerschaft und ein Wachstum im internationalen Rahmen sind Teil einer Vision, die Größe als Maßstab des Erfolgs ansieht. Die traditionelle Branchenstruktur, die das Sachziel der französischen Wirtschaft umschreibt, ist Ausdruck des wirtschaftlichen (Einnahme-)Interesses des französischen Staates.

Im Gegensatz zu den deutschen und schweizerischen Nachbarn spielt der Umweltschutz eine untergeordnete Rolle.

Die Entscheidungsfindung im Unternehmen ist gekennzeichnet durch ein starkes Machtgefälle und durch ein Hierarchiedenken, wie sie im staatlichen Bereich zu finden sind.

Schweden erscheint in der Literatur als ein Land, dessen Gewinnorientierung (nicht zuletzt aufgrund von Defiziten in diesem Bereich) zu wachsen scheint. Die Abbildung der Gewinnsituation ist transparenter und weniger vorsichtig als in Deutschland, der Schweiz und Frankreich.

Die Orientierung der Unternehmen wird als langfristig und international beschrieben. Der traditionelle Schwerpunkt der Unternehmenstätigkeit wird auf den Rohstoffreichtum des Landes zurückgeführt.

Im Vergleich zu anderen Staaten nehmen Ziele aus dem normativen Bereich einen breiten Raum ein. Hierzu zählen der Umweltschutz und das Ideal einer egalitären Gesellschaft, woraus sich die Forderungen nach Gleichberechtigung zwischen den Geschlechtern, Mitspracherechten der Arbeitnehmer, einer gleichmäßigen Einkommensverteilung und der Vollbeschäftigung ableiten.

Die ökonomische Theorie des Marktes, auf dem die wirtschaftlichen Interessen der einzelnen Marktteilnehmer zum Ausgleich gebracht werden, spiegelt sich v. a. in der Darstellung der *britischen Wirtschaft* wider.

Die Unternehmen werden als gewinn- bzw. finanzorientiert beschrieben, wobei sich diese Gewinnorientierung weniger auf das Unternehmen selbst bezieht, sondern auf das Einkommensinteresse seiner Aktionäre zurückgeführt wird. Auch das Rechnungswesen ist auf die Informationsbedürfnisse dieser Gruppe ausgerichtet.

Der Dienstleistungssektor ist hier von besonders hoher Bedeutung, doch werden Defizite bei der Langfristorientierung, der Qualität der Produkte und der Ausbildung der Mitarbeiter beklagt.

Auch der normative Bereich genießt keinen hohen Stellenwert. Der Umweltschutz hat keine hohe Bedeutung und das Ausmaß der verbrieften Arbeitnehmerrechte ist gering. Die Beziehung zwischen Arbeitnehmern und Arbeitgebern ist eher konfliktär und die Wirtschaft ist relativ autonom und frei von staatlichen Regelungen und Belastungen.

5 Empirische Untersuchung zu Zielartikulationen in Geschäftsberichten deutscher und ausländischer Aktiengesellschaften

5.1 Ausgangslage und zu untersuchende Fragestellungen

Sowohl die bisherigen theoretischen Erörterungen zu Zielen von Unternehmen als auch die dargestellten Ergebnisse der empirischen Zielforschung sowie der vergleichenden Managementforschung lassen mehrere Schlußfolgerungen zu und bilden die Ausgangslage der Untersuchung:

- Die z. T. heftige Zieldiskussion ist auf mehrere Ursachen zurückzuführen. In der wissenschaftlichen Diskussion besteht kein Konsens über das Unternehmensverständnis und/oder den Erkenntnisgegenstand der jeweiligen Disziplin, woraus sich unterschiedliche Schwerpunkte bei der Behandlung von Unternehmenszielen ergeben. Die gesellschaftliche Diskussion ist von unterschiedlichen subjektiven Wertvorstellungen und divergierenden Interessen der verschiedenen Anspruchsgruppen bestimmt. Zusammen mit Veränderungen in der ökonomischen und nichtökonomischen Umwelt des Unternehmens ist dieses verschiedenen und sich im Zeitablauf wandelnden Herausforderungen ausgesetzt.
- Ein Konsens über das Zielsystem eines Unternehmens ist deshalb unwahrscheinlich oder zumindest nicht dauerhafter Natur und auch zukünftig weder für die Wissenschaft noch in der gesellschaftlichen Diskussion zu erwarten. Empirische Studien haben den Kenntnisstand über die (z. T. sich wandelnde) Bedeutung einzelner Ziele erweitert, doch sind lediglich Tendenzaussagen möglich und die Ergebnisse in einzelnen Fällen gegensätzlich.
- Nichtsdestotrotz kommt Zielen in der Theorie der Unternehmung und in der Wirtschaftspraxis eine zentrale Bedeutung zu. Sich im Laufe der letzten Jahrzehnte wandelnde Unternehmensverständnisse haben lediglich die inhaltliche Ausfüllung des Zielsystems geändert, nicht aber seine grundlegende Relevanz.
- Es scheint eine Modifikation derart stattzufinden, daß sowohl neue Unternehmensziele (z. B. der Umweltschutz) als auch verstärkt Ziele der mit dem Unternehmen in Beziehung stehenden Gruppen Eingang in die Diskussion des Zielsystems finden.
- Bei den empirischen Untersuchungen ist eine gewisse Einseitigkeit derart zu beklagen, daß nach wie vor eine Dominanz der Befragung als angewandter wissenschaftlicher Methode vorherrscht.
- Ergebnisse vergleichender Untersuchungen, die verschiedene Aspekte der Unternehmensführung in verschiedenen Ländern behandeln, lassen den Schluß zu, daß die Unternehmensführung und damit auch die Unternehmensziele nicht frei von Einflüssen der jeweiligen nationalen Umwelt sind.

Diejenigen Fragen, zu deren Beantwortung die empirische Untersuchung beitragen soll, wurden bereits einleitend in Abschnitt 1.2 aufgeführt und sind in Kürze wie folgt zu umschreiben:

- Wie viele, welche und wessen Ziele artikulieren deutsche Unternehmen in ihren Geschäftsberichten?
- Unterscheiden sich deutsche Unternehmen zu Beginn der neunziger Jahre (also noch vor Beginn der breiten öffentlichen Diskussion um den Shareholder Value) bei diesen Artikulationen von ihren europäischen Nachbarn? Welche Sachzusammenhänge sind hiervon betroffen und welche Eigenheiten weisen die ausländischen Geschäftsberichte auf?
- Inwiefern ist fünf Jahre später bei den Zielartikulationen deutscher Unternehmen ein Wandel eingetreten und tangiert er v. a. die ggf. zuvor identifizierten „spezifisch deutschen" Artikulationsmuster?

5.2 Methodische Konzeption der Untersuchung

5.2.1 Forschungsmethode

Die Mehrheit der Erkenntnisse der empirischen Zielforschung beruht auf Befragungen. Insofern erscheint die Anwendung der Inhaltsanalyse als einer in diesem Zusammenhang seltener angewandten Methode im Rahmen der eigenen empirischen Untersuchung als sinnvolle Bereicherung der Forschung, wie im folgenden ausgeführt werden soll.

5.2.1.1 Inhaltsanalyse in Abgrenzung zu anderen Methoden

Die *Inhaltsanalyse* ist eine Methode der sozialwissenschaftlichen Forschung, die fixierte Kommunikation zum Untersuchungsgegenstand hat. Sie ist gekennzeichnet durch ihr systematisches, regel- und theoriegeleitetes Vorgehen. Ihr Ziel ist es, Aussagen über ausgewählte Aspekte der untersuchten Kommunikation zu gewinnen.[931]

Mehrere Ansätze der Inhaltsanalyse werden unterschieden: Der *formal-deskriptive Ansatz* der Inhaltsanalyse untersucht lediglich äußerliche, nichtinhaltliche Aspekte der Kommunikation, während der *diagnostische Ansatz* manifeste, aber auch latente Inhalte der Kommunikation untersucht und somit Aussagen über den Sender und dessen Absichten trifft. Der *prognostische Ansatz* schließlich beschäftigt sich mit möglichen Wirkungen beim Empfänger der Kommunikation.[932] Gemeinsam sind dem diagnostischen und dem prognostischen Ansatz die Annahme, daß Mitteilungen nicht nur als Information, sondern auch als (sprachliche) Handlung (z. B. als Überredung, Handlungsaufforderung, Kritik oder Warnung) aufzufassen sind.[933]

Die Kommunikation wird im Rahmen der Inhaltsanalyse analysiert und in ihrer Komplexität auf die relevanten Fragestellungen reduziert.[934]

Von der *Hermeneutik* als alternativem Verfahren der Behandlung sprachlichen Materials unterscheidet sich die Inhaltsanalyse in dem Anspruch einer klar strukturierten und offengelegten Vorgehensweise, die intersubjektiv nachprüfbar ist.[935]

Die hermeneutische Textinterpretation besteht hingegen in einem subjektiven, „einfühlend-verstehenden Deutungsakt"[936], in dem der Untersuchende versucht, seinen Eindruck stimmig zu belegen.[937] Er bedient sich dabei der Zusammenfassung, die das Material auf das Wesentliche reduzieren soll, der Explikation, die einzelne Teile weiter ausführt, und der Strukturierung, die das Material unter Berücksichtigung der relevanten Fragestellung analysiert.[938]

Die jeweiligen Ansätze der Erkenntnisgewinnung sind die des Verstehens bei der in den Geisteswissenschaften verwendeten hermeneutischen Textinterpretation und die des Er-

---

931 Vgl. Mayring (1990), S. 12f.

932 Vgl. Früh (1989), S. 44.

933 Vgl. ebenda, S. 68.

934 Vgl. ebenda, S. 41 und S. 121f.

935 Vgl. ebenda, S. 37-40; Mayring (1990), S. 12.

936 Früh (1989), S. 57.

937 Vgl. ebenda, S. 58f.

938 Vgl. ebenda, S. 54.

klärens bei der eher quantitativ orientierten und an naturwissenschaftlichen Methoden angelehnten Inhaltsanalyse.[939]

Die *linguistische Textanalyse* unterscheidet sich von der Inhaltsanalyse darin, daß hier nicht der Inhalt eines Textes, sondern die verwendete Sprache den Untersuchungsgegenstand darstellt.[940]

Die Frage nach der „richtigen" bzw. wissenschaftlichen Maßstäben genügenden Vorgehensweise bei der Analyse von Kommunikation gewinnt besondere Relevanz, wenn diese im Rahmen der kulturvergleichenden Forschung erfolgt. Beispielsweise kommt von Keller nach seiner umfassenden Darstellung kulturvergleichender Studien zu dem Schluß, daß bei der Analyse von Kulturen nichtquantitative Forschungsmethoden „ein sehr viel größeres Potential an Informationen und Einsichten liefern können, als die rein quantitativen Untersuchungen, deren theoretischer und pragmatischer Erkenntnisbeitrag ... eher enttäuschend ist."[941]

Während die meisten Ergebnisse der empirischen Sozialforschung auf *Befragungen* beruhen,[942] weist die Inhaltsanalyse demgegenüber einige Vorteile auf. Sie setzt ein geringeres Maß an persönlicher Kooperation, zeitlicher Koordination und finanziellem Aufwand voraus und läßt Rückschlüsse über Kommunikatoren zu, die für eine Befragung nicht zur Verfügung stehen. Im Gegensatz zur Befragung ist sie beliebig wiederholbar und Verzerrungen aufgrund der besonderen Befragungssituation treten nicht auf.[943] Insofern erscheint die Inhaltsanalyse bei der Durchführung eines internationalen Vergleichs und eines Zeitvergleichs als praktikable und problemadäquate Methode.

Andererseits bestehen Parallelen, die die Befragung als implizite Inhaltsanalyse erscheinen lassen. So müssen bei Verwendung offener Fragestellungen die Antworten ebenfalls einer Inhaltsanalyse unterzogen werden, und die Stellung geschlossener Fragen konfrontiert den Befragten mit einem vorher erstellten Kategorienschema, wie es auch Teil einer Inhaltsanalyse sein kann.[944]

5.2.1.2 Durchführung der Inhaltsanalyse

Die inhaltlichen Aspekte, die im Vordergrund der Inhaltsanalyse stehen, sind Ausgangspunkt für die Erstellung eines Kategorienschemas, das diese umfassend widerspiegelt und voneinander abgrenzt. In einem nächsten Schritt werden dann die Elemente des zuvor ausgewählten Untersuchungsgegenstandes schrittweise daraufhin untersucht, ob jeweils das Vorliegen bestimmter inhaltlicher Dimensionen gegeben ist und somit die Zuordnung zu einer Kategorie erfolgen kann. Ergebnis der Inhaltsanalyse ist im einfachsten Fall eine Häufigkeitsauszählung, die besagt, welche inhaltlichen Kategorien wie oft im untersuchten Gegenstand behandelt werden.[945]

---

939 Vgl. Mayring (1990), S. 17f.
940 Vgl. Früh (1989), S. 59-62 und S. 78.
941 von Keller (1982), S. 411.
942 Vgl. Früh (1989), S. 13.
943 Vgl. ebenda, S. 40f.
944 Vgl. ebenda, S. 13.
945 Vgl. ebenda, S. 84-86.

Die Zuordnung der einzelnen Textelemente zum Kategorienschema erfolgt dabei anhand von Codierregeln, die etwa festlegen, ob Wörter oder Sätze die Analyseeinheit des Untersuchungsgegenstands sind und wie zu verfahren ist, wenn eine Analyseeinheit mehreren Kategorien zugeordnet werden kann.[946]

Während die Ergebnisse des Codiervorgangs einer quantitativen Auswertung unterzogen werden, besteht der eigentliche Codierprozeß in einer durch den Codierer vorgenommenen Interpretation von Textelementen, ohne die ihre Zuordnung zu den Kategorien nicht erfolgen kann.[947] Die Entscheidung über die Eignung bzw. Nichteignung eines Textelements hinsichtlich der Zuordnung zu einer Kategorie kann noch nicht als Messung angesehen werden, sondern ist eine Klassifizierung auf Nominalskalenniveau. Die auf der Codierung basierende Auswertung mehrerer Textelemente oder Texte stellt also eine quantitative Erfassung qualitativer Merkmale dar.[948]

Weil auch die quantitativen Ergebnisse wiederum interpretiert werden, umfaßt jede Inhaltsanalyse somit sowohl quantitative als auch qualitative Aspekte,[949] so daß der Gegensatz zwischen Anhängern quantitativer und qualitativer Vorgehensweisen[950] nicht so grundlegend ist, wie er zunächst erscheint.

Da einige Textelemente eindeutiger als andere spezifischen Kategorien zuzuordnen sind, kann ein unterschiedlich strenger Maßstab an die Zuordnung gelegt werden. Eine restriktive Beschränkung in der Zuordnung resultiert in einer hohen Reliabilität (bzw. Zuverlässigkeit, Stabilität, Genauigkeit) des Verfahrens, läßt aber u. U. wichtige Textteile unberücksichtigt und gefährdet dann die Validität der Untersuchung, die der Fragestellung nur noch unzureichend gerecht wird. Umgekehrt kann eine weniger restriktive Codierung, die etwa vermutete latente Inhalte berücksichtigt, zu einer höheren Validität bei geringerer Reliabilität der Untersuchung führen.

Innerhalb jeder Inhaltsanalyse besteht also eine wechselseitige Beziehung zwischen beiden Gütekriterien, die den Maßstab für die Qualität der Untersuchung bilden.[951] Mit anderen Worten besteht ein Dilemma zwischen hoher Objektivität bei evtl. geringerer Aussagekraft und der umgekehrten Konstellation.[952] Zur intersubjektiven Nachprüfbarkeit einer Untersuchung ist dementsprechend die eigene Vorgehensweise offenzulegen.[953]

Auch die computergestützte Inhaltsanalyse erfordert weiterhin eine Interpretationsleistung des Untersuchenden, da die vom Computer vorgenommene Zuordnung von Wörtern zu Kategorien im Vorfeld festgelegt wird. Dies geschieht durch die Erstellung eines Wörterbuches, das jeder Kategorie das entsprechende Vokabular zuordnet.[954]

---

946 Vgl. ebenda, S. 94f.

947 Vgl. ebenda, S. 47-50.

948 Vgl. ebenda, S. 33-36.

949 Vgl. Mayring (1990), S. 19f; Früh (1989), S. 36.

950 Vgl. die Darstellungen bei Friedrichs (1980), S. 318f; Mayring (1990), S. 9-20; Früh (1989), S. 10-16.

951 Vgl. Früh (1989), S. 106f.

952 Vgl. Fühlau (1978), S. 15f.

953 Vgl. Früh (1989), S. 38.

954 Vgl. beispielhaft R. Schmidt (1981), S. 372.

5.2.1.3 Inhaltsanalyse in der Betriebswirtschaftslehre

Bei der Anwendung der Inhaltsanalyse im Rahmen betriebswirtschaftlicher Forschung ist über die zugrundeliegende Fragestellung und über mehrere Merkmale der vorzunehmenden Inhaltsanalyse zu entscheiden:[955]

- Bei den *zu analysierenden Textarten* besteht die Wahl zwischen von Unternehmen oder von Außenstehenden verfaßten Texten.
- Beim *Erhebungsumfang* kann sich die Analyse statt auf den Volltext auf einzelne Teile (etwa Überschriften) beziehen.
- Bei der *Analyseform* wird zwischen Zeitreihen-, Querschnitts- und Soll-Ist-Analysen differenziert.
- Die *Analyseeinheit* muß nicht notwendigerweise das Wort sein, da auch größere Textteile oder im Text enthaltene Zahlenangaben ausgewählt werden können.
- Die *Codierung* erfolgt durch eine unterschiedliche Anzahl von Personen oder maschinell.
- Die *Aussageeinheit* als die Einheit, auf die sich die Aussagen nach durchgeführter Inhaltsanalyse beziehen, ist ein längerer Text, ein Abschnitt oder nur ein Satz.

Die Anwendung der Inhaltsanalyse auf betriebswirtschaftliche Fragestellungen wird seit den siebziger Jahren gefordert und ist inzwischen auch in die Tat umgesetzt worden.

So schlug etwa Schmidt[956] vor, bei der Analyse der wirtschaftlichen Lage von Unternehmen neben traditionellen Bilanzkennzahlen, deren mangelnde Zukunftsorientierung er beklagte, auch aus Verbalinformationen ermittelte Kennzahlen hinzuzuziehen.

Naheliegender Untersuchungsgegenstand in diesem Zusammenhang ist der „Druckbericht“[957]. Dieser umfaßt den Jahresabschluß (mit der Bilanz, der Gewinn- und Verlustrechnung und dem Anhang), den Lagebericht (mit gesetzlichen und freiwilligen Angaben) und den Zusatzbericht (mit sonstigen Informationen wie dem Bericht an die Anteilseigner). Insbesondere die den Verfassern vom Gesetzgeber eingeräumte und entsprechend unterschiedlich genutzte Gestaltungsfreiheit beim Druckbericht läßt eine Inhaltsanalyse sinnvoll erscheinen.[958]

In mehreren Querschnitts- und Zeitreihenuntersuchungen am Institut für Finanzwirtschaft der Universität Kiel wurden Volltexte (Lageberichte, Zeitungsartikel) und Schlagzeilen (aus Lageberichten und Zeitungsüberschriften) inhaltsanalytisch ausgewertet, wobei entweder einzelne Worte oder auch Sätze die Analyseeinheit bildeten. Die Messung des Anteils bestimmter Wortkategorien zeigte u. a., daß deren Anteil im Zeitablauf durchaus schwankend ist und im Zusammenhang mit der wirtschaftlichen Situation des Unternehmens steht. Ferner wurde deutlich, daß der Verfasser des Textes von Relevanz ist: Dabei unterschied sich die Selbstdarstellung von Unternehmen sowohl in den behandelten Themen als auch im Tenor von den kritischeren Presseberichten.[959]

Schließlich unterzog Schmidt[960] insgesamt achtzig deutsche, britische, französische und schweizerische Geschäftsberichte für die Jahre 1986 und 1996 einer Analyse hinsichtlich der getätigten Aussagen zu Unternehmensleitbild und Unternehmenszielen. Der Fragestellung entsprechend wurde (statt einer großzahligen Auszählung von Worthäufigkeiten) eine indivi-

---

[955] Vgl. ebenda, S. 359f.

[956] Vgl. derselbe (1980), S. 549.

[957] Derselbe (1992), Sp. 368.

[958] Vgl. ebenda, Sp. 368-374.

[959] Vgl. die Übersicht bei R. Schmidt (1981), S. 367-376.

[960] Vgl. derselbe (1998), S. 119-138.

duelle Analyse der zahlreich vorliegenden Einzelfälle vorgenommen. Für deutsche, französische und schweizerische Unternehmen konnte im Zeitvergleich eine deutlich verstärkte Orientierung an den Interessen der Aktionäre festgestellt werden.[961]

Bowman[962] zeigte auf, daß sich besonders starkes soziales oder internationales Engagement von Unternehmen, dessen Ausmaß vorab bestimmt wurde, auch in einer entsprechenden quantitativen Behandlung dieser Themen im Geschäftsbericht niederschlägt. Auch stellte er fest, daß Unternehmen mit einer unterdurchschnittlichen Rentabilität in ihrer verbalen Selbstdarstellung eine höhere Neigung zum Eingehen von Risiken offenbaren.[963]

Hauschildt[964] forderte in einer Übersichtsdarstellung zur empirischen Zielforschung einen stärkeren Methodenpluralismus (von der Befragung hin zur stärkeren Verwendung der Inhaltsanalyse) und setzte dies in der bereits erwähnten[965] Untersuchung um, die die Entscheidungsziele im Zusammenhang mit der Beschaffung von EDV-Anlagen thematisierte und auf den Aufzeichnungen der EDV-Hersteller basierte.[966]

Massenberg[967] setzte eine computerunterstützte Inhaltsanalyse ein, um die zwischen 1966 und 1983 gehaltenen Hauptversammlungsansprachen von vier deutschen Unternehmen zu untersuchen. Er kam u. a. zu dem Ergebnis, daß branchen- und unternehmensspezifische Gegebenheiten sich in der Berichterstattung widerspiegeln und die Ansprachen im Zeitablauf somit auch die Unternehmensentwicklung aufzeigen.[968]

Huber[969] bediente sich der Inhaltsanalyse bei der Auswertung von 38 schriftlich niedergelegten Unternehmensphilosophien deutscher Unternehmen. Untersuchungsgegenstand waren die dort zum Ausdruck gebrachten demokratischen Werte, die er in zwölf Kategorien ordnete. Zu diesen zählten z. B. die Achtung der Menschenwürde und die Anerkennung der Freiheit des Menschen.

Untersucht wurde jedes vorliegende Dokument daraufhin, ob eine Thematisierung der entsprechenden Kategorie erfolgt war. Auf die Bestimmung des quantitativen Umfangs, der der jeweiligen Kategorie im Dokument gewidmet wurde, wurde verzichtet. Huber dokumentierte und illustrierte seine Auswertungen mit zahlreichen Belegen aus den Dokumenten, so daß seine Darstellung insgesamt eher qualitativ orientiert war.

Aus den Resultaten, aus denen u. a. hervorging, daß jedes Dokument im Durchschnitt acht der zwölf Kategorien behandelt, zog er den Schluß, daß das Bemühen einer Fundierung betrieblichen Handelns durch demokratische Werte erkennbar sei. Die am häufigsten genannte Kategorie war allerdings die „Bejahung des Leistungsprinzips im betrieblichen Handeln", das hier ebenfalls zu den demokratischen Werten gezählt wurde, also eine ökonomisch fundiert Norm.[970]

---

961 Vgl. hierzu auch Abschnitt 4.3.2.3 dieser Arbeit.
962 Vgl. Bowman (1978), S. 65f.
963 Vgl. derselbe (1984), S. 67.
964 Vgl. Hauschildt, Hamel (1978), S. 248f.
965 Vgl. Abschnitt 3.2.1.
966 Vgl. Hauschildt (1977), S. 261-269.
967 Vgl. Massenberg (1986).
968 Vgl. ebenda, insbesondere S. 301-314.
969 Vgl. Huber (1987), S. 460-472; derselbe (1985).
970 Vgl. derselbe (1987), S. 464f.

Quantitativer ging demgegenüber Werner[971] vor, die in den Lageberichten von 18 deutschen Rückversicherungsunternehmen den Anteil der Worte bestimmte, die drei Kategorien zugeordnet wurden. Es handelte sich dabei um die drei Kategorien „Gewinn", „Wachstum" und „Sicherheit", deren Bedeutung der eben genannten Reihenfolge entsprach.

5.2.2 Auswahl des zu untersuchenden Textmaterials

5.2.2.1 Auswahl der Textgattung

Bei der Auswahl der im Rahmen dieser Untersuchung zu analysierenden Texte ist neben eher materiellen Erfordernissen (z. B. Zugänglichkeit der Dokumente, zeitlicher und ökonomischer Aufwand bei der Beschaffung) insbesondere auf deren Vergleichbarkeit Wert zu legen.

Dies erscheint bei der Vornahme eines internationalen Vergleichs und eines Zeitvergleichs von besonderer Relevanz. Erstens sollen eventuelle Unterschiede in der Zielartikulation zwischen deutschen und ausländischen Unternehmen aufgedeckt werden. Die Auswahl des Textmaterials muß deswegen so getroffen werden, daß weitere mögliche Einflußgrößen von im internationalen Vergleich zutage tretenden unterschiedlichen Textinhalten (z. B. unterschiedliche Anlässe und Zeitpunkte der Texterstellung sowie andere Adressaten) soweit wie möglich ausgeschlossen werden. Zweitens ist von Interesse, inwiefern bei den Zielartikulationen deutscher Unternehmen seit Beginn der neunziger Jahre ein Wandel stattgefunden hat. Insofern müssen ebenfalls Quellen verwendet werden, die abgesehen vom Zeitpunkt der Aussage möglichst ähnlich sind.

Von Unternehmen publizierte Geschäftsberichte erfüllen diese Anforderungen gut und sind somit für die Durchführung von Vergleichen besonders geeignet: Sie werden von den Unternehmen regelmäßig publiziert und gelten als „Flaggschiff"[972] der Unternehmenskommunikation sowie als „Visitenkarte"[973] des Unternehmens. Entsprechend stellt der Geschäftsbericht das „wichtigste Kommunikationsmedium für die extern wirksame Artikulation von Unternehmensleitbildern bzw. von Teilen dieser Leitbilder"[974] dar.

Zu beachten ist allerdings, daß Geschäftsberichte neben der Informationsfunktion im Rahmen der Investor Relations weitere Aufgaben erfüllen sollen:[975]

- die Steigerung der Bekanntheit und des Images des Unternehmens und seiner Produkte,
- die Dokumentation der gesellschaftlichen Verantwortung des Unternehmens und dadurch die Schaffung öffentlicher Akzeptanz,
- die Steigerung des Vertrauens verschiedener Anspruchsgruppen in das Unternehmen und damit eine höhere Sicherheit in den Beziehungen des Unternehmens zu diesen Gruppen (zu denen auch die eigenen Mitarbeiter zählen).

Insofern ist zu bedenken, daß die in diesen Dokumenten getätigten Zielartikulationen „offizielle Ziele" des Unternehmens darstellen und nicht notwendigerweise mit den tatsächlich verfolgten Zielen übereinstimmen müssen. Der Einwand trifft allerdings ebenso die Methode der Befragung und verliert dann weiter an Gewicht, wenn trotzdem nationale Unter-

---

[971] Vgl. Werner (1990a), S. 1014-1035; genauer bei Werner (1990b). Siehe auch Abschnitt 3.2.2.

[972] Meyer (1997), S. 5.

[973] Lewald (1996), S. 420.

[974] Schmidt (1998b), S. 120.

[975] Vgl. Küting, Hütten (1996), S. 2672f; Lewald (1996), S. 420-424; Zwyssig (1997), S. 43-47; Meyer (1997), S. 1-6.

schiede feststellbar sein sollten. Unterscheiden sich in der Gesamtbetrachtung etwa Zielartikulationen in Geschäftsberichten deutscher Unternehmen von denen britischer Unternehmen, so kann zumindest vermutet werden, daß die Verfasser offensichtlich meinen, andersartige Erwartungshaltungen ihrer Leserschaft befriedigen zu müssen. Dies wäre ein Indiz dafür, daß Unternehmen sich spezifischen und von der nationalen Umwelt beeinflußten Ansprüchen ausgesetzt sehen.

Im Rahmen der hier dargestellten Untersuchung kann auf die am Lehrstuhl für Finanzwirtschaft und Bankbetriebslehre der Universität Halle vorhandenen Geschäftsberichte zurückgegriffen werden. Diese dienen als Basis für einen jährlich durchgeführten Unternehmenstest, bei dem die 500 größten europäischen Aktiengesellschaften aus Industrie, Handel, Verkehr, Banken und Versicherungen analysiert werden. Daten aus den Bilanzen sowie Gewinn- und Verlustrechnungen der untersuchten Unternehmen münden nach Vornahme notwendiger Modifikationen und Einbeziehung entsprechender Vorjahreswerte in einem Fundamentalwert, der die Situation des Unternehmens bzgl. Rendite, Sicherheit und Wachstum widerspiegelt.[976]

5.2.2.2 Auswahl der Textquellen

In einem nächsten Schritt ist zu entscheiden, welche Unternehmen in die Analyse der Geschäftsberichte einzubeziehen sind. Dabei ist zu berücksichtigen, welche Herkunftsländer von Relevanz sind, welche Unternehmen aus diesen Herkunftsländern ausgewählt werden sollen und welchem Zeitraum bzw. welchen Zeiträumen die zu untersuchenden Dokumente entstammen.

Die Auswahl der Herkunftsländer hat einerseits der Bedeutung der betrachteten Länder bzw. Unternehmen Rechnung zu tragen und andererseits auf Fragen der Durchführbarkeit Rücksicht zu nehmen. Letzteres ist etwa von Bedeutung hinsichtlich der Anzahl der verfügbaren Geschäftsberichte aus einem Land und der Sprache, in der diese verfaßt sind.

Ausgewählt werden schließlich für den internationalen Vergleich von Zielartikulationen Geschäftsberichte von Unternehmen aus Deutschland, der Schweiz, Frankreich, Schweden und Großbritannien. Diese Länder beheimaten (nach den USA und Japan) die höchste Anzahl von Großunternehmen.[977] Die vorliegenden Geschäftsberichte sind in deutscher, englischer oder französischer Sprache verfaßt. Um gesichertere und vergleichbare länderbezogene Erkenntnisse zu gewinnen, ist ferner die Anzahl der aus jedem Land gewählten Unternehmen zum einen möglichst groß zu wählen, zum anderen eine ähnlich große Anzahl von Unternehmen pro Land auszuwählen. Ferner sollen sich die Geschäftsberichte bei Vornahme einer länderübergreifenden Gegenüberstellung auf einen vergleichbaren Zeitraum beziehen, damit der Einfluß eines unterschiedlichen Erstellungszeitpunkts ausgeschlossen werden kann.

Schließlich werden für den internationalen Vergleich je 30 deutsche, französische und britische, 26 schwedische und 16 schweizerische Dokumente ausgewählt, die das Geschäftsjahr 1990 behandeln[978] und zusammen mit anderen Geschäftsberichten auch Eingang in den

---

[976] Zum RSW-Verfahren vgl. z. B. o. V. (1991), S. 54-93; zur näheren Erläuterung der Vorgehensweise vgl. ebenda, S. 70, sowie Küting, Weber (1993), S. 365-374. Zu inzwischen vorgenommenen Modifikationen der Methode vgl. z. B. o. V. (1999), S. 135.

[977] Vgl. Abschnitt 4.3.2.1.

[978] Die Auswahl des Jahres 1990 für den internationalen Vergleich erscheint insofern sinnvoll, als zu diesem Zeitpunkt nationale Eigenheiten im Zweifelsfall eher noch ausgeprägter sein dürften als einige Jahre später (noch bevorstehender Binnenmarkt, Shareholder-Value-Diskussion noch in den Anfängen etc.)

Ende 1991 veröffentlichten Unternehmenstest[979] fanden. Die geringere Anzahl der schwedischen und schweizerischen Geschäftsberichte ist darauf zurückzuführen, daß zu den 500 größten europäischen Unternehmen lediglich 26 bzw. 16 Industrie-, Handels- und Dienstleistungsunternehmen aus Schweden und der Schweiz gehörten. Ferner wird das Textmaterial von zwei französischen Unternehmen aus der Analyse ausgeschlossen, da diese lediglich Zahlenmaterial zum Jahresabschluß und diesbzgl. Erläuterungen, aber keinen umfassenden Geschäftsbericht zusandten. Bei den ausgewählten Unternehmen aus Deutschland, Frankreich und Großbritannien handelt es sich ebenfalls um die Unternehmen mit dem größten Umsatz. Auf die Analyse von Banken und Versicherungen, die im Unternehmenstest aufgrund ihrer branchenspezifischen Besonderheiten gesondert analysiert werden, wird auch hier verzichtet.

Insgesamt umfaßt die Analyse, die dem internationalen Vergleich dienen soll, somit 130 Geschäftsberichte des Berichtszeitraumes 1990[980]. Geschäftsberichte der im folgenden angeführten Unternehmen werden untersucht.

- Deutschland:
  Daimler-Benz AG, Volkswagen AG, Siemens AG, Veba AG, BASF AG, Hoechst AG, RWE AG (1989/90), Bayer AG, Thyssen AG (1989/90), BMW AG, Mannesmann AG, Ford-Werke AG, Metallgesellschaft AG (1989/90), VIAG AG, Preussag AG, MAN AG (1989/90), Stinnes AG, Karstadt AG, Deutsche Lufthansa AG, Degussa AG (1989/90), Bertelsmann AG (1989/90), AEG AG, Kaufhof AG, Hoesch AG, RWE-DEA AG, Audi AG, Henkel KGaA, Asko Deutsche Kaufhaus AG, Feldmühle Nobel AG, Continental Gummiwerke AG.
- Schweiz:
  Nestlé AG, Ciba-Geigy AG, Sandoz AG, Hoffmann-La Roche & Co. AG, Danzas AG, Alusuisse-Lonza AG, Gebrüder Sulzer AG, Holderbank Financière Glarus AG, Oerlikon-Bührle Holding AG, Adia S.A., Swissair AG, Schindler Holding AG, Ascom Holding AG, Landis & Gyr AG, Georg Fischer AG, von Roll AG.
- Frankreich:
  Rhone-Poulenc S.A., Pechiney S.A., Carrefour S.A., Lyonnaise des Eaux-Dumez, Compagnie de Saint-Gobain S.A., Cie Gén. des Ets. Michelin, Promodès S.A., Bouygues S.A., BSN S.A., Schneider S.A., Groupe Casino S.A., Béghin-Say S.A., Thomson CSF, Esso S.A.F., Société Générale d'Entreprises, CRD Total France S.A., Groupe Pinault S.A., Lafarge Coppée S.A., L'Oréal S.A., Hachette S.A., Groupe Printemps S.A., L'Air Liquide S.A., Société Auxiliare d'Entreprises S.A., BP France S.A., Docks de France S.A., OCP S.A. (1989/90), Alcatel Cable S.A., CMB Packaging S.A.
- Schweden:
  AB Volvo, AB Electrolux, Stora Kopparbergs Bergslags AB, Telefonaktiebolaget LM Ericsson, Procordia, Skanska AB, Svenska Cellulosa AB SCA, AB SKF, Nobel Industries Sweden AB, Trelleborg AB, Bilspedition AB, Nordstjernan AB, Mo och Domsjö AB, Sandvik AB, Alfa-Laval AB, Esselte AB, Atlas Copco AB, Svenska Stal AB, Byggproduktion (BPA) AB, AB Ratos, AGA AB, Euroc Industri AB, Catena AB, Incentive AB, Investment AB Cardo, Astra AB.
- Großbritannien:
  Unilever N.V./PLC, Royal Dutch/Shell Group,[981] British Petroleum p.l.c., BAT Industries p.l.c., British Telecommunications p.l.c., Imperial Chemical Industries p.l.c., British Aero-

---

[979] Vgl. o. V. (1991), S. 54-93.

[980] In der folgenden Aufzählung nach Umsatzgröße erfolgt bei den jeweiligen Unternehmen ein entsprechender Vermerk, wenn das Geschäftsjahr nicht mit dem Kalenderjahr 1990 identisch ist.

space p.l.c., British Gas p.l.c., Grand Metropolitan p.l.c. (1989/1990), J. Sainsbury p.l.c. (1990/91), Hanson Trust p.l.c., BTR p.l.c., Tesco p.l.c. (1989/90), General Electric p.l.c., Marks & Spencer p.l.c. (1990/91), Rothmans International p.l.c. (1990/1991), Allied Lyons p.l.c. (1990/1991), British Steel p.l.c. (1990/91), P & O Steam Navigation Co., British Airways p.l.c. (1990/91), Beecham Group p.l.c., Dalgety p.l.c. (1989/90), Argyll Group p.l.c. (1990/91), Bass p.l.c. (1989/90), Saatchi & Saatchi Company p.l.c. (1989/90), Hillsdown Holdings p.l.c., BICC p.l.c., Rio Tinto-Zinc Corporation p.l.c., Ladbroke Group p.l.c., Rolls-Royce p.l.c..

Wie schon erwähnt, dient die Analyse der 130 Geschäftsberichte u. a. der Frage, inwiefern sich die Zielartikulationen deutscher Unternehmen von denen ihrer ausländischen Wettbewerber unterscheiden.

In einem zweiten Schritt werden die Geschäftsberichte derselben deutschen Unternehmen für das Jahr 1995 ausgewertet. Von Interesse ist nun die Frage, ob im 5-Jahres-Zeitraum ein Wandel bei der Artikulation von Zielen deutscher Unternehmen stattgefunden hat, wie es die öffentliche Diskussion zumindest vermuten läßt, und ob ggf. existierende deutsche Spezifika weiterhin Bestand haben.

Lediglich zwei Unternehmen können hierbei nicht berücksichtigt werden, da diese nicht mehr (Feldmühle) bzw. nicht mehr in der gleichen Form existieren (Hoesch). Es verbleiben somit folgende Geschäftsberichte zur Analyse:

- Daimler-Benz AG, Volkswagen AG, Siemens AG, Veba AG, BASF AG, Hoechst AG, RWE AG (1994/95), Bayer AG, Thyssen AG (1994/95), BMW AG, Mannesmann AG, Ford-Werke AG, Metallgesellschaft AG (1994/95), VIAG AG, Preussag AG (1994/95), MAN AG (1994/95), Stinnes AG, Karstadt AG, Deutsche Lufthansa AG, Degussa AG (1994/95), Bertelsmann AG (1994/95), AEG AG, Kaufhof AG, Hoesch AG, RWE-DEA AG (1994/1995), Audi AG, Henkel KGaA, Asko Deutsche Kaufhaus AG (1994/95), Feldmühle Nobel AG, Continental Gummiwerke AG.

5.2.2.3 Auswahl der zu analysierenden Textteile

In einem folgenden Schritt muß geklärt werden, welche Teile der insgesamt 130 Geschäftsberichte des Jahres 1990 und 28 des Jahres 1995 ausgewertet werden sollen.

Da Zielartikulationen erfaßt werden sollen, entfällt zunächst der Teil jedes Geschäftsberichts, der die dem Rechnungswesen entstammenden quantitativen Darstellungen des Berichtszeitraums enthält. Da außerdem das Bezugsobjekt der Betrachtung das Gesamtunternehmen mit seinen obersten Zielen ist (und nicht etwa Entscheidungsziele, Ziele innerhalb einzelner betrieblicher Funktionsbereiche oder einzelner Organisationsteile), bleiben die Abschnitte des Geschäftsberichts, die sich einzelnen Unternehmensbereichen (Tochterunternehmen, Produktgruppen, regionalen Schwerpunkten, Funktionen wie etwa „Forschung und Entwicklung") widmen und im Geschäftsbericht entsprechend durch Überschriften und im Inhaltsverzeichnis gesondert gekennzeichnet sind, zunächst ebenfalls außerhalb der Betrachtung.

Es verbleiben zur Analyse somit die Teile des Dokuments, die das Unternehmen in seiner Gänze behandeln. Dazu zählen Textteile, in denen der Vorstand oder das Kontrollorgan Aussagen zum Unternehmen bzw. zum Geschäftsverlauf treffen, Lageberichte und am Anfang

---

[981] Beide Unternehmen sind niederländisch-britischen Ursprungs und würden selbst bei einer auf Basis der Eigentumsverhältnisse basierenden Anrechnung des lediglich „britischen Umsatzanteils" zu den größten britischen Unternehmen gezählt werden, so daß eine Berücksichtigung vertretbar erscheint.

oder am Ende des Dokuments zu findende grundsätzliche (Selbst-)Darstellungen des Unternehmens („Unternehmensprofil", „Mission" etc.). Angesichts des besonderen Stellenwerts finanzieller Zielgrößen in betriebswirtschaftlicher Theorie und Praxis und deren Bezug auf das Gesamtunternehmen werden ggf. vorhandene Teile des Geschäftsberichts, die sich der Unternehmensaktie, der Unternehmensfinanzierung etc. widmen, auch in die Auswertung aufgenommen. Insofern in den zur Analyse verbleibenden Teilen des Geschäftsberichts Zielartikulationen zu finden sind, die sich lediglich auf die oben genannten Teilbereiche des Unternehmens beziehen (etwa die Aktivitäten in einer bestimmten Region oder bei einer Unternehmenstochter), erscheint es sinnvoll, diese Zielartikulationen bei der Erfassung der Unternehmensziele zu berücksichtigen, da ihnen aufgrund der Erwähnung innerhalb der Diskussion des Gesamtunternehmens offensichtlich eine besondere Bedeutung zukommt.

5.2.3 Codierung und Kategorienschema

Nach der Abgrenzung des zu untersuchenden Textmaterials ist festzulegen, welche Kriterien eine Textstelle erfüllen muß, um als Zielartikulation einer Kategorie zugeordnet werden zu können. Dies setzt zudem die Erstellung eines entsprechenden Kategorienschemas voraus.

5.2.3.1 Kennzeichen einer Zielartikulation

Wie bereits ausgeführt,[982] zeichnet sich ein Ziel durch mehrere Merkmale aus. Es handelt sich um einen zukünftigen Zustand, dem eine positive Valenz zugeschrieben wird und der deshalb zu Aktivitäten führt, die der Herbeiführung eben dieses Zustands dienen sollen.

Unmißverständlich liegt dann eine zu registrierende Zielartikulation vor, wenn im auszuwertenden Text explizit das Wort „Ziel" (oder Synonyme wie „Zweck", „Absicht" etc.) verwendet wird, der angestrebte Zustand inhaltlich und sogar in seinem Ausmaß beschrieben wird, somit eindeutig einer entsprechenden Kategorie zugeordnet werden kann und ein Zukunftsbezug explizit oder implizit (etwa bei genereller Geltung für nicht näher spezifizierte zukünftige Betrachtungszeiträume) gegeben ist. Beispielhaft sei etwa folgende Aussage aus einem Geschäftsbericht genannt, in der ein Wachstumsziel formuliert wird:

"The Group's objective is to achieve an annual growth in invoiced sales of 15 percent ..." (Geschäftsbericht Alfa-Laval 1990, S. 8)[983]

Leider erweisen sich solche klaren Zielformulierungen, deren Erfassung unproblematisch ist und demgemäß zu einer hohen Reliabilität der Auswertung führen, als seltene Ausnahme. Insbesondere das Vorliegen einer operationalen Umschreibung des angestrebten Zustands als Voraussetzung für eine Codierung würde zu dem Ergebnis führen, daß die Mehrzahl der untersuchten Geschäftsberichte überhaupt keine Zielartikulationen enthält.[984]

---

[982] Vgl. Abschnitt 2.1.1.

[983] Bei allen im folgenden (bis einschließlich Abschnitt 5.3.1.7) zitierten Geschäftsberichten handelt es sich um Geschäftsberichte, die in den internationalen Vergleich eingegangen sind und sich auf den Berichtszeitraum 1990 beziehen. Insofern wird bei der Quellenangabe, die im laufenden Text erfolgt, auf den Verweis „Geschäftsbericht" und die Jahresangabe verzichtet.

[984] Vgl. Teil 2 des Anhangs. In den 130 Geschäftsberichten des Berichtszeitraums 1990 wird in lediglich 57 Fällen ein Ziel operational formuliert. Dies bedeutet, daß die Mehrzahl der Geschäftsberichte keine operationale Zielartikulation aufweist.

Gleichzeitig sind in den Geschäftsberichten jedoch zahlreiche Formulierungen zu finden, die einerseits zwar nicht allen genannten Kriterien für das Vorliegen einer Zielartikulation gerecht werden und deren Erfassung aufgrund eines gewissen Interpretationsspielraums somit eine negative Auswirkung auf die Reliabilität der Untersuchung hätte, andererseits aber durchaus die Zielorientierung des Unternehmens widerspiegeln. Die Einbeziehung derartiger Textstellen erscheint im Hinblick auf die Validität der Untersuchung durchaus wünschenswert. Dies ist z. B. der Fall, wenn in einem Geschäftsbericht rückblickend Handlungen beschrieben werden, die der Erreichung eines nicht operational formulierten Ziels dienen, so daß ein Zukunftsbezug zum Zeitpunkt des Erstellens des Geschäftsberichts nicht mehr vorliegt. Trotzdem läßt eine derartige Aussage Rückschlüsse über die Ziele des Unternehmens zu.
Beispiel:
„Die Hauptziele der durchgeführten Investitionen lagen in der Rationalisierung der vorhandenen Fertigungseinrichtungen und in der Verbesserung der Produktqualität." (Mannesmann, S. 8)

Im Interesse einer gleichzeitig hohen Validität und Reliabilität der Untersuchung ist somit festzulegen, wann eine Textstelle als Zielartikulation interpretiert werden kann (und entsprechend codiert werden muß) und wann dies nicht der Fall ist. Zielaussagen erfolgen in präskriptiver Sprache, zu der Imperative und Werturteile gehören. Entsprechend signalisieren imperativische oder werturteilende Wortfelder, Wortformen und Satzformen das Vorliegen einer Zielartikulation.[985] Im folgenden sollen[986] solche imperativischen und urteilenden Textstellen diskutiert und anhand einiger Beispiele aus den untersuchten Geschäftsberichten erläutert werden. Auch soll offengelegt werden, in welchen Fällen eine Codierung als Zielartikulation unterbleibt. Verschiedene Textmuster können unterschieden werden:

1. Verwendung von Substantiven wie „Ziel", „Zweck" oder „Absicht"
Beispiel:
„Unser Ziel ist, in den neuen Bundesländern eine ähnliche Marktposition zu erreichen wie in den westlichen Bundesländern." (Siemens, S. 7)
Eine derartige Formulierung wird in der Untersuchung als Zielartikulation erfaßt. Eine Codierung erscheint auch dann sinnvoll, wenn die Aussage in der Vergangenheitsform erfolgt, da zumindest ein Ziel zurückliegender Unternehmensaktivitäten beschrieben wird.
Beispiel:
„Auch unser zweites Ziel, die gleichgerichteten Aktivitäten der beiden Konzerne zusammenzubringen, haben wir im abgelaufenen Geschäftsjahr erreicht."(Preussag, S. 13)

2. Verwendung substantivischer Formulierungen, die Aktivitäten beschreiben, welche ein Gerichtetsein auf die Erreichung eines gewünschten Zustands implizieren
Hierzu zählen Wortfelder wie „Maßnahmen zur Senkung der Kosten" (Bayer, S. 7), „Kostensenkungsprogramme" (Daimler-Benz, S. 17), „Strategie der Expansion" (Feldmühle Nobel, S. 4), „cost-reduction measures" (Procordia, S. 13), „efforts to" (Landis & Gyr, S. 11), „steps to" (Skanka, S. 2) oder „programs are designed to" (Volvo, S. 4). Auch wenn bei derartigen Formulierungen der Aktivitätsbezug im Vordergrund steht, erscheint die Annahme eines Zukunftsbezugs plausibel, da die Aktivitäten chronologisch und kausal einem bestimmten Zustand vorausgehen. Daß dieser Zustand erwünscht ist, also eine positive Valenz gegeben ist, kann ebenfalls angenommen werden, da die entsprechenden Maßnahmen als auf die-

985 Vgl. Hauschildt (1977), S. 275f.
986 Aufbauend auf den Ausführungen ebenda.

sen Zustand ausgerichtet dargestellt werden. Insofern werden derartige Textstellen als Zielartikulation interpretiert.

3. Verbale Formulierungen, die Aktivitäten zur Erreichung eines gewünschten Zustands beschreiben

Hierzu zählen Verben wie „beabsichtigen“ oder „anstreben“, Textstellen wie “... we aim to be the foremost company in meeting the daily needs of consumers ...” (Unilever, S. 3), “... we will strive to further expand our presence even further ...” (Carrefour, S. 1) und auch die Verwendung von Hilfsverben wie „wollen“, „sollen“ oder „müssen“ (“BP must be ... a highly regarded company.”, BP, S. 2). Auch hier wird bei der Auswertung das Vorliegen einer Zielartikulation angenommen.

4. Satzformen, die erläutern, zu welchem Zweck etwas geschieht bzw. geschehen ist

Hierzu zählen Finalsätze („... um auch im 21. Jahrhundert ... wettbewerbsfähig zu bleiben.“, VW, S. 10), Begründungen (“Ratos has elected to invest in a large number of shares in a few selected countries for reasons of risk diversification.”, Ratos, S. 13) und andere Aussagen ähnlichen Inhalts („Die Investitionen ... dienten der Sicherung und dem Ausbau der Marktposition.“, Veba, S. 19, „... Investitionen für die Zukunftssicherung ...“, Daimler-Benz, S. 13). Derartige Textstellen werden ebenfalls als Zielartikulationen bewertet.

5. Aussagen, die die Bedeutung eines Zustands hervorheben oder eine Eigenschaft positiv werten

Ob derartige Textstellen den Charakter einer Zielartikulation aufweisen, wird im Einzelfall in Abhängigkeit vom Inhalt und vom Kontext der Aussage entschieden. Die positive Valenz ist nämlich keine hinreichende Bedingung für das Vorliegen eines Unternehmensziels, da ein Aktivitätsbezug des Unternehmens nicht unbedingt gegeben ist. Dies wird z. B. deutlich, wenn ein Unternehmen die günstige Entwicklung der Konjunktur positiv bewertet oder rückblickend einen Zustand als Erfolg darstellt, der vielleicht dem Inhalt oder dem Ausmaß nach gar nicht Unternehmensziel ist.

Deuten jedoch zusätzliche Aussagen oder die Art der Formulierung darauf hin, daß die Eigenschaft oder der Zustand von besonderer Bedeutung für das Handeln des Unternehmens sind, erfolgt eine Codierung als Zielaussage.

Beispiele für Textstellen, die als Zielartikulation bewertet werden:

“Volvo ... stands for quality.” (Volvo, ohne Seitenangabe[987])
„... messen wir der Umweltverträglichkeit ... wachsende Bedeutung zu ...“ (Daimler-Benz, S. 13)
“The new organisation is essential to ... maintain our position ...” (British Telecom, S. 2)
„Gewinn ist Maßstab und Lohn für erfolgreiches Wirtschaften.“ (Hoechst, S. 16)
„Stabilität erscheint uns ... bedeutsam.“ (VIAG, S. 7)
“... high and sustained profitability is required ...” (MoDo, S. 7)

6. Darstellung einer Kausalkette bzw. Abgabe einer Prognose

Geschäftsberichte enthalten in zahlreichen Fällen Beschreibungen vergangener oder zukünftiger Unternehmensaktivitäten, die zu bestimmten Resultaten führten oder führen. Es ist anzunehmen, daß die Darstellungen suggerieren sollen, daß das jeweilige Resultat beabsichtigt ist.

Beispiele:

“Fewer acquisitions ... will contribute to an improved cash flow.” (Electrolux, S. 5)
”The cooperation will result in ... greater competitiveness.” (Volvo, ohne Seitenangabe)

---

987 Der Vermerk „ohne Seitenangabe“ verweist hier und im folgenden auf Seiten der Geschäftsberichte, denen von den Verfassern keine Seitenzahl zugeordnet wurde, weil es sich z. B. um das Titelblatt handelt.

Da nicht ausgeschlossen werden kann, daß lediglich Nebeneffekte von Unternehmensaktivitäten zu einer positiven Selbstdarstellung genutzt werden, obwohl diese vielleicht gar nicht angestrebt werden, erfolgt keine Erfassung als Zielartikulation.

7. Aktivitätenbeschreibungen
Umfangreiche Beschreibungen bestimmter Unternehmensaktivitäten (z. B. die Aufzählung zahlreicher Akquisitionen im Berichtszeitraum oder die Beschreibung des Einbaus teurer Filteranlagen, die zur Senkung von Emissionen führen) stehen im engen Zusammenhang mit Unternehmenszielen (z. B. der Unternehmensgröße oder dem Umweltschutz). Erfolgt in den Textteilen allerdings kein expliziter Bezug auf die korrespondierenden Ziele (etwa durch die Verwendung von Finalsätzen, Hilfsverben oder die Einordnung der aufgezählten Aktivitäten zu einem Programm oder einer Strategie), unterbleibt eine Codierung.

8. Beschreibung eines Zustandes, Sachverhalts oder Resultats, der üblicherweise auch Unternehmensziel ist
Nahezu alle Geschäftsberichte weisen beispielsweise zu Beginn einen Kommentar auf, in dem der Vorstandsvorsitzende zum Verlauf des Geschäftsjahres Stellung nimmt und dabei auf Größen wie den Gewinn oder den Umsatz eingeht. Auch hier kann vermutet werden, daß dies auf die besondere Bedeutung dieser Größen zurückzuführen ist. Im Interesse einer größeren Reliabilität der Untersuchung unterbleibt jedoch auch hier eine Codierung, wenn die Kennzeichen einer Zielartikulation (z. B. der Aktivitätsbezug und die positive Valenz des umschriebenen Zustands) nicht vorliegen.

Zusammenfassend muß konstatiert werden, daß bei der Bestimmung der Zielartikulationen eines Geschäftsberichts ein gewisser Interpretationsspielraum besteht. Abgesehen von der grundsätzlichen Problematik, daß artikulierte Ziele nicht notwendigerweise den tatsächlichen Zielen des Unternehmens entsprechen, erweist sich als problematisch, daß bestimmte Textstellen Unternehmensziele inhaltlich thematisieren, aber mit Rücksicht auf die Reliabilität der Untersuchung nicht als Zieläußerungen erfaßt werden können, weil die Wortwahl oder die Satzform nicht präskriptiven Charakter aufweisen. Ein Ausschluß derartiger Textstellen aus der Untersuchung erscheint aber vertretbar, da ein dem Unternehmen wichtiges Ziel im Geschäftsbericht auch entsprechend deutlich (und eindeutig als solches identifizierbar) formuliert sein dürfte.

5.2.3.2 Besonderheiten bei der Thematisierung der Sachziele und der Ziele von Stakeholdern

Die eben genannten Indikatoren für das Vorliegen einer Zielartikulation knüpfen an den Definitionsmerkmalen des Ziels an. Beim Sachziel des Unternehmens hingegen handelt es sich nicht um einen positiv bewerteten Zustand, der zukünftig herbeigeführt werden soll, sondern um eine Umschreibung der Produkte bzw. Dienstleistungen, mit denen das Unternehmen an den Markt tritt. Das Sachziel kann direkt formuliert werden oder indirekt über die Aussage, einer bestimmten Branche anzugehören. Entsprechende Textpassagen werden unter der Kategorie „Sachziel“ codiert.
Beispiele:
"AGA is the ... producer of gases ..." (AGA, S. 3)
„Die BASF ist ein ... Unternehmen der chemischen Industrie.“ (BASF, S. 1)

Eine weitere Besonderheit stellen diejenigen vom Unternehmen verfolgten Ziele dar, die Ziele der Anspruchsgruppen sind.

Entweder wird die Verfolgung solcher Ziele in gleicher Weise artikuliert wie die Verfolgung anderer Unternehmensziele. Mit Bezug auf die Mitarbeiter heißt es beispielsweise:

"We aim to provide stimulating and fulfilling employment." (Allied Lyons, S. 3)

Oder aber es erfolgt ein indirektes Bekenntnis zu Zielen der Anspruchsgruppen derart, daß das Unternehmen als Partner einer Gruppe bzw. im Dienst oder der Verantwortung stehend für eine Gruppe dargestellt wird.

Beispiel:

"The success of our philosophy rests on ... serving our customers and caring for our workforce." (Hanson, ohne Seitenangabe)

Da es sich hier um eine grundlegende Aussage zum Unternehmenszweck handelt, erscheint eine Erfassung ebenfalls sinnvoll.

Beide Arten von Formulierungen werden somit als Zielartikulationen i. S. der Verfolgung von Anspruchsgruppenzielen einbezogen.

5.2.3.3 Erfassung weiterer Textstellen von Relevanz

Bei der Analyse der Geschäftsberichte zeigt sich, daß die Thematisierung von Unternehmensmitarbeitern und deren Zielen sowie von Umweltschutzzielen und anderen gesellschaftlichen Zielen in den Textteilen, die das Unternehmen in seiner Gesamtheit darstellen und hier einer Inhaltsanalyse unterzogen werden (Lagebericht, Ansprache des Vorstandsvorsitzenden, plakative Artikulation der Unternehmensmission und die anderen bereits genannten Teile des Geschäftsberichts)[988], in einigen Geschäftsberichten nur eine sehr untergeordnete Rolle einnehmen.

Gleichzeitig weisen manche derselben Geschäftsberichte einen mit „Personal" oder „Mitarbeiter" überschriebenen und im Inhaltsverzeichnis gesondert ausgewiesenen Abschnitt auf. Dieser hat i. d. R. einen Umfang von zwei bis drei Seiten, deren häufigste Inhalte Angaben zur Entwicklung der Mitarbeiterzahl oder die Beschreibung von Personalentwicklungsmaßnahmen sind. Die Darstellung innerhalb des Geschäftsberichts ist inhaltlich, organisatorisch und bzgl. der optischen Aufbereitung die Beschreibung einer funktionalen Aktivität neben anderen funktionalen Aktivitäten (z. B. „Forschung & Entwicklung").

Einzelne Aussagen stellen dabei durchaus einen Bezug zwischen den dort beschriebenen Maßnahmen und den Interessen der Mitarbeiter her (z. B. wenn erläutert wird, daß Weiterbildungsmaßnahmen für Mitarbeiter und Unternehmen gleichermaßen von Vorteil sind). Auch werden in einigen Geschäftsberichten die den Mitarbeitern vom Unternehmen gewährten Sozialleistungen geschildert.

Angesichts der inhaltlichen und formalen Charakteristika (ähnlich der Beschreibung anderer funktionaler Bereiche des Unternehmens und gesonderte Darstellung des Themas meistens weit hinten im Geschäftsbericht) erscheint es sinnvoll, die Existenz eines solchen Abschnitts in einem Geschäftsbericht zu vermerken, ohne aber die darin enthaltenen Textpassagen in gleicher Weise auszuwerten wie etwa die Artikulationen des Vorstandsvorsitzenden.

In entsprechender Weise wird auch das Vorliegen gesonderter Abschnitte zum Thema „Umweltschutz" und zu sozialen Aktivitäten des Unternehmens vermerkt. Es handelt sich hier also nicht um die Erfassung von Zielartikulationen, wohl aber um die Erfassung von Eigen-

---

[988] Vgl. Abschnitt 5.2.2.3 dieser Arbeit.

heiten eines Geschäftsberichts, deren Vorhandensein im Zusammenhang mit Unternehmenszielen von Relevanz erscheint.

Eine weitere Erfassung, die keine Codierung einer Zielartikulation darstellt, erfolgt, wenn in einem Geschäftsbericht das finanzielle Ergebnis des Berichtszeitraums wertend kommentiert wird.
Beispiel:
„Mit dem Resultat sind wir zufrieden. ... Der Konzerngewinn ... stieg ..." (Siemens, S. 4)
Es handelt sich hierbei um Textstellen, die - wie schon ausgeführt - nicht die Eigenschaften von Zielartikulationen aufweisen, da Zukunfts- und Aktivitätsorientierung hier nur vermutet werden können.

Aufgrund der besonderen theoretischen Bedeutung des Gewinnziels und der Vermutung, daß in manchen Geschäftsberichten die Wertung des Vorjahresergebnisses vielleicht als Substitut für ein klares Bekenntnis zum Gewinnziel dient, werden entsprechende Formulierungen einer eigenständigen Kategorie („Gewinn, kommentierende Wertung") zugeordnet.

5.2.3.4 Kategorienschema

Nach der Feststellung, daß eine Textstelle eine Zielartikulation darstellt, muß geklärt werden, welcher Kategorie sie zugeordnet werden kann. Dies setzt die Erstellung eines entsprechenden Kategorienschemas voraus.

5.2.3.4.1 Vorgehensweise

Bei der Erstellung des Kategorienschemas bzgl. Inhalt und Aufbau kann zunächst an die vorausgegangenen theoretischen Erörterungen zu Unternehmenszielen angeknüpft werden. Nach ersten Durchsichten und Analysen des Textmaterials müssen dann notwendig erscheinende Modifikationen der Gliederungstiefe des Kategorienschemas erfolgen. Die Erstellung des Kategorienschemas und die Auswertung der Texte stellen somit zwei Prozesse dar, die iterativ miteinander verknüpft sind.

Eine Vereinigung von zunächst unterschiedlichen Kategorien muß dann vorgenommen werden, wenn der inhaltliche Zusammenhang sich als so eng herausstellt, daß einzelne Textstellen nicht eindeutig einer der ursprünglichen Kategorien zugeordnet werden können. Gleiches erfolgt, wenn sich die ursprüngliche Aufteilung als zu differenziert erweist und einer der Kategorien überhaupt keine Textstellen zugeordnet werden können.

Beibehalten wird eine Kategorie allerdings auch bei sehr seltener Thematisierung in den Texten, wenn sie aus theoretischen Gründen als wichtig erachtet wird. Ihre geringe Bedeutung in den Geschäftsberichten erscheint dann nämlich zumindest von hohem Erkenntniswert.

Umgekehrt wird eine Kategorie in mehrere Kategorien aufgespalten, wenn ihr zunächst zahlreiche Textstellen zugeordnet werden können, bei denen zudem eine weitere inhaltliche Differenzierung möglich ist.

Grundsätzlich erfolgt bei der Erstellung der Kategorien keine Differenzierung nach der artikulierten Zielausprägung. Die mögliche Zuordnung einer Artikulation wie „... um schnell zu reagieren ..." zu einer Zielkategorie „Schnelligkeit" und einer ähnlichen Formulierung wie „...

um schneller zu reagieren ..." zu einer anderen Kategorie aufgrund der unterschiedlichen angestrebten Zielausprägung erscheint nur von eingeschränktem Erkenntnisgewinn, da es zumindest fraglich ist, ob derartige Differenzierungen von den Verfassern bewußt vorgenommen werden.

Lediglich bei der Artikulation des Gewinnziels wird zusätzlich eine Erfassung des artikulierten Zielausmaßes vorgenommen und drei Kategorien werden unterschieden. Hintergrund der Differenzierung ist die Frage, inwiefern sich die in vielen betriebswirtschaftlichen Modellen diskutierte Gewinnmaximierung in den Aussagen der Geschäftsberichte wiederfindet. Zusätzlich wird gesondert erfaßt, ob das Ziel einer Gewinnerhöhung postuliert wird oder das Gewinnziel lediglich ohne Nennung des Zielausmaßes ausgesprochen wird.

Vermerkt wird außerdem gesondert, wenn eine Zielartikulation operational formuliert wird und etwa ein Rentabilitätsziel durch eine Prozentangabe präzisiert wird.[989]

Generell wird untersucht und erfaßt, ob ein Ziel in einem Geschäftsbericht überhaupt artikuliert wird, nicht aber wie oft dies der Fall ist. Die Erfassung der Zielartikulationen erfolgt somit auf Nominalskalenniveau. Angesichts der z. T. geringen Anzahl von Zielartikulationen in Geschäftsberichten, der unterschiedlichen Umfänge der Geschäftsberichte und der in der Untersuchung betrachteten Fragestellungen, die eher ein Gesamtbild im Zeitablauf und nationale Unterschiede in den Vordergrund rücken, erscheint dies vertretbar. Auch ist zumindest fraglich, inwiefern die Häufigkeit der Artikulation eines Ziels mit seiner tatsächlichen Bedeutung korreliert. So zeigt sich beispielsweise, daß eine wiederholte Erwähnung eines Ziels innerhalb eines Geschäftsberichts z. T. darauf zurückzuführen ist, daß Formulierungen in einem Abschnitt an anderer Stelle lediglich wiederholt werden.[990] Da außerdem - wie schon ausgeführt - die Bewertung einer Textstelle als Zielartikulation trotz aller notwendigen Abgrenzungen nicht immer frei von Subjektivität ist und in einigen Fällen ein Interpretationsspielraum verbleibt, wäre die Erfassung der Häufigkeit der Thematisierung eines Ziels in einem Geschäftsbericht und die sich daraus ergebende Verwendung einer metrischen Skalierung mit gewissen Reliabilitätsproblemen verbunden. Die Verwendung einer Nominalskala erscheint somit problemadäquater.

Enthält eine Textstelle Aussagen zu mehreren Zielinhalten, erfolgt entsprechend eine Zuordnung zu allen erwähnten Zielkategorien.
Beispiel:
„Priorität hat für uns unverändert die Sicherung der Unternehmenskontinuität, die weitere Verbesserung der Ertragskraft und die Steigerung des Unternehmenswertes." (Bertelsmann, S. 6)

5.2.3.4.2 Der Kategorienkatalog im Detail

Resultat der Inhaltsanalyse ist ein vierunddreißig Ziele und sieben sonstige Kategorien umfassender Katalog. Die Inhalte der einzelnen Kategorien und ihre Abgrenzung voneinander sollen im folgenden beschrieben und anhand einiger Textstellen aus Geschäftsberichten, die den entsprechenden Kategorien zugeordnet wurden, illustriert werden.

Generell erfolgt eine Zuordnung einer Textstelle zu einer Kategorie dann, wenn erstere die oben genannten Eigenschaften einer Zielartikulation aufweist und einen Zustand umschreibt, der inhaltlich mit der Textkategorie übereinstimmt. Letzteres ist beispielsweise dann

---

989 Vgl. hierzu Teil 2 des Anhangs.
990 Vgl. z. B. den Geschäftsbericht von SmithKline Beecham (1990), S. 8 und 11.

der Fall, wenn die Wortwahl im Text den Zielinhalt beschreibt und etwa im Falle der Kategorie der Liquidität die Verwendung eben dieses Wortes (bzw. eines Synonyms oder der englischen oder französischen Entsprechung) im Text erfolgt. Auch kann eine Zuordnung erfolgen, wenn der Zielinhalt ohne Verwendung dieses Signalwortes hinreichend deutlich beschrieben wird, weil beispielsweise die Aufrechterhaltung der Zahlungsfähigkeit genannt wird.

Im folgenden sind in Klammern die jeweiligen Abkürzungen der Kategorie in Klammern angegeben. Sie finden im Anhang (Teil 1) Verwendung, wo jede Codierung und die dazugehörige Textstelle dokumentiert wird.

5.2.3.4.2.1 Zielkategorien im Rahmen der Maschinenmetapher: Finanzielle Ziele

1. Liquidität (Liqui)
Hierunter ist wie oben beschrieben die Fähigkeit des Unternehmens gemeint, jederzeit zahlungsfähig zu sein. Eine Textstelle, die somit dieser Kategorie zugeordnet werden kann, ist im Geschäftsbericht von Skanska (S. 8) zu finden:
"In order to preserve good liquidity, ... substantial outside borrowing has occurred ..."

2. Cash-flow (CF)
In Abgrenzung zur *Liquidität* ist hier nicht die Fähigkeit des Unternehmens zur jederzeitigen Vornahme von Zahlungen gemeint, sondern ein zu erzielender Zufluß von Zahlungsmitteln.
Beispiel:
"... Euroc will give priority to: ... reductions ... to improve cash flow." (Euroc, S.3)

3. Shareholder Value (Sh Val)
Aussagen, die den Unternehmenswert oder die Investitionsmotive der Aktionäre (Einkommen und/oder Aktienwertsteigerung) als Unternehmensziel aufgreifen.
Beispiele:
"BPA's goal is to maximize the Company's net worth." (BPA, S. 2)
„Wir wollen ... den Wert des Investments unserer Aktionäre erhöhen." (Daimler-Benz, ohne Seitenangabe)
Das Investitionsmotiv der Aktionäre steht hier also im Vordergrund. Werden gleichzeitig die Aktionäre als Personengruppe, an deren Zielen sich die Unternehmenstätigkeit orientiert, explizit genannt, wie in der zweiten Aussage geschehen, erfolgt zusätzlich eine Zuordnung der Aussage zur Kategorie *Aktionäre*. Die ausschließliche Zuordnung einer Textstelle zur Kategorie *Aktionäre* (s. Erläuterung im einzelnen in Abschnitt 2.3.4.2.4) erfolgt hingegen, wenn eine Ausrichtung des Unternehmens im Dienst der Aktionäre postuliert wird, ohne dies inhaltlich näher zu spezifizieren.

4. Eigenkapitalrentabilität (Rent EK)
Zielformulierungen, die das Periodenergebnis in bezug zum Eigenkapital des Unternehmens setzen.
Beispiel:
"... our goal of an average pretax return on equity of 30 % within a few years ..." (Electrolux, S. 5)

5. Rentabilität (Rent Ge)
Zielaussagen, die den Gewinn in bezug zum Gesamtkapital setzen oder generell die Rentabilität thematisieren, ohne die Bezugsgrößen näher zu präzisieren.
Beispiel:
„Die Kapitalrentabilität soll mindestens 12 Prozent betragen." (Bertelsmann, S. 11)

6. Gewinnerzielungsziel (G, G Erh oder G Max)
Textstellen, aus denen hervorgeht, daß das Unternehmen einen Gewinn, eine Gewinnerhöhung oder eine Gewinnmaximierung anstrebt (zur gesonderten Erfassung des Zielausmaßes s. Abschnitt 5.2.3.4.2.5).

Die Verwendung von Substantiven wie „Ertrag“ oder „Ergebnis“ wird ebenfalls hier zugeordnet, soweit aus dem Kontext hervorgeht, daß die Erzielung einer finanziellen absoluten Erfolgsgröße gemeint ist und ein Bezug zu den Aktionären und ihren Zielen nicht explizit hergestellt wird (etwa im Gegensatz zum *Shareholder Value*).
Beispiel:
„... mit dem Ziel, die Ertragslage des Konzerns namhaft zu verbessern.“ (Oerlikon-Bührle, S. 8)
Die wertende Bezugnahme auf ein erreichtes Unternehmensergebnis (z. B. bei Audi auf S. 10: „Die Ergebnisentwicklung verlief ... sehr zufriedenstellend.“) wird nicht hier, sondern unter der Kategorie *Kommentierende Wertung des Vorjahresergebnisses (G komm)* (s. Abschnitt 5.2.3.4.2.5) erfaßt, da der Zielcharakter einer solchen Aussage aufgrund der fehlenden Aktivitätsorientierung zumindest fraglich erscheint.

7. Effizienz/Produktivität (Effi)
Textstellen, die die wert- oder mengenmäßige Effizienz der Abläufe im Unternehmen als Ziel zum Inhalt haben. Thematisiert werden somit nicht der *Gewinn* oder die *Rentabilität* als finanzielle Ergebnisgrößen des wirtschaftlichen Handelns in einer Periode, sondern lediglich allgemein umschriebene Teilaspekte wie etwa auf Kostensenkung oder Rationalisierung gerichtete Maßnahmen.
Beispiel:
„In allen Produktbereichen wurden überdies die Anstrengungen zur Rationalisierung und Produktivitätssteigerung konsequent weitergeführt.“ (Von Roll, S. 9)

8. Gewinnverwendungsziel (G Verw)
Formulierungen, die umschreiben, wie ein erzielter Gewinn verwendet werden soll.
Beispiel:
“... the dividend ... in the long-term should correspond to approximately one third of the annual profit after financial income and expenses and 30 per cent standard tax.” (Trelleborg, S. 42)
Findet dabei die Gruppe der Aktionäre explizit Erwähnung, etwa derart, daß ein bestimmter Anteil des Gewinns den Aktionären zustehen soll, erfolgt zusätzlich eine Zuordnung zur Kategorie *Aktionäre* (s. auch Abschnitt 5.2.3.4.2.4).

9. Kapitalstruktur/-niveau/-stärke (Kap)
Aussagen, die eine gewünschte Kapitalstruktur (z. B. Verschuldungsgrad oder Aktionärsstruktur) postulieren oder die Kapitalausstattung betreffen (z. B. Stärkung des Eigenkapitals, Reservenstärkung, Kapitalhöhe).
Beispiel:
“The Group's debt-to-equity ratio ... should be reduced to 0,7 by the end of 1991.” (Rhone-Polenc, S. 4)

5.2.3.4.2.3 Zielkategorien im Rahmen der Organismusmetapher: Strategische Ziele

10. Wachstum/Expansion/Umsatz/Größe (Wachs)
Aussagen, die die Größe des Unternehmens oder das Wachstum als Ziel postulieren. Hierunter fallen sowohl eine Umsatzsteigerung in bestehenden Geschäftsfeldern als auch die Erweiterung des Sachziels, z. B. durch einen Ausbau des Produktprogramms.

Beispiel:
"The steps aimed at external growth .... " (CMB Packaging, S. 27)

11. Marktposition/-anteil/-stellung (M Pos)
Im Gegensatz zur vorherigen Kategorie fließt hier entweder die Größe relativ zu den Wettbewerbern in die Zielartikulation ein (Textstellen, die die Bedeutung von Marktanteilen, deren Ausbau oder eine bestimmte Position in der „Umsatzrangliste" artikulieren), oder es handelt sich um Aussagen, die auf andere Weise den Bezug zur Konkurrenz herstellen, indem von einer nicht näher definierten Wettbewerbs- oder Marktposition die Rede ist oder etwa das Ziel geäußert wird, „erfolgreicher" als die Wettbewerber zu sein.
Beispiel:
„Neben der weiteren Verbesserung der Marktposition ... gelten alle unsere Anstrengungen ..." (VW, S. 25)

12. Internationalisierung (Intern)
Aussagen, die das Bemühen des Unternehmens um eine verstärkte internationale Dimension seiner Tätigkeit illustrieren. Damit ist z. B. eine angestrebte Umsatzsteigerung speziell im Ausland oder im globalen Rahmen gemeint oder eine Internationalisierung der Beschaffung oder Forschung. Aussagen der erstgenannten Art werden sowohl hier als auch der Kategorie *Wachstum* zugeordnet. Die Selbstdarstellung als internationales Unternehmen allein führt noch zu keiner Codierung.
Beispiel:
"Our policy of expansion into Europe ..." (Bouygues, S. 4)

13. Konsolidierung/Sachzieleinschränkung (Konsol)
Diese Kategorie bildet inhaltlich den Gegenpol zur Kategorie *Wachstum*. Hier wird vom Unternehmen keine Expansion im alten oder in neue Geschäftsfelder verfolgt, sondern vielmehr ein bewußtes Verharren auf dem gegenwärtigen Aktivitätsniveau, eine Verminderung des Aktivitätsniveaus oder sogar eine Sachzieleinschränkung angestrebt.
Beispiel:
"The program is focused on concentration of production ... In the interest of streamlining the Group's structure, ... operations in the Commercials services ... would be offered for sale." (Electrolux, ohne Seitenangabe)

14. Kostenführerschaft (KoFü)
Textstellen, die die Verfolgung der Strategie der Kostenführerschaft artikulieren (als Gegenpol zur Strategie der Differenzierung) und somit über das Ziel herkömmlicher Kostensenkung - wie sie in der Kategorie *Effizienz/Produktivität* erfaßt wird - hinausgehen. „Führerschaft" muß in diesem Zusammenhang nicht notwendigerweise für die günstigste Kostenposition unter allen Wettbewerbern stehen, allerdings für eine der besten Positionen.
Beispiel:
"... we invest in all aspects of our business: In manufacturing to maintain our position as one of the world's lowest cost cigarette producers ..." (BAT, S. 6)

15. Qualität (Qual)
Aussagen, die die Qualität der angebotenen Produkte oder Dienstleistungen als ein Ziel des Unternehmens deklarieren.
Beispiel:
„Breiten Raum ... nahm die Umsetzung der Hoesch-Qualitätsstrategie ... ein." (Hoesch, S. 15)
Aussagen, die den Kundennutzen der angebotenen Produkte als Ziel in den Vordergrund stellen, werden der Kategorie *Kunde* (s. Abschnitt 5.2.3.4.2.4) zugeordnet.

16. Synergie/Integration (Syn)
Zielartikulationen, die sich auf das Zusammenwirken einzelner Unternehmensbereiche beziehen oder eine stärkere Integration dieser Bereiche fordern.
Beispiel:
"Several major organizational changes were made in order to achieve ... synergy effects." (Electrolux, S. 4)

17. Sachzielbenennung (Sach)
Artikulationen, in deren Mittelpunkt die Umschreibung der vom Unternehmen am Markt angebotenen Produkte bzw. Dienstleistungen oder die Charakterisierung des Unternehmens als zu einer bestimmten Branche zugehörig stehen.
Beispiel:
„Unser Sortiment beinhaltet ..." (Holderbank, S. 4)
Nicht zu dieser Kategorie zählen Beschreibungen von Aktivitäten im Unternehmen, bei denen die jeweiligen Geschäftsbereiche, Produkte und Dienstleistungen lediglich Erwähnung finden.

18. Innovationsfähigkeit/Innovationen (Inno)
Aussagen, die als Ziel die Innovationsfähigkeit bzw. Erneuerung des Unternehmens, seiner Produkte oder einiger funktionaler Bereiche (z. B. Produktion oder Entwicklung) postulieren.
Beispiel:
"... Michelin continued its search for innovations ..." (Michelin, S. 5)

19. Modernisierung (Modern)
Artikulationen, aus denen hervorgeht, daß Aktivitäten im Unternehmen eine Modernisierung zum Ziel haben. Im Gegensatz zur vorhergehenden Kategorie steht die Neuartigkeit des Ergebnisses der Bemühungen nicht im Vordergrund.
Beispiel:
„Hoesch investierte ... Sie dienten vorwiegend der Modernisierung von Produktionsanlagen ..." (Hoesch, S. 13)

20. Schnelligkeit/Dynamik (Schnell)
Textstellen, aus denen hervorgeht, daß das Unternehmen die Geschwindigkeit seiner Aktionen oder Reaktionen erhöhen will.
Beispiel:
"In the pharmaceuticals division one of the primary aims was to shorten the time to market ... and accelerate the decision-making process ..." (Roche Group, S. 8)

21. Anpassungsfähigkeit/Flexibilität (Flex)
Formulierungen, die die Anpassungsfähigkeit des Unternehmens an seine Umwelt als Ziel artikulieren.
Beispiel:
„... soll die Flexibilität der Unternehmensbereiche in Zeiten eines beschleunigten Wandels erhöht werden." (Ciba-Geigy, S. 11)

22. Unabhängigkeit/Handlungsfreiheit/Autonomie (Unabh)
Aussagen, die die Unabhängigkeit des Unternehmens gegenüber seiner Umwelt bzw. eine Reduzierung der Abhängigkeit als Ziel artikulieren.
Beispiel:
"The ... effort ... of reducing the dependence of Ratos on Sweden ..." (Ratos, S. 5)

23. Wettbewerbsfähigkeit (Wettb)
Formulierungen, die die Wettbewerbsfähigkeit bzw. Wettbewerbsstärke des Unternehmens als Zielgröße artikulieren. Der nähere Inhalt des Begriffs wird in der Regel nicht weiter erläutert, allerdings liegt der Fokus auf der Kompetenz oder den Kompetenzen des Unternehmens.
Beispiel:
«... ces mesures ... pour ... améliorer la compétivité de Michelin.» (Michelin, S. 9)
Aussagen, die die Wettbewerbsposition des Unternehmens im Markt als Resultat der Wettbewerbsfähigkeit thematisieren, werden der Kategorie *Marktposition* zugeordnet.

24. Sicherheit/Stabilität/Vorsicht/Vorsorge/Risikovermeidung (Sich)
Aussagen, die die Stabilität des Unternehmens bzw. der Beziehung des Unternehmens zu seiner Umwelt und darauf ausgerichtete Maßnahmen thematisieren. Dabei wird ein Zustand hoher Sicherheit bzw. ein Gleichgewicht („Balance") mit der Umwelt angestrebt. Auch eine beabsichtigte Stabilität aufgrund einer Unternehmenstätigkeit in unterschiedlichen Geschäftsfeldern wird dieser Kategorie zugeordnet.
Beispiel:
„Auch 1990 hat sich die von uns angestrebte Risikostreuung ... bewährt." (Henkel, S. 6)
Sicherheit im Sinne der technischen Sicherheit von Anlagen fällt nicht unter diese Kategorie.

25. Überleben/Zukunftssicherung (Überl)
Formulierungen, die den Fortbestand des Unternehmens als Ziel postulieren. Einzelne Textstellen, die beispielsweise die „Gesundung" des Unternehmens thematisieren und somit ebenfalls die Metapher des Lebewesens verwenden, werden ebenfalls hier zugeordnet.
Beispiel:
„Wir setzen uns zum Ziel, ... langfristig die Existenz zu sichern ..." (BASF, S. 2)

5.2.3.4.2.3 Zielkategorien im Rahmen der Kulturmetapher: Soziale Ziele

26. Unternehmung im Dienst gesamtökonomischer Ziele (Ges ök)
Aussagen, die das Unternehmen als im Dienst volkswirtschaflicher Zielgrößen wie Wohlstand oder Beschäftigung stehend darstellen.
Beispiel:
„Wir wollen dabei gleichzeitig einen Beitrag zur Gesundung der Wirtschaft ... leisten." (Veba, S. 6)

27. Umweltschutz (Umw)
Textstellen, die den Umweltschutz als Ziel des Unternehmens artikulieren. Eine Differenzierung zwischen dem Umweltschutz als Sachziel und als übergeordnetem Ziel erweist sich bei einigen Textstellen als nicht möglich und wird deswegen nicht getroffen.
Beispiel:
„Ziel dieser Aktivitäten ist es, die Belastungen von Umwelt und Ressourcen nachhaltig zu verringern und so die Attraktivität und gesellschaftliche Akzeptanz des Individualverkehrs auch in Zukunft zu erhalten." (BMW, S. 10)

28. Unternehmung im Dienst sonstiger außerökonomischer Ziele oder Normen (Ges aök)
Formulierungen, die deutlich machen sollen, daß die Unternehmenstätigkeit auch von nichtökonomischen Normen geleitet ist, die gesamtgesellschaftlichen Ursprungs sind. Die Verfolgung von Umweltschutzzielen wird der vorhergehenden Kategorie (s. o.) zugeordnet.

Beispiel:
"GrandMet believes that it has a responsibility to provide support to charitable and community projects that help people in need to help themselves." (GrandMet, S. 6)

29. Prestige/Image/Soziale Anerkennung (Prest)
Aussagen, die die gesellschaftliche Anerkennung des Unternehmens bzw. sein Prestige als Ziel postulieren.
Beispiel:
"BP ... must be a highly regarded company in every local community in which we operate." (BP, S. 2)

5.2.3.4.2.4 Ziele der Stakeholder

Den folgenden Kategorien werden Textstellen zugeordnet, die das Unternehmen als im Dienst von Anspruchsgruppen und deren Zielen stehend bzw. als Partner dieser Gruppen darstellen. Da die Zieldiskussion in den Geschäftsberichten zwar Ziele der Stakeholder berücksichtigt und in einigen Aussagen in den Mittelpunkt der Betrachtung stellt, jedoch mögliche Konflikte in den Ansprüchen nicht thematisiert werden, ist dieser Abschnitt auch nicht mit „Zielkategorien der Politikmetapher", sondern mit „Ziele der Stakeholder" überschrieben.

30. Ziele der Kunden (Ku)
Beispiel:
„Die Wünsche unserer Kunden stehen an erster Stelle. Sie sind der Maßstab unseres Handelns." (Lufthansa, ohne Seitenangabe)

31. Ziele der Mitarbeiter (Ma)
Beispiel:
"In line with our policy of sharing the fruits of our development with staff members ..." (Lafarge Coppée, S. 19)

32. Ziele der Aktionäre (Ak)
Beispiel:
„... unser Verhalten auch in Zukunft ausschließlich im Interesse der Gesellschaft und aller ihrer Aktionäre auszurichten ..." (Continental, S. 5)

33. Ziele der Lieferanten (Li)
Beispiel:
"It must be the company with which ... suppliers most want to do business." (BP, S. 2)

34. Ziele der Fremdkapitalgeber (FK)
Ein Textbeispiel kann an dieser Stelle nicht angeführt werden, da keine entsprechenden Textstellen gefunden wurden.

5.2.3.4.2.5 Sonstige Kategorien

Hierunter fallen weitere Kategorien, die ebenfalls für die Zielthematik von Relevanz sind. Entweder handelt es sich bei den zugehörigen Textstellen um keine Zielartikulationen oder die Kategorien stellen lediglich Unterkategorien der schon erwähnten Kategorien dar.

Im einzelnen geht es hierbei um die Codierung wertender Äußerungen bzgl. des Vorjahresergebnisses des Unternehmens, um eine gesonderte Erfassung des artikulierten Zielausmaßes bei der Thematisierung des Gewinnziels sowie um Abschnitte des Geschäftsberichts, die Sonderthemen (z. B. Personalbereich, Umweltschutz, karitative Zwecke) näher ausführen.

Kommentierende Wertung des Vorjahresergebnisses (G komm)
Aussagen, die den Gewinn bzw. einen nicht näher definierten finanziellen Erfolg des Unternehmens im Berichtszeitraum positiv (oder auch negativ) kommentieren, ohne daß notwendigerweise auf den Zielcharakter des Gewinns geschlossen werden kann.
Beispiel:
„Mit dem Resultat sind wir zufrieden. ... Der Konzerngewinn ... stieg ..." (Siemens, S. 4)
Die Erwähnung einer „Gewinnverbesserung" i. S. der Beschreibung eines Gewinnanstiegs wird nicht als Ergebniskommentierung interpretiert, so daß eine Codierung unterbleibt.

Gewinn als En-Bloc-Ziel/Nennung eines unbestimmten Anspruchsniveaus (G)
Formulierungen, aus denen hervorgeht, daß das Unternehmen bzw. seine Aktivitäten am Gewinn orientiert sind, ohne daß das Anspruchsniveau näher beschrieben wird. Die Zuordnung einer Textstelle zu dieser oder den beiden folgenden Kategorien führt gleichzeitig zu einer Codierung unter der Zielkategorie *Gewinn* (s. 5.2.3.4.2.1). Die gesonderte Erfassung der Gewinnzielartikulation nach der Zielausprägung und somit in drei Zielkategorien erscheint aufgrund ihrer hohen theoretischen Bedeutung interessant.
Beispiel:
„Wir werden alles daran setzen, ... ein befriedigendes Ergebnis zu erzielen." (Bayer, S. 7)

Gewinnerhöhung (G Erh)
Aussagen, die die Erhöhung oder „Verbesserung" des Gewinns (auch i. S. einer Verlustminderung) bzw. ein Gewinnwachstum als Ziel thematisieren.
Beispiel:
„„... mit dem Ziel, die Ertragslage des Konzerns namhaft zu verbessern." (Oerlikon-Bührle, S. 8)

Gewinnmaximierung (G Max)
Aussagen, die das Ziel der Gewinnmaximierung postulieren.
Beispiel:
"... it is Hilton's policy constantly to maintain the standard of all existing hotels ... and, consequently, to maximise their profitability." (Ladbroke, S. 3)

Spezieller Beitrag „Personal" (Sp Pers)
Registriert wird, inwiefern ein gesonderter Teil des Geschäftsberichts - mit eigener Überschrift und i. d. R. gesondertem Ausweis im Inhaltsverzeichnis des Geschäftsberichts - nähere Informationen zum Personalwesen, Maßnahmen und Entwicklungen im Personalbereich etc. aufweist. Überschrieben sind entsprechende Kapitel z. B. mit „Unsere Mitarbeiter" (Bayer, S. 16f), „Personelles" (Swissair, S. 20f), „Les Ressources Humaines" (Société Générale, S. 26f), „Astra's Employees" (Astra, S. 26) oder „People" (Argyll, S. 27-29).

Spezieller Beitrag „Gesellschaftliche Verantwortung", „Soziale Aktivitäten" etc. (Sp Ges)
Diese Kategorie erfaßt die Existenz eines gesonderten Abschnitts im Geschäftsbericht, der der Darstellung derjenigen Unternehmensaktivitäten gewidmet ist, die das Gemeinwohl zum Inhalt haben (z. B. die Unterstützung von kulturellen und karitativen Einrichtungen oder auch die Förderung gesamtökonomischer Zwecke). Beispiele finden sich etwa bei British Telecom

unter der Überschrift „Contributing to the community“ (S. 14) oder bei Marks & Spencer („Marks & Spencer in the community“, S. 28-30). Die Beschreibung von Umweltschutzaktivitäten eines Unternehmens wird hingegen in der folgenden Kategorie erfaßt.

Spezieller Beitrag „Umweltschutz“ (Sp Umw)
In dieser Kategorie wird registriert, inwiefern im Geschäftsbericht eine gesonderte Darstellung der Umweltschutzaktivitäten des Unternehmens erfolgt (z. B. bei Sandoz auf S. 20 unter der Überschrift „Umweltschutz und Sicherheit“ oder bei Marks & Spencer auf S. 31: „Environmental Responsibility“). Falls in einem Teil des Geschäftsberichts gleichzeitig mehrere der drei letztgenannten Kategorien (Umweltschutz, gesellschaftliche Ziele, Personal) thematisiert werden, erfolgt eine Zuordnung zu allen thematisierten Kategorien.

Bei Textstellen, die die Eigenschaften von Zielartikulationen aufweisen, aber keiner der angegebenen Kategorien eindeutig zugeordnet werden können, unterbleibt die Codierung. Dies ist etwa der Fall, wenn der Zielinhalt nur sehr unbestimmt umschrieben ist.
Beispiel:
"Our endeavor is consistently to become better at what we are best at." (Astra, S. 2)

5.2.4 Statistische Analyse des Datenmaterials

5.2.4.1 Datensatz

Resultat der Inhaltsanalyse ist ein Datensatz, der auf der Auswertung von 130 deutschen und ausländischen Geschäftsberichten des Berichtszeitraums 1990 und 28 deutschen Geschäftsberichten des Berichtszeitraums 1995 beruht. Es liegen entsprechend 158 Geschäftsberichte (Fälle) vor, die sich jeweils in ihrer Ausprägung von 34 Zielkategorien (Variablen) unterscheiden. Da für jeden Geschäftsbericht lediglich erfaßt wird, inwiefern die oben diskutierten Kategorien artikuliert worden sind oder nicht (Zuordnung des Wertes „1“ bei Artikulation des durch die Zielkategorie erfaßten Zielinhalts und des Wertes „0“ bei Nicht-Artikulation), sind die auszuwertenden Variablenausprägungen auf Nominalskalenniveau.

Zur weiteren Analyse werden sechs zusätzliche Variablen eingeführt:
- Die ebenfalls nominalskalierte Variable *Land*, deren Ausprägung zwischen „1“ bis „5“ variiert, bezeichnet die nationale Herkunft des den Geschäftsbericht verfassenden Unternehmens.
- Die Variable *Finanz* ist definiert als Summe der Ausprägungen aller finanzielle Ziele umschreibenden Variablen. Da letzteren jeweils die Werte „1“ oder „0“ zugeordnet worden sind, kann die Ausprägung der Variable *Finanz* je nach Anzahl der von einem Unternehmen insgesamt thematisierten finanziellen Ziele einen Wert zwischen „0“ und „9“ annehmen.
- Die Variablen *Strateg*, *Sozial* und *Stakehol* leiten sich entsprechend als Summe der in einem Geschäftsbericht thematisierten strategischen, sozialen oder Stakeholder-Ziele ab.
- Die Variable *Jahr* benennt den Berichtszeitraum des Geschäftsberichts und weist die Ausprägungen „1990“ oder „1995“ auf.

Der Datensatz stellt somit eine Matrix mit 158 Zeilen und (inkl. der sieben „sonstigen Kategorien“, vgl. Abschnitt 5.2.3.4.2.5) 47 Spalten dar.

5.2.4.2 Verfahren

Die statistische Analyse der Daten hat vor dem Hintergrund eines weitgehend nominalskalierten Datensatzes sowie der in Abschnitt 5.1 erörterten Fragestellungen zu erfolgen. Von Interesse ist:

- Wie viele und welche Ziele werden von den Unternehmen artikuliert bzw. welche Ziele werden häufiger als andere genannt?
- Gibt es signifikante Unterschiede zwischen deutschen und ausländischen Geschäftsberichten bei der Häufigkeit der Nennung bestimmter Ziele?
- Gibt es signifikante Unterschiede zwischen deutschen Geschäftsberichten aus den Berichtszeiträumen 1995 im Vergleich zu den Geschäftsberichten fünf Jahre zuvor?
- Sind unterschiedliche Artikulationsmuster derart beobachtbar, daß etwa einige Unternehmen vorrangig Ziele eines Sachzusammenhangs (z. B. finanzielle Ziele) artikulieren, während andere Unternehmen ein eher breites Zielspektrum behandeln?
- Sind so ggf. unterscheidbare Unternehmenstypen in allen untersuchten Ländern gleichmäßig vertreten oder bestehen Schwerpunkte in den jeweiligen Ländern?
- Welche Zielkategorien werden in denselben Geschäftsberichten behandelt, d. h. welche Zielartikulationen treten in Geschäftsberichten zusammen auf?

Die Fragen 1-3 werden über die Analyse von Häufigkeiten der Variablenausprägungen, die Durchführung einer Kontingenzanalyse sowie die Vornahme von t-Tests untersucht. Zur Beantwortung der Fragen 4-6 werden Cluster-Analysen durchgeführt. Die Auswertung erfolgt mit dem Programm „SPSS 7.5 for Windows", das zu den am häufigsten in Wissenschaft und Wirtschaft verwendeten Statistik-Programmen zählt.

5.2.4.2.1 Häufigkeitsbetrachtung

Die Häufigkeitsbetrachtung hat zum Ergebnis, welche und wie viele Ziele die betrachteten Unternehmen artikulieren. Eine Summation der Spaltenwerte der Zielkategorien der Matrix ergibt, von wie vielen Unternehmen ein Ziel artikuliert wird, während die Summation der Zeilenwerte die Anzahl der von einem Unternehmen artikulierten Ziele darstellt.

Hierdurch wird ein Ländervergleich möglich. Es wird deutlich, welches die am häufigsten artikulierten Ziele für jedes Land sind und ob bestimmte Ziele in einem Land von einem höheren Anteil der Unternehmen genannt werden als in einem anderen Land. In gleicher Weise kann verglichen werden, ob sich die Bedeutung einzelner Ziele in den Geschäftsberichten deutscher Unternehmen zwischen 1990 und 1995 gewandelt hat.

5.2.4.2.2 Kontingenzanalyse

Die Kombination der beobachteten Häufigkeiten zweier nominalskalierter Variablen (z. B. Herkunftsland eines Unternehmens und Artikulation des Wachstumsziels) läßt sich in Form einer Kreuztabelle darstellen.[991] Dabei wird beispielsweise in vier Feldern einer Tabelle erfaßt, wie viele deutsche Unternehmen das Wachstumsziel artikulieren, wie viele dies nicht tun und wie die gleiche Aufteilung bei nicht-deutschen Unternehmen ist.

---

[991] Vgl. z. B. Backhaus, Erichson, Plinke, Weiber (1996), S. 171.

Die Aussage, daß ein Ziel in einem Land von einem höheren Anteil der Unternehmen genannt wird als in einem anderen Land, sagt jedoch noch nichts über die Signifikanz des Unterschieds aus.

Die Kontingenzanalyse untersucht, ob zwischen zwei nominalskalierten Variablen ein signifikanter Zusammenhang besteht. Die Nullhypothese geht von der Unabhängigkeit der Ausprägung der Variablen aus. Dies ist im Rahmen dieser Untersuchung gleichbedeutend mit der Vermutung, daß der Anteil der Unternehmen, die ein bestimmtes Ziel artikulieren, in einem Land genauso hoch ist wie in den anderen Ländern. Im Verlauf der Analyse wird untersucht, wie stark die beobachteten Häufigkeiten abweichen von den zu erwartenden Häufigkeiten, falls tatsächlich eine Unabhängigkeit der Variablen vorliegt.[992]

Üblich ist die Prüfung der Nullhypothese über den Chi-Quadrat-Test:[993] Die Vornahme des Chi-Quadrat-Tests ist allerdings an bestimmte Voraussetzungen geknüpft:[994] Eine Forderung lautet, daß die erwarteten Häufigkeiten für jedes Feld größer als 5 sind. Ist dies nicht der Fall, sollten nicht mehr als 20 % der Felder diesen Grenzwert unterschreiten. Auch wird z. T. gefordert, daß die Kreuztabellen sechs oder mehr Felder aufweisen. Je mehr Felder bei gegebenem Datenmaterial unterschieden werden, desto geringer sind allerdings die erwarteten Häufigkeiten für einzelne Felder, so daß die gleichzeitige Erfüllung beider Bedingungen u. U. nicht möglich ist.

Zur Verwendung kommen im Rahmen dieser Untersuchung Vier-Felder-Tafeln (jeweils eine Tafel pro Zielvariable), die jedoch bei eher selten artikulierten Zielen erwartete Häufigkeiten unter dem Wert von 5 aufweisen.

Bei Vorliegen kleinerer Stichproben, Feldern mit erwarteten Häufigkeiten kleiner als 5 sowie stark asymmetrischen Randverteilungen (Asymmetrie der Zeilen- und Spaltensummen der Kontingenztabelle) gilt Fisher's exakter Test als genauester Test.[995] Er kann lediglich bei Kontingenztabellen mit vier Feldern Anwendung finden und bestimmt ebenfalls Signifikanzwerte zur Überprüfung der Null-Hypothese der Unabhängigkeit zweier Variablen. Die Vorgehensweise[996] besteht zunächst darin, bei gegebenen Randsummen alle theoretisch möglichen Ausprägungen der Vier-Felder-Tafel zu bestimmen. Anschließend werden basierend auf der Prämisse einer hypergeometrischen Verteilung die Wahrscheinlichkeiten berechnet, mit der die entsprechenden Tafeln auftreten können, falls die untersuchten Variablen tatsächlich unabhängig sind.

Der exakte Fisher-Test wird im Rahmen dieser Arbeit verwendet, um zu klären, inwiefern die Häufigkeiten der Artikulation bestimmter Ziele in einem Land signifikant von denen in den anderen Ländern abweichen. Auch ist von Interesse, ob bei einzelnen Zielen signifikante Unterschiede zwischen der Häufigkeit der Nennung durch deutsche Unternehmen für das Jahr 1990 im Vergleich zum Jahr 1995 bestehen.

5.2.4.2.3 t-Test

Der t-Test untersucht, ob sich zwei Mittelwerte signifikant voneinander unterscheiden. Der t-Test für unabhängige Stichproben wird im Rahmen dieser Untersuchung zur Erörterung der

992 Vgl. ebenda, S. 166-188.
993 Vgl. ebenda, S. 176-178.
994 Vgl. ebenda, S. 178; Brosius, Brosius (1995), S. 358.
995 Hartung, Elpelt, Klösener (1995), S. 414 und 416; Backhaus, Erichson, Plinke, Weiber (1996), S. 178.
996 Vgl. im einzelnen Hartung, Elpelt, Klösener (1995), S. 414-416.

Frage eingesetzt, ob sich die Anzahl der artikulierten Zielkategorien im Vergleich zweier Länder signifikant unterscheidet. Der t-Test bei gepaarten Stichproben wird durchgeführt, um die gleiche Frage für den Vergleich der deutschen Geschäftsberichte der Jahre 1990 und 1995 zu beantworten. Bei der Untersuchung wird die Annahme gleicher Varianzen der Werte in der Grundgesamtheit nicht unterstellt.

Die Vorgehensweise[997] besteht darin, in einem ersten Schritt den t-Wert zu bestimmen. In diesen geht neben den in beiden Gruppen beobachteten Varianzen und der Anzahl der Fälle die Differenz der Mittelwerte ein. Je höher diese Differenz ceteris paribus ist, desto höher ist auch der t-Wert. Da bei gegebenem Stichprobenumfang die Wahrscheinlichkeitsverteilung für verschiedene t-Werte bekannt ist, kann eine Aussage darüber getroffen werden, wie wahrscheinlich es ist, daß dieser errechnete t-Wert sich bei tatsächlich identischen Mittelwerten der Grundgesamtheit ergibt. Je kleiner diese Wahrscheinlichkeit ist, desto eher ist zu vermuten, daß die Mittelwerte in beiden Gruppen sich tatsächlich unterscheiden.

5.2.4.2.4 Cluster-Analyse

Die Betrachtung der Häufigkeit von Zielartikulationen auf Länderebene und die darauf basierende Untersuchung der Signifikanz von Unterschieden im internationalen und im zeitlichen Vergleich sagt noch nichts darüber aus, welche Muster der Artikulation von Zielen bei Unternehmen unterschieden werden können. Die mögliche Beobachtung, daß in einem Land etwa finanzielle und strategische Ziele häufig, soziale Ziele aber selten genannt werden, kann mehrere Ursachen haben. Denkbar ist etwa, daß die meisten Unternehmen diesem Artikulationsmuster folgen oder aber, daß sich zwei große Gruppen von Unternehmen dieses Landes deutlich unterscheiden. Eine Gruppe würde dann eine starke Betonung finanzieller Ziele aufweisen (bei geringer Bedeutung stategischer Ziele), während der Schwerpunkt der anderen Gruppe vorwiegend auf strategischen Zielen läge (bei Vernachlässigung finanzieller Ziele).

Die Cluster-Analyse[998] ist ein multivariates Verfahren, mit dem im ersten Schritt die Ähnlichkeit von Fällen bzw. Objekten untersucht werden kann. Anschließend werden die ähnlichsten Fälle schrittweise zu Gruppen vereinigt.[999] Ergebnis sind somit Gruppen von Objekten, wobei die Objekte innerhalb einer Gruppe möglichst ähnlich sind, während sich die Objekte, die zu verschiedenen Gruppen gehören, möglichst stark voneinander unterscheiden.

Die Cluster-Analyse wird in dieser Untersuchung eingesetzt, um Gruppen von Unternehmen zu identifizieren, die ein ähnliches Zielsystem artikulieren. Sie findet hier ebenfalls Verwendung, um Gruppen ähnlicher Variablen zu identifizieren.

Die Durchführung einer Cluster-Analyse setzt Entscheidungen darüber voraus, wie die Ähnlichkeit bzw. Distanz zwischen zwei Fällen gemessen wird (Wahl des Distanz- bzw. Ähnlichkeitsmaßes) und in welcher Weise die Vereinigung erfolgt (Wahl der Agglomerationsmethode).

---

997 Vgl. Brosius, Brosius (1995), S. 401-416.

998 Vgl. im einzelnen Backhaus, Erichson, Plinke, Weiber (1996), S. 261-321

999 Von den hier beschriebenen agglomerativen Verfahren sind die divisiven Verfahren zu unterscheiden, bei denen zunächst alle Objekte in einer Gruppe vereinigt sind, ehe eine schrittweise Aufteilung erfolgt. Vgl. Backhaus, Erichson, Plinke, Weiber (1996), S. 281f.

5.2.4.2.4.1 Wahl des Distanz- bzw. Ähnlichkeitsmaßes

Die Verschiedenartigkeit bzw. Gleichartigkeit von Fällen wird bestimmt, indem die jeweiligen Merkmalsausprägungen bzgl. derselben Variablen verglichen werden:[1000]

- *Distanzmaße* drücken die Verschiedenartigkeit zweier Objekte aus. Je stärker sich die Merkmalsausprägungen der Objekte unterscheiden, desto höher ist das Distanzmaß.
- *Ähnlichkeitsmaße* drücken umgekehrt die Übereinstimmung zwischen den Objekten aus. Je stärker sich die Merkmalsausprägungen zweier Objekte unterscheiden, desto geringer ist das Ähnlichkeitsmaß.

In Abhängigkeit des Skalenniveaus der Variablen stehen zahlreiche Maße zur Verfügung.[1001]

In einem ersten Schritt wird die Ähnlichkeit der 130 Unternehmen untersucht, deren Geschäftsberichte für das Jahr 1990 vorliegen. Dabei werden alle 34 nominalskalierten Variablen, die die Artikulation oder Nichtartikulation eines Ziels festhalten, berücksichtigt.

Die Auswahl des Ähnlichkeitsmaßes zur Messung der Ähnlichkeit von zwei Unternehmen ist von folgenden Überlegungen geleitet:

- Je mehr Zielkategorien gleichzeitig von beiden Unternehmen genannt werden, desto ähnlicher sind beide Unternehmen.
- Werden Ziele hingegen von beiden Unternehmen nicht genannt, ist dies nicht als Ähnlichkeit zu werten.
- Letzteres gilt selbstverständlich auch bei Zielvariablen, die nur von einem der beiden Unternehmen artikuliert werden.
- Gibt es kein einziges Ziel, das gleichzeitig von beiden Unternehmen genannt wird, soll das Ähnlichkeitsmaß den Wert „0" annehmen.
- Artikulieren zwei Unternehmen exakt dieselben Ziele, soll das Ähnlichkeitsmaß den Wert „1" annehmen.

Aus den oben genannten Überlegungen leitet sich folgendes Ähnlichkeitsmaß ab:

$$\text{Ähnlichkeitsmaß} = \frac{a}{a+b+c}$$

(mit a = Anzahl der Ziele, die gleichzeitig von beiden Unternehmen genannt werden und
b bzw. c = Anzahl der Ziele, die nur jeweils von einem Unternehmen artikuliert werden)

Dieses Ähnlichkeitsmaß wird als Tanimoto- bzw. Jaccard-Koeffizient bezeichnet[1002] und wird in dieser Untersuchung ebenfalls zur Analyse der Ähnlichkeit von Zielvariablen verwendet. Hierbei wird die Annahme getroffen, daß Ziele um so ähnlicher sind, je öfter sie gemeinsam in Geschäftsberichten artikuliert werden.

Zusätzlich wird eine zweite Cluster-Analyse durchgeführt, die lediglich auf den Ausprägungen der Variablen *Finanz*, *Strateg*, *Sozial* und *Stakehol* für jedes Unternehmen beruht.[1003] Die Ausprägungen dieser Variablen beschreiben die Anzahl der jeweils artikulierten finanziellen, strategischen, sozialen und Stakeholder-Ziele durch ein Unternehmen und sind somit intervallskaliert. Der Jaccard-Koeffizient kann deshalb keine Anwendung finden.

[1000] Vgl. Backhaus, Erichson, Plinke, Weiber (1996), S. 264f.
[1001] Vgl. Brosius, Brosius (1995), S. 848-858.
[1002] Vgl. Backhaus, Erichson, Plinke, Weiber (1996), S. 267.
[1003] Zu den Gründen vgl. Abschnitt 5.3.1.6.

Als Distanzmaß wird statt dessen die quadrierte Euklidische Distanz gewählt.[1004] Sie wird für ein Objektpaar berechnet, indem die Differenz der Ausprägungen bei jeder Eigenschaft quadriert und die sich ergebenden Werte anschließend summiert werden.

5.2.4.2.4.2 Wahl der Agglomerationsmethode

Nach der Wahl des Distanz- oder Ähnlichkeitsmaßes muß entschieden werden, auf welche Weise die ähnlichsten Objekte zu einer Gruppe vereinigt werden. Unterschiedliche Vorgehensweisen[1005] beruhen auf der Entscheidung, wie die Distanz zwischen Gruppen, die aus jeweils mehreren Objekten bestehen, gemessen werden soll. Sie kann beispielsweise als Distanz der beiden sich ähnlichsten Objekte aus den beiden Gruppen definiert werden („Nearest-Neighbor"-Verfahren) oder als die Distanz der beiden am unähnlichsten Objekte aus den zwei Gruppen („Furthest-Neighbor"-Verfahren).[1006]

Basierend auf dem Distanzmaß von Jaccard wird das „Average-Linkage-Verfahren innerhalb der Gruppen" gewählt. Es weist mehrere Vorteile auf[1007] und definiert diejenigen Gruppen als am ähnlichsten, bei denen die durchschnittliche Distanz zwischen allen Objektpaaren aus beiden Gruppen am geringsten ist.[1008]

Basierend auf dem Distanzmaß der quadrierten Euklidischen Distanz wird hingegen das Agglomerationsverfahren nach Ward gewählt. Es gilt als „sehr guter Fusionierungsalgorithmus"[1009], der im Vergleich zu anderen Agglomerationsverfahren meistens sehr gute Aufteilungen von Clustern ergibt.[1010] Er setzt aber die Verwendung der quadrierten Euklidischen Distanz voraus und kann somit bei nominalskalierten Variablen keine Anwendung finden. Die Vorgehensweise des Verfahrens nach Ward[1011] besteht darin, die Summe der quadrierten Euklidischen Distanzen aller Objekte zum jeweiligen Mittelwert ihrer Gruppe zu errechnen („Abstandsquadratsumme"). Vereinigt werden die zwei Cluster, bei deren Vereinigung der Zuwachs der Abstandsquadratsumme am geringsten ist.

Die Fusionierung einzelner Objekte führt - unabhängig von den verwendeten Distanz- bzw. Ähnlichkeitsmaßen und dem verwendeten Agglomerationsverfahren - zu einer schrittweisen Verringerung der Cluster, bis letztlich alle Objekte in einem Cluster vereinigt sind. Gegenstand der Cluster-Analyse ist jedoch „die Analyse einer heterogenen Gesamtheit von Objekten (z. B. Personen, Unternehmen), mit dem Ziel, homogene Teilmengen von Objekten aus der Objektgesamtheit zu identifizieren."[1012]

1004 Die quadrierte Euklidische Distanz zählt zu den am meisten verbreiteten Distanzmaßen, vgl. Backhaus, Erichson, Plinke, Weiber (1996), S. 273f.

1005 Für eine Übersicht der bei SPSS zur Verfügung stehenden Verfahren vgl. Brosius, Brosius (1995), S. 869f.

1006 Vgl. ebenda, S. 870.

1007 Das „Average Linkage Verfahren innerhalb der Gruppen" weist weder eine Neigung auf, zunächst wenige große und viele kleine Gruppen zu bilden („kontrahierend" wie das „Nearest-Neigbor"-Verfahren), noch dazu, etwa gleich große Gruppen zu bilden („dilatierend" wie das „Furthest-Neighbor"-Verfahren), vgl. Backhaus, Erichson, Plinke, Weiber (1996), S. 297f.

1008 Vgl. Brosius, Brosius (1995), S. 870.

1009 Backhaus, Erichson, Plinke, Weiber (1996), S. 298.

1010 Vgl. ebenda, S. 298.

1011 Vgl. im einzelnen das Beispiel ebenda, S. 292-297.

1012 Ebenda, S. 262.

Vor dem Hintergrund dieses Ziels ist also zu entscheiden, bei welcher Cluster-Anzahl das aussagekräftigste Ergebnis vorliegt. Herangezogen wird hierzu üblicherweise das „Elbow-Kriterium“:[1013] Eine sinnvolle Cluster-Anzahl liegt demnach vor, wenn eine zusätzliche Senkung der Cluster-Anzahl zu einer besonders starken Veränderung der Größe führt, die bei der Durchführung der Agglomerationsschritte bestimmend ist.

Bei Verwendung der quadrierten Euklidischen Distanz in Verbindung mit dem Ward-Verfahren ist dies der Fall, wenn der Zuwachs der Abstandsquadratsumme besonders stark ist. Bei Verwendung des Jaccard-Koeffizienten in Verbindung mit dem „Average-Linkage-Verfahren innerhalb der Gruppen“ ist dies der Fall, wenn die weitere Vereinigung von zwei Clustern erfolgt, die ein deutlich niedrigeres Ähnlichkeitsmaß aufweisen als die in den Schritten zuvor vereinigten Gruppen.

5.3 Untersuchungsergebnisse

5.3.1 Zielartikulationen in deutschen und ausländischen Geschäftsberichten im Vergleich (Berichtszeitraum 1990)

5.3.1.1 Zielartikulationen in deutschen Geschäftsberichten

Tab. 22 stellt zusammenfassend dar, welche Ziele von wie vielen deutschen Unternehmen in den Geschäftsberichten für das Jahr 1990 artikuliert werden. Die Zielkategorien sind entsprechend der Anzahl der Unternehmen geordnet, die das jeweilige Ziel artikulieren. Zur weiteren Veranschaulichung sind die Zielkategorien je nach inhaltlicher Zugehörigkeit in vier Spalten (*Finanzielle*, *Strategische*, *Soziale* und *Stakeholder-Ziele*) eingeteilt. Die vorletzte Zeile in Tab. 22 gibt an, wie viele Zuordnungen bei der Durchsicht deutscher Geschäftsberichte des Jahres 1990 insgesamt erfolgen und wie die Verteilung auf die vier unterschiedenen Sachzusammenhänge ist. Aus der letzten Zeile geht hervor, wie viele Zuordnungen durchschnittlich pro deutschem Unternehmen vorgenommen werden.

Beispielsweise artikulieren dreizehn der dreißig deutschen Unternehmen (43,3 %) das Gewinnziel, das somit den fünften Rang unter allen Zielkategorien einnimmt. Insgesamt erfolgen 239 Zuordnungen bei der Auswertung deutscher Geschäftsberichte, was gleichbedeutend ist mit durchschnittlich 7,97 thematisierten Zielkategorien pro Geschäftsbericht. Von diesen acht behandelten Zielkategorien entfallen durchschnittlich knapp zwei Zielartikulationen (1,87 bzw. 23,4 % der thematisierten Ziele) auf *finanzielle Ziele*, über vier Zielartikulationen (4,30 bzw. 54,0 %) auf *strategische Ziele* und jeweils knapp eine Äußerung auf ein *soziales Ziel* (0,93 bzw. 11,7 %) sowie das *Ziel eines Stakeholders* (0,87 bzw. 10,9 %).

In den deutschen Geschäftsberichten des Berichtszeitraums 1990 werden also Ziele aus unterschiedlichen Sachzusammenhängen artikuliert, wobei finanzielle Ziele nicht den breitesten Raum einnehmen.

Tab. 23 basiert auf dem gleichen Schema und stellt die Auswertungsergebnisse der schweizerischen, französischen, schwedischen und britischen Geschäftsberichte in ihrer Gesamtheit dar. Damit ist ein Vergleich zwischen deutschen und ausländischen Geschäftsberichten möglich.

1013 Vgl. ebenda, S. 307-309.

Rg.	Finanzielle Ziele	Strategische Ziele	Soziale Ziele	Ziele der Stake-holder	Anzahl Unter-nehmen	%
1.		Wachstum			22	73,3
2.	Effizienz				20	66,7
3.			Umweltschutz		19	63,3
4.		Internationalisierung			16	53,3
5.	Gewinn				13	43,3
		Marktposition			13	43,3
7.		Qualität			11	36,7
		Innovationsfähigkeit			11	36,7
9.		Sicherheit			10	33,3
				Kunden	10	33,3
11.	Kapital				9	30,0
				Aktionäre	9	30,0
13.		Wettbewerbsfähigkeit			8	26,7
		Sachziel			8	26,7
15.	Gewinnverwendung				7	23,3
16.		Überleben			6	20,0
		Flexibilität			6	20,0
18.		Synergie			5	16,7
		Modernisierung			5	16,7
			Außeröko n. Ziele		5	16,7
				Mitarbeiter	5	16,7
22.	Shareholder Value				4	13,3
		Konsolidierung			4	13,3
			Gesamtökon. Ziele		4	13,3
25.	Gesamtrentabilität				2	6,7
		Schnelligkeit			2	6,7
		Unabhängigkeit			2	6,7
				Lieferanten	2	6,7
29.	Cash-flow				1	3,3
30.	EK-Rentabilität				0	0
	Liquidität				0	0
		Kostenführerschaft			0	0
			Prestige		0	0
				FK-Geber	0	0
Σ	56 (23,4%)	129 (54,0%)	28 (11,7%)	26 (10,9%)	239 (100%)	
∅	1,87	4,30	0,93	0,87	7,97	

Tab. 22: Zielrangfolge in Geschäftsberichten deutscher Unternehmen (Berichtszeitraum 1990)

Rg.	Finanzielle Ziele	Strategische Ziele	Soziale Ziele	Ziele der Stake-holder	Anzahl Unter-nehmen	%
1.		Wachstum			83	83
2.		Sachziel			73	73
3.	Effizienz				67	67
4.		Internationalisierung			65	65
5.	Gewinn				58	58
6.				Kunden	54	54
7.		Marktposition			52	52
8.			Umweltschutz		42	42
9.		Qualität			41	41
10.				Aktionäre	35	35
11.				Mitarbeiter	32	32
12.	Kapital				28	28
			Außerökon. Ziele		28	28
14.	Shareholder Value				22	22
		Sicherheit			22	22
16.	Gewinnverwendung				20	20
		Flexibilität			20	20
18.		Wettbewerbsfähigkeit			19	19
		Synergie			19	19
20.	Gesamtrentabilität				17	17
		Konsolidierung			17	17
		Innovationsfähigkeit			17	17
		Schnelligkeit			17	17
24.		Modernisierung			10	10
25.	Cash-flow				7	7
		Überleben			7	7
27.		Unabhängigkeit			6	6
			Gesamtökon. Ziele		6	6
29.	EK-Rentabilität				5	5
				Lieferanten	5	5
31.			Prestige		4	4
32.	Liquidität				2	2
		Kostenführerschaft			2	2
34.				FK-Geber	0	0
Σ	226 (25,1%)	470 (52,1%)	80 (8,9%)	126 (14,0%)	902 (100%)	
Ø	2,26	4,70	0,80	1,26	9,02	

Tab. 23: Zielrangfolge in Geschäftsberichten ausländischer (schweizerischer, französischer, schwedischer, britischer) Unternehmen (Berichtszeitraum 1990)

Dem Anhang ist das Zustandekommen der Ergebnisse zu entnehmen: Teil 1 des Anhangs gibt die codierten Textstellen der einzelnen Geschäftsberichte wider. In Klammern sind die Abkürzungen der Zielkategorien angegeben, denen die jeweilige Textstelle inhaltlich zugeordnet wird. Teil 2 des Anhangs stellt in tabellarischer Form für jedes Land dar, in welchem Geschäftsbericht welche Zielkategorien artikuliert werden (Zuordnung der Ziffer 1 in der Tabelle) bzw. keine Erwähnung finden (leere Zelle).

Aus den untersten Zeilen der Tab. 22 und 23 wird deutlich, daß sich die relative Bedeutung der vier Sachzusammenhänge bei den deutschen Unternehmen kaum von derjenigen bei der Gesamtheit der untersuchten ausländischen Unternehmen unterscheidet. Abb. 1 veranschaulicht dies graphisch. Am auffälligsten sind die geringfügig höhere relative Bedeutung der sozialen Ziele und die geringere Betonung der Stakeholder-Metapher bei den deutschen Unternehmen. Sowohl deutsche als auch ausländische Unternehmen artikulieren also ein Zielsystem, das ein sehr breites Zielspektrum abdeckt.

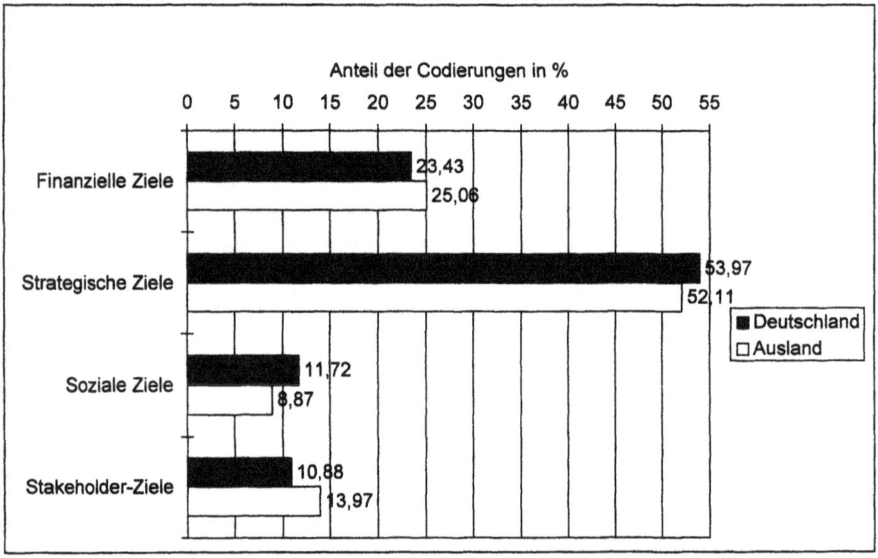

Abb. 1: Bedeutung der vier unterschiedenen Zielzusammenhänge in deutschen und ausländischen Geschäftsberichten

Die Anzahl der thematisierten Zielkategorien pro deutschem Geschäftsbericht (durchschnittlich 7,97) ist allerdings im internationalen Vergleich unterdurchschnittlich. Der t-Test ergibt, daß dieser Wert zwar deutlich über dem der schweizerischen Unternehmen liegt (Signifikanz-Niveau: 4,5 %), aber schwedische und v. a. britische Unternehmen eine höhere Anzahl von Zielen nennen. Tab. 24 stellt diese Zusammenhänge in einer Gesamtübersicht dar.

Land (durchschnittl. Anzahl Zielartikulat.)	**Schweiz (5,81)**	**Frankreich (8,75)**	**Schweden (9,62)**	**Großbritannien (10,47)**
Deutschland (7,97)	2,15 (4,5%)	-0,78 (43,1%)	-1,65 (9,7%)	-2,50 (2,4%)
Schweiz (5,81)		-2,94 (0,3%)	-3,80 (0,0%)	-4,65 (0,0%)
Frankreich (8,75)			-0,87 (30,7%)	-1,72 (7,8%)
Schweden (9,62)				-0,85 (37,1%)

Tab. 24: Differenzbetrachtung der durchschnittlichen Anzahl artikulierter Ziele (Signifikanzwert des zweiseitigen t-Tests jeweils als Prozentangabe in Klammern)

Abb. 2 stellt die Rangordnung der Zielkategorien bei den deutschen Unternehmen graphisch dar. Der Prozentwert spiegelt den Anteil der Unternehmen wider, die das jeweilige Ziel artikulieren. Gegenübergestellt wird der entsprechende Wert aus der Auswertung der ausländischen Geschäftsberichte. Vermerkt sind ferner jene Zielkategorien mit dem jeweiligen Signifikanzwert, bei denen Fisher's exakter Test eine Größe unter 25 % ergibt. Je kleiner der Signifikanzwert ist, desto ungleicher ist die Verteilung eines Merkmals (Artikulation eines bestimmten Ziels) zwischen den beiden Gruppen (deutsche und ausländische Unternehmen). Im folgenden soll insbesondere auf die besonders häufig genannten Ziele eingegangen werden und auf diejenigen Ziele, die im Vergleich zu ausländischen Geschäftsberichten deutlich öfter oder seltener artikuliert werden.

Das Schaubild (Abb. 2) verdeutlicht, daß das *Wachstumsziel* sowohl bei den deutschen als auch bei den ausländischen Unternehmen das am häufigsten artikulierte Ziel darstellt, wobei der Anteil der deutschen Unternehmen, die das Ziel artikulieren hinter dem im Ausland zurückbleibt: 22 von 30 deutschen Unternehmen (73,3 %) artikulieren das Wachstumsziel, während 83 von 100 ausländischen Unternehmen dies tun.

Beispiele solcher Artikulationen des Wachstumsziels bei deutschen Unternehmen sind:

„Durch den Ausbau der bestehenden Geschäftsbereiche ... soll die im Berichtsjahr erreichte Gesamtleistung verdoppelt werden." (Daimler-Benz, S. 17)

„... soll auch das Engagement bei Skoda unsere europäische Basis erweitern ..." (VW, S. 12)

„Die Ausdehnung der internationalen Präsenz unseres Chemiebereichs ... bleibt weiterhin ein wichtiges strategisches Ziel." (Veba, S. 8)

„Unsere Bemühungen ... neue Absatzmärkte und Anwendungsbereiche zu erschließen ..." (RWE, S. 6)

„... wurde das eigene Wachstumspotential durch Zukäufe gezielt ergänzt." (Thyssen, S. 4)

„... unsere ehrgeizige Produkt- und Investitionsoffensive ..." (Ford, S.3)

„... wollen wir den Wachstumskurs der nächsten Jahre fortsetzen." (VIAG, S. 21)

„... werden wir unser langfristig angelegtes Wachstumsprogramm auch 1991 ... fortsetzen." (Lufthansa, S. 8)

„Alle strategisch wichtigen Ziele und Finanzeckwerte sind erreicht. Der Umsatz ..." (Bertelsmann, S. 6)

„Durch ihre zielstrebige Expansion trugen die Fachmarktketten und Vobis ..." (Kaufhof, S. 8)

„... Hoesch den Weg zum Ausbau vorhandener und zur Erschließung neuer Geschäftsfelder auch im vergangenen Jahr konsequent fortgesetzt hat." (Hoesch, S. 13)

„Im Unternehmen verblieben zur Sicherung des Wachstums und ..." (Henkel, S. 10)

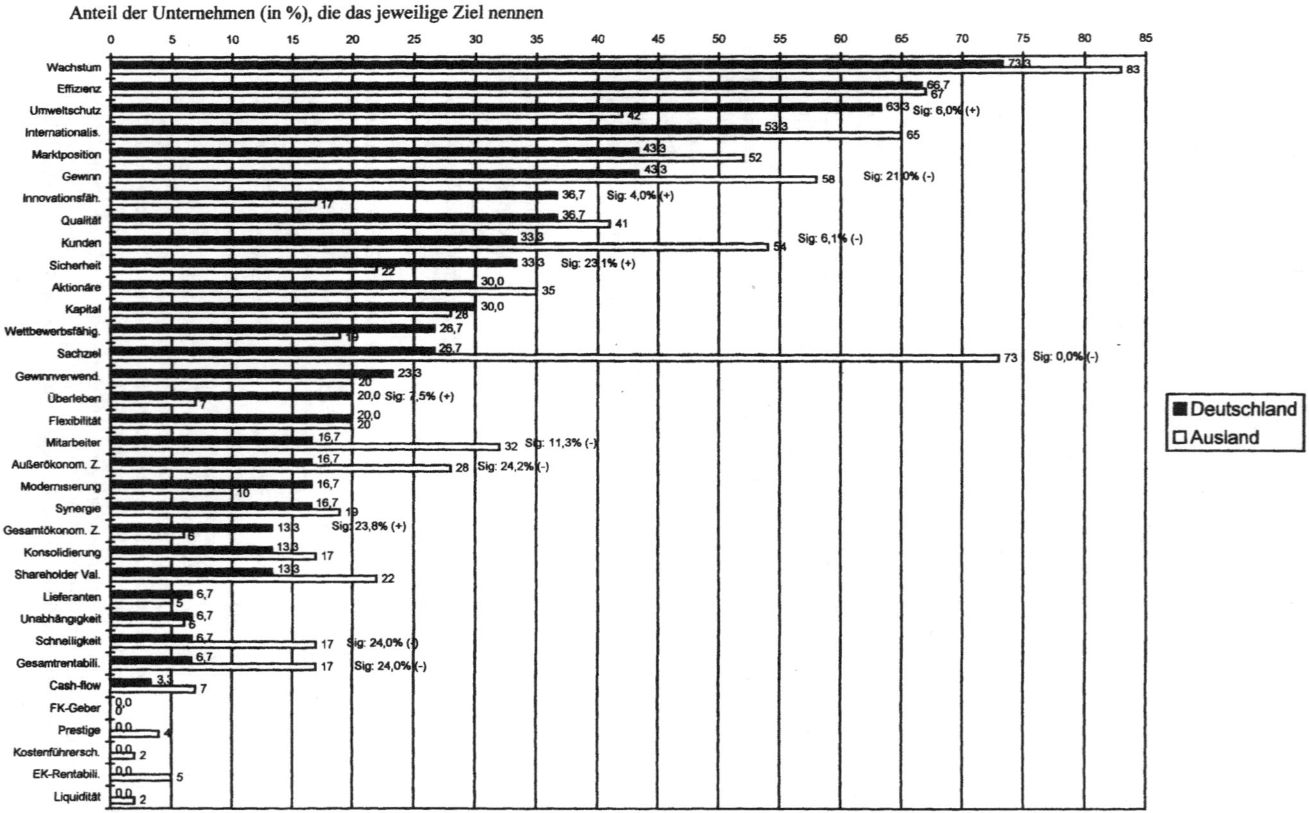

Abb. 2: Artikulierte Zielkategorien bei deutschen und ausländischen Unternehmen im Vergleich

„Mit den genannten Käufen wurde die Strategie der Expansion in den Kerngeschäftsfeldern fortgesetzt." (Feldmühle Nobel, S. 4)

„Unsere Unternehmensstrategie zielt seit Jahren auf Wachstum aus eigener Kraft ..." (Continental, S. 12)

An zweiter Stelle folgt bei den deutschen Geschäftsberichten die *Effizienz* (Artikulation durch 20 bzw. 66,7 % der Unternehmen) und an dritter Stelle der *Umweltschutz* (Artikulation durch 19 bzw. 63,3 % der Unternehmen). Das Umweltschutzziel hat somit eine weitaus höhere Bedeutung als im Ausland, wo eine Artikulation nur bei 42 % der Unternehmen erfolgt. Beispiele für die Artikulation des Effizienzziels sind:

„... werden wir ... die bereits wirksamen Kostensenkungsprogramme konsequent fortführen." (Daimler-Benz, S. 17)

„... bilden die vielfältigen Maßnahmen, die wir zur Reduzierung vor allem der Fixkosten eingeleitet haben ..." (BASF, S. 4)

„... die bei einigen Konzernunternehmen zur Zeit anstehenden Umstrukturierungs- und Rationalisierungsmaßnahmen ..." (RWE, S. 9)

„Umfassende Maßnahmen zur Senkung der Kosten ... sind bereits eingeleitet und werden weitergeführt." (Bayer, S. 7)

„... eine Vielzahl von Projekten, die der Rationalisierung dienen." (Thyssen, S. 9)

„... Maßnahmen zur Effizienzsteigerung ..." (BMW, S. 10)

„Die ... Kooperation ... dient ... der Kostenoptimierung ..." (Mannesmann, S. 6)

„Dennoch zählt die Verbesserung der internen Kostenstrukturen nach wie vor zu den zentralen Unternehmensstrategien der Ford-Werke AG." (Ford, S. 3)

„... Investitionen zur Rationalisierung ..." (MAN, S. 8)

„... Kosteneinsparungsaktionen ..." (Lufthansa, S. 8)

„... unsere Unternehmenspolitik ... Dazu zählen Kostenminimierung, ..." (AEG, S. 7)

„Unser Programm zur Kostensenkung ..." (Audi, S. 12)

„Unsere Zielsetzung ist deshalb um so mehr, den Kostenanstieg zu begrenzen ..." (Continental S. 8)

Der Umweltschutzgedanke wird repräsentiert durch Aussagen wie:

„... haben wir dabei besonderes Augenmerk auch auf die größtmögliche ökologische Verträglichkeit aller technischen und konstruktiven Maßnahmen gerichtet." (Daimler-Benz, S. 14)

„... fühlen uns ... der Umwelt verpflichtet." (Siemens, ohne Seitenangabe)

„Wir wollen dabei gleichzeitig einen Beitrag ... zur ... Lösung der Energie- und Umweltprobleme leisten." (Veba, S. 6)

„Wir sind bereit ... einen ... Beitrag ... zur Lösung der dort anstehenden drängenden Energie- und Umweltprobleme zu leisten. Wir tun dies nicht allein aus wirtschaftlichen Erwägungen ..." (RWE, S. 4)

„Es ist unsere Verantwortung, sicher und umweltgerecht zu arbeiten ..." (Bayer, S. 2)

„Ziel dieser Aktivitäten ist es, die Belastungen von Umwelt und Ressourcen nachhaltig zu verringern ..." (BMW, S. 10)

„Ein weiteres wichtiges Ziel für die kommenden Jahre ist die Entwicklung neuer Technologien zur Schonung der Umwelt." (Ford, S. 3)

„Schwerpunktmäßig wurde das Programm zur Umweltschonung ... fortgesetzt und weitgehend abgeschlossen." (Metallgesellschaft, S. 7)

„... Sachanlageinvestitionen ... Neben Rationalisierung und Ersatzbeschaffung dienten sie ... dem Umweltschutz ..." (VIAG, S. 13)

„Die Karstadt AG fühlt sich dem umweltbewußten Handel in besonderem Maße verpflichtet." (Karstadt, S. 11)

„Mit Nachdruck wird auch die weitere Optimierung aller unserer Produktionsverfahren hinsichtlich ... Ökologie ... fortgeführt." (Degussa, S. 12)

„In den Raffinerien dienten die Investitionen ... dem Umweltschutz ..." (RWE-DEA, S. 9)

„Umwelt hat bei der Entwicklung Priorität." (Audi, S. 10)

An vierter Stelle folgt das Ziel der *Internationalisierung* (53,3 %) und an fünfter Stelle die *Marktposition* (43,3 %). Beide Zielkategorien weisen einen inhaltlichen Zusammenhang mit dem Wachstumsziel auf und ihre häufige Nennung bestätigt somit die hohe Bedeutung, die der Unternehmensgröße zukommt. Wie beim Wachstumsziel gilt für beide Zielkategorien, daß sie durch einen noch höheren Anteil ausländischer Unternehmen artikuliert werden (s. Abb. 2).

Beispiele für das Ziel der Internationalisierung:

„Unsere Bemühungen um eine Internationalisierung des Einkaufs ..." (Daimler-Benz, S. 13)

„Ziel ist es, die globale Präsenz unseres Unternehmens zu stärken ..." (VW, S. 10)

„Wir sind also mit der angestrebten Internationalisierung unseres Geschäfts weiter vorangekommen." (Siemens, S. 5)

„Die Ausdehnung der internationalen Präsenz unseres Chemiebereichs, ... bleibt weiterhin ein wichtiges strategisches Ziel." (Veba, S. 8)

„Die zunehmende Globalisierung der Märkte ... verlangen von uns eine stärkere Internationalisierung des Konzerns." (RWE, S. 6)

„Wir verfolgen nachhaltig die Strategie, unsere Forschungskapazitäten auf den Schlüsselmärkten Japan und Nordamerika auszubauen." (Bayer, S. 13)

„Die Kolbenschmidt AG treibt ihre Strategie der Internationalisierung weiter voran." (Metallgesellschaft, S. 26)

„Darüber hinaus werden gezielte Beteiligungserwerbe zur weiteren Stärkung und Internationalisierung der Kernaktivitäten erfolgen." (VIAG, S. 6)

„... sollten wir ... unsere Anstrengungen auf Europa insgesamt ... konzentrieren. ... Den Ausbau unserer Präsenz in Europa ... werden wir fortführen." (AEG, S. 7)

„Neben der Internationalisierung unserer Geschäftsaktivitäten haben wir uns ... den neuen Bundesländern zugewandt." (Hoesch, S. 9)

„... weiterhin auf Expansionskurs in das Europa 1993." (Continental, S. 6)

Beispiele für die Artikulation einer angestrebten Marktposition:

„Neben der weiteren Verbesserung der Marktposition ... gelten alle unsere Anstrengungen der ..." (VW, S. 25)

„... neuen Bundesländern. Wir wollen dort eine ähnlich gute Marktposition erreichen ..." (Siemens, S. 4)

„... Investitionsvolumen ... zum Aufbau einer mit Westdeutschland vergleichbaren Marktposition." (Veba, S. 6)

„Wir setzen uns zum Ziel, im weltweiten Wettbewerb unsere Position zu festigen ..." (BASF, S. 1)

„Wir arbeiten intensiv daran, unsere Wettbewerbsposition ... zu sichern und auszubauen." (RWE, S. 12)

„Dabei legen wir Priorität auf die Entwicklung der Geschäftsfelder, in denen wir schon heute eine starke Position einnehmen, ..." (VIAG, S. 21)

„Auch in Zukunft muß die deutsche Lufthansa eine führende Position im Weltluftverkehr einnehmen." (Lufthansa, ohne Seitenangabe)

„Der beabsichtigte Erwerb ... soll unsere Stellung ... stärken ..." (AEG, S. 12)

„...werden wir erhebliche Investitionsanstrengungen... zum Aufbau unserer Marktpositionen unternehmen." (Hoesch, S. 16)

Genauso häufig wie die Marktposition (43,3 %) wird von deutschen Unternehmen das *Gewinnziel* artikuliert. Die Darstellung des Unternehmens als Akteur des gesellschaftlichen Subsystems Wirtschaft und den sich daraus ergebenden ökonomischen Zwängen erfolgt also vorzugsweise durch Betonung des Effizienzziels, während das Gewinnziel eine deutlich geringere Bedeutung - auch im Vergleich zu ausländischen Unternehmen, von denen 58 % das Gewinnziel artikulieren - einnimmt. Auch ausländische Unternehmen artikulieren das Effizienzziel häufiger als das Gewinnziel, doch ist der Abstand zwischen beiden dort nicht so groß (9 Prozentpunkte Differenz zugunsten des Effizienzziels bei den nicht-deutschen Unternehmen vs. 23,4 Prozentpunkte bei den deutschen Unternehmen).

Beispiele für die Artikulation des Gewinnziels:

„... Unternehmensbereichen ... die aus sich heraus ertragsstark ... sind. Daran arbeiten wir mit Hochdruck ..." (Daimler-Benz, S. 6)

„... gelten alle unsere Anstrengungen der Stärkung unserer Ertragskraft ..." (VW, S. 25)

„... Wir wollen nachhaltig hohe Erträge ..." (Siemens, ohne Seitenangabe)

„Hoechst braucht Gewinn. Gewinn ist Maßstab und Lohn für erfolgreiches Wirtschaften." (Hoechst, S. 16)

„Wir werden alles daran setzen, 1991 wieder ein befriedigendes Ergebnis zu erzielen." (Bayer, S. 7)

„Unser Ziel ist ein ... auf ertragsstarke Märkte ausgerichteter, europäischer Konzern." (Preussag, S. 13)

„Es werden im Unternehmen alle Anstrengungen unternommen, ... die Ergebnisbelastungen z. T. aufzufangen."(Lufthansa, S. 8)

„Priorität hat für uns unverändert ... die weitere Verbesserung der Ertragskraft ..." (Bertelsmann, S. 6)
„Unser Ziel ist es, Umsatz und Jahresüberschuß auch 1991 weiter zu steigern." (Henkel, S. 9)
„... stehen die Wiedergewinnung der Ertragskraft ... im Vordergrund." (Continental, S. 6)

Zusätzlich wird im Rahmen der Auswertung untersucht, ob das *Gewinnziel an sich*, eine *Gewinnerhöhung* oder gar eine *Gewinnmaximierung* artikuliert werden.[1014] Die deutschen Unternehmen bevorzugen hierbei ersteres (insgesamt 10 Nennungen des Gewinnziels und 5 Nennungen des Ziels der Gewinnerhöhung)[1015], während das Ziel der Gewinnmaximierung in keinem Fall genannt wird.

In einer Hinsicht beziehen deutsche Unternehmen allerdings relativ deutlich Stellung: Bei 63,3 % von ihnen erfolgt eine *kommentierende Wertung des finanziellen Ergebnisses* der Berichtsperiode, während nur 45 % der ausländischen Unternehmen dies tun.[1016]
Beispiele:
„Mit dem Resultat sind wir zufrieden. ... Der Konzerngewinn ... stieg ..." (Siemens, S. 4)
„... erzielte im Jahre 1990 wiederum ein gutes Ergebnis ..." (Veba, S. 6)
„... sank das Ergebnis ... ist es noch zufriedenstellend." (BASF, S. 2)
„Zu den erfreulichen Entwicklungen des vergangenen Jahres gehört die weitere Steigerung des Gewinns im Geschäftsbereich ..." (Hoechst, S. 3)

An siebter Stelle folgte schließlich die *Qualität*, die von 36,7 % der deutschen Unternehmen artikuliert wird.
Beispiele:
„... Ausbau von Qualitätssicherungsmaßnahmen ..." (Daimler-Benz, S. 13)
„Entsprechend sehen wir unsere Aufgabe vor allem darin Produkte und Produktionsverfahren ... zu verbessern und neue zu entwickeln, den erreichten Qualitätsstandard zu halten ..." (RWE, S. 12)
„Im Mittelpunkt stehen insbesondere Maßnahmen zur Sicherung eines gleichmäßig hohen Qualitätsstandards der Produkte." (Thyssen, S. 8)
„Die Hauptziele der durchgeführten Investitionen lagen in ... und in der Verbesserung der Produktqualität." (Mannesmann, S. 8)
„Technisch auf der Höhe der Zeit stehende Produkte von guter Qualität zu erschwinglichen Preisen sind unsere Antwort auf einen weltweit immer härter werdenden Wettbewerb. Ein weiteres wichtiges Ziel ..." (Ford, S. 3)
„Die beste Qualität ist unser Ziel." (Lufthansa, ohne Seitenangabe)
„Breiten Raum ... nahm die Umsetzung der Hoesch-Qualitätsstrategie ... ein." (Hoesch, S. 15)
„Ziel ist vor allem ein breites Angebot umweltfreundlicher Produkte hoher Qualität." (RWE-DEA, S. 10)
„Elemente unseres Marketing sind ... Produktqualität und ..." (Henkel, S. 2)
„Ziel all dieser Schritte ist es, die Qualität, Flexibilität und Effizienz der Verfahrensabläufe und Dienstleistungen zu erhöhen ..." (Continental, S. 6)

Von einer gleich großen Anzahl von Unternehmen wird die *Innovationsfähigkeit* als Ziel artikuliert (Nennung bei 36,7 % der deutschen, aber nur 17 % der ausländischen Unternehmen).
Beispiele:
„Die Ziele der Forschungs- und Entwicklungsarbeiten von Thyssen liegen darin, neue Produkte zu entwikkeln, ..." (Thyssen, S. 8)

1014 Vgl. Teil 2 des Anhangs.
1015 Vgl. ebenda. Obwohl 10 Codierungen bzgl. des Gewinnziels an sich und 5 bzgl. der Gewinnerhöhung vorgenommen wurden, haben insgesamt lediglich 13 deutsche Unternehmen das Gewinnziel artikuliert. Die Differenz ist darauf zurückzuführen, daß mehrere deutschen Unternehmen gleichzeitig den Gewinn und die Gewinnerhöhung als Ziel artikuliert haben.
1016 Vgl. Teil 2 des Anhangs.

„Ein weiteres wichtiges Ziel für die kommenden Jahre ist die Entwicklung neuer Technologien ..." (Ford, S. 3)
„Rund die Hälfte des Forschungsaufwands dient der Entwicklung neuer Arzneimittel." (Hoechst, S. 3)
„... den hohen Stellenwert von Forschung und Entwicklung, um in immer kürzeren Zeitzyklen die Geschäftsfelder mit innovativen Produkten und Verfahren auszubauen ..." (Mannesmann, S. 9)
„Die Forschung und Entwicklung hat in allen Bereichen ... für die Verbesserung der Fertigungstechnologie und die Neu- und Weiterentwicklung von Produkten an Bedeutung gewonnen." (Preussag, S. 29)
„Das innovative Potential unser Mitarbeiter freizusetzen ... stellt eine führungstechnische Herausforderung ersten Ranges dar." (Bertelsmann, S. 6)
„Unsere Entwicklungsarbeit ist ... in besonderem Maße auf marktwirksame Verbesserungen, Neuerungen und Wertsteigerungen bis hin zu neuen Produkten ausgerichtet." (Hoesch, S. 16)

Alle anderen Zielkategorien werden von höchstens einem Drittel der deutschen Unternehmen als Unternehmensziel artikuliert.

Bei den *finanziellen Zielen* sind *kapitalbezogene Zielartikulationen* (z. B. bzgl. der Kapitalhöhe bzw. der Kapitalstruktur; Nennung bei 30 % der deutschen Unternehmen) und das *Gewinnverwendungsziel* (Artikulation bei 23,3 % der deutschen Unternehmen) noch von Relevanz.

Beispiele zu kapitalbezogenen Zielen:

„Zur weiteren Stärkung des Eigenkapitals wird ... wiederum ein erheblicher Teil des Konzerngewinns den Rücklagen zugeführt." (Veba, S. 6)
„Die 1989/1990 zur Stärkung des Eigenkapitals und zur Sicherung der Substanz im Konzern gebildeten Rücklagen beliefen sich auf ..." (RWE, S. 10)

Beispiele zu Gewinnverwendungszielen:

„Damit führt Siemens seine flexible, am Jahresüberschuß orientierte Dividendenpolitik fort." (Siemens, S. 48)
„Auch 1990 setzt die VIAG ihre Politik des kontinuierlichen Dividendenanstiegs fort." (VIAG, S. 22)

Der *Shareholder Value* wird 1990 lediglich von vier - in unterschiedlichen Branchen tätigen - deutschen Unternehmen (13,3 %) genannt. Im Ausland sind dies immerhin 22 % der Unternehmen. Dabei wird der Begriff „Shareholder Value" jedoch von keinem deutschen Unternehmen explizit verwendet. Vielmehr erfolgt eine aktionärsbezogene Formulierung oder es wird - in einem Fall - von der Steigerung des Unternehmenswertes gesprochen.

Beispiele:

„Priorität hat für uns unverändert die Sicherung der Unternehmenskontinuität, die weitere Verbesserung der Ertragskraft und die Steigerung des Unternehmenswertes." (Bertelsmann, S. 6)
„Wir wollen ... den Wert des Investments unserer Aktionäre erhöhen." (Siemens, ohne Seitenangabe)
„Hoechst will seinen Aktionären eine angemessene Verzinsung für ihr Kapital bieten." (Hoechst, S. 16)
„Eine angemessene Verzinsung des uns von den Aktionären zur Verfügung gestellten Kapitals bildet das Kernstück der auf langfristige Vertrauensbildung zu ihren Aktionären ausgerichteten Unternehmenspolitik der VIAG." (VIAG, S. 24)

Die *Gesamtrentabilität* wird nur von zwei deutschen Unternehmen (RWE, Bertelsmann) als Ziel geäußert, was 6,7 % aller deutschen Unternehmen entspricht, gegenüber einem Wert von 17 % bei den ausländischen Unternehmen. Das Ziel der *Eigenkapitalrentabilität* wird überhaupt nicht ausgesprochen (Ausland: 5 %).

Bei den *strategischen Zielen* ist hervorzuheben, daß deutsche Unternehmen einen hohen Wert auf *Sicherheit* legen (33,3 % der deutschen Unternehmen vs. 22 % der ausländischen Unternehmen) und immerhin 20 % der deutschen Unternehmen das *Überlebensziel* formulieren, was nur bei 7 % der ausländischen Unternehmen der Fall ist. Der Gedanke der *Organismusmetapher* tritt hier deutlicher zutage.

Beispiele:

„... unserer traditionell auf Vorsorge und Vorsicht ausgerichteten Strategie ..." (Daimler-Benz, S. 5)

„Die zu übernehmenden Risiken müssen allerdings kalkulierbar bleiben ..." (RWE, S. 4)

„Die neue VIAG-Gruppe verfügt über eine breite Basis, die ihr gute Chancen zum weiteren Wachstum und zum Risikoausgleich bietet. Die damit verbundene Stabilität erscheint uns besonders in Zeiten größer gewordener weltpolitischer Unsicherheiten bedeutsam." (VIAG, S. 7)

„Die nach wie vor gute Ertragslage wurde für eine weitere Risikovorsorge und innere Stärkung genutzt." (Hoesch, S. 11)

„Dieser Erfolg beweist die Richtigkeit unserer langfristigen Strategie. Sie ist gekennzeichnet durch die Ziele: ... Risikostreuung ..." (Henkel, S. 2)

„Die im Feldmühle Nobel Konzern von Beginn an verfolgte auf Risikoausgleich bedachte Strategie ..." (Feldmühle Nobel, S. 18)

„Unsere Bemühungen, das Unternehmen sicher durch das wohl noch einige Zeit andauernde Ertragstal zu führen ..." (Continental, S. 8)

„Wir setzen uns zum Ziel, ... langfristig die Existenz zu sichern ..." (BASF, S. 1)

„Zur Zukunftssicherung ... haben wir ... erneut erhebliche Mittel eingesetzt." (AEG, S. 12)

„Wir wollen nachhaltig hohe Erträge als Voraussetzung für die Sicherung der Zukunft unseres Unternehmens ..." (Siemens, ohne Seitenangabe)

„... waren wir auf eine stetige Weiterentwicklung und Kontinuitätssicherung bedacht." (Bertelsmann, S. 6)

Extrem stark vernachlässigt wird in den deutschen Geschäftsberichten die explizite Formulierung des *Sachziels* des Unternehmens. Während lediglich 26,7 % der deutschen Unternehmen entsprechende Formulierungen aufweisen, ist dies bei 73 % der ausländischen Unternehmen der Fall. Über die Gründe kann nur spekuliert werden. Möglich ist etwa, daß das Produktspektrum beim Leser als bekannt vorausgesetzt wird.

Beispiel:

„Die BASF ist ein international tätiges Unternehmen der chemischen Industrie." (BASF, S. 1)

Auch fällt die geringe Bedeutung des Ziels der *Schnelligkeit* auf (Nennung bei 6,7 % der deutschen und 17 % der ausländischen Unternehmen).

Auf die hohe Bedeutung des *Umweltschutzziels* als wichtigstem *sozialen Ziel* in den deutschen Geschäftsberichten wurde schon hingewiesen. Zusätzlich ist in 26,7 % der deutschen Geschäftsberichte ein gesonderter Abschnitt zu finden, der sich der Umweltproblematik widmet.[1017] Bei den ausländischen Unternehmen weisen lediglich die britischen Unternehmen einen ähnlich hohen Wert auf (s. Abschnitt 5.3.1.5).

Andere, der Kulturmetapher zurechenbare Artikulationen haben eher geringe Bedeutung. Lediglich 16,7 % der deutschen Unternehmen nennen weitere *nichtökonomische Ziele* und 13,3 % der Unternehmen artikulieren die Verfolgung *gesamtökonomischer Ziele*.

Beispiele:

„Wir haben die Verpflichtung, diese Kompetenz zum Nutzen der Menschen einzusetzen und unseren Beitrag zur Lösung der großen Probleme unserer Zeit zu leisten." (Bayer, S. 2)

„Wir wollen dabei gleichzeitig einen Beitrag zur Gesundung der Wirtschaft ... leisten." (VEBA, S. 6)

Die niedrige *Stakeholder-Orientierung* der deutschen Unternehmen wird bei der Gruppe der Kunden am schärfsten deutlich: Immerhin ein Drittel der deutschen Unternehmen stellte sich zwar als im Dienst der *Kunden* tätig dar, womit die Kunden die wichtigste Gruppe darstellen, aber 54 % der ausländischen Geschäftsberichte weisen entsprechende Formulierungen auf.

Beispiel:

„Die Wünsche unserer Kunden stehen an erster Stelle." (Lufthansa, ohne Seitenangabe)

1017 Vgl. Teil 2 des Anhangs; Beispiel BASF, S. 16-19: Beitrag „Umwelt und Sicherheit".

Aktionäre und *Mitarbeiter* stellen sowohl in Deutschland als auch im Ausland die nächstwichtigeren Gruppen dar. Dabei ist anzumerken, daß insbesondere die Gruppe der Mitarbeiter nur halb so häufig genannt wird wie bei den ausländischen Unternehmen (16,7 % vs. 32 %). Andererseits weisen immerhin 83,3 % der deutschen Geschäftsberichte einen z. B. mit „Personal" (Audi) oder „Unsere Mitarbeiter" (Bayer) ausgewiesenen Teil auf, während dies nur bei 33 % der ausländischen Unternehmen der Fall ist.[1018]

Bemerkenswert ist schließlich, daß die *Fremdkapitalgeber* weder in einem einzigen deutschen noch einem ausländischen Geschäftsbericht Erwähnung finden.

Abschließend ist festzuhalten, daß in lediglich vier Fällen bei drei deutschen Unternehmen operationale Formulierungen gewählt werden:

„Das Haus Daimler-Benz betreibt ... seine bereits seit längerer Zeit laufende Durchforstung der Kosten mit zusätzlichem Nachdruck und noch ehrgeizigeren Zielsetzungen. Wir versprechen uns davon für die nächsten vier bis fünf Jahre eine nachhaltige konzernweite Senkung des Kostenvolumens in einer Größenordnung von 4 Mrd. DM." (Daimler-Benz, S. 6; Effizienzziel)

„... die VIAG AG ... verpflichtet sie sich unter anderem zur Einhaltung folgender Bilanzrelationen: Die Summe der Fremdmittel darf den Betrag der Eigenmittel nicht übersteigen. ... Das Anlagevermögen muß durch Eigenmittel und langfristige Fremdmittel gedeckt sein." (Viag, S. 23; Kapitalstruktur)

„Die Eigenkapitalquote soll nach unseren Vorstellungen 25 Prozent betragen. ... Die Kapitalrentabilität soll mindestens 12 Prozent betragen. ... Die Finanzschulden sollen nach Abzug der liquiden Mittel nicht höher sein als das Eineinhalbfache des jährlichen Cash-flow." (Bertelsmann, S. 11; Kapitalstruktur, Rentabilität)

Bei insgesamt 239 Codierungen im Rahmen der Analyse deutscher Geschäftsberichte des Jahres 1990 stellen vier operationale Artikulationen einen Anteil von 1,7 % dar (Ausland: 53 von 902 Codierungen bzw. 5,9 %).[1019]

Durch die vorliegenden Untersuchungsergebnisse zu Zielartikulationen in Geschäftsberichten deutscher Großunternehmen werden die in Kapitel 4 dieser Arbeit wiedergegebenen Erkenntnisse früherer Arbeiten weitgehend bestätigt:

- Der Gewinn ist auch hinsichtlich der Artikulation in Geschäftsberichten eingebettet in ein breites Spektrum unterschiedlicher Ziele deutscher Unternehmen und weist im internationalen Vergleich eine eher unterdurchschnittliche Bedeutung auf.
- Die dem deutschen Rechnungswesen attestierte mangelnde Transparenz bzw. Verschwiegenheit hat auch für die Artikulation von Zielen tendenziell Gültigkeit: Die Anzahl der genannten Ziele ist geringer als bei französischen, schwedischen und britischen Unternehmen.
- Die herausragende Bedeutung des Wachstumsziels und mit ihm in Beziehung stehender Ziele wie der Marktposition und der Internationalisierung ist kennzeichnend für Unternehmen sowohl aus Deutschland als auch aus den anderen hier untersuchten Ländern. Aufgrund der Relevanz der Unternehmensgröße für die Erzielung finanzieller Ziele und als Ausdruck der Wettbewerbsfähigkeit des Unternehmens und seiner Produkte ist ihre häufige Nennung nicht überraschend.
- Die deutschen Unternehmen zugesprochenen Eigenschaften der Langfristorientierung und der Risikovermeidung spiegeln sich in den im internationalen Vergleich relativ häufigen Nennungen des Sicherheits- und Überlebensziels wider. Die geringe Bedeutung der Schnelligkeit als Unternehmensziel bestätigt diesen Eindruck noch.

1018 Vgl. Teil 2 des Anhangs.

1019 Vgl. Teil 2 des Anhangs.

- Auch die Qualitätsorientierung deutscher Unternehmen findet sich in der mehrfachen Artikulation des entsprechenden Ziels wieder. Die genauso häufige Artikulation der Innovationsfähigkeit als Ziel könnte Ausdruck der technischen Orientierung und des Perfektionsstrebens deutscher Unternehmen sein.
- Auffällig ist die im internationalen Vergleich seltene explizite Artikulation des Sachziels. Zusammen mit einer relativ knappen Berücksichtigung der Kundenziele liegt die schon in früheren Untersuchungen artikulierte Vermutung nahe, daß Qualitäts- und Perfektionsstreben eher Ausdruck des Berufsethos' der im Unternehmen tätigen Mitarbeiter sind und weniger eine Berücksichtigung der Kundenbedürfnisse repräsentieren.
- Die hohe Relevanz des Umweltschutzes in der deutschen Gesellschaft und für deutsche Unternehmen wird durch die Artikulationen in den Geschäftsberichten bestätigt.
- Das Bild des deutschen Unternehmens als Institution, die in einer durch Konsensorientierung geprägten Gesellschaft einer Balance unterschiedlicher Interessen verpflichtet ist, wird durch die vorliegenden Untersuchungsergebnisse nur z. T. erhärtet. Zwar finden Ziele aus unterschiedlichen Sachzusammenhängen Berücksichtigung in den Geschäftsberichten, doch ist insbesondere die Stakeholder-Orientierung im internationalen Vergleich niedrig. Vielleicht ist dies Ausdruck eines weniger stark ausgeprägten Individualismus, der zu einer unterdurchschnittlichen Thematisierung der Interessen von Einzelgruppen in den Geschäftsberichten für das Jahr 1990 führt. Als weitere Ursache nicht auszuschließen ist auch eine oben bereits konstatierte unzureichende Beachtung der externen Umwelt.

Auf die besonderen Eigenheiten der schweizerischen, französischen, schwedischen und britischen Geschäftsberichte sowie Unterschiede zu Zielartikulationen in deutschen Unternehmen soll im folgenden näher eingegangen werden.

5.3.1.2 Zielartikulationen in schweizerischen Geschäftsberichten

Tab. 25 faßt die Auswertungsergebnisse der schweizerischen Geschäftsberichte zusammen. Zu beachten ist, daß die folgenden Aussagen auf der Auswertung von lediglich 16 Geschäftsberichten basieren, so daß Schlußfolgerungen bzgl. der Gesamtheit schweizerischer Unternehmen nicht unproblematisch erscheinen. Der schweizerische Geschäftsbericht weist durchschnittlich 5,81 thematisierte Zielkategorien auf. Damit erweisen sich die Schweizer als deutlich verschwiegener hinsichtlich der Artikulation von Unternehmenszielen als ihre europäischen Wettbewerber (vgl. Tab. 24). Durchschnittlich 1,06 *finanzielle Ziele*, 3,13 *strategische Ziele*, 0,75 *soziale Ziele* und 0,88 *Stakeholder-Ziele* werden erwähnt.

Die relative Bedeutung der vier Sachzusammenhänge wird in Abb. 3 dargestellt und mit den entsprechenden Werten der nicht-schweizerischen Unternehmen verglichen. Am auffälligsten ist, daß *finanzielle Ziele* hier eine relativ geringe und *soziale Ziele* eine etwas höhere relative Bedeutung als im nicht-schweizerischen Ausland haben.

Rg.	Finanzielle Ziele	Strategische Ziele	Soziale Ziele	Ziele der Stake-holder	Anzahl Unter-nehmen	%
1.	Effizienz				11	68,8
		Wachstum			11	68,8
3.			Umweltschutz		10	62,5
4.				Kunden	9	56,3
5.		Flexibilität			7	43,8
6.		Internationalisierung			6	37,5
7.		Überleben			4	25,0
		Marktposition			4	25,0
		Schnelligkeit			4	25,0
		Sachziel			4	25,0
11.	Gewinn				3	18,8
		Qualität			3	18,8
				Mitarbeiter	3	18,8
14.	Gewinnverwendung				2	12,5
		Konsolidierung			2	12,5
		Synergie			2	12,5
		Sicherheit			2	12,5
				Aktionäre	2	12,5
19.	Kapital				1	6,3
		Innovationsfähigkeit			1	6,3
			Gesamtökon. Ziele		1	6,3
			Außerökon. Ziele		1	6,3
23.	Liquidität				0	0
	Gesamtrentabilität				0	0
	Cash-flow				0	0
	Shareholder Value				0	0
	EK-Rentabilität				0	0
		Kostenführerschaft			0	0
		Modernisierung			0	0
		Unabhängigkeit			0	0
		Wettbewerbsfähigkeit			0	0
			Prestige		0	0
				FK-Geber	0	0
				Lieferanten	0	0
Σ	17 (18,3%)	50 (53,8%)	12 (12,9%)	14 (15,1%)	93 (100%)	
Ø	1,06	3,13	0,75	0,88	5,81	

Tab. 25: Zielrangfolge in Geschäftsberichten schweizerischer Unternehmen (Berichtszeitraum 1990)

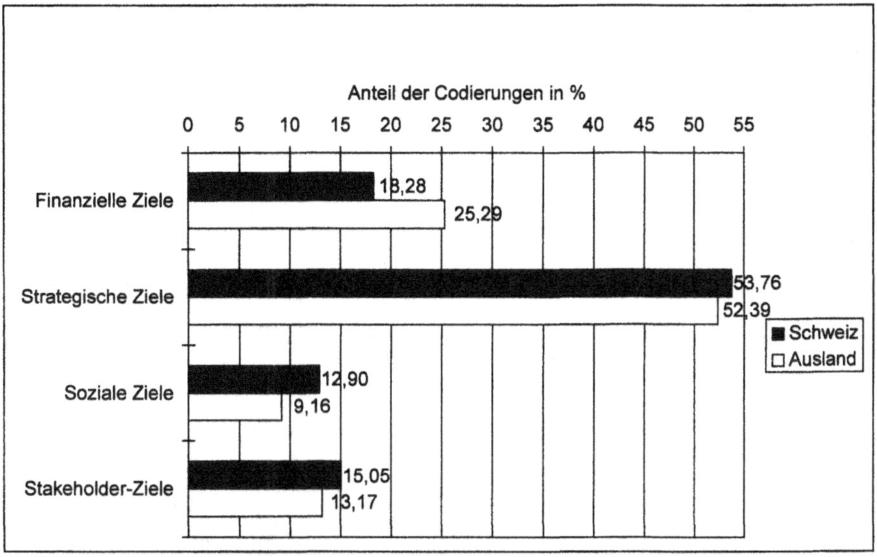

Abb. 3: Bedeutung der vier unterschiedenen Zielzusammenhänge in schweizerischen und nicht-schweizerischen Geschäftsberichten

Trotz der insgesamt relativ niedrigeren Bedeutung der finanziellen Ziele ist die Schweiz das einzige Land, in dem das *Effizienzziel* genauso häufig artikuliert wird wie das *Wachstumsziel.* Beide Ziele teilten sich den ersten Rang, während in allen anderen Ländern das Wachstumsziel am häufigsten genannt wird.

Beispiele zum Effizienzziel:

„Die Nestlé-Gruppe hat 1990 im Hinblick auf Effizienzsteigerungen gewisse Aspekte ihrer Organisation überdacht ..." (Nestlé, S. 7)

„Dank der guten Kostendisziplin, welche die neue Konzernstruktur noch fördern half, ..." (Sandoz, S. 16)

"The purpose of divisionalization ... at the same time is intended to increase cost consciousness ..." (Roche Group, S. 8)

„... wurde der Grundstein dafür gelegt, in den kommenden Jahren ... damit effizienter handeln zu können ..." (Danzas, S. 15)

"Our capital expenditures of ... were mainly concentrated on rationalization measures ..." (Sulzer, S. 7)

"ADIA's principal efforts will bear on cost control ..." (ADIA, S. 11)

"... we will have to step up our efforts to improve productivity." (Landis & Gyr, S. 11)

„Die industrielle Zusammenarbeit zwischen ... setzt sich zum Ziel, durch gegenseitige Unterstützung ... Kosten einzusparen und die Effizienz zu erhöhen." (Georg Fischer, S. 5)

Beispiele zum Wachstumsziel:

„Die Bemühungen, das Wachstum in den kommenden Jahren zu sichern, sind fortgesetzt und verstärkt worden, ..." (Nestlé, S. 6)

"... our continued sales growth ..., a key index of corporate success." (Roche Group, S. 7)

"We continue to focus our product portfolio on the criteria of profitability, market position and growth in each sector ..." (Sulzer, S. 6)

"... in spite of the poor business climate experienced in 1990, ADIA pursued its expansion strategy ..." (ADIA, S. 4)

„Das internationale Geschäft wurde auch 1990 gezielt ausgebaut." (Ascom, S. 5)

"The targets were met: in addition to increasing net sales by 6.3 percent ..." (Landis & Gyr, S. 10)

Abb. 4 gibt die Untersuchungsergebnisse der schweizerischen Geschäftsberichte graphisch wieder und stellt sie den entsprechenden Werten der nicht-schweizerischen Unternehmen gegenüber. Besonders signifikante Unterschiede werden durch die Angabe des Signifikanzwertes (Basis: Fisher's exakter Test) herausgestellt. Abb. 5 vergleicht die Werte deutscher und schweizerischer Unternehmen.[1020]

Ähnlich wie in Deutschland kommt dem *Umweltschutzziel* - nämlich auf Rang 3 - eine hohe Bedeutung zu (Nennung durch 62,5 % der schweizerischen, aber nur 44,7 % der nicht-schweizerischen Unternehmen).
Beispiele:
„Schutz der natürlichen Ressourcen, Achtung vor der Umwelt und sparsamer Einsatz von Energie waren immer wichtige Anliegen ..." (Nestlé, S. 7)
„Sicherheit und Umweltverträglichkeit von Prozessen und Produkten ... sind Grundanliegen ..." (Ciba-Geigy, S. 14)
"In 1990 we continued to give high priority to environmental protection and to ensuring stringent safety standards..." (Roche Group, S. 14)
„Danzas ist führend im europäischen Kombinierten Verkehr; mit ihm setzen wir klare ökologische Unternehmensziele." (Danzas, S. 17)

Auf Platz 4 folgt die *Kundengruppe* und deren Ziele, die von 56,3 % der schweizerischen Unternehmen genannt werden. Damit besteht hier ein Unterschied zu den deutschen Unternehmen, wo der entsprechende Wert lediglich 33,3 % beträgt.
Beispiele:
„Verbunden mit einer verstärkten Kundenorientierung, werden noch bessere Markterfolge angestrebt." (Ciba-Geigy, S. 3)
"The individual divisions have been adapted structurally to the specific circumstances and needs of the markets and customers they serve." (Roche, S. 8)
„Unser Engagement ist geprägt von der Verpflichtung, dem Anspruch unserer Kunden ... jederzeit gerecht zu werden." (Danzas, S. 12)
"Within the framework of the corporate mission - to increase value for our customers, ..." (Sulzer, S. 6)

Auf Platz 5 folgt das Ziel der *Flexibilität*, das von 43,8 % der schweizerischen Unternehmen, aber lediglich von 16,7 % der nicht-schweizerischen Unternehmen (darunter 20 % der deutschen Unternehmen) artikuliert wird. Bei keinem anderen Ziel ist eine solch signifikante positive Abweichung zu beobachten.
Beispiele:
„... soll die Flexibilität der Unternehmensbereiche in Zeiten eines beschleunigten Wandels erhöht werden." (Ciba-Geigy, S. 11)
"The business challenges of the nineties demand ... a high degree of flexibility ..." (Sulzer, S. 49)
„Wir verpflichten uns zu einer ... flexiblen Herstellung ..." (Holderbank, S. 4)
"... corporate divisions have to be able to ... adjust to new circumstances without delay." (Landis & Gyr, S. 11)

Die *Internationalisierung* auf Rang 6 (Nennung bei 37,5 % der schweizerischen Unternehmen) hat hingegen im Vergleich zu den anderen Ländern (Nennung bei 65,8 % dieser Unternehmen) eine deutlich geringere Bedeutung.

Alle anderen Zielkategorien werden von höchstens einem Viertel der schweizerischen Unternehmen genannt.

[1020] Auf die Bestimmung von Signifikanzwerten für den deutsch-schweizerischen Vergleich wird verzichtet, da die Anzahl der vorliegenden Fälle beim Zwei-Länder-Vergleich deutlich geringer ist.

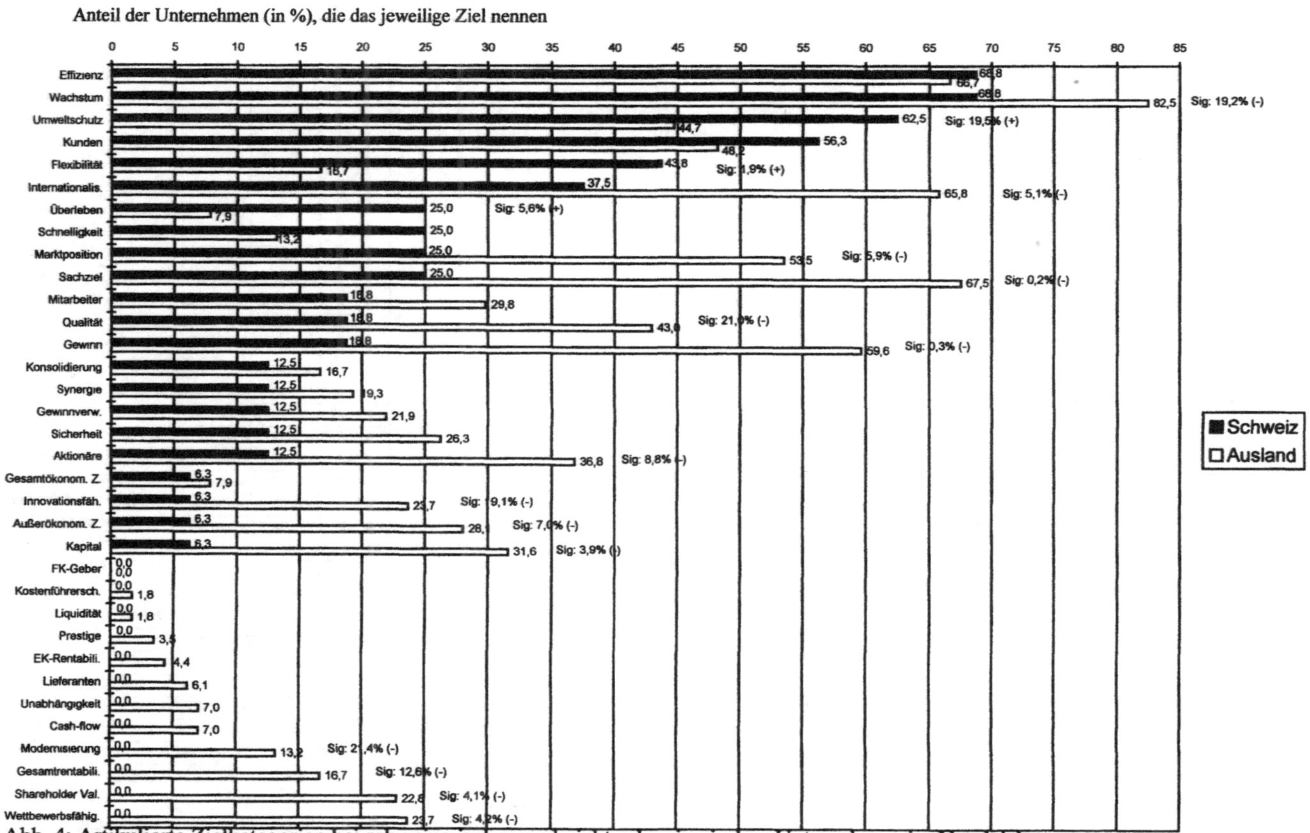

Abb. 4: Artikulierte Zielkategorien bei schweizerischen und nicht-schweizerischen Unternehmen im Vergleich

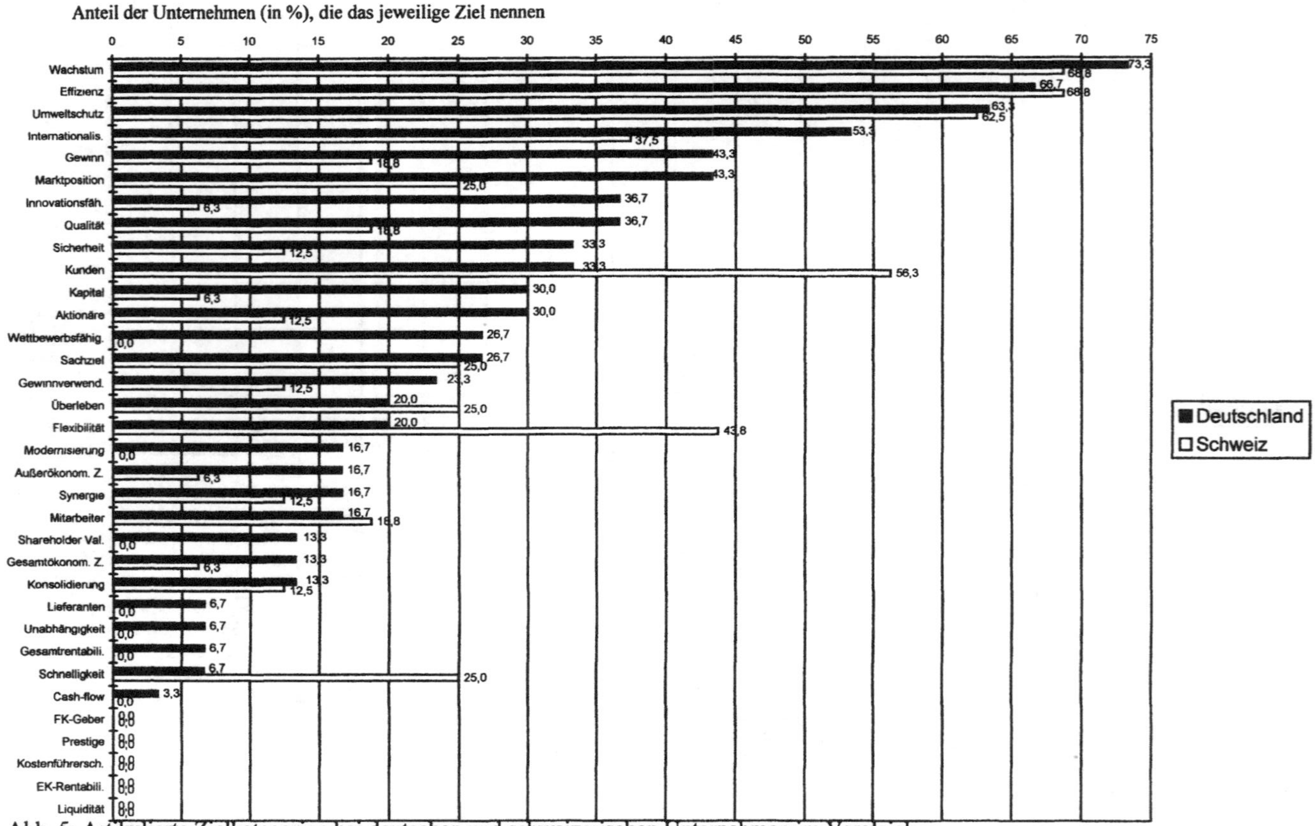

Abb. 5: Artikulierte Zielkategorien bei deutschen und schweizerischen Unternehmen im Vergleich

Bemerkenswert im internationalen Vergleich der Artikulation *finanzieller Ziele* ist die geringe Thematisierung des *Gewinns* (Nennung bei 18,8 % der schweizerischen und 59,7 % der nicht-schweizerischen Unternehmen), der *Kapitalhöhe/-struktur* (6,3 %/ 31,6 %), des *Shareholder Value* (0 %/22,8 %) und der *Gesamtrentabilität* (0 %/16,7 %).

Bei den *strategischen Zielen* kommen dem *Überlebensziel* bzw. der Zukunftssicherung (25 %/7,9 %) und der *Schnelligkeit* (25 %/13,2 %) im Vergleich zum Ausland höhere Bedeutung zu.
Beispiele:
„... haben wir ... begonnen, Vorkehrungen zur Zukunftssicherung im härteren Wettbewerb zu treffen." (Ciba-Geigy, S. 3)
„... um so zur Zukunftssicherung von Unternehmen und ... beizutragen." (Swissair, S. 5)
"In the pharmaceuticals division one of the primary aims was to shorten the time to market." (Roche, S. 8)
„Ein zentraler Aspekt war dabei die Frage, wie die Unternehmensstruktur beschaffen sein muss, damit sich grundlegende Veränderungen besser antizipieren lassen und damit die Erhöhung der Geschwindigkeit ... andauernd gewährleistet ist, ..." (Schindler, S. 7)
Dagegen haben das *Sachziel* (25 %/67,5 %), die *Marktposition* (25 %/52,6 %), die *Qualität* (18,8 %/43,9 %) und die *Wettbewerbsfähigkeit* (0 %/23,7 %; Deutschland sogar 26,7 %) im Vergleich zum Ausland nur geringe oder gar keine Bedeutung.

Andere *soziale Ziele* (abgesehen vom Umweltschutz) sind kaum von Relevanz (s. Tab. 25) und bei den *Stakeholdern* spielen - wie schon ausgeführt - lediglich die *Kunden* eine wichtige Rolle, während die *Aktionäre* weniger häufig Erwähnung finden als in den nicht-schweizerischen Geschäftsberichten.

Ein weiterer Unterschied zu den deutschen Nachbarn besteht darin, daß das Ziel der *Sicherheit* von den schweizerischen Unternehmen in weitaus schwächerem Ausmaß artikuliert wird (12,5 % vs. ein Drittel der deutschen Unternehmen; vgl. Abb. 5).

Insgesamt bevorzugen die schweizerischen Unternehmen also eine recht zurückhaltende und abstrakte Form der Zielartikulation. Statt vom Gewinn wird lieber von Effizienz gesprochen. Dem Erringen einer bedeutenden Marktposition oder einer weiteren Internationalisierung wird im Vergleich zum Ausland weniger Bedeutung, dem Überleben oder der Flexibilität aber eher überproportionale Bedeutung zugemessen. Der Eindruck der Verschwiegenheit wird zusätzlich dadurch verstärkt, daß in den schweizerischen Geschäftsberichten keine einzige operationale Zielformulierung zu finden ist.

Die vorliegenden Ergebnisse entsprechen somit in der Mehrzahl früheren Darstellungen:
- Die bereits erwähnte Verschwiegenheit bzw. mangelnde Transparenz nach außen stimmt mit der sehr geringen Anzahl artikulierter Ziele überein. Die bei schweizerischen Unternehmen beobachtete Strategie der Konzentration auf ausgesuchte strategische Segmente mag ebenfalls zu einer Konzentration hinsichtlich der verfolgten und letztlich artikulierten Ziele geführt haben.
- Die generelle Akzeptanz der Verfolgung ökonomischer Ziele in der schweizerischen Gesellschaft findet ihren Ausdruck darin, daß lediglich hier das Effizienzziel den gleichen (ersten) Rang wie das Wachstumsziel einnimmt. Allerdings resultiert die Verschwiegenheit auch in einer relativ geringen Anzahl von Artikulationen finanzieller Ziele, und auch die Ziele der Aktionäre finden kaum Berücksichtigung.

- Die Langfristorientierung schweizerischer Unternehmen spiegelt sich in der überproportional häufigen Nennung des Überlebensziels wider.
- Das Qualitätsziel wird nicht so häufig genannt wie es dem Bild schweizerischer Unternehmen entspricht. Da auch die Internationalisierung - aufgrund geographischer Gegebenheiten Kernelement der Unternehmensstrategien - im Vergleich zu nicht-schweizerischen Unternehmen selten genannt wird, liegt die Vermutung nahe, daß Qualität und Internationalisierung als Selbstverständlichkeit angesehen werden oder als unproblematisch bzw. erreicht angesehen werden und somit keiner expliziten Artikulation bedürfen. Indikator für eine hohe Qualitätsorientierung könnte immerhin die gegenüber den anderen Stakeholdern herausragende Position der Gruppe der Kunden sein.
- Demgegenüber findet die gute Beziehung der Arbeitnehmer zum Unternehmen keinen Ausdruck in einer häufigen Nennung der Mitarbeiter und ihrer Ziele.
- Die hohe Bedeutung des Umweltschutzziels als einzigem sozialen Ziel von Relevanz entspricht den Darstellungen der Literatur.

5.3.1.3 Zielartikulationen in französischen Geschäftsberichten

Tab. 26 faßt die Auswertungsergebnisse der französischen Geschäftsberichte zusammen. Im Durchschnitt werden 8,75 Zielkategorien thematisiert, wobei 1,86 *finanzielle Ziele*, 5,32 *strategische Ziele*, 0,46 *soziale Ziele* und 1,11 *Stakeholder-Ziele* genannt werden. Die Anzahl der thematisierten Zielkategorien ist damit - wie schon erwähnt - deutlich höher als in der Schweiz, aber auch deutlich niedriger als in Großbritannien (vgl. Tab. 24). Die prozentuale Bedeutung der vier Zielbereiche bei den französischen und den nicht-französischen Unternehmen ist aus Abb. 6 ersichtlich. Besonders auffällig sind die relativ hohe Bedeutung der *strategischen Ziele* und die geringe Bedeutung der *sozialen Ziele* bei den französischen Unternehmen.

Abb. 7 verdeutlicht die französischen Besonderheiten bei der Artikulation der einzelnen Zielkategorien. Wie in den anderen Ländern nimmt das *Wachstumsziel* den ersten Rang ein, wobei der Anteil der Unternehmen, die dieses Ziel artikulieren, in Frankreich mit 92,9 % (Deutschland: 73,3 %) am höchsten ist.
Beispiele:

"... Rhone-Poulenc has now reached the critical mass needed for competitiveness and is now set for strong growth potential." (Rhone-Poulenc, S. 2)

"They and I will share responsibility for the Group's continued growth and success. ... we will strive to further expand our presence even further ..." (Carrefour, S.1)

"That policy of expansion ..." (Lyonnaise, S. 10)

"Growth ... is a continuing objective. ... The objectives of the Group in the next few years will continue to be focused on growth ..." (Saint Gobain, S. 3)

«... des efforts financiers importants pour atteindre une taille assurant notre pérennité.» (Michelin, S. 32)

"The economic requirement of our business in which size and volume are essential ... The growth strategy of Promodès has been pursuing for 30 years ..." (Promodès, S. 2)

"... we took advantage of all opportunities for external growth which presented themselves in 1990. ... The time has come to attempt to establish our goals from now to the end of the current decade: these will be, first a doubling of consolidated sales (excluding internal growth) ..." (BSN, S. 1)

"... we have ample resources to pursue our growth strategy." (Schneider, S. 3)

Rg.	Finanzielle Ziele	Strategische Ziele	Soziale Ziele	Ziele der Stake-holder	Anzahl Unter-nehmen	%
1.		Wachstum			25	92,9
2.		Sachziel			23	89,3
3.		Internationalisierung			19	67,9
4.	Effizienz				17	60,7
5.	Gewinn				16	57,1
				Kunden	16	57,1
7.		Marktposition			14	50,0
		Qualität			14	50,0
9.	Kapital				9	32,1
10.		Innovationsfähigkeit			8	28,6
			Umweltschutz		8	28,6
				Aktionäre	8	28,6
13.		Wettbewerbsfähigkeit			7	25,0
		Modernisierung			7	25,0
		Synergie			7	25,0
16.		Sicherheit			6	21,4
		Flexibilität			6	21,4
18.	Gesamtrentabilität				5	17,9
			Außerökon. Ziele		5	17,9
				Mitarbeiter	5	17,9
21.	Shareholder Value				3	10,7
		Konsolidierung			3	10,7
		Unabhängigkeit			3	10,7
		Schnelligkeit			3	10,7
25.				Lieferanten	2	7,1
26.	EK-Rentabilität				1	3,6
	Gewinnverwendung				1	3,6
		Überleben			1	3,6
29.	Cash-flow				0	0
	Liquidität				0	0
		Kostenführerschaft			0	0
			Gesamtökon. Ziele		0	0
			Prestige		0	0
				FK-Geber	0	0
Σ	52 (21,2%)	149 (60,8%)	13 (5,3%)	31 (12,7%)	245 (100%)	
Ø	1,86	5,32	0,46	1,11	8,75	

Tab. 26: Zielrangfolge in Geschäftsberichten französischer Unternehmen (Berichtszeitraum 1990)

«Notre ambition demeure d'assurer au Groupe une croissance durable, équilibrée et pragmatique.» (Société Générale, S. 5)

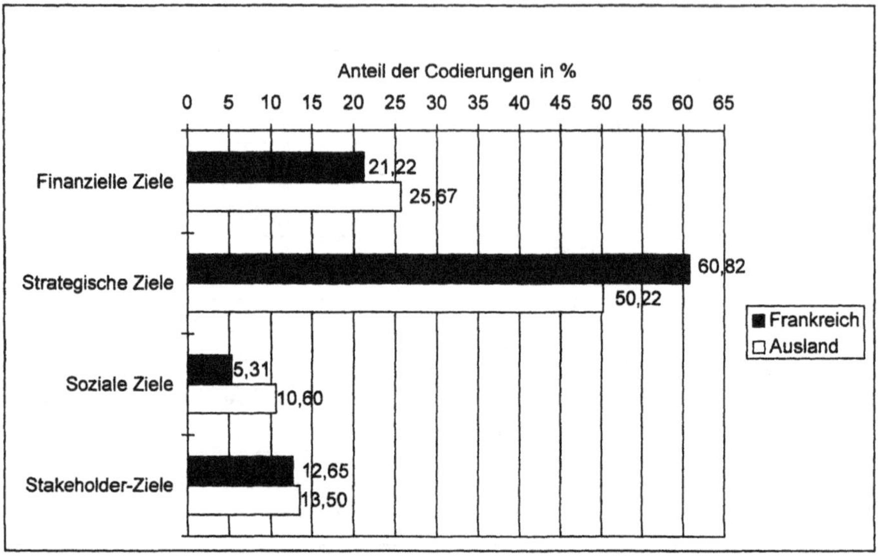

Abb. 6: Bedeutung der vier unterschiedenen Zielzusammenhänge in französischen und nicht-französischen Geschäftsberichten

Die Artikulation des *Sachziels* (auf Rang 2) ist ebenfalls in Frankreich am ausgeprägtesten, erfolgt bei 89,3 % der französischen Unternehmen und ist damit deutlich höher (Signifikanzwert des exakten Fisher-Tests: 0,1 %) als bei den nicht-französischen Unternehmen. Hierin unterscheiden sich französische und deutsche Unternehmen (Nennung in 26,7 % der Geschäftsberichte) besonders stark. Abb. 8 vergleicht die Werte deutscher und französischer Unternehmen.

Beispiele für die Artikulation des Sachziels sind:

"Rhone-Poulenc has structured its business portfolio around three closely related core competencies and five operating sectors: Organic and ..." (Rhone-Poulenc, S. 8)

"Principal Group Activities: ... four principal sectors of activity ... : Packaging ..." (Pechiney, S. 6)

"Saint-Gobain is a world leader in the field of engineered materials." (Saint-Gobain, S. 1)

"Promodès, a retail specialist predominantly in the food business, operates ..." (Promodès, ohne Seitenangabe)

"... our core activities - electrical power, automation, ..." (Schneider, S. 2)

"... Béghin-Say has one vocation: to purify and process agricultural products into human and animal food, as well as for non-food applications. The Group is a leader in five sectors: sugar refining, starch, ..." (Béghin-Say, ohne Seitenangabe)

Auf Rang 3 und 4 folgen das Ziel der *Internationalisierung* (von 67,9 % der französischen und 60,8 % der nicht-französischen Unternehmen genannt) und die *Effizienz* (60,7 %/68,6 %). Rang 5 teilen sich die *Kunden* und ihre Ziele und das *Gewinnziel* (jeweils 57,1 % und damit jeweils deutlich über der Häufigkeit der Nennungen durch deutsche Unternehmen). Das *Qualitätsziel* und das Ziel der *Marktposition* auf Rang 7 werden von der Hälfte der französischen

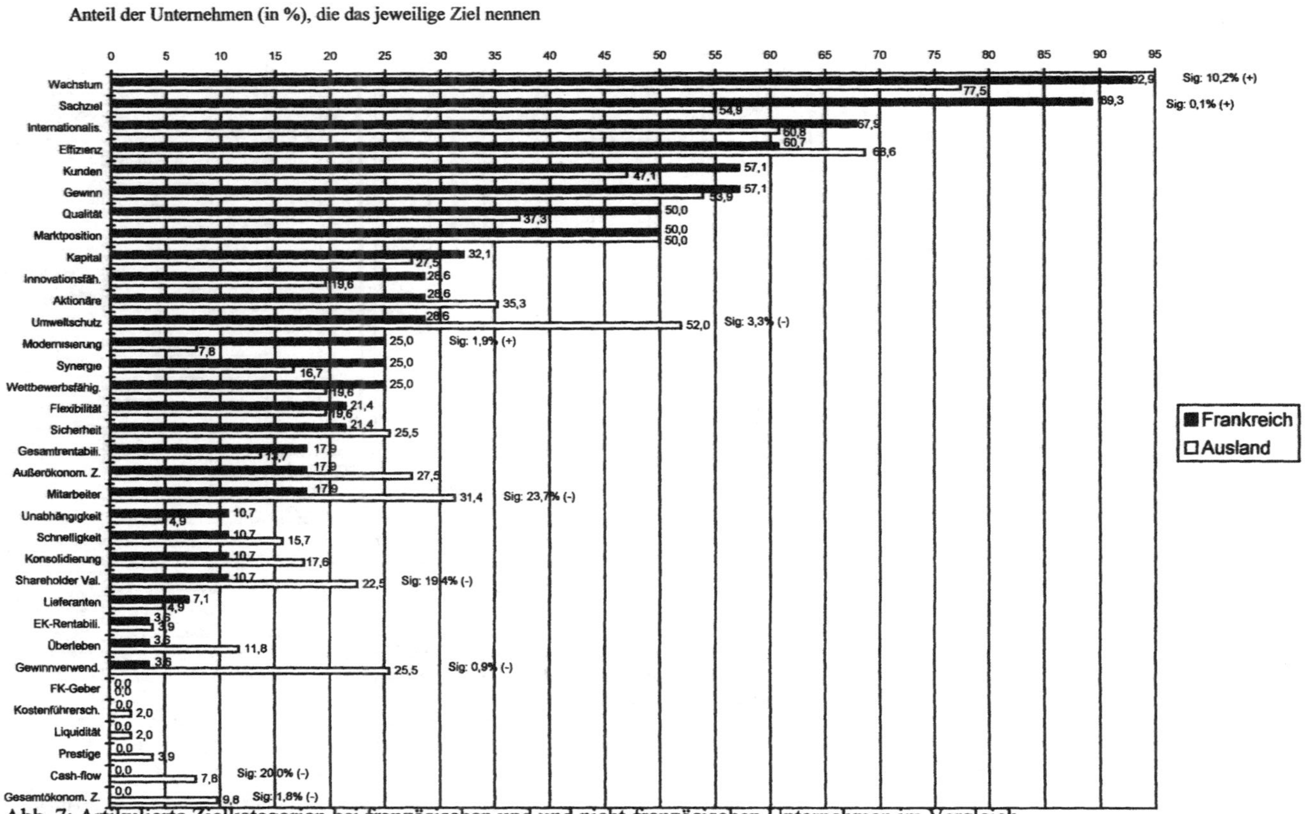

Abb. 7: Artikulierte Zielkategorien bei französischen und und nicht-französischen Unternehmen im Vergleich

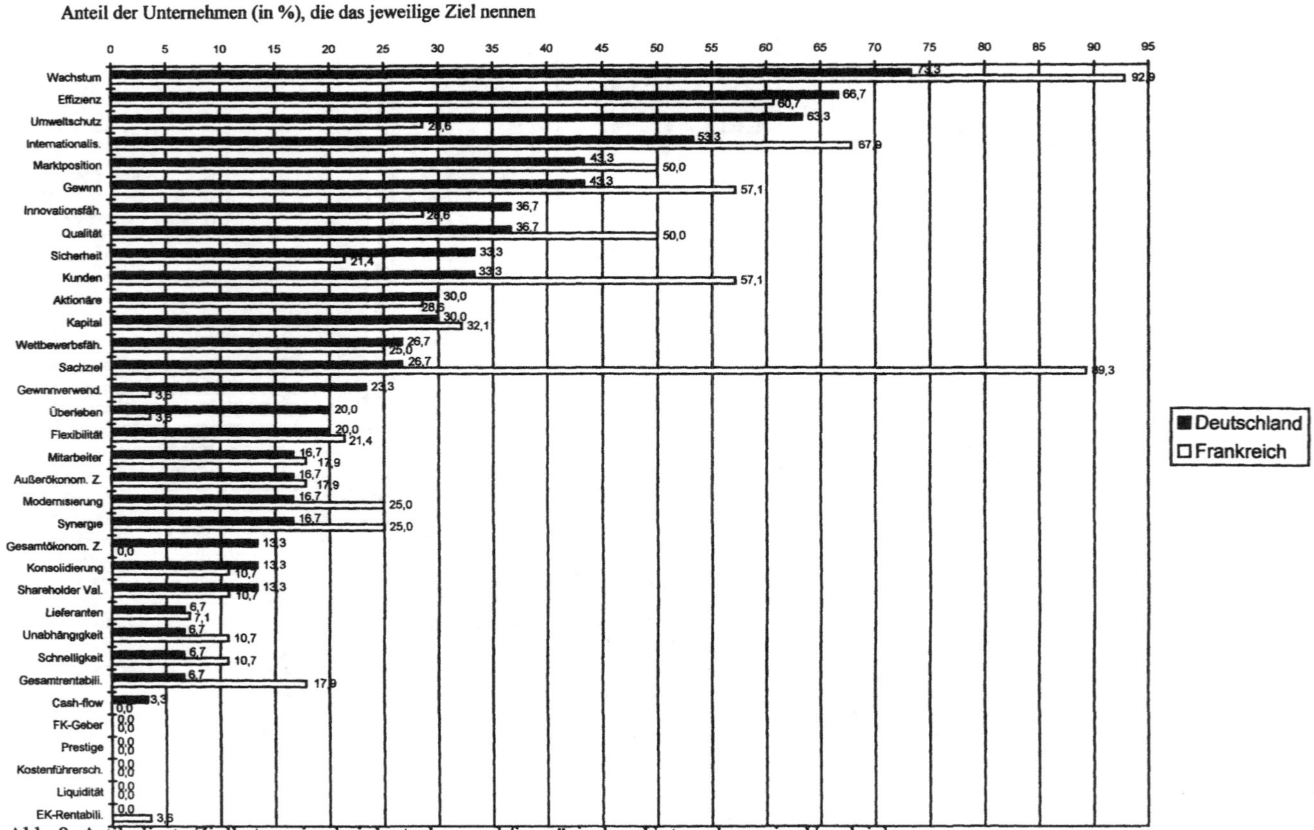

Abb. 8: Artikulierte Zielkategorien bei deutschen und französischen Unternehmen im Vergleich

Unternehmen genannt. Insbesondere das Qualitätsziel wird damit im internationalen Vergleich häufiger artikuliert (nicht-französische Unternehmen: 37,3 %; nur die britischen Unternehmen weisen eine ähnlich hohe Quote auf).

Alle anderen Ziele werden von weniger als einem Drittel der französischen Unternehmen genannt.

Bei den *finanziellen Zielen* fallen die im Gegensatz zu nicht-französischen Unternehmen geringere Bedeutung des *Shareholder Value* (10,7 % vs. 22,6 %) und v. a. des *Gewinnverwendungsziels* (3,6 % vs. 25,5 %) auf.

Bei den *strategischen Zielen* ist neben der schon erwähnten häufigen Nennung von *Wachstums-* und *Sachzielen* die relativ hohe Bedeutung des *Modernisierungsziels* (25 % vs. 7,8 % bei nicht-französischen Unternehmen) bemerkenswert.
Beispiele:
"... our constant drive to modernise ..." (Bouygues, S. 5)
«Le réseau Esso a poursuivi la modernisation de ses pointes de vente ...» (Esso, S. 5)
«Nous avons pu relever un triple défi: moderniser nos activités traditionnelles de magasins ...» (Groupe Printemps, S. 3)

Das relativ geringe Gewicht der *sozialen Ziele* in den französischen Geschäftsberichten ist auf die seltene Nennung des *Umweltschutzziels* zurückzuführen (28,6 % vs. 52,0 % der nicht-französischen Unternehmen insgesamt und sogar 63,3 % der deutschen Unternehmen).

Bei den *Stakeholdern* werden eindeutig die *Kunden* bevorzugt. Während die *Aktionäre* und die *Mitarbeiter* mit ihren Zielen von französischen Unternehmen seltener als von nicht-französischen Unternehmen genannt werden, ist dies bei der Kundengruppe umgekehrt (Berücksichtigung bei 57,1 % der französischen und 47,1 % der nicht-französischen Unternehmen, darunter 33,3 % der deutschen Unternehmen).

Immerhin vier der französischen Unternehmen weisen bei insgesamt elf Zielkategorien operationale Zielformulierungen auf.[1021]
Beispiele aus dem Geschäftsbericht von Rhone-Poulenc:
"We have now achieved our primary strategic goal: to rank, in each of our businesses and in each of our products, among the world's five leading companies ..." (S. 3)
"The Group's debt-to-equity ratio ... should be reduced to 0.7 by the end of 1991 ... Our objective for 1992 is to reduce this ratio to 0.5." (S. 4)
"By implementing this strategy, the Group is pursuing three key business objectives: achieve an operating margin of 15 %, generate a 15 % return on invested capital, and ensure average per share earnings growth of 15 % per year." (S. 6)

Insgesamt hinterläßt die Analyse der Zielartikulationen französischer Geschäftsberichte den Eindruck einer hohen Dynamik und Marktorientierung. Französische Unternehmen betonen das Wachstumsziel, benennen ihr Sachziel, und unter den Stakeholdern haben die Kunden erste Priorität. Die Unternehmen betonen ihren Willen zur Innovation und zur Modernisierung. Insbesondere außerökonomische Ziele finden hingegen sehr wenig Beachtung.

Mehrere Aussagen anderer empirischer Studien über die Tätigkeit französischer Unternehmen werden durch die vorliegende Analyse bestätigt. Im einzelnen:

[1021] Vgl. Teil 2 des Anhangs für eine Übersicht.

- Die eher unterdurchschnittliche Bedeutung finanzieller Ziele innerhalb des Zielsystems französischer Unternehmen spiegelt sich in den Zielartikulationen wider.
- Die konstatierte Dominanz des Wachstumsziels wird bestätigt.
- Die Gründe für die besonders intensive Thematisierung des Sachziels durch französische Unternehmen bleiben unklar. Ursprung mag die Tradition der Besonderheit der produzierten (Luxus-)Güter in Frankreich sein.
- Die relativ hohe Bedeutung des Modernisierungsziels war vor dem Hintergrund früherer Untersuchungen nicht zu erwarten. Grund hierfür ist u. U. der konstatierte Nachholbedarf bei der Produktqualität.
- Die seltene Artikulation des Umweltschutzziels deckt sich mit früheren Beobachtungen.
- Die besondere Verknüpfung von staatlicher und ökonomischer Sphäre in Frankreich wird nicht durch entsprechende Zielartikulationen (etwa eine häufige Nennung gesamtökonomischer oder außerökonomischer Ziele) abgebildet.

5.3.1.4 Zielartikulationen in schwedischen Geschäftsberichten

Tab. 27 faßt die Häufigkeit der Nennungen der Zielkategorien durch schwedische Unternehmen zusammen. Im Durchschnitt werden 9,62 Zielkategorien pro Geschäftsbericht behandelt (3,15 *finanzielle Ziele*, 5,15 *strategische Ziele*, 0,35 *soziale Ziele* und 0,96 *Stakeholder-Ziele*). Die Anzahl der thematisierten Zielkategorien ist damit deutlich höher als bei den schweizerischen und den deutschen Unternehmen (vgl. Tab. 24). Im Vergleich zu den nichtschwedischen Geschäftsberichten ist die Bedeutung der *finanziellen Ziele* besonders hoch und die Bedeutung der *sozialen Ziele* besonders niedrig (s. Abb. 9).

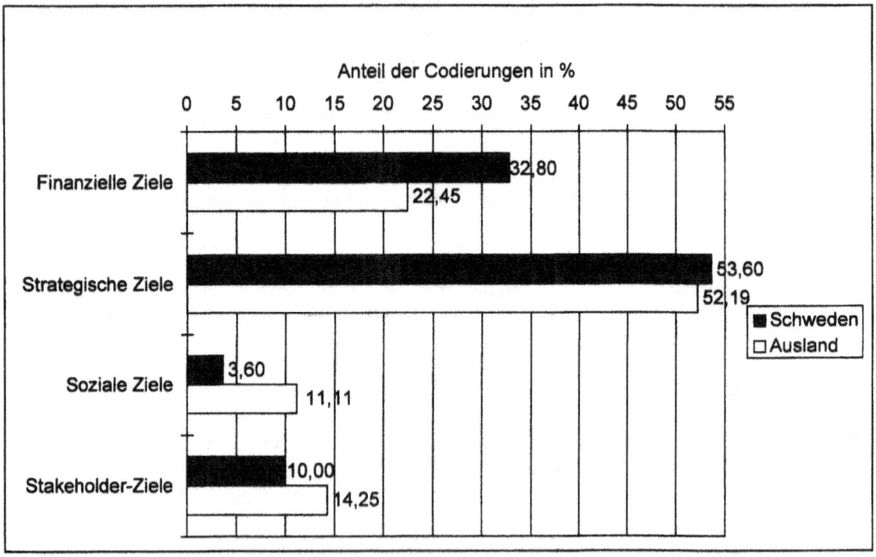

Abb. 9: Bedeutung der vier unterschiedenen Zielzusammenhänge in schwedischen und nichtschwedischen Geschäftsberichten

Rg.	Finanzielle Ziele	Strategische Ziele	Soziale Ziele	Ziele der Stake-holder	Anzahl Unter-nehmen	%
1.		Wachstum			22	84,6
2.		Sachziel			21	80,8
3.	Effizienz				19	73,1
	Gewinn				19	73,1
		Internationalisierung			19	73,1
6.		Marktposition			17	65,4
7.		Sicherheit			11	42,3
8.	Kapital				10	38,5
	Gesamtrentabilität				10	38,5
10.	Gewinnverwendung				9	34,6
				Aktionäre	9	34,6
				Kunden	9	34,6
13.		Konsolidierung			8	30,8
		Qualität			8	30,8
15.		Synergie			7	26,9
				Mitarbeiter	7	26,9
17.	Shareholder Value				6	23,1
		Schnelligkeit			6	23,1
		Wettbewerbsfähigkeit			6	23,1
			Umweltschutz		6	23,1
21.	EK-Rentabilität				4	15,4
		Flexibilität			4	15,4
23.	Cash-flow				3	11,5
		Unabhängigkeit			3	11,5
25.	Liquidität				2	7,7
			Außerökon. Ziele		2	7,7
27.		Überleben			1	3,8
		Innovationsfähigkeit			1	3,8
29.			Gesamtökon. Ziele		0	0
		Kostenführerschaft			0	0
		Modernisierung			0	0
			Prestige		0	0
				FK-Geber	0	0
				Lieferanten	0	0
Σ	82 (32,8%)	134 (53,6%)	9 (3,6%)	25 (10,0%)	250 (100%)	
∅	3,15	5,15	0,35	0,96	9,62	

Tab. 27: Zielrangfolge in Geschäftsberichten schwedischer Unternehmen (Berichtszeitraum 1990)

Abb. 10 stellt die Bedeutung der verschiedenen Zielkategorien graphisch dar und stellt sie der Häufigkeit der Nennungen bei nicht-schwedischen Unternehmen gegenüber. Die signifikantesten Abweichungen zu den nicht-schwedischen Geschäftsberichten sind durch die Angabe der Signifikanzwerte vermerkt.

Wie schon bei den französischen Geschäftsberichten nehmen das *Wachstumsziel*, das *Sachziel*, die *Internationalisierung*, die *Effizienz* und der *Gewinn* die ersten fünf Ränge ein und werden außerdem öfter genannt als bei den nicht-schwedischen Unternehmen. Insbesondere hinsichtlich des Sachziels besteht also auch hier ein großer Unterschied zu den deutschen Unternehmen (vgl. Abb. 11 für eine detaillierte Übersicht der deutsch-schwedischen Unterschiede).

Das *Gewinnziel* wird von 73,1 % der schwedischen Unternehmen artikuliert, was den höchsten Anteil im internationalen Vergleich darstellt (nicht-schwedische Unternehmen: 50 %, darunter Deutschland: 43,3 %).

Beispiele:

"Volvo adopted an action program to ... create conditions for increased profitability in the future." (Volvo, S. 7)
"Lower growth rates over the next few years, priority for profitability." (Electrolux, S. 5)
"But priorities will be assigned with a view to profitability for the long term." (SCA, S. 3)
"Profitability is the principal management tool." (SCA, S. 4)
"... major work aimed at ... improving profitability ..." (Bilspedition, S. 3)
"... high and sustained profitability is required ..." (MoDo, S. 7)
"Company management has strived constantly to improve earnings and to attain long-term profitability." (BPA, S. 2)
"The profitability of these companies is not at required levels." (Ratos, S. 4)
"We adopted this strategy in the assurance that both earnings and profitability would steadily improve ..." (AGA, S. 4)
"... a strategy was established during 1989, aimed at attaining ... higher profitability ..." (Incentive, S. 2)
"The long-term profitability thinking will be given priority ahead of risk spreading." (Investment AB Cardo, S. 11)

Auch die *Marktposition* auf Rang 6 wird am häufigsten in schwedischen Geschäftsberichten als Ziel artikuliert (Nennung bei 65,4 % der schwedischen, aber nur 46,2 % der nicht-schwedischen Unternehmen).

Beispiele:

"Our goal is to be the leader in the white goods industry ..." (Electrolux, S. 5)
"... a leading position in the telecommunications field. We are determined to strengthen it." (Ericsson, S. 2)
"To strengthen its position in core businesses, SCA has acquired ..." (SCA, ohne Seitenangabe)
"To ensure that SKF sustains its position over the long term , it will be necessary to ..." (SKF, S. 3)
"The ... Group's most expansive business area was Boliden Metals, which very determinedly continued its expansion with the objective of becoming one of the more important producers and distributors of ..." (Trelleborg, S. 4)
"NCC's long-term goal is to become a major player in the European construction and real estate market." (Nordstjernan, S. 3)
"MoDo's overall objective is to further strengthen its position as a leading international forest products ..." (MoDo, S. 7)
"... work which is required to enable Alfa-Laval to maintain and further its position as a global leader in technology." (Alfa-Laval, S. 5)
"The long-term goal of the Atlas Copco Group is to become the world's leading company within its specialist areas ..." (Atlas, S. 2)
"Each BPA company shall hold a leading position in its markets ..." (BPA, ohne Seitenangabe)
"Developing Euroc into a leading European building materials group is our goal in the medium term." (Euroc, S. 2)
"Cardo aims to be one of the leading companies in the market place in the product areas in which its companies operate." (Investment AB Cardo, S. 2)

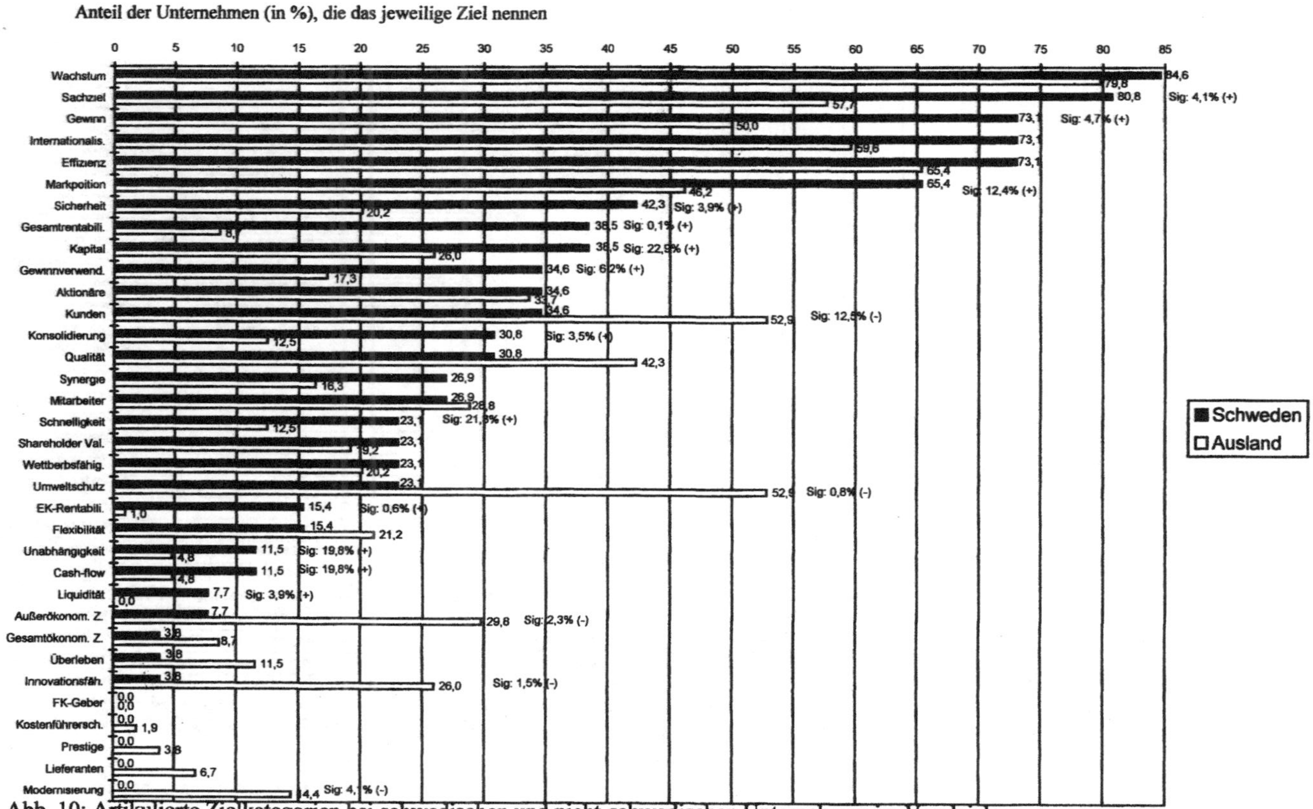

Abb. 10: Artikulierte Zielkategorien bei schwedischen und nicht-schwedischen Unternehmen im Vergleich

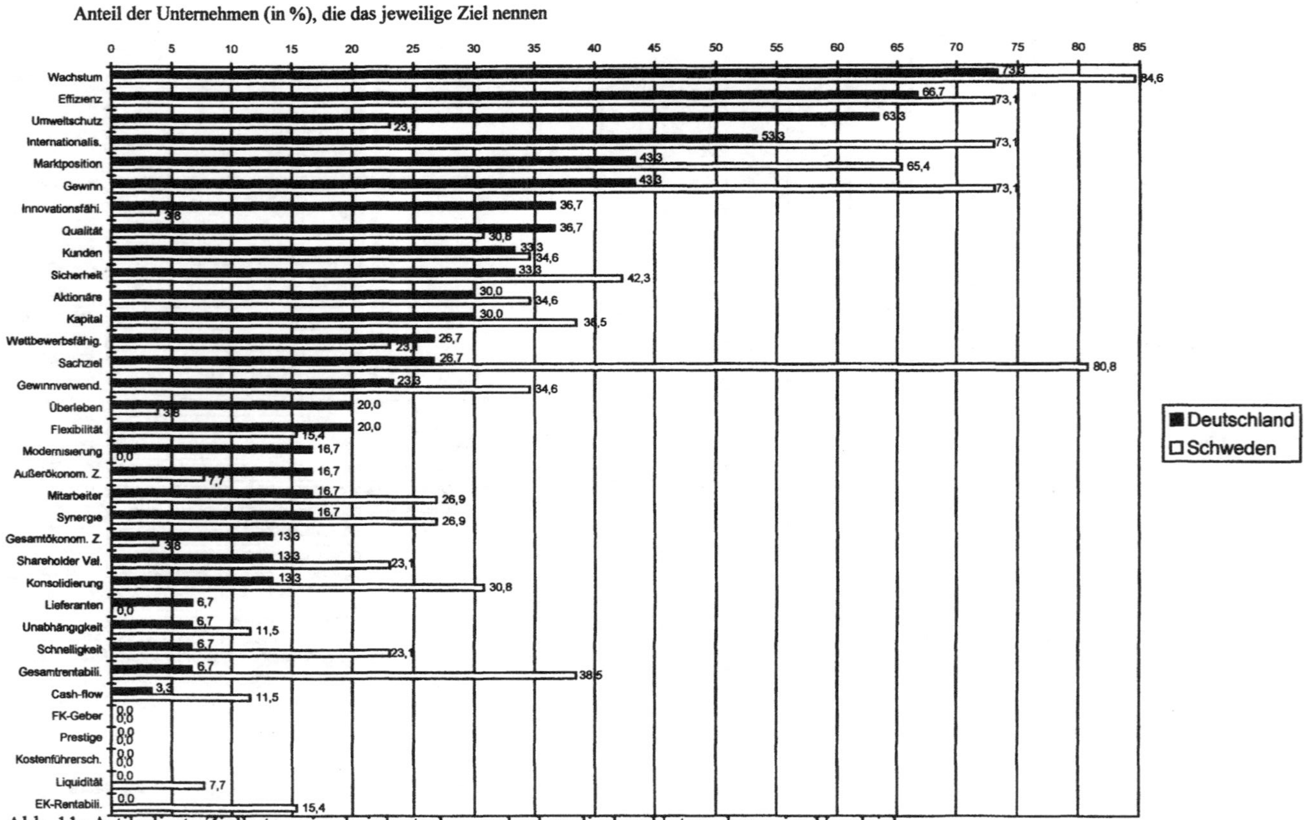

Abb. 11: Artikulierte Zielkategorien bei deutschen und schwedischen Unternehmen im Vergleich

Alle weiteren Ziele folgen mit mehr als 20 Prozentpunkten Abstand.

Weitere *finanzielle* Ziele werden (im Vergleich zu den nicht-schwedischen und auch den deutschen Unternehmen) häufig genannt, z. B. die *Gesamtkapitalrentabilität* (Artikulation durch 38,5 % der schwedischen Unternehmen vs. 8,7 % der nicht-schwedischen Unternehmen), das *Gewinnverwendungsziel* (34,6 %/17,3 %), die *Eigenkapitalrentabilität* (15,4 %/1,0 %) oder die *Liquidität* (7,7 %/0,0 %). Während nur drei deutsche, vier französische und sechs britische Geschäftsberichte operationale Zielartikulationen aufweisen, gilt dies für über die Hälfte (15 von 26) der schwedischen Unternehmen, deren finanzielle Ziele somit häufig präziser umschrieben sind.
Beispiele für Zielartikulationen aus dem finanziellen Bereich sind:
"We anticipate that internal programs ... will enable us to achieve our goal of an average pretax return on equity of 30 % within a few years ..." (Electrolux, S. 5)
"During the past five years, the return on capital employed amounted to an average of 15 percent, which is somewhat lower than the Group's long-term requirement ..." (Stora, S. 13)
"In order to preserve good liquidity, however, substantial outside borrowing has occurred ..." (Procordia, S. 8)
"SCA has extensively re-examined its long-term financial objectives. ... Profitability is the principal management tool. Expressed in terms of return on shareholders' equity, the requirement is for a 15 % return on average over a business cycle. ... would correspond to a 12 % return on adjusted shareholders' equity." (SCA, S. 4)
"... return on capital amounted to ... The objective is to attain 18 per cent." (Nobel, S. 2)
"The Group ...reached its return on capital target for operating units, i.e. 20 per cent on capital employed." (Trelleborg, S. 4)
"... the dividend ... in the long-term should correspond to approximately one third of the annual profit after financial income and expenses and 30 per cent standard tax." (Trelleborg, S. 42)
"... dividends ... in the long-term should amount, on average, to around one-fifth of the Group's profit after financial income and expenses less full tax." (Bilspedition, S. 6)
"The Group's profitability target is a return on capital employed of 20 percent before tax, in order to reach a return on equity capital after full taxes of 20 percent ..." (Alfa-Laval, S. 8)
"The Board's objective is that dividends to shareholders should amount to 30 to 40 percent of earnings per share." (Atlas, S. 58)
"The Group's dividend policy dictates that the dividend shall be commensurate with the profit level and that it shall comprise roughly one-third of the profit after net financial items and after standard tax." (Svenska Stal, S. 10)
"BPA's goal is to maximize the Company's net worth. To accomplish this goal, a sustained, long-term satisfactory return on capital employed is required and, simultaneously, that the equity/assets ratio be satisfactory. The Group's long-term return on capital employed shall be at least 20 percent. The Group's equity/assets ratio shall exceed 15 percent." (BPA, S. 2)
"Ratos has formulated a new dividend policy under which approximately 100 percent of dividend income will be paid out as dividends to the Shareholders in the future." (Ratos, S. 4)
"We are now back to our target - a return of 15 per cent on equity." (AGA, S. 5)
"For the industrial operation, we have set the target for return on capital employed at 20 percent which we have not quite reached as yet. For our Business Areas, the target is 25 percent." (Investment AB Cardo, S. 4)

Bemerkenswert bei den *strategischen Zielen* sind die relativ häufigen Nennungen der *Sicherheit* (42,3 % vs. 20,2 % bei nicht-schwedischen Unternehmen) und der *Konsolidierung* (30,8 % vs. 12,5 %). Die *Innovation* (3,9 % vs. 26,0 %) und die *Modernisierung* (0,0 % vs. 14,4 %) sind hingegen unbedeutend, welches einen weiteren Unterschied zu den Inhalten deutscher Geschäftsberichte ausmacht.
Beispiele zum Sicherheitsziel:
"... financial risk-taking. Interest coverage, which is a better measure of this ... SCA's goal is for interest coverage of at least 3.0-4.0 ..." (SCA, S. 4)
"The purpose of centralized financial risk management is to both diversify and balance risks ..." (SKF, S. 3)

"NCC has focused on investments in properties that in the future will secure value appreciation in the Group and offset the risks contained in contracting operations." (Nordstjernan, S. 7)
"The development of the company shall take place subject to financial balance." (MoDo, S. 7)
"The criteria have been to seek projects with a low risk level ..." (BPA, S. 2)
"In an effort to keep the foreign exchange exposure at a low level ..." (Ratos, S. 7)

Beispiele zur Konsolidierung:

"The program is focused on concentration of production ... In the interest of streamlining the Group's structure, ... operations in the Commercials services ... would be offered for sale." (Electrolux, ohne Seitenangabe)
"In addition, work continues on selling low-yielding net equity which is not related to the core operation." (Bilspedition, S. 3)
"... the Group's operations have to be further concentrated ..." (Euroc, S. 2)
"... we will place the highest priority on the divestment of companies unsuitable for the new structure." (Incentive, S. 2)

Ähnlich wie bei den französischen Unternehmen ist die geringe Bedeutung der *sozialen Ziele* auf die wenigen Nennungen des *Umweltschutzziels* (23,1 % vs. 52,9 % bei nicht-schwedischen Unternehmen) zurückzuführen. Aber auch andere *außerökonomische Ziele* sind von außerordentlich geringer Bedeutung (7,7 % vs. 29,8 %).

Bei den *Stakeholdern* kommt den *Kunden*, den *Aktionären* (jeweils 34,6 %) und den *Mitarbeitern* (26,9 %) und ihren jeweiligen Zielen ein ähnliches Gewicht zu. Die Dominanz der Kundengruppe gegenüber den anderen Stakeholdern ist somit nicht so stark ausgeprägt wie in der Schweiz, in Frankreich und auch in Großbritannien[1022].

Nur 4 von 26 schwedischen Geschäftsberichten (15,4 %) widmen ihren Mitarbeitern bzw. der Personalfunktion einen gesonderten Abschnitt, welches den mit Abstand niedrigsten Anteil im internationalen Vergleich darstellt.[1023]

Die relativ hohe Bedeutung der finanziellen Ziele, ihre operationale Formulierung, das relativ stark artikulierte Sicherheitsdenken und die schwache Innovations- und Modernisierungsorientierung ergeben insgesamt die Darstellung eines relativ traditionellen Unternehmensbildes. Dies wird zusätzlich bestätigt durch die niedrige Bedeutung des Umweltschutzziels.

Die Zielartikulationen in den schwedischen Geschäftsberichten werden damit nur z. T. den auf früheren Untersuchungen bzw. Beschreibungen basierenden Erwartungen gerecht:

- Der der schwedischen Gesellschaft zugeschriebenen niedrigen Bedeutung materieller Werte stehen die zahlreichen Artikulationen finanzieller Ziele entgegen, womit ein schon früher beobachteter Trend der steigenden Gewinnorientierung durch die vorliegende Untersuchung bestätigt wird. Defizite bei der industriellen Effizienz könnten ursächlich hierfür sein.
- Die für Schweden konstatierte niedrige Ausprägung bei der Ungewißheitsvermeidung ist kaum mit der häufigen Nennung des Sicherheitsziels vereinbar. Ein erhöhter Wettbewerbsdruck ist mögliche Ursache dieses artikulierten Sicherheitsbedürfnisses.
- Erstaunlich sind darüber hinaus die seltenen Nennungen von Innovations- und Modernisierungszielen vor dem Hintergrund der prominenten Stellung von Ingenieuren in schwedischen Unternehmen, denen zudem eine ausgeprägte Langfristorientierung zugesprochen wurde.

1022 Vgl. Abschnitt 5.3.5.
1023 Vgl. Teil 2 des Anhangs.

- Umgekehrt wird das Umweltschutzziel im internationalen Vergleich selten artikuliert, was ebenfalls konträr zu früher getätigten Aussagen über das schwedische Wirtschaftsgeschehen ist.
- Der der schwedischen Gesellschaft attestierte Individualismus schlägt sich nicht in einer überdurchschnittlichen Betonung der Stakeholder-Ziele nieder. Die These eines Zusammenhangs zwischen einem ausgeprägten Individualismus und der Betonung kurzfristiger finanzieller Erfolgsgrößen scheint hier hingegen erhärtet zu werden.

Über die Ursachen für die insgesamt eher überraschende Struktur der Zielartikulationen kann nur spekuliert werden. Naheliegend ist zum einen ein Handlungsdruck aufgrund eines Nachholbedarfs dahingehend, daß die Erreichung finanzieller Ziele durch eine niedrige Effizienz beeinträchtigt ist. Zum anderen kann die Hervorhebung finanzieller Ziele in Geschäftsberichten eine kompensatorische Funktion derart haben, daß die schwedischen Unternehmen einem Image nur schwacher finanzieller Zielausrichtung bewußt entgegentreten.

5.3.1.5 Zielartikulationen in britischen Geschäftsberichten

Tab. 28 faßt die Auswertungsergebnisse der britischen Geschäftsberichte zusammen. Im Durchschnitt werden in jedem Geschäftsbericht 10,47 Ziele artikuliert, wobei 2,50 (23,9 %) Zielkategorien *finanzieller Art* sind, 4,57 (43,6 %) *strategisch*, 1,53 (14,8 %) *sozial* und 1,87 (17,8 %) *stakeholder-orientiert*. Damit thematisieren die britischen Unternehmen die höchste Anzahl von Zielen in ihren Geschäftsberichten und unterscheiden sich damit signifikant von den schweizerischen, deutschen und französischen Unternehmen (vgl. Tab. 24).

Ein Vergleich mit den nicht-britischen Unternehmen verdeutlicht die relativ hohe Bedeutung der sozialen und Stakeholder-Ziele zu Lasten der strategischen Ziele (Abb. 12).

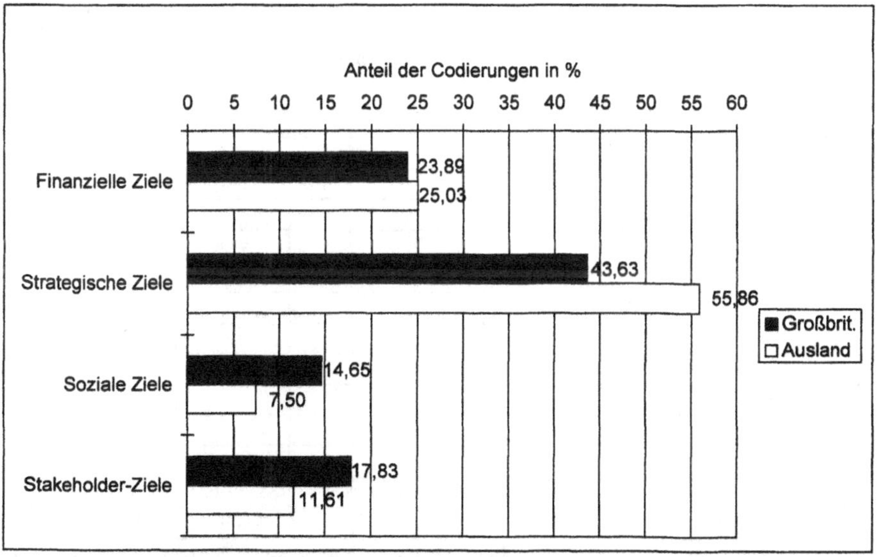

Abb. 12: Bedeutung der vier unterschiedenen Zielzusammenhänge in britischen und nicht-britischen Geschäftsberichten

Rg.	Finanzielle Ziele	Strategische Ziele	Soziale Ziele	Ziele der Stake-holder	Anzahl Unter-nehmen	%
1.		Wachstum			24	80,0
2.		Sachziel			22	73,3
3.		Internationalisierung			21	70,0
4.	Effizienz				20	66,7
	Gewinn				20	66,7
			Außerökon. Ziele		20	66,7
				Kunden	20	66,7
8.			Umweltschutz		18	60,0
9.		Marktposition			17	56,7
				Mitarbeiter	17	56,7
11.		Qualität			16	53,3
				Aktionäre	16	53,3
13.	Shareholder Value				13	43,3
14.	Gewinnverwendung				8	26,7
	Kapital				8	26,7
16.		Innovationsfähigkeit			7	23,3
17.		Wettbewerbsfähigkeit			6	20,0
18.	Cash-flow				4	13,3
		Konsolidierung			4	13,3
		Schnelligkeit			4	13,3
			Gesamtökon. Ziele		4	13,3
			Prestige		4	13,3
23.		Synergie			3	10,0
		Sicherheit			3	10,0
		Flexibilität			3	10,0
		Modernisierung			3	10,0
				Lieferanten	3	10,0
28.	Gesamtrentabilität				2	6,7
		Kostenführerschaft			2	6,7
30.		Überleben			1	3,3
	Liquidität				0	0
	EK-Rentabilität				0	0
		Unabhängigkeit			0	0
				FK-Geber	0	0
Σ	75 (23,9%)	137 (43,6%)	46 (14,8%)	56 (17,8%)	314 (100%)	
∅	2,50	4,57	1,53	1,87	10,47	

Tab. 28: Zielrangfolge in Geschäftsberichten britischer Unternehmen (Berichtszeitraum 1990)

Abb. 13 stellt die Bedeutung der Zielkategorien graphisch dar und stellt die entsprechenden Werte für nicht-britische Unternehmen gegenüber. Besonders signifikante Unterschiede sind erneut durch Angabe der Signifikanzwerte des exakten Fisher-Tests herausgehoben.

Wie schon bei den französischen und den schwedischen Unternehmen nehmen das *Wachstum*, das *Sachziel*, die *Internationalisierung*, die *Effizienz* und der *Gewinn* die ersten Ränge ein. Der größte Unterschied zu den deutschen Unternehmen besteht somit erneut in der geringen Bedeutung der Artikulation des Sachziels in Deutschland (s. auch Abb. 14 für einen deutsch-britischen Vergleich).

Genauso häufig wie die Effizienz und der Gewinn werden auch *außerökonomische Ziele* und die *Kunden* mit ihren Zielen genannt (jeweils 66,7 % der Unternehmen), während nur 13 % bzw. 44 % der nicht-britischen Unternehmen die beiden letztgenannten Kategorien behandeln. Insbesondere die Darstellung des Unternehmens als Institution, die auch außerökonomischen Werten (z. B. die Unterstützung der Künste, des Bildungswesens und anderer sozialer Einrichtungen) verpflichtet ist, hat also in Großbritannien ein außergewöhnlich hohes Gewicht.

Beispiele:

„Die Gesellschaften der Royal Dutch/Shell-Gruppe sind Teil des Gemeinwesens ... und ... übernehmen ... gesellschaftliche Verantwortung im weiteren Sinne. ... Die Unterstützung von karitativen und kulturellen Aktivitäten sowie der Ausbildung im weitesten Sinne durch ein Unternehmen ist ein Zeichen der Zugehörigkeit zur betreffenden Gemeinschaft und ein Mittel, gegenseitige soziale und kommerzielle Interessen zu verstärken. ... Im Laufe der Jahre entfiel der größte Anteil der Ausgaben in diesem Bereich auf das Bildungswesen.“ (Royal Dutch/Shell, S. 3)

"... we invest in all aspects of our business: ... In the community, by helping small businesses, through charitable support and in education." (BAT, S. 6)

"B T's mission: ... making a fitting contribution to the communities ..." (British Telecom, S. 3)

„BG ist kein Unternehmen, für das nur eine profitable Geschäftsentwicklung zählt. ... ist das Erzielen von Überschüssen ein wichtiges Unternehmensziel, aber nicht das einzige. ... Die Palette sozialer Aktivitäten von BG ist breit. Sie reicht vom mobilen Hilfsdienst für ältere ... bis zur Unterstützung von Sport- und Kulturveranstaltungen.“ (British Gas, S. 14)

"GrandMet strives to be a good employer and a good neighbour and to contribute actively to all the communities in which it operates. ... GrandMet believes that it has a responsibility to provide support to charitable and community projects that help people in need to help themselves. Employees are encouraged to volunteer to serve in the communities ..." (GrandMet, ohne Seitenangabe und S. 6)

"Company objectives: To discharge the responsibility by acting with complete integrity, by carrying out our work to the highest standards, and by contributing to the public good and to the quality of life in the community. ... Company charitable donations totalled ... The Company is particularly active in sponsoring the Arts ..." (Sainsbury, ohne Seitenangabe und S. 6)

"Tesco is committed to the health and well-being of the community ..." (Tesco, S. 1)

"We will play a constructive role in the communities ..." (General Electric, S. 4)

"... our long standing commitment to the communities in which we operate ... education ... medicine ... local projects ..." (Marks & Spencer, S. 5)

"Allied-Lyons has always attached great importance to its role in the community ... environmental protection, voluntary work, support for the arts, education, enterprise and charity." (Allied-Lyons, S. 8)

"Our mission. ... To be a good neighbour, concerned for the community ..." (British Airways, ohne Seitenangabe)

"Our objectives extend beyond profitability criteria to embrace wider social and environmental concerns." (Dalgety, S. 7)

"... and wherever a good cause needs support, our staff are certain to be involved." (Argyll, ohne Seitenangabe)

"... RTZ ... It aims to involve the local communities wherever it operates and to promote their well-being." (RTZ, ohne Seitenangabe)

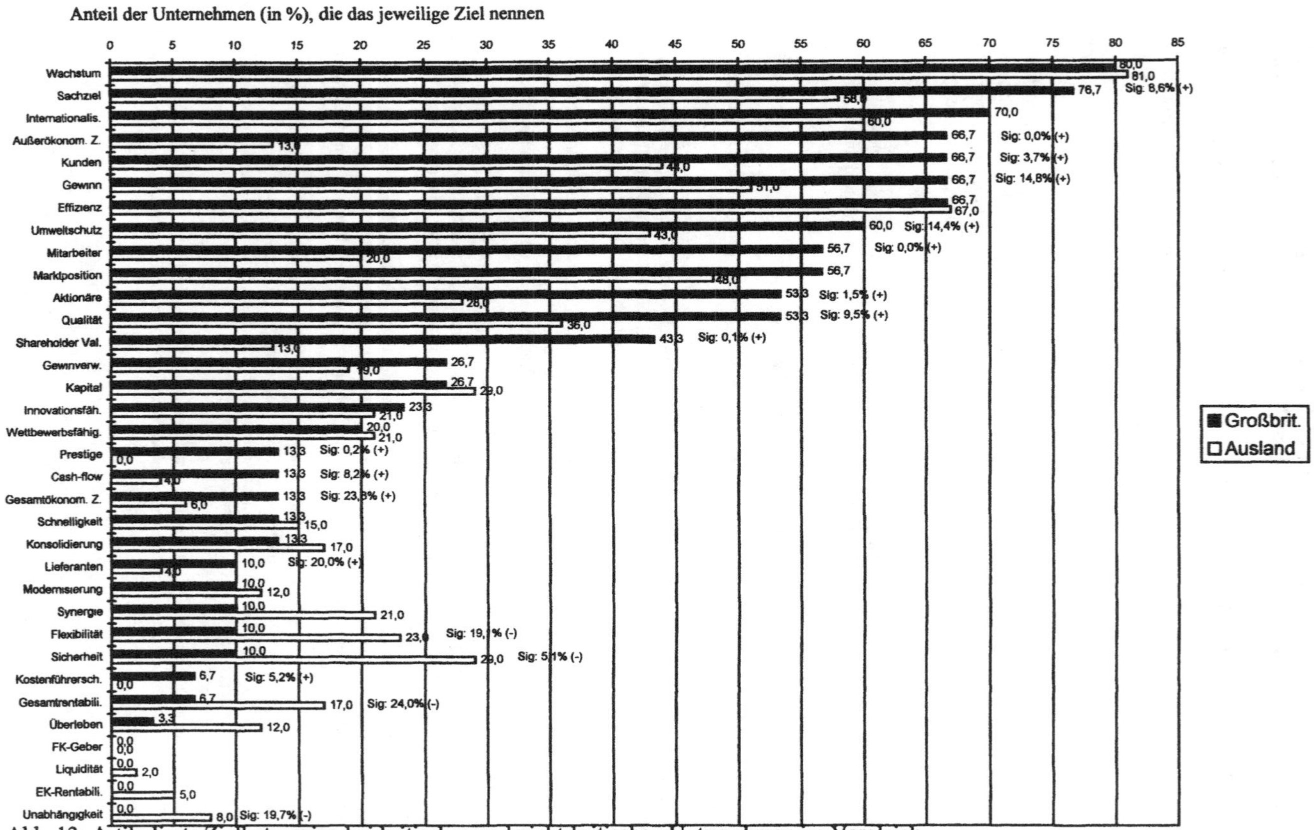

Abb. 13: Artikulierte Zielkategorien bei britischen und nicht-britischen Unternehmen im Vergleich

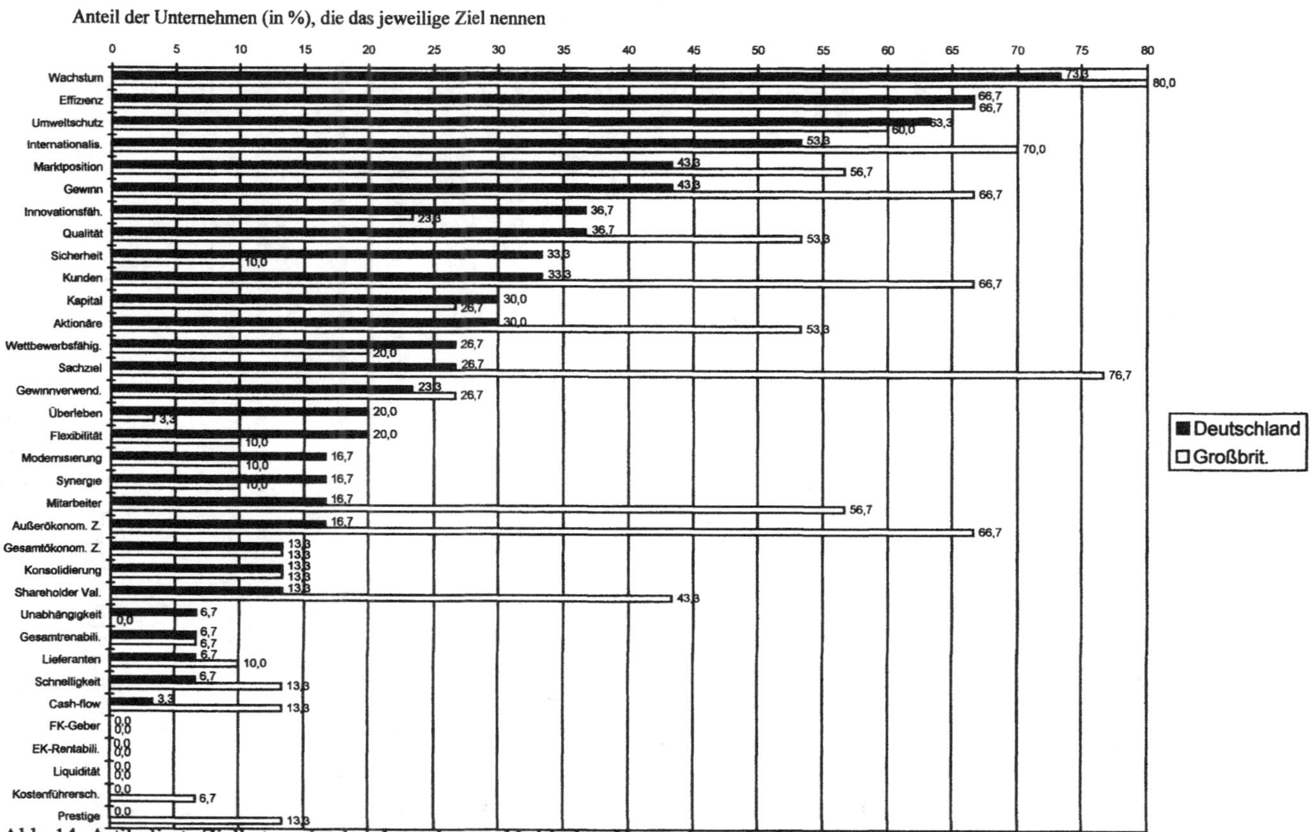

Abb. 14: Artikulierte Zielkategorien bei deutschen und britischen Unternehmen im Vergleich

Mehr als ein Drittel der britischen Unternehmen (36,7 %)[1024] weist zusätzlich einen Abschnitt im Geschäftsbericht auf, der sich speziell den karitativen Aktivitäten des Unternehmens widmet, die nicht zur eigentlichen Geschäftsaktivität gehören. Überschrieben sind diese Teile des Geschäftsberichts z. B. mit „BP in society", „Contributing to the community" (British Telecom), „A sense of community" (Sainsbury), „Corporate Citizenship/Caring about the quality of life", (Bass) oder „RTZ and the Community". Lediglich drei nicht-britische (französische) Unternehmen weisen ähnliche Beiträge auf.

Auf Rang 8 folgt der *Umweltschutz* und auf Rang 9 die *Marktposition* sowie die *Mitarbeiter* und ihre Ziele. Letztere werden von 56,7 % der britischen, aber nur von 20 % der nicht-britischen Unternehmen berücksichtigt.

Auch die *Qualität* und die Gruppe der *Aktionäre* mit ihren Zielen werden von mehr als der Hälfte der britischen Unternehmen (53,3 %) genannt. Der entsprechende Wert bzgl. der Aktionäre lautet bei nicht-britischen Unternehmen 28 %.

Der *Shareholder Value* auf Rang 13 wird immerhin von 43,3 % der britischen aber nur von 13 % der nicht-britischen (und 13,3 % der deutschen) Unternehmen genannt.
Beispiele:

"The aim ... is to make BP the most successful oil company of the 1990's and beyond. Many people have asked how success in achieving that vision should be measured. Plainly, growth in share values and dividend performance is a key measure." (BP, S. 2)

"As part of our commitment to providing shareholders with long term above average total returns ..." (BAT, S. 6)

"It is our goal to build on GrandMet's strengths and continue to create sustainable competitive advantage in our businesses, which is the bedrock of shareholder value and wealth." (GrandMet, S. 8)

"Company objectives ... To generate sufficient ... whilst providing our shareholders with an excellent return on their investment." (Sainsbury, ohne Seitenangabe)

"We aim to enhance shareholder value by increased earnings per share and dividends ..." (Hanson, ohne Seitenangabe)

"We will seek to maximise the value of our shareholders' investment by consistently raising earnings per share ..." (General Electric, S. 4)

"We aim to achieve value for our shareholders through earnings per share and dividend growth." (Allied Lyons, S. 3)

"Our primary purpose is ... to enhance our shareholders' investment ..." (SmithKline Beecham, ohne Seitenangabe)

"Bass is committed to creating value for shareholders ..." (Bass, ohne Seitenangabe)

"At the same time RTZ seeks to create long-term wealth for its shareholders." (RTZ, ohne Seitenangabe)

Bei den sonstigen *finanziellen Zielen* fällt die im Vergleich zu nicht-britischen Unternehmen eher geringe Bedeutung der *Gesamtkapitalrentabilität* (Nennung bei 6,7 % der britischen, aber 17,9 % der französischen und 38,5 % der schwedischen Unternehmen) und der *Eigenkapitalrentabilität* auf (keine Erwähnung durch britische Unternehmen).

Bei den *strategischen Zielen* spielen die *Sicherheit* und (im Gegensatz zu den deutschen Geschäftsberichten) das *Überleben* eine relativ unbedeutende Rolle, während immerhin zwei britische Unternehmen die *Kostenführerschaft* zu ihren Zielen zählen, was in keinem anderen Land der Fall ist.

Bei den *sozialen Zielen* gilt letzteres für das *Prestigeziel*, das ebenfalls nur in Großbritannien (von vier Unternehmen) genannt wird.

[1024] Vgl. Teil 2 des Anhangs.

Beispiele:
"BP ... must be a highly regarded company in every local community in which we operate." (BP, S. 2)
Management's objective is to establish Argyll ... as one of the most successful and respected UK food retailers of the 1990s." (Argyll, ohne Seitenangabe)

Auf die hohe Bedeutung der *Stakeholder-Metapher* wurde schon hingewiesen. Daß *Kunden*, *Mitarbeiter* und *Aktionäre* mit ihren jeweiligen Zielen in den britischen Geschäftsberichten relativ oft (auch im Vergleich zu deutschen Geschäftsberichten) Berücksichtigung finden, liegt auch an der Form der Aussagen. Zahlreiche Geschäftsberichte enthalten nämlich plakative Aussagen („Mission Statements"), die explizit Unternehmensziele und die Rolle des Unternehmens in der Gesellschaft thematisieren und verschiedene Stakeholder im Rahmen einer Aufzählung erwähnen.

Beispiele:
"In everything BP does, it is committed to creating wealth - always with integrity - for its shareholders, employees, customers and suppliers, and the community in which it operates." (BP, ohne Seitenangabe)
"Company objectives: To discharge the responsibility by acting with complete integrity, by carrying out our work to the highest standards, and by contributing to the public good and to the quality of life in the community. To provide unrivalled value to our customers in the quality of the goods we sell ... to achieve the highest standards of cleanliness, efficiency of operation, convenience and customer service ... To offer our staff outstanding opportunities in terms of personal career development and in remuneration relative to other companies ... To generate sufficient profit to finance continual improvement and growth of the business whilst providing our shareholders with an excellent return on their investment." (Sainsbury, ohne Seitenangabe)
"... Tesco cares about people and is committed to developing their skills and careers, while rewarding them fairly, with equal opportunities for all. Tesco is committed to the health and well-being of the community and the protection of the quality of the environment. Tesco shareholders will benefit from the growth in profitability which will accrue from its commitment to its customers and new stores. Tesco cares - about customers and employees, shareholders and suppliers, and the quality of life. It will continue to earn its place as one of the most successful and respected companies in the United Kingdom." (Tesco, S. 1)
"At GEC, we will do our utmost to provide value and high standards of service to customers and will encourage our suppliers to do the same. We will play a constructive role in the communities, ... paying due regard to environmental considerations. We will encourage and reward the productivity and ingenuity of the people who work in the Company. We will ensure our technological leadership ... We will achieve profitable growth ...We will encourage further growth ... We will seek to maximise the value of our shareholders' investment by consistently raising earnings per share ..." (General Electric, S. 4)
"... our long standing commitment to the communities in which we operate ... education ... medicine ... local projects ... We believe strongly that this commitment and involvement is in the best long term interests of our customers, staff and shareholders and should therefore be maintained at the same level in the year ahead." (Marks & Spencer, S. 5)
"We aim to achieve value for our shareholders through earnings per share and dividend growth. We will do so ... by satisfying the needs of consumers for high quality products and services. We aim to provide stimulating and fulfilling employment; to protect the environment and to enrich the communities we serve." (Allied Lyons, S. 3)
"Our goals: ... To excel in anticipating and quickly responding to customer needs and competitor activity. To sustain a working environment that attracts, retains and develops committed employees who share in the success of the company. To be a good neighbour, concerned for the community and the environment." (British Airways, ohne Seitenangabe)
"Our primary purpose is to provide customers with products and services of superior value, to enhance our shareholders' investment, and to create increasing opportunities for our employees." (SmithKline Beecham, ohne Seitenangabe)
"Bass is committed to creating value for shareholders by supplying products and services of high quality in all its operations. It conducts its businesses with proper regard for the interests of its customers, employees and the general public, and with due regard for the environment." (Bass, ohne Seitenangabe)

Damit stellen sich britische Unternehmen in ihren Geschäftsberichten als Institutionen dar, die im Vergleich zu den Unternehmen der anderen Länder stärker hinter die Ziele ihrer Stakeholder und der Gesellschaft zurücktreten. Entsprechend werden Ziele wie Überleben, Sicherheit oder Unabhängigkeit eher selten artikuliert und die traditionellen finanziellen Ziele wie Gewinn und Rentabilität werden in stärkerem Maße durch den Shareholder Value ergänzt.

Die Untersuchungsergebnisse entsprechen insofern nur teilweise den Erkenntnissen früherer Analysen:

- Die Verfolgung finanzieller Ziele zugunsten der Aktionäre als Kennzeichen britischer Unternehmen wird bestätigt.
- Die geringe Bedeutung von institutionellen Zielen wie Überleben, Unabhängigkeit oder Sicherheit, die hinter die häufig artikulierten Ziele unterschiedlicher Stakeholder-Gruppen zurücktreten, stützt die Beobachtung eines individualistischen Denkens in der britischen Gesellschaft.
- Aufgrund der früheren Untersuchungen nicht zu erwarten waren dagegen die häufige Nennung sowohl des Umweltschutzziels als auch anderer sozialer Ziele.
- Die Stakeholder-Orientierung der britischen Unternehmen entspricht hingegen den Erwartungen, doch ist das Ausmaß, mit dem über die Aktionäre hinaus andere Gruppen und deren Ziele in den Geschäftsberichten thematisiert werden, bemerkenswert. Insbesondere ein in anderen Darstellungen konstatierter niedriger Stellenwert der Mitarbeiter in britischen Unternehmen spiegelt sich in den Geschäftsberichten nicht wider.

Analog der Deutung überraschender Untersuchungsergebnisse bei den schwedischen Geschäftsberichten sind auch hier zwei Erklärungen naheliegend: Entweder sind Defizite tatsächlich erkannt und als solche bewertet worden. Resultat ist die Setzung und Artikulation entsprechender Ziele. Oder aber den bestehenden Defiziten soll zumindest im Geschäftsbericht verbal und imagefördernd entgegengetreten werden.

5.3.1.6 Muster der Zielartikulationen

Wie schon unter 5.2.4.2 ausgeführt, erscheint die Beantwortung folgender Fragen interessant:

- Ist die Unterscheidung mehrerer Gruppen von Unternehmen (unabhängig von der Nationalität) mit unterschiedlichen Artikulationsmustern möglich?
- Können Unternehmen aus jeweils einem Land schwerpunktmäßig einigen dieser Gruppen zugeordnet werden können?

In einem ersten Schritt erfolgt eine Cluster-Analyse unter Einbeziehung aller 34 nominalskalierten Zielvariablen (Ähnlichkeitsmaß: Jaccard; Agglomerationsverfahren: Average Linkage within Groups). Die Betrachtung der Vereinigungsfolge ergibt, daß die Bestimmung einer sinnvollen Anzahl von Clustern anhand des Elbow-Kriteriums nicht möglich ist, da die Ähnlichkeitsmaße der jeweils vereinigten Cluster recht kontinuierlich fallen.

Ein vor diesem Hintergrund etwas willkürliches Herausgreifen der z. B. sechs letzten verbliebenen Cluster zwecks weiterer Analyse liefert ebenfalls eher diffuse Erkenntnisse. Eine Betrachtung aller sechs Gruppen bzgl. der durchschnittlichen Ausprägungen der 34 nominalskalierten Variablen läßt nur sehr schwache Tendenzen derart erkennen, daß etwa in einem Cluster die Effizienz, die Flexibilität und die Kundengruppe etwas öfter genannt werden und in einem zweiten Cluster das Wachstum und der Umweltschutz. Der eigentlichen Motivation der Cluster-Analyse, nämlich ausgehend von einem sehr differenzierten Datensatz Aussagen eines höheren Aggregationsniveaus zu erhalten, wird ein derartiges Vorgehen nicht gerecht.

Deshalb wird in einem zweiten Schritt eine weitere Cluster-Analyse durchgeführt, die lediglich auf den vier Summenvariablen *Finanz*, *Strateg*, *Sozial* und *Stakehol* beruht (Distanzmaß: quadrierte Euklidische Distanz; Agglomerationsverfahren: Ward). Abb. 15 illustriert die Abstandsquadratsumme der letzten Agglomerationsschritte graphisch und macht den etwas stärkeren Anstieg der Abstandsquadratsumme beim Übergang von fünf zu vier Clustern deutlich. Im Gegensatz zur vorherigen Cluster-Analyse tritt also ein „Elbow" auf.

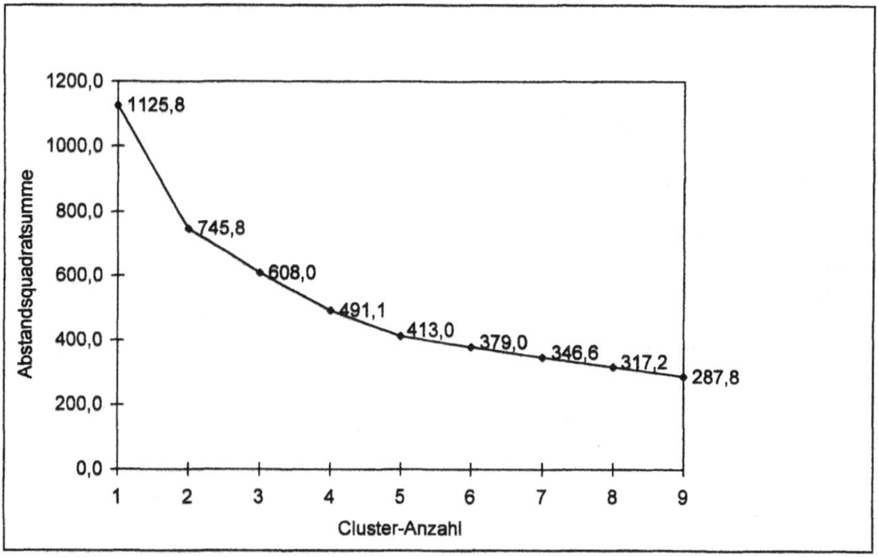

Abb. 15: Abstandsquadratsummen der abschließenden Agglomerationsschritte (Geschäftsberichte 1990, Ward-Verfahren, Distanzmaß quadrierte Euklidische Distanz)

Tab. 29 stellt dar, welche Mittelwerte sich bzgl. der vier Variablen für die fünf unterschiedenen Cluster ergeben und wie viele Unternehmen den fünf Clustern zugeordnet werden.

Cluster	Anzahl Unternehmen	Durchschnitt Variable *Finanz*	Durchschnitt Variable *Strateg*	Durchschnitt Variable *Sozial*	Durchschnitt Variable *Stakehol*	Summe
Cluster 1	23	2,78	7,65	0,78	1,09	12,30
Cluster 2	20	0,75	5,05	0,05	0,85	6,70
Cluster 3	30	2,57	4,70	1,90	2,43	11,60
Cluster 4	37	1,27	2,16	0,70	0,43	4,57
Cluster 5	20	3,95	5,05	0,30	1,05	10,35
Gesamt	130	2,17	4,61	0,83	1,17	8,78

Tab. 29: Mittelwertbetrachtung der 5-Cluster-Lösung

Im folgenden sollen die Eigenschaften der einzelnen Cluster etwas näher betrachtet werden, wobei jedes Cluster plakativ umschrieben werden soll:

- Cluster 1 (viele Ziele verfolgende, v.a. strategisch orientierte Unternehmen)
  Kennzeichnend für die Unternehmen dieses Clusters ist die hohe Anzahl (durchschnittlich 12,3) der artikulierten Ziele. Sowohl finanzielle als auch strategische, soziale und auch Stakeholder-Ziele wurden überdurchschnittlich oft oder zumindest öfter als in der Mehrzahl der anderen Cluster genannt. Dominant sind aber mit deutlichem Abstand Ziele aus dem strategischen Bereich.
- Cluster 2 (wenige, v. a. strategische Ziele verfolgende Unternehmen)
  Diesem Cluster zugehörige Unternehmen nennen überdurchschnittlich oft strategische Ziele (wenn auch nicht so häufig wie bei Cluster 1), während andere Ziele kaum von Bedeutung sind. Insbesondere soziale Ziele spielen keine Rolle.
- Cluster 3 (viele Ziele verfolgende, überdurchschnittlich sozial und an den Stakeholdern orientierte Unternehmen)
  Ähnlich wie bei Cluster 1 wird eine hohe Anzahl von Zielen artikuliert. Während aber finanzielle und strategische Ziele von durchschnittlicher Bedeutung sind, werden soziale Ziele und Ziele der Stakeholder deutlich häufiger genannt als in den anderen Clustern.
- Cluster 4 („verschwiegene" Unternehmen)
  Kennzeichen dieses Clusters, das die größte der fünf Gruppen bildet, sind die sehr geringe Anzahl der Zielartikulationen. Dies gilt sowohl für finanzielle als auch für strategische, soziale und Stakeholder-Ziele.
- Cluster 5 (viele Ziele verfolgende, stark finanziell orientierte Unternehmen)
  Unternehmen aus diesem Cluster artikulieren v. a. finanzielle und strategische Ziele, während soziale Ziele und Ziele der Stakeholder von bestenfalls durchschnittlicher Bedeutung sind. Im Vergleich zu den anderen Clustern sind v. a. die finanziellen Ziele von überdurchschnittlicher Relevanz.

Tab. 30 stellt dar, wie sich die untersuchten Unternehmen aus den fünf Ländern auf die Cluster verteilen. Gewisse Schwerpunkte sind unverkennbar:

Cluster	**Anzahl Unternehmen (%)**	**Nationalität**				
		Deutschland	**Schweiz**	**Frankreich**	**Schweden**	**Großbrit.**
Cluster 1	23 (17,7%)	6 (20,0%)	1 (6,3%)	6 (21,4%)	6 (23,1%)	4 (13,3%)
Cluster 2	20 (15,4%)	4 (13,3%)	2 (12,5%)	8 (28,6%)	4 (15,4%)	2 (6,7%)
Cluster 3	30 (23,1%)	4 (13,3%)	3 (18,8%)	4 (14,3%)	2 (7,7%)	17 (56,7%)
Cluster 4	37 (28,5%)	13 (43,3%)	10 (62,5%)	5 (17,9%)	4 (15,4%)	5 (16,7%)
Cluster 5	20 (15,4%)	3 (10,0%)	0 (0,0%)	5 (17,9%)	10 (38,5%)	2 (6,7%)
Gesamt	130 (100%)	30 (100%)	16 (100%)	28 (100%)	26 (100%)	30 (100%)

Tab. 30: Cluster-Struktur nach Ländern

Von den *deutschen Unternehmen* entfällt die größte Gruppe (13 von 30) auf Cluster 4. Ein hoher Anteil der deutschen Unternehmen äußert also nur sehr wenige Ziele. Die anderen deutschen Unternehmen verteilen sich recht gleichmäßig auf die anderen Cluster, wobei allerdings nur drei deutsche Unternehmen dem Cluster 5 (viele Ziele verfolgende, v. a. finanziell orientierte Unternehmen) zugeordnet werden können.

Noch extremer ist die Verteilung der *schweizerischen Unternehmen*. 10 der 16 Unternehmen sind Cluster 4 zuzuordnen, keines dem Cluster 5.

Französische Unternehmen bieten hingegen das heterogenste Bild im 5-Länder-Vergleich, da eine gleichmäßigere Verteilung auf die Cluster erfolgt. Bemerkenswert ist allerdings, daß der Unternehmenstyp des „Strategen" (Cluster 2; Nennung weniger, v. a. strategischer Ziele) nur in Frankreich eine hohe Bedeutung aufweist.

Die größte Gruppe der *schwedischen Unternehmen* (10 von 26) entfällt auf Cluster 5 (viele Ziele verfolgende, v. a. finanziell orientierte Unternehmen), während nur zwei schwedische Unternehmen zu Cluster 3 (viele Ziele verfolgende, v. a. sozial orientierte Unternehmen) gehören.

Bei *britischen Unternehmen* ist die Verteilung eher umgekehrt: Die Mehrzahl ist in Cluster 3 vertreten, während nur zwei Unternehmen in Cluster 5 vertreten sind.

Eine weitere Cluster-Analyse (Ähnlichkeitsmaß: Jaccard; Agglomerationsverfahren: Average Linkage within Groups; einbezogene Zielvariablen: 34; einbezogene Geschäftsberichte: 130) dient der Untersuchung der Fragestellung, welche Ziele in Geschäftsberichten gemeinsam artikuliert werden. Untersucht wird also nicht die Ähnlichkeit von Geschäftsberichten, sondern die Ähnlichkeit der Zielvariablen. Zwei Ziele sind um so ähnlicher, je öfter sie zusammen (d. h. im gleichen Geschäftsbericht) artikuliert werden. Obwohl ein „Elbow" nicht auftritt, soll der Agglomerationsverlauf zumindest durch das Dendrogramm (Abb. 16) illustriert werden.

Die Vereinigung erfolgt in nahezu allen Schritten derart, daß das im vorausgegangenen Schritt gebildete Cluster um eine weitere Zielvariable ergänzt wird. Die Ähnlichkeit der in den ersten Schritten vereinigten Zielvariablen (*Effizienz, Wachstum, Internationalisierung*) ist offensichtlich weniger auf einen zu vermutenden Sachzusammenhang zurückzuführen als darauf, daß diese Ziele besonders häufig in den Geschäftsberichten genannt werden, was bereits über die Analyse der Häufigkeiten deutlich wurde.

```
* * * * * * H I E R A R C H I C A L   C L U S T E R   A N A L Y S I S * * *
* * *


 Dendrogram using Average Linkage (Within Group)

                         Rescaled Distance Cluster Combine

  C A S E          0         5        10        15        20        25
  Label       Num  +---------+---------+---------+---------+---------+

  EFFI          3   -+---+
  WACHS        33   -+   +-+
  INTERN       11   -----+ +-+
  SACH         25   -------+ +-+
  M_POS        18   ---------+ +---+
  GEWINN        9   -----------+   +---+
  AK            1   ---------------+   +-+
  UMW          31   -------------------+ +-+
  KU           15   ---------------+-----+ +---+
  QUAL         22   ---------------+       I   +-+
  KAP          12   -----------------------+   I +-+
  SICH         28   ---------------------------+ I +-+
  INNO         10   -----------------------------+ I +-+
  WETTB        34   -------------------------------+ I I
  G_VERW        6   ---------------------------------+ I
  GES_AOEK      7   -------------+---------+           I
  MA           19   -------------+         +-----------+-+
  SH_VAL       27   -----------------------+           I I
  FLEX          5   -----------------------------------+ +-+
  SYN          29   -------------------------------------+ +-+
  RENT_GE      24   -------------------------------------+ I I
  KONSOL       14   ---------------------------------------+ +-+
  SCHNELL      26   -----------------------------------------+ I
  UEBERL       30   -----------------------------------------+ +-+
  MODERN       20   -------------------------------------------+ I
  CF            2   -------------------------------------------+ I
  GES_OEK       8   ---------------------------------------------+-+
  UNABH        32   ---------------------------------------------+ I
  RENT_EK      23   ---------------------------------------------+ +-+
  KOFUE        13   -----------------------------------------------+ I
  LIQUI        17   -----------------------------------------------+ I
  FK            4   -------------------------------------------------+
  LI           16   -----------------------------------------+-------+
  PREST        21   -----------------------------------------+
```

Abb. 16: Dendrogramm der Clusteranalyse nach Zielvariablen

5.3.1.7 Zusammenfassung und Vergleich

Die empirische Untersuchung von Zielartikulationen in deutschen, schweizerischen, französischen, schwedischen und britischen Geschäftsberichten des Berichtszeitraums 1990 hat zum Ergebnis, daß die Kommunikation eines breiten Spektrums von Unternehmenszielen typischer Bestandteil eines Geschäftsberichts ist. Dabei weist die Thematisierung von Zielartikulationen in deutschen Geschäftsberichten viele Parallelen zu der entsprechenden Darstellung in den ausländischen Geschäftsberichten auf:

- Deutsche Unternehmen thematisieren durchschnittlich ca. acht verschiedene Ziele, während ausländische Unternehmen im Durchschnitt eine nur geringfügig höhere Anzahl von Zielen (ca. neun) artikulieren.
- In beiden Gruppen nehmen strategische Ziele, gefolgt von finanziellen Zielen, den breitesten Raum ein. Ebenfalls Erwähnung finden - aber in geringerem Umfang - sowohl soziale Ziele als auch Ziele der Stakeholder des Unternehmens. Die relative Bedeutung dieser vier Sachzusammenhänge unterscheidet sich somit zwischen der Gruppe der deutschen und der nicht-deutschen Unternehmen nur gering.
- Das Wachstumsziel wird - wie auch bei der Gesamtheit der ausländischen Unternehmen - am häufigsten artikuliert. Die Internationalisierung und die Marktposition als weitere Ziele mit Bezug zur Unternehmensgröße sind ebenfalls bei deutschen und nicht-deutschen Unternehmen von sehr hoher Bedeutung (Rang 4 bzw. 5 bei deutschen Unternehmen).
- Die ökonomische Zielsetzung der deutschen und ausländischen Unternehmen wird vorzugsweise über die Zielsetzung der Effizienz (Rang 2 in Deutschland) und erst in zweiter Hinsicht über die explizite Erwähnung des Gewinnziels problematisiert. Wenn das Gewinnziel artikuliert wird, dann vorzugsweise mit der Aussage, daß ein Gewinn angestrebt wird. Von einer Gewinnerhöhung wird seltener gesprochen, von einer Gewinnmaximierung überhaupt nicht (deutsche Unternehmen) bzw. kaum (zwei ausländische Unternehmen). Der Shareholder Value wird nur von einer Minderheit in beiden Gruppen genannt (Rang 22 in Deutschland; Nennung durch vier von dreißig Unternehmen), und die Rentabilität ist noch unbedeutender.
- Die operationale Formulierung von Zielen erfolgt bei den deutschen Unternehmen sehr selten (lediglich drei Unternehmen) und stellt bei den ausländischen Unternehmen ebenfalls eher die Ausnahme dar.
- Bei den sozialen Zielen weist sowohl im In- als auch im Ausland der Umweltschutz die höchste Bedeutung auf (Rang 3 in Deutschland).
- Unter den Stakeholdern und ihren Zielen finden v. a. Kunden, Aktionäre und Mitarbeiter Beachtung, während Lieferanten kaum und Fremdkapitalgeber keine Berücksichtigung finden.

In einigen Punkten unterscheidet sich die Thematisierung von Zielen in deutschen Geschäftsberichten von der Darstellung in ausländischen Geschäftsberichten:

- Während deutsche Geschäftsberichte durchschnittlich 8,0 Zielkategorien thematisieren, sind insbesondere schwedische und britische Geschäftsberichte hier umfassender, die schweizerischen Unternehmen zurückhaltender.
- Bei deutschen (und schweizerischen) Unternehmen nimmt das Umweltschutzziel eine deutlich höhere Bedeutung ein als bei französischen und schwedischen Unternehmen. Hierauf ist auch das etwas höhere relative Gewicht der sozialen Ziele in den deutschen Geschäftsberichten zurückzuführen.
- Weitere Ziele, die in Deutschland eine im Vergleich zu ausländischen Unternehmen relativ hohe Relevanz aufweisen, sind die Innovationsfähigkeit und das Überleben. Eine sich wandelnde Unternehmensumwelt scheint hier als besondere Herausforderung empfunden zu werden.
- Eine relativ geringe Bedeutung kommen insbesondere dem Sachziel sowie den Kunden und ihren Zielen zu. Auch finanzielle Ziele wie der Gewinn und die Rentabilität werden im Durchschnitt weniger häufig als im Ausland artikuliert.

Die Existenz eines eher breiten Zielspektrums deutscher Unternehmen, in dessen Rahmen finanzielle Ziele zumindest keine exponierte Stellung innehaben, die besondere Bedeutung des Umweltschutzes sowie des Überlebensziels des Unternehmens bestätigen die Ergebnisse anderer Studien[1025]. Festzuhalten bleibt jedoch, daß auch ausländische Unternehmen im Durchschnitt ein breites Zielspektrum aufweisen. Die eher geringen Werte bei der Artikulation des Sachziels sowie der Ziele der Kunden deuten außerdem auf eine eher unterdurchschnittliche Absatzmarktorientierung deutscher Unternehmen hin.

Ebenso weisen schweizerische, französische, schwedische und britische Geschäftsberichte Eigenheiten auf:

- Die schweizerischen Unternehmen thematisieren die geringste Anzahl von Zielen pro Geschäftsbericht, wobei finanzielle Ziele, das Sachziel und die Internationalisierung besonders selten artikuliert werden. Dagegen scheint das Überleben in einer Umwelt, die vom Unternehmen eine zunehmende Flexibilität und Schnelligkeit erfordert, für die schweizerischen Unternehmen von größerer Bedeutung zu sein als für ihre ausländischen Wettbewerber. Das Umweltschutzziel und die Kundenorientierung sind ebenfalls von hoher Relevanz. Insbesondere die Verschwiegenheit schweizerischer Unternehmen und ihre relativ hohe Umweltorientierung stimmen mit anderen Darstellungen in der Literatur überein.
- Die Zielartikulationen der französischen Unternehmen weisen einen deutlichen Schwerpunkt bei den strategischen Zielen auf. Das Wachstum, das Sachziel, die Qualität und die Modernisierung werden häufiger als in den Geschäftsberichten nicht-französischer Unternehmen genannt. Der Umweltschutz und andere soziale Ziele sind hingegen unbedeutend. Die Aussagen anderer empirischer Studien werden auch hier eher bestätigt.
- Die schwedischen Unternehmen weisen den höchsten Anteil finanzieller Zielartikulationen in ihren Geschäftsberichten auf. Der niedrigste Anteil sozialer Ziele sowie der Ziele der Stakeholder, die hohe Bedeutung des Sicherheitsziels sowie die geringe Bedeutung von Innovationsfähigkeit und Modernisierung ergeben das traditionellste Unternehmensbild unter allen fünf verglichenen Ländern.
- Im Gegenteil hierzu stehen die britischen Unternehmen, bei denen soziale Ziele und die Ziele der Stakeholder deutlich stärker ausgeprägt sind als bei den nicht-britischen Unternehmen. Insbesondere die Selbstdarstellung der schwedischen und der britischen Unternehmen entspricht damit eher dem Klischee des jeweils anderen Landes. Ob die Zielartikulationen die Funktion haben, auf Defizite im jeweils unterentwickelten Zielzusammenhang hinzuweisen oder den bekannten Klischees entgegenzuwirken, kann eine Inhaltsanalyse nicht klären.

Die Vornahme einer Cluster-Analyse führt zur Unterscheidung von fünf Unternehmens-Clustern. Deutsche und schweizerische Unternehmen sind überproportional häufig in dem Cluster vertreten, das Unternehmen beinhaltet, die nur wenige (aber verschiedenartige) Ziele thematisieren. Die größte Gruppe der französischen Unternehmen entfällt auf das Cluster der Unternehmen, die wenige, v. a. strategische Ziele artikulieren. Schwedische Unternehmen stellen die Hälfte derjenigen Unternehmen, die viele (hauptsächlich finanzielle) Ziele in ihren Geschäftsberichten formulieren. Die Mehrzahl der britischen Unternehmen kann dem Cluster des viele, in besonderer Weise soziale Ziele und Ziele der Stakeholder verfolgenden Unternehmen zugeordnet werden. Ein letztes Cluster beinhaltet schließlich (v. a. deutsche, französische und schwedische) Unternehmen, die viele, überwiegend strategische Ziele formulieren.

[1025] Vgl. hierzu Abschnitt 4.3.2 dieser Arbeit.

Unter Berücksichtigung der ausgeführten nationalen Besonderheiten kann geschlußfolgert werden, daß die Zielartikulationen der deutschen Unternehmen im internationalen Vergleich relativ ausgewogen (bzw. wenig pointiert) sind. Während bei den schwedischen Unternehmen die Maschinenmetapher, bei den französischen Unternehmen die Organismusmetapher und bei den britischen Unternehmen die Kultur- und Stakeholder-Metapher jeweils relativ stärker ausgeprägt sind als in allen anderen Ländern, findet in den deutschen Geschäftsberichten eine Gewichtung statt, die als eher unauffällig zu bezeichnen ist und der Gesamtheit der ausländischen Unternehmen ähnelt.

Abb. 17 stellt abschließend die Strukturen der Geschäftsberichte aus den fünf untersuchten Ländern in einer Durchschnittsbetrachtung dar. Für jedes Land wird gezeigt, wie häufig Zuordnungen zu Zielkategorien der vier unterschiedenen Zielzusammenhänge erfolgten.

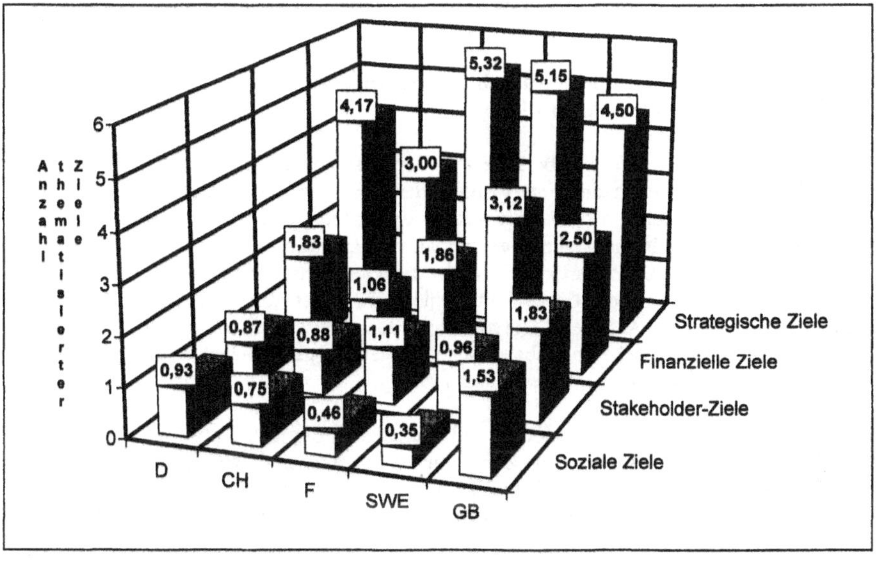

Abb. 17: Anzahl thematisierter Ziele in Geschäftsberichten 1990 (differenziert nach Land und Zielart, Durchschnittsbetrachtung)

Basierend auf den in Abb. 17 dargestellten Durchschnittswerten für die fünf Länder gibt die folgende Matrix (vgl. Tab. 31) deren Ähnlichkeit bzw. Unähnlichkeit wieder, ausgedrückt durch das Distanzmaß der quadrierten Euklidischen Distanz.

	Schweiz	Frankreich	Schweden	Großbritannien
Deutschland	2,06	1,32	2,74	1,83
Schweiz		5,59	8,66	5,74
Frankreich			1,75	2,70
Schweden				3,00

Tab. 31: Ähnlichkeitsmatrix (Länderbetrachtung, Distanzmaß quadr. Euklid. Distanz)

Der kleinste Unterschied besteht demnach zwischen dem deutschen und dem französischen „Durchschnittsbericht", während sich die deutschen Geschäftsberichte am stärksten von schwedischen Geschäftsberichten unterscheiden. Die Gründe liegen jeweils in Gemeinsamkeiten und Unterschieden bei der Anzahl der thematisierten Ziele und der Zielstruktur.

5.3.2 Zielartikulationen in deutschen Geschäftsberichten im Zeitvergleich (Berichtszeiträume 1990 und 1995)

Untersucht werden die Geschäftsberichte des Berichtszeitraums 1995 derselben deutschen Unternehmen, die schon in die Untersuchung der Geschäftsberichte des Berichtszeitraums 1990 einbezogen wurden. Da die Unternehmen „Feldmühle" und „Hoesch" nicht mehr bzw. nicht mehr in der ursprünglichen Form existieren, verbleiben 28 Geschäftsberichte zur Analyse. Bei Aussagen, die die Zielartikulationen in den Geschäftsberichten des Jahres 1990 mit denen des Jahres 1995 in ihrer Gesamtheit vergleichen, beziehen sich die statistischen Kennzahlen für das Jahr 1990 auf die 28 Unternehmen, deren Geschäftsbericht auch für 1995 vorliegt. Die verbale, graphische und tabellarische Darstellung der Ergebnisse erfolgt analog zur Auswertung der Geschäftsberichte des Jahres 1990.

Tab. 32 stellt dar, von wie vielen deutschen Unternehmen die jeweiligen Kategorien als Ziel formuliert werden. Die insgesamt 344 Zuordnungen entsprechen durchschnittlich 12,3 thematisierten Zielkategorien pro Geschäftsbericht. Dabei handelt es sich um durchschnittlich 3,2 (26,2 %) *finanzielle Ziele*, 6,4 (52,0 %) *strategische Ziele*, 1,2 (9,6 %) *soziale Ziele* und 1,5 (12,2 %) *Stakeholder-Ziele*.

Tab. 33 stellt die Zielstruktur der Geschäftsberichte den entsprechenden[1026] Werten des Jahres 1990 gegenüber:

1026 Ohne Hoesch und Feldmühle Nobel

Rg.	Finanzielle Ziele	Strategische Ziele	Soziale Ziele	Ziele der Stake-holder	Anzahl Unter-nehmen	%
1.	Effizienz				26	92,9
		Wachstum			26	92,9
3.		Internationalisierung			21	75,0
4.	Gewinn				17	60,7
			Umweltschutz		17	60,7
				Kunden	17	60,7
7.		Marktposition			16	57,1
		Wettbewerbsfähigkeit			16	57,1
9.		Innovationsfähigkeit			15	53,6
10.		Sicherheit			14	50,0
				Aktionäre	14	50,0
12.	Gesamtrentabilität				12	42,9
13.		Konsolidierung			11	39,3
		Qualität			11	39,3
				Mitarbeiter	11	39,3
16.	Shareholder Value				10	35,7
		Schnelligkeit			10	35,7
			Außerökon. Ziele		10	35,7
19.	Kapital				9	32,1
		Sachziel			9	32,1
21.		Überleben			8	28,6
		Modernisierung			8	28,6
23.		Synergie			7	25,0
24.	Gewinnverwendung				6	21,4
		Flexibilität			6	21,4
			Gesamtökon. Ziele		6	21,4
27.	EK-Rentabilität				5	17,9
	Cash-flow				4	14,3
29.	Liquidität				1	3,9
		Kostenführerschaft			1	3,9
31.		Unabhängigkeit			0	0
			Prestige		0	0
				Lieferanten	0	0
				FK-Geber	0	0
Σ	90 (26,2%)	179 (52,0%)	33 (9,6%)	42 (12,2%)	344 (100%)	
∅	3,21	6,39	1,18	1,50	12,29	

Tab. 32: Zielrangfolge in Geschäftsberichten deutscher Unternehmen (Berichtszeitraum 1995)

	Geschäftsberichte 1990		Geschäftsberichte 1995	
	behandelte Zielkategorien pro Geschäftsbericht (Durchschnitt)	%	behandelte Zielkategorien pro Geschäftsbericht (Durchschnitt)	%
Finanzielle Ziele	1,9	23,4	3,2	26,2
Strategische Ziele	4,3	54,0	6,4	52,0
Soziale Ziele	0,9	11,7	1,2	9,6
Stakeholder-Ziele	0,9	10,9	1,5	12,2
Summe	8,0	100	12,3	100

Tab. 33: Zielartikulationen in deutschen Geschäftsberichten im Zeitvergleich

Im Vergleich zum Berichtszeitraum des Jahres 1990 erhöht sich somit die Anzahl der thematisierten Zielkategorien pro Geschäftsbericht deutlich von durchschnittlich 8,0 auf 12,3 (+56 %; Signifikanzwert des Mittelwertvergleichs bei gepaarten Stichproben: 1,0 %). Der starke Anstieg betrifft sowohl *finanzielle Ziele* und *Stakeholder-Ziele* als auch *strategische Ziele*, so daß die prozentuale Bedeutung aller Sachzusammenhänge nahezu unverändert bleibt.

Für 1990 ist bereits konstatiert worden, daß die Gewichtung der vier Zielgruppen in der Gesamtheit der deutschen Geschäftsberichte nur geringfügig von der in den ausländischen abweicht, wobei strategische und soziale Ziele etwas überrepräsentiert und finanzielle Ziele sowie Stakeholder-Ziele leicht unterrepräsentiert sind.[1027]

Der im Zeitvergleich leichte Rückgang der relativen Bedeutung der *sozialen Ziele* und der *strategischen Ziele* sowie die etwas höhere Bedeutung der *finanziellen Ziele* und der *Stakeholder-Ziele* legen die Vermutung nahe, daß sich der ohnehin geringe Unterschied zwischen den deutschen und der Gesamtheit der ausländischen Unternehmen bei der Gewichtung der vier unterschiedenen Sachzusammenhänge im 5-Jahreszeitraum eher verringert als vergrößert haben dürfte.[1028]

Abb. 18 stellt die Rangordnung der Zielkategorien entsprechend dem Prozentanteil der Unternehmen, die das Ziel artikuliert haben, graphisch dar. Gleichzeitig wird der entsprechende Wert für den Berichtszeitraum 1990 gegenübergestellt, so daß besonders große Veränderungen deutlich werden. Die größten Abweichungen werden ferner durch Angabe der Signifikanzwerte des exakten Fisher-Tests hervorgehoben.

Wie auch schon 1990 nimmt das *Wachstumsziel* weiterhin die Spitzenposition ein, wobei der Anteil der Unternehmen, die das Ziel artikulieren, nochmals deutlich ansteigt (Nennung bei 26 von 28 bzw. 92,9 % aller Unternehmen; entsprechender Wert für 1990: 71,4 %).

Beispiele:

„... Expansion unseres Vertriebsnetzes wird ... gezielt fortgesetzt." (Veba, S. 30)

„... Handels- und Dienstleistungsaktivitäten, die wir in den vergangenen Jahren systematisch ausgeweitet ... hatten." (RWE, S. 18)

„Weitere 1,3 Mrd. DM verblieben zur Sicherung des Wachstums im Unternehmen." (Bayer, S. 10)

„Der Erschließung neuer Märkte wurde besonderes Augenmerk geschenkt." (BMW, S. 6)

„Unsere top-Bewegung ... die ... Eckpfeiler dieser konzernweiten Bewegung ... Wachstum auf neuen Märkten erzielen ..."(Siemens, S. 4)

1027 Vgl. Abschnitt 5.3.1.

1028 Dies setzt freilich voraus, daß sich diese Gewichtung bei den ausländischen Unternehmen ebenfalls kaum verändert hat.

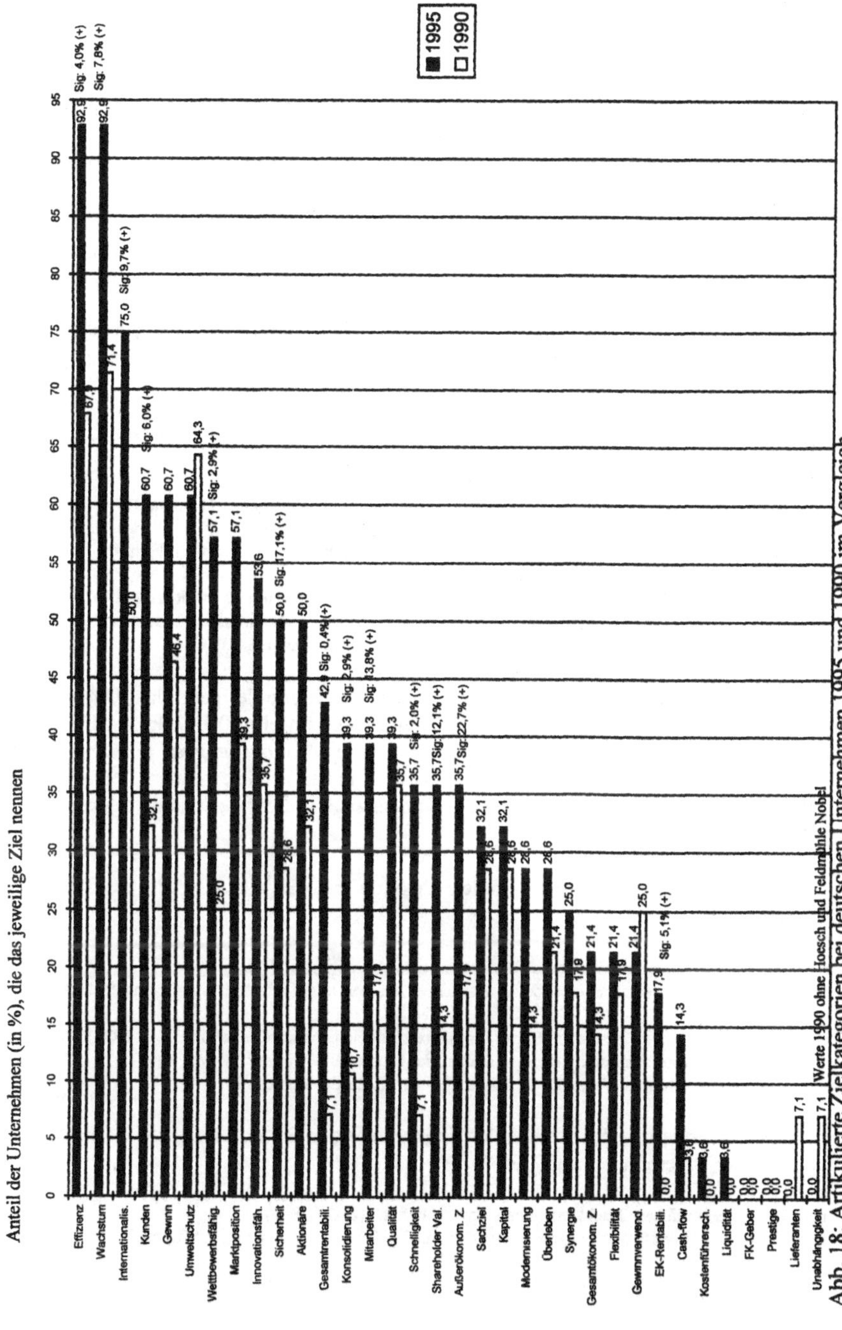

Abb. 18: Artikulierte Zielkategorien bei deutschen Unternehmen 1995 und 1990 im Vergleich

Genauso häufig genannt wie das Wachstumsziel, aber in seiner Bedeutung im Vergleich zu 1990 noch stärker gestiegen, ist das *Effizienzziel.*

Beispiele:

„Die Notwendigkeit weiterer Produktivitätssteigerungen bleibt bestehen." (BMW, S. 15)

„Trotz Produktverbesserungen und strengerer Umweltauflagen hat sich Ford zum Ziel gesetzt, die Ausgaben bis zum Jahr 2000 auf heutigem Niveau zu stabilisieren." (Ford, S. 41)

„Maßnahmen zur Kostensenkung und Effizienzsteigerung, die auch im Berichtsjahr unvermindert fortgesetzt wurden, ..." (Metallgesellschaft, S. 3)

„Wie ein roter Faden zieht sich daher durch die Planungen aller Unternehmensbereiche das Ziel systematischer und durchaus aggressiv angegangener Kostenreduzierungen. ..." (VIAG, S. 8)

„Die Programme zur Produktivitätssteigerung und Kostensenkung wurden mit Nachdruck fortgeführt ... Erfolge der Rationalisierungsmaßnahmen ..." (Preussag, S. 17)

Auch die *Internationalisierung* auf Rang 3 ist schon fünf Jahre zuvor eines der wichtigsten Ziele und wird im Berichtszeitraum 1995 deutlich öfter als Ziel genannt. Die entsprechende Aussage wird dabei oft mit der Nennung des Wachstumsziels verknüpft.

Beispiele:

„In Nordamerika sollen die Aktivitäten in der Anarbeitung und Bearbeitung von Stahlprodukten auch durch den Abschluß neuer Kooperationen ausgebaut werden." (Preussag, S. 41)

„Ziel ist es, national und international Großprojekte zu akquirieren ..." (Stinnes, S. 19)

„Die jungen Gesellschaften werden mit demselben Auftrag in die Selbständigkeit entlassen, den die bereits bestehenden Gesellschaften schon früher erhalten hatten: International aktiver werden ..." (Lufthansa, S. 2)

„Was uns auf dem Weg zum global agierenden Unternehmen noch fehlt, ist die Dimension Fernost ... hier gilt es, die Basis erheblich zu verbreitern." (Bertelsmann, S. 7)

„Globalisierung ist nahezu zum Modewort avanciert. Für ein Unternehmen, das den weitaus größten Teil seines Umsatzes in gesättigten Märkten tätigt, wird sie zum Überlebensthema. Audi wird daher alles daran setzen, seine Präsenz in den jungen, wachstumsstarken Märkten gezielt auszubauen." (Audi, S. 3)

Weitere acht Zielkategorien werden von mindestens der Hälfte der deutschen Unternehmen genannt: *Gewinn*, *Umweltschutz*, *Kunden* mit ihren Zielen (jeweils 60,7 % der Unternehmen), *Wettbewerbsfähigkeit*, *Marktposition* (jeweils 57,1 %), *Innovationsfähigkeit* (53,6 %), *Sicherheit* und *Aktionäre* mit ihren Zielen (jeweils 50 %). Von den eben genannten Zielen sind insbesondere die Wettbewerbsfähigkeit und die Kundenziele in ihrer Bedeutung stark gestiegen (Signifikanzwert von 2,9 % bzw. 6,0 %).

Der *Gewinn* nimmt also erneut eine vordere Position ein, die jedoch wieder deutlich hinter dem Effizienzziel zurückbleibt.

Beispiele:

„... soll so in der Mineralölverarbeitung die Gewinnzone erreicht werden." (Veba, S. 9)

„Wir hatten uns das Ziel gesetzt, innerhalb von drei Jahren aus den roten Zahlen herauszukommen ..." (Hoechst, S. 10)

„Eine wichtige Aufgabe ist es, unseren ... Entsorgungsbereich in die Gewinnzone zu führen ..." (RWE, S. 6)

„Der Jahresüberschuß von .. hat unser selbstgestecktes Ziel deutlich übertroffen." (Bayer, S. 4)

„Unser vorrangiges Ziel war es, Verlustquellen zu schließen." (Daimler-Benz, S. 2)

Auch die Kommentierung des finanziellen Ergebnisses des Berichtszeitraums ist zunehmend (von 60,7 % der Unternehmen auf 71,4 %).[1029]

Beispiele:

„... haben wir ein erfreuliches Geschäftsergebnis erwirtschaftet." (BASF, S. 3)

„Besonders erfreulich war 1995 die Ergebnisentwicklung. Der Jahresüberschuß von ..." (Bayer, S. 4)

[1029] Vgl. Teil 2 des Anhangs.

„Das Konzernergebnis vor Ertragssteuern erreichte mit 1,026 Mill. DM ein erfreuliches Niveau." (Thyssen, S. 7)
„... ist das erwirtschaftete Ergebnis auch für 1995 zufriedenstellend." (BMW, S. 10)
„... das Geschäftsjahr 1994/1995 ist erfolgreich verlaufen: Zum einen können wir mit unserem deutlich verbesserten Ergebnis sehr zufrieden sein." (Preussag, S. 9)

Der *Umweltschutz* wird ebenfalls von mehr als der Hälfte (60,7 %) der Unternehmen als Ziel genannt, wobei der entsprechende Anteil für 1990 allerdings 64,3 % lautet. Im Vergleich zur Artikulation anderer Ziele, die öfter genannt werden als fünf Jahre zuvor, geht die Bedeutung des Umweltschutzziels somit deutlich zurück.
Beispiele:
„Wir sind ein verantwortungsbewußtes Unternehmen in unserer Gesellschaft und gegenüber der Umwelt." (Metallgesellschaft, S. 22)
„Im Geschäftsjahr 1995 wurden vielfältige Aktivitäten unternommen, um im Umweltschutz auf kontinuierlicher Basis weitere Verbesserungen zu erzielen." (AEG, S. 9)
„Im Kaufhof-Konzern ist Umweltschutz Teil der Geschäftspolitik ..." (Kaufhof, S. 13)
„Mit den ebenfalls im Geschäftsjahr 1995 erneuerten Grundsätzen und Zielen zu Umweltschutz und Sicherheit haben wir die Formulierung unseres Selbstverständnisses ... sowie unserer Bereitschaft zu ökologischer ... Verantwortung abgeschlossen." (Henkel, S. 4)
„Mit unserer proaktiven Umweltpolitik zielen wir auf die Vermeidung und Verwertung von Abfällen jeglicher Art." (Continental, S. 17)

Andererseits steigt die Anzahl der Unternehmen, die dem Thema „Umweltschutz" ein gesondertes Kapitel widmen, deutlich (von 28,6 % auf 42,9 %)[1030], so daß eindeutige Schlußfolgerungen über die Veränderung der tatsächlichen Bedeutung des Umweltschutzziels im Zielsystem des Unternehmens nicht gezogen werden können. Entsprechende Kapitel sind beispielsweise mit „Aktivitäten im Umweltschutz intensiviert" (Preussag, S. 57-59), „Umweltvorsorge" (Lufthansa, S. 26-27) oder „Ressourcen schonen" (Audi, S. 28-29) überschrieben.

Die Gruppe der *Kunden* und ihre Ziele werden fast doppelt so oft wie fünf Jahre zuvor genannt (60,7 % vs. 32,1 %).
Beispiele:
„Darüber hinaus werden wir ... unsere weltweite Marktpräsenz durch eine noch effizientere Ausrichtung auf die Kundenbedürfnisse verstärken." (Bayer, S. 5)
„... konzentrierten sich die F+E-Arbeiten auf die kontinuierliche Verbesserung der Produktionsabläufe, um den steigenden Kundenanforderungen ... zu entsprechen." (Thyssen, S. 8)
„Um für unsere Kunden eine erhöhte Produktvielfalt zu ..., hat Ford ..."(Ford, S. 20)
„Die Kunden bezahlen unsere Löhne und Gehälter. Darum stellen wir die Kunden in den Mittelpunkt unseres Denkens und Handelns." (Metallgesellschaft, S. 22)
„Der strategische Fokus ist darauf ausgerichtet, Wert in Form von höherem Nutzen für den Kunden zu schaffen ..." (Stinnes, S. 21)

Die *Wettbewerbsfähigkeit* wird sogar mehr als doppelt sooft wie vor fünf Jahren als Ziel proklamiert (57,1 % vs. 25,0 %).
Beispiele:
„... Wettbewerbsinitiative eingeleitet, die jeden Unternehmensteil ... konkurrenzfähig machen ... soll.." (Daimler-Benz, S. 9)
„... besteht die wesentliche Herausforderung darin, schnell und beweglich zu handeln und so die Wettbewerbsfähigkeit unserer Kerngeschäfte nachhaltig zu sichern." (Veba, S. 29)

[1030] Vgl. Teil 2 des Anhangs.

„Die Sicherung der internationalen Wettbewerbsfähigkeit ... stellt an das Unternehmen unverändert hohe Anforderungen.“ (Lufthansa, S. 62)
„Es galt, ... einen Konsens für notwendige Maßnahmen zur Verbesserung der Wettbewerbsfähigkeit ... zu finden.“ (Bertelsmann, S. 16)
„... Fortsetzung der Restrukturierungen im Sinne der Prozeßverbesserung zur Erhaltung und Stärkung der langfristigen Wettbewerbsfähigkeit.“ (Henkel, S. 13)

Genauso häufig wie die Wettbewerbsfähigkeit wird auch das Ziel der *Marktposition* artikuliert, wobei der Anstieg bei der Häufigkeit der Nennungen jedoch nicht so stark ist (Nennung bei 39,3 % der Unternehmen 1990 und 57,1 % der Unternehmen 1995).
Beispiele:
„... wird der Ausbau von Geschäften ... hin zu großen Unternehmenseinheiten mit führenden Marktpositionen fortgesetzt.“ (Veba, S. 30)
„Wir konzentrieren uns auf ertragsstarke Kerngeschäfte, bei denen wir weltweit zur Spitze zählen wollen.“ (Hoechst, S. 2)
„... bauen wir eine Telefongesellschaft auf, die eine starke Marktstellung einnehmen soll.“ (RWE, S. 6)
„... gilt es, die führende Position ... weltweit abzusichern.“ (Bayer, S. 12)
„Für Thyssen Handelsunion stehen die Gewinnung und Sicherung regionaler Marktführerschaft sowie die weitere Internationalisierung des Geschäfts im Vordergrund.“ (Thyssen, S. 11)

Auch die *Innovationsfähigkeit* wird von mehr als der Hälfte (53,6 %) der Unternehmen als Ziel formuliert, während es fünf Jahre zuvor lediglich ein Drittel (35,7 %) ist.
Beispiele:
„... um auch in Zukunft Vorreiter mit wegweisenden Innovationen ... zu sein.“ (Daimler-Benz, S. 3)
„Produkt- und Basisinnovationen ... sind ... Teilelemente eines ... umfassenden Wertschöpfungsansatzes ...“ (Siemens, S. 12)
„Innovation und Wachstum stehen aber auch 1996 eindeutig im Vordergrund.“ (Bayer, S. 5)
„Innovationspotentiale von Stahlprodukten auszuschöpfen ist eines der Ziele des Projektes ...“ (Thyssen, S. 9)
„... im Zuge des ... Erneuerungsprogramms ...“(BMW, S. 11)

Ebenso nimmt die *Sicherheit* als Ziel, das von deutschen Unternehmen bereits 1990 im internationalen Vergleich relativ oft genannt wird, nochmals deutlich an Bedeutung zu (Nennung durch 50 % der deutschen Unternehmen gegenüber 28,6 % vor fünf Jahren).
Beispiele:
„Die dabei angelegten Maßstäbe und Kriterien bezogen sich vor allem ... die Risikoeinschätzungen, ...“ (Daimler-Benz, S. 9)
„Diese entspricht der seit jeher bei Volkswagen praktizierten vorsichtigen Einschätzung von Risiken.“ (VW, S. 69)
„Zur Absicherung der Währungs- und Zinsrisiken ... setzt Siemens ... Finanzinstrumente ein. ... sind umfassende Kontrollverfahren eingerichtet worden.“ (Siemens, S. 45)
„Konzernweit werden zur Begrenzung des Zinsänderungsrisikos ...“ (Metallgesellschaft, S. 17)

Wie schon die Gruppe der Kunden werden auch die *Aktionäre* in den Geschäftsberichten des Jahres 1995 deutlich öfter berücksichtigt (50 % vs. 32,1 %).
Beispiele:
„... Notwendigkeit, die Ertragskraft von Daimler-Benz im Interesse der Anteilseigner ... zu stärken ...“ (Daimler-Benz, S. 9)
„Um die Siemens-Aktie für die Anleger noch attraktiver zu gestalten ...“ (Siemens, S. 44)
„... Rechnungslegung und Publizität ... weiterentwickelt, um den Informationsansprüchen der internationalen Anleger Rechnung zu tragen.“ (Veba, S. 11)
„... die Politik, unsere Aktionäre am Ertrag des Unternehmens angemessen zu beteiligen.“ (BASF, S. 2)
„Wir führen das Unternehmen Mannesmann für Sie orientiert an Rendite und Wertsteigerung.“ (Mannesmann, S. 5)

Alle anderen Ziele werden von weniger als der Hälfte der deutschen Unternehmen artikuliert, wobei sich jedoch auch hier Veränderungen zu den Geschäftsberichten vor fünf Jahren ergeben.

Einige *finanzielle Ziele* werden deutlich häufiger genannt als noch fünf Jahre zuvor. So wird die *Rentabilität* in 42,9 % der Geschäftsberichte des Jahres 1995 genannt, während es fünf Jahre zuvor nur 7,1 % sind. Dies stellt die signifikanteste Veränderung überhaupt dar (Signifikanzwert: 0,4 %).
Beispiele:

„... weitere Schritte zur Optimierung unseres Portfolios durch Produktselektion werden die künftige Ergebnisentwicklung verbessern, um die von uns gesetzten Zielrenditen zu erreichen." (Mannesmann, S. 5)

„Die finanzwirtschaftlichen Zielsetzungen des Unternehmens beziehen sich vor allem auf die Kapitalrentabilität, die Kapitalstruktur und die Finanzschulden. ... Bei einer Gesamtkapitalrendite von mindestens 12 Prozent ist eine Dividende von 15 Prozent festgelegt. Im Berichtsjahr wurde eine Rendite von ... und damit die langfristig angestrebte Zielgröße erreicht." (Bertelsmann, S. 13)

„Zentrale Aufgabe ist es, ein Ergebnis zu erwirtschaften, das eine nachhaltige, angemessene Rendite auf das eingesetzte Kapital ermöglicht." (Continental, S. 20)

„Unser vorrangiges Ziel war es, Verlustquellen zu schließen. Der Vorstand hat daher das Portfolio des Konzerns unter strengen Renditekriterien analysiert" (Daimler-Benz, S. 2)

„Zur nachhaltigen Sicherung einer angemessenen Rentabilität des eingesetzten Kapitals und zur weiteren Stärkung der konjunkturellen Widerstandskraft steht jetzt die strategische Fokussierung des Portfolios im Vordergrund." (Veba, S. 9)

Der *Shareholder Value* nimmt ebenfalls deutlich an Bedeutung zu (35,7 % 1995 vs. 14,3 % 1990). V. a. die besonders großen deutschen Unternehmen artikulieren dieses Ziel.[1031]
Beispiele:

„Entscheidender Gradmesser für unsere Managementleistung ist jedoch der Aktienkurs." (Daimler-Benz, S. 3)

„... Ziel, das Vertrauensverhältnis zu den Kapitalgebern zu stärken und somit einen Beitrag zur langfristig positiven Entwicklung des Unternehmenswertes der Volkswagen AG zu leisten." (VW, S. 69)

„Welche Schritte wir zurückgelegt haben und wie zukünftige Unternehmenswertsteigerungen erreicht werden sollen, schildert ein gesonderter Abschnitt dieses Geschäftsberichts." (Veba, S. 1)

„Die Ausrichtung auf Wertschaffung ist Bestandteil der Unternehmensziele und zugleich Entscheidungsgrundlage und Entscheidungshilfe ..." (Metallgesellschaft, S. 5)

„Die Finanzinvestitionen von ... dienten dem Ziel einer langfristigen Wertsteigerung des VIAG-Portfolios ..." (VIAG, S. 17)

Die *Eigenkapitalrentabilität* wird 1990 von keinem einzigen Unternehmen als Ziel formuliert, 1995 tun dies immerhin fünf (17,9 %) der Unternehmen.
Beispiele:

„Dies sollte ein erster Schritt in Richtung unseres längerfristigen Renditezieles sein, nämlich 15 Prozent vom Eigenkapital." (Siemens, S. 4)

„Die Eigenkapitalverzinsung nach Steuern konnten wir von 8,7 % auf 11,4 % steigern und sind damit unserer mittelfristigen Zielsetzung von 15 % ein gutes Stück näher gerückt." (Veba, S. 8)

„Die Nettoeigenkapitalrendite, die 1995 unsere mittlere Zielmarke von 15 % erreichte, ..." (Hoechst, S. 15)

„Damit sind wir unserer Zielvorstellung einer 15%igen Netto-Eigenkapitalverzinsung sehr nahe gekommen ..." (Degussa, S. 10)

Vier Unternehmen artikulieren die Ausrichtung der Unternehmensführung am *Cash-flow*, während dies 1990 nur bei einem deutschen Unternehmen der Fall ist:

„... mit der konzernweiten Einführung Cash flow-orientierter Steuerungsinstrumente ... setzt die Holding ... die Ansprüche der Aktionäre in wertsteigernde Unternehmenskonzepte um." (Veba, S. 15)

[1031] Vgl. Teil 2 des Anhangs.

„... Umsetzung unserer langfristig angelegten Wachstumspolitik, in deren Mittelpunkt ... Investitionen in ertragsstarke Arbeitsgebiete, gezielte Akquisitionen und eine weltweite Markpräsenz stehen. Die Meßlatte dafür ist der Cash-flow, ..." (Bayer, S. 16)

„Der Cash Flow ist die zentrale Größe des Wertmanagements." (Metallgesellschaft, S. 5)

„Die Finanzierung der Investitionen ist am Cash-flow ausgerichtet." (Preussag, S. 47)

Insbesondere an den Artikulationen zu finanziellen Zielen fällt auf, daß operationale Zielformulierungen in stärkerem Maße getätigt werden als noch fünf Jahre zuvor. Diese Präzisierung erhöht den Verbindlichkeitscharakter der Zielaussagen und deutet darauf hin, daß finanzielle Ziele an Bedeutung gewinnen. Sind es 1990 nur drei Unternehmen, die insgesamt vier verschiedene Ziele operational formulieren, artikulieren fünf Jahre später acht Unternehmen insgesamt fünfzehn Zielkategorien operational. Im einzelnen handelt es sich dabei um Siemens (Eigenkapitalrentabilität, Gewinn, Wachstum und Internationalisierung), Veba (Eigenkapitalrentabilität), BASF (Gesamtkapitalrentabilität), Hoechst (Eigenkapitalrentabilität), Bayer (Gewinn, Effizienz und Wachstum), VIAG (Kapitalstruktur), Degussa (Eigenkapitalrentabilität) und Bertelsmann (Gesamtkapitalrentabilität, Gewinnverwendung und Kapitalstruktur).
Beispiele:

„Unser Geschäftsvolumen im Asien-Pazifik-Raum haben wir erneut ausgebaut. ... Wir streben hier ... ein jährliches Umsatzwachstum von 15 bis 20 % an. ... Die Ertragslage hat sich ... deutlich verbessert. Wir haben damit unser Ziel, das Vorjahresergebnis um 20 % zu steigern, mehr als erreicht." (Siemens, S. 10)

„Unsere Strategie ist auf das Ziel ausgerichtet, eine Gesamtkapitalrendite vor Ertragssteuern und Fremdkapitalzinsen von mindestens 10 Prozent ... zu erreichen." (BASF, S. 3)

„Für 1996 haben wir uns ehrgeizige Ziele gesetzt. Wir wollen den Umsatz um sechs Prozent und den Gewinn vor Ertragssteuern um zehn Prozent steigern. ... Mit einer Umsatzrendite von über zehn Prozent ist dafür ein klares Ziel formuliert worden." (Bayer, S. 5)

„... hat die VIAG AG Negativerklärungen abgegeben, wonach sie sich unter anderem zur Einhaltung der folgenden Bilanzrelationen verpflichtet: Die Summe der Fremdmittel darf den Betrag der Eigenmittel nicht übersteigen ..." (VIAG, S. 27)

„Die Eigenkapitalquote soll mindestens 25 Prozent der Bilanzsumme betragen." (Bertelsmann, S. 13)

Auf die hohe Bedeutung von Wachstum, Internationalisierung, Marktposition, Wettbewerbsfähigkeit, Innovationsfähigkeit und Sicherheit bei den *strategischen Zielen* wurde schon hingewiesen. Weitere strategische Ziele, die deutlich häufiger als fünf Jahre zuvor genannt werden, sind die *Konsolidierung* (Nennung bei 42,9 % der Unternehmen 1995 vs. 10,7 % in 1990), die *Schnelligkeit* (35,7 % vs. 7,1 %), damit zweithöchster Signifikanzwert) und die *Modernisierung* (28,6 % vs. 14,3 %). Wie auch schon bei den finanziellen Ziele gilt auch hier, daß die Anforderungen an die Unternehmen zu steigen scheinen, was sich in einem anspruchsvolleren Zielsystem ausdrückt.
Beispiele für das Ziel der Konsolidierung:

„Die Entscheidungen zur weiteren Konzentration auf Kerngeschäftsfelder und zur Trennung von verlustbehafteten Geschäften ..." (Daimler-Benz, S. 78)

„Daher haben wir durch Desinvestitionen von Randaktivitäten und Verlustbringern sowie Verzicht auf margenschwache Geschäfte den Umsatz in einzelnen Geschäftsfeldern ganz bewußt zurückgeführt." (Veba, S. 8)

„Die Zahl der Mitarbeiter ... wird zurückgehen ... Wir setzen den Weg fort, uns auf Kernarbeitsgebiete - und hier besonders auf den Gesundheitssektor - zu konzentrieren." (Hoechst, S. 15)

„Zur Straffung des Portfolios wurden ... verkauft." (Bayer, S. 4)

„Die Fokussierung auf die Kernaktivitäten des Metall-Gesellschaft-Konzerns wurde konsequent fortgeführt. Randaktivitäten wurden desinvestiert ..." (Metallgesellschaft, S. 12)

Beispiele für das Ziel der Schnelligkeit:

„... soll die Idee des „atmenden" Unternehmens eine beträchtliche Verkürzung der Reaktionszeit auf Marktveränderungen ermöglichen." (VW, S. 6)

„... besteht die wesentliche Herausforderung darin, schnell und beweglich zu handeln ..." (Veba, S. 29)

„Zur weltweiten Beschleunigung der Produktentwicklung und -zulassung entsteht ein Drug Development Center in den USA.“ (Hoechst, S. 8)

„Diese Partnerschaften sollen dazu beitragen, den Weg des Unternehmens in die MultiMedia-Welt zu beschleunigen.“ (Bertelsmann, S. 15)

„... zur Steigerung des Innovationstempos haben wir uns für 1996 folgende Schwerpunkte bei unseren Maßnahmen gesetzt: ...“(Henkel, S. 13)

Beispiele für das Ziel der Modernisierung:

„Mit einem umfassenden Rationalisierungs- und Modernisierungsprogramm ist die Gesellschaft inzwischen auf gutem Weg ...“ (RWE, S. 18)

„... investierten erhebliche Beträge in die Modernisierung und den Ausbau des Niederlassungsnetzes.“ (Thyssen, S. 10)

„... wir ... unsere Anstrengungen auf die ... Modernisierung der Wertschöpfungsprozesse ... konzentriert haben.“ (MAN, S. 7)

„In den Jahren 1990 bis 1994 hat der Lufthansa Konzern rund zehn Milliarden DM in Erneuerung und Ausbau der Flottenkapazität investiert.“ (Lufthansa, S. 7)

„Den größten Anteil am Gesamtvolumen machten ... Investitionen für die Erneuerung und Erweiterung der Modellpalette aus. Weitere Schwerpunkte lagen in der Modernisierung der Werke und der Fertigungsanlagen ...“ (Audi, S. 10)

Das *Sachziel*, das im internationalen Vergleich für das Jahr 1990 relativ selten von deutschen Unternehmen artikuliert wird, zählt auch fünf Jahre später nicht zu den häufiger genannten Zielen (Nennung bei 32,1 % der deutschen Unternehmen vs. 28,6 % zuvor).

Auffällig ist weiterhin, daß auch das *Qualitätsziel* nicht wesentlich häufiger genannt wird (Nennung bei 39,3 % der deutschen Unternehmen vs. 35,7 % fünf Jahre zuvor) und somit relativ an Bedeutung verliert.

Bei den *sozialen Zielen* bleibt der *Umweltschutz* zwar das wichtigste Ziel, wird aber - wie schon ausgeführt - von einer geringeren Anzahl von Unternehmen artikuliert als noch fünf Jahre zuvor. *Gesamtökonomische Ziele* werden hingegen von einer etwas höheren Anzahl von Unternehmen genannt als 1990 (21,4 % vs. 14,3 %). Andere *außerökonomische Ziele* werden sogar von doppelt so vielen Unternehmen thematisiert (35,7 % vs. 17,9 %).

Beispiele:

„VEBA ist sich hierbei ihrer Verantwortung gegenüber der Gesellschaft ... bewußt und wird ihren Beitrag zu vernünftigen Lösungen leisten.“ (Veba, S. 9)

„Die ... Kompetenz des Unternehmens ist für uns mit der Verantwortung verbunden, zum Nutzen der Menschen zu arbeiten ...“ (Bayer, ohne Seitenangabe)

„Wir sind ein verantwortungsbewußtes Unternehmen in unserer Gesellschaft ...“ (Metallgesellschaft, S. 12)

... neu begonnen haben wir ... damit, ... Maßnahmen für eine frauenorientierte Personalentwicklung zu erarbeiten.“ (Stinnes, S. 17)

„Responsible Care - Verantwortliches Handeln ... zur beständigen Verbesserung auf den Gebieten Gesundheit, Sicherheit und Umweltschutz. Responsible Care ist der Beitrag der chemischen Industrie zu Sustainable Development, der Idee des zukunftsverträglichen Wachstums und der Gleichwertigkeit von ökonomischen, ökologischen und sozialen Zielen. Degussa bekennt sich zu Responsible Care.“ (Degussa, S. 13)

„Die Kulturtechnik des Lesens sollte gefördert und die Jugend ... zu einem selektiven und verantwortungsbewußten Umgang mit Medien erzogen werden. Dies ist eine Aufgabe, der sich das Haus Bertelsmann mit Nachdruck stellt ...“ (Bertelsmann, S. 7)

Drei der deutschen Unternehmen widmen ihrem gesellschaftlichen Engagement sogar ein eigenes Kapitel im Geschäftsbericht, was 1990 noch bei keinem Unternehmen der Fall ist: „Sport und Kultur“ (Audi, S. 35-36), „Sponsoring“ (Ford, S. 50) und „Unser Unternehmen in der Gesellschaft“ (RWE-DEA, S. 36-37).

Die häufigere Berücksichtigung der drei *Stakeholder-Gruppen* der *Kunden*, *Aktionäre* und *Mitarbeiter* in den Geschäftsberichten des Jahres 1995 wurde bereits erwähnt. Für die *Lieferanten* und die *Fremdkapitalgeber* gilt dies jedoch nicht. Beide Gruppen und ihre jeweiligen Ziele finden in den untersuchten Textteilen für 1995 keine Berücksichtigung.

Die Durchführung einer Cluster-Analyse der Geschäftsberichte des Jahres 1995 (Distanzmaß: quadrierte Euklidische Distanz; Agglomerationsmethode: Ward; einbezogene Zielvariablen: *Finanz*, *Strateg*, *Sozial*, *Stakehol*) ergibt drei Cluster (vgl. den „Elbow" in Abb. 19), doch besteht der Hauptunterschied in der Gesamtanzahl der artikulierten Ziele (vgl. Tab. 34).

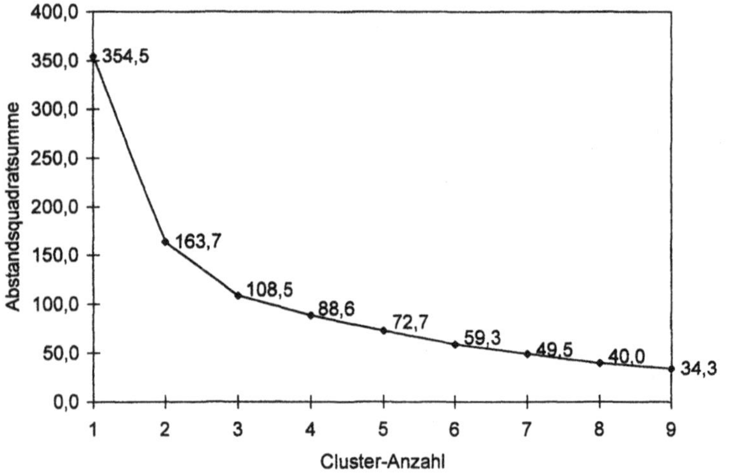

Abb. 19: Abstandsquadratsummen der abschließenden Agglomerationsschritte (Geschäftsberichte 1995, Ward-Verfahren, Distanzmaß quadrierte Euklidische Distanz)

	Anzahl Unter-nehmen	**Durchschnitt Variable *Finanz***	**Durchschnitt Variable *Strateg***	**Durchschnitt Variable *Sozial***	**Durchschnitt Variable *Stakehol***	**Summe**
Cluster 1	13	4,85	8,62	1,46	1,92	16,85
Cluster 2	9	1,78	6,00	1,00	1,44	10,22
Cluster 3	6	1,83	2,17	0,83	0,67	5,50
Gesamt	28	3,21	6,39	1,18	1,50	12,29

Tab. 34: Mittelwertbetrachtung der 3-Cluster-Lösung

Cluster 1 umfaßt diejenigen Unternehmen, die in ihren Geschäftsberichten ein breites Spektrum zahlreicher Ziele artikulieren. Zu Cluster 2 gehören diejenigen Unternehmen, die eine mittlere Anzahl von Zielen artikulieren, wobei der Schwerpunkt eindeutig bei den strategischen Zielen liegt. Cluster 3 umfaßt die Unternehmen, die in ihren Geschäftsberichten nur sehr wenige Ziele artikulieren.

Festgehalten werden können somit sowohl Gemeinsamkeiten als auch Unterschiede zwischen den Geschäftsberichten der Jahre 1990 und 1995.
Gemeinsamkeiten sind:

- Die Rangordnung der Ziele bleibt weitgehend gleich. Ein dramatischer Zielwandel i. S. signifikanter Veränderungen der Zielrangfolge findet nicht statt.
- Auch die relative Bedeutung der vier unterschiedenen Sachzusammenhänge ändert sich nur leicht zugunsten der finanziellen und der Stakeholder-Ziele. Weiterhin wird ein breites Zielspektrum abgedeckt.
- Die plakative Artikulation des Sachziels des Unternehmens ist bei deutschen Unternehmen weiterhin die Ausnahme.

Unterschiede sind:

- Die Anzahl der artikulierten Ziele steigt deutlich.
- Insbesondere Ziele der Stakeholder und finanzielle Ziele werden deutlich öfter artikuliert.
- Zu den viel öfter genannten Zielen zählen die Rentabilität, die Effizienz, die Schnelligkeit, die Konsolidierung, die Wettbewerbsfähigkeit sowie die Orientierung an den Zielen der Kunden. Die Artikulation einer höheren Kundenorientierung korrigiert hierbei ein in dem internationalen Vergleich identifiziertes Defizit. Auch der in der Öffentlichkeit heftig diskutierte Shareholder Value wird deutlich häufiger als vor fünf Jahren artikuliert.
- Ebenfalls steigt die Anzahl der Unternehmen, die operational formulierte Ziele artikulieren, beträchtlich an.
- Das Umweltschutzziel wird in den untersuchten Textteilen nicht häufiger genannt als fünf Jahre zuvor und verliert damit an relativer Bedeutung.

Die Untersuchungsergebnisse von Schmidt[1032], die für 1996 im Vergleich zu 1986 eine deutlich stärkere Stakeholder-Orientierung sowie einen in diesem Zusammenhang höheren Stellenwert des Unternehmenswertes bei deutschen Unternehmen offenlegten, werden somit genauso bestätigt wie der in den Medien kommunizierte Eindruck einer zunehmenden finanziellen Orientierung deutscher Unternehmen.

Da aber auch andere Ziele häufiger artikuliert werden als fünf Jahre zuvor und strategische Ziele weiterhin einen größeren Raum einnehmen, wird ein ggf. stattfindender Wandel der Zielprioritäten bei den untersuchten deutschen Unternehmen eher verhalten kommuniziert. Das im internationalen Vergleich als relativ ausgewogen identifizierte Zielsystem der deutschen Unternehmen hat in den Geschäftsberichten für 1995 weiterhin Bestand. Da strategische Ziele Vorsteuergrößen finanzieller Ziele darstellen, dürfen die im Vergleich zu 1990 weitaus häufigeren gleichzeitigen Nennungen beider Zielkategorien nicht verwundern, sondern sind vielmehr erwartungsgemäß. Der Eindruck, daß die Anforderungen, denen die Unternehmen ausgesetzt sind und die sie in Form von Zielartikulationen selbst formulieren, deutlich ansteigen, wird bestätigt und läßt auf einen erhöhten Wettbewerb auf Kapital- und Absatzmärkten schließen. Vor diesem Hintergrund verlieren soziale Ziele wie der Umweltschutz an relativer Bedeutung.

[1032] Vgl. R. Schmidt (1998b), insbesondere S. 124-127.

6 Schlußwort

Die inhaltliche Ausgestaltung des Zielsystems von Unternehmen ist nicht nur von zentraler Bedeutung für den Wertschöpfungsprozeß im Unternehmen und die ihn ausführenden Menschen. Betroffen ist vielmehr eine große Anzahl gesellschaftlicher Anspruchsgruppen, deren ökonomische und nichtökonomische Ziele und Wertvorstellungen z. T. konfliktär sind. Für die Wissenschaft sind Unternehmensziele nicht nur Untersuchungsgegenstand. Unterschiedliche Sichtweisen der Forscher darüber, welche Dimensionen des Unternehmensgeschehens und damit auch welche Unternehmensziele für die eigene Disziplin von Relevanz sind, prägen den Forschungsprozeß selbst.

Der Wandel im Wirtschaftsgeschehen, in der Gesellschaft und Interdependenzen beider Bereiche bedingen eine stetige Anpassung des unternehmerischen Zielsystems. Zusammen mit der besonderen Relevanz von Unternehmenszielen für die Betriebswirtschaftslehre leitet sich die Notwendigkeit ab, die Entwicklung von Unternehmenszielen nicht nur permanent zu erforschen, sondern den Erkenntnisstand auch durch die Anwendung bisher eher vernachlässigter Untersuchungsgegenstände und -methoden zu erweitern. Hierzu soll die vorliegende Arbeit einen Beitrag leisten.

Ausgangspunkt der eigenen Untersuchung war in *Kapitel 2* eine theoretische Erörterung von Unternehmenszielen.

Die Diskussion der Literatur zur „organizational effectiveness", deren Gegenstand eng mit der Zieldiskussion verknüpft ist, erbrachte die wichtige Erkenntnis, daß die inhaltliche Ausgestaltung dieses Konzepts davon abhängt, welche Annahmen über Organisationen als Prämisse gesetzt werden. Entsprechend konnten unterschiedliche Modelle der Effektivität unterschieden werden.

Deshalb erschien es sinnvoll, auch das Spektrum der wirtschaftswissenschaftlichen Literatur, soweit es die Zielthematik berührt, entsprechend der jeweiligen Forschungsziele, dem abgegrenzten Erkenntnisgegenstand und v. a. der unterschiedlichen Grundannahmen, die bzgl. Unternehmen gesetzt werden, aufzuzeigen.

Vier grundlegende Unternehmensverständnisse bzw. -metaphern, die jeweils andere Aspekte des Unternehmens und damit auch unterschiedliche Unternehmensziele in den Vordergrund stellen, konnten unterschieden werden: Das erste Unternehmensverständnis, das plakativ als Maschinenmetapher umschrieben werden kann, ist von der Idee der Effizienz geleitet, auf quantitativ abbildbare Prozesse und Ergebnisse im Unternehmen fokussiert und stellt entsprechend finanzielle Ziele wie den Gewinn in den Vordergrund. Die Organismusmetapher als zweites Unternehmensverständnis thematisiert das Überleben des Unternehmens in einer komplexen, dynamischen und unsicheren Umwelt, weswegen den finanziellen Zielen vorgelagerte strategische Orientierungsgrößen im Vordergrund stehen. Die Kulturmetapher interpretiert das Unternehmen als Gemeinschaft innerhalb einer größeren Gesellschaft, in der auch außerökonomische Ziele und Maßstäbe gelten. Bei der Politikmetapher schließlich tritt das Unternehmen als Träger von Zielen zurück hinter die Betrachtung der unterschiedlichen Anspruchsgruppen in und außerhalb des Unternehmens mit ihren jeweiligen Zielen.

In *Kapitel 3* erfolgte ein Rückblick auf Ergebnisse bisheriger empirischer Zielforschung. Es wurde deutlich, daß der Gedanke der Maschinenmetapher - repräsentiert durch das Gewinnziel - innerhalb der Betriebswirtschaftslehre bis in die frühen sechziger Jahre so dominant war, daß die Notwendigkeit empirischer Zielforschung zunächst negiert wurde. Erste empirische Untersuchungen bestätigten einerseits die Dominanz finanzieller Ziele, andererseits aber auch die Existenz eines breiteren Zielspektrums in Unternehmen. Im Zeitverlauf erhöhte sich die Vielfalt der erfragten Ziele, und die angewandten statistischen Verfahren wurden anspruchsvoller. Inhaltlich wurde eine Schwerpunktverlagerung hin zu strategischen Zielen beobachtet, während sozialen Zielen und auch Zielen der Stakeholder in den meisten Untersuchungen weiterhin eine relativ geringe Bedeutung attestiert wurde.

Als problematisch erwies sich, daß die empirischen Untersuchungen einerseits kaum vergleichbar (z. B. hinsichtlich der Anzahl der befragten Unternehmen, dem erfragten Zielspektrum und der Meßmethodik), andererseits aber durchaus einseitig (z. B. Dominanz der Befragung als Forschungsmethode, Verwendung geschlossener Fragestellungen, Beschränkung auf einen Untersuchungszeitpunkt und ein Land) waren. Beides und der stetige Wandel, dem die Unternehmen unterliegen, führte dazu, daß einheitliche und abschließende Resultate der empirischen Zielforschung zu keinem Zeitpunkt vorlagen und auch weiterhin nicht zu erwarten sind.

In *Kapitel 4* wurde gezeigt, daß die Tätigkeit von Unternehmen verschiedenen nationalen Kontexten unterliegt. Unterschiedliche Ausprägungen einer Vielzahl nichtkultureller und kultureller Dimensionen und ihre potentiellen Auswirkungen auf den Zielbildungsprozeß im Unternehmen und auf Zielinhalte wurden dargestellt.

Die Wiedergabe vergleichender Untersuchungen aus den achtziger und neunziger Jahren zur Wirtschaftstätigkeit in Europa machte deutlich, daß in Deutschland finanziellen Zielen traditionell eine relativ geringe Bedeutung zugesprochen wurde und eine (am Überlebensziel und an der Sicherheit orientierte) strategische Betrachtung dominierte. Das Umweltschutzziel war ebenfalls von hoher Relevanz. Im Vergleich dazu wurde die Wirtschaftstätigkeit in der Schweiz als in stärkerem Maße finanziell ausgerichtet und als noch vorsichtiger umschrieben. Für Frankreich wurden die Ziele der Größe und des internationalen Wachstums als bedeutsam eingestuft, während der Umweltschutz einen eher geringen Stellenwert einnahm. Schweden wurde als ein Land charakterisiert, in dem moralische Normen von relativ hoher Relevanz waren. Großbritannien erschien als ein Land, in dem eine relativ starke Orientierung an den Interessen der Aktionäre vorherrscht.

Ausgangspunkt der eigenen empirischen Untersuchung in *Kapitel 5* war die Frage, inwiefern der in der öffentlichen Diskussion seit Mitte der neunziger Jahre vorherrschende Eindruck eines Zielwandels bei deutschen Unternehmen (hin zu einer stärkeren finanziellen Orientierung) durch Aussagen in Geschäftsberichten bestätigt wird.

Hierzu wurden in einem ersten Schritt dreißig deutsche Geschäftsberichte für das Geschäftsjahr 1990 mit insgesamt einhundert schweizerischen, französischen, schwedischen und britischen Geschäftsberichten verglichen. Von Interesse war, inwiefern sich die Zielaussagen in deutschen Geschäftsberichten zu diesem Zeitpunkt - also noch vor der breiten öffentlichen Diskussion von Unternehmenszielen und insbesondere des Shareholder Value - von ausländischen Geschäftsberichten unterschieden. In einem zweiten Schritt erfolgte eine Auswertung von Geschäftsberichten derselben deutschen Unternehmen für das Geschäftsjahr 1995. Ein Zeitvergleich sollte Aufschluß über Veränderungen geben und klären, inwiefern die im ersten Schritt identifizierten Charakteristika weiterhin Bestand hatten.

Der Untersuchungsgegenstand „Geschäftsbericht“ wurde mit der Untersuchungsmethode „Inhaltsanalyse“ ausgewertet. Aufbauend auf den in Kapitel 2 erörterten theoretischen Zielzusammenhängen wurde ein Kategorienschema von 34 Zielkategorien und 11 der weiteren Analyse dienenden Hilfskategorien gebildet. Ferner wurden die inhaltlichen und sprachlichen Voraussetzungen für das Vorliegen einer Zielartikulation determiniert, damit eine Zuordnung entsprechender Textstellen aus den Geschäftsberichten zu den Kategorien erfolgen konnte. Der aus der Inhaltsanalyse resultierende Datensatz ergab, welche Unternehmen wie viele, welche und wessen Ziele artikulierten. Die Unterschiede hinsichtlich der so erhaltenen Häufigkeiten wurden auf ihre Signifikanz überprüft. Darüber hinaus wurden Cluster-Analysen durchgeführt, die der Gruppierung jeweils ähnlicher Unternehmen dienten.

Die vergleichende Auswertung der deutschen und ausländischen Geschäftsberichte für das Jahr 1990 ergab zahlreiche Parallelen: Unternehmen aus allen Ländern artikulierten ein breites Spektrum von Zielen, wobei das Wachstumsziel und andere Ziele aus dem strategischen Sachzusammenhang der Unternehmensführung den breitesten Raum einnahmen. Die ökonomische Orientierung der Unternehmen wurde weniger über die explizite Artikulation von Gewinnzielen und mehr über allgemeinere Zielartikulationen, die den Effizienzgedanken betonen, ausgedrückt. Der Shareholder Value wurde sowohl bei den deutschen als auch bei den ausländischen Unternehmen nur von einer kleinen Minderheit artikuliert. Operationale Zielformulierungen waren sehr selten, bei den sozialen Zielen dominierte der Umweltschutz, und zwischen den einzelnen Anspruchsgruppen des Unternehmens und ihren Zielen erfolgte eine Differenzierung derart, daß Kunden am häufigsten, Lieferanten und Fremdkapitalgeber jedoch kaum bzw. überhaupt nicht Berücksichtigung fanden.

In der Gesamtbetrachtung wich die Zielstruktur deutscher Unternehmen kaum von der ausländischer Unternehmen ab. Positiv kann dies als Ausgewogenheit, negativ als eine gewisse Profillosigkeit gewertet werden, zudem deutsche Unternehmen auch eine geringere Anzahl von Zielen artikulierten als französische, schwedische und britische Unternehmen. Letzteres galt auch für finanzielle Ziele wie den Gewinn. Eine im internationalen Vergleich hohe Bedeutung nahmen bei deutschen Unternehmen der Umweltschutz, die Innovationsfähigkeit und das Überlebensziel ein. Eine unterdurchschnittliche Thematisierung des Sachziels sowie der Kunden mit ihren Zielen weist auf eventuelle Defizite bei der (Absatz-)Marktorientierung hin.

Bei schweizerischen Unternehmen waren finanzielle Ziele eher unterrepräsentiert und Systemziele wie die Flexibilität überrepräsentiert, französische Unternehmen artikulierten v. a. strategische Ziele, schwedische Unternehmen wiesen eine überdurchschnittlich hohe finanzielle Orientierung auf, und britische Unternehmen betonten soziale Aspekte in besonderem Maße. Da dies dem Bild der beiden letztgenannten Länder in zahlreichen Darstellungen widerspricht, ist zu vermuten, daß die Artikulation von Zielen in den Geschäftsberichten auch die Funktion hatte, das Augenmerk auf die Behebung von in den Unternehmen und/oder der Öffentlichkeit wahrgenommenen Defizite zu lenken.

Die Durchführung einer Cluster-Analyse identifizierte fünf Unternehmenstypen. In dem Cluster der Unternehmen, die wenige, aber verschiedenartige Ziele artikulierten, waren deutsche und schweizerische Unternehmen überproportional vertreten, während die Gruppe der Unternehmen, die wenige, v. a. strategische Ziele äußerten, überdurchschnittlich viele französische Unternehmen aufwies. Ein drittes Cluster von Unternehmen, die zahlreiche und darunter überdurchschnittlich viele finanzielle Ziele artikulierten, bestand zur Hälfte aus schwedischen Unternehmen, während im Cluster der Unternehmen mit besonders starker Orientierung auf soziale Ziele und Ziele der Stakeholder britische Unternehmen die Mehrheit stellten. Die fünfte Gruppe beinhaltete (v. a. deutsche, französische und schwedische) Unternehmen, die viele und in der Mehrzahl strategische Ziele verkündeten.

Die Analyse der deutschen Geschäftsberichte des Jahres 1995 ergab einerseits, daß der Anteil der finanziellen, strategischen, sozialen und Stakeholder-Ziele innerhalb des artikulierten Zielsystems nahezu unverändert blieb, weswegen es weiterhin als ausgewogen charakterisiert werden kann. Auch die Rangordnung der Ziele erwies sich als weitgehend stabil. Andererseits stieg die Anzahl der artikulierten Ziele deutlich an (von durchschnittlich ca. acht auf über zwölf pro Geschäftsbericht). Es wurden nicht nur strategische Ziele wie beispielsweise die Schnelligkeit und die Wettbewerbsfähigkeit von einer signifikant größeren Anzahl deutscher Unternehmen genannt, sondern auch Stakeholder-Ziele (deutlich stärkere Kundenorientierung als 1990) und auch finanzielle Ziele. Die Effizienz etwa wurde nun von 93 % der Unternehmen als Ziel genannt (vergleichbarer Wert für 1990: 68 %), die Gesamtrentabilität von 43 % (vs. 7 %) und der Shareholder Value von 36 % (vs. 14 %). Ebenfalls stieg die Anzahl der Unternehmen (von drei auf acht), die zumindest ein - in den meisten Fällen finanzielles - Ziel operational formulierten.

Der in der Öffentlichkeit vorherrschende Eindruck einer verstärkten finanziellen Orientierung deutscher Unternehmen wurde durch die Geschäftsberichte also einerseits deutlich bestätigt, andererseits aber - da in einen umfangreicheren Zielkatalog eingebettet - durchaus unauffällig kommuniziert. Letzteres mag Teil einer Kommunikationsstrategie gewesen sein, ist aber auch deswegen plausibel, weil nichtfinanzielle Ziele als Vorsteuergrößen finanzieller Ziele aufgefaßt werden können. Insgesamt kann festgestellt werden, daß die in den Geschäftsberichten dokumentierte Zielorientierung deutscher Unternehmen zwischen 1990 und 1995 deutlich zunahm, wobei die verstärkte Artikulation finanzieller Ziele lediglich einen Teilaspekt darstellte.

Es ist zu vermuten, daß die Artikulation eines differenzierten und anspruchsvolleren Zielsystems Ausdruck eines gestiegenen Wettbewerbsdrucks um Kapital und Kunden war, dem sich die Unternehmen gegenüber sahen, und der Verfolgung sozialer Ziele, deren Zusammenhang mit finanziellen Zielen weniger eindeutig ist, eher Grenzen setzte. Bemerkenswert ist nämlich, daß das Umweltschutzziel als wichtigstes soziales Ziel von keiner größeren Anzahl deutscher Unternehmen genannt wurde als fünf Jahre zuvor. Die in manchen wirtschaftswissenschaftlichen Publikationen vertretene Sichtweise des Unternehmens als Institution, die sich zunehmend (und zu Lasten traditioneller Ziele) außerökonomische Maßstäbe zu eigen macht, ist insofern eher als Forderung denn als Beobachtung eines Trends aufzufassen.

Daß sich die in der öffentlichen Diskussion konstatierte zunehmende finanzielle Orientierung deutscher Unternehmen in den Geschäftsberichten widerspiegelt, bedeutet umgekehrt, daß die Analyse von Geschäftsberichten wichtige Aufschlüsse über die Unternehmenstätigkeit ermöglicht. Im Gegensatz zu Befragungen, die i. d. R. nur die relative Bedeutung vorgegebener Ziele zueinander erfassen, ergibt eine Inhaltsanalyse Aufschluß darüber, wie differenziert die Artikulation des Unternehmenszielsystems erfolgt und welche Bedeutung ihm in seiner Gesamtheit zukommt.

Eine zunehmend breite Diskussion von Zielen in Geschäftsberichten wie sie hier identifiziert werden konnte dürfte inhaltsanalytische Auswertungen von Geschäftsberichten zukünftig ergiebiger machen. Gerade die Vielzahl der artikulierten Ziele in einem Geschäftsbericht wird es jedoch erschweren, Akzentuierungen innerhalb des einzelnen Zielsystems zu identifizieren. Ein größerer Erkenntnisgewinn stellt sich dann erst über die hier vorgenommenen Unternehmens- und Zeitvergleiche ein. Erst diese ermöglichen eine Einordnung der Aussagen des einzelnen Geschäftsberichts bzgl. thematischer Schwerpunkte, Veränderungen der Prioritäten und nichtthematisierter Ziele. Die Lektüre des qualitativen Teils von Geschäftsberichten ist somit im Interesse einer zukunftsorientierten Analyse von Unternehmen lohnenswert, bedarf aber - wie die übliche quantitative Analyse der Geschäftsberichte auch - eines Untersuchungskontextes, der über den eigentlichen Untersuchungsgegenstand hinausgeht.

In dem Maße, in dem eine größere Anzahl auch operational formulierter Ziele Eingang in die Geschäftsberichte finden wird, werden qualitative und quantitative Teile des Geschäftsberichts eine homogenere Einheit bilden, und die bisher isolierten sowie methodisch unterschiedlichen Analysen beider Teile durch die Wissenschaft werden einander besser ergänzen können. Es verbleibt der Appell an die Unternehmen, die stärkere Integration beider Teile zu betreiben. Dies wäre gleichzeitig eine Ausgangsbasis für die wirtschaftswissenschaftliche Forschung, Zusammenhänge zwischen qualitativen Aussagen und quantitativen Daten in den Geschäftsberichten öfter als bisher zu untersuchen. Daß die Verfolgung quantitativer finanzieller Zielgrößen durch Unternehmen zunehmend qualitative und nichtfinanzielle Vorsteuergrößen einbeziehen muß, wurde im Rahmen dieser Arbeit gleichermaßen durch die Rekapitulation theoretischer Zusammenhänge und durch die Ergebnisse der empirischen Untersuchung belegt.

Literaturverzeichnis:

Abegglen, James/Stalk, George (1986): Kaisha: Das Geheimnis des japanischen Erfolgs. Düsseldorf, Wien.

Abell, Derek (1980): Defining The Business: The Starting Point of Strategic Planning. Englewood Cliffs (New Jersey).

Adolfsson, Petra/Holmberg, Ulrika/Jönsson, Sten (1998): Short-Termism does not seem to effect Decisions in Swedish Industry on Research and Development - yet. In: Corporate governance, accountability, and pressures to perform, herausgegeben von Istemi Demirag. Stamford/Connecticut, S. 185-210.

Albach, Horst (1994): Wertewandel deutscher Manager. In: Werte und Unternehmensziele im Wandel der Zeit, herausgegeben von Horst Albach, Hans Merkle, Adolf-Friedrich Jacob, Horst Müller. Wiesbaden, S. 1-27.

Alchian, Armen/Demsetz, Harold (1972): Production, information costs, and economic organization. In: AER, Vol. 62, S. 777-795.

Allen, Christopher (1987): Germany: Competing Communitarianisms. In: Ideology and National Competitiveness. An Analysis of Nine Countries, herausgegeben von George Lodge und Ezra Vogel. Boston, S. 79-102.

Amado, Gilles/Faucheux, Claude/Laurent, André (1991): Organizational Change and Cultural Realities: Franco-American Contrasts. In: International Studies of Management and Organization, Vol. 21, No. 3, S. 62-95.

Ammon, Günther (1989): Der französische Wirtschaftsstil. München.

Amshoff, Bernhard (1993): Controlling in deutschen Unternehmungen. Wiesbaden.

Andrews, Kenneth (1987): The Concept of Corporate Strategy. 3. Auflage. Homewood (Illinois).

Ansoff, H. Igor (1987): Corporate Strategy. Revised edition. London.

Astley, W. Graham/Van den Van, Andrew (1983): Central Perspectives and Debates in Organization Theory. In: ASQ, Vol. 28, S. 245-273.

Backhaus, Klaus/Erichson, Bernd/Plinke, Wulff/Weiber, Rolf (1996): Multivariate Analysemethoden. 8. Auflage. Berlin et al.

Bamberger, Ingolf/Wrona, Thomas (1996): Der Ressourcenansatz und seine Bedeutung für die Strategische Unternehmensführung. In: ZfbF, 48. Jg., S. 130-153.

Barnard, Chester (1938): The Functions of the Executive. Cambridge (Massachusetts).

Barney, Jay (1991): Firm Resources and Sustained Competitive Advantage. In: Journal of Management, Vol. 17, No. 1, S. 99-120.

Barsoux, Jean-Louis/Lawrence, Peter (1992): Wie Frankreich seine Kader schmiedet. In: HM, 14. Jg., Heft 1, S. 30-37.

Bartels, Hans (1987): Zielsetzung und Rechtsform. In: WISU, 16. Jg., S. 239-241.

Bea, Franz Xaver (1982): Ziele, Strategien, Determinanten und Modelle des Unternehmenswachstums. In: WiSt, 11. Jg., S. 449-455.

Bedeian, Arthur/Zammuto, Raymond (1991): Organizations. Theory and Design. Chicago et al.

Beer, Stafford (1972): Brain of the Firm - The Managerial Cybernetics of Organization. London.

Bennigsen-Förder, Rudolf von (1988): Unternehmensführung in den 90er Jahren. In: Handbuch Strategische Führung, herausgegeben von Herbert Henzler. Wiesbaden, S. 35-46.

Bergmann, Alexander (1990): Nationale Kultur - Unternehmenskultur. In: Die Unternehmung, 44. Jg., S. 360-370.

Bergmann, Alexander (1993): Unternehmenskultur in der Schweiz. In: Information Nr. 94 der Internationalen Treuhand AG. Basel, S. 15-44.

Berthel, Jürgen (1973): Zielorientierte Unternehmungssteuerung. Stuttgart.

Bidlingmaier, Johannes (1964): Unternehmerziele und Unternehmerstrategien. Wiesbaden.

Bilkey, Warren (1973): Empirical Evidence Regarding Business Goals. In: Multiple Criteria Decision Making, herausgegeben von James Cochrane und Milan Zeleny. Columbia (South Carolina), S. 613-633.

Birnbacher, Dieter (1990): Der Utilitarismus und die Ökonomie. In: Sozialphilosophische Grundlagen ökonomischen Handelns, herausgegeben von Bernd Biervert, Klaus Held und Josef Wieland. Frankfurt am Main, S. 65-85.

Blake, Robert/Shepard, Herbert/Mouton, Jane (1964): Managing Intergroup Conflict in Industry. Houston (Texas).

Bleicher, Knut (1984): Auf dem Wege zu einer Kulturpolitik der Unternehmung. In: ZFO, 53. Jg., Heft 8, S. 494-500.

Bleicher, Knut (1991): Das Konzept integriertes Management. Frankfurt/Main, New York.

Bleicher, Knut (1994): Normatives Management: Politik, Verfassung und Philosophie des Unternehmens. Frankfurt/Main, New York.

Boulding, Kenneth (1956): General Systems Theory - The Skeleton Of Science. In: ASQ, Vol. 2, S. 197-208.

Bowman, Edward (1978): Strategy, Annual Reports and Alchemy. In: CMR, Volume 20, No. 3, S. 64-71.

Bowman, Edward (1984): Content Analysis of Annual Reports for Corporate Strategy and Risk. In: Interfaces, Vol. 14, January/February, S. 61-71.

Brabet, Julienne/Klemm, Mary (1994): Sharing the Vision: Company Mission Statements in Britain and France. In: LRP, Vol. 27, No. 1, S. 84-94.

Brealey, Richard/Myers, Stewart (1991): Principles of Corporate Finance. 4. Auflage. New York et al.

Breme, Kurt (1996): Die Unersättlichen. In: Die Woche, 4. Jg., Nr. 25 (14.06.), S. 1.

Brosius, Gerhard/Brosius, Felix (1995): SPSS. Base System und Professional Statistics. Bonn, Albany et al.

Brown, Paul/Soybel, Virginia/Stickney, Clyde (1994): Comparing U.S. and Japanese Corporate-level Operating Performance Using Financial Statement Data. In: SMJ, Vol. 15, No. 1, S. 75-83.

Budde, Andreas/Child, John/Francis, Arthur/Kieser, Alfred (1982): Corporate Goals, Managerial Objectives, and Organizational Structures in British and West German Companies. In: Organization Studies, Vol. 3, S. 1-32.

Bühner, Rolf (1988): Technologieorientierung als Wettbewerbsstrategie. In: ZfbF, 40. Jg., S. 387-406.

Bühner, Rolf (1990): Das Management-Wert-Konzept. Stuttgart.

Bühner, Rolf (1996): Kapitalmarktorientierte Unternehmenssteuerung. In: WiSt, 25. Jg., S. 392-396.

Bütow, Lutz (1980): Genesis und Inhalt der Unternehmungsziele als Gegenstand unternehmungstheoretischer Forschung. Berlin.

Burrell, Gibson/Morgan, Gareth (1979): Social Paradigms and Organisational Analysis. Elements of the Sociology of Corporate Life. London.

Buzzell, Robert/Gale, Bradley (1989): Das PIMS-Programm: Strategien und Unternehmenserfolg. Wiesbaden.

Calori, Roland (1994): The diversity of management systems. In: A European Management Model: beyond diversity, herausgegeben von Roland Calori und Philippe de Woot. Hertfordshire, S. 5-30.

Cameron, Kim (1986): Effectiveness As Paradox: Consensus And Conflict In Conceptions Of Organizational Effectiveness. In: Management Science, Vol. 32, S. 539-553.

Cameron, Kim/Whetten, David (1983): Organizational Effectiveness. A Comparison of Multiple Models. New York et al.

Campbell, John (1977): On the Nature of Organizational Effectiveness. In: New Perspectives on Organizational Effectiveness, herausgegeben von Paul Goodman, Johannes Pennings. San Francisco, Washington, London, S. 13-55.

Campbell, Andrew (1992): Brief Case: Why Do Companies Over-Diversify? In: LRP, Vol. 25, No. 5, S. 114-116.

Campbell, Andrew/Devine, Marion/Young, David (1992): Vision, Mission, Strategie. Die Energien des Unternehmens aktivieren. Frankfurt/New York.

Capon, Noel/ Farley, John/Hoenig, Scott (1990): Determinants Of Financial Performance: A Meta- Analysis. In: Management Science, Vol. 36, S. 1143-1159.

Chandler, Alfred (1990): Scale and Scope. The Dynamics of Industrial Capitalism. Cambridge (Massachusetts), London.

Chmielewicz, Klaus (1979): Forschungskonzeptionen der Wirtschaftswissenschaft. 2., überarbeitete und erweiterte Auflage. Stuttgart.

Choi, Frederick/ Mueller, Gerhard (1992): International Acccounting, 2. Auflage. Englewood Cliffs.

Chrisman, James/Carroll, Archie (1984): SMR Forum: Corporate Responsibility - Reconciling Economic and Social Goals. In: SMR, Vol. 25, No. 2 (Winter), S. 59-65.

Chrubasik, Bodo/Zimmermann, Hans-Jürgen (1987): Evaluierung der Modelle zur Bestimmung strategischer Schlüsselfaktoren. In: DBW, 47. Jg., S. 426-450.

Cohen, Michael/March, James/Olsen, Johan (1972): A Garbage Can Model of Organizational Choice. In: ASQ, Vol 17, S. 1-25.

Connolly, Terry/Conlon, Edward/Deutsch, Stuart (1980): Organizational Effectiveness: A Multiple-Constituency Approach. In: AMR, Vol. 5, S. 211-217.

Cunningham, J. Barton (1977): Approaches to the Evaluation of Organizational Effectiveness. In: AMR, Vol. 2, S. 463-474.

Cyert, Richard/March, James (1963): A Behavioral Theory Of The Firm. Englewood Cliffs (New Jersey).

Czarniawska-Joerges, Barbara (1993): Sweden - A Modern Project, a Postmodern Implementation. In: Management in western Europe: society, culture and organization in twelve nations, herausgegeben von David Hickson. Berlin, New York, S. 229-247.

Czeranowsky, G./Strutz, H. (1970): Ergebnisse einer empirischen Untersuchung über Unternehmensziele. In: Schriften zur Unternehmensführung, Band 11: Zielprogramm und Entwicklungsprozess in der Unternehmung, herausgegeben von Herbert Jacob. Wiesbaden, S. 121-124.

Davidow, William/Malone, Michael (1993): Das virtuelle Unternehmen. Der Kunde als Co-Produzent. Frankfurt, New York.

Deal, Terrence/Kennedy, Allan (1987): Unternehmenserfolg durch Unternehmenskultur. Bonn-Bad Godesberg.

Deges, Frank (1993): Die Beschäftigung mit den Unternehmerzielen in der Literatur der alten und neuen Betriebswirtschaftslehre bis 1966. Schriften zur Geschichte der Betriebswirtschaftslehre. Köln.

Demirag, Istemi (1998a): Short Termism, Financial Systems and Corporate Governance - A Theoretical Framework. In: Corporate governance, accountability, and pressures to perform, herausgegeben von Istemi Demirag. Stamford/Connecticut, S. 7-24.

Demirag, Istemi (1998b, Herausgeber): Corporate governance, accountability, and pressures to perform. Stamford/Connecticut.

Demirag, Istemi (1998c): Financial Markets, Corporate Governance, and Short-Term Pressures in the United Kingdom. In: Corporate governance, accountability, and pressures to perform, herausgegeben von Istemi Demirag. Stamford/Connecticut, S. 57-91.

Demirag, Istemi/Tylecote, Andrew (1998): Emerging Trends and Clusters: An Exploration of the influencing Factors. In: Corporate governance, accountability, and pressures to perform, herausgegeben von Istemi Demirag. Stamford/Connecticut, S 363-378

Denison, Daniel (1990): Corporate Culture and Organizational Effectiveness. New York.

Dent, James (1959): Organizatioal Correlates of the Goals of Business Managements. In: Personnel Psychology, Vol. 12, S. 365-393.

Dietel, Bernhard (1987): Unternehmenskultur: eine Herausforderung für die Theorie der Unternehmung? In: Unternehmenskultur. Perspektiven für Wissenschaft und Praxis, herausgegeben von Edmund Heinen. München, Wien, S. 211-237.

Dill, Peter/Hügler, Gert (1987): Unternehmenskultur und Führung betriebswirtschaftlicher Organisationen - Ansatzpunkte für ein kulturbewußtes Management. In: Unternehmenskultur. Perspektiven für Wissenschaft und Praxis, herausgegeben von Edmund Heinen. München, Wien, S. 141-209.

Dinkelbach, Werner (1978): Ziele, Zielvariablen und Zielfunktionen. In: DBW, 38. Jhg., S. 51-58.

Dlugos, Günter (1981): The Relationship Between Changing Value Systems, Conflicts, and Conflict-Handling in the Enterprise Sector. In: Management Under Differing Value Systems, herausgegeben von Günter Dlugos, Klaus Weiermair in Zusammenarbeit mit Wolfgang Dorow. Berlin, New York, S. 651-676.

Donaldson, Gordon (1984): Managing corporate wealth. New York.

Dorow, Wolfgang (1982): Unternehmungspolitik. Stuttgart, Berlin, Köln, Mainz.

Duden (1996), Band 1. Rechtschreibung der deutschen Sprache. 21., völlig neu bearbeitete und erweiterte Auflage. Mannheim, Leipzig, Wien, Zürich.

Duden (1997), Band 5. Fremdwörterbuch. 6., überarbeitete und erweiterte Auflage. Mannheim, Leipzig, Wien, Zürich.

Duhnkrack, Thomas (1984): Zielbildung und Strategisches Zielsystem der Internationalen Unternehmung. Schriftenreihe des Seminars für Allgemeine Betriebswirtschaftslehre der Universität Hamburg. Göttingen.

Dyllick, Thomas (1989): Management der Umweltbeziehungen. Wiesbaden.

Easton, David (1965): A systems analysis of political life. New York, London, Sydney.

Ebers, Mark/Gotsch, Wilfried (1993): Institutionenökonomische Theorien der Organisation. In: Organisationstheorien, herausgegeben von Alfred Kieser. Stuttgart, Köln, S. 193-242.

Eicker, Annette (1996): Unternehmens-Value muß Manager-Value sein. In: Handelsblatt, 51. Jg., 20./21.12.1996, S. K1.

Elschen, Rainer (1991a): Gegenstand und Anwendungsmöglichkeiten der Agency-Theorie. In ZfbF, 43. Jg., S. 1002-1011.

Elschen, Rainer (1991b): Shareholder Value und Agency-Theory - Anreiz- und Kontrollsysteme für Zielsetzungen der Anteilseigner. In: BFuP, 43. Jg., S. 209-220.

Emans, Hartmut (1988): Konzepte zur strategischen Planung. In: Handbuch Strategische Führung, herausgegeben von Herbert Henzler. Wiesbaden, S. 109-131.

Emerson, Richard (1962): Power-Dependence Relations. In: ASR, Vol. 27, S. 31-41.

Etzioni, Amitai (1961): Two Approaches to Organizational Analysis: A Critique and a Suggestion. In: ASQ, Vol. 5, S. 257-278.

Etzioni, Amitai (1967): Soziologie der Organisationen. München.

Fayol, Henri (1916): Administration industrielle et générale. Paris.

Fischer, Thomas (1993): Kostenmanagement strategischer Erfolgsfaktoren. Instrumente zur operativen Steuerung der strategischen Schlüsselfaktoren Qualität, Flexibilität und Schnelligkeit. München.

Fog, B. (1960): Industrial Pricing Policies - An Analysis of Pricing Policies of Danish Manufacturers. Amsterdam.

Forrester, Jay (1971): Planung unter dem Einfluß komplexer sozialer Systeme. In: Politische Planung in Theorie und Praxis, herausgegeben von Volker Ronge und Günter Schmieg. München, S. 81-90.

Frederick, William/Davis, Keith/Post, James (1988): Business and Society. 6. Auflage. New York.

Freeman, R. Edward (1984): Strategic Management. A Stakeholder Approach. Boston.

Freeman, R. Edward/Gilbert, Daniel: Unternehmensstrategie, Ethik und persönliche Verantwortung. Frankfurt.

Friedlander, Frank/Pickle, Hal (1968): Components of Effectiveness in Small Organizations. In: ASQ, Vol. 13, S. 289-304.

Friedman, Milton (1984): Kapitalismus und Freiheit. Frankfurt, Berlin, Wien.

Friedrichs, Jürgen (1980): Methoden empirischer Sozialforschung. Opladen.

Fritz, Wolfgang (1986): Die Untersuchung unternehmerischer Zielsysteme mit Verfahren der Faktoren- und Kausalanalyse. In: Operations Research Proceedings 1985. Berlin, Heidelberg, S. 358-365.

Fritz, Wolfgang (1995): Umweltschutz und Unternehmenserfolg. In: DBW, 55. Jg., S. 347-357.

Fritz, Wolfgang/Förster, Friedrich/Raffée, Hans/Silberer, Günter (1985): Unternehmensziele in Industrie und Handel. In: DBW, 45. Jg., S. 375-404.

Fritz, Wolfgang/Förster, Friedrich/Wiedmann, Klaus-Peter/Raffée Hans (1988): Unternehmensziele und strategische Unternehmensführung. In: DBW, 48. Jg., S. 567-586.

Früh, Werner (1989): Inhaltsanalyse. 2. Auflage, München.

Fühlau, Ingunde (1978): Untersucht die Inhaltsanalyse eigentlich Inhalte? Inhaltsanalyse und Bedeutung. In: Publizistik, 23. Jg., S. 7-18.

Gabele, Eduard (1989): Die Rolle der Werthaltungen von Führungskräften mittelständischer Unternehmen bei der Erringung strategischer Wettbewerbsvorteile. In: DBW, 49. Jg., S. 623-637.

Gabele, Eduard (1993): Unternehmenskultur. In: Ergebnisse empirischer betriebswirtschaftlicher Forschung: Zu einer Realtheorie der Unternehmung, herausgegeben von Jürgen Hauschildt und Oskar Grün. Stuttgart, S. 115-134.

Gabele, Eduard/Kretschmer, Helmut (1986): Unternehmensgrundsätze. Zürich.

Gälweiler, Aloys (1981): Strategische Unternehmensplanung. In: Planung und Kontrolle, herausgegeben von Horst Steinmann. München, S. 84-101.

Gälweiler, Aloys (1986): Unternehmensplanung. Grundlagen und Praxis. Frankfurt/Main, New York.

Gälweiler, Aloys (1987): Strategische Unternehmensführung. Zusammengestellt, bearbeitet und ergänzt von Markus Schwaninger. Frankfurt/Main, New York.

Galbraith, John (1968): Die moderne Industriegesellschaft. München.

Georgiou, Petro (1973): The Goal Paradigm and Notes Towards a Counter Paradigm. In: ASQ, Vol. 18, S. 291-310.

Gerum, Elmar (1998): Corporate Governance in Europa: Konvergenz trotz Varianz. In: Auf dem Weg zur europäischen Unternehmensführung, herausgegeben von Roland Berger und Ulrich Steger. München, S. 87-101.

Gladwin, T. (1984): Strategic Management Across Cultures: Some American, European and Japanese Comparisons. Unpublished Manuscript. New York.

Glasersfeld, Ernst von (1981): Einführung in den radikalen Konstruktivismus. In: Die erfundene Wirklichkeit. Wie wissen wir, was wir zu wissen glauben?, herausgegeben von Paul Watzlawick. München, S. 16-38.

Gomez, Peter (1993): Wertmanagement. Vernetzte Strategien für Unternehmen im Wandel. Düsseldorf, Wien, New York, Moskau.

Goodman, Paul/Atkin, Robert/Schoorman, F. David (1983): On the Demise of Organizational Effectiveness Studies. In: Organizational Effectiveness. A Comparison of Multiple Models, herausgegeben von Kim Cameron und David Whetten. New York et al., S. 163-183.

Gouldner, Alvin (1959): Organizational Analysis. In: Sociology Today. New York, S. 400-428.

Gräfer, Horst/Demming, Claudia (1994, Herausgeber): Internationale Rechnungslegung. Stuttgart.

Gray, Sidney (1988): Towards a Theory of Cultural Influence on the Development of Accounting Systems Internationally. In: ABACUS, Vol. 24, No. 1, S. 1-15.

Gray, Sidney/Campbell, Leslie G./Shaw, John: (1984): International Financal Reporting. Southampton.

Gross, Edward (1969): The definition of organizational goals. In: British Journal of Sociology, Vol. 20, S. 277-294.

Gussmann, Bernd/Breit, Claus (1987): Ansatzpunkte für eine Theorie der Unternehmenskultur. In: Unternehmenskultur. Perspektiven für Wissenschaft und Praxis, herausgegeben von Edmund Heinen. München, Wien, S. 141-209.

Gutenberg, Erich (1951): Grundlagen der Betriebswirtschaftslehre, 1. Band: Die Produktion. Berlin et al.

Gutenberg, Erich (1959): Untersuchungen über die Investitionsentscheidungen industrieller Unternehmen. Köln und Opladen.

Haar, Jerry (1989): A Comparative Analysis of the Profitability Performance of the Largest U.S., European and Japanese Multinational Enterprises. In: MIR, Vol. 29, No. 3, S. 5-18.

Härle, Markus (1992): Soziokulturelle Wandel und Unternehmungsführung: Wege und Ansätze zur kulturbewußter Führung. München.

Hahn, Dietger (1990a): Strategische Unternehmungsführung - Grundkonzept. In: Strategische Unternehmungsplanung. Strategische Unternehmungsführung. 5., neu bearbeitete und erweiterte Auflage, herausgegeben von Dietger Hahn und Bernard Taylor. Heidelberg, S. 31-51.

Hahn, Dietger (1990b): Zweck und Entwicklung der Portfolio-Konzepte in der strategischen Unternehmungsplanung. In: Strategische Unternehmungsplanung. Strategische Unternehmungsführung. 5., neu bearbeitete und erweiterte Auflage, herausgegeben von Dietger Hahn und Bernard Taylor. Heidelberg, S. 221-253.

Hahn, Dietger (1994a): Unternehmungsziele im Wandel. In: Unternehmerischer Wandel. Konzepte zur organisatorischen Erneuerung, herausgegeben von Peter Gomez, Dietger Hahn, Günter Müller-Stewens, Rolf Wunderer. Knut Bleicher zum 65. Geburtstag. Wiesbaden, S. 59-83.

Hahn, Dietger (1994b): PuK. Planung und Kontrolle. Controllingkonzepte. 4., vollständig überarbeitete und erweiterte Auflage. Wiesbaden.

Hamel, Gary/Prahalad, C. K.. (1995): Wettlauf um die Zukunft. Wien.

Hamel, Winfried (1992): Zielsysteme. In: Handwörterbuch der Organisation, 3. Auflage, herausgegeben von Erich Frese. Stuttgart. Sp. 2634-2652.

Hampden-Turner, Charles/Trompenaars, Alfons (1993): The Seven Cultures of Capitalism. New York.

Harbison, Frederick/Myers, Charles (1959): Management in the industrial world. New York, Toronto, London.

Harrmann, Alfred (1979): Führung und Durchsetzung von Zielen in der Unternehmung. In: Der Betrieb, 32. Jg., S. 949-954.

Hartung, Joachim/Elpelt, Bärbel/Klösener, Karl-Heinz (1995): Statistik. 10. Auflage. München.

Hasselberg, Frank (1991): Strategische Kontrolle von Gesamtunternehmensstrategien. In: Die Unternehmung, 45. Jg., S. 16-31.

Hatten, Kenneth/Hatten, Mary Louise (1988): Effective Strategic Management. Analysis and Action. Englewood Cliffs (New Jersey).

Hauschildt, Jürgen (1970): Zur Artikulation von Unternehmenszielen. In: ZfbF, 22. Jahrgang, S. 545-559.

Hauschildt, Jürgen (1977): Entscheidungsziele. Zielbildung in innovativen Entscheidungsprozessen: theoretische Ansätze und empirische Prüfung. Tübingen.

Hauschildt, Jürgen (1980): Zielsysteme. In: Handwörterbuch der Organisation, 2. Auflage, herausgegeben von Erwin Grochla. Stuttgart. Sp. 2419-2430.

Hauschildt, Jürgen (1985): Stabilität in der Zielkonzeption der Unternehmung? In: Schriften des Vereins für Socialpolitik, Band 85/I. Stabilisierungspolitik in der Marktwirtschaft, herausgegeben von Hans K. Schneider, Waldemar Wittmann und Hans Würger, S. 277-297.

Hauschildt, Jürgen (1993): Innovationsmanagement. München.

Hauschildt, Jürgen/Hamel, Winfried (1978): Empirische Forschung zur Zielbildung in Organisationen - auf dem Wege in eine methodische Sackgasse? In: Hamburger Jahrbuch für Wirtschafts- und Gesellschaftspolitik, 23. Jahrgang. Tübingen, S. 237-250.

Hax, Herbert (1995): Unternehmensethik - fragwürdiges Ordnungselement in der Marktwirtschaft. In: ZfbF, 47. Jg., S. 180-181.

Hax, Arnoldo/Majluf, Nicolas (1991): Strategisches Management. Frankfurt, New York.

Heinen, Edmund (1976): Grundlagen betriebswirtschaftlicher Entscheidungen. Das Zielsystem der Unternehmung. 3., durchgesehene Auflage. Wiesbaden.

Heinen, Edmund (1982): Ziele und Zielsysteme in der Unternehmung. In: Handwörterbuch der Wirtschaftswissenschaften. Stuttgart, Tübingen, Göttingen, S. 616-623.

Heinen, Edmund (1985): Wandlungen und Strömungen in der Betriebswirtschaftslehre. In: Integriertes Management, herausgegeben von Gilbert Probst und Hans Siegwart. Bern, Stuttgart, S. 37-63.

Heinen, Edmund (1987): Unternehmenskultur als Gegenstand der Betriebswirtschaftslehre. In: Unternehmenskultur. Perspektiven für Wissenschaft und Praxis, herausgegeben von Edmund Heinen. München, Wien, S. 1-48.

Heßhaus, Werner (1977): Unternehmungsführung und Unternehmensziele. Wiesbaden.

Hill, Wilhelm/Fehlbaum, Raymond/Ulrich, Peter (1994): Organisationslehre. Band 1. 5., überarbeitete Auflage. Bern, Stuttgart, Wien.

Hillmann, Karl-Heinz (1988): Allgemeine Wirtschaftssoziologie. München.

Hinterhuber, Hans (1992a): Strategische Unternehmungsführung. Band 1: Strategisches Denken. 5. Auflage. Berlin, New York.

Hinterhuber, Hans (1992b): Strategische Unternehmungsführung. Band 2: Strategisches Handeln. 5. Auflage. Berlin, New York.

Hite, Robert/Bellizzi, Joseph/Fraser, Cynthia (1988): A Content Analysis of Ethical Policy Statements Regarding Marketing Activities. In: JoBE, Vol. 7, S. 771-776.

Hoffmann, Friedrich (1980): Führungsorganisation, Band 1. Tübingen 1980.

Hoffmann, Friedrich (1986): Kritische Erfolgsfaktoren - Erfahrungen in großen und mittelständischen Unternehmungen. In: ZfbF, 38. Jg., S. 831-843.

Hoffmann, Friedrich (1987): Unternehmenskultur in Amerika und Deutschland. In: HM, 9. Jg., Heft 1, S. 91-97.

Hoffmann, Friedrich/Rebstock, Wolfgang (1989): Unternehmungsethik. Eine Herausforderung an die Unternehmung. In: ZfB, 59. Jg., S. 67-87.

Hofstede, Geert (1980): Culture's Consequences: International Differences in Work-Related Values. Beverly Hills (California).

Hofstede, Geert (1991): Cultures and organizations: software of the mind. London.

Homann, Karl (1980): Die Interdependenz von Zielen und Mitteln. Tübingen.

Homann, Karl (1991): Der Sinn der Unternehmensethik in der Marktwirtschaft. In: Die soziale Dimension der Unternehmung, herausgegeben von Hans Corsten, Leo Schuster, Bernd Stauss. Berlin, S. 97-118

Homann, Karl/Blome-Drees, Franz (1992): Wirtschafts- und Unternehmensethik. Göttingen.

Hopfenbeck, Waldemar (1997): Allgemeine Betriebswirtschafts- und Managementlehre. 11. Auflage. Landsberg am Lech.

Horovitz, Jacques Henri (1980): Top Management Control in Europe. London.

Huber, Michael (1985): Die betriebspädagogische Bedeutung von Betriebsphilosophien. München.

Huber, Michael (1987): Demokratische Orientierung in Unternehmensphilosophien - Ergebnisse einer quantitativen und qualitativen Inhaltsanalyse. In: BFuP, 39. Jahrgang, S. 460-472.

Isenberg, Daniel (1987): The tactics of strategic opportunism. In: HBR, Vol. 65, March-April, S. 92-97.

Jackson, John/Morgan, Cyril/Paolillo, Joseph (1986): Organization Theory: A Macro Perspective For Management, 3. Edition. Englewood Cliffs.

Jaensch, Günter (1989): Unternehmensführung in den USA aus deutscher Sicht. In: DBW, 49. Jg., S. 275-286.

Janisch, Monika (1992): Das strategische Anspruchsgruppenmanagement. Dissertation der Hochschule Sankt Gallen.

Jauch, Lawrence/Glueck, William (1988): Business policy and and strategic management. 5. Auflage. New York et al.

Jensen, Michael/Meckling, William (1976): Theory Of The Firm: Managerial Behavior, Agency Costs And Ownership Structure. In: Journal of Financial Econmics, Vol. 3, S. 305-360.

Juran, Joseph (1988): Juran on Planning for Quality. New York.

Kaluza, Bernd (1979): Entscheidungsprozesse und empirische Zielforschung in Versicherungsunternehmen. Karlsruhe.

Kaplan, Abraham/Dirlam, Joel/Lanzilotti, Robert (1958): Pricing in Big Business - A Case Approach. 2. Auflage, Washington (D.C.).

Kaplan, Robert/Norton, David (1997): Balanced Scorecard: Strategien erfolgreich umsetzen. Stuttgart.

Kasper, Helmut (1987): Organisationskultur: über den Stand der Forschung. Wien.

Katona, George/Morgan, James (1952): The Quantitative Study of Factors Determining Business Decisions. In: The Quarterly Journal of Economics, Vol. 66, S. 67-90.

Katz, Daniel/Kahn, Robert (1978): The Social Psychology Of Organizations. 2. Edition. New York.

Keeley, Michael (1978): A Social-Justice Approach to Organizational Evaluation. In: ASQ, Vol. 23, S. 272-292.

Keller, Eugen von (1982): Management in fremden Kulturen. Ziele, Ergebnisse und methodische Probleme der kulturvergleichenden Managementforschung. Bern, Stuttgart.

Keller, Eugen von (1989): Comparative Management. In: Handwörterbuch Export und Internationale Unternehmung, herausgegeben von Klaus Macharzina und Martin Welge. Stuttgart. Sp. 231-241.

Kennedy, John (1998): Short-Termism in France - A Dual Approach. In: Corporate governance, accountability, and pressures to perform, herausgegeben von Istemi Demirag. Stamford/Connecticut, S. 235-268.

Kieser, Alfred (1993a): Anleitung zum kritischen Umgang mit Organisationstheorien. In: Organisationstheorien, herausgegeben von Alfred Kieser. Stuttgart, Berlin, Köln, S. 1-35.

Kieser, Alfred (1993b, Herausgeber): Organisationstheorien. Stuttgart, Berlin, Köln.

Kieser, Alfred (1993c): Evolutionstheoretische Ansätze. In: Organisationstheorien, herausgegeben von Alfred Kieser. Stuttgart, Berlin, Köln, S. 243-276.

Kieser, Alfred/Kubicek, Herbert (1992): Organisation. 3. Auflage. Berlin.

Kirsch, Werner (1968): Gewinn und Rentabilität. Wiesbaden.

Kirsch, Werner (1977): Einführung in die Theorie der Entscheidungsprozesse. Zweite, durchgesehene und ergänzte Auflage der Bände I bis III als Gesamtausgabe. Band III: Entscheidungen in Organisationen. Wiesbaden.

Kirsch, Werner (1990): Unternehmenspolitik und strategische Unternehmensführung. München.

Klein-Blenkers, Fritz (1972): Unternehmerziele im Facheinzelhandel. In: Mitteilungen des Instituts für Handelsforschung an der Universität zu Köln, 24. Jg., S. 69-75 und S. 81-83.

Kloock, Josef/Coenen, Markus (1996): Cash-Flow-Return on Investment als Rentabilitätskennzahl aus externer Sicht. In: WISU, 25. Jg., S. 1101-1107.

Kluckhohn, Florence/Strodtbeck, Fred (1961): Variations in value orientations. New York.

Köhler, Andreas/Rotter, Norbert (1994): Britische Rechnungslegung. In: Internationale Rechnungslegung, herausgegeben von Horst Gräfer und Claudia Demming. Stuttgart, S. 371-444.

Koch, Helmut (1981): Die Entscheidungskriterien in der hierarchischen Unternehmensplanung. In: ZfbF, 33. Jg., S. 1-21.

Kosiol, Erich (1972): Die Unternehmung als wirtschaftliches Aktionszentrum. Reinbek bei Hamburg.

Kreder, Martina/Zeller, Maria (1988): Control in German and U.S. Companies. In: MIR, Vol 28, No. 3, S. 58-66.

Kreikebaum, Hartmut (1989): Strategische Unternehmensplanung. Stuttgart, Berlin, Köln.

Krieger, Joel (1987): The United Kingdom: Symbiosis or Division. In: Ideology and National Competitiveness. An Analysis of Nine Countries, herausgegeben von George Lodge und Ezra Vogel. Boston, S. 29-53.

Kroeber, Alfred Louis/Kluckhohn, Clyde (1952): Culture: a critical review of concepts and definitions. Cambridge (Massachusetts).

Krüger, Wilfried (1989): Hier irrten Peters und Waterman. In: HM, 11. Jg., Heft 1, S. 13-18.

Kubicek, Herbert (1981): Unternehmungsziele, Zielkonflikte und Zielbildungsprozesse. In: WiSt, 10. Jg., S. 458-466.

Küting, Karlheinz/Hütten, Christoph (1996): Der Geschäftsbericht als Publizitätsinstrument. In: BB, 51. Jg., S. 2671-2679.

Küting, Karlheinz/Weber, Claus-Peter (1993): Die Bilanzanalyse. Stuttgart.

Kupsch, Peter (1979): Unternehmungsziele. Stuttgart, New York.

Lambsdorff, Otto Graf (1997): Die menschliche Ordnung. In: Wirtschaftswoche, 51. Jg., Nr. 26 (19.06.), S. 30-34.

Laurent, André (1983): The Cultural Diversity Of Western Conceptions Of Management. In: International Sudies of Management & Organization, Vol. 13, No. 1-2, S. 75-96.

Lawrence, Paul/Lorsch, Jay (1967): Differentiation and Integration in Complex Organizations. In: ASQ, Vol. 12, S. 1-47.

Lay, Rupert (1996): „Egoistische Räuber". In: Die Woche, 4. Jg., Nr. 25 (14.06.), S. 15.

Leidecker, Joel/Bruno, Albert (1984): Identifying and Using Critical Success Factors. In: LRP, Vol. 17, S. 23-32.

Lewald, Günter (1996): Der Geschäftsbericht als Kommunikationsmedium. In: Der Markenartikel, 58. Jg., S. 420-428.

Lindblom, Charles (1959): The Science of „Muddling Through". In: Public Administration Review, Vol. 19, No. 2 (Spring), S. 79-88.

Lücke, Wolfgang (1984): Liquidität, Liquidierbarkeit und Tilgbarkeit. In: Der Betrieb, 37. Jg., S. 2361-2365 und 2420-2423.

Luhmann, Niklas (1968): Zweckbegriff und Systemrationalität. Über die Funktion von Zwecken in sozialen Systemen. Tübingen.

Luhmann, Niklas (1986): Ökologische Kommunikation. Opladen.

Luhmann, Niklas (1988): Die Wirtschaft der Gesellschaft. Frankfurt am Main.

Lundberg, Erik (1985): The Rise and Fall of the Swedish Model. In: Journal of Economic Literature, Vol. 23, March, S. 1-35.

Maccoby, Michael, Hrsg. (1991): Sweden at the Edge. Lessons for American and Swedish Managers. Philadelphia.

Macharzina, Klaus (1995): Unternehmensführung. Das internationale Managementwissen. 2., aktualisierte und erweiterte Auflage. Wiesbaden.

Macharzina, Klaus/Oesterle, Michael-Jörg/Wolf, Joachim (1998): Europäische Managementstile - Eine kulturorientierte Analyse. In: Auf dem Weg zur europäischen Unternehmensführung, herausgegeben von Roland Berger und Ulrich Steger. München, S. 137-164.

Machlup, Fritz (1967): Theories Of The Firm: Marginalist, Behavioral, Managerial. In: AER, Vol. 57, March, S. 1-33.

MacMillan, Ian (1978): Strategy Formulation: Political Concepts. St. Paul, New York, Los Angeles, San Francisco.

Malik, Fredmund (1984): Strategie des Managements komplexer Systeme. Ein Beitrag zur Management-Kybernetik evolutionärer Systeme. Bern, Stuttgart.

Maslow, Abraham (1981): Motivation und Persönlichkeit. Reinbek bei Hamburg.

Massenberg, Jost (1986): Strategie und Entwicklung deutscher Grossunternehmen: computerunterstützte Inhaltsanalyse der Hauptversammlungsansprachen der Unternehmensführung 1966-1983. Frankfurt am Main, Bern, New York.

Maul, Christian (1993): Der Beitrag der Systemtheorie zum strategischen Führungsverhalten in komplexen Situationen. In: ZfB, 63. Jg., S. 715-740.

Mayntz, Renate (1963): Soziologie der Organisation. Reinbek bei Hamburg.

Mayo, Elton (1945): The Social Problems of an Industrial Civilization. Boston.

Mayring, Philipp (1990): Qualitative Inhaltsanalyse. 2., durchgesehene Auflage. Weinheim.

McCormick, Janice (1987): France: Ideological Divisions and the Global Reality. In: Ideology and National Competitiveness. An Analysis of Nine Countries, herausgegeben von George Lodge und Ezra Vogel. Boston, S. 55-78.

Mead, Richard (1994): International management: cross cultural dimensions. Cambridge, Massachusetts.

Meffert, Heribert (1985): Größere Flexibilität als Unternehmungskonzept. In: ZfbF, 37. Jg., S. 121-137.

Meffert, Heribert/Kirchgeorg, Manfred (1989): Umweltschutz als Unternehmensziel. Arbeitspapier Nr. 50 der Wissenschaftlichen Gesellschaft für Marketing und Unternehmensführung e.V. Münster.

Meffert, Heribert/Kirchgeorg, Manfred (1993): Marktorientiertes Umweltmanagement. Grundlagen und Fallstudien. 2., überarbeitete und erweiterte Auflage. Stuttgart.

Mendelow, Aubrey (1983): Setting Corporate goals and Measuring Organizational Effectiveness - A Practical Approach. In: LRP, Vol. 16, No. 1, S. 70-76.

Meuser, Thomas (1994): Der Umweltschutz im Zielsystem von Unternehmen. In: ZfP, 5. Jg., Heft 5, S. 49-62.

Meyer, Claus (1997): Geschäftsbericht. Ein Leitfaden für Aufstellung, Gestaltung und Offenlegung. 2., vollständig neubearbeitete Auflage. Stuttgart.

Miles, Robert (1980): Macro Organizational Behavior. Santa Monica (California).

Mintzberg, Henry (1983): Power in and around organizations. Englewood Cliffs.

Mintzberg, Henry (1990): Strategy Formation: Schools of Thought. In: Perspectives on Strategic Management, herausgegeben von James Frederickson. Grand Rapids et al., S. 105-235.

Mohr, Lawrence (1973): The Concept of Organizational Goal. In: American Political Science Review, Vol. 67, S. 470-481.

Mole, John (1990): Mind Your Manners. Culture Clash in the European Single Market. London.

Montanari, John/Morgan, Cyril/Bracker, Jeffrey (1990): Strategic Management. A Choice Approach. Chicago et al.

Morgan, Gareth (1986): Images of Organization. Beverly Hills (California).

Nath, Raghu, Hrsg. (1988): Comparative Management. A Regional View. Cambridge (Massachusetts).

Negandhi, Anant (1979): Quest for Survival and Growth. New York, London, Sydney, Toronto.

Nobes, Christopher/Parker, Robert, Hrsg. (1991): Comparative International Accounting. 3. Edition. New York, London, Toronto, Sydney, Tokyo, Singapore.

Nordmann, Alfred (1974): Zielsetzungen der Schweizerischen Maschinenindustrie. Eine empirische Erhebung. Bern.

Ohmae, Kenichi (1985): Macht der Triade. Die neue Form weltweiten Wettbewerbs. Wiesbaden.

Ohmae, Kenichi (1986): Japanische Strategien. Hamburg.

Oldham, K. Michael (1987): Accounting Systems and Practice in Europe. 3. Edition. Aldershot, England.

o. V. (1990): Dieses ethische und soziale Gesäusel. In: Manager Magazin, 20. Jg., Nr. 4 (April), S. 36-37.

o. V. (1991): Die Euro-Champions. In: Manager Magazin, 21. Jg., Nr. 12 (Dezember), S. 54-93.

o. V. (1995): Korrekte Kunden kauen Katjes. In: Der Spiegel, 49. Jg., Nr. 22 (29.05.), S. 118-121.

o. V. (1997a): „Wer nicht spurt, wird verkauft." In: Der Spiegel, 51. Jg., Nr. 34 (18.08.), S. 91-93.

o. V. (1997b): Horror und Erfolg. In: Der Spiegel, 51. Jg., Nr. 12 (17.03.), S. 92-103.

o. V. (1999): Das Euro-Ranking. In: Manager Magazin, 29. Jg., Nr. 2 (Februar), S. 134-137.

Pantalone, Coleen/Welch, Jonathon (1986): The usefulness of public information about corporate goals. In: Quarterly Journal of Business and Economics, Vol. 25, S. 29-40.

Parsons, Talcott (1961):Theories Of Society. Foundations of Modern Sociology. London.

Pennings, Johannes/Goodman, Paul (1977): Toward a Workable Framework. In: New Perspectives on Organizational Effectiveness, herausgegeben von Paul Goodman und Johannes Pennings. San Francisco, Washington, London, S. 146-184.

Perridon, Louis/Steiner, Manfred (1995): Finanzwirtschaft der Unternehmung. 8., überarbeitete Auflage. München.

Perrow, Charles (1961): The Analysis Of Goals In Complex Organizations. In: ASR, Vol. 26, S. 854-866.

Peters, Thomas/Waterman, Robert (1990): Auf der Suche nach Spitzenleistungen: was man von den bestgeführten US-Unternehmen lernen kann. 2. Auflage. München.

Pfeffer, Jeffrey/Salancik, Gerald (1978): The external control of organizations. A resource dependence perspective. New York, Hagerstown, San Francisco, London.

Pfeiffer, Werner/Dögl, Rudolf (1990): Das Technologie-Portfolio-Konzept zur Beherrschung der Schnittstelle Technik und Unternehmensstrategie. In: Strategische Unternehmungsplanung. Strategische Unternehmungsführung. 5., neu bearbeitete und erweiterte Auflage, herausgegeben von Dietger Hahn und Bernard Taylor. Heidelberg, S. 254-282.

Picot, Arnold (1991): Ein neuer Ansatz zur Gestaltung der Leistungstiefe. In: ZfbF, 43. Jg., S. 336-357.

Picot, Arnold/Lange, Bernd (1979): Synoptische versus inkrementale Gestaltung des strategischen Planungsprozesses - Theoretische Grundlagen und Ergebnisse einer Laborstudie. In: ZfbF, 31. Jg., S. 569-596.

Pieper, Annemarie (1991): Einführung in die Ethik. Tübingen.

Pies, Ingo/Blome-Drees, Franz (1993): Was leistet die Unternehmensethik? In: ZfbF, 45. Jg., S. 748-779.

Pies, Ingo/Blome-Drees, Franz (1995): Zur Theoriekonkurrenz unternehmensethischer Konzepte. In: ZfbF, 47. Jg., S. 175-179.

Poggi, Gianfranco (1965): A Main Theme Of Contemporary Sociological Analysis: Its Achievements And Limitations. In: British Journal of Sociology, Vol. 16, S. 283-294.

Pooten, Holger (1994): Deutsche Rechnungslegung. In: Internationale Rechnungslegung, herausgegeben von Horst Gräfer und Claudia Demming. Stuttgart, S. 307-370.

Porter, Michael (1983): Wettbewerbsstrategie. Methoden zur Analyse von Branchen und Konkurrenten. Frankfurt.

Porter, Michael (1986): Wettbewerbsvorteile. Spitzenleistungen erreichen und behaupten. Frankfurt.

Porter, Michael (1987): Diversifikation - Konerne ohne Konzept. In: HM, 9. Jg., Heft 4, S. 31-49.

Porter, Michael (1991): Nationale Wettbewerbsvorteile. Erfolgreich konkurrieren auf dem Weltmarkt. München 1991.

Prahalad, C. K./Hamel, Gary (1990): The Core Competence of the Organization. In: HBR, Vol. 68, May-June, S. 79-91.

Press, Gil (1990): Assessing Competitors' Business Philosophies. In: LRP, Vol. 23, Nr. 5, S. 71-75.

Pümpin, Cuno (1982): Management strategischer Erfolgspositionen. Bern, Stuttgart.

Pümpin, Cuno (1992): Strategische Erfolgspositionen. Methodik der dynamischen strategischen Unternehmensführung. Bern, Stuttgart.

Quinn, James Brian (1980): Strategies for Change. Logical Incrementalism. Homewood (Illinois).

Quinn, Robert/Cameron, Kim (1983): Organizational Life Cycles And Shifting Criteria Of Effectiveness: Some Preliminary Evidence. In: Management Science, Vol. 29, S. 33-51.

Quinn, Robert/Rohrbaugh, John (1983): A Spatial Model Of Effectiveness Criteria: Towards A Competing Values Approach To Organizational Analysis. In: Management Science, Vol. 29, S. 363-377.

Raffée, Hans (1993): Gegenstand, Methoden und Konzepte der Betriebswirtschaftslehre. In: Vahlens Kompendium der Betriebswirtschaftslehre, 3. Auflage. München, S. 1-46.

Raffée, Hans/Effenberger, Jens/Fritz, Wolfgang (1994): Strategieprofile als Faktoren des Unternehmenserfolgs. Eine empirische Analyse. In: DBW, 54. Jg., S. 383-396.

Raffée, Hans/Förster, Friedrich/Krupp, Walter (1987): Marketing und unternehmerische Ökologieorientierung - Eine empirische Studie unter besonderer Berücksichtigung der Lärmminderung. Arbeitspapier Nr. 63 des Instituts für Marketing der Universität Mannheim. Mannheim.

Raffée, Hans/Fritz, Wolfgang (1991): Die Führungskonzeption erfolgreicher und weniger erfolgreicher Industrieunernehmen im Vergleich. Ergebnisse einer empirischen Untersuchung. In: ZfB, 61. Jg., S. 1211-1226

Raffée, Hans/Fritz, Wofgang (1992): Dimensionen und Konsistenz der Führungskonzeption von Industrieunternehmen. In: ZfbF, 44. Jg. 1991, S. 303-322.

Rappaport, Alfred (1986): Creating Shareholder Value. The New Standard for Business Performance. New York, London.

Reilly, Frank (1989): Investment analysis and portfolio management. 3rd edition. Chicago et al.

Reimann, Bernard (1987): Managing for Value. A Guide to Value-Based Strategic Management. Oxford.

Richards, Max (1986): Setting strategic goals and objectives. 2nd edition. St. Paul, New York, Los Angeles, San Francisco.

Ronen, Simcha (1986): Comparative and multinational management. New York et al.

Ronen, Simcha/Shenkar, Oded (1985): Clustering Countries on Attitudinal Dimensions: A Review and Synthesis. In: AMR, Vol. 10, S. 435-454.

Ropella, Wolfgang (1989): Synergie als strategisches Ziel der Unternehmung. Berlin, New York.

Roth, Kendall/Ricks, David (1994): Goal Configuration in a Global Industry Context. In: SMJ, Vol 15, No. 2, S. 103-120.

Rothschild, William (1980): How to ensure the continued growth of strategic planning. In: Journal of Business Strategy, Vol. 1, No. 1, S. 11-18.

Rühli, Edwin (1994): Die Resource-based View of Strategy. Ein Impuls für einen Wandel im unternehmungspolitischen Denken und Handeln? In: Unternehmerischer Wandel. Konzepte zur organisatorischen Erneuerung, herausgegeben von Peter Gomez, Dietger Hahn, Günter Müller-Stewens, Rolf Wunderer. Knut Bleicher zum 65. Geburtstag. Wiesbaden, S. 31-57.

Sandner, Karl (1990): Prozesse der Macht. Zur Entstehung, Stabilisierung und Veränderung der Macht von Akteuren in Unternehmen. Berlin et al.

Sauter-Sachs, Sybille (1992): Die unternehmerische Umwelt. Konzept aus der Sicht des Zürcher Ansatzes zur Führungslehre. In: Die Unternehmung, 46. Jg., S. 183-204.

Schanz, Günther (1997): Wissenschaftsprogramme der Betriebswirtschaftslehre. In: Allgemeine Betriebswirtschaftslehre. Band 1: Grundfragen, herausgegeben von Franz Xaver Bea, Erwin Dichtl, Marcell Schweitzer. Stuttgart, S. 81-198.

Schein, Edgar (1984): Coming to a New Awareness of Organizational Culture. In: SMR, Vol. 25 , No. 2 (Winter), S. 3-16.

Schiemenz, Bernd/Seiwert, Lothar (1979): Ziele und Zielbeziehungen in der Unternehmung. In: ZfB, 49. Jg., S. 581-603.

Schierenbeck, Henner (1998): Grundzüge der Betriebswirtschaftslehre. 13., völlig überarbeitete und erweiterte Auflage. München, Wien.

Schmid, Uwe (1997): Das Anspruchsgruppenkonzept. In: WISU, 26. Jg., S. 633-635.

Schmidt, Matthias (1987): Anpassungsfähigkeit als Systemziel von Unternehmungen. Spardorf.

Schmidt, Ralf-Bodo (1977): Wirtschaftslehre der Unternehmung. Band 1. Grundlagen und Zielsetzung. 2., überarbeitete Auflage. Stuttgart.

Schmidt, Ralf-Bodo (1978): Wirtschaftslehre der Unternehmung. Band 3. Erfolgsverwendung. Stuttgart.

Schmidt, Reinhart (1980): Quantitative Ansätze zur Beurteilung der wirtschaftlichen Lage von Unternehmen. In: BFuP, 32. Jg., S. 544-555.

Schmidt, Reinhart (1981): Diagnose von Unternehmensentwicklungen auf Basis computergestützter Inhaltsanalyse. In: Unternehmenskrisen - Ursachen, Frühwarnung, Bewältigung, herausgegeben von Rudolf Bratschitsch und Wolfgang Schnellinger. Stuttgart, S. 353-379.

Schmidt, Reinhart (1992): Druckbericht, Inhaltsanalyse. In: Handwörterbuch der Revision, zweite Auflage, herausgegeben von Adolf Coenenberg und Klaus von Wysocki. Stuttgart, Sp. 368-376.

Schmidt, Reinhart (1993): Das Shareholder Value-Konzept. In: Die deutsche Aktie. Unternehmensfinanzierung und Vermögenspolitik vor neuen Herausforderungen, herausgegeben von Ulrich Fritsch, Gerhard Liener, Reinhart Schmidt. Stuttgart, S. 277-296.

Schmidt, Reinhart (1998a): Financial Markets, Corporate Governance, and Short-Term Pressures in Germany. In: Corporate governance, accountability, and pressures to perform, herausgegeben von Istemi Demirag. Stamford/Connecticut, S. 297-332.

Schmidt, Reinhart (1998b): Wandel von Unternehmensleitbild und Unternehmenszielen: Eine Analyse anhand der Geschäftsberichte der größten Aktiengesellschaften aus vier europäischen Ländern. In: Unternehmen im Wandel - Change Management, herausgegeben von Ralph Berndt et. al. Berlin, Heidelberg, S. 119-138.

Schmidt-Sudhoff, Ulrich (1966): Unternehmerziele und unternehmerisches Zielsystem. Wiesbaden.

Schneider, Susan (1989): Strategy Formulation: The Impact of National Culture. In: Organization Studies, Vol. 10, No. 2, S. 149-168.

Schneider, Dieter (1990): Unternehmensethik und Gewinnprinzip in der Betriebwirtschaftslehre. In: ZfbF, 42. Jg., S.869-891.

Schneider, Dieter (1991): Wird die Betriebswirtschaftslehre durch Kritik an Unternehmensethik unverantwortlich? In: ZfbF, 43. Jg., S. 537-543.

Scholl, Wolfgang (1993): Grundkonzepte der Organisation. In: Lehrbuch Organisationspsychologie, herausgegeben von Heinz Schuler. Bern, Göttingen, Toronto, Seattle, S. 409-444.

Scholz, Christian (1988): Management der Unternehmenskultur. In: HM, 10. Jg., Heft 1, S. 81-91.

Scholz, Christian (1990): Die Systemhierarchie von Kenneth Boulding: Klassische Organisationstheorie mit neuer Perspektive. In: WISU, 19. Jg., S. 293-299.

Schreyögg, Georg (1984): Zielsetzung und Planung - Normative Aspekte der Unternehmensplanung. In: Steinmann, Horst: Planung und Kontrolle. München, S. 105-132.

Schröder, Ernst (1989): Ziele als Ausgangsgrößen im strategischen Management und Controlling. In: krp (ohne Jg.), S. 209-215.

Schulz, Werner (1979): Gemeinwirtschaft als unternehmerische Zielsetzung. In: ZfB, 49. Jg., S. 743-753.

Schwandtner, Heike (1994): Französische Rechnungslegung. In: Internationale Rechnungslegung, herausgegeben von Horst Gräfer und Claudia Demming. Stuttgart, S. 161-228.

Schwaninger, Markus (1989): Integrale Unternehmensplanung. Frankfurt, New York.

Schwaninger, Markus (1990): Wege zu einem integralen Management. In: HM, 12. Jg., Heft 1, S. 42-52.

Schweitzer, Marcell (1997): Gegenstand und Methoden der Betriebswirtschaftslehre. In: Allgemeine Betriebswirtschaftslehre. Band 1: Grundfragen, herausgegeben von Franz Xaver Bea, Erwin Dichtl, Marcell Schweitzer. Stuttgart, S. 23-80.

Scott, W. Richard (1977): Effectiveness of Organizational Effectiveness Studies. In: New Perspectives on Organizational Efectiveness, herausgegeben von Paul Goodman und Johannes Pennings. San Francisco, Washington, London, S. 63-95.

Scott, W. Richard (1992): Organizations. Rational, Natural, and Open Systems. 3. Auflage. Englewood Cliffs (New Jersey).

Selchert, Friedrich (1991): Einführung in die Betriebswirtschaftslehre in Übersichtsdarstellungen. 3. Auflage, München, Wien.

Servatius, Hans-Gerd (1991): Vom Strategischen Management zur Evolutionären Führung. Auf dem Wege zu einem ganzheitlichen Denken und Handeln. Stuttgart.

Shetty, Y. K. (1979): New Look at Corporate Goals. In: CMR, Volume 22, No. 2, S. 71-79.

Simon, Herbert (1964): On the Concept of Organizational Goal. In: ASQ, Vol. 9, S. 1-22.

Simon, Hermann (1988): Management strategischer Wettbewerbsvorteile. In: ZfB, 58. Jg., S. 461-480.

Simon, Hermann (1996): Der zweite Anlauf. In: Manager Magazin, 26. Jg., Heft 12 (Dezember), S. 164-166

Simon, Harald/Bauer, Brigitte/Jägeler, Franz (1993): Auf der Suche nach Europas Stärken: Managementkulturen und Erfolgsfaktoren. Landsberg/Lech.

Smith, Adam (1776): An inquiry in the nature and causes of the wealth of nations. Dublin.

Sorge, Arndt (1993): Management in France. In: Management in western Europe: society, culture and organization in twelve nations, herausgegeben von David Hickson. Berlin, New York, S. 65-87.

Staehle, Wolfgang (1991): Management. Eine verhaltenswissenschaftliche Perspektive. München.

Staehle, Wolfgang/Grabatin G. (1979): Effizienz von Organisationen. In: DBW, 39. Jg., S. 89-102.

Stalk, George/Hout, Thomas (1990): Zeitwettbewerb. Schnelligkeit entscheidet auf den Märkten der Zukunft. Frankfurt, New York.

Steers, Richard (1975): Problems in the Measurement of Organizational Effectiveness. In: ASQ, Vol. 20, S. 546-558.

Stein, Heinz-Gerd (1993): Ziele und Maßnahmen in der Konernbilanzpolitik. In: ZfbF, 45. Jg., S. 973-993.

Steinmann, Horst/Löhr, Albert (1991): Wo die Betriebswirtschaftslehre unverantwortlich wird. In: ZfbF, 43. Jg., S. 525-543.

Steinmann, Horst/Löhr, Albert (1995): Unternehmensethik als Ordnungselement in der Marktwirtschaft. In: ZfbF, 47. Jg., S. 143-174.

Steinmann, Horst/Oppenrieder, Bernd (1985): Brauchen wir eine Unternehmensethik? Ein thesenartiger Aufriß einzulösender Argumentationspflichten. In: DBW, 45. Jg., S. 170-183.

Strebel, Heinz (1981): Zielsysteme und Zielforschung. In: DBW, 41. Jg., S. 457-475.

Taylor, Frederick (1911): The principles of scientific management. New York.

Terpstra, Vern/David, Kenneth (1985): The Cultural Environment of International Business. Cincinnati (Ohio).

Timmermann, Armin (1988): Evolution des strategischen Managements. Konzepte zur strategischen Planung. In: Handbuch Strategische Führung, herausgegeben von Herbert Henzler. Wiesbaden, S. 85-105.

Thompson, James (1967): Organizations in Action. New York et al.

Töpfer, Armin (1985): Umwelt- und Benutzerfreundlichkeit von Produkten als strategische Unternehmungsziele. In: Marketing - Zeitschrift für Forschung und Praxis, 7. Jg., Nr. 4, S. 241-251.

Töpfer, Armin (1987): Die Planung der Unternehmensziele (Zielplanung). In: agplan-Handbuch zur Unernehmensplanung, herausgegeben von Hans-Günter Grünewald und Wolfgang Kilger. Berlin. Kennzahl 1205, S. 1-26.

Trompenaars, Fons (1993): Handbuch Globales Managen. Düsseldorf, Wien, New York, Moskau.

Ulrich, Hans (1978): Unternehmungspolitik. Bern, Stuttgart.

Ulrich, Hans (1985): Von der Betriebswirtschaftslehre zur systemorientierten Managementlehre. In: Betriebswirtschaftslehre als Management- und Führungslehre, herausgegeben von Rolf Wunderer. Stuttgart, S. 3-32.

Ulrich, Hans (1990): Management-Philosophie in einer sich wandelnden Gesellschaft. In: Strategische Unternehmungsplanung. Strategische Unternehmungsführung. 5., neu bearbeitete und erweiterte Auflage, herausgegeben von Dietger Hahn und Bernard Taylor. Heidelberg, S. 825-837.

Ulrich, Peter (1977): Die Grossunternehmung als quasi-öffentliche Institution: Eine politische Theorie der Unternehmung. Stuttgart.

Ulrich, Peter (1987): Die Weiterentwicklung der ökonomischen Rationalität - Zur Grundlegung der Ethik der Unternehmung. In: Ökonomische Theorie und Ethik, herausgegeben von Bernd Biervert und Martin Held. Frankfurt/Main, New York, S. 122-149.

Ulrich, Peter (1991): Schwierigkeiten mit der unternehmensethischen Herausforderung. In: ZfbF, 43. Jg., S. 529-536.

Ulrich, Peter/Fluri, Edgar (1992): Management: Eine konzentrierte Einführung. 6., neubearbeitete und ergänzte Auflage. Bern, Stuttgart.

Umweltbundesamt (1991, Herausgeber): Umweltorientierte Unternehmensführung: Möglichkeiten zur Kostensenkung und Erlössteigerung. Berlin.

Vyakarnam, Shailendra (1992): Social responsibility: What Leading Companies Do. In: LRP, Vol. 25, No. 10, S. 59-67.

Warner, Malcolm/Campbell, Adrian (1993): German Management. In: Management in western Europe: society, culture and organization in twelve nations, herausgegeben von David Hickson. Berlin, New York, S. 89-108.

Warner, W. Keith/Havens, A. Eugene (1968): Goal Displacement and the Intangibility of Organizational Goals. In: ASQ, Vol. 13, S. 539-555.

Weber, Max (1921): Wirtschaft und Gesellschaft. Tübingen.

Weber, Johannes (1985): Unternehmensidentität und unternehmenspolitische Rahmenplanung. München.

Weick, Karl (1985): Der Prozeß des Organisierens. Frankfurt.

Welge, Martin (1985): Unternehmungsführung. Band 1: Planung. Stuttgart.

Welge, Martin/Al-Laham, Andreas (1992): Planung. Prozesse - Strategien - Maßnahmen. Wiesbaden.

Werner, Ute (1990a): Die Analyse des Lageberichts als Instrument empirischer Zielforschung. In: ZfbF, 42. Jahrgang, S. 1014-1035.

Werner, Ute (1990b): Die Messung des Unternehmenserfolges auf Basis einer kommunikationstheoretisch begründeten Jahresabschlußanalyse. Mannheim.

Wieland, Josef (1993): Die Ethik der Wirtschaft als Problem lokaler und konstitutioneller Gerechtigkeit. In: Wirtschaftsethik und Theorie der Gesellschaft, herausgegeben von Josef Wieland. Frankfurt am Main, S. 7-31.

Will, Hermann (1992): Zielarbeit in Organisationen. Frankfurt am Main, Bern, New York, Paris.

Willke, Helmut (1994): Systemtheorie. Eine Einführung in die Grundprobleme der Theorie sozialer Systeme. 3., überarbeitete Auflage. Stuttgart, New York.

Wilson, Ian (1992): Realizing the Power of Strategic Vision. In: LRP, Vol. 25, No. 5, S. 18-28.

Wolf, Joachim (1991): Neue Methoden und Ergebnisse der empirischen Zielforschung. In: ZfbF, 43. Jg, S. 914-915.

Womack, James/Jones, Daniel/Roos, Daniel (1992): Die zweite Revolution in der Autoindustrie. Konsequenzen aus der weltweiten Studie aus dem Massachusetts Institute of Technology. Frankfurt, New York.

World Competitiveness Report (1990), herausgegeben von IMD. Lausanne (Schweiz).

Wright, Peter/Pringle, Charles/Kroll, Mark (1992): Strategic Management. Text and Cases. Boston, London, Toronto, Sydney, Tokyo, Singapore.

Yuchtman, Ephraim/Seashore, Stanley (1967): A System Resource Approach To Organizational Effectiveness. In: ASR, Vol. 32, S. 891-903.

Zammuto, Raymond (1982): Assessing Organizational Effectiveness. Systems Change, Adaptation, and Strategy. Albany (New York).

Zumbach, Felix (1979): Der kurzfristige Zielsetzungsprozess bei Banken. Bern, Stuttgart.

Zwyssig, Martin (1997): Der Geschäftsbericht als Kommunikationsinstrument. In: io management, 66. Jg., Heft 3, S. 43-47.

Anhang

Teil 1: Codierte Textstellen

Erläuterung:
Die folgenden Textstellen dokumentieren alle in den Geschäftsberichten gefundenen Aussagen, die im Rahmen der Untersuchung codiert wurden. Die Darstellung ist wie folgt angeordnet:

- Zunächst erfolgt eine Wiedergabe der Textstellen, die Geschäftsberichten für das Jahr 1990 entnommen wurden. Die Textstellen aus den Geschäftsberichten für das Jahr 1995 werden anschließend aufgeführt.
- Die Darstellung ist nach Ländern (Deutschland, Schweiz, Frankreich, Schweden, Großbritannien) geordnet.
- Die Dokumentation erfolgt derart, daß alle relevanten Textstellen eines Geschäftsberichts zusammen angeordnet sind. Damit besteht für den Leser die Möglichkeit, sich selbst einen Eindruck über die Zielaussagen eines Geschäftsberichts zu verschaffen.
- Die Reihenfolge der Textstellen ergibt sich aus der entsprechenden Textfolge im Originaldokument. Die den Textstellen vorausgehende Ziffer stellt die jeweilige Seitenzahl des Geschäftsberichts dar. Verschiedene Textstellen, die sich in den Originaldokumenten in unmittelbarer Nähe befinden und einem Gedankengang zugehörig sind, sind hintereinander zitiert und ggf. durch Auslassungspunkte verkürzt. Textstellen, auf die dies nicht zutrifft, aber derselben Seite entstammen, sind durch einen neuen Zeilenbeginn stärker voneinander separiert. Konnte einer Textstelle eine Seitenzahl nicht zugeordnet werden (z. B. Titelblatt eines Geschäftsberichts), ist dies durch die Seitenzahl „0“ kenntlich gemacht.
- In Klammern ist hinter den wiedergegebenen Textstellen vermerkt, welcher Kategorie bzw. welchen Kategorien sie im Rahmen der Codierung zugeordnet wurden. Die Kategorien und ihre Abkürzungen sind in Abschnitt 5.2.3.4.2 der Arbeit erläutert. Ein Ausrufezeichen hinter dem Kategorienkürzel verweist auf eine Codierung als operationale Zielformulierung.
- Da es sich bei allen nachfolgenden Textstellen um Zitate handelt, ist auf die Verwendung von Anführungszeichen im Interesse einer besseren Lesbarkeit verzichtet worden.
- Wiesen die Geschäftsberichten eine gesonderte Darstellung zu sozialen Sachzusammenhängen (Personal, Umweltschutz etc.; vgl. im einzelnen Abschnitt 5.2.3.4.2.5 der Arbeit)auf , erfolgt eine kurze Erläuterung des Inhalts in Stichworten.

Geschäftsberichte Deutschland 1990

Daimler-Benz AG

5:
... Belastungen und Vorleistungen, die wir uns auf dem Wege zur Neustrukturierung Ihres Unternehmens zu einem integrierten Technologiekonzern ... (Sach, Syn)
... unserer traditionell auf Vorsorge und Vorsicht ausgerichteten Strategie ... (Sich)
6:
Das Haus Daimler-Benz betreibt ... seine bereits seit längerer Zeit laufende Durchforstung der Kosten mit zusätzlichem Nachdruck und noch ehrgeizigeren Zielsetzungen. Wir versprechen uns davon für die nächsten vier bis fünf Jahre eine nachhaltige konzernweite Senkung des Kostenvolumens in einer Größenordnung von 4 Mrd. DM. (Effi!)

... Unternehmensbereichen ... die aus sich heraus ertragsstark und wachstumsfähig sind. Daran arbeiten wir mit Hochdruck ... (G, Wachs)
13:
Unsere Bemühungen um eine Internationalisierung des Einkaufs („Global Sourcing") führten zu Kosteneinsparungen. (Intern)
Durch ... den Ausbau von Qualitätssicherungsmaßnahmen ... wollen wir die partnerschaftlichen Beziehungen zu unseren Lieferanten weiter vertiefen. (Qual, Li)
Bei unseren Einkaufsentscheidungen messen wir der Umweltverträglichkeit von Produkten und Fertigungsprozessen ... wachsende Bedeutung zu. (Umw)
Im Interesse einer reibunglosen Produktionsversorgung sind die ... Abläufe ... optimiert worden. (Sich)
Hohe Investitionen für die Zukunftssicherung. (Überl)
14:
... um unsere Position als integrierter Technologiekonzern zu festigen und auszubauen. (Syn, Sach, M Pos)
... S-Klasse ... unsere Grundwerte der Solidität, Sicherheit und hohen Qualität ... (Sich, Qual)
... haben wir dabei besonderes Augenmerk auch auf die größtmögliche ökologische Verträglichkeit aller technischen und konstruktiven Maßnahmen gerichtet. (Umw)
15:
... mit 1,8 Mrd. DM einen insgesamt zufriedenstellenden Konzern-Jahresüberschuß ... (G komm)
16:
Als vorsorgliche Absicherung unserer anspruchsvollen Zukunftsaufgaben und zur Aufrechterhaltung der unternehmerischen Flexibilität beantragen wir, ein neues Genehmigtes Kapital ... (Sich, Flex)
17:
Die Daimler-Benz InterServices hat sich für die weitere Geschäftsentwicklung anspruchsvolle Ziele gesetzt. Durch den Ausbau der bestehenden Geschäftsbereiche ... soll die im Berichtsjahr erreichte Gesamtleistung verdoppelt werden. (Wachs)
... werden wir ... die bereits wirksamen Kostensenkungsprogramme konsequent fortführen. (Effi)
60-65:
Beitrag „Mitarbeiterinnen und Mitarbeiter" (Darstellung zahlreicher Leistungen, die Altersversorgung, Arbeitssicherheit, Gesundheitsvorsorge, Förderung von Eigentum, Weiterbildung etc. betreffen) (Sp Pers)
71:
Im Exportgeschäft war es ... unser Ziel, alle denkbaren Risiken zu erfassen und ausreichend zu versichern. (Sich)
107:
Wir handeln unverändert nach dem Grundsatz, die Aktionäre in angemessener Weise am Erfolg des Unternehmens zu beteiligen und die Ausschüttung am Ertrag auszurichten; dabei ist unser Maßstab nicht der jeweilige Periodenertrag, sondern ein längerfristiger Erfolgstrend. (G Verw, Ak)
... verfügt die Daimler-Benz AG über eine verläßliche und überschaubare Aktionärsstruktur. Diese sichert unsere Unabhängigkeit, ... gleichzeitig gewährleistet sie, daß wir stets diejenigen Maßnahmen durchführen können, die im Interesse unserer unternehmerischen Flexibilität sinnvoll erscheinen. (Flex)

Volkswagen AG

10:
Ziel ist es, die globale Präsenz unseres Unternehmens zu stärken, um auch im 21. Jahrhundert ... wettbewerbsfähig zu bleiben (Wachs, Intern, Wettb)
12:
... soll auch das Engagement bei Skoda unsere europäische Basis erweitern und die führende Position stärken. (Wachs, Intern, M Pos)
14:
... einen weiteren Schritt, um in China auch langfristig eine führende Marktposition zu sichern und einen kostengünstigen Produktionsstandort in Asien aufzubauen. (Intern, M Pos, Effi)
15:
Mit diesem Projekt soll ein in Europa noch wenig entwickeltes Marktsegment ... kostengünstig und mit Risikoteilung erschlossen werden. (Wachs, Effi, Sich)
Die angestrebte Integration der Marke Skoda ... (Syn)

24:
Volkswagen hat ... die Aktivitäten ... zusammengefaßt, um so eine ... eine größere Kundennähe zu erreichen. (Ku)
25:
Neben der weiteren Verbesserung der Marktposition ... gelten alle unsere Anstrengungen der Stärkung unserer Ertragskraft und der Sicherung unserer Wettbewerbsfähigkeit. (M Pos, G Erh, Wettb)

Siemens AG

0:
Leitsätze des Unternehmens: Wir wollen auf dem Gebiet der Elektrotechnik und der Elektronik zu den wettbewerbsstärksten Unternehmen der Welt gehören ... Unser Ziel ist es, unseren Kunden in aller Welt Produkte und Leistungen von höchstem Nutzen zu bieten ... Wir wollen nachhaltig hohe Erträge als Voraussetzung für die Sicherung der Zukunft unseres Unternehmens erwirtschaften und den Wert des Investments unserer Aktionäre erhöhen. ... Mit unseren Partnern in aller Welt wollen wir ... vertrauensvolle Beziehungen pflegen. ... Wir sehen uns als integrierten Bestandteil der nationalen Volkswirtschaften und fühlen uns der Gesellschaft und der Umwelt verpflichtet. (Sach, Wettb, Intern, Ku, G, Überl, Sh Val, Ak, Ges aök, Umw)
4:
Mit dem Resultat sind wir zufrieden. ... Der Konzerngewinn ... stieg ... (G komm)
Die weitere Zukunftssicherung veranlaßte uns ... (Überl)
... neuen Bundesländern. Wir wollen dort eine ähnlich gute Marktposition erreichen ... (M Pos)
... außereuropäischen Geschäft, das wir in allen Regionen weiter ausbauen wollen. (Wachs, Intern)
5:
Wir sind also mit der angestrebten Internationalisierung unseres Geschäfts weiter vorangekommen. (Intern)
6:
... Sachanlageinvestitionen ... erhöht. Rationalisierungsvorhaben ... nahmen dabei einen breiten Raum ein. (Effi)
7:
... produktivitätssteigernde Maßnahmen auf allen Ebenen des Unternehmens ... (Effi)
Unser Ziel ist, in den neuen Bundesländern eine ähnliche Marktposition zu erreichen wie in den westlichen Bundesländern. (M Pos)
8f:
Beitrag „Mitarbeiter" (Weiterbildung, Führung, Sozialleistungen) (Sp Pers)
48:
Damit führt Siemens seine flexible, am Jahresüberschuß orientierte Dividendenpolitik fort. (G Verw)

VEBA AG

6:
... erzielte im Jahre 1990 wiederum ein gutes Ergebnis ... (G komm)
Zur weiteren Stärkung des Eigenkapitals wird ... wiederum ein erheblicher Teil des Konzerngewinns den Rücklagen zugeführt. (Kap)
... nutzen wir ... die Chancen, unsere Aktivitäten auch auf die neuen Bundesländer auszudehnen. Wir wollen dabei gleichzeitig einen Beitrag zur Gesundung der Wirtschaft sowie zur ... Lösung der Energie- und Umweltprobleme leisten. (Wachs, Ges ök, Umw)
... Investitionsvolumen ... zum Aufbau einer mit Westdeutschland vergleichbaren Marktposition. (M Pos)
8:
... liegt der Schwerpunkt der Planung nach wie vor bei dem Ausbau des Sortiments ... (Wachs)
Die Ausdehnung der internationalen Präsenz unseres Chemiebereichs ... bleibt weiterhin ein wichtiges strategisches Ziel. (Wachs, Intern)
... strebt Stinnes ... eine weitere Internationalisierung an. (Intern)
9:
... bestehen gute Voraussetzungen, das Wachstum und die Internationalisierung wie geplant zu erreichen. (Wachs, Intern)

11:
Ziel dieses Vertrages ist es, die Stromversorgung in den neuen Bundesländern ... umweltfreundlich zu gestalten. (Umw)
14:
Mit diesem Engagement beabsichtigt VEBA OEL, ihre Aufgabe als Roh- und Grundstoffproduzent ... weiter auszubauen. (Wachs)
16:
... die in den vergangenen Jahren durchgeführten Rationalisierungs- und Investitionsmaßnahmen. (Effi)
18:
... Sachanlageinvestitionen ... Schwerpunkte waren ... sowie die Fortführung von Maßnahmen, die der Strukturverbesserung und dem Umweltschutz dienen. (Umw)
19:
Die Investitionen ... dienten der Sicherung und dem Ausbau der Marktposition. (M Pos)
21:
Die Globalisierung ... erfordert ... eine zunehmende Internationalisierung der Forschung. (Intern)
73-76:
Beitrag „Umweltschutz" (Überschrift: Hohe Priorität für Umweltschutz; Darstellung von Programmen zu Luftreinhaltung, Abwasserreinigung, Rückstandsverwertung, Lärmschutz und Produktsicherheit) (Sp Umw)
77-81:
Beitrag „Mitarbeiter" (Sozialleistungen, Weiterbildung, Arbeitssicherheit, Vermögensbildung) (Sp Pers)

BASF AG

1:
Die BASF ist ein international tätiges Unternehmen der chemischen Industrie. Mit qualitativ hochwertigen Produkten und innovativen Leistungen entsprechen wir den Bedürfnissen unserer Kunden und tragen so zum Fortschritt der Volkswirtschaften bei. ... Wir setzen uns zum Ziel, im weltweiten Wettbewerb unsere Position zu festigen, langfristig die Existenz zu sichern und Mitarbeiter und Anteilseigner angemessen am Unternehmenserfolg zu beteiligen. Das wollen wir erreichen durch ... hohe Leistungsfähigkeit , die offen für Innovation und Wandel ist, dauerhaft gute Ertragskraft auf der Grundlage einer soliden Finanzstruktur, Verantwortungsbewußtsein gegenüber Mensch und Umwelt, ... (Sach, Ku, Intern, M Pos, Überl, Ma, Ak, Inno, G, Sich, Kap, Ges aök, Umw)
2:
... sank das Ergebnis ... ist es noch zufriedenstellend. (G komm)
4:
... bilden die vielfältigen Maßnahmen, die wir zur Reduzierung vor allem der Fixkosten eingeleitet haben ... Ebenso der Sicherung unseres Unternehmens dienen Aufwendungen ... (Effi, Überl)
10:
Renditeniveau nicht befriedigend. (G komm)
14f:
Beitrag: „Mitarbeiter" (Ausbildung, Sonderleistungen, etc.) (Sp Pers)
16-19:
Beitrag „Umwelt und Sicherheit" (Bekenntnis zum Umweltschutz, Maßnahmen im Rahmen des Umweltschutzes) (Sp Umw)

Hoechst AG

3:
Zu den erfreulichen Entwicklungen des vergangenen Jahres gehört die weitere Steigerung des Gewinns im Geschäftsbereich ... (G komm)
Überschrift „Unsere Verantwortung für die Umwelt" ... Ein besserer Weg, um Emissionen zu vermindern ... (Umw)
Rund die Hälfte des Forschungsaufwands dient der Entwicklung neuer Arzneimittel. (Inno)

Um beweglich und schnell auf Kundenwünsche eingehen zu können, haben wir Business Units gebildet. (Flex, Schnell, Ku)
4-9:
„Das aktuelle Thema: Erfolg mit umweltbewußtem Pflanzenschutz“ (Sp Umw)
10f:
Beitrag „Mitarbeiter“ (Weiterbildung, Vermögensbildung, Gleichberechtigung) (Sp Pers)
14f:
Beitrag „Umweltschutz“ (Maßnahmen) (Sp Umw)
16f:
Beitrag: „Die Hoechst Aktie“: Hoechst braucht Gewinn. Gewinn ist Maßstab und Lohn für erfolgreiches Wirtschaften. Ein guter Gewinn ist ein Zeichen für ein gesundes Unternehmen mit Zukunft. Hoechst will seinen Aktionären eine angemessene Verzinsung für ihr Kapital bieten. (G, Überl, Ak, Sh Val)
17:
Wir wollen damit weitere ausländische Aktionäre für ein Engagement in Hoechst Aktien gewinnen ... Langfristig bleibt folglich auch eine Notierung in New York unser Ziel. (Intern, Kap)

RWE AG

4:
Zugleich war es uns möglich, der inneren Stärkung im Konzern durch bilanzielle Vorsorgemaßnahmen und Dotierung der Rücklagen Rechnung zu tragen. Im Hinblick auf die vor uns liegenden Aufgaben ist uns eine angemessene Reservenstärkung ein besonderes Anliegen ... (Sich, Kap)
Wir sind bereit durch unser unternehmerisches Engagement in der ehemaligen DDR ... einen maßgeblichen Beitrag zu einer raschen wirtschaftlichen Gesundung und zur Lösung der dort anstehenden drängenden Energie- und Umweltprobleme zu leisten. Wir tun dies nicht allein aus wirtschaftlichen Erwägungen, sondern auch aus der gesellschaftlichen Verpflichtung heraus ... Dennoch halten wir ein solches Engagement im Hinblick auf ... eine angemessene Verzinsung des Kapitals ... für wirtschaftlich vertretbar. ... Die zu übernehmenden Risiken müssen allerdings kalkulierbar bleiben und unseren Aktionären und Mitarbeitern gegenüber zu verantworten sein. (Ges ök, Umw, Ges aök, Rent Ge, Sich, Ak, Ma)
5:
Ziel ist es dabei, die Stromerzeugungsstandorte ... zu erhalten und den Umweltstandard der Bundesrepublik ... zu erreichen. (Umw)
6:
Unsere Bemühungen ... neue Absatzmärkte und Anwendungsbereiche zu erschließen ... (Wachs)
Die zunehmende Globalisierung der Märkte ... verlangen von uns eine stärkere Internationalisierung des Konzerns. ... Wir werden hierfür die innere Stärkung und Konsolidierung im Konzern nicht vernachlässigen. (Intern, Konsol)
9:
... die bei einigen Konzernunternehmen zur Zeit anstehenden Umstrukturierungs- und Rationalisierungsmaßnahmen ... (Effi)
10:
Die 1989/1990 zur Stärkung des Eigenkapitals und zur Sicherung der Substanz im Konzern gebildeten Rücklagen beliefen sich auf ... (Kap, Sich)
11:
... Investitionstätigkeit konzentriert sich ... auf Modernisierungs- Rationalisierungs- und Ersatzbedarf. Gleiches gilt für den Bereich ... , in dem neben Maßnahmen des Umweltschutzes die Kapazitätserhaltung im Vordergrund steht. ... Investitionen dienten ... der Kapazitätserweiterung ... (Modern, Effi, Umw, Wachs)
12:
Im Rahmen der gesellschaftlichen Verantwortung, die wir damit tragen, haben wir gerade in den letzten Jahren große Anstrengungen unternommen, um die ... ausgehenden Umweltbeeinflussungen zu vermeiden oder so weit wie möglich zu verringern. (Umw)
Wir arbeiten intensiv daran, unsere Wettbewerbsposition ... zu sichern und auszubauen. (M Pos)
Entsprechend sehen wir unsere Aufgabe vor allem darin Produkte und Produktionsverfahren ... zu verbessern und neue zu entwickeln, den erreichten Qualitätsstandard zu halten und wo möglich zu steigern sowie unseren Kunden ... maßgeschneiderte Problemlösungen anzubieten. (Inno, Qual, Ku)

13:
Unser besonderes Augenmerk ist derzeit auf ein planmäßiges Vorantreiben der ... Aktivitäten in der ehemaligen DDR und Osteuropa gerichtet. (Wachs, Intern)
52-57:
Beitrag „Mitarbeiter" (Soziale Leistungen, Ausbildung, etc.) (Sp Pers)

Bayer AG

2:
Unternehmensprofil: Bayer ist ein internationales, breit diversifiziertes Unternehmen der chemischen Industrie. Die Aktivitäten ... umfassen ... Unsere Kompetenz ist ... Wir haben die Verpflichtung, diese Kompetenz zum Nutzen der Menschen einzusetzen und unseren Beitrag zur Lösung der großen Probleme unserer Zeit zu leisten. Es ist unsere Verantwortung, sicher und umweltgerecht zu arbeiten und so schonend wie möglich mit den Ressourcen umzugehen. (Sach, Ges aök, Umw)
7:
... die Wiedervereinigung. ... Wir ... setzen uns für diese Aufgabe ein. (Ges aök)
Wir freuen uns, Ihnen ... einen guten Abschluß vorlegen zu können ... Der Gewinn ... lag ... (G komm)
Umfassende Maßnahmen zur Senkung der Kosten ... sind bereits eingeleitet und werden weitergeführt. (Effi)
Wir werden alles daran setzen, 1991 wieder ein befriedigendes Ergebnis zu erzielen. (G)
13:
Zur strategischen Steuerung des Geschäfts gehört es auch, sich dann von Bereichen zu trennen, wenn langfristig keine Stärkung unseres Unternehmenspotentials zu erwarten ist. ... Wir sind der Meinung, daß der härter gewordene Wettbewerb ... eine stärkere Konzentration der Aktivitäten erfordert. (Konsol)
Wir verfolgen nachhaltig die Strategie, unsere Forschungskapazitäten auf den Schlüsselmärkten Japan und Nordamerika auszubauen. (Intern)
16f:
Beitrag „Unsere Mitarbeiter" (Personalentwicklung, Weiterbildung, Kinderbetreuung, Arbeitssicherheit, ...) (Sp Pers)
20f:
Beitrag „Umweltschutz" (Maßnahmen wie Gewässerschutz, Luftreinhaltung, Abfallvermeidung, ...) (Sp Umw)
23:
Wir folgen dieser Globalisierung der Märkte durch gezielte Einführung der Bayer-Aktie an wichtigen Börsenplätzen. (Kap, Intern)

Thyssen AG

4:
Der Gewinn ... Das gute Ergebnis ... (G komm)
Das Berichtsjahr stand im Zeichen wesentlicher Schritte zum Ausbau des Konzerns. In allen Unternehmensbereichen wurde das eigene Wachstumspotential durch Zukäufe gezielt ergänzt. (Wachs)
6:
Die Sachinvestitionen dienten vor allem dem Kapazitätsausbau sowie Rationalisierungs- und Umstrukturierungsmaßnahmen (Wachs, Effi)
7:
Erhebliche Investitionen zur Modernisierung und Erweiterung wurden in der Sparte Bautechnik getätigt. (Modern, Wachs)
8:
Die Ziele der Forschungs- und Entwicklungsarbeiten von Thyssen liegen darin, neue Produkte zu entwickeln, die Herstellungsverfahren zu verbessern, die Erzeugnisse noch exakter auf die Wünsche der Kunden abzustellen ... Im Mittelpunkt stehen insbesondere Maßnahmen zur Sicherung eines gleichmäßig hohen Qualitätsstandards der Produkte. (Inno, Ku, Qual)
9:
... eine Vielzahl von Projekten, die der Rationaliserung dienen. (Effi)

BMW AG

6:
Weitere Aktivitäten richten sich auf die Wiederverwertung der Rohstoffe von ausgedienten Automobilen ... (Umw)
10:
Die Vermögens-, Finanz- und Ertragslage spiegelt die innere Stärke des Unternehmens. Durch die ... Maßnahmen zur Effizienzsteigerung hat sich die Ertragskraft ... weiter verbessert. (Effi, G)
Ziel dieser Aktivitäten ist es, die Belastungen von Umwelt und Ressourcen nachhaltig zu verringern und so die Attraktivität und gesellschaftliche Akzeptanz des Individualverkehrs auch in Zukunft zu erhalten. (Umw)
12:
... möchte das Unternehmen aus Anlaß des 75jährigen Bestehens von BMW die Verbundenheit mit seinen Aktionären in besonderer Weise würdigen und festigen. (Ak)
24-27:
Beitrag „Mitarbeiter" (Weiterbildung, Arbeitssicherheit, Kooperation mit Hochschulen, Arbeitssicherheit, ...) (Sp Pers)
78-82:
Beitrag „Betriebliche Bildungsarbeit" (Sp Pers)
86:
BMW verfolgt seit Jahren eine aktionärsfreundliche Dividendenpolitik. (Ak, G Verw)

Mannesmann AG

6:
Zur weiteren Verbesserung der Konzernstruktur wurden Diversifikationsmaßnahmen eingeleitet ... (Wachs)
Die ... Kooperation ... dient... der Kostenoptimierung ... (Effi)
8:
Die Hauptziele der durchgeführten Investitionen lagen in der Rationalisierung der vorhandenen Fertigungseinrichtungen und in der Verbesserung der Produktqualität. ... Ebenso wurden Chancen zum weiteren Wachstum und zur Ausweitung der Marktstellung ... genutzt. (Effi, Qual, Wachs, M Pos)
9:
... den hohen Stellenwert von Forschung und Entwicklung, um in immer kürzeren Zeitzyklen die Geschäftsfelder mit innovativen Produkten und Verfahren auszubauen ... (Schnell, Inno)
13:
Beitrag „Mitarbeiter" (Darstellung von Ausbildung, Sozialleistungen) (Sp Pers)

Ford-Werke AG

3:
Dennoch zählt die Verbesserung der internen Kostenstrukturen nach wie vor zu den zentralen Unternehmensstrategien der Ford-Werke AG. Nur so wird es uns gelingen, unsere Wettbewerbsfähigkeit langfristig zu sichern. (Effi, Wettb)
... Voraussetzung dafür, daß wir unsere ehrgeizige Produkt- und Investitionsoffensive in den kommenden Jahren mit Erfolg fortsetzen können. (Wachs)
... acht Milliarden Mark für die Entwicklung neuer Automobile ... Technisch auf der Höhe der Zeit stehende Produkte von guter Qualität zu erschwinglichen Preisen sind unsere Antwort auf einen weltweit immer härter werdenden Wettbewerb. Ein weiteres wichtiges Ziel für die kommenden Jahre ist die Entwicklung neuer Technologien zur Schonung der Umwelt. ... So arbeitet Ford intensiv an verschiedenen Pilotprojekten, die zum Ziel haben, Altautos komplett zu recyclen. (Qual, Inno, Umw)
30-34:
Beitrag „Belegschaft" (Zusammenarbeit mit Hochschulen, Vorschlagswesen, Arbeitssicherheit, Betriebskrankenkasse, ...) (Sp. Pers)
35-39:
Beitrag „Umweltschutz" (bei Produkten und Produktion) (Sp Umw)

Metallgesellschaft AG

7:
1989/1990 war für die Metallgesellschaft ein gutes Geschäftsjahr. Der Konzern-Jahresüberschuß lag ... (G komm)
Schwerpunktmäßig wurde das Programm zur Umweltschonung ... fortgesetzt und weitgehend abgeschlossen. (Umw)
8:
Das Titelbild des Geschäftsberichts veranschaulicht ein zunehmend zentrales Arbeitsgebiet des Konzerns: ... Umweltschutzdienstleistungen ... (Sach, Umw)
12:
Die hohen Investitionen im Konzern waren wesentlich auf den Ausbau eines integrierten Systems von Umweltschutzdienstleistungen gerichtet. (Wachs, Umw)
14:
... ein wichtiger Schritt im Hinblick auf die Etablierung am britischen Markt getan. (Intern)
16:
Die Handels- und Finanzdienstleistungen einerseits und die Ingenieurdienstleistungen ... andererseits bilden das operative Kerngeschäft der Metallgesellschaft AG. (Sach)
18f:
Beitrag „Mitarbeiter" (Soziale Leistungen, Mitarbeiterdarlehen, Belegschaftsaktien) (Sp Pers)
26:
Die Kolbenschmidt AG treibt ihre Strategie der Internationalisierung weiter voran. (Intern)
Die vorgesehenen Beteiligungsinvestitionen dienen ... dem weiteren Ausbau der Umweltschutzdienstleistungen ... (Wachs, Umw)

VIAG AG

5:
Der Konzernjahresüberschuß ... auf die neue Rekordhöhe ... (G komm)
Mit dieser siebten Erhöhung in Folge setzten wir unsere Politik der kontinuierlichen Dividendenanhebung fort. Darüber hinaus haben wir ... Wert auf eine weitere Reservenstärkung gelegt. (G Verw, Kap)
6:
Unser Ziel ist es, die Kräfte der VIAG in diesen und weiteren Geschäftsfeldern zu bündeln und überzeugende Fachkompetenz zu beweisen. (keine Codierung)
... wird VIAG auf Wachstumskurs bleiben ... Darüber hinaus werden gezielte Beteiligungserwerbe zur weiteren Stärkung und Internationalisierung der Kernaktivitäten erfolgen. (Wachs, Intern)
7:
Die neue VIAG-Gruppe verfügt über eine breite Basis, die ihr gute Chancen zum weiteren Wachstum und zum Risikoausgleich bietet. Die damit verbundene Stabilität erscheint uns besonders in Zeiten größer gewordener weltpolitischer Unsicherheiten bedeutsam. (Wachs, Sich)
9:
Die strategischen Erweiterungen, die wir in den letzten Jahren zielstrebig durchgeführt haben ... (Wachs)
12:
Hoher Ergebnisbeitrag des Energiebereichs gewährleistet Stabilität. ... Dabei wurde die vorsichtige Bilanzpolitik der vergangenen Jahre fortgesetzt. (Sich)
13:
... Sachanlageinvestitionen ... Neben Rationalisierung und Ersatzbeschaffung dienten sie ... dem Umweltschutz ... (Effi, Umw)
15:
Der hohe Cash-Flow der Gruppe erlaubt uns auch in Zukunft eine solide finanzierte, wachstumsorientierte Unternehmenspolitik. (Kap, Wachs)
16-18:
Beitrag „Mitarbeiter" (vor allem Weiterbildung) (Sp Pers)

21:
Darauf aufbauend wollen wir den Wachstumskurs der nächsten Jahre fortsetzen. Dabei legen wir Priorität auf die Entwicklung der Geschäftsfelder, in denen wir schon heute eine starke Position einnehmen, und die Erweiterung um angrenzende Arbeitsgebiete mit interessanten Wachstumsmöglichkeiten. (Wachs, M Pos)
22:
Auch 1990 setzt die VIAG ihre Politik des kontinuierlichen Dividendenanstiegs fort. (G Verw)
23:
Im Zusammenhang mit der langfristigen Fremdkapitalaufnahme hat die VIAG AG Negativerklärungen abgegeben. Darin verpflichtet sie sich unter anderem zur Einhaltung folgender Bilanzrelationen: Die Summe der Fremdmittel darf den Betrag der Eigenmittel nicht übersteigen. ... Das Anlagevermögen muß durch Eigenmittel und langfristige Fremdmittel gedeckt sein. (Kap!)
24:
Eine angemessene Verzinsung des uns von den Aktionären zur Verfügung gestellten Kapitals bildet das Kernstück der auf langfristige Vertrauensbildung zu ihren Aktionären ausgerichteten Unternehmenspolitik der VIAG. (Sh Val, Ak)
25:
Der umfassenden Information aller Aktionäre messen wir besondere Bedeutung zu. (Ak)
Zum weiteren strategischen Ausbau bestehender Geschäftsfelder wurde ein anspruchsvolles Investitionsprogramm aufgelegt. (Wachs)

Preussag AG

12:
Unsere Ertragskraft ist gestiegen. ... haben wir ... ein respektables Ergebnis erzielt. (G komm)
13:
Die Vielfalt unserer Geschäfte sehen wir als Stärke. Sie bedeutet Risikoausgleich in den Wechselfällen der Weltkonjunktur. Mit der Zusammenführung der beiden Konzerne haben wir ... die Abhängigkeit von Stahl ... reduziert. Auch unser zweites Ziel, die gleichgerichteten Aktivitäten der beiden Konzerne zusammenzubringen, haben wir im abgelaufenen Geschäftsjahr erreicht. (Sich, Unabh, Syn)
Das Produkt- und Leistungsprogramm des Konzerns bewegt sich ... von der Rohstoffgewinnung und-verarbeitung über ... hin zum ... (Sach)
Unser Ziel ist ein klar strukturierter, auf ertragsstarke Märkte ausgerichteter, europäischer Konzern. (G, Intern)
29:
Die Forschung und Entwicklung hat in allen Bereichen ... für die Verbesserung der Fertigungstechnologie und die Neu- und Weiterentwicklung von Produkten an Bedeutung gewonnen. (Inno)
35:
Die deutsche Vereinigung eröffnet dem Preussag-Konzern zusätzliche unternehmerische Perspektiven. Alle Geschäftsbereiche sind in den neuen Bundesländern aktiv. Dabei treten der Aufbau von Produktionsstätten und die Schaffung von Arbeitsplätzen immer stärker in den Vordergrund. Am weitesten fortgeschritten sind die Bemühungen in den Bereichen ... (Wachs, Ges ök)
38-43:
Beitrag „Mitarbeiter" (Weiterbildung, Arbeitssicherheit, Vorschlagswesen) (Sp Pers)
44f:
Beitrag „Umweltschutz" (in der Produktion und bei Produkten) (Sp Umw)

MAN AG

8:
Das abgelaufene Geschäftsjahr ... war ... sehr erfolgreich. ... das Ergebnis ... haben sich ... deutlich verbessert. (G komm)
... vor allem Investitionen zur Rationalisierung und Modernisierung ... sowie in Teilbereichen Erweiterungsinvestitionen ... vorgenommen. (Effi, Modern, Wachs)

10:
Um dem anhaltenden Wachstum ... Rechnung zu tragen und den Handlungsspielraum ... zu sichern, hat die MAN AG 1990 ihr Grundkapital erhöht. (Unabh)
13:
Beitrag „Mitarbeiter“ (Fortbildung) (Sp Pers)

Stinnes AG

10:
... hat Stinnes auch 1990 seinen Wachstumskurs durch Geschäftsausweitung sowie Akquisitionen im Handels- und Verkehrsbereich erfolgreich festgesetzt. (Wachs)
11:
... hat Stinnes das gute Vorjahresergebnis noch übertroffen. (G komm)

Karstadt AG

11:
Gemeinsam mit den Herstellern dafür zu sorgen, daß die mit dem privaten Konsum verbundenen Umweltbelastungen abgebaut werden, hat der Einzelhandel längst als eine wichtige Aufgabe erkennt. Umweltschonende Artikel spielen daher in seinen Sortimenten eine immer größere Rolle. Die Karstadt AG fühlt sich dem umweltbewußten Handel in besonderem Maße verpflichtet. ... Mit ihren umfangreichen Aktivitäten im Umweltschutz will die Karstadt AG dazu beitragen, daß die Freude am Konsumieren nicht durch umweltbelastende Folgen getrübt wird. (Umw)
16:
Sowohl im Sortimentsaufbau als auch in der Gestaltung der innerbetrieblichen Abläufe räumen wir den Belangen des Umweltschutzes einen hohen Stellenwert ein. ... vielfältige Aktionen durchgeführt, um Mitarbeiter und Kunden für den Umweltschutz zu gewinnen. (Umw)
Die mit dem Projekt verfolgten Ziele einer erhöhten logistischen Beweglichkeit und der verbesserten Belieferung unserer Filialen wurden ebenso erreicht wie der erwartete positive Ergebnisbeitrag. (Flex, G, G komm)
21:
Die vorrangige Aufgabe für das laufende Jahr sehen wir in der Eingliederung der 8 ostdeutschen Häuser in unser Filialnetz. Durch intensive Schulungen, ... sind wir diesem Ziel bereits sehr nahe gekommen. (Syn)
64-67:
Beitrag „Mitarbeiter“ (Rekrutierung, Weiterbildung) (Sp Pers)

Deutsche Lufthansa AG

0:
Unternehmensleitbild der Lufthansa: Die Wünsche unserer Kunden stehen an erster Stelle. Sie sind der Maßstab unseres Handelns. ... Die beste Qualität ist unser Ziel. ... Sichere Arbeitsplätze und gute Arbeitsbedingungen für unsere Belegschaft sowie attraktive Dividenden für unsere Aktionäre sind Maßstab für den wirtschaftlichen Erfolg unseres Unternehmens. Darüber hinaus tragen wir Verantwortung für Umwelt und Gesellschaft. ... Auch in Zukunft muß die deutsche Lufthansa eine führende Position im Weltluftverkehr einnehmen. (Ku, Qual, Ma, G Verw, Ak, Umw, Ges aök, M Pos, Intern)
5:
... haben wir hier allerdings mit unseren Tarifpartnern einen wichtigen Schritt zur Begrenzung des Personalkostenwachstums erreicht. (Effi)
8:
... wurden durch die Reduzierung des Angebots und die Kostensenkungsmaßnahmen 190 Millionen DM eingespart, ... (Effi)
... werden wir unser langfristig angelegtes Wachstumsprogramm auch 1991 ... fortsetzen. (Wachs)
Es werden im Unternehmen alle Anstrengungen unternommen, durch Umsatzsteigerungen und Kosteneinsparungsaktionen die Ergebnisbelastungen z. T. aufzufangen. (Wachs, Effi, G Erh)

9-14:
Beitrag „Umweltschutz in Farbe" (umweltschonende Lackierung von Flugzeugen) (Sp Umw)
20:
Markt- und Kundenorientierung sind verstärkt worden. (Ku)
21:
Mit ... 1993 werden wir dann das umfassende Flottenerweiterungs- und -erneuerungsprogramm mit dem Ziel der strategischen Positionierung am Markt abgeschlossen haben und damit für den Wettbewerb gerüstet sein. (Wachs, Inno)
22:
Die ständige Aufgabe, die Kosten wettbewerbsfähig zu halten, hat Lufthansa 1990 auf verschiedenen Wegen verfolgt. Im Rahmen des Aktionsprogramms zur Verbesserung der Wettbewerbsposition und der Kostenstruktur ...(Wettb, Effi, M Pos)
33-38:
Beitrag „Lernbetrieb Lufthansa" (Ausbildung) (Sp Pers)

Degussa AG

7:
Die Ausrichtung des Konzerns auf künftige Erfordernisse wird planmäßig fortgesetzt.
8:
Die Degussa ist tätig auf den Arbeitsgebieten Metall, Chemie, ... (Sach)
11:
Zur Stärkung unserer Edelmetallaktivitäten erhöhten wir unsere Beteiligung an ... (Wachs)
12:
Mit Nachdruck wird auch die weitere Optimierung aller unserer Produktionsverfahren hinsichtlich Sicherheit, Ökologie und Ökonomie fortgeführt. (Umw, Effi)
Die Sicherheit der Produktionsanlagen und Produktionsverfahren sehen wir als zentralen Teil unserer unternehmerischen Aufgaben. Zielvorgabe ist es, die Produktion und die Produkte so zu gestalten, daß die Belastungen von Mensch und Umwelt ... so gering wie möglich gehalten werden. (Umw)
45-47:
Beitrag „Mitarbeiter" (Ausbildung, Soziale Leistungen, Erfolgsbeteiligung) (Sp Pers)

Bertelsmann AG

6:
... waren wir auf eine stetige Weiterentwicklung und Kontinuitätssicherung bedacht. (Sich, Überl)
Alle strategisch wichtigen Ziele und Finanzeckwerte sind erreicht. Der Umsatz... Der Jahresüberschuß... Die Eigenkapitalquote überschritt wieder die selbstgesetzte, optimale Zielmarke von 25 Prozent. Der Schuldentilgungsfaktor fiel ... Der Cash-flow ... (Wachs, G, G komm, Kap!, CF)
... Arbeitsfelder umstrukturiert, um Synergieeffekte und Kooperationsmöglichkeiten zu verbessern. (Syn)
Priorität hat für uns unverändert die Sicherung der Unternehmenskontinuität, die weitere Verbesserung der Ertragskraft und die Steigerung des Unternehmenswertes. (Überl, G Erh, Sh Val)
Die Wachstumsstrategie besteht aus einer abgewogenen Mischung von selektivem Wachstum der Stammgeschäfte, dem Neuaufbau weiterer zukunftsträchtiger Geschäfte sowie Akquisitionen und strategischen Allianzen. (Wachs)
Das innovative Potential unser Mitarbeiter freizusetzen ... stellt eine führungstechnische Herausforderung ersten Ranges dar. (Inno)
8:
Alle strategisch wichtigen Ziele und Finanzeckwerte sind erreicht. ... stieg der Konzernjahresüberschuß. ... Die Eigenkapitalquote ... (G, G komm, Kap)
9:
Der Gewinnanstieg ist ein Erfolg der nachhaltigen Anstrengungen, ... die Geschäfte auf ein gutes Ertragsniveau zu bringen. (G, G komm)

Demgegenüber sind die Ergebnisse in Nordamerika noch nicht auf dem Niveau, das wir uns zum Ziel gesetzt haben. (G, G komm)
11:
Bertelsmann hat klare finanzielle Zielsetzungen. Sie beziehen sich vor allem auf Kapitalstruktur, Rentabilität und dynamischen Verschuldungsgrad. ... Die Eigenkapitalquote soll nach unseren Vorstellungen 25 Prozent betragen. ... Die Kapitalrentabilität soll mindestens 12 Prozent betragen. ... Die Finanzschulden sollen nach Abzug der liquiden Mittel nicht höher sein als das Eineinhalbfache des jährlichen Cash-flow. (Kap!, Rent Ge!)
Eines der wichtigsten Unternehmensziele besagt, daß wir bei Bertelsmann durch die Weiterentwicklung unseres partnerschaftlichen Unternehmensmodells eine gerechte und motivierende Arbeitswelt schaffen wollen. (Ma)

AEG AG

7:
... sollten wir ... unsere Anstrengungen auf Europa insgesamt ... konzentrieren. ... Den Ausbau unserer Präsenz in Europa ... werden wir fortführen. (Wachs, Intern)
... Dazu gehören strategische Allianzen und Kooperationen zum Ausbau unserer Wettbewerbsfähigkeit ... ebenso wie die Abgabe von Arbeitsgebieten, die nicht zu unseren Kernaktivitäten gehören. (Wettb, Konsol)
Wir werden unsere Unternehmenspolitik so ausrichten ... Dazu zählen Kostenminimierung, größere Marktnähe der operativen Einheiten, strategische Flexibilität und Führungskräfte, die aus ökonomischer und ökologischer Verantwortung heraus agieren. (Effi, Flex, Umw)
12:
Zur Zukunftssicherung ... haben wir ... erneut erhebliche Mittel eingesetzt. (Überl)
Der beabsichtigte Erwerb ... soll unsere Stellung ... stärken ... (M Pos)
... werden wir den Ausbau unserer Position im Wirtschaftsraum der Europäischen Gemeinschaft ... weiter vorantreiben. (M Pos, Intern)
30-32:
Beitrag „Mitarbeiterinnen und Mitarbeiter“ (Ausbildung, Frauenförderung, Arbeitssicherheit etc.) (Sp Pers)

Kaufhof AG

8:
Media Markt Durch ihre zielstrebige Expansion trugen die Fachmarktketten und Vobis ... (Wachs)
Die Diversifikations- und Umstrukturierungsmaßnahmen der letzten Jahre ... (Wachs)
13-17:
Beitrag „Mitarbeiter“ (Soziale Leistungen, Ausbildung) (Sp Pers)

Hoesch AG

9:
Es wurde ein gutes Ergebnis erzielt. Alle Unternehmensbereiche arbeiteten mit Gewinn. (G komm)
... wurde der Ausbau des Konzerns vorangetrieben. (Wachs)
... sowie die Globalisierung des Wettbewerbs sind Herausforderungen, denen sich Hoesch stellen muß, um auf den Märkten von morgen bestehen zu können. Dies erfordert ... flexiblere ... Strukturen, die ein markt- und kundennahes Verhalten ermöglichen. Die neue Organisationsstruktur ... schafft die Voraussetzungen dafür, daß wir unsere Stellung auf dem durch einen zunehmenden Wettbewerbsdruck gekennzeichneten europäischen Markt ... behaupten können. (Flex, Ku, M Pos, Intern)
Neben der Internationalisierung unserer Geschäftsaktivitäten haben wir uns ... den neuen Bundesländern zugewandt. (Intern)
11:
Die nach wie vor gute Ertragslage wurde für eine weitere Risikovorsorge und innere Stärkung genutzt. (Sich, G komm, Kap)

13:
Hoesch investierte ... Sie dienten vorwiegend der Modernisierung von Produktionsanlagen, der Kapazitätserweiterung ... der Optimierung und Rationalisierung, der Verbesserung von Qualität ... , der Energieeinsparung, dem Umweltschutz ... (Modern, Wachs, Effi, Qual, Umw)
... Hoesch den Weg zum Ausbau vorhandener und zur Erschließung neuer Geschäftsfelder auch im vergangenen Jahr konsequent fortgesetzt hat. (Wachs)
15:
Breiten Raum ... nahm die Umsetzung der Hoesch-Qualitätsstrategie ... ein. (Qual)
16:
Unsere Entwicklungsarbeit ist ... in besonderem Maße auf marktwirksame Verbesserungen, Neuerungen und Wertsteigerungen bis hin zu neuen Produkten ausgerichtet. (Inno)
...werden wir erhebliche Investitionsanstrengungen zur Verbesserung unserer Wettbewerbskraft und Leistungsstärke sowie zum Aufbau unserer Marktpositionen unternehmen. (Wettb, M Pos)
18-20:
Beitrag „Zusätzliche Informationen“ (Personal: Weiterbildung, Arbeitsschutz) (Sp Pers)
21:
(kritische) Stellungnahme zu finanziellen Belastungen im Zusammenhang mit dem Umweltschutz

RWE-DEA AG

6:
Von Anfang an war es unser Ziel, am Aufbau einer leistungsfähigen und umweltverträglichen Mineralölwirtschaft in den neuen Bundesländern mitzuwirken. (Ges ök, Umw)
Die RWE-DEA ... führt den Bereich Mineralöl und Chemie des RWE-Konzerns. Sie sucht und fördert Erdöl ... (Sach)
8:
RWE-DEA hat auch das Jahr 1990 erfolgreich abgeschlossen und erzielte einen Gewinn von ... (G komm)
9:
... wurde der größte Teil der Investitionen zur weiteren Verbesserung des Tankstellennetzes eingesetzt, vor allem zum Bau großer, kostengünstiger Stationen. (Effi)
In den Raffinerien dienten die Investitionen der Verbesserung der Wirtschaftlichkeit der Anlagen, dem Umweltschutz und der Anlagensicherheit. (Effi, Umw)
10:
Ziel ist vor allem ein breites Angebot umweltfreundlicher Produkte hoher Qualität. (Umw, Qual)
28f:
Beitrag „Umweltschutz“ (Sp Umw)
30-32:
Beitrag „Mitarbeiter“ (Weiterbildung, Arbeitssicherheit, Soziale Leistungen, ...) (Sp Pers)

Audi AG

10:
Umwelt hat bei der Entwicklung Priorität. ... Ein optimierter Kraftstoffverbrauch sowie Schonung der Ressourcen und Wiederverwendung der eingesetzten Rohstoffe standen neben der Langzeitqualität und der Sicherheit im Vordergrund der Entwicklungsarbeit. (Umw, Qual)
11:
Unser Ziel ist es, einen möglichst hohen Anteil dieser Stoffe wiederzuverwenden. (Umw)
12:
Audi hat sich entschlossen, die zuverlässige und engagierte Partnerschaft mit seinen Lieferanten durch die Vergabe des „Audi-Qualitätspreises“ zu honorieren. ... Ziel ist es, die Hersteller in das Entwicklungs- und Fertigungsgeschehen ... einzubeziehen. (Qual, Li)
... haben wir unsere Mittel für die weitere Verbesserung der Umweltsituation ... verwendet. (Umw)
Die Ergebnisentwicklung verlief ... sehr zufriedenstellend. Unser Programm zur Kostensenkung und Umstrukturierung wurde im vergangenen Jahr erfolgreich fortgesetzt. (G komm, Effi)

14:
Bei den künftigen Investitionen wird der Schwerpunkt - neben der Weiterentwicklung des Fahrzeugprogramms, der Modellpflege und der Modernisierung der Produktionsanlagen - auf Umweltschutzmaßnahmen liegen. (Modern, Umw)
Wir wollen mit einem attraktiven Modellprogramm unsere Markt- und Wettbewerbssituation stärken ... (M Pos)
32-37:
Beitrag „Personal“(Ausbildung, Arbeitsschutz, soziale Leistungen, Arbeitsschutz) (Sp Pers)

Henkel KGaA

2:
Die Henkel-Gruppe hat ... Umsatz und Jahresüberschuß steigern können. Dieser Erfolg beweist die Richtigkeit unserer langfristigen Strategie. Sie ist gekennzeichnet durch die Ziele: Steigerung der Wettbewerbsfähigkeit, Risikostreuung und solide Finanzierung. Wichtigste Elemente unseres Marketing sind Kundenorientierung, Produktqualität und Umweltverträglichkeit. (G komm, Wettb, Sich, Kap, Ku, Qual, Umw)
Die Verbesserung der Umweltverträglichkeit unserer Produkte und Verfahren setzen wir konsequent fort. (Umw)
Es ist unverändert unser Ziel, die gegenwärtigen Strukturen der „Offenen Familiengesellschaft“ auch zukünftig zu erhalten. (Kap)
6:
Auch 1990 hat sich die von uns angestrebte Risikostreuung ... bewährt. (Sich)
9:
Unser Ziel ist es, Umsatz und Jahresüberschuß auch 1991 weiter zu steigern. (Wachs, G Erh)
10:
Im Unternehmen verblieben zur Sicherung des Wachstums und der Substanz ... (Wachs, Sich, G Verw)
12:
Ziel unserer Forschungs- und Entwicklungstätigkeiten ist die Verbesserung der Leistungsfähigkeit und Umweltverträglichkeit unserer Produkte (Umw)
16f:
Beitrag „Mitarbeiter“ (Den Inhalt umschreibender Titel: „Leistung im Mittelpunkt“) (Sp Pers)

Asko Deutsche Kaufhaus AG

14:
Obwohl die ASKO AG eine sehr aktionärsfreundliche Dividendenpolitik verfolgt ... (G Verw, Ak)

Feldmühle Nobel AG

4:
... das Geschäftsjahr ... in allen Belangen zufriedenstellend verlaufen. Das Unternehmensergebnis ... ist gestiegen. (G komm)
... zur Stärkung unserer Position im amerikanischen Markt ... wurde die Ceramix-Gruppe übernommen. Mit den genannten Käufen wurde die Strategie der Expansion in den Kerngeschäftsfeldern fortgesetzt. Andererseits wurde die Strukturbereinigung mit der Abgabe von Bereichen, die in einem anderen Rahmen bessere Chancen erhielten, weiterbetrieben. (M Pos, Intern, Wachs)
17:
... im Rahmen des verfolgten Expansions- und Restrukturierungsprogramms ... (Wachs)
18:
Die im Feldmühle Nobel Konzern von Beginn an verfolgte auf Risikoausgleich bedachte Strategie der Expansion in den Kerngeschäftsfeldern einerseits und der Strukturbereinigung andererseits ... (Sich, Wachs, Konsol)
18f:
Beitrag „Mitarbeiter“ (v. a. Aus- und Weiterbildung) (Sp Pers)

Continental Gummiwerke AG

5:
Die Ertragskrise ... Mit dem vorgelegten Jahresabschluß können wir ... keinesfalls ... zufrieden sein. (G komm)
... unser Verhalten auch in Zukunft ausschließlich im Interesse der Gesellschaft und aller ihrer Aktionäre auszurichten. (Ak)
6:
... weiterhin auf Expansionskurs in das Europa 1993. (Wachs, Intern)
... stehen die Wiedergewinnung der Ertragskraft und Stärkung der Wettbewerbsfähigkeit im Vordergrund. (G, Wettb)
Ziel all dieser Schritte ist es, die Qualität, Flexibilität und Effizienz der Verfahrensabläufe und Dienstleistungen zu erhöhen und zu verbessern. Wir binden diese Maßnahmen ein in die Philosophie des „Total Quality Management" ... und die ... Unternehmensziele auf dem Gebiet der Qualität mit Leben erfüllt. (Qual, Flex, Effi)
8:
Unsere Zielsetzung ist deshalb um so mehr, den Kostenanstieg zu begrenzen und alle Möglichkeiten der Ertragsverbesserung zu nutzen. (Effi, G Erh)
Unsere Bemühungen, das Unternehmen sicher durch das wohl noch einige Zeit andauernde Ertragstal zu führen ... (Sich)
12:
Unsere Unternehmensstrategie zielt seit Jahren auf Wachstum aus eigener Kraft und auf eine Verbreiterung der Konzernbasis durch Akquisitionen und Kooperationen. (Wachs)
... setzen wir die angestrebte Europäisierung erfolgreich fort. (Intern)
15:
Wir realisieren ein Unternehmenskonzept, das marktorientiert und auf die Lösung der Probleme und die Anforderungen unserer Kunden ausgerichtet ist. Mit ... großer Flexibilität wollen wir die Effizienz in der Zusammenarbeit mit unseren Kunden und unsere Geschäftsbeziehungen weiter ausbauen. (Ku, Flex, Effi)
... interne Maßnahmen zur Kostenreduzierung ... (Effi)
16:
1990 setzten wir unsere Bemühungen zur Kostensenkung intensiv fort ... (Effi)
17:
Wir haben gemeinsam eine Fülle von Aufgaben zur Kostensenkung und Ergebnisverbesserung durchgeführt ... (Effi, G Erh)
31:
Beitrag „Mitarbeiter" (Weiterbildung, Arbeitssicherheit) (Sp Pers)
34:
In der Vergangenheit haben wir unsere Energie zu einseitig auf die Qualität unserer Produkte konzentriert. ... neue Phase unserer Qualitätspolitik. Vollkommene Kundenzufriedenheit erreichen wir nur, wenn ... (Qual, Ku)
35:
Sieben Hauptpunkte ... verdeutlichen ... unser zukunftsorientiertes Denken: Unser Commitment für Qualität ... für den Kunden ... für die Mitarbeiter ... für Gewinn ... für Kosten ... für Innovation ... für globales Handeln ... Nach diesen Grundsätzen versuchen wir im Unternehmen zu leben, uns daran auszurichten. (Qual, Ku, Ma, G, Effi, Inno, Intern)

Geschäftsberichte Schweiz 1990

Nestlé AG

6:
Die Bemühungen, das Wachstum in den kommenden Jahren zu sichern, sind fortgesetzt und verstärkt worden, ... (Wachs)
Unsere Expansion in Asien ist mit großem Einsatz vorangetrieben worden. (Wachs, Intern)
7:
Die Nestlé-Gruppe hat 1990 im Hinblick auf Effizienzsteigerungen gewisse Aspekte ihrer Organisation überdacht, ... (Effi)

Schutz der natürlichen Ressourcen, Achtung vor der Umwelt und sparsamer Einsatz von Energie waren immer wichtige Anliegen ... (Umw, Effi)
... um sicherzustellen, dass künftige Produkte, Verpackungen und Herstellungsverfahren den verschiedenen Aspekten des Umweltschutzes Rechnung tragen. Zur Fortsetzung und Vertiefung der bisherigen Aktivität ... eine Umweltschutzbeauftragte ernannt worden. (Umw)
14:
Wichtigstes Ziel dieses „Employee Involvement" genannten Einbezugs der Mitarbeiter ist, das Wissen und Fähigkeiten der Nestlé-Mitarbeiter im Rahmen der beruflichen Tätigkeit vollumfänglich und kreativ eingesetzt werden können. (keine Codierung)

Ciba-Geigy AG

3:
einen Konzerngewinn von ... erarbeitet zu haben, spricht für das Potential und die Anpassungsfähigkeit unser Unternehmung. (G komm)
... haben wir ... begonnen, Vorkehrungen zur Zukunftssicherung im härteren Wettbewerb zu treffen. (Überl)
Folgende Massnahmen haben ... das Geschäftsjahr geprägt: ... Fokussierung auf unsere Pfeilergeschäfte sowie auf jene Aufbaugeschäfte, bei denen wir Synergien nutzen können ... Bildung eigenständiger Unternehmensbereiche mit verstärkter Kundenorientierung ... (Syn, Ku)
10:
Um die Kapitalstruktur der Globalisierung der Finanzmärkte anzupassen, ... wurde beschlossen, auch Ausländer als Namensaktionäre ins Aktienregister einzutragen. (Kap, Intern)
11:
Verbunden mit einer verstärkten Kundenorientierung, werden noch bessere Markterfolge angestrebt. (Ku)
... soll die Flexibilität der Unternehmensbereiche in Zeiten eines beschleunigten Wandels erhöht werden. Gleichzeitig wurde die Notwendigkeit bestätigt, im Rahmen einer zukunftsgerichteten Geschäftspolitik die wirtschaftlichen, ökologischen und sozialen Verantwortungen bei der Strategiefindung und -umsetzung bewusster in Einklang zu bringen. (Flex, Umw, Ges ök, Ges aök)
... um unternehmerisches Denken und Handeln zusätzlich zu unterstützen.
... Investitionen zur Zukunftssicherung getätigt. (Überl)
14:
Sicherheit und Umweltverträglichkeit von Prozessen und Produkten ... sind Grundanliegen, ... (Umw)
Die Ausbildung der Mitarbeiter ... stellt ein zentrales Anliegen dar. (Ma)
15:
Bestrebungen für alternative Methoden zum Tierversuch ... (Ges aök)
16:
Massnahmen zur ... Sicherheit am Arbeitsplatz vorangetrieben. (Ma)
Die Bemühungen, Abfallmengen sowie die Emission ... zu verringern, ... (Umw)
... die im Aktionsprogramm Rhein gesetzten Ziele für schwer abbaubare organische Stoffe ... (Umw)
... Ziel, die Bestimmungen der schweizerischen Luftreinhaltung zu erfüllen. (Umw)
... sollen die verschiedenen Divisionen ermutigt werden, ... in der Dritten Welt Projekte durchzuführen, ... (Ges aök)
Stiftung bezweckt Zuwendungen für die Weiterbildung von Absolventen der Schweizerischen Hochschulen. (Ges aök)
Im Sinne der Gleichstellung der Geschlechter wurde beschlossen, ... (Ges aök)

Sandoz AG

16:
Dank der guten Kostendisziplin, welche die neue Konzernstruktur noch fördern half, konnte die Rentabilität, ... gehalten werden. (Effi)
18:
Die Schwerpunkte unserer Investitionstätigkeit lagen ... in der Erweiterung ... der Produktionsanlagen sowie im Ausbau der Einrichtungen für Umweltschutz und Sicherheit. (Wachs, Umw)

20:
Abschnitt „Umweltschutz und Sicherheit" (Maßnahmenbeschreibung) (Sp Umw)
21:
Abschnitt „Mitarbeiterinnen und Mitarbeiter" (Ausbildung) (Sp Pers)

Hoffmann-La Roche & Co. AG

7:
... our continued sales growth ... , a key index of corporate success. (Wachs)
Total profits amounted to very satisfactory ... (G komm)
8:
The purpose of divisionalization is to shift entrepreneurial responsibility and the actions resulting from it as close to our markets as possible. ... and at the same time is intended to increase cost consciousness ... (Effi)
The individual divisions have been adapted structurally to the specific circumstances and needs of the markets and customers they serve. In the pharmaceuticals division one of the primary aims was to shorten the time to market. ... and accelerate the decision-making process, ... (Ku, Schnell)
14:
In 1990 we continued to give high priority to environmental protection and to ensuring stringent safety standards ... . However, the increasingly strict environmental protection regulations are now reaching the point of diminishing returns. ... constraints must ... accord with economic realities. (Umw)
... steps were taken to prevent, decrease and recycle waste, ... the company focused on projects to counter air pollution. (Umw)

Danzas AG

5:
Die im Bericht erwähnten Jahresinvestitionen ... zeigen, dass wir uns ... bemühen, die Qualität unserer Dienstleistungen noch zu verbessern und Lücken in der Marktabdeckung zu schliessen. (Qual, Wachs)
8:
Die Transportunternehmen, nach den Kunden unsere wichtigsten Partner ... (Ku)
12:
Unser Engagement ist geprägt von der Verpflichtung, dem Anspruch unserer Kunden ... jederzeit gerecht zu werden. (Ku)
13:
Dem Ziel eines zunehmend kundenfreundlichen Dienstleistungsangebotes kam Danzas ... einen grossen Schritt näher. (Ku)
15:
... wurde der Grundstein dafür gelegt, in den kommenden Jahren bedarfsorientierter, marktkonformer und damit effizienter handeln zu können ... (Effi)
16:
Durch gezielte Schulung der Mitarbeiter soll das hohe Niveau der Dienstleistungen nicht nur gehalten, sondern ständig verbessert werden. (Qual)
17:
Danzas ist führend im europäischen Kombinierten Verkehr; mit ihm setzen wir klare ökologische Unternehmensziele. (Umw)

Alusuisse-Lonza AG

4:
Die Alusuisse-Lonza Holding AG erzielte ... ein sehr gutes Ergebnis ... (G komm)
5:
Gemäss unserer Politik, die Kapitalgeber direkt am effektiven Ergebnis der Alusuisse ... zu beteiligen ... (G Verw, Ak)

10:
... unsere Strategie der Ausrichtung auf kundennahe Produkte und Systeme mit hoher Wertschöpfung ... (Ku)
Unsere Anstrengungen im Bereich Umweltschutz und Sicherheit haben wir gruppenweit vorangetrieben. ... Ökologie und Sicherheit beanspruchen nicht nur beträchtliche Mittel; sie eröffnen in allen unseren Tätigkeitsbereichen auch Chancen. (Umw)
22:
Alle ... müssen wissen und verstehen, dass nur mit einer kundennahen ... Organisation ... (Ku)
Es ist unsere Pflicht, die verfügbaren Talente zu entwickeln und die Wünsche und Vorstellungen der Belegschaft so weit als möglich zu erfüllen. Nur so werden wir auch in Zukunft die ... Mitarbeiter haben, die Alusuisse für die Zukunft benötigt. (Ma)
26-40:
„Blickpunktartikel" mit dem Titel „Mitarbeiter - Der Erfolg von morgen" (Sp Pers)

Gebrüder Sulzer AG

6:
... we passed another milestone on our way toward lasting improvement of profitability. (G Erh)
...restructuring and rationalization measures ... (Effi)
Within the framework of the corporate mission - to increase value for our customers, employees and shareholders - our goal remains to stay in the lead as a technology corporation. We continue to focus our product portfolio on the criteria of profitability, market position and growth in each sector as well as on peak technical performance. In 1990, our corporate strategy was again to ... systematically promote growth businesses. (Ku, Ma, Ak, Sach, G, M Pos, Wachs)
7:
Our capital expenditures of ... were mainly concentrated on rationalization measures, ..., information technology and environmental protection. (Effi, Umw)
9:
... profitability ... We regard the progress thus achieved ... (G komm)

48:
During the year under review we came one step nearer to our profitability target ... (G komm, G)
49:
The business challenges of the nineties demand rational working methods, efficient order processing and a high degree of flexibility for quick reaction to customer requirements. (Effi, Flex, Schnell, Ku)
50:
Abschnitt „Personnel" (Ausbildung, Frauenförderung) (Sp Pers)

Holderbank Financière Glarus AG

4:
Unser Sortiment beinhaltet ... (Sach)
Unsere Produktion orientiert sich am Markt. Wir verpflichten uns zu einer rationellen und flexiblen Herstellung unter Berücksichtigung einer umfassenden Qualitätssicherung. Ein kundennahes Engagement ... gibt allen Bauherrn die Sicherheit, dass ... (Effi, Flex, Qual, Ku)
13:
Hohe Priorität kam erneut der Verstärkung unserer Positionen in den angestammten Märkten zu. Die angestrebte Kundennähe ... (M Pos, Ku)
... Bildung schlagkräftiger regionaler Geschäftseinheiten als wichtiges strategisches Element der Zukunftssicherung. Damit sollen jene Voraussetzungen geschaffen werden, um bereits vorhandene Synergien noch optimaler auszuschöpfen. (Überl, Syn)
Holderbank will auch in Zukunft eine weltweit führende Stellung bei den Baustoffen einnehmen. (M Pos, Intern)
... ein neues Leitbild geschaffen. Wesentliche Elemente sind: Zentrale Strategie bei lokaler Eigenständigkeit ... weltweite Präsenz ... Konzentration auf kundenorientierte Produkte ... kostenbewusste Führung ... (Intern, Ku, Effi)

Wir engagieren uns im Recycling, betreiben aktiven Umweltschutz und sind bereit, im Interesse der Allgemeinheit einen Beitrag zur Verminderung des Entsorgungsproblems zu leisten. Zur Erreichung dieser Ziele ... (Umw)

Oerlikon-Bührle Holding AG

4:
Die Projektgruppe hatte den Auftrag, so schnell wie möglich Massnahmen zur Restrukturierung und Gesundung des Konzerns vorzuschlagen. (Überl)
5:
Gewissheit, dass die Neuausrichtung auf die drei Schwerpunkte Technologie, Konsumgüter und Dienstleistungen mit guten Aussichten für die weitere Gesundung des Konzerns verbunden sein wird. (Überl, Sach)
8:
Das ... Konzernergebnis weist ... wiederum einen Verlust aus. ... Die Ursachen für dieses sehr unbefriedigende Ergebnis ... (G komm)
... etliche interne Ursachen in der Überprüfung, mit dem Ziel, die Ertragslage des Konzerns namhaft zu verbessern. (G Erh)

ADIA S.A.

3:
the ADIA group succeeded in limiting to 26% the decline in operating profit ... (G komm)
4:
... in spite of the poor business climate experienced in 1990, ADIA pursued its expansion strategy (Wachs)
9:
... strict financial measures, in particular risk control transactions ... (Sich)
In order to minimise the impact of currency fluctuations ... (Sich)
11:
ADIA's principal efforts will bear on cost control ... (Effi)
Protectas ... intends to expand ... in its other markets - Germany, Austria, ... (Wachs, Intern)

Swissair AG

4:
...konnte kein befriedigendes Resultat erarbeiten. Wir erlitten einen ... Verlust ... (G komm)
5:
Wichtige Elemente zur Verbesserung unserer Ausgangslage ... sind: ... Konzentration auf unser Kerngeschäft ... Ergebnisverbesserungsprogramm ... (G Erh)
... Personalkosten das einzige grosse beeinflussbare Kostensegment ... streben wir Arbeitsverträge an, die eine flexible Handhabung erlauben (Effi, Flex)
Die Swissair hat sich schon seit Jahren mit ökologischen Belangen auseinandergesetzt ... ist ... bereit, in diesem Bereich weiterhin aktiv zu bleiben und den betriebswirtschaftlichen auch ökologische Interessen gegenüberzustellen, um so zur Zukunftssicherung von Unternehmen und Umwelt beizutragen. (Umw, Überl)
... Verzicht auf eine Dividendenausschüttung, um die Unternehmenssubstanz für die Zukunft zu erhalten. (Sich)
14:
Wir können und wollen nicht einer übermässigen Expansionspolitik folgen ...
Wir stellen Qualität vor Quantität ... (Qual)
15:
... werden diese kundenorientierten Verbesserungen fortgeführt ... (Ku)
20f:
Abschnitt „Personelles" (Arbeitszeiten, Personalbestand) (Sp Pers)

30:
Es ist unser erklärtes Ziel, das beste Unternehmen zu sein, wenn es darum geht, Passagiere und Fracht sicher, zuverlässig und möglichst pünktlich zu befördern. (M Pos)
31:
... Ergebnisverbesserungsprogramm MOVE ... (G Erh)

Schindler Holding AG

5:
... im Sinne der erklärten flexiblen Dividendenpolitik (G Verw)
6:
... Sowjetunion ... Dieses Joint-Venture ... ist der erste Schritt in Richtung eines grösseren Engagements ... (Intern)
7:
... Reorganisation, Innovation und Expansion weiterhin höchst aktuell bleiben, um die Schlagkraft des Unternehmens sicherzustellen. (Inno, Wachs)
... Veränderungen in einem bisher nicht gekannten Tempo ablaufen und eine Komplexität aufweisen, deren Folgen sich nicht völlig beherrschen lassen. ... In dieser Situation drohen wohlüberlegte Stossrichtungen und Zielsetzungen buchstäblich über Nacht obsolet zu werden. ... Verschiedene Erfolgsfaktoren ... Ein zentraler Aspekt war dabei die Frage, wie die Unternehmensstruktur beschaffen sein muss, damit sich grundlegende Veränderungen besser antizipieren lassen und damit die Erhöhung der Geschwindigkeit, Flexibilität und Schlagkraft der Gruppe andauernd gewährleistet ist, dies alles mit dem vorrangigen Ziel, den Kunden noch besser bedienen zu können. (Schnell, Flex, Ku)
9:
... Belegschaft ... die ... ihr Ziel verfolgt, dem Kunden weltweit besser zu dienen. (Ku)

Ascom Holding AG

5:
Das internationale Geschäft wurde auch 1990 gezielt ausgebaut. (Wachs, Intern)
6:
Die Veränderungen auf den Märkten ... forderten zusammen mit den inneren Anpassungen und Weiterentwicklungen ... einen hohen Einsatz und eine ausgeprägte Anpassungsfähigkeit. (Flex)
Unseren Kunden ... Wir werden auch in Zukunft alles daran setzen, ihnen Produkte und Dienstleistungen anzubieten, welche ihren Bedürfnissen voll entsprechen. (Ku)
8:
... spezifische Marktsegmente ... Darin strebt Ascom eine Marktführerposition an. (M Pos)
24f:
Abschnitt „Mitarbeiter“ (Strukturanpassung, Weiterbildung, Internationalisierung) (Sp Pers)

Landis & Gyr AG

8:
... sharp increase in operating income ... was also a source of great satisfaction to us. (G komm)
... it became apparent that we would have to further rationalize our product range and improve our manufacturing efficiency. (Konsol, Effi)
10:
We can also report substantial progress in our program to restructure the manufacture of mechanical parts and to reduce the depth of production. (Konsol)
... charges were incurred by the need to keep pace with the faster technological change and to further streamline our manufacturing and our products. (Schnell, Effi, Konsol)
... surge in operating income. We consider this result to be a confirmation that we are on the right path. (G komm)

The targets were met: in addition to increasing net sales by 6.3 percent ... profit margins were also bettered (Wachs, Effi)
11:
... corporate divisions have to be able to react fast and adjust to new circumstances without delay. (Schnell, Flex)
... we will have to step up our efforts to improve productivity. (Effi)
... solving the world's environmental problems is about to become one of the economy's priority tasks. ... With their products and services, our ... divisions make a significant contribution to energy efficiency. However, we are also tackling the problem of environmental protection as producers. Environment and safety are traditionally matters of great concern at Landis & Gyr. ... We are aware that such an approach may add to our costs, but we firmly believe that the extra expense will ... pay off in the long term. (Umw)
42:
High personnel costs were one of the reasons why the Group initiated a program to boost productivity. (Effi)

Georg Fischer AG

4:
Mehrere Projekte ... Das Ziel blieb dasselbe: die noch verbliebenen Schwachstellen zu beseitigen und die Kerntätigkeiten zu fördern.
5:
... Ziel, diesen Standort ... auszubauen und damit die Voraussetzungen für dessen Wachstum sicherzustellen. (Wachs)
Die industrielle Zusammenarbeit zwischen ... setzt sich zum Ziel, durch gegenseitige Unterstützung ... Kosten einzusparen und die Effizienz zu erhöhen. (Effi)
22:
Aus Gründen der Konzentration und der Rationalisierung sind die Personalbestände ... reduziert worden. (Konsol, Effi)

von Roll AG

3:
Die Aktivitäten des Von Roll Konzerns sind ausserordentlich vielfältig. Vier Produktbereiche ... (Sach)
4:
... die dennoch erreichte Umsatzsteigerung ... ist erfreulich. Sie widerspiegelt die hohe Leistungsfähigkeit unseres Unternehmens. (Wachs)
9:
In allen Produktebereichen wurden überdies die Anstrengungen zur Rationalisierung und Produktivitätssteigerung konsequent weitergeführt. (Effi)

Geschäftsberichte Frankreich 1990

Rhone-Poulenc S.A.

2:
... Rhone-Poulenc has now reached the critical mass needed for competitiveness and is now set for strong growth potential. (Wachs, Wettb)
... our business was shaped by ... major accomplishments: ... our broad-based efforts to integrate the main acquisitions ... strategic refocusing of our core businesses ... (Syn)
3:
We have now achieved our primary strategic goal: to rank, in each of our businesses and in each of our products, among the world's five leading companies, in order to enjoy the critical mass so vital to creating sustainable competitive advantage. ... The aggressive implementation of this strategy has completely reshaped our corporate profile ... (Wachs, M Pos!, Intern)

4:
The Group's debt-to-equity ratio ... should be reduced to 0.7 by the end of 1991 ... Our objective for 1992 is to reduce this ratio to 0.5. (Kap!)
5:
... our growth dynamic will be built around ... commitments: ... Total Quality Management ... TQM is a fundamental value in Rhone-Poulenc's management philosophy. ... Enhancing our contribution to environmental protection ... Further improving corporate efficiency and performance ... (Qual, Umw, Effi)
6:
Rhone-Poulenc's strategic vision: Rhone-Poulenc is strategically committed to ranking, in each of its businesses, among the world's five leading chemical groups and the ten largest pharmaceutical companies. By implementing this strategy, the Group is pursuing three key business objectives: achieve an operating margin of 15%, generate a 15% return on invested capital, and ensure average per share earnings growth of 15% per year. (M Pos!, Intern, Effi!, Rent Ge!, G Erh!)
8:
Rhone-Poulenc has structured its business portfolio around three closely related core competencies and five operating sectors: Organic and ... (Sach)
12:
The Group made strategic acquisitions in 1990 to strengthen its world market position. (M Pos, Intern)
46f:
Beitrag „Human Resources" (Weiterbildung, interne Kommunikation) (Sp Pers)
52f:
Beitrag „Safety and Environment" (Umweltschutzmaßnahmen) (Sp Umw)
54f:
Beitrag „Quality" (Beschreibung des Total Quality Management) (Qual)
56f:
Beitrag „Communications" (interne Kommunikation, Sponsoring in Sport, Umweltschutz und Kultur) (Sp Ges)

Pechiney S.A.

2:
... the equity enhancement program begun in late 1988 ... (Kap)
3:
Continued debt reduction will remain one of the Group's major objectives. (Kap)
The rather modest drop in operating profit must be viewed ... as an encouraging sign of the Group's significantly enhanced resistance to uncertainties ... (G komm)
... the Group now has the capacity to continue pursuing the objectives it has set for itself of growth, profitability and employee development, without fear of being jeopardized by the ups and downs of economic cycles. (Wachs, G, Ma)
6:
Principal Group Activities: ... four principal sectors of activity ... : Packaging ... (Sach)
15:
The Group has decided to strengthen its manufacturing presence in southern Europe (Wachs, Intern)
16-19:
Beitrag „Human Resources" (Arbeitsorganisation, Weiterbildung, Karriereplanung) (Sp Pers)
22f:
Beitrag „Environment and Safety" (Umweltschutzmaßnahmen, Arbeitssicherheit) (Sp Umw)

Carrefour S.A.

1:
... commitment of our operating companies and store personnel, who each day respond to the needs of our customers. (Ku)
... we will strive to further expand our presence even further ... (Wachs)
The fruits of Carrefour's strategy are evident. ... income has grown (G komm)

21:
Carrefour's mission: Staying power, independence and growth ... (Unabh, Wachs)

Lyonnaise des Eaux-Dumez

2:
In proposing the merger to you ... your board has judged that it would respond both to the immediate interests of the shareholders and to the challenges of the future. ... An operation of such exceptional magnitude must first be justified by the added value it brings to shareholders. (Ak, Sh Val)
... a new group ... oriented towards the future: construction, urban development, environmental management. (Sach)
3:
Immediate Priorities: First - continue investments which contribute to our core businesses - construction and development ... Second Priority ... Lyonnaise des Eaux-Dumez is disengaging from non-strategic equity positions and activities. ... Third priority: manage companies in such a way as to achieve better profitability. This means emphasizing profit margins relative to revenues ... Administrative and overhead costs at all levels must be reduced. (Sach, Konsol, G Erh, Effi)
... by systematically seeking out synergies ... we must ... (Syn)
4:
We must decentralize ... decisions ... must be made rapidly. (Schnell)
... the battle for competitiveness will be fought with the weapons of ... (Wettb)
Our objective is to achieve ... a high level of effectiveness in the management of human resources. (keine Codierung)
In foreign operations, Lyonnaise des Eaux-Dumez ... should contribute to our country's being well regarded for the quality and strength of its economic and technological capabilities. ... (Ges aök)
The primary objective of Lyonnaise des Eaux-Dumez is to each year generate increased earnings with which to remunerate the financial contributions you have made. The group also has the ambition of becoming ... a leader in the „green industries". (G Erh, Ak, M Pos)
6:
The merger ... responds to three imperatives: Adapt to changing demands ... to adapt services to client needs ... continue international expansion ... reinforce the group capital base for continued external growth ... (Flex, Ku, Intern, Wachs, Kap)
7:
... a new group ... serving the environment ... and the quality of life. (Umw, Ges aök)
10:
That policy of expansion in Europe ... (Wachs, Intern)
14f:
Beitrag „Human Resources and Group Organization" (Darstellung der Führungsprozesse) (Sp Pers)

Compagnie de Saint-Gobain S.A.

1:
Saint-Gobain is a world leader in the field of engineered materials. ... products ... fulfil the diversified needs of our customers all over the world. (Sach, Ku)
3:
... South East Asia ... Growth in this area is a continuing objective. (Intern, Wachs)
... efforts made by the men and women of Saint-Gobain to improve service to our customers and the quality of our products. (Ku, Qual)
The objectives of the Group in the next few years will continue to be focused on growth ...These objectives will be reconciled with the necessity to lower the level of indebtedness. (Wachs, Kap)
... the development of our engineered materials must satisfy our customers' needs ... Emphasis will be put on quality and service ... (Ku, Qual)
12:
Saint Gobain is the leading world glass manufacturer. (Sach)

13:
The Group's determination to grow was evident in 1990 in its investment policies. (Wachs)
The objective is to significantly decrease the indebtedness in the coming years. (Kap)
... the determination of the Group both to maintain its competitiveness ... and to ensure its growth ... (Wettb, Wachs)
Technological innovation is ... an essential element in a dynamic approach. (Inno)
14:
The innovative capacity of the Group is one of the mainsprings of its strategy. (Inno)
Beitrag: „Employees" (Weiterbildung, Arbeitssicherheit) (Sp Pers)

Cie Gén. Des Ets. Michelin

- Englischsprachige Beilage zum französischsprachigen Geschäftsbericht:
5:
... Michelin continued its search for innovations (Inno)
6:
... the desire of the Company to conserve its funds to the maximum extent for future support ... (Kap)

Französischsprachiger Geschäftsbericht:
7:
... notre politique traditionnelle de prudence (Sich)
8:
... des mesures de restructuration destinées à assurer les conditions d'un retour à la rentabilité. (Rent Ge)
9:
Nous avons confirmé récemment l'objectif de retour à l'équilibré du résultat courant du Groupe dans les derniers mois de 1991. (G)
... la nécessité de réduire les coûts ... (Effi)
L'effet de ces mesures ... pour atteindre les objectifs fixés et améliorer la compétitivité de Michelin. (Wettb)
32:
Dans un marché extrêmement compétitif il nous aurait fallu ... des efforts financiers importants pour atteindre une taille assurant notre pérennité. (Wachs, Überl)
Nous aurons évidemment à accroître encore notre présence sur le troisième marché mondial, celui de l'Extrême-Orient. (Wachs, Intern)
Notre objectif était d'acquérir ce qu'on appelle la „taille critique" et nous avons maintenant atteint cet objectif. ... Nous avons voulu faire grandir la Maison pour assurer sa pérennité ... (Wachs, Überl)
... pour continuer à exister, il faut être assez puissant, il faut avoir cette „taille critique" ... (Überl, Wachs)
Cette croissance avait aussi un autre but. Je crois qu'il est extrêmement désagréable pour une Maison être coiffée par un de ses concurrents et nous avons voulu tout faire pour éviter cette situation ... (Wachs)
... nous devons maintenant assurer notre rentabilité. (Rent Ge)
33:
Les énergies ... s'appliquent dès maintenant à d'autres fins: la consolidation, l'amélioration de la qualité, ... (Konsol, Qual)
Nous devons maintenant assurer notre rentabilité. Pour cela, nous devons ... réduire notre dette. (Rent Ge, Kap)
Nous allons aussi réduire nos coûts par les nouveaux moyens de fabrication ... (Effi)
Enfin, nous devons rembourser notre dette. (Kap)
Grâce soit rendue à nos clients ... (Ku)
Nous avons toujours donné beaucoup d'importance à la qualité de nos produits. ... Nous devons continuer. (Qual)
... la rentabilité, qui est le corollaire de la consolidation ... (Rent Ge)
... nos objectifs de consolidation et de rentabilité (Rent Ge, Konsol)
35:
... il n'y ait pas de dividende ... Mais la vie de l'entreprise doit être replacée ... (Überl)

Promodès S.A.

0:
Promodès, a retail specialist predominantly in the food business, operates ... (Sach)
The Promodès growth strategy ... (Wachs)
2:
... our values: Quality, Efficiency, Adaptability, Initiative, Respect. (Qual, Effi, Flex, Ges aök)
The economic requirement of our business in which size and volume are essential ... (Wachs)
... our willingness to develop a closer collaboration with our suppliers. (Li)
... reason for confidence ... fifth and last reason is our size. The growth strategy of Promodès has been pursuing for 30 years ... (Wachs)
Service and satisfaction to our customers are for us ... words we are proud to put into practice. (Ku)
4:
This progress in sales was achieved thanks to the efforts made by everyone to gain market share. It is proof both of the success of our commercial offerings in meeting consumer needs and of our competitiveness. (M Pos)
16:
... „adaptability" is an outstanding feature of the Promodès Group culture. (Flex)

Bouygues S.A.

4:
Bouygues is emerging as a developer ... (Sach)
Our policy of expansion into Europe only applies to those sectors in which such moves are crucial to the preservation of leadership ... (Wachs, Intern, M Pos)
5:
We have acquired and integrated into our Group many companies ... Now ... giving priority to organic growth and profit maximisation ... (Wachs, G Max)
The group is also seeking to boost its position in the areas of services and communication. (M Pos)
Bouygues' uninterrupted growth since the outset has been achieved through our constant drive to modernise by creating an environment conducive to efficiency and productivity ... (Modern, Effi)
We must rise to the supreme challenge of quality, since this is the critical factor ... (Qual)
Bouygues has built its reputation and success on quality management and the capacity for technical innovation. Our primary objective is to continue enhancing the quality of our products and services. (Qual, Inno)
12:
„Twelve Trades" (Überblick der bearbeiteten Märkte) (Sach)
14f:
Beitrag „Human resources" (Rekrutierung, Weiterbildung, etc.) (Sp Pers)

BSN S.A.

1:
Since the beginning of the decade, we have been applying two high-priority strategies, in terms of products to continue to diversify in the food industry ... in terms of geography, to extend our operations throughout Europe. (Wachs, Intern, Sach)
I might remind you that during this decade, our major objective has been to become number one or two in Europe in five flagship product areas: biscuits, ... That goal has now been attained. (M Pos!, Intern)
... it was imperative that we quickly reduce our debt load ... There was only one solution: the rapid divesture of operations which were non-strategic. (Kap)
... we took advantage of all opportunities for external growth which presented themselves in 1990. (Wachs)
... our strategy linked to a policy of dual innovation: Innovation in terms of products ... Innovation in our approach to cost reduction. ... This overall productivity effort must be continued ... (Inno, Effi)
The time has come to attempt to establish our goals from now to the end of the current decade: these will be, first a doubling of consolidated sales (excluding internal growth); and second, annual growth in net income of between 10% and 15%. (Wachs!, G Erh!)

7:
The very considerable efforts now underway to raise productivity and achieve rationalization ... (Effi)
23:
Beitrag „Human Resources“ (Ausbildung, Zusammenarbeit mit Gewerkschaften, Förderung von Frauen, interne Kommunikation) (Sp Pers)

Schneider S.A.

0/1:
Übersicht „Group Activities“ (Sach)
2:
... our core activities - electrical power, automation, ... (Sach)
To sustain the momentum of our international development, Schneider's strategy stresses investment in three main areas ... (Wachs, Intern)
About FF 2,8 ... was expended on external growth, with particular emphasis on North America ... (Wachs, Intern)
3:
... we have ample resources to pursue our growth strategy. (Wachs)
To meet our ambitious strategic goals, we are all fully aware of the need to improve further both profitability and return on capital employed. (G Erh, Rent Ge)
10:
The Schneider group is dedicating a very considerable part of its resources to strengthening its position as a world leader ... in two priority segments ... which are undergoing rapid globalization. Economies of scale are of critical importance to the success of this effort ... expenditures are substantial ... requiring significant market shares over which to spread these expenses ... (M Pos, Intern, Wachs)
11:
Through acquisitions and cooperative agreements Schneider is working to improve the balance of its market shares throughout the world. ... Schneider has in particular set goals to strengthen its presence in North America ... and to expand its operations in Asia. This extension of Schneider's worldwide presence contributes to improved profitability and to meeting its goal to increase return on equity rapidly to 20%. Achieving this objective is the key for Schneider to continue to enjoy the confidence and support of its shareholders ... (Sich, Intern, Wachs, Rent EK!, Ak)
16f:
Beitrag: „The Schneider People“ (Weiterbildung) (Sp Pers)
18-21:
Beitrag „The Schneider Mission“ (A single mission: mastering electrical power and automation; two major activities: manufacturing and contracting.) (Sach)

Groupe Casino S.A.

2:
In 1990, Casino management pursued a strategy aimed at successfully meeting the challenges of the nineties.
Our primary concern is to serve customers better ... to meet their needs ... (Ku)
5:
Casino Restaurants pursues its diversification strategy ... (Wachs)
Focusing on its core food based activities, the Group ... (Sach)
The holding ... ensuring the Group's cohesion ... (Syn)

Béghin-Say S.A.

0:
... Béghin-Say has one vocation: to purify and process agricultural products into human and animal food, as well as for non-food applications. The Group is a leader in five sectors: sugar refining, starch, ... (Sach)

3:
... the Group devoted its energies to strengthening its capabilities and competitive positions within its five areas of specialization: Sugar and Alcohol, Starch ... (M Pos, Sach)
The financial results achieved ... in 1990 were generally satisfactory ... (G komm)
The new European dimension gives us further opportunity to expand and improve our market positions. (Wachs, M Pos, Intern)

Thomson CSF

0:
Thomson-CSF is a high-technology company whose expertise in electronics is acknowledged throughout the world. Thomson-CSF is Europe's leading defense electronics concern ... (Sach)
Thomson-CSF's insightful policy of organic growth and strategic alliances has strengthened the company's competitive positions. (Wachs)
2:
Thomson-CSF in 1990 pursued the strategy that has given it a key position ... The four priorities of this strategy are: ... Thomson-CSF's European business must continue to grow at the same pace as the European defense market. ... Sustained profitability. ... Broader Scope. Thomson-CSF's fourth basic priority is to progressively extend its area of involvement to enable civil markets ... to benefit from the company's know-how and experience. (M Pos, Intern, Wachs, G)
8:
A key player in the European and world defense electronics industries, Thomson-CSF ... (Sach)
10:
In an effort to maintain Thomson's competitive edge ... a new restructuring program ... The three-year plan involves an overall reduction in staff numbers of 3,700 by the end of 1993. (Wettb, Effi!)

Esso S.A.F.

1:
Ces résultats sont cependant insuffisants puisqu'ils n'assurent pas encore la rentabilité normale des capitaux investis. (G komm, Rent Ge)
... ses grands domaines d'activité: recherche et production de pétrole brut en France, raffinage et distribution. (Sach)
4:
L'effort de qualité de votre société s'est poursuivi en 1990 ... Le programme d'amélioration continue de la qualité a permis d'obtenir les accréditations qualité de grandes sociétés clientes.
Le réseau Esso a poursuivi la modernisation de ses pointes de vente ... (Qual, Modern)
Soucieuse de préserver l'environnement votre société est engagée dans un programme de progrès continu et y consacre chaque année plus de 15% de ses investissements. (Umw!)
5:
Ce résultat, bien qu'en amélioration, est encore très insuffisant par rapport aux capitaux investis. (G komm, Rent Ge)
6:
... votre société ... est parvenue à minimiser les risques associés aux variations du marché ... (Sich)
7:
Le programme d'amélioration continue de la qualité lancé en 1989 ... (Qual)
8:
Absatz „Communication et Ressources Humaines" (interne und externe Kommunikation, Weiterbildung, Arbeitssicherheit, Erfolgsbeteiligung) (Sp Pers)

Société Générale d'Entreprises

0:
Pour illustrer ... sa politique de mécénat en faveur de la musique, la Société Générale ... (Ges aök)
4:
La Société Générale a poursuivi au cours des dernières années un programme d'investissements de modernisation ... Parallèlement, nous préparons la réduction ou l'arrêt d'activités faiblement ou peu rentables. (Modern, Rent Ge)
5:
Elle est surtout devenue un groupe financier diversifié ... (Sach)
Notre ambition demeure d'assurer au Groupe une croissance durable, équilibrée et pragmatique. (Wachs)
Nous serons guidés dans notre action quotidienne par une double préoccupation: améliorer, en termes de qualité et de compétitivité, les services proposés à nos clients; privilégier l'intérêt de nos actionnaires à long terme aussi bien qu'á court terme. (Qual, Wettb, Ku, Ak)
10:
Banque universelle, la Société Générale est présente dans les différents métiers de la banque et de la finance. (Sach)
... elle mobilise en permanence le savoir-faire de ses équipes afin de mieux répondre aux attentes de sa clientèle. (Ku)
21:
La Société Générale procède à une adaption continue de son organisation afin de répondre aux attentes da la clientèle dans les meilleures conditions de qualité et de productivité. (Ku, Qual, Effi)
26f:
Beitrag „Les Ressources Humaines" (Weiterbildung, Zusammenarbeit mit Gewerkschaften, Vergütung) (Sp Pers)

CRD Total France S.A.

10:
... le cadre du plan de développement lancé en 1989. L'accent a été mis sur la création et la reconstruction de stations à forte ventes ... et sur les trois axes de diversification: automobile, alimentation et restauration. (Wachs, Sach)
... les investissements ont permis d'adapter les installations ... tout en poursuivant les travaux liés à la sécurité et à la protection de l'environnement. (Umw)
11:
Par son engagement dans cette opération, la Compagnie manifestait l'importance qu'elle attache aux problèmes de sécurité, que ce soit dans son activité ou pour mieux répondre à une attente des consommateurs. (Ku)
... la politique de qualité et de services ... (Qual)
La qualité du service et de l'accueil dans les stations est un des thèmes sur lesquels porte la formation des gérants, formation qui doit les préparer à la gestion des activités de diversification. (Qual)
15:
La forte augmentation du montant des investissements a eu pour but de répondre à l'évolution de la demande par des adaptions qualitatives et quantitatives, et d'assurer une meilleure valorisation des productions. (Flex)
Par ailleur ont été poursuivis les investissements visant à améliorer la sécurité ... ou à assurer une meilleure protection de l'environnement. (Umw)
18f:
Beitrag „Relations Humaines et Communication Interne" (Weiterbildung, Erfolgsbeteiligung, interne Kommunikation) (Sp Pers)

Groupe Pinault S.A.

1:
... the Group will ... found itself upon four solid and complementary areas of operation: specialized distribution, industry, ... In each of these areas it occupies a leading position and it intends to strengthen this through internal expansion supported, where there are the opportunities by external growth. (Sach, Wachs, M Pos)

3:
The efforts made during this year ... have also made it possible for the Group to break away from the sectors in which it was not certain to occupy a leading position. (M Pos)
The goal which we are pursuing, which I am pursuing, is to ensure the harmonious and profitable development of our group in order to raise the value of the interests you have entrusted in us. (G)
4:
The teams I have around me need to be efficient, dynamic and adaptable so that we can preserve our ability to respond and adjust to circumstances ... (Effi, Schnell, Flex)
6:
The Pinault Group ... in accordance with its very own strategy: of concentrating its activities in the areas where it is likely to occupy a key position ... (Konsol, M Pos)
The Pinault Group wishes to organize its activities around a limited number of areas of operation in which it is able to occupy a key position. It was in this perspective that in 1990 the Pinault Group continued its expansion ... (M Pos)
Wishing to concentrate its activity in the future on the four sectors in which it is in a position to play a major role ... (Konsol, M Pos)
7:
Since the beginning of 1991, the Pinault Group ... has concentrated its development on four complementary sectors: Specialized Distribution .... The Wood and Furniture industry ... (Sach)
9:
... training activities ... in order to provide a better customer service, as well as towards the constant pursuit of quality. (Ku, Qual)
12:
... the Pinault Group is pursuing its policy of expansion. (Wachs)

Lafarge Coppée S.A.

1:
Lafarge Coppée is one of the world's leading producers of building materials ... (Sach)
Today our strategic priorities and our approach ... all highlight the importance we place on enhancing this international role, the key to success in an increasingly competitive environment. Lafarge Coppée is proud of its independence. Our long-term vision is one way of ensuring a high return on investment for our 150,000 shareholders. (Intern, Unabh, Sh Val, Ak)
2:
... a further step in our Europewide expansion. (Intern, Wachs)
4:
The same focus on leadership in all our businesses was behind our decision ... (M Pos)
5:
... profits were at the same robust level as in the previous year. This success ... (G komm)
6:
... our priorities will be continued financial flexibility and prudent expansion. (Flex, Wachs)
By enhancing the performance of newer group members, we will seek to make them as efficient and productive as possible. And this we can only achieve by relentless efforts to upgrade technology and cut costs, while promoting new skills, expanding our market base and developing new products. ... Yet only through such efforts can we hope to overcome temporary difficulties and prepare the way for renewed earnings growth ... (Effi, Wachs, Inno, G Erh)
7:
Many of our staff members also own shares in the group, and thus are well aware that our aim is to optimize shareholders' return on investment. ... our aim is to foster shareholder loyalty. (Ak, Sh Val, Kap)
10:
In 1990 we pursued efforts to achieve our major strategic objectives: to rank among the world leaders in each of our business activities. (M Pos, Intern)
11:
Finally, to improve profits ... we are seeking a partner in field seeds. (G Erh)

12:
We also plan to strengthen our presence around the Mediterranean ... (Wachs, Intern)
13:
... our staff will have to be more international as well. (Intern)
15:
... with a view to gaining a lead on competitors, we ... (M Pos)
17:
... our drive to strike a better balance of business between different geographical zones and different sectors of the construction market ... (Sich, Intern)
19:
In line with our policy of sharing the fruits of our development with staff members, we have established ... a new employee shareholding program. (Ma)
... no single shareholder owns more than 5% . Ownership structure thus mirrors the independence to which we are so firmly attached. We are convinced that shareholders will see the value of their investment rise as we continue to expand our international base, pursue our growth strategy through internal development and acquisition, and maintain our strong financial structure. (Kap, Intern, Unabh, Wachs)

L'Oréal S.A.

1:
... L'Oréal is responsible for a unique range of brands whose quality and renown have made it one of the world's foremost cosmetic groups. ... L'Oréal strives forward ... in the pursuit of beauty and health. (Sach)
4:
... a 12,5% growth in sales and a 15,1% growth in net profit for the Group can be considered very encouraging indeed. (G komm)
We care deeply for the concepts of quality and innovation. (Qual, Inno)
5:
We have once again given priority to internal growth. (Wachs)
... the key elements of our business philosophy: developing innovative new products, increasing their international presence, optimising methods of production, ensuring synergy between infrastructures, and minimising non-productive overheads. (Inno, Intern, Wachs, Effi, Syn)
It is our earnest desire that L'Oréal activities worldwide be reconciled with respect for human values and the protection of the environment. (Ges aök, Umw)
I would like to conclude by stressing the importance we attach to human relations between the individual and the company. ... Our aim is to work together harmoniously to achieve shared success, to unite people and products through a concern for quality and for everyone to contribute to an ever more pleasant working environment. (Ges aök, Ma, Qual)

Hachette S.A.

3:
Hachette is a worldwide media group. ... Its operations ... span the creation , production and distribution of books, newspapers and magazines, ... (Sach)
4:
... an occasion ... to compare our achievements with our hopes. Sales have grown ... Profits ... have grown steadily. ... At the end of 1980, I announced my two main goals for Hachette: to become one of the word's premier communications groups ... and a multinational corporation. Both those goals have been achieved. (M Pos, Intern, Sach)
But we are not interested in an unbridled race for growth and development at any price.
We shall take great care to safeguard the fine balance between investing for growth, and earnings for security and independence. Our overriding aim will be to reconcile our goals with the interests of our personnel and shareholders. We all want to develop our business and boost earnings. (Wachs, G, Sich, Unabh, Ma, Ak, G Erh)

Groupe Printemps S.A.

0:
... les divers métiers de la distribution d'aujourd'hui: vente en magasins, commerce de gros, ... (Sach)
Le style d'action: viser la qualité et le service pour les produits comme dans les relations avec les fournisseurs et la clientèle. L'objectif: renforcer ses positions, en France comme à l'international, afin de conforter sa place parmi les leaders de la distribution. (Qual, Li, Ku, M Pos, Intern)
3:
Nous avons pu relever un triple défi: moderniser nos activités traditionnelles de magasins, renforcer le leadership de La Redoute en France et conforter son ambition européenne, poursuivre une active politique de désendettement. (Modern, M Pos, Intern, Kap)
Et notre ambition est de poursuivre cette stratégie de multidistributeur. (Sach)
... nous ayons poursuivi une active politique d'expansion ... en France ... comme à l'étranger. (Wachs, Intern)
... un Groupe qui a l'ambition et les moyens de figurer parmi les tout premiers distributeurs européens. (M Pos, Intern)
10f:
Beitrag „Les Ressources Humaines" (Personalbedarf, Weiterbildung, interne Kommunikation) (Sp Pers)

L'Air Liquide S.A. (zweisprachig)

7:
Élaboration et traitement des matériaux, ... L'Air Liquide donne à l'industrie le moyen d'optimiser ses performances. (Sach)
L'Air Liquide dédie son succés à ses clients, à ses partenaires, à son personnel, ainsi qu'à ses 400000 actionnaires. (Ku, Ma, Ak)
9:
... eine strenge Überwachung der Aufwendungen und Kosten dürfte es ermöglichen, ein gutes Wachstum der Ergebnisse unserer Tätigkeit aufrechtzuerhalten. (Effi)
... Produktionsanlage ... soll eine erhebliche Produktivitätsverbesserung ... ermöglichen. (Effi)
... Anpassung ihrer Strukturen im Hinblick auf eine verbesserte Produktivität ... (Effi)
11:
... Bemühungen ... auf die Erhöhung der Gesamtproduktivität. (Effi)
... Produktivitäts- und Sicherheitsplan ... um die noch defizitären Ergebnisse zu verbessern. (Effi, G Erh)
... Bemühungen um die Steigerung der Tonnagegasverkäufe ... (Wachs)
12:
... Politik, die entschlossen ist, Marktanteile ... zu erobern. (M Pos)
... Anstrengungen in bezug auf Produktivität, Dienstleistungen und totale Qualität zugunsten ihrer Kunden ... (Effi, Qual, Ku)
... Modernisierungs- und Expansionsbemühungen ... (Modern, Wachs)
24-31:
Beitrag „L'Air Liquide und die Umwelt" (Umweltproblematik und -verantwortung des Unternehmens) (Sp Umw)
47:
L'Air Liquide, die Nummer 1 für Industriegase in der Welt ... (Sach)
... die Firma ... ihre Motivationen: die Industrie dynamisch machen und ihr dienen, die Umwelt schützen, die Gesundheit verbessern. (Ku, Umw, Ges aök)

Société Auxiliare d'Entreprises S.A.

0:
... we remain dedicated to improve client service while, at the same time, striving to maximize return on investment for our shareholders. The goals of service and profitability are shared by our highly-motivated staff. (Ku, Sh Val, Ak, G)
1:
The SAE Group is the largest building contractor in France ... (Sach)

2:
Our mission: Construction, Equipment, Development. (Sach)
The SAE Group is one of the world's largest builder of multifamily residential, office buildings, ... (Sach)
4:

The SAE Group prefers to work in secure, developed markets. (Sich)
Since 1988, the Group has followed a strategic and pragmatic approach to developing its local presence in the other countries of Europe. (Wachs, Intern)
6:
Our corporate spirit ... the development of a bond of trusts with clients. (Ku)
... the Group's management policies and its commitment to quality ... (Qual)
... our 4 Plus Project. This initiative is designed to reconcile the objectives of customer satisfaction with corporate profit goals. (Ku, G)
... each company can remain very close to its customers, to anticipate their needs, to adapt in a flexible manner to market changes. (Ku, Flex)
26:
Beitrag „1990 Stronger Resources" (Rekrutierung, Ausbildung, Belegschaftsaktien) (Sp Pers)

BP France S.A.

0:
BP France est l'un des principaux opérateurs du marché pétrolier français. Elle est présente essentiellement ... (Sach)
BP France s'est fixé un objectif exigeant de qualité de ses produits et services pour la satisfaction de ses clients et partenaires. (Qual, Ku)
D'autre part, BP France met tout en oeuvre pour devenir un leader en matières de protection de l'environnement et de sécurité dans la conduite de ses opérations. (Umw)
3:
... de nouvelles initiatives de réduction de nos coûts ... (Effi)
L'activité chimique a ... été très satisfaisante après deux années de résultats financiers tout à fait exceptionnels. (G komm)
17-19:
Beitrag „LesEquipes BP" (Organisation, Kommunikation, Zusammenarbeit mit Schulen und Hochschulen, Sport-Sponsoring, Ausbildung, Arbeitssicherheit, Umwelt) (Sp Pers, Sp Ges, Sp Umw)

SCREG S.A. (Codierung entfällt, da nur Zahlenteil zur Verfügung stand)

Docks de France S.A.

0:
Docks de France is a leading retail distribution concern with around 1,700 hypermarkets, supermarkets ... (Sach)
Outside France, the Company is strategically committed to expanding in Spain and the United States. (Wachs, Intern)
1:
The essential objective last year, like the previous two years, was to mobilize the Company's forces to improve its profitability and, at the same time, renew its sales networks for increased competitiveness and to engage in a new phase of development under the best possible conditions. (G Erh, Modern, Wettb)
The aim is to provide greater cohesion and efficiency for the whole chain ... (Syn, Effi)
The 1991 priority will be the development of our main tradenames: in France ... a major investment program ... abroad, particularly in Spain, we will further develop our tradenames. This is the new challenge that we are setting for ourselves. Our objectives are ambitious, and we have the means to succeed. (Wachs, Intern)
9:
Beitrag „Human Resources" (Rekrutierung, interne Kommunikation, Erfolgsbeteiligung, Ausbildung) (Sp Pers)

11:
... the Board of Directors would like to continue with its policy of associating the shareholders in company earnings ... (Ak, G Verw)

Viniprix S.A. (Codierung entfällt, da nur Zahlenteil zur Verfügung stand)

OCP S.A.

3:
... the OCP group, European leader in pharmaceutical distribution ... (Sach)
... followed a policy of improving productivity. (Effi)
... our Group's spirit of innovation ... (Inno)
... I have set up a Group Board to assist me. Six people who will inspire the choices of the future to build our growth ... (Wachs)
5:
This year we continued to invest in productivity. (Effi)
7:
We have just formed a holding company ... to harmonise the growth strategies of OCP's subsidiaries and to promote research and innovation. (Syn, Wachs, Inno)
9:
... we started to invest in foreign markets, in order to give the OCP group an international dimension. We defined three lines of development: - Partnerships ... - Shareholdings ... so that we can bring about operational improvements and optimise service to customers ... - Pharmaceutical wholesale subsidiaries ... (Intern, Effi, Ku)
12:
Beitrag „Actions and People“ (Würdigung der Leistungen der Mitarbeiter) (Sp Pers)

Alcatel Cable S.A.

3:
We are now reaping the benefits of the organization, streamlining and innovation measures undertaken in the last few years. (Inno)
... use all means necessary to preserve our most precious asset - our customers ... (Ku)
7:
... challenging business conditions that must be met if we are to ensure the growth of our business. For many years, Cables de Lyon had anticipated these developments by implementing one key strategic approach - the acquisition of the required international size. (Wachs, Intern)
In order to properly express its identity as an international group ... (Intern)
8:
One strategy: the international dimension. ... a strategy of external acquisitions. (Intern, Wachs)
10:
During these ten years of external growth, periodic measures were taken to streamline production facilities and rationalize investments ... (Effi)
11:
Alcatel Cable has prepared for these milestones in Europe and the world by fostering ... a synergy whose true value can only be realized on an international scale. (Syn, Intern)
14:
Most of the research in this field is focused on improving fiber performance and manufacturing processes, with the goal of reducing costs. (Effi)
18:
Alcatel Cable's strategy therefore consists of establishing a management structure that combines an effective local approach with the awareness of the necessity to develop synergetic relations, and a global vision of the group's interest in all world markets. (Syn, Intern)

30:
Absatz „Personnel“ (Anstrengungen, die internationale Mobilität der Mitarbeiter zu erhöhen) (Sp Pers)
35:
... the strategy of external growth will be pursued, and ... may even be extended. (Wachs)

CMB Packaging S.A.

3:
(Überschrift) The environment has priority. (Umw)
Today packaging is responding to a new type of challenge - the protection of the environment. ... Concern for the environment has become the next spur to progress ... (Umw)
16:
... the specific talents of CMB Packaging... this ... Group reaches the top rank within the food sector and plays a key role in numerous other business areas of packaging as health & beauty... (Sach)
CMB Packaging share one common goal: to set the pace as the best packaging professionals in Europe and throughout the world. (Schnell, M Pos, Intern)
27:
The Board wishes to draw your attention to certain aspects of 1990: 1: Priority to profitability The Executive Committee ... has approved ... principles of organisation of the Group - a primary focus on the needs of each client ... The Committee took three main decisions to achieve greater profitability: .... launching the programme „Progress 91“ intended to make all the management more dynamic, and to identify ways of improving profitability even further than the high level we have already achieved ... look at modernisation of the methods of production. (G, Ku, Schnell, G Erh, Modern)
2. Training and productivity ... The drive to increase productivity has resulted in reduced staffing ... (Effi)
3. The steps aimed at external growth ... (Wachs)
29:
4. Financial restructuring ... A special effort will be made in 1991 to reduce financial costs by reducing working capital requirements and investments. (Effi, Kap)
5. ...

Geschäftsberichte Schweden 1990

AB Volvo

0:
Today, Volvo is engaged in a broad range of activities in the transport vehicle field, ... (Sach)
It stands for quality, safety, and durability, for customer care and concern for the environment. (Qual, Ku, Umw)
4:
We are also engaged in aggressive cost-cutting programs. ... These programs are designed to reduce our cost-levels, ... (Effi)
... Volvo values: integrity of people, safety, quality, reliability and durability of our products. We wish to care for our people and reduce our impact on the environment. (Ges aök, Qual, Ma, Umw)
In Volvo, our strategy is now directed towards further strengthening the skills and competence of our people and reaching out to Renault to build an even stronger international bridge for Volvo. (Intern)
5:
The alliance with Renault, ... is designed to strengthen the long-term competitiveness of Volvo Cars, ... (Wettb)
7:
Volvo adopted an action program to reduce costs and create conditions for increased profitability in the future. (Effi, G Erh)
Action program to strengthen profitability. (G Erh)
... steps that are being taken to reduce costs and increase productivity in all of Volvo's operations. (Effi)
... the break-even level must be lowered to strengthen Volvo's competitiveness. (Effi, Wettb)
A reduction totalling more than 5,000 in the number of factory workers and staff personnel, ... , is planned during the 1990-1991 period. ... surplus manpower will be reduced, as far as possible, ... (Effi!)

... projects motivated by the concern for the environment. (Umw)
To further improve the exterior environment, ... (Umw)
8:
The president of each Volvo Company is responsible for carrying out measures to improve the environment ... Action programs for the next three to five years have been developed. (Umw)
9:
Project areas that have been assigned priority comprise working life issues ... (Ma)
The Company's commitment to its safety philosophy remains firm ...
10:
In order to strengthen the Parent Company's financial position, assets offering a low direct return will be divested. (Rent Ge)
61-63:
Beitrag „Personnel“ (Personalabbau, Ausbildung, Problem des Krankenstands) (Sp Pers)

AB Electrolux

0:
The program is focused on concentration of production ... In the interest of streamlining the Group's structure, ... operations in the Commercials services ... would be offered for sale. (Konsol)
2:
Electrolux is one of the world's leading producers of white goods. (Sach)
Several operations have been sold in recent years in order to streamline the Group's structure. (Konsol)
4:
We ... continued long-term work on strengthening our core areas through acquisitions ... (Wachs)
In line with our intention to create a base for expansion in Eastern Europe ... (Wachs, Intern)
... comprehensive restructuring program ... aimed primarily at divestment of unprofitable units ... (Konsol, G)
Several major organizational changes were made in order to achieve cost savings and synergy effects. (Effi, Syn)
5:
In the interest of streamlining the Group's structure, we decided ... to divest operations ... (Konsol)
... we are now aiming primarily at increased organic growth. (Wachs)
Our goal is to be the leader in the white goods industry in terms of environmental compatibility, such as reduced use of freon. We must continue to reduce our product's consumption of electricity, water, ... , and we must provide a greater potential for recycling when products are scrapped. (M Pos, Umw)
Lower growth rates over the next few years, priority for profitability. (G)
We anticipate that internal programs ... will enable us to achieve our goal of an average pretax return on equity of 30% within a few years and thus create the conditions for a new phase of expansion. (Rent EK!)
15:
The Group's goal is for dividends to shareholders to increase in general proportion to the growth of equity. (G Verw, Ak)

Stora Kopparbergs Bergslags AB

1:
To capitalize fully on the synergistic effects offered by the acquisition, ... (Syn)
Stora announced its intention to divest FeNo's subsidiaries ... (Konsol)
2:
The group is today one of the largest forest product companies worldwide and one of the leading manufacturers of ... (Sach)
4:
To capitalize fully on the synergistic effects offered by the acquisition, ... (Syn)
10:
The acquisition ... One important requirement was to increase the integration of pulp to decrease fluctuations of earnings. Another was to fill the existing product gaps. ... In addition we wished to ... increase Stora's presence in Eastern Europe. (Syn, Sich, Wachs, Intern)

In choosing between integration and a broadening of the product program, it is now most important for Stora to focus on the former. (Syn)
11:
The dividend has increased by an average of 22 percent per year over the past five years. This is fully in line with Stora's dividend policy ... (G Verw)
13:
During the past five years, the return on capital employed amounted to an average of 15 percent, which is somewhat lower than the Group's long-term requirement ... (G komm, Rent Ge)
67:
Beitrag „Responsibility and commitment in environmental work" (Sp Umw)

Telefonaktiebolaget LM Ericsson

2:
... level of earnings ...was again highly satisfactory ... (G komm)
... a leading position in the telecommunications field. We are determined to strengthen it. (M Pos)
... we are adapting our organization in order to become even more market-oriented and thereby able to work more closely with our customers. Their requirements will guide our continuing operations during the Nineties. (Ku)
3:
We are firmly committed to maintaining a position of leadership in the telecommunications field ... (M Pos)
4:
Ericsson is an international leader in telecommunications, ... (Sach)
15:
Ericsson's leadership position today is the result of a purposeful implemented long-term strategy. (M Pos)
16:
In all its markets throughout the world, Ericsson must stand out, more distinctly than before, as a total service company with an optimized offering of products.
Ericsson's new organization ... meets the requirements of the 1990's for greater flexibility and speed. The ultimate objective of the reorganization is to enable Ericsson to continue to set the pace in telecommunications in the future, consolidating and strengthening its presence in the world market. (Flex, Schnell, Wachs, Intern)

Procordia

2:
After several years of ... restructuring work focused on the core business ...
Procordia established its strategic policy in 1985. From an overgrown portfolio of activities, we chose to try to create a group ... in which the operations could strategically and financially support oneanother. ... The basic principle was to allow a steady cash-generating ... operation in a mature market to balance resource-demanding and capital-intensive investment in pharmaceuticals with a large earnings potential. (Syn, Sich, Liqui, G)
... the merger means large synergistic gains ... In order to achieve the synergistic gains ... (Syn)
... the restructuring program has imposed a strain on our employees. We are trying, as far as possible, to mitigate the effects of cuts in personnel strength. (Ma)
5:
In order to identify and utilize synergies ... (Syn)
10:
Large corporate groups, strong in capital resources ... are necessary to enable a competitive international position to be attained in Europe ... (Wachs, Kap, M Pos, Intern)
13:
The cost-reduction measures, ... , are expected to have an impact and result in income well over pro forma income for 1989. (Effi)

Skanska AB

2:
... we began taking steps to adapt our production resources. We have reduced fixed-asset investments and established cost-cutting programs. At the same time we are continuing to pursue development efforts, both for our personnel and in production. A new development project ... Its objective is to improve our time utilization. With time as a monitoring tool, we will achieve better capital and resource utilization, more efficient production ... (Effi, Schnell)
A project implementation ... to minimize errors and enable us to guarantee that the product meets the client's demands. (Ku)
Costly improvisations ... must be reduced ... (Effi)
3:
Our main strategy remains unchanged: to purchase centrally located land to build high-quality ... properties ... (Qual)
... we achieved the earnings targets we had established for the Group. (G, G komm)
We intend to expand in a number of areas ... (Wachs)
In my continuing role as CEO, I will have a greater opportunity to focus on establishing priorities that will be important to the future growth of the group. (Wachs)
8:
In order to preserve good liquidity, however, substantial outside borrowing has occurred ... (Liqui)

Svenska Cellulosa AB SCA

0:
Over the years SCA has developed into Europe's largest forest industry company. Today's SCA is a consumer-oriented company active in ... (Sach, Ku)
To strengthen its position in core businesses, SCA has acquired ... The most recent and significant acquisition ... was implemented for a number of reasons: to strengthen ... operations and presence inside the EC, to improve the balance between virgin and recycled fibers, ... (M Pos, Wachs, Intern, Sich)
2:
... a strong emphasis on the needs of end-users are dominant features of our business concept. (Ku)
3:
... companies operating in this market must be able to exploit economies of scale, which sets standards for company size. (Wachs)
To secure profitability over the long term, ... (G)
But priorities will be assigned with a view to profitability for the long term. (G)
... combined with a comprehensive rationalization program ... (Effi)
4:
SCA's expertise shall benefit consumers in the form of greater productivity, product quality, product safety or quality of life. To provide the best overall solution, SCA must have a good understanding of the situation of the end-user and of his needs ... (Ku, Qual)
The SCA Group's financial objectives combine growth with financial balance. Sound financial balance is one prerequisite for good long-term profitability. (Wachs, Kap siehe unten, Sich)
SCA has extensively re-examined its long-term financial objectives. ... Profitability is the principal management tool. Expressed in terms of return on shareholders' equity, the requirement is for a 15% return on average over a business cycle. ... would correspond to a 12% return on adjusted shareholders' equity. (G, Rent EK!)
For a business group to meet the requisite Group-wide profitability target, its return on capital employed should be at 15% over a business cycle. (G, Rent Ge!)
Financial balance or strength is often expressed in terms of the ratio of shareholders' equity to total assets. The long-term requirement for the ratio of reported shareholders' equity to total assets is at 30%. (Kap!)
... financial risk-taking. Interest coverage, which is a better measure of this ... SCA's goal is for interest coverage of at least 3.0-4.0 (Sich!)
SCA uses return on capital employed as an important concept for managing the group's operations. (Rent Ge)
SCA has set the profitability target for real return at 4% for its forests and at 4,5% for power. (Rent Ge!)
... SCA requires its operating assets to have a sustained annual return of 15%. (Rent Ge!)

5:
SCA has set the profitability target for real return at 4% for its forests ... (Rent Ge!)
The profitability target for operating assets ... SCA requires its operating assets to have a sustained annual return of 15% ... (Rent Ge!)

AB SKF

2:
It became necessary to reduce production ... (Konsol)
During 1990, SKF ... continued to implement its manufacturing project ... and the so-called Channel project. The aim of the two projects is to increase flows, cut resetting times, simplify planning and reduce costs. The resulting increase in competitiveness will be a key tool during more constrained economic periods. (Schnell, Effi, Wettb)
3:
Eastern Europe. ... efforts focused on activating these companies, yielding successful results. ... To ensure that SKF sustains its position over the long term , it will be necessary to establish manufacturing operations in the region. (M Pos, Intern)
The purpose of centralized financial risk management is to both diversify and balance risks, and also to contribute to Group income. These objectives are achieved through such means as hedging of flows and capital. (Sich, G)
24:
The first quarter was one of the best in modern times, both in terms of sales and profitability. (G komm)
... it was possible to implement a number of important expansionary and strategic measures during the year. (Wachs)
The period immediately ahead will be devoted to productivity enhancing measures and consolidation. (Effi)
... a portion of the investments was spent on measures to increase capacity ... (Wachs)
In order to maintain our leading market positions, we must ... The key words in this area are creativity, quality and productivity. (M Pos, Qual, Effi)

Nobel Industries Sweden AB

2:
... the change in Group structure to make it more chemicals-oriented and more international continued during the year. (Sach, Intern)
... return on capital amounted to .... The objective is to attain 18 per cent. (Rent Ge!)
The objective is to attain an equity/assets ratio of 25 per cent. (Kap!)
In the long term, financial income and expenses should amount to -1,5 per cent of Group turnover. (Effi!)
3:
In line with the Group's strategy ... with the Nordic countries as the base for an international expansion, ... (Wachs, Intern)
4:
... the ... changes and the expansion ... will require great care with the aim of integrating the operations in Nobel industries and obtaining the anticipated synergy benefits. In addition, efforts will be made to reduce the Group's liabilities and improve financial income and expenses. (Syn, Kap, G Erh, Effi)

Trelleborg AB

4:
The Group ...reached its return on capital target for operating units, i.e. 20 per cent on capital employed. ... I consider that to be a good result. (Rent Ge!, G komm)
... continued cost-cutting measures. (Effi)
The ... Group's most expansive business area was Boliden Metals, which very determinedly continued its expansion with the objective of becoming one of the more important producers and distributors of ... (Wachs, M Pos)

41:
The funds are to be used ... in the areas of environmental protection, on-the-job-safety .... Another key objective is ... (Umw, Ma)
42:
... the dividend ... in the long-term should correspond to approximately one third of the annual profit after financial income and expenses and 30 per cent standard tax. (G Verw!)

Bilspedition AB

2:
In recent years, Bilspedition has carried out intensive rationalisation work aimed at making the transport operations more efficient. The rationalisation efforts started to have an effect during the year with the result that profit development in the core operations became satisfactory ... (Effi, G komm)
... whereas the result of the forwarding operation did not come up to the Group's profitability target. (G komm, G)
... work continued on strengthening Bilspedition's market position in Europe. (M Pos, Intern)
... work has now started aimed at integrating these operations ... (Syn)
The acquisitions that were made are important steps towards Bilspedition's long-term objective - to build up an all European transport and forwarding company. (Wachs, Intern, Sach)
3:
In order to counteract a weakening of the financial position and to create financial scope for continued development, ... a new issue was carried out ... (Kap)
Continued satisfactory results and sales of assets, which are not related to the core operations, will create financial scope for further expansion within the transport operations. (Wachs)
... work programme for 1991. ... rationalisation work. ... The acquisition of ... will involve major work aimed at making the operation more efficient and improving profitability. In addition, resources will be utilised to develop the Group's extensive involvement in the Polish transport industry. In addition, work continues on selling low-yielding net equity which is not related to the core operation. (Effi, G Erh, Wachs, Intern, Konsol, Rent Ge)
4:
Bilspedition aims to contribute to an optimum tying-up of capital in commerce and industry by ... (Rent Ge)
The Bilspedition group is involved in Transport and forwarding operations, ... (Sach)
6:
... dividends ... in the long-term should amount, on average, to around one-fifth of the Group's profit after financial income and expenses less full tax. (G Verw!)
13:
Flexibility and dynamics will, therefore, together with financial strength, be decisive for success. (Flex, Schnell)
35:
During 1990, continued investments were made in training activities aimed at increasing expertise and quality-awareness among employees. (Qual)

Nordstjernan AB

2:
NCC ... is currently the second largest construction and property company ... (Sach)
... the company reported favorable income and a large positive cash flow. (G komm)
The income from our international building activities during 1990 was a disappointment. (G komm)
3:
NCC's long-term goal is to become a major player in the European construction and real estate market. (M Pos, Intern)
During the year, NCC continued to focus on skill-enhancing education, ...
4:
NCC's aim is to be the best. This is to be achieved by optimally utilizing the skills of our nearly 20,000 employees. ... With the help of target-oriented training, these skills will be developed and employee motivation further enhanced. (M Pos)

7:
NCC has focused on investments in properties that in the future will secure value appreciation in the Group and offset the risks contained in contracting operations. (Sh Val, Sich)

Mo och Domsjö AB

5:
We are now giving priority to the task of reducing our costs and improving productivity. ... Action in the form of rationalisation is in full swing ... and measures are being taken in all parts of the group to reduce the amount of capital employed. (Effi, Kap)
We will also continue our efforts to increase the motivation of our personnel and at the same time, to raise the general level of competence and skill. (keine Codierung)
Particular attention is given in this annual report to the environment. ... MoDo and other Swedish forest industry companies have invested considerable amounts in mastering environmental problems. ... MoDo is well to the fore in controlling emissions ... and in supplying new types of products to meet the demands by the market.... The considerable resources we invest in the environment represent a strength in the market and not merely a financial burden. ... responsible handling of environmental issues will become an even more important competitive factor - and indeed an essential condition underlying MoDo's ability to achieve lasting, high profitability. (Umw, G)
Our task in MoDo is, as it always has been, to manage the company in the best interests of all shareholders. (Ak)
One absolute requirement is, however, that cooperation of whatever type must be of benefit to MoDo and consequently to all of MoDo's shareholders. (Ak)
6:
The MoDo group is an international forest products company which is engaged in the production and sale of: fine paper, ... (Sach)
7:
MoDo's overall objective is to further strengthen its position as a leading international forest products company earning a sustained high return. (M Pos, Intern, Sach, Rent Ge)
MoDo therefore intends to strengthen its production and market position in Europe. (M Pos, Intern)
Large, cost-effective production units are essential in order to remain competitive. Improved cost-efficiency is a condition for survival ... (Wachs, Effi, Wettb, Überl)
The development of the company shall take place subject to financial balance. For this, high and sustained profitability is required ... (Sich, G)
15-16:
Beitrag „Personnel" (interne Kommunikation, Entwicklung der Mitarbeiterzahl) (Sp Pers)
22-24:
Beitrag „Modo and the environment" (Beschreibung von Umweltschutzmaßnahmen) (Sp Umw)

Sandvik AB

0:
Our broad competence in materials technology covers stainless steel, ... (Sach)
1:
... unsatisfactory results at Sandvik Rock Tools. (G komm)
Increased liquid assets and reduced borrowing ... afford great freedom of action. (Unabh)
2:
... was a satisfactory result ... (G komm)
... we are well placed to finance both organic growth and growth by acquisitions ... (Wachs)
3:
At Sandvik we intend to press ahead with the task of restructuring and rationalization. (Effi)
... we are working intensively to shorten lead times in all our areas of activity as a way to render ourselves more competitive. (Schnell, Wettb)
We hope however, that our strong financial position will enable us to acquire complementary companies at reasonable prices. (Wachs)

4:
Sandvik ... a diversified materials-technology enterprise ... (Sach)
Sandvik can provide its customers with the on-the-spot service they demand. (Ku)
20:
Sandvik maintains a ... commitment ... to quality assurance. (Qual)

Alfa-Laval AB

2:
We achieved our growth targets on nearly every point. (Wachs)
The returns of 22.5 percent on equity and 20.2 percent on capital employed are also on target. (G komm, Rent Ek!, Rent Ge!)
Acquisitions are a strategic necessity if Alfa-Laval is to achieve its growth target of 15 percent in invoiced sales and earnings. (Wachs!, G Erh!)
3:
... one move in our strategy to release capital from the balance sheet to increase margins. A strong cash flow is fundamental to our operations. In decentralized companies such as ours simple and clear goals are important. ... Target control is a vital element of our corporate strategy. ... This control system is based on open financial reporting and feedback into the organization. (Kap, Effi, CF)
4:
This is Alfa-Laval. The Alfa-Laval Group comprises three operating areas: ... (Sach)
5:
The geographic distribution ... has changed considerably, through ... increased efforts to establish the Group in the most expansive regions. Markets which have been afforded priority include Southeast Asia ... (Wachs, Intern)
... work which is required to enable Alfa-Laval to maintain and further its position as a global leader in technology. (M Pos, Intern)
6:
Alfa Laval's business mission is to contribute to industrial growth by providing solutions which meet the future needs of society. These objectives ... (Ges ök)
7:
Today, all Alfa-Laval's facilities meet modern specifications concerning heating, ventilation, ergonomics and noise levels. There is also an ongoing development of working methods in order to widen work content and increase the motivation of all employees. (Ma)
8:
The Group's objective is to achieve an annual growth in invoiced sales of 15 percent ... (Wachs!)
The Group's profitability target is a return on capital employed of 20 percent before tax, in order to reach a return on equity capital after full taxes of 20 percent ... (Rent Ge!, Rent EK!)
9:
A powerful capital rationalization program reduced capital tied up ... (Kap)
The 1990 profit margin was ... compared with the target of at least 10 percent. (Effi!)
21:
Alfa-Laval shall therefore adopt an owner-oriented dividend policy. (G Verw, Ak)

Esselte AB

1:
A comprehensive rationalization program to increase efficiency was started. (Effi)
2:
... an extensive action program was implemented, which included ... a general reduction in costs. The purpose is to reduce cost levels, whereby good profitability can be achieved ... (Effi, G)
Esselte's strategy and structure was changed considerably during the year, resulting in a concentration of operations to products and services for office and retail environment. (Sach)
3:
... enabling Esselte to restore the dynamism with which the Company has always been associated. (Schnell)

4:
An extensive program of measures has been implemented. ... The objective of the above program is to reduce costs, whereby profitability can be attained ... (Effi, G)
... in order to strengthen the division's competitiveness ... (Wettb)
... an extensive program to reduce costs ... (Effi)
5:
Extensive cost reduction programs were initiated ... (Effi)
The rationalization measures described above are largely designed to reduce cost levels ... (Effi)
... the focus will be on cash-flow trends. Among other actions, this will be achieved through a capital rationalization project designed to improve the Group's capital turnover rate by 25 percent during a two- to three-year period. (CF, Kap, Effi!)
10:
... the new Esselte focuses strongly on products and services for the traditional business environment. (Sach)
11:
All our energies are now focused on restoring profitability and improving cash flow in the company, an objective that will demand considerable efforts ... (G Erh, CF)
... its long-established internationalization strategy. (Intern)

Atlas Copco AB

2:
Atlas Copco is an international industrial company ... Atlas Copco's business concept is based on the Group's extensive know-how in the areas of - compressor technique and its applications ... Atlas Copco's operations shall focus strongly on helping the end-user customers to ... by providing quality products ... (Sach, Ku, Qual)
The long-term goal of the Atlas Copco Group is to become the world's leading company within its specialist areas... (M Pos, Intern)
Economies of scale shall be achieved through a combination of internal growth and company acquisition. Growth shall be achieved while maintaining favorable profitability and satisfactory financial balance. (Wachs, G, Sich)
The objective of Atlas Copco's business strategy is to additionally strengthen the Group's leading position in world markets. Development work focuses on meeting the demands of the customers. (M Pos, Intern, Ku)
Atlas Copco is a technology company ... (Sach)
It is the group's strategy to concentrate its operations to areas of technique, where Atlas Copco can be a world leader. (Konsol, M Pos, Intern)
5:
The rationalization measures currently in progress will improve the Group's competitiveness. (Effi)
8:
Investments related primarily to productivity-enhancement measures ... (Effi)
32:
Many of the measures implemented in recent years have been designed to make Atlas Copco less sensitive to fluctuations ... (Sich)
Our strong balance sheet is the result of many years of work focusing on the rationalization ... (Effi)
Personnel costs have been reduced through extensive rationalization measures ... (Effi)
58:
The Board's objective is that dividends to shareholders should amount to 30 to 40 percent of earnings per share. ... The Company's aim is to cover the greater part of the Parent Company's dividend payments with dividend income from the subsidiaries outside Sweden. (G Verw!, Ak, Intern)
30:
Beitrag „Personnel" (Entwicklung der Mitarbeiterzahl, Wertschöpfung) (Sp Pers)

Svenska Stal AB

2:
Svenksa Stal is Scandinavia's leading manufacturer of commercial steel. The product range has been concentrated to steel sheet and plate. (Sach)

4:
... we set various measures in motion to cut our costs. (Effi)
... our 1990 profit of ... is satisfactory. (G komm)
To be able to capture and keep additional market shares for our products ... (M Pos)
Restructuring efforts during 1990 ... (keine Codierung)
An extensive investment programme will now be initiated to streamline materials handling ... (keine Codierung)
The cost-cutting measures we initiated in 1990 ... (Effi)
... my goal is to keep our processing costs unchanged in 1991. (Effi!)
6f:
Beitrag „Steel - A Material that can be Recycled" (Darstellung der ökologischen Qualität von Stahl) (Sp Umw)
10:
The Group's dividend policy dictates that the dividend shall be commensurate with the profit level and that it shall comprise roughly one-third of the profit after net financial items and after standard tax. (G Verw!)
11:
To improve SSAB's ability to meet customer demand for ... (Ku)
13:
... management training programme ... aimed at further strengthening the leader role of the manager ... (keine Codierung)

BPA AB

0:
BPA is a complete contracting company, with construction, installation ... (Sach)
Each BPA company shall hold a leading position in its markets ... International growth shall occur in Europe. (M Pos, Wachs, Intern)
1:
During 1990, BPA acquired several companies to further strengthen its market position. (M Pos)
2:
Company management has strived constantly to improve earnings and to attain long-term profitability. (G Erh, G)
BPA's goal is to maximize the Company's net worth. To accomplish this goal, a sustained, long-term satisfactory return on capital employed is required and, simultaneously, that the equity/assets ratio be satisfactory. The Group's long-term return on capital employed shall be at least 20 percent. The Group's equity/assets ratio shall exceed 15 percent. (Sh Val, Rent Ge!, Kap!)
The criteria have been to seek projects with a low risk level ... (Sich)
... we have chosen to raise our profitability requirements ... (G Erh)
To further strengthen its local position ... BPA ... acquired a number of companies during 1990. (M Pos)
BPA acquired ... to be able to offer customers the complete chain of operations ... (Ku)
BPA's executive management has set the goal of developing into one of the industry's most attractive employers ... we formulated an action program ... The goal is the long-term strengthening of BPA's profitability through developing a more efficient management function within the group. ... The project lays the foundation for sustained profitability through increasing employee's knowledge about, and commitment to the Group's goals and strategies. (Ma, G Erh, Effi)
Success for BPA during the 1990's will largely depend on our efficiency and ability to adapt to the market. The company acquisitions ... were mainly intended to further strengthen our platform. (Effi, Flex)
To retain our profitability, we are adapting our costs... (G)
7:
A fundamental consideration for BPA when making an investment decision is ... that long-term profitability exceed that of alternative financial placements. (G)
12:
The purpose of the ... agreement was to ensure that the dominating control over BPA would not change at an excessively rapid pace and to provide majority shareholders with an opportunity to express an opinion on such a change. (Kap, Ak)

AB Ratos

2:
Ratos is ... Operations consist of ... (Sach)
Ratos' long-term objective is to maximize its Shareholders' investment and dividend growth. (Sh Val, Ak, G Verw)
3:
Ratos shall have a small number of large, growing, and internationally active subsidiaries. Operations shall be concentrated to commerce, the service sector ... (Wachs, Sach, Intern)
4:
The profitability of these companies is not at required levels. (G komm, G Erh)
... Ratos has formulated a new dividend policy under which approximately 100 percent of dividend income will be paid out as dividends to the Shareholders in the future. (G Verw!, Ak)
5:
... has been spent on transforming Ratos from an essentially Swedish company into an internationally active corporate group. (Intern)
The cost in effort as well as money of reducing the dependence of Ratos on Sweden ... (Unabh, Intern)
Expansion has been replaced by consolidation and management is devoting all time and effort to improving the operating result. (Effi)
6:
Ratos has elected to grow via internationalization. ... thereby attaining further risk diversification ... (Wachs, Intern)
To expand their market, and to achieve the necessary economies of scale, they must look abroad. (Wachs, Intern)
7:
To ensure that these economies of scale will be manifested on the bottom line, the Group's capital expenditures will now slow down considerably. (G)
... new dividend policy under which about 100 percent of dividend income will be paid as dividends. (G Verw!)
Ratos' financial risk policy is based on an estimate of how much equity capital must allocate to ... to remain at a balanced level of risk. ... The equity ratio ... shall exceed 40-45 percent and the book equity ratio shall exceed 30 percent. ... Ratos intends to reduce the Group's present interest-bearing debt. In an effort to keep the foreign exchange exposure at a low level ... (Sich, Kap!)
10:
The long-term goal for stock investments is for the total return, in the form of dividends and market value growth, to exceed the stock market average. (Sh Val)
13:
... The intention is to increase the number of large holdings to six or eight. Ratos has elected to invest in a large number of shares in a few selected countries for reasons of risk diversification. (Wachs, Sich)

AGA AB

3:
AGA is the ... producer of gases ... (Sach)
4:
1990 was a good year for AGA. Income .. rose ... (G komm)
... the good results have confirmed the validity of the Group's long-term strategy. (G komm)
For many years our policy has been to concentrate our resources on those areas where we have the right conditions ... to achieve a steady and sustainable growth. This growth should harmonize with our requirements for profitability and financial stability. (Wachs, G, Sich)
We adopted this strategy in the assurance that both earnings and profitability would steadily improve, and that our position on the market would be strengthened. (G Erh, M Pos)
5:
... dividend policy, which states that one third of our income shall be paid out as dividend. (G Verw!)
We are now back to our target - a return of 15 per cent on equity. (G komm, Rent EK!)

31:
... dividend policy calls for one third of consolidated income per share to be distributed as dividends to shareholders, who also receive compensation for inflation. Two thirds of income is retained in the Company to secure continued growth. (G Verw!, Ak, Wachs)

Euroc Industri AB

1:
Euroc's corporate strategy is now decided. The main focus is on continued international growth. (Intern, Wachs)
2:
... the need to utilize ... Euroc's cement organization more efficiently ... (Effi)
A major program, „Find the Capital", has been started within the Group to release slightly more than SEK 1,500 million from operations over the next two years. ... A higher capital turnover will have a positive impact on the Group's profitability. (Kap!)
..., it is rather easy to realize why continued internationalization is so important to us. By balancing a healthy trend of earnings in Sweden with international growth, we will create the conditions for long-term profitability and positive equity growth for our stockholders. (Intern, G, Sh Val, Ak)
Developing Euroc into a leading European building materials group is our goal in the medium term. (M Pos, Intern, Sach)
... the Group's operations have to be further concentrated ... (Konsol)
From a financial standpoint, Euroc must therefore mobilize all its forces towards establishing fewer product groups. (Konsol)
3:
Our strategy for the next five-year period can be summarized as follows: ... We will continue to focus on mineral-based construction. ... We will emphasize growth outside the Nordic countries. (Sach, Wachs, Intern)
... the main theme of our strategy is international growth in Europe. (Wachs, Intern)
... necessary if we are to expand with sustained profitability. We want to achieve growth ... (Wachs, G)
In view of our objective to obtain strong market positions, ... (M Pos)
A number of small companies were also sold ... to accelerate our specialization process. (Konsol)
During 1991 Euroc will give priority to: Further specialization of product lines. Reductions in investments and costs to improve cash flow. Release of capital tied up in operations. (Konsol, Effi, CF, Kap)
4:
Another major step was taken to expand in the international cement market. (Wachs, Intern)
A major program ... to increase the efficiency of Euroc's capital handling and to adjust the Group's cost structure. (Effi)
10:
A major project, Find the Capital ... aims to reduce the amount of capital tied up in operations in order to release funds that can be used for acquiring additional companies. (Kap, Wachs)
11:
Euroc has started a quality improvement program in 1991. (Qual)
To improve the exterior and interior environment at Euroc companies, a groupwide project was started at year-end 1989. The objective is to give the management an overall view of the Group's environmental situation and to accelerate environmental improvement measures that are steadily in progress ... Environmental issues will therefore continue to have high priority in the future. (Umw)
Measures have been started to reduce absenteeism from illness and personnel turnover at units in Sweden. The project to improve the work environment is part of these efforts. (Effi, Ma)
... main projects are being carried out to strengthen and develop Euroc's executive resources.

Catena AB

2:
In France, we made an intensive effort to upgrade the newly-acquired companies and improve their efficiency. (Effi)
Resources focused on minimising the risk of credit losses ... (Sich)

3:
... we continued the long-term investment programme with a view to securing sustained efficiency and competitive strength. (Effi, Wettb)
... the intensive work of adapting resources and improving efficiency, without weakening the business area's long-term competitive strength, skills and know-how, will continue. This is a delicate balancing act. (Effi, Wettb)
... we are planning for continuing balanced expansion ... The rate of expansion will depend on the earning power of this business area. (Wachs)
... we also plan to invest significant sums of money in our competitive strength, earning power and growth in value during the forthcoming year. (Wettb, G, Sh Val)

Incentive AB

2:
... we will place the highest priority on the divestment of companies unsuitable for the new structure. (Konsol)
Incentive's objective - to manage further development of small entrepreneurial companies - must therefore be reformulated. ... review of Incentive's strategy to make the Incentive share more attractive long-term. Against this background, a strategy was established during 1989, aimed at attaining future growth and higher profitability through concentrating operations in fewer areas. (Sach, Sh Val, Wachs, G Erh, Konsol)
3:
Efforts to implement concentration and specialization were initiated in 1990. (Konsol)
But our objective is clear: a new industrial group will be shaped in the years ahead! (keine Codierung)
In recent years, the stock market did not fully appreciate the „old" Incentive. ... It must be absolutely clear why we operate as a group. ... we should limit the number of segments in which our companies operate. ... We must learn how to divest companies and how to do it well! Those companies that we will keep must meet clearly defined requirements in terms of strategic adequacy and profitability. ... and the synergy with selected core operations must be evident. (Konsol, G, Syn)
Efforts will be concentrated on a small number of companies which we consider expansive and profitable. (Wachs, G)
4:
We ... are strengthening our resources to be able to realize much more target-oriented acquisitions ... (Wachs)
We have a clear vision of the future ... The Industrial Group will generate a valuable contribution to ... stockholders. (Ak)
6:
In Incentive, substantial attention has been paid during recent years to environmental issues, representing an increasingly important element of company operations. ... taking environmental matters into account ... is today considered an important competitive factor ... in parallel with the central ethical dimension mandating responsible actions relative to society, employees, and customers. (Umw, Ges aök, Ma, Ku)

Investment AB Cardo

1:
Investment AB Cardo is an investment and industrial holding company ... (Sach)
2:
Strategy: Cardo aims to develop its industrial operations both through organic growth and via acquisitions. ... Cardo aims to be one of the leading companies in the market place in the product areas in which its companies operate. ... Cardo aims to manage a significant share portfolio with ... an increased proportion of international shares. (Wachs, M Pos, Intern)
4:
We took giant businesslike steps with the objective to increase still further the effectiveness of our companies.
Cardo is an industrial holding company with a strongly internationally oriented industrial operation. ... Right from the outset, our international strategy has been totally deliberate. Through it, we have reduced our vulnerability and gained a strong foothold within the EC. (Sach, Intern)
For the industrial operation, we have set the target for return on capital employed at 20 percent which we have not quite reached as yet. For our Business Areas, the target is 25 percent. The new prestige words will be:

flexibility ... concentration ... profitability awareness ... internationalization ... long-term planning. (Rent Ge!, G komm, Flex, Konsol, G, Intern)
5:
... to prepare for future synergies has been very labour-intensive. (Syn)
... work was carried out ... aimed at fusing three different company cultures. (Syn)
... the orientation of our development company ... was mainly to build up ... in order to reduce its dependence on the Swedish market. (Unabh)
... major integration work which follows ... work on realising the synergy benefits is being given priority. (Syn)
11:
The long-term profitability thinking will be given priority ahead of risk spreading. (G)

Astra AB

1:
Astra is the largest pharmaceutical company ... (Sach)
2:
We are investing in, and expanding, ... at a faster pace than before ... Our ambition is that, in the mid-1990s, Astra should rank among the large international pharmaceutical companies. To attain that rank, we would probably have to be among the 25 largest pharmaceutical companies in the world, compared with our position of about 35th today. (M Pos!, Intern)
We will continue to follow our philosophy of expanding our network of subsidiaries ... (Wachs)
Our endeavor is consistently to become better at what we are best at. (keine Codierung)
9:
Research on new drug substances is focused on innovative projects, with the aim of developing new drugs ... (Inno)
26:
Beitrag „Astra's Employees" (Entwicklung der Mitarbeiterzahl, Gewinnbeteiligung) (Sp Pers)

Geschäftsberichte Großbritannien 1990

Unilever N.V./PLC (GB/NL)

1:
The greater part of Unilever's business is in branded consumer goods, primarily ... (Sach)
2:
Earnings per share rose by ... This is a good result ... (G komm)
... if Unilever is to remain competitive ... , there has to be considerable structural change ... (Wettb)
3:
Negotiations to extend our activities in Eastern Europe continue. (Intern, Wachs)
We are well satisfied with the performance of ... They have displayed an encouraging ability to grow profitably, both nationally and internationally. (G komm)
... our sound record of profit growth has been maintained. (G komm)
We are taking all the necessary steps to adapt to changing economic and market conditions. We aim to be the foremost company in meeting the daily needs of consumers in our chosen markets. (Flex, Ku)
22:
Beitrag „The environment" (Berücksichtigung ökologischer Folgen von Produktion und Produkten) (Sp Umw)
23:
Beitrag „Personnel" (v. a. Weiterbildung, Nicht-Diskriminierung) (Sp Pers)

Royal Dutch/Shell Group

1:
Die Verzinsung des eingesetzten Kapitals von 12% 1990 sehe ich bei der Art der Geschäftstätigkeiten, die Shell-Gesellschaften ausüben, als mäßig an. (G komm)
Die Shell-Gesellschaften wissen sich einer ständigen Verbesserung ihrer Leistungen auf den Gebieten Sicherheit und Umweltschutz verpflichtet. (Umw)
3:
Umweltschutz ist eine der wichtigsten Herausforderungen unter den vielen, vor denen Shell-Gesellschaften stehen. ... Obwohl ständige Verbesserung unser Ziel ist, gibt es eine Begrenzung für das, was realistischerweise zu einem bestimmten Zeitpunkt erreichbar ist. ... Geschäftliche Zielsetzungen und solche des Umweltschutzes brauchen nicht unvereinbar zu sein. ... Es ist unser Ziel, durch das Engagement aller Shell-Gesellschaften für einen herausragenden Umweltschutz die Shell zu einem Vorbild für andere Gesellschaften zu machen. (Umw)
Die Gesellschaften der Royal Dutch/Shell-Gruppe sind Teil des Gemeinwesens ... und ... übernehmen ... gesellschaftliche Verantwortung im weiteren Sinne. ... Die Unterstützung von karitativen und kulturellen Aktivitäten sowie der Ausbildung im weitesten Sinne durch ein Unternehmen ist ein Zeichen der Zugehörigkeit zur betreffenden Gemeinschaft und ein Mittel, gegenseitige soziale und kommerzielle Interessen zu verstärken. ...
Im Laufe der Jahre entfiel der größte Anteil der Ausgaben in diesem Bereich auf das Bildungswesen. (Ges aök)
Personalpolitik ... Es ist zentrales Anliegen der Shell durch Rekrutierung auf örtlicher Basis und internationale Weiterentwicklung Kontinuität und Qualität dieser Fachleute und Manager zu erhalten. (keine Codierung)

British Petroleum p.l.c.

0:
The BP Company is one of the world's largest international petroleum ... (Sach)
In everything BP does, it is committed to creating wealth - always with integrity - for its shareholders, employees, customers and suppliers, and the community in which it operates. (Ges ök, Ges aök, Ak, Ma, Ku, Li)
2:
The programme ... The aim ... is to make BP the most successful oil company of the 1990's and beyond. Many people have asked how success in achieving that vision should be measured. Plainly, growth in share values and dividend performance is a key measure. But it is not the only measure. Nor do we see sheer size as a merit. BP must be the company the best people want to join. It must be the company with which customers and suppliers most want to do business. It must be a highly regarded company in every local community in which we operate. Only if all these criteria are met can we claim that we have succeeded. (M Pos, Sh Val, G Verw, Ma, Ku, Li, Pres)
Our dividend policy is aimed at rewarding our shareholders with steady year-on-year growth. (G Verw, Ak)
... a key element of our strategy is to keep all our assets under regular review, to make sure we are getting maximum value from them. (Sh Val)
Our ambitions for future growth will be realised only if we maintain the group's financial strength. (Wachs)
3:
... I launched a new, strengthened, health, safety and environment policy for the group. (Umw)
... two new schemes aimed at providing individual investors with more efficient ... ways of buying and holding our shares. (Ak)
we ... are striving to promote a greater feeling of involvement among our employees. (keine Codierung)
7:
... the programme to reimage, modernise and restyle BP Oil's worldwide retail network ... (Modern)
BP Oil will continue to examine opportunities to increase its presence in Eastern Europe, the USA and East Asia and to improve its asset base ... (Wachs, Intern)
26f:
Beitrag „Safety and Environmental Protection" (als Inhalt der Forschung) (Sp Umw)
28f:
Beitrag „People in BP" (v. a Rekrutierung, Nicht-Diskriminierung) (Sp Pers)
30f:
Beitrag „Health, Safety and Environment" (Darstellung von Umweltschutzprogrammen) (Sp Umw)

31:
Beitrag „BP in society“ (Sponsoring, z. B. Ausbildung, Kultur, Gesundheitswesen) (Sp Ges)

BAT Industries p.l.c.

2:
... we completed our plan to ... deliver substantial rewards to shareholders. ... Shareholders will also benefit from ... (Ak)
... our strategic decision to concentrate on tobacco and financial services will enable us to create additional value for shareholders. (Sach, Ak)
Although our drive for productivity will continue everywhere ... (Effi)
3:
We also have plans to increase the capacity ... (Wachs)
... we are increasing the rate of investment to support growth and improve profitability. (Wachs, G Erh)
... confidence that we can ... continuing to reward shareholders with real dividend increases. (Ak, G Verw)
6:
... share buy-back programme ... to enhance future earnings per share. (G Verw, G Erh)
As part of our commitment to providing shareholders with long term above average total returns, we invest in all aspects of our business: (Sh Val, Ak)
In manufacturing to maintain our position as one of the world's lowest cost cigarette producers. ... In product innovation and development to meet changing consumer demands. ... In new markets, by achieving a significant presence in the rapidly expanding Far Eastern cigarette markets ... In people, through training and development ... (KoFü, Inno, Ku, Intern, Wachs)
... In the community, by helping small businesses, through charitable support and in education. (Ges aök)

British Telecommunications p.l.c.

0:
... its goal of becoming the most successful worldwide communications group. (M Pos, Intern)
2:
... we made good progress in our strategy of achieving excellence in the UK, while using this strong base to develop opportunities for growth in our chosen markets worldwide. (Wachs, Intern)
The new organisation ... is essential to maintain our position as a world class company (M Pos, Intern)
Your company again achieved a satisfactory financial performance. (G komm)
We continued our drive to improve the quality of service and value for money we give our customers ... (Qual, Ku)
3:
Putting customers first. We are undertaking a major reshaping of the company which will help us to provide a more responsive, flexible and efficient service to our customers. ... Divisions will focus on the needs of individual and business customers respectively. ... This new organisation will allow us to be flexible and fast-moving in our dealings with the customer ... By ... focusing on the differing needs of our many customers, there is great scope for driving up our revenues profitably. (Ku, Flex, Effi, Schnell, Wachs, G)
B T's mission: to provide world class telecommunications ... So that we can meet the requirements of our customers, sustain growth in the earnings of the group on behalf of our shareholders, making a fitting contribution to the communities ... (Sach, Ku, G Erh, Ak, Ges aök)
4f:
Beitrag „Working for the customer“ (Ku)
6:
Beitrag Personal „Teamwork is our success“ (Nicht-Diskriminierung, Sicherheit am Arbeitsplatz) (Sp Pers)
12:
We aim to become the leading international supplier of communications systems and services ... (M Pos, Sach)
14:
Beitrag „Contributing to the community“ (Sponsoring, z. B. Ausbildung, Behinderte) (Sp Ges)

Imperial Chemical Industries p.l.c.

0:
The business of ICI is to develop products and processes that will meet society's needs - these ranging from ... to ... - and then to market them internationally. (Ges ök, Sach, Intern)
ICI aims to be the world's leading chemical company, serving customers ... Through achievement of our aim, we will enhance the wealth and well-being of our shareholders, our employees, our customers and the communities which we serve. ... We will do this by: seeking consistent, profitable growth, providing challenge and opportunity for our employees ... achieving a standard of quality ... consistently better than that of any of our competitors ... operating safely and in harmony with the global environment. (M Pos, Intern, Ku, Sh Val, Ak, Ma, Ku, Ges aök, Wachs, G, Qual, Umw)
2:
... profits ... are disappointing. (G komm)
... we pursued a strategy of moving more and more into ... businesses with potential for growth, while at the same time becoming ever more international. (Wachs, Intern)
Priority in the future will be given to those businesses where ICI ... has, or can develop, a strong global position in the three major markets of Europe, North America and Asia Pacific. (M Pos, Intern)
Other businesses ... without the same global profit potential will normally not have priority for expansion capital. (G, Intern)
4-7:
Beitrag „Towards a better world" (Darstellung von Umweltschutzzielen, z. T. operationalisiert) (Sp Umw)
21:
... strategy of concentrating its areas of operation. (Konsol)
... as the Group sought to limit its commitments for cash expenditures ... (CF)
24:
Beitrag „People" (Rekrutierung, Weiterbildung, Nicht-Diskriminierung) (Sp Pers)
Beitrag „Safety, Health and the Environment" (Arbeitssicherheit; Gesundheit von Mitarbeitern, Kunden und Öffentlichkeit; Umweltschutz) (Sp Pers, Sp Ges, Sp Umw)
25:
Beitrag „ICI in the Community" (karitative Maßnahmen) (Sp Ges)

British Aerospace p.l.c.

2:
We are pleased to announce record results ... profits represent a record. (G komm)
... our intention to provide an increasing stream of income for our shareholders. (Sh Val, Ak)
Substantial sums have been invested ... to maintain and improve the profit performance of the total business. (G Erh)
3:
... the need to reduce manufacturing costs. (Effi)
... under-valued dollar tested the efforts of the company to achieve both sales and profits growth. (Wachs, G Erh)
5.
Further improvement in operating efficiencies, coupled with ... cost reduction programmes, must continue. ... Such improvements ... are necessary not only to enhance our competitive position in the international marketplace but also enable investment ...across the Group to be sustained for its long term future growth and prosperity. (Effi, M Pos, Intern, Wachs)
... engineering and prime contracting ... will remain central to our business philosophy. (Sach)
18:
Beitrag „Teamwork" (Rekrutierung, Weiterbildung) (Sp Pers)
22:
Management' s current challenge is to maintain a steady growth in EPS in the future. (G Erh)

British Gas p.l.c. (Deutsche Beilage zum "Director's Report and Accounts")

3:
BG, das größte private ... Gasunternehmen ... ist bereit seinen Beitrag zu leisten und langfristig ... in den neuen Bundesländern zu investieren. ... möchten wir unsere Erfahrungen für Sie nutzbar machen. ... wollen wir ... ein modernes Energieversorgungssystem aufbauen. (Sach, Ges ök)
4:
... die Aktivitäten des Unternehmens auf das gleiche Ziel ausgerichtet: BG als erstes weltweit operierendes Gasversorgungsunternehmen zu etablieren und ... Gasversorgung sicherzustellen. (Intern, Sach)
Die partnerschaftliche Zusammenarbeit mit anderen in der Gasversorgung tätigen Unternehmen ist für uns ein wichtiges Ziel.
9:
All diese Aktivitäten sind auf das Ziel ausgerichtet, die Wirtschaftlichkeit von Erdgas zu verbessern und seine Wettbewerbsfähigkeit gegenüber anderen Energieträgern zu stärken. (Wettb)
11:
Was jetzt gefordert ist: Schnelles Handeln. (Schnell)
13:
Beitrag „Mitarbeiter“ (Weiterbildung, Gleichberechtigung) (Sp Pers)
14:
BG ist kein Unternehmen, für das nur eine profitable Geschäftsentwicklung zählt. ... ist das Erzielen von Überschüssen ein wichtiges Unternehmensziel, aber nicht das einzige. ... Die Palette sozialer Aktivitäten von BG ist breit. Sie reicht vom mobilen Hilfsdienst für ältere ... bis zur Unterstützung von Sport- und Kulturveranstaltungen. (G, Ges aök)

Grand Metropolitan p.l.c.

0:
GrandMet ... It specializes in ... consumer businesses, where its ... skills ensure it is a leading contender in every market in which it operates. These businesses ... have complementary features thus ensuring that GrandMet can add value to the parts. ... GrandMet strives to be a good employer and a good neighbour and to contribute actively to all the communities in which it operates. (Sach, M Pos, Syn, Ma, Ges aök)
2:
... the group was able to produce excellent results with pre-tax profits of ... (G komm)
... we are well positioned to expand our business internationally during the 1990s. (Wachs, Intern)
3:
We continue to work hard to employ more international executives and to strengthen the ownership base of the company by wider representation in international financial markets. (Intern, Kap)
4:
Our commitment to new brands ... will continue to be a cornerstone of GrandMet's success. (Inno)
We continue to place active emphasis on our environmental responsibilities. (Umw)
5:
... the effective utilisation and development of our people assumes even greater importance. ... Our philosophy is to hire the best people, involve and motivate them, reward them well for their achievements and develop their talents to fulfil their own potential and further the group's success. Employee policies are directed towards these objectives. (Ma)
6:
GrandMet believes that it has a responsibility to provide support to charitable and community projects that help people in need to help themselves. Employees are encouraged to volunteer to serve in the communities ... (Ges aök)
8:
It is our goal to build on GrandMet's strengths and continue to create sustainable competitive advantage in our businesses, which is the bedrock of shareholder value and wealth. (Wettb, Sh Val)
9-11:
Beitrag „Contributing to the community“(Unterstützung von Ausbildungswesen, Sport, Behinderten, ...) (Sp Ges)

J. Sainsbury p.l.c.

0:
Company objectives: To discharge the responsibility by acting with complete integrity, by carrying out our work to the highest standards, and by contributing to the public good and to the quality of life in the community. To provide unrivalled value to our customers in the quality of the goods we sell ... to achieve the highest standards of cleanliness, efficiency of operation, convenience and customer service ... To offer our staff outstanding opportunities in terms of personal career development and in remuneration relative to other companies ... To generate sufficient profit to finance continual improvement and growth of the business whilst providing our shareholders with an excellent return on their investment. (Ges aök, Ku, Qual, Effi, Ma, G, Wachs, Ak, Sh Val)
3:
... our success has been due ... to our dedication to quality in all we do. ... this priority for quality has resulted in outstanding performance in all areas ... and excellent financial results (Qual)
Our continuing success in meeting our customers' needs ... more modern stores not only enable us to serve our customers more effectively ... (Ku)
4:
We continue to extend our trading area ... We are maintaining a policy of steady expansion with the long term objective of increasing sales area by an average of 8% per annum. (Wachs!)
6:
The Group gives high priority to environmental concerns in all aspects of its operation. (Umw)
18-21:
Sonderseiten („Developing the best people“) zur Personalentwicklung, Unterstützung von Schulen, Einstellungspraxis. (Sp Pers, Sp Ges)
22f:
Abschnitt („A sense of community“) zu Spenden, Umweltschutz und Kunstförderung. (Sp Ges, Sp Umw)

Hanson Trust p.l.c.

0:
We are a ... investment company ... Our ... companies are ... in basic industries. ... our activities include ... (Sach)
We aim to enhance shareholder value by increased earnings per share and dividends, generated through profitable internal growth, selective acquisitions and control of the positive cash flow from our companies. ... proven financial controls concentrating on profit and return on capital employed. The success of our philosophy rests on our ability to channel our capital investment where it will be most profitable. ... On setting strong incentives for our managers to exceed realistic profit goals and on serving our customers and caring for our workforce, the community and the environment. (Sh Val, G Erh, G Verw, G, Wachs, CF, Rent Ge, Ku, Ma, Ges aök, Umw)
4:
1990 has been another rewarding year. Once again, highest ever profit ... (G komm)
... our managers ... particularly understand the need for constant improvement in the return on capital employed, a prime feature of Hanson's philosophy. (Rent Ge)
5:
We continue to work with ... the Museum of London to find ways of preserving ... the theatre. (Ges aök)
... our divisional managers continue to strive for maximum internal growth. We continue to be expansion minded. (Wachs)
6:
Our determination to reward shareholders with increased earnings ... (Sh Val, Ak, G Erh)

BTR p.l.c.

5:
... despite the strongest efforts ... we were not able to maintain prior year profitability. (G, G komm)
... steps were and are being taken to prune all operating costs ... (Effi)

6:
... the large investments were in planned expansion and renovation ... in the Eastern region. ... Cost reducing investment sharpen one's competitive edge and ... help to maintain a profitable position (Wachs, Modern, Effi, G)
... 1990, a year in which the new acquisition programme was broadly spread by sector and region. (Wachs)
... our strategies for growth have served us well for many years. (Wachs)
7:
... BTR is directed towards the evolution of products ... anticipated to meet the future requirements of the industries which we serve. In support of those aims ... (Inno, Ku)
... the hard won productivity levels of earlier years were maintained and the pursuit of world competitive standards remains of the highest priority. (Effi, Wettb)
... the institutional investors ... Perhaps the common factor is that they all want growth. Employees, too, want growth. ... That is BTR's motivation. The achievement is not always certain, but shareholders and employees may rest assured that our skills, resources and commitment are stronger than ever. (Ak, Wachs, Ma)
20f:
Beitrag „The environment and the community" (Bekenntnis zu Umweltschutz, Spendentätigkeit, Mitarbeit bei Hilfsprojekten) (Sp Umw, Sp Ges)

Tesco p.l.c.

1:
Tesco is Britain's best-known food retailer ... (Sach)
... strategy has concentrated above all on high quality products, service and value for its customers. (Qual, Ku)
... Tesco cares about people and is committed to developing their skills and careers, while rewarding them fairly, with equal opportunities for all. Tesco is committed to the health and well-being of the community and the protection of the quality of the environment. Tesco shareholders will benefit from the growth in profitability which will accrue from its commitment to its customers and new stores. Tesco cares - about customers and employees, shareholders and suppliers, and the quality of life. It will continue to earn its place as one of the most successful and respected companies in the United Kingdom. (Ma, Ges aök, Umw, Ak, G Erh, Ku, Li, M Pos, Prest)
The customer comes first at Tesco. (Ku)
4:
... we have used that position to raise the level of our responsibility towards our customers, our people and the environment. I believe that we are excellent employers ... and that we lead the field in meeting new customer values ... This is clearly demonstrated by our excellent financial results ... (Ku, Ma, Umw, G komm)
... our strongest ever development programme with a million square feet to be opened next year ... we have the ... will ... to achieve our targets. (Wachs!)
Green issues assume greater importance in our customers' minds and we have responded by adopting ... we take our responsibilities to the environment very seriously indeed. (Umw)
7:
I also want to assure that we shall continue to provide first-class training at every level, and to offer ever more important career prospects ... and it is vital to our future that we continue to build and retain the best teams of people ... So we value our people, whose dedication has created our past success, and we shall continue to view their development as a top priority for the future. (Ma)
Tesco people continued to work for a number of charitable community projects. ... Our initial target was to collect 10 million aluminium cans ... (Ges aök!)
10:
Our people ... have achieved outstanding gains in terms of sales ... In the next five years we expect to extract further gains ... (Wachs)
... Profit Sharing Scheme ... as to increase further the partnership with staff and the commitment to future productivity. (Effi, Ma)
11:
... investment ... in achieving both ... sales and return targets. (Wachs, Rent Ge)
We would expect to maintain gearing within prudent levels over the next few years. (Kap)

... investment programme which will ensure growth in market share and strong performance in the future for our shareholders. (M Pos, Ak)

General Electric p.l.c.

2:
A principal objective was to develop a substantial and profitable presence in European markets in advance of 1992 ... (Wachs, G, Intern)
Joint Ventures have been formed ... to secure a market share large enough to sustain long term viability. (M Pos, Überl)
We remain dedicated to the global expansion of GEC's business into new markets and new products. The drive throughout the group to continually raise efficiency will be maintained. (Wachs, Intern, Inno, Effi)
4:
At GEC, we will do our utmost to provide value and high standards of service to customers and will encourage our suppliers to do the same. We will play a constructive role in the communities, ... paying due regard to environmental considerations. We will encourage and reward the productivity and ingenuity of the people who work in the Company. We will ensure our technological leadership ... We will achieve profitable growth ...We will encourage further growth ... We will seek to maximise the value of our shareholders' investment by consistently raising earnings per share ... (Qual, Ku, Ges aök, Umw, Effi, Ma, M Pos, G, Wachs, Sh Val, Ak, G Erh)
36:
Beitrag „GEC in the Community" (Spenden, Umweltschutz, Zusammenarbeit mit Universitäten) (Sp Ges, Sp Umw)

Marks & Spencer p.l.c.

1:
M & S enjoys an unparalleled reputation for Quality, Value and Service. (Qual)
... tradition of supplying 'best only' (Qual)
2:
... business culture ... strives always for improvement.
3:
The pattern of partnership with our suppliers was established in the 1930's and ... has been successfully repeated ever since ... (Li)
... we have began to expand ... across Europe to become ... an international retail network. (Wachs, Intern, Sach)
... we shall finish the century ... to become the finest international retailer. (Intern, Sach)
4:
...with profits of ... This reflects the underlying strength of the business. (G komm)
By ... rigorous control of expenses, cost increases have been contained. ....efforts ... have brought improvements in productivity and efficiency. (Effi)
These decisions were essential ... in order to protect the longer term success and growth of the business. (Wachs)
5:
... we maintained our commitment to the ... resources needed for product development, innovation and quality control. (Inno, Qual)
... quality and safety standards ... we will continue to pursue further improvements. (Qual)
... our long standing commitment to the communities in which we operate ... education ... medicine ... local projects ... We believe strongly that this commitment and involvement is in the best long term interests of our customers, staff and shareholders and should therefore be maintained at the same level in the year ahead. (Ges aök, Ku, Ma, Ak)
We are also working ... to reduce harmful effects to the environment. (Umw)
6:
... aggressive expansion plan into all three countries ... (Wachs, Intern)
...our philosophy that staff should share in the prosperity and profitability of the Company. (Ma)

26f:
Beitrag „Personnel“ (Rekrutierung, Weiterbildung, interne Kommunikation) (Sp Pers)
28-30:
Beitrag „Marks & Spencer in the community“ (Spenden, Unterstützung des Bildungswesens, Kunst, Gesundheitswesen) (Sp Ges)
31:
Beitrag „Environmental Responsibility“ (Maßnahmen im Bereich des Umweltschutzes) (Sp Umw)

Rothmans International p.l.c.

6:
... made good progress ... Profit ... reached ... million ... (G komm)
... a satisfactory increase in operating profit ... (G komm)
Our policy of active market development continued to yield benefits, with sales expansion in many parts of the world ... (Wachs, Intern)
7:
During the past year, we made two important strategic moves to secure and enhance our position within Europe. (M Pos, Intern)
10:
The principal activities of the Group during 1990/91 were ... (Sach)
The changing needs of the market place call for a more integrated form of organization ... (Syn)
12:
Strategic integration is especially called for in relation to our business in the EEC ... (Syn)

Allied Lyons p.l.c.

3:
Our mission is to build on our international strengths in the marketing of food, ...We will utilise the skills of our employees to promote our range ... globally ... (Sach, Intern)
We aim to achieve value for our shareholders through earnings per share and dividend growth. We will do so ... by satisfying the needs of consumers for high quality products and services. We aim to provide stimulating and fulfilling employment; to protect the environment and to enrich the communities we serve. (Sh Val, Ak, G Erh, G Verw, Ku, Qual, Ma, Umw, Ges aök)
8:
... our programme for gearing reduction ... (Kap)
Allied-Lyons has always attached great importance to its role in the community ... environmental protection, voluntary work, support for the arts, education, enterprise and charity. (Umw, Ges aök)
... the group is constantly raising the quality of its businesses and products. This is a never ending process and one which underpins our expectation of growth in profits, earnings and dividends for the current year and beyond. (Qual, G Erh, G Verw)
11:
Our strategy is to develop leadership positions in our core sectors of food, ... , in doing so, to create value for the shareholder. (M Pos, Sh Val, Ak)
12:
... part of a series of strategic moves aimed at positioning Allied-Lyons to achieve long-term growth. (Wachs)
... international scope, ... efficient operation. In the year under review we took further steps to build on these. (Intern, Effi)
13:
... we continue to develop the group's international spread. (Intern)
... development must rest on a base of efficient operation. (Effi)
14:
In summary, Allied-Lyons has the ... strategy to deliver long-term growth in earnings and dividends - and in so doing to add value for the shareholder. (G Erh, G Verw, Sh Val, Ak)

33f:
Beitrag „Allied-Lyons in the Community" (Umweltschutz, Sponsoring, Kinder in der 3. Welt, Schulwesen) (Sp Umw, Sp Ges)

British Steel p.l.c.

3:
In view of the importance of continuity in the payment of dividends ... the level of dividend should be maintained. (G Verw)
... to intensify our efforts ... our consistently maintained cost drive with reinforced determination. ... Major cost reduction moves have included ... In addition management and administration are being rationalised ... in order to sharpen controls and reduce employment costs. ... the company has reaffirmed its commitment to assisting in the creation of new jobs ... (Effi, Ges ök)
5:
... we are committed to meeting the requirements of rapidly evolving environmental legislation. We believe that environmentallly friendly manufacture is a dimension of the overall commitment to correct operation and quality. (Umw)
... we continue to take the steps necessary to reinforce our commercial position. (M Pos)
The Company is also pursuing its strategy of broadening its base through links overseas. (Wachs, Intern)
9:
... new and additional measures to accelerate the Company's cost reduction measures ... (Effi)
10:
Cost reduction has long been a familiar part of British Steel's operations ... now ... imperative to cut costs even further and quicker. (Effi, Schnell)
... developments aimed at improving service to customers ... (Ku)
... drive to accelerate the reduction in the cost base ... (Effi, Schnell)
... joint venture ... The aim will be to achieve product specialisation between the businesses ... thus strengthening their competitive position. (M Pos)
11:
... export efforts were targeted on mainland Europe ... (Wachs, Intern)
... developments ... were designed primarily to reduce ... costs as well as improve product quality. (Effi, Qual)
12:
... was acquired in order to extend the business ... (Wachs)
... to meet customers' increasingly sophisticated demands ... (Ku)
... to satisfy the increasing quality needs of customers ... (Qual, Ku)
... the continued drive to reduce operating costs ... to maintain the Company's competitive position. (Effi, M Pos)
Capital investment is essential to maintain the company's competitive position ... (M Pos)
... technical developments to improve product quality. (Qual)
16:
... efforts to improve the standard of safety ... on British Steel sites. (Ma)

P & O Steam Navigation Co.

5:
Unsere Dividendenpolitik basiert weniger auf den kurzfristigen Ergebnissen als auf den mittel- und langfristigen Geschäftsaussichten ... (G Verw)
7:
Auf die Weiterbildung unserer Mitarbeiter legen wir auf allen Ebenen größten Wert, ist sie doch die eigentliche Voraussetzung für unseren künftigen Geschäftserfolg. (keine Codierung)

British Airways p.l.c.

0:
Our Mission: To be the best and most successful company in the airline industry. Our goals: To be a safe and secure airline. To deliver a strong and consistent financial performance. To secure a leading share of air travel business worldwide with a significant presence in all major geographical markets. To provide overall superior service and good value for money in every market segment in which we compete. To excel in anticipating and quickly responding to customer needs and competitor activity. To sustain a working environment that attracts, retains and develops committed employees who share in the success of the company. To be a good neighbour, concerned for the community and the environment. (M Pos, Sach, G, Intern, Qual, Schnell, Ku, Ma, Ges aök, Umw)
2:
... we initiated a series of margin improvement programmes to protect our future profitability. (Effi, G)
We are on target to achieve a reduction of 4,600 in the size of our workforce. (Effi!)
For BA to have achieved a profit ... is a reflection of the many strengths of our Company. (G komm)
3:
We must also keep firm control of our costs ... If we see ways in which we can structure our business more efficiently and more profitably we shall do so. (Effi, G)
Our commitment to providing superior customer service, at prices offering value for money, is stronger than ever. (Qual, Ku)
... our intention to become the best and most successful company in this industry is as resolute as ever. (M Pos)

SmithKline Beecham Group p.l.c.

0:
SB ... is one of the world's leading healthcare companies. Our principal activities include ... (Sach)
Our primary purpose is to provide customers with products and services of superior value, to enhance our shareholders' investment, and to create increasing opportunities for our employees. We will accomplish our goal by achieving and holding leading market shares in each of our businesses and by placing absolute priority on effective and efficient use of all our resources. We encourage and support innovation in all that we do. (Ku, Sh Val, Ak, Ma, M Pos, Effi, Inno)
4:
The promise of SmithKline Beecham is that ... we will create superior value for customers and for shareholders. (Ku, Ak)
... we also seek to create value, and reward our shareholders through accelerated growth, improved margins and strongly positive cash flow. (Sh Val, Ak, Wachs, Effi, CF)
6:
We worked together ... to integrate operations ... and achieve greater efficiencies. (Syn, Effi)
We significantly reduced our debt to ... which is below the ... objective of ... 100 per cent. (Kap!)
7:
We will continue to pursue our mission to be a leading healthcare company ... to meet the many market needs presented by ... customers ... (Sach, M Pos, Ku)
... our ultimate aim of delivering superior products and performance. (Qual)
So what are these strategic objectives? 1. To be a leader in new product development ... we plan for at least 15 per cent of our sales to be from products ... launched within the previous five years. 2. To be more effective marketers, demonstrated through measurements such as customer surveys ... 3. To achieve industry leadership in operational efficiency as measured by improvement in trading profit per employee ... 4. To achieve critical mass geographically, in such countries as Japan ... 5: To develop cross-sector initiatives 6. To become one of the world's best managed companies If we achieve these business objectives , we will also achieve our financial goals, which are the cornerstone for enhancing shareholders' value. (Inno!, M Pos, Effi, G, Wachs, Intern, Syn, Sh Val, Ak)
8:
As a leader, we aim to have financial results comparable to the top companies with whom we compete. We believe achievement of the following long term objectives will accomplish this aim: First, achieve our goal of 15 per cent or more in growth in earnings per share. Second, utilise our assets more efficiently, striving for a 50 per

cent or more return on trading assets. Third, to continue to reduce debt, achieving a ratio of 50 per cent debt to shareholders' funds ... Fourth, generate cash after interest, dividends and taxes, of at least 25 per cent of trading profits. Our goal for dividends is to have a payout ratio of 35-40 per cent in the UK (G Erh!, Effi!, Kap!, CF!, G Verw!)
8 und 11:
... our five core values of performance, customer, innovation, people and integrity will help us to achieve our vision of industry leadership. (Ku, Inno, Ma, Ge aök, M Pos)

Dalgety p.l.c.

4:
reduction in gearing ... has ... given us greater freedom to strengthen our core UK and European businesses when attractive opportunities arise. (Wachs, Intern)
6:
My aim is to create a sharply focused, revitalised group, able to take full advantage of opportunities for growth in our core business areas and at the same time, to satisfy the expectations of our shareholders and the ambitions of our employees. Much has already been achieved to ensure long-term earnings growth for the Group. (Wachs, Ak, Ma, G Erh)
Our strategy is to concentrate on growth areas in UK and European food and agribusiness. ... We shall continue to invest in these to exploit fully organic growth opportunities ... (Wachs, Intern)
Dalgety's key objective is to achieve sustainable growth in earnings per share. By this means shareholder wealth is increased, employees are provided challenging careers and the many local communities in which the Group operates benefit. To this end Dalgety's strategy is focused on building secure positions in attractive sectors of food and agribusiness. (G Erh, Sh Val, Ak, Ma, Ges aök, Sich, Sach)
7:
Our objectives extend beyond profitability criteria to embrace wider social and environmental concerns. Dalgety supports a wide variety of charitable and local community organisations. Management is acutely conscious of environmental issues and actively contributes in a number of ways towards reconciling the sometimes conflicting objectives of cost-effective food production and environmental pollution. (G, Ges aök, Umw, Effi)

Argyll Group p.l.c.

0:
Argyll is one of the leading food retailers. ... Management's objective is to establish Argyll as a retail group of enduring quality ... as one of the most successful and respected UK food retailers of the 1990s. (Sach, Qual, M Pos, Prest)
... Safeway means quality, food expertise and customer service. We ask customers what they want and respond with action ... We're proud to promote food hygiene, environmental safety and recycling, and wherever a good cause needs support, our staff are certain to be involved. (Qual, Ku, Umw, Ges aök)
4:
This has been a good year ... producing an outstanding financial performance ... (G komm)
We have continued to invest ... achieving a sound balance between the financial performance necessary to maintain our trading impetus and ... investment in resources needed to improve our efficiency, competitiveness and ability to win consumer acceptance for our products. (Effi, Wettb)
... an exciting growth programme for future development. (Wachs)
5:
The Board is confident ... in establishing Safeway as one of the most successful and respected UK food retailers of the 1990s. (M Pos, Prest)
9:
Safeway stores and offices aim to raise a further 1 million pounds for the new fund-raising campaign ... (Ges aök!)
... Safeway takes the environment seriously ... (Umw)

25:
The objective of increasing Safeway's sales area from ... to ... square feet within four years has been achieved. (Wachs!)
27-29:
Beitrag „People“ (Personalbeschaffung, -entwicklung) (Sp Pers)
29:
Beitrag „Environment“ (Umweltschutzmaßnahmen) (Sp Umw)

Bass p.l.c.

0:
Bass is a UK based company with businesses involved in the production ... (Sach)
Bass is committed to creating value for shareholders by supplying products and services of high quality in all its operations. It conducts its businesses with proper regard for the interests of its customers, employees and the general public, and with due regard for the environment. (Sh Val, Ak, Qual, Ku, Ma, Ges aök, Umw)
2:
Trading profit ... advanced ... a highly satisfactory increase ... (G komm)
A detailed assessment of the alternatives satisfied the Board that shareholder value would be best achieved by ... (Sh Val, Ak)
3:
We introduced ... a bonus system for the Executive directors ... which we intend to widen. Bonus targets were set in terms of cash flow and, separately, earnings per share. (CF, G)
14:
Beitrag „Corporate Citizenship/Caring about the quality of life“ (Sponsoring, Umweltschutz, Hilfe für Kinder, Behinderte) (Sp Ges, Sp Umw)

Saatchi & Saatchi Company p.l.c.

1:
We have refocused the business on our core communications operations. (Sach)
The loss was ... The directors regret that they are unable to recommend a dividend. (G komm)
... the simple truth which built the business: the importance of making a creative contribution to the success of clients' businesses. (Ku)
2:
Our strategy now is to concentrate principally on the core marketing communications activities ... (Konsol, Sach)
We have improved central financial control over profitability and working capital requirements ... (G)
3:
... Recapitalisation Proposal was put forward ... included reduction of liabilities ... (Kap)
... the Company has continued to cut its cost base (Effi)

Hillsdown Holdings p.l.c.

0:
Hillsdown is a leading international food group ... (Sach)
Fundamental to Hillsdown's success is its policy of: Building major market shares with strong customer relationships. Owning a balanced portfolio of quality products. Investing in its businesses to ensure efficient low cost production and increasing margins. Developing a well motivated and decentralised management. Making timely acquisitions and disposals. (M Pos, Ku, Sich, Qual, Effi, Wachs, Konsol)
6:
... we continued successfully to implement our strategy of developing as a major international food group, concentrating on the UK, Europe and ... (Intern)

9:
... consistent with our policy of concentrating our resources in areas where we have significant market share ... (M Pos)
We have taken a number of major steps following the merger to improve the profitability of the business ... (G Erh)
10:
...the strategy that Hillsdown has long employed: turning around under-performing businesses through efficient use of the acquired assets ... (Effi)
Strategy: ... Because of our low cost production, ... and concentration in building leading market shares ... (Effi, M Pos)
Our strategy is built on balance as demonstrated by our geographical spread, presence across a wide spectrum of ... food products (Sich)
A further principle is our continued high level of capital expenditure, both to increase efficiency and reduce production costs, and to ensure high quality and product innovation in partnership with our ... customers. (Effi, Qual, Inno, Ku)

BICC p.l.c.

0:
BICC is a leading international engineering business with a range of expertise which spans all major engineering disciplines. ... BICC aims to achieve market leadership in its major businesses ... It is dedicated to total quality, technical excellence and the satisfaction of customer need. BICC's primary objective is to sustain continuous earnings growth through effective management of its existing resources and through selective acquisitions. (Sach, M Pos, Qual, Ku, G Erh, Wachs)
5:
Earnings per share were ... reduced. Under the circumstances this was a creditable performance ... (G komm)
... opportunities to add further to our business through the acquisition policy we have pursued actively over the past five years. (Wachs)
We are well placed ... to strengthen our position in the ... North American ... industry. (M Pos, Intern)
A number of major rationalisation and capital expenditure programmes are under way. (Effi)
6:
In current market conditions, strict control of costs is imperative and major cost reduction initiatives are being implemented ... (Effi)
... major steps have been taken to increase the international spread of our cables businesses ... (Intern)
7:
The BICC group takes a responsible attitude to the environmental effects of all the ... activities in which it is involved. It maintains a close interest in environmental standards ... A major initiative to ensure that all our managers take a close and careful account of environmental questions ... has been launched ... (Umw)

Rio Tinto-Zinc Corporation p.l.c.

0:
RTZ, based in Britain, is a major international natural resources group ... worldwide operations ... (Sach)
RTZ aims to act responsibly as a steward of the essential resources in its care so that they benefit both the countries in which they are found and the world at large ... At the same time RTZ seeks to create long-term wealth for its shareholders. It believes that these two objectives go hand in hand ... (Umw, Ges aök, Sh Val, Ak)
RTZ's strategic focus is on achieving low operating costs in a wide range of quality assets. (Effi, Qual)
It aims to involve the local communities wherever it operates and to promote their well-being. (Ges aök)
3:
Our main aim is long-term wealth creation for our shareholders through both dividend growth and share price appreciation. Our strategy is to deliver a superior performance by concentrating solely on those business activities in which we have a proven track record over time ... (Sh Val, Ak, G Verw)

... by creating an unrivalled spread in our portfolio ... and by ensuring that our operations are world competitive, we believe that we are more resilient than most in our industry to short-term economic changes. Continued attention to these fundamentals should ensure that we remain a world leader. (Sich, Wettb, M Pos)
We ensure that our existing properties ... are environmentally sound and remain amongst the low cost producers worldwide. (Umw, KoFü)
Our strategy is focused on building up a competitive portfolio of large mineral resources, diversified geographically and encompassing a broad range of commodities. (Sach, Wettb)
4:
... North America. As such we want to encourage investors there to own shares in RTZ ... (Kap, Intern)
The environment ... We ... seek to develop the resources in our care in a balanced manner. We believe that the standards we have adopted are high and fundamental to the long-term growth of our business. (Umw, Wachs)
5:
Our management philosophy is to recruit the best people available in their fields, to reward them competitively and to provide them with challenging career opportunities. In this way we aim to develop the kind of employee commitment that is critical to ensure RTZ's continuing growth. (Ma, Wachs)
6:
We shall also seek out and secure new opportunities for further profitable expansion. (G, Wachs)
26:
... two important objectives, identified in last year's report, were achieved during the year. These were the refinancing of the major part of the bank debt ... and registration with the US Securities and Exchange Commission (Kap, Intern)
... the need for formal credit recognition in order to access lower cost global financial markets. (Kap)
RTZ's financial objectives are an integral part of its overall business aim of maximising the long-term return to its shareholders. (Sh Val, Ak)
... have contributed to RTZ's primary financial objective of achieving the lowest after-tax cost of capital consistent with prudent management and continued flexibility. (Kap, Flex)
27:
RTZ's currency exposure management continues to focus on reducing the possible adverse effect of long-term currency changes on shareholder wealth, by diversifying this risk ... (Sich, Ak)
... RTZ is well positioned to maintain its substantial capital expenditure progamme on attractive growth projects ... (Wachs)
RTZ aims to maintain a progressive dividend policy so that dividends are increased to levels which are sustainable throughout the course of the business cycle. (G Verw)
28-30:
Beitrag „RTZ and the Community“ (Umweltschutz, Arbeitssicherheit, Bildungswesen) (Sp Umw, Sp Pers, Sp Ges)

Ladbroke Group p.l.c.

2:
Our divisions recognise the need for extraordinary effort to increase sales and control costs. (Wachs, Effi)
3:
Research continues to confirm Hilton as the world's premier hotel brand. (M Pos)
In January this year, in line with our strategic objectives, we concluded an agreement ... which will accelerate Hilton's development in the Asia Pacific region. (Intern, Wachs)
... it is Hilton's policy constantly to maintain the standard of all its existing hotels to protect their reputation and, consequently, to maximise their profitability. (Qual, Prest, G Max)
... the division constantly looks to expand hotels ... (Wachs)
The sale of selected hotels - or part of their equity ... remains a policy objective. (Konsol, Kap)
6:
Our strategy of developing market leadership positions ... is proving successful. (M Pos)
8:
The group's charity donations ... together with its sponsorship in arts ... the group has pledged to donate — 350,000... to the charities concerned ... (Ges aök!)

11:
... the company seeks to promote throughout the group the principles of equal opportunities ... The group recognizes the high standards required to ensure the health, safety and welfare of its employees at work. (Ges aök, Ma)

Rolls-Royce p.l.c.

1:
Rolls-Royce is a world leader in the supply of advanced engineering products and aftermarket services. (Sach)
2:
... our investment programme designed to provide a full range of ... engines. The need to do so was recognised some years ago and has provided the basis for a doubling of our market share ... (Wachs)
Given these factors I believe that the underlying performance of the Company is satisfactory ... (G komm)
3:
... a further stage in the rationalisation of the group took place. (Effi)
... our efforts to reduce unit costs ... (Effi)
We are taking determined steps to further reduce our unit costs ... (Effi)
5:
... the group entered several new agreements designed to further expand the business. ... in Europe ... Italy ... Spain ... (Wachs, Intern)
11:
Rolls-Royce intends to reduce the environmental impact of its products and manufacturing facilities ... (Umw)

Geschäftsberichte Deutschland 1995

Daimler-Benz AG

1:
Daimler-Benz steht für eine über 100jährige Geschichte, die durch außerordentliche Ertragskraft und soziale Verantwortung geprägt ist. ... um an diese Werte unserer Vergangenheit anknüpfen zu können. (G, Ges aök)
Der Weg zu unserer früheren Ertragsstärke ... ist aber auch der Weg der sozialen Verantwortung, denn dauerhaft kann nur ein gesundes Unternehmen Verantwortung für seine Mitarbeiter und die Gesellschaft übernehmen. (G Erh, Ges aök, Überl, Ma, Ges aök)
2:
Unser vorrangiges Ziel war es, Verlustquellen zu schließen. Der Vorstand hat daher das Portfolio des Konzerns unter strengen Renditekriterien analysiert (G Erh, Rent Ge)
Die Entscheidungen waren notwendig, um den Daimler-Benz-Konzern binnen kurzem auf ein - international - akzeptables Renditeniveau zurückzuführen. Der Vorstand orientiert sich in erster Linie daran, Ihnen, den Anteilseignern der Daimler-Benz AG, attraktive Renditeaussichten zu bieten. (Rent Ge, Sh Val, Ak)
... war es im Interesse unserer Aktionäre nicht länger zu akzeptieren, ... (Ak)
3:
Entscheidender Gradmesser für unsere Managementleistung ist jedoch der Aktienkurs. Nicht die kurzfristige Gewinnmaximierung ist das Ziel, sondern die mittel- und langfristige Sicherung einer hohen Ertragskraft. (Sh Val, G)
Wir haben dort, wo wir positive Ergebnisse erwarten, die Standorte im In- wie im Ausland weiter ausgebaut ... (G)
... um auch in Zukunft Vorreiter mit wegweisenden Innovationen ... zu sein. (Inno)
Wir müssen den Standort Deutschland ... attraktiv und international wettbewerbsfähig gestalten. (Ges ök)
Unser Ziel ist jedoch, Ihre berechtigten Erwartungen, unsere ehrgeizigen Ziele zu befriedigen. (Keine Codierung, da keine Gruppe explizit angesprochen wird).
8:
Mit dem Ziel, die Ertragskraft des Unternehmens nachhaltig zu verbessern, haben wir ... (G Erh)
... Strukturmaßnahmen eingeleitet, um die Verlustquellen zu beseitigen ... (G Erh)

9:
Wettbewerbsinitiative eingeleitet, die jeden Unternehmensteil ... konkurrenzfähig machen und die Voraussetzung für eine dauerhafte Ertragskraft schaffen soll. (Wettb, G)
Die debis konnte ihren Konzernumsatz ... steigern ... Die Basis für das anhaltende Wachstum der debis waren erweitertes, auf die Bedürfnisse der Kunden ausgerichtetes Leistungsangebot sowie verstärkte Aktivitäten in neuen Märkten. (Ku)
... Notwendigkeit, die Ertragskraft von Daimler-Benz im Interesse der Anteilseigner und der Mitarbeiter zu stärken ... Die dabei angelegten Maßstäbe und Kriterien bezogen sich vor allem auf die Positionierung im Markt, ... die Erfüllung von Ergebnis- und Renditezielen, die Risikoeinschätzungen, den Kapitalbedarf ... (G Erh, Ak, Ma, M Pos, G, Rent Ge, Sich, Kap)
10:
Im Zuge der Konzentration auf die Kernaktivitäten ... (Konsol)
Um unsere Position im internationalen Wettbewerb zu behaupten ... (M Pos, Intern)
... ist es unser Ziel, die Auslandsbezüge ... weiter zu steigern und uns damit auch aktiv gegen Veränderungen der Devisenkurse abzusichern. (Intern, Sich)
Die für die Zukunftssicherung des Unternehmens notwendigen Sachinvestitionen ... (Überl)
12:
... die laufenden Kostensenkungsprogramme ... (Effi)
Bei der Daimler-Benz AG ergibt sich für das Jahr 1995 ein Fehlbetrag in Höhe von ... Ausschlaggebend für diesen empfindlichen Verlust ... (G komm)
13:
Mercedes-Benz setzt auf Wachstum in neuen Märkten. (Wachs)
Die Marktposition ... werden wir in den kommenden Jahren gezielt ausbauen. (M Pos)
... strebt die TEMIC eine führende Rolle in den Regionen Europa, USA und Fernost an. (M Pos, Intern)
Mit der strategischen Neuordnung des Konzern-Portfolios im Sinne einer Konzentration auf diejenigen Geschäftsfelder, in denen Daimler-Benz unter Markt- und Renditegesichtspunkten weltweit eine führende Position anstrebt, ... (Konsol, M Pos, Rent Ge)
... Maßnahmen ... die es uns ermöglichen sollen, auch bei einem dauerhaft niedrigen Dollarkurs Gewinne zu erwirtschaften. (G)
37-38:
Beitrag „Umweltschutz“ (Ökobilanzierung, Umweltprojekte, Recycling, Investitionen, ...) (Sp Umw)
40-42:
Beitrag „Personal“ (Beschäftigtenzahlen, Sicherung internationaler Nachwuchskräfte, betriebliche Altersversorgung, Vergütung) (Sp Pers)
43:
Dabei ergab sich, daß einige Geschäftsfelder ... die Renditeziele des Konzerns nicht nur verfehlen, sondern ... Im Hinblick auf die angestrebte Steigerung der Ertragskraft des Unternehmens ... (Rent Ge, G Erh)
Die in diesem Zusammenhang bei der DASA in die Wege geleiteten Schritte sollen es ermöglichen, auch bei einem Dollarkurs von 1,35 DM wettbewerbsfähig zu sein. (Wettb)
... Aufwendungen im Hinblick auf eine gesunde Entwicklung des Unternehmens ... (Überl)
44:
... Kostensenkungsprogramme ... (Effi)
71:
... weitreichende Maßnahmen zur Erreichung der Wirtschaftlichkeit ... (Effi)
78:
Die Entscheidungen zur weiteren Konzentration auf Kerngeschäftsfelder und zur Trennung von verlustbehafteten Geschäften ... (Konsol, G)
79:
Investor Relations ... Die Aktivitäten zielen darauf ab, das Vertrauen unserer Aktionäre ... in unser Unternehmen zu festigen und eine breitere Streuung unserer Aktie im internationalen Anlegerkreis zu ermöglichen. (Ak, Kap, Intern)
Um unsere Aktie insbesondere für private Anleger noch attraktiver zu machen ... (Ak)

Volkswagen AG

4:
... Errichtung eines VW-Werkes ... zur Ausweitung der Nutzfahrzeug-Produktionskapazität ... (Wachs)
... Plan zur Verbesserung der ... Kosten- und Erlössituation ... (Effi, Wachs)
6:
Ein entscheidender Faktor zur Stärkung der Wettbewerbsfähigkeit des Volkswagen-Konzerns ist die Konzentration auf die Kerngeschäftsprozesse ... (Wettb, Konsol)
... soll die Idee des „atmenden" Unternehmens eine beträchtliche Verkürzung der Reaktionszeit auf Marktveränderungen ermöglichen. (Schnell)
7:
...gehörten die Maßnahmen zur Beschäftigungssicherung zu den zentralen Aufgaben des Jahres 1995. (Ma)
Volkswagen ist seiner Vision, „Volkswagen, die Erfolgreichsten", ein weiteres Stück nähergekommen. (keine Codierung)
12:
Wir setzen auch künftig alles daran, Automobile zu entwickeln und anzubieten, die in ihrer Fahrzeugklasse hinsichtlich Qualität, Service und Preis weltweit führend sind. (Qual, M Pos)
17:
Qualitätsführerschaft in zahlreichen Fahrzeugklassen und Pionierarbeit auf vielen Gebieten, vor allem für bessere Umweltverträglichkeit und höhere Fahrzeugsicherheit, haben ihren Preis ... (Qual, Umw)
19:
Das wichtigste Ereignis der Personalpolitik ... Tarifabschluß 1995, der ... Erneuerung der Beschäftigungssicherung ... zum Inhalt hat. ... Mit der weiteren Flexibilisierung der Arbeitszeit wurden ... die Voraussetzungen für die Umsetzung des Ziels vom „atmenden" Unternehmen geschaffen. (Ma)
... entfielen auf Sachinvestitionen 1187 Mio. DM, die hauptsächlich für neue Modelle ... ausgegeben wurden. (Inno)
20:
Zielsetzung, die Europcar-Gruppe ... mittelfristig in die Gewinnzone zurückzuführen. (G)
21:
Der Volkswagen-Konzern verbesserte sein vorjähriges Ergebnis nach Steuern von ... auf ... (G komm)
22:
Voraussetzung dafür ist allerdings, ... dem Preiswettbewerb auf der Kostenseite standzuhalten. Dem Ziel der nachhaltigen Stärkung unserer Marktstellung, das wir jedoch noch keineswegs erreicht haben, ... (Effi, M Pos)
26:
Um den Anforderungen unserer Kunden weltweit so effizient wie möglich nachzukommen ... Der konsequente Weg zur Kundennähe. Volkswagen steht ganz im Dienst des Bedürfnisses der Menschen überall auf der Welt, Mobilität ... zu verwirklichen. (Ku, Effi, Sach)
Wir errichten eine ... flexible Organisation, die fähig ist, sich schnell auf ständig wechselnde Rahmenbedingungen einzustellen. Diesem Zweck dient ... (Flex, Schnell)
... Kerngeschäftsprozesse richten wir ... darauf aus, die sich verändernden Anforderungen der Menschen an unsere Produkte ... optimal erfüllen zu können. (Ku)
Um den Anforderungen unserer Kunden weltweit so effizient wie möglich nachzukommen ... (Ku, Effi)
Das Ziel ist ein ... auf seine Kernaufgaben konzentriertes ... und veränderungswilliges Unternehmen, das offen ist für Impulse von außen. (Flex)
27:
... Neuerungen auf dem Weg zur Kundenzufriedenheit ... hin zu einem marktorientierten Prozeß, der von einer ... schnellen ... Anpassung an Kundenaufträge gekennzeichnet ist. Diese neue Unternehmensphilosophie ... (Ku, Schnell)
... konsequente Ausrichtung aller Unternehmensteile ... an den Kundenwünschen ... (Ku)
58-65:
Beitrag „Menschen und Management" (Tarifabschluß, Entwicklung der Belegschaft, Betriebsvereinbarung über Umweltschutz, Managemententwicklung, Gesundheit, Ausbildung) (Sp Pers)
69:
... Ziel, das Vertrauensverhältnis zu den Kapitalgebern zu stärken und somit einen Beitrag zur langfristig positiven Entwicklung des Unternehmenswertes der Volkswagen AG zu leisten. (Ak, Sh Val)

Die veränderten Bilanzrelationen sind auch Ausdruck einer umsichtigen Vorsorgepolitik. Diese entspricht der seit jeher bei Volkswagen praktizierten vorsichtigen Einschätzung von Risiken. (Sich)

Siemens AG

2:
Das Management ... baut die Wettbewerbsfähigkeit des Unternehmens auf den Weltmärkten Schritt für Schritt aus. (Wettb, Intern)
... erwirtschaftet das Unternehmen ... jetzt eine erfreuliche Rendite. (G komm)
Auf dem Weg zur wirtschaftlichen Gesundung ist auch die ... (SNI) ein gutes Stück vorangekommen. (Überl)
4:
... hatten wir uns das Ziel gesetzt, den Ergebnisrückgang des Vorjahres wieder auszugleichen. Dies sollte ein erster Schritt in Richtung unseres längerfristigen Renditezieles sein, nämlich 15 Prozent vom Eigenkapital. (G Erh, Rent EK!)
Unsere top-Bewegung ... soll zu einer nachhaltigen Ertragssteigerung führen ... die vier Eckpfeiler dieser konzernweiten Bewegung ... Produktivität erhöhen, Innovationen beschleunigen, Wachstum auf neuen Märkten erzielen ... In den beiden ersten Jahren stand die Steigerung von Produktivität und Wachstum im Vordergrund. (G Erh, Effi, Inno, Schnell, Wachs)
5:
... bedarfs- und kundenorientierte Ausrichtung der zentralen Forschung und Entwicklung (Ku)
Zur Beschleunigung unserer Innovationstätigkeit ... (Inno, Schnell)
„Culture Change" ... Dabei geht es vor allem um eine strikte Ausrichtung aller Abläufe am Kundennutzen, ...sowie um konsequente Internationalisierung. (Ku, Intern)
... Maßnahmen ergriffen, um in diesen Bereichen möglichst bald wieder an die guten Ergebnisse von früher anknüpfen zu können. (G Erh)
6:
Siemens ist auf allen wesentlichen Gebieten der Elektrotechnik zu Hause. (Sach)
Zu unserer Strategie gehört auch die Beseitigung des Ungleichgewichts zwischen regionaler Wertschöpfungsstruktur und regionaler Umsatzstruktur ... Wir wollen dieses Ungleichgewicht vor allem durch Wachstum und weiteren Aufbau in den Weltmärkten ausbalancieren. (Sich, Intern, Wachs)
7:
Faszination Elektrotechnik/Elektronik Elektrotechnik und Elektronik - das sind auch in Zukunft faszinierende Arbeitsfelder ... Kommunikations- und Informationstechnik ... Energieerzeugungs- und -verteilungssysteme ... Energie und Licht ... (Sach)
10:
Unser Geschäftsvolumen im Asien-Pazifik-Raum haben wir erneut ausgebaut. ... Wir streben hier ... ein jährliches Umsatzwachstum von 15 bis 20% an. (Wachs!, Intern!)
Die Ertragslage hat sich ... deutlich verbessert. Wir haben damit unser Ziel, das Vorjahresergebnis um 20% zu steigern, mehr als erreicht. (G komm, G Erh!)
12:
Produkt- und Basisinnovationen ... sind ... Teilelemente eines ... umfassenden Wertschöpfungsansatzes (Inno)
13:
Initiativen für die Umwelt. Umweltschutz ist bei Siemens als Unternehmensziel fest verankert. (Umw)
Der Zwang zur weiteren Steigerung der Produktivität hält an. (Effi)
15:
Beitrag „Mitarbeiter" (angestrebte Unternehmenskultur, Arbeitszeitgestaltung, Beschäftigtenzahl) (Sp Pers)
44:
Um die Siemens-Aktie für die Anleger noch attraktiver zu gestalten ... (Ak)
Kurzfristige Mittel zur Sicherung der Zahlungsbereitschaft werden von der Siemens AG ... direkt verwaltet. (Liqui)
45:
Zur Absicherung der Währungs- und Zinsrisiken ... setzt Siemens ... Finanzinstrumente ein. ... sind umfassende Kontrollverfahren eingerichtet worden. (Sich)

VEBA AG

1:
Überschrift „VEBA ... Veränderung gestalten, Wert steigern" (Sh Val)
... Chance, um zusätzliche Wertsteigerungspotentiale für VEBA und ihre Aktionäre zu erschließen. (Sh Val, Ak)
Welche Schritte wir zurückgelegt haben und wie zukünftige Unternehmenswertsteigerungen erreicht werden sollen, schildert ein gesonderter Abschnitt dieses Geschäftsberichts. (Sh Val)
2:
... strategische Allianz ... zum Ausbau des internationalen Telekommunikations-geschäftes. (Wachs, Intern)
Um die VEBA-Aktie für weitere private Anlegerkreise attraktiv zu machen ... (Sh Val)
... Maßnahmen zur Produktivitätssteigerung ... (Effi)
... Intensivierung und Beschleunigung ihres laufenden Ergebnisverbesserungs-Programms ... (G Erh)
5:
... Maßnahmen zur Stärkung der Wettbewerbsfähigkeit und Marktposition in allen Unternehmensbereichen ... (Wettb, M Pos)
... Allianz zur Entwicklung und zum Ausbau des internationalen Telekommunikationsgeschäftes ... (Wachs, Intern)
8:
Unsere konzernweiten Maßnahmen zur Strukturverbesserung und Kostensenkung ... (Effi)
Im Rahmen unserer wertorientierten Unternehmenspolitik gilt: Ergebnis geht vor Umsatz. Daher haben wir durch Desinvestitionen von Randaktivitäten und Verlustbringern sowie Verzicht auf margenschwache Geschäfte den Umsatz in einzelnen Geschäftsfeldern ganz bewußt zurückgeführt. (Sh Val, G, Konsol, Effi)
Die Eigenkapitalverzinsung nach Steuern konnten wir von 8,7% auf 11,4% steigern und sind damit unserer mittelfristigen Zielsetzung von 15% ein gutes Stück näher gerückt. (G komm, Rent EK!)
... wir unsere Ausschüttungspolitik noch stärker ergebnisorientiert gestalten wollen. (G Verw)
Gleichzeitig sind wir auch in der Lage, die Rücklagen ... zu stärken, um flexibel auf vor uns liegende strategische Herausforderungen reagieren zu können. (Flex)
... um unser Ziel zu erreichen, stärkster Wettbewerber nach der deutschen Telekom zu werden. (M Pos)
9:
In den letzten drei Jahren hatten wir unser Hauptaugenmerk darauf gerichtet, die ... Defizite im Konzern zu analysieren und durch umfassende ... Kostenmanagementmaßnahmen zu beheben. (Effi)
... Deutschland ... Veränderungen ..., die notwendig sind, um dem Standort die langfristige Zukunftsfähigkeit zu erschließen. VEBA ist sich hierbei ihrer Verantwortung gegenüber der Gesellschaft und den Mitarbeitern bewußt und wird ihren Beitrag zu vernünftigen Lösungen leisten. (Ges ök, Ges aök, Ma)
Die Sicherstellung der Ertragskraft und einer auch auf europäischer Ebene konkurrenzfähigen Wettbewerbsposition sind daher unsere wesentlichen strategischen Ziele. Die konsequente Umsetzung von Kostensenkungsmaßnahmen, die Ausweitung des Energiedienstleistungsgeschäfts sowie der Ausbau der Kooperatioen mit skandinavischen und baltischen Partnern sind hierbei wichtige Bausteine. (G, M Pos, Intern, Effi, Wachs)
Der Chemiebereich hat durch ... ergebnisverbessernde Maßnahmen seine Wettbewerbsfähigkeit wiedergewonnen ... Zur nachhaltigen Sicherung einer angemessenen Rentabilität des eingesetzten Kapitals und zur weiteren Stärkung der konjunkturellen Widerstandskraft steht jetzt die strategische Fokussierung des Portfolios im Vordergrund. Dies bedeutet: Ausbau der Geschäfte mit führenden Wettbewerbspositionen ... sowie Herstellung einer ausgewogenen internationalen Präsenz. ... befindet sich Hüls damit wieder auf Wachstumskurs. ... neuen Weg beschritten, um ... Expansionschancen wahrnehmen zu können ... (G Erh, Rent Ge, Sich, Wachs, M Pos, Intern)
... das Kostenmanagementprogramm erheblich ausgeweitet ... soll so in der Mineralölverarbeitung die Gewinnzone erreicht werden. ... wir arbeiten daran, daß VEBA OEL ... auch in diesem Bereich eine angemessene Verzinsung des eingesetzten Kapital sicherstellt. (Effi, G Erh, Rent Ge)
10:
RAAB KARCHER hat daher die Maßnahmen zur Produktivitätssteigerung ... intensiviert. (Effi)
Bei STINNES ... Kostensenkungsmaßnahmen forciert. (Effi)
Übergeordnete Zielsetzung ... ist das Erreichen einer führenden Wettbewerbsposition ... Bei begrenzten Kapital- und Managementressourcen werden wir uns deshalb auf die wachstums- und renditestarken Geschäfte konzentrieren ... (M Pos, Wachs, Rent Ge)
... wollen diesen Markt in seiner gesamten Breite und seiner globalen Dimension erschließen (Wachs, Intern)

Zwei Ziele sind dafür vordringlich: Netzaufbau und Diensteentwicklung (Wachs)
Wichtig ist es, den Kunden qualitativ hochwertige, innovative und preislich attraktive Angebote unterbreiten zu können. (Ku, Qual, Inno)
11:
... Rechnungslegung und Publizität ... weiterentwickelt, um den Informationsansprüchen der internationalen Anleger Rechnung zu tragen. (Ak)
... haben wir einen wichtigen Schritt getan, ... das Vertrauen internationaler Anleger ... weiter zu stärken und den Anlegern eine angemessene Bewertung der VEBA-Aktie zu ermöglichen. (Ak)
... Wandel ... als Chance ... noch marktnäher und kundenorientierter zu arbeiten, innovative Produkte ... zu entwickeln, neue Märkte zu erschließen und moderne, zukunftsträchtige Arbeitsplätze zu schaffen. (Ku, Inno, Wachs, Ges ök)
... Chance wollen wir nutzen, um ihren Eigentümern auch weiterhin attraktive Wertsteigerungen zu verschaffen. (Ak, Sh Val)
13-17:
Sonderbeitrag „VEBA... Veränderung gestalten, Wert steigern"
13:
... Chance, Wertsteigerungspotentiale für VEBA und ihre Aktionäre zu erschließen. ... zwei wesentliche Quellen zur Werterhöhung: ... Weiterentwicklung renditestarker Kerngeschäfte in führende Wettbewerbspositionen ... frühe Positionierung in zukünftigen Schlüsselbranchen ... (Sh Val, Ak, Rent Ge, M Pos, Schnell)
15:
... unsere aktionärsorientierte Unternehmenspolitik ... VEBA bekennt sich zum Shareholder-Value-Ansatz ... mit der konzernweiten Einführung Cash flow-orientierter Steuerungsinstrumente ... setzt die Holding ... die Ansprüche der Aktionäre in wertsteigernde Unternehmenskonzepte um. (Ak, Sh Val, CF)
16:
Zur Festigung einer auch auf europäischer Ebene konkurrenzfähigen Wettbewerbsposition sind stärkere Kundenorientierung und Ausweitung des Energiedienstleistungsgeschäfts wichtige Elemente. Den regionalen Wachstumsschwerpunkt bilden Nord- und Osteuropa. (Intern, M Pos, Ku, Wachs)
Im Chemiebereich werden wir uns noch stärker auf Geschäftsfelder in attraktiven Märkten ausrichten, in denen wir bereits führende Wettbewerbspositionen einnehmen ... (M Pos)
Das Ölgeschäft wird ... weitere Produktivitätssteigerungen realisieren müssen ... (Effi)
... hat VEBA Eckpfeiler für eine nachhaltig erfolgreiche Positionierung in der Telekomunikation gesetzt. (M Pos)
Die wertorientierte Philosophie der VEBA ... Unser Ziel ist es ... im Interesse unserer Aktionäre Wert zu schaffen. (Sh Val, Ak)
19:
Unsere in den Vorjahren ergriffenen Maßnahmen zu Kostenabbau und Produktivitätssteigerung zahlten sich 1995 voll aus. (Effi)
20:
... Gewinnanstieg zeigt den Erfolg der in den letzten Jahren durchgeführten Strukturmaßnahmen ... (G komm)
... wirkten sich unsere Kostenmanagementmaßnahmen nunmehr voll aus. ... Rationalisierungsmaßnahmen. (Effi)
21:
In der Mineralölverarbeitung hingegen war die Ertragslage weiterhin äußerst unbefriedigend. ... Das laufende Programm „Ergebnisverbessernde Maßnahmen" wurde daher 1995 nochmals intensiviert und beschleunigt. (G komm, G Erh)
... Fortsetzung der Programme zur Produktivitätssteigerung und Kostensenkung ... (Effi)
23:
Die Investitionen ... dienten der Festigung bzw. dem Ausbau der Marktpositionen (M Pos)
24:
Zur Begrenzung der Wechselkurs- und Zinsänderungsrisiken ... betreibt VEBA ... ein systematisches Devisen- und Zinsmanagement. ... Zur Gewährleistung einer effizienten Risikokontrolle ... (Sich)
25:
VEBA bekennt sich zu einer wertorientierten Unternehmensführung ... (Sh Val)
28:
Zielsetzungen des Konzerns sind unverändert die konsequente Ergebnissteigerung in allen Teilkonzernen und die Erwirtschaftung einer Eigenkapitalrendite von 15% nach Steuern. ... Wir werden die Maßnahmen zur Produktivitätssteigerung und Stärkung der Wettbewerbspositionen daher konsequent fortführen. (G Erh, Rent EK!, Effi, M Pos)

Unsere kontinuierlichen Maßnahmen zur Kostensenkung und Effizienzsteigerung gewährleisten ... Stärkung der Wettbewerbsfähigkeit auch auf internationaler Ebene und somit Sicherung und Steigerung der Ertragskraft. (Effi, Wettb, Intern, G Erh)
Im Bereich ... werden wir unsere Marktpositionen ausbauen und die Internationalisierung ... vorantreiben. (Intern)
29:
... besteht die wesentliche Herausforderung darin, schnell und beweglich zu handeln und so die Wettbewerbsfähigkeit unserer Kerngeschäfte nachhaltig zu sichern. (Schnell, Wettb)
Die Renditeerwartung unserer Aktionäre, die Ansprüche unserer Kunden ... setzen Maßstäbe für unser Handeln (Sh Val, Ak, Ku)
... setzen wir folgende strategische Akzente: Konzentration auf die Kernaktivitäten ... Verstärkter internationaler Ausbau ... Trennung von Randaktivitäten und Geschäftsfeldern mit unzureichender Wertentwicklung. (Konsol, Intern, Sh Val)
Wesentliche Zielgrößen dieser Konzeption sind Kapitalrentabilitäten und Cash Flows. (Rent Ge, CF)
Im Strombereich stehen ... das Ausschöpfen von Rationalisierungspotentialen sowie die Effizienzsteigerung ... im Vordergrund. Zur weiteren Verbesserung unserer Wettbewerbsposition im europäischen Strommarkt ... (Effi, M Pos, Intern)
... im Sinne der Kundenorientierung verstärken wir ... (Ku)
30:
Die Strategie, Produktlinien ... auszubauen und Randaktivitäten abzugeben ... (Wachs, Konsol)
Öl: Stärkung der Wettbewerbsposition und Verbesserung der Kostenstruktur. ... Die Expansion unseres Vertriebsnetzes wird in den osteuropäischen Nachbarländern ... gezielt fortgesetzt. (M Pos, Effi, Wachs, Intern)
... wird der Ausbau von Geschäften ... hin zu großen Unternehmenseinheiten mit führenden Marktpositionen fortgesetzt. Schwerpunkte dabei sind der Ausbau der Dienstleistungen und die Europäisierung der Geschäfte. (Wachs, M Pos, Intern)
Strategische Zielsetzung des Telekommunikationsbereichs ist der zügige Geschäftsaufbau ... (Wachs)
31:
Durch den Ausbau nationaler und internationaler Kooperationen sollen ... die Wettbewerbsfähigkeit weiter gesteigert werden. (Wettb)
... wird die Effizienz durch Netzausbaumaßnahmen erhöht. (Wachs)
... Investitionen ... soll in den Auf- und Ausbau von Netzinfrastruktur ... fließen ... (Wachs)
65-66:
Beitrag „Umweltschutz" (Maßnahmen, Investitionen, Umweltverträglichkeit der Produkte, Öko-Audit) (Sp Umw)
67-70:
Beitrag „Mitarbeiter" (Belegschaftsentwicklung, Ausbildung, Arbeitszeit, Personalentwicklung, Sozialaufwand, Vermögensbildung, Arbeitssicherheit, Vorschlagswesen) (Sp Pers)
71:
Die Erhöhung der Dividende ... ist Ausdruck der ergebnisorientierten Ausschüttungspolitik von VEBA. (G Verw)
73:
Ziel unserer Investor Relations-Aktivitäten ist es unverändert, ... das Vertrauensverhältnis zu unseren Aktionären, zu potentiellen Anlegern ... zu festigen und ihnen eine angemessene Bewertung der VEBA-Aktie zu ermöglichen. (Ak)

BASF AG

0:
Wir sind ein international tätiges Unternehmen der chemischen Industrie. Unsere Aktivitäten reichen von ... (Sach)
1:
Um die schnell wachsende Menschheit gesund zu erhalten und zu ernähren ... Die BASF trägt dazu in umfassenden Maße bei ... (Ges aök)
2:
... die Politik, unsere Aktionäre am Ertrag des Unternehmens angemessen zu beteiligen. (Ak)
Einführung der 5-DM-Aktie. ... Wir kommen damit insbesondere dem privaten Aktionär entgegen. (Ak)

Mit offener Information unterstützen wir ... das langfristige Engagement unserer Aktionäre in die BASF-Aktie. (Ak)
3:
... haben wir ein erfreuliches Geschäftsergebnis erwirtschaftet. (G komm)
Unsere Strategie ist auf das Ziel ausgerichtet, eine Gesamtkapitalrendite vor Ertragssteuern und Fremdkapitalzinsen von mindestens 10 Prozent ... zu erreichen. (Rent Ge!)
Um unsere Wettbewerbsfähigkeit ... zu stärken, arbeiten wir weiter daran, unsere Kostenstrukturen zu verbessern. (Wettb, Effi)
... asiatisch-pazifischen Raum. Wir wollen die Chancen nutzen, die uns diese Märkte bieten. (Wachs, Intern)
4:
Wir blicken auf ein insgesamt erfolgreiches Jahr 1995 zurück. ... Das gestiegene Ergebnis ... Es ist gleichzeitig ein Erfolg von strukturellen Verbesserungen, Kostenabbau und Steigerungen der Produktivität. (G komm)
7:
Bei Informationssystemen haben wir konsequent den Kurs der Strukturbereinigung und Rationalisierung fortgesetzt. (Effi)
... Strukturproblemen unserer Aktivitäten in Mexiko begegnen wir mit Maßnahmen zur Kostensenkung. (Effi)
10:
Die Gesamtkapitalrendite ... konnten wir ... steigern. Wir übertrafen damit unsere Zielrendite von 10 Prozent ... (Rent Ge!, G komm)
11:
Forschung und Entwicklung, langfristig angelegte Investitionen und der tatkräftige Einsatz unserer Mitarbeiter sind darauf ausgerichtet, die Erwartungen unserer Kunden zu erfüllen. (Ku)
13:
... stellen wir uns der ökologischen Verantwortung weltweit. Ressourcenschonung und Minderung der Umweltbelastung sind unverzichtbare Bestandteile unseres unternehmerischen Konzeptes ... (Umw)
Wir unterstützen international abgestimmte zweckdienliche Maßnahmen zur Klimavorsorge. (Umw)

Hoechst AG

0:
Gesundheit, Lebensfreude, Lebensqualität - darauf richten wir unsere Arbeit aus ... (Ges aök)
1:
Unsere Produkte und Innovationen dienen der Gesundheit, der Ernährung, ganz generell der Lebensqualität. (Ges aök)
2:
Wir konzentrieren uns auf ertragsstarke Kerngeschäfte, bei denen wir weltweit zur Spitze zählen wollen. (G, M Pos, Intern)
3:
Wir freuen uns, Ihnen über einen gestiegenen Ertrag, einen erhöhten Dividendenvorschlag und einen wachsenden Börsenwert Ihres Unternehmens berichten zu können. (G komm)
Wir werden den eingeschlagenen Weg fortsetzen, unsere Kernaktivitäten zu globalen Geschäften auszubauen ... (Intern, Wachs)
Trotz der Erfolge im vergangenen Jahr: Unsere Rentabilität ist im weltweiten Vergleich noch unterdurchschnittlich. (G komm)
Wir werden weiter mit aller Kraft an der Effizienz und Leistungsfähigkeit unseres Unternehmens arbeiten, vor allem in Westeuropa. Unser Ziel sind international wettbewerbsfähige Geschäfte und damit Arbeitsplätze, die eine nachhaltige Wertsteigerung für Hoechst erwirtschaften. (Effi, Intern, Wettb, Ges ök, Sh Val)
5:
Diese Maßnahmen dienen dazu, die Organisationsstruktur effizienter zu gestalten ... (Effi)
6:
Wir haben ... uns weiter auf innovative, renditestärkere Arbeitsgebiete konzentriert, vor allem auf den nichtzyklischen Gesundheitssektor. (Inno, Rent Ge)
7:
Nur mit einem internationalen Marktzugang und nur mit ausreichenden Ressourcen für eine schnelle Entwicklung neuer Produkte in möglichst vielen Ländern bleiben wir konkurrenzfähig. (Intern, Schnell, Inno, Wettb)

Die Integration ... soll Ende 1996 weitgehend abgeschlossen sein. (Syn)
Wir haben gute Voraussetzungen, in wenigen Jahren die angestrebte Führungsposition im Gesundheitssektor weltweit zu erreichen. (M Pos)
8:
Zur weltweiten Beschleunigung der Produktentwicklung und -zulassung entsteht ein Drug Development Cener in den USA. (Schnell)
9:
Das Integrations-Programm Hoechst Marion Roussel erfordert ... Strukturaufwendungen ... (Syn)
10:
Wir hatten uns das Ziel gesetzt, innerhalb von drei Jahren aus den roten Zahlen herauszukommen und wieder eine angemessene Rendite zu erwirtschaften. Um dies zu erreichen, mußten durch Rationalisierungen, Veränderungen der Produktpalette und Modernisierung der Anlagen jährliche Kosten von ... eingespart werden. (G Erh, Rent Ge, Effi)
11:
Mit Investitionen vor Ort wollen wir unsere starke Position in den mittelosteuropäischen Ländern absichern. (M Pos, Intern)
In Nordamerika ... die Marktstellung in dieser Region soll verstärkt ausgebaut werden. (Intern, M Pos)
12:
In Lateinamerika haben wir ... um das Geschäft organisatorisch zu straffen und gleichzeitig neue Aktivitäten auf diesen Wachstumsmärkten länderübergreifend auszubauen. (Wachs, Intern)
14:
... stellen wir auf diese Weise sicher, daß wir im Konzern über ein ausgewogenes Verhältnis aufzubauender, wachsender und reifer Geschäfte verfügen und damit ein nachhaltiges Wachstum des Konzerns aus dem Cash flow finanzieren können. (Sich, Wachs)
15:
In Asien ... wir wollen in der Region schneller wachsen als der Markt. (Wachs, Intern)
Die Zahl der Mitarbeiter ... wird zurückgehen ... Wir setzen den Weg fort, uns auf Kernarbeitsgebiete - und hier besonders auf den Gesundheitssektor - zu konzentrieren. Die Nettoeigenkapitalrendite, die 1995 unsere mittlere Zielmarke von 15% erreichte, wird sich dadurch im laufenden Jahr erneut erhöhen. (Konsol, Rent EK!)
18-19:
Beitrag „Unsere Mitarbeiter" (Entlohnung, Austausch, Ausbildung) (Sp Pers)
20-21:
Beitrag „Sicherheit, Gesundheit, Umweltschutz" (Maßnahmen) (Sp Umw)

RWE AG

6:
So war es in der Rezession gelungen, einen Einbruch im Gesamtergebnis zu vermeiden. Wir sehen darin eine Bestätigung, daß wir mit unseren in den letzten Jahren getroffenen strategischen Weichenstellungen richtig liegen. Der Ausbau unserer Kerngeschäftsfelder, die Verstärkung der internationalen Aktivitäten ... haben sich bewährt. (G komm, Wachs, Intern)
Nach den Jahren der großen Akquisitionen und des Geschäftswachstums werden wir jetzt unsere besondere Aufmerksamkeit auf eine Optimierung der inneren Strukturen, auf die Erhöhung der Produktivität und eine Verbesserung der Rentabilität in allen Geschäftsfeldern legen. Kontinuität zeichnet den RWE-Konzern aus: Dabei steht für mich der Shareholder Value im Mittelpunkt. Konzerninterne spezifische Renditevorgaben sollen dazu beitragen, die Verzinsung des eingesetzten Kapitals weiter zu verbessern. Unsere Holdingorgansation und die breite Geschäftsbasis des Konzerns bieten gute Voraussetzungen für eine kontinuierliche Steigerung des Unternehmenswerts. (Effi, Rent Ge, Sh Val,)
... bauen wir eine Telefongesellschaft auf, die eine starke Marktstellung einnehmen soll. (M Pos)
Eine wichtige Aufgabe ist es, unseren ... Entsorgungsbereich in die Gewinnzone zu führen und zu einem langfristig rentablen Unternehmenszweig zu machen. Wir haben die Voraussetzungen hierfür - teils durch Desinvestments - geschaffen und sind überzeugt, daß die Entscheidung zum Eintritt in diesen Markt ... auch durch deutlich positive Beiträge zum Gesamtergebnis der RWE AG und damit zum Nutzen der Aktionäre gerechtfertigt wird. (G Erh, Rent Ge, G, Ak)

7:
Im Sinne des Shareholder Value haben wir die Investor Relations-Aktivitäten verstärkt. Wir wollen die Leistungsfähigkeit unseres Konzerns nach außen deutlicher als bisher darstellen. ... Eine Steigerung der Attraktivität der RWE-Aktie ... versprechen wir uns ebenfalls von ... (Sh Val)
Wir bekennen uns zu sparsamer und rationeller Energieanwendung. Diese Ziele haben für den RWE-Konzern seit Jahren einen hohen Stellenwert. (Effi)
... wollen wir mithelfen, daß verstärkt moderne Technologien und regenerative Energien zur Energieversorgung in Entwicklungs- und Schwellenländern zum Einsatz kommen. Wir sehen dieses Engagement als einen wichtigen Teil unserer Verantwortung für eine lebenswerte Umwelt. (Ges ök, Umw)
9:
Alle Konzernbereiche erzielten Ergebnisverbesserungen. Diese sind ... zu einem ganz wesentlichen Teil ein Erfolg unserer strategischen Ausrichtungen sowie des strengen Kostenmanagements. (G komm, Effi)
... führten die Struktur- und Kostenmaßnahmen ... zu einer Minderung des Verlustes. (Effi)
10:
... hielten wir im Berichtsjahr zur inneren Stärkung des Unternehmens eine höhere Dotierung der Rücklagen für geboten ... (Kap)
... im Rahmen der weitergeführten Rationalisierungs- und Kostensparmaßnahmen ... (Effi)
12:
Mit unseren Engagements haben wir Mitverantwortung für eine leistungsfähige Stromversorgung in Ostdeutschland übernommen. Ziel ist es, die Gesellschaften technisch und wirtschaftlich an westdeutsches Niveau heranzuführen. (Ges ök)
13:
In unseren Bemühungen, unsere Positionen auch auf internationalen Märkten auszubauen ... (M Pos, Intern)
14:
Zur Verstärkung ihrer Geschäftsbasis und Verbesserung ihrer Wettbewerbsfähigkeit auf den internationalen Märkten ist HOCHTIEF ... (Wettb, Intern)
Die RWE Telliance ist für ... die Erschließung neuer Geschäftssegmente auf nationaler und internationaler Ebene ... verantwortlich. Unser strategische Ziel ist es, auf einem künftig liberalisierten Telekommunikationsmarkt ... ein erfolgreicher privater Anbieter zu werden. (Wachs, Intern)
17:
... FuE-Aktivitäten breit angelegt. Sie sind darauf ausgerichtet, die Qualität unserer Produkte und Dienstleistungen weiter zu steigern, die Flexibilität im Markt zu erhöhen und damit unsere Wettbewerbsfähigkeit zu sichern. Hohen Stellenwert haben darüber hinaus ... Umweltschutz und die Ressourcenschonung. (Qual, Flex, Wettb, Umw)
18:
... unserer Kostensenkungsmaßnahmen, die wir konsequent weiterführen ... (Effi)
Strategisches Ziel des Energiebereichs ist es, die Preisführerschaft im Stromgeschäft dort zurückzugewinnen, wo wir sie nach den umfangreichen Umweltschutzmaßnahmen ... verloren hatten. (M Pos, Umw)
... werden die Kostensenkungsmaßnahmen konsequent fortgesetzt. (Effi)
Mit einem umfassenden Rationalisierungs- und Modernisierungsprogramm ist die Gesellschaft inzwischen auf gutem Weg zu einem dauerhaft wettbewerbsfähigen Unternehmen. (Effi, Modern, Wettb)
... Handels- und Dienstleistungsaktivitäten, die wir in den vergangenen Jahren systematisch ausgeweitet ... hatten. (Wachs)
... beabsichtigt Rheinbraun, sich ... im Markt für Sicherheitsdienstleistungen zu engagieren. (Wachs)
20:
... Zwang zur Rationalisierung und Produktivitätssteigerung. (Effi)
... Phase der ertragsorientierten Gestaltung ihres operativen Geschäfts ... (G)
... das laufende Kostensenkungs- und Ertragssteigerungsprogramm ... (Effi, G Erh)
21:
... Rationalisierungs- und Umstrukturierungsmaßnahmen ... (Effi)
Auf den internationalen Märkten wird ... durch den Ausbau des Beteiligungsportefeuilles die Marktstellung gezielt verstärkt. (Intern, M Pos)
71-75:
Beitrag „Mitarbeiter“ (Belegschaft, Arbeitszeit, Ausbildung, Personalentwicklung, Arbeitssicherheit, Sozialleistungen) (Sp Pers)

79:
Wir wollen mit dieser Maßnahme den Kreis der US-amerikanischen Aktionäre erweitern ... (Kap, Intern)
Eine wesentliche Aufgabe unserer Investor Relations-Aktivitäten ist es, dem Anleger die strategische Ausrichtung und das vorhandene Ertragspotential des Konzerns zu vermitteln. (Ak)

Bayer AG

0:
Bayer ist ein diversifiziertes, internationales Unternehmen der chemisch-pharmazeutischen Industrie. Unseren Kunden bieten wir ein breites Sortiment von Produkten und Leistungen, das von den Bereichen Gesundheit, ... bis zur ... Druckvorbereitung reicht. Bayer ... setzt bei seinen Kernaktivitäten auf die Technologieführerschaft. Dabei ist es unser Ziel, den Unternehmenswert nachhaltig zu steigern und im Interesse der Aktionäre, der Mitarbeiter und der gesamten Gesellschaft in allen Ländern ... eine hohe Wertschöpfung zu erwirtschaften. Die ... Kompetenz des Unternehmens ist für uns mit der Verantwortung verbunden, zum Nutzen der Menschen zu arbeiten und unseren Beitrag für eine dauerhafte und umweltgerechte Entwicklung zu leisten. (Sach, M Pos, Sh Val, Ak, Ma, Ges aök, Umw)
4:
... wir freuen uns, daß wir über ein erfolgreiches Jahr 1995 berichten können. Der Umsatz ist .. gewachsen, die Produktivität ist weiter gestiegen, und wir haben das Wachstumspotential ... beträchtlich erweitert. Besonders erfreulich war 1995 die Ergebnisentwicklung. Der Jahresüberschuß von .. hat unser selbstgestecktes Ziel deutlich übertroffen. Deshalb schlagen wir eine Dividendenerhöhung um ... vor und folgen damit unserem Grundsatz einer ertragsorientierten Gewinnausschüttung. (G komm, G, G Verw)
Zur Straffung des Portfolios wurden ... verkauft. (Konsol)
5:
Für 1996 haben wir uns ehrgeizige Ziele gesetzt. Wir wollen den Umsatz um sechs Prozent und den Gewinn vor Ertragssteuern um zehn Prozent steigern. (Wachs!, G Erh!)
Die Agfa will sich deutlich verbessern.
... wird es allerdings nicht leicht werden, diese Ziele zu erreichen. Wir werden daher das straffe Kostenmanagement konsequent fortsetzen, die Produktivität weiter steigern ... um unsere Ertragskraft und damit unsere internationale Wettbewerbsfähigkeit zu erhöhen. (G Erh, Wettb, Intern)
... während wir in Europa und nicht zuletzt in Deutschland weiter konsolidieren müssen. Innovation und Wachstum stehen aber auch 1996 eindeutig im Vordergrund. (Konsol, Inno, Wachs)
Darüber hinaus werden wir ... unsere weltweite Marktpräsenz durch eine noch effizientere Ausrichtung auf die Kundenbedürfnisse verstärken. Damit werden wir die Position von Bayer als einem der führenden integrierten Chemie- und Pharmaunternehmen ausbauen - ein Anspruch, der sich vor allem in der Ertragsqualität ausdrückt. Mit einer Umsatzrendite von über zehn Prozent ist dafür ein klares Ziel formuliert worden. (Ku, Intern, M Pos, Sach, G, Effi!)
Im Interesse der Aktionäre und der Mitarbeiter wollen wir den Unternehmenswert nachhaltig steigern und mit unseren Produkten und Dienstleistungen dazu beitragen, den Wohlstand und die Lebensqualität der Menschen zu erhöhen. (Ak, Ma, Sh Val, Ges ök, Ges aök)
6:
So konnte mit einem Konzerngewinn von ... das bisher erfolgreichste Jahr 1989 noch übertroffen werden. (G komm)
Auch die Struktur- und Rationalisierungsmaßnahmen der vergangenen Jahre sowie grundlegende Verbesserungen bei der Produktqualität ... haben zur positiven Entwicklung beigetragen. (Effi)
Um die Wettbewerbsfähigkeit des Latex-Geschäfts zu verbessern ... (Wettb)
7:
Verluste konnten trotz Kostensenkungsmaßnahmen nicht vermieden werden. (Effi)
Das Ergebnis konnte erheblich verbessert werden, ist aber ... nicht zufriedenstellend. (G komm)
Wir sind zuversichtlich, bereits 1996 die angestrebten Rationalisierungsziele und ein ausgeglichenes Ergebnis zu erreichen. (Effi)
8:
Im Jahr 1996 streben wir an, den Anteil der Chemie am Konzernergebnis und die Umsatzrendite nochmals zu steigern. (Effi)

Um unser Produkteportfolio zu optimieren und die Ressourcen auf das Kerngeschäft zu konzentrieren, wurde ... verkauft. (Konsol)
Weitere Wachstumschancen sehen wir in der Erschließung von Märkten in Osteuropa und Fernost sowie in der Vermarktung neuer Produkte. (Wachs, Intern, Inno)
9:
Wir sehen dies als Teil unserer auf dem Shareholder-value-Konzept beruhenden Unternehmenspolitik ... (Sh Val)
Der Gewinn vor Ertragssteuern stieg um ... Damit haben wir unser selbstgestecktes Ziel, das Vorjahresergebnis um 15 Prozent zu verbessern, deutlich übertroffen. (G komm, G Erh!)
10:
Weitere 1,3 Mrd. DM verblieben zur Sicherung des Wachstums im Unternehmen. (Wachs)
11:
Die Investitionen in Sachanlagen und immaterielle Wirtschaftsgüter dienten der Erweiterung und Erhaltung unserer Anlagen sowie der Rationalisierung und Verfahrensverbesserung. ... Für Erhaltung und Modernisierung haben wir 41 Prozent ... (Wachs, Effi, Modern)
12:
Auch wenn ein großer Teil dieser Ausgaben der Erhaltung und der Rationalisierung dient, macht die Zahl deutlich, daß wir zum Standort Deutschland stehen. (Effi, Ges ök)
... gilt es, die führende Position ... weltweit abzusichern. Hierzu dienen sowohl der Ausbau ... als auch die Modernisierung ... (M Pos, Intern)
Neue Vorhaben dienen dem Ausbau der Forschung, ..., zur Kapazitätserweiterung ... (Wachs)
Innovation bleibt ein entscheidender Erfolgsfaktor im weltweiten Wettbewerb. ... Aber auch der Umweltschutz behält einen hohen Stellenwert. Ziel ist die Entwicklung noch umweltgerechterer Produkte mit optimalem Kundennutzen und hoher Wertschöpfung. Darüber hinaus streben wir ... die Kosten- und Technologieführerschaft an. Unsere Projekte richten wir an den Unternehmenszielen sowie den spezifischen Kunden- und Marktbedürfnissen aus. Richtschnur ist die nachhaltige Steigerung des Unternehmenswerts durch innovative Technologien. Besonderes Gewicht legen wir darauf, die Effizienz des F+E Prozesses zu steigern. (Inno, Umw, Ku, KoFü, M Pos, Sh Val, Effi)
13:
Auch die Umweltverträglichkeit spielt dabei eine große Rolle ... (Umw)
... verfolgen wir ebenfalls das Ziel, durch innovative Produkte zu der notwendigen Steigerung der landwirtschaftlichen Produktivität beizutragen. (Ges ök)
... Grundsatz, in erster Linie aus eigener Kraft zu wachsen. (Wachs)
Dennoch wollen wir das erreichte hohe Ergebnisniveau im europäischen Geschäft absichern und noch ausbauen. (G Erh, Intern)
Neben dem weiteren Ausbau des Wachstumspotentials ist auch 1996 die konsequente Stärkung unserer internationalen Wettbewerbsfähigkeit ein Schwerpunkt unserer Unternehmenspolitik. Vor diesem Hintergrund haben wir uns das anspruchsvolle Ziel gesetzt, den Konzernumsatz um 6 Prozent auf 47 Mrd. DM zu steigern. Dabei wollen wir das Ergebnis vor Ertragssteuern ebenfalls noch einmal deutlich steigern, und zwar in einer Größenordnung von 10 Prozent. (Wachs, Wettb, Intern, Wachs!, G Erh!)
14:
... unserer ertragsorientierten Dividendenpolitik ... (G Verw)
...und das verstärkte Bemühen um den ausländischen Aktionär haben dazu geführt, daß mittlerweile jede zweite Aktie in Auslandsbesitz ist (Kap, Intern)
15:
... ein weiterer Baustein unserer aktionärfreundlichen Politik ... (Ak)
16:
Das grundlegende Ziel der Unternehmenspolitik von Bayer ist die nachhaltige Steigerung des Unternehmenswertes. Wir erreichen dies durch eine konsequente Umsetzung unserer langfristig angelegten Wachstumspolitik, in deren Mittelpunkt ... Investitionen in ertragsstarke Arbeitsgebiete, gezielte Akquisitionen und eine weltweite Markpräsenz stehen. Die Meßlatte dafür ist der Cash-flow, den wir bezogen auf das investierte Kapital erwirtschaften: der Cash-flow Return on Investment (CFRoI) (Sh Val, Wachs, G, Intern, CF, Rent Ge)
Dabei liegen die Schwerpunkte des breit diversifizierten Bayer-Portfolios in den Arbeitsgebieten Gesundheit, Landwirtschaft ... (Sach)

17:
... Verpflichtung, ... sich von Arbeitsgebieten zu trennen, die weder zu den Kernaktivitäten zählen noch zur Wertschöpfung beitragen. Dies liegt sowohl im Interesse des gesamten Unternehmens und der Aktionäre als auch im Interesse der Mitarbeiter an langfristig gesicherten Arbeitsplätzen. (Konsol, Sh Val, Ak, Ma)
Mit dem auf Wertsteigerung ausgerichteten Portfoliomanagement ... (Sh Val)
... existieren mit dem CFRoI für alle Unternehmensbereiche verbindliche Zielsetzungen ... (CF, Rent Ge)
... schaffen wir auch die Voraussetzung für eine überdurchschnittliche Rendite, die auf einer ertragsorientierten Gewinnausschüttung ... aufbaut. (G Verw)
Im Mittelpunkt steht dabei immer wieder das eindeutige Bekenntnis der Unternehmensleitung zu einer ertragsorientierten Wachstumspolitik ... (G, Wachs)
20-21:
Beitrag „Mitarbeiter" (Ausbildung, Arbeitszeit, Motivation) (Sp Pers)
22-23:
Beitrag „Umweltschutz und Sicherheit" (Maßnahmen, Umweltbericht, Emissionen) (Sp Umw)
78:
... Maßnahmen zur Produktivitätssteigerung ... (Effi)

Thyssen AG

4:
In den Sitzungen des Geschäftsjahres 1994/95 befaßte sich der Aufsichtsrat eingehend mit der Ausrichtung der Thyssen-Gruppe auf die Anforderungen der Zukunft. Im Vordergrund standen dabei unter anderem die Internationalisierung der Aktivitäten, der forcierte Ausbau des Dienstleistungsgeschäfts sowie Maßnahmen zur Stärkung der Wettbewerbsfähigkeit. (Intern, Wachs, Wettb)
5:
Im Geschäftsjahr 1994/1995 hat die Thyssen-Gruppe ihre Aufwärtsentwicklung fortgesetzt und ein gutes Ergebnis erzielt. (G komm)
Das ... neue Investitionsprogramm beträgt insgesamt 2,6 Mrd. DM und liegt damit wesentlich höher als in den vorangegangenen Jahren der Konsolidierung. Die Anstrengungen zur weiteren Optimierung der Kostenstrukturen sowie zur internationalen Ausweitung unserer Aktivitäten werden intensiv fortgesetzt. (Effi, Wachs, Intern)
7:
Das Konzernergebnis vor Ertragssteuern erreichte mit 1,026 Mill. DM ein erfreuliches Niveau. (G komm)
8:
Die Forschungs- und Entwicklungsaktivitäten ... sind vor allem darauf ausgerichtet, technisch anspruchsvolle und umweltfreundliche Produkte zu wirtschaftlich wettbewerbsfähigen Bedingungen anbieten zu können. Dabei gewinnt das Qualitätsmanagement-System ... zunehmende Bedeutung. (Umw, Wettb, Qual)
... konzentrierten sich die F+E-Arbeiten auf die kontinuierliche Verbesserung der Produktionsabläufe, um den steigenden Kundenanforderungen hinsichtlich Produktqualität und Kosten zu entsprechen. (Ku, Qual, Effi)
9:
Innovationspotentiale von Stahlprodukten auszuschöpfen ist eines der Ziele des Projektes ... (Inno)
... Investitionen ... Sie betrafen ... vor allem den Ausbau der Rohrsystem-Fertigung und der Aluminiumtechnik sowie die Erweiterung der Kapazitäten für ... Der größte Einzelbetrag ... entfiel auf den Ausbau ... (Wachs)
10:
... investierten erhebliche Beträge in die Modernisierung und den Ausbau des Niederlassungsnetzes. (Modern, Wachs)
Die Anstrengungen zur weiteren Optimierung der Kostenstrukturen sowie zur internationalen Ausweitung der Aktivitäten werden fortgesetzt. (Effi, Wachs, Intern)
11:
... Aktivitäten ... miteinander verzahnt. Ziel es ist es, das Know-how zu bündeln und die Systemfähigkeit der automobilorientierten Fertigungen deutlich zu verbessern. (Syn)
Für Thyssen Handelsunion stehen die Gewinnung und Sicherung regionaler Marktführerschaft sowie die weitere Internationalisierung des Geschäfts im Vordergrund. (M Pos, Intern)
14-17:
Beitrag „Mitarbeiter" (Mitarbeiterzahl, Vorschlagswesen, Aus- und Weiterbildung) (Sp Pers)

18-21:
Beitrag „Umweltschutz" (Kosten, Produkte, Energieverbrauch, Recycling) (Sp Umw)

BMW AG

4:
Kurzatmige Opportunitäten haben gegenüber langfristigen Chancen zurückzustehen; sie sind auch gegenüber der Bewahrung von Identität hintanzusetzen - der Identität des Unternehmens und seiner Marken. (Überl)
5:
Wenn wir dabei der langfristigen Ertragskraft Vorrang vor kurzfristiger Maximierung einräumen, so erkennen wir darin keinen Widerspruch zu unserer Verpflichtung, Ihr Kapital zu mehren und angemessen zu verzinsen. Diese Verpflichtung bestimmt dauerhaft unsere Unternehmenspolitik und unser Handeln. (G, Sh Val, Ak)
Wissen, Können, Erfahrung und Begeisterung der Mitarbeiter zu erhalten und zu fördern, sehen wir als Grundaufgabe für die langfristige Festigung der Stärke unseres Unternehmens. Mehr und mehr kommt dabei ... der Produktivität ... eine entscheidende Bedeutung zu. Ausmaß und Substanz des ... Wachstums des Unternehmens werden davon abhängen. (Effi, Wachs)
6:
...hat das Unternehmen seine Anstrengungen zur Sicherung seiner Wettbewerbsfähigkeit und Ertragskraft weiter erhöht. Ein Schwerpunkt war dabei die verstärkte Internationalisierung von Einkauf, Produktion und Vertrieb ... Der Erschließung neuer Märkte wurde besonderes Augenmerk geschenkt. (Wettb, G, Intern, Wachs)
10:
... wurden erhebliche Anstrengungen unternommen, um die Ertragskraft des gesamten Konzerns durch weitere Produktivitätssteigerungen zu sichern. (G Erh)
... ist das erwirtschaftete Ergebnis auch für 1995 zufriedenstellend. (G komm)
11:
... im Zuge des Ausbau- und Erneuerungsprogramms ... (Wachs, Inno)
13:
... ein weiterer Schritt in Richtung einer marktgerechten Produktion und damit zur Sicherung der Arbeitsplätze. (Ma)
14:
... mit dem Ziel, den individuellen Charakter der Konzernmarken zu stärken und gleichzeitig die Effizienz der Entwicklungs- und Fertigungsprozesse ... zu verbessern. (Effi)
15:
Die Notwendigkeit weiterer Produktivitätssteigerungen bleibt bestehen. (Effi)
21:
Derivate werden ... zur Absicherung des operativen Geschäfts genutzt; sie dienen seit vielen Jahren der Sicherung von Geld- und Kapitalströmen gegen Zins- und Währungseinflüsse. ... Langfristig strebt BMW einen weitgehenden Ausgleich der konzerninternen Devisenströme ... an. (Sich)
22:
Kontrolle und Risikobegrenzung. ... im Geschäft mit Derivaten ... Zur Sicherung bestehender Ansprüche werden ... (Sich)
58-61:
Beitrag „Mitarbeiter" (Belegschaftszahlen, Arbeitsstrukturen, Entgeltsystem, flexible Arbeitszeit, Aus- und Weiterbildung, Personalkosten) (Sp Pers)

Mannesmann AG

5:
Wir führen das Unternehmen Mannesmann für Sie orientiert an Rendite und Wertsteigerung. (Rent Ge, Sh Val, Ak)
Auf diesem Wege zu Wertwachstum für unser Unternehmen und unsere Aktionäre wollen wir forciert weitergehen. (Sh Val, Ak)
Unser größter Unternehmensbereich ... hat sein Ergebnis 1995 weiter gesteigert. Wir sind jedoch damit noch nicht zufrieden. (G komm)

... weitere Schritte zur Optimierung unseres Portfolios durch Produktselektion werden die künftige Ergebnisentwicklung verbessern, um die von uns gesetzten Zielrenditen zu erreichen. (Rent Ge)
... sehe ich uns auf dem Wege, unser Ergebnispotential durch qualitatives Wachstum und Verbesserung des Produktportfolios stärker auszuschöpfen. (G Erh)
... Weg fortgesetzt, die Kostenbasis zu reduzieren - und dabei Gewinn zu erzielen. Wir beabsichtigen, die zur Wertsteigerung und Rentabilitätsverbesserung eingeleiteten Maßnahmen auch im Jahr 1996 fortzusetzen. (Effi, G, Sh Val, Rent Ge)
7:
Um die Informationspolitik stärker an den Bedürfnissen und Interessen unserer Aktionäre sowie der anderen Kapitalmarktteilnehmer auszurichten, wurde ... (Ak)
10:
Mannesmann weitete auch 1995 seine Geschäftsaktivitäten aus und erzielte erneut eine Ergebnisverbesserung. ... Unsere gute Entwicklung im Jahr 1995 fand vor dem Hintergrund ... umfangreicher interner Maßnahmen zur strukturellen Optimierung des Konzernportfolios ... statt. (G komm)
12:
Letztlich ist es Ziel unserer Gesellschaften, ... Umweltbelastungen zu vermeiden und Warenströme produktiver zu lenken. (Umw, Effi)
... eine Vielzahl von Maßnahmen zur Verbesserung der Konzernstruktur durchgeführt. Dadurch haben sich Markt- und Wettbewerbsposition unserer Gesellschaften mit dem Ziel der Ausschöpfung der vorhandenen Ertragspotentiale weiter verbessert. ... Dies ist auch Basis für die Investitionstätigkeit, die schwergewichtig auf den Wachstumsbereich Telekommunikation ... zielt. Die weitere Optimierung unserer Unternehmens- und Produktstruktur mit entsprechend positiven Auswirkungen auf das Ergebnis steht auch 1996 im Vordergrund unseres Handelns. (G Erh, Wachs)
13:
Beitrag „Mitarbeiter: Strukturwandel fortgesetzt" (Beschäftigung, Weiterbildung, Vorschlagswesen, Arbeitsschutz, Belegschaftsaktien) (Sp Pers)
17:
Beitrag „Umweltschutz" (Umweltaudit) (Sp Umw)

Ford-Werke AG

5:
1995 war für die Ford-Werke AG sehr erfolgreich: Wir haben unseren Marktanteil erneut gesteigert und das Geschäftsjahr mit Gewinn abgeschlossen. ... Auch für 1996 haben wir uns viel vorgenommen: Wir wollen unseren Marktanteil weiter ausbauen. (G komm, M Pos)
6:
Etwas tun für die Umwelt - nach diesem Motto handelt Ford im Großen wie im Kleinen ... (Umw)
9:
... wissen die Verbraucher mittlerweile, daß der Wahlspruch „Ford. Die tun was" neben stetig verbesserten Produkten auch Umwelt- und Sicherheitsbewußtsein ... bedeutet. Um diese positive Entwicklung fortzusetzen, hat die Ford-Werke AG intensiv in die Entwicklung neuer Produkte investiert. (Umw, Inno)
20:
... glauben wir, daß zusätzliche Verbesserungen der Wettbewerbsfähigkeit dringend notwendig sind ... (Wettb)
Eine verbesserte Wettbewerbsfähigkeit kann nur durch sehr zielbewußte Maßnahmen ... erreicht werden. (Wettb)
Um für unsere Kunden eine erhöhte Produktvielfalt zu ermöglichen und weltweit neue Märkte für unsere Produkte zu erschließen, hat Ford ... (Ku, Intern, Wachs)
Die Herausforderung für die Zukunft der Ford-Werke sehen wir darin ... ein verbessertes Produkt- und Dienstleistungsangebot von höchster Qualität am Markt anzubieten - bei gleichzeitig kontinuierlich gesteigerter Kosteneffizienz. (Qual, Effi)
41:
Trotz Produktverbesserungen und strengerer Umweltauflagen hat sich Ford zum Ziel gesetzt, die Ausgaben bis zum Jahr 2000 auf heutigem Niveau zu stabilisieren. (Effi)
50:
Beitrag „Sponsoring" (unter anderem: „Die Unterstützung der Kölner Karnevalisten hat in der Domstadt bereits eine lange Tradition") (Sp Ges)

56-58:
Beitrag „Umwelt" (diverse Umweltschutzmaßnahmen) (Sp Umw)
62:
Beitrag „Personal- und Sozialprogramme" (Arbeitszeit, Aus- und Weiterbildung, Arbeitssicherheit, Vorschlagswesen) (Sp Pers)

Metallgesellschaft AG

1:
... richten wir unseren Blick auf die Zukunft. Ob Internationalisierung, Effizienzsteigerung oder Qualitätsverbesserung, ob Kundenorientierung, Shareholder Value oder Kostenoptimierung - wir haben uns eine Menge vorgenommen! (Intern, Effi, Qual, Ku, Sh Val)
3:
Einen Baum muß man beschneiden - sonst trägt er wenig Frucht. ... Die Metallgesellschaft hat sich auf ihre starken und ertragreichen Zweige konzentriert und deren Wachstum durch die Trennung von Randaktivitäten gefördert. (Konsol, G, Wachs)
Maßnahmen zur Kostensenkung und Effizienzsteigerung, die auch im Berichtsjahr unvermindert fortgesetzt wurden, ... (Effi)
Internationale Marktführerschaft ist das Ziel in den Kernbereichen. (Intern, M Pos)
4:
Die Konzentration auf Kernkompetenzen ... erlaubte es der Metallgesellschaft, ihre Ressourcen dorthin zu lenken, wo Unternehmenswert geschaffen wird. Der Konzern hat gezielt in Wachstumsbereiche investiert und das Geschäft mehr und mehr auf die internationalen Wachstumsmärkte verlagert. (Konsol, siehe S. 12, Sh Val, Wachs, Intern)
Die Straffung der Produktpalette und die Desinvestition von Bereichen mit unterdurchschnittlichen Wachstums- oder Renditechancen schufen Freiräume für den Ausbau von Wachstumsfeldern. (Wachs, Rent Ge)
In allen fünf Kernbereichen - Handel, Finanzdienstleistungen - ... sind Kundenorientierung, Kostenbewußtsein und Qualitätsverbesserung selbstverständlich. Sie sind Bestandteil der Unternehmensstrategie und in den Leitsätzen des Konzerns verankert. (Sach, Ku, Effi, Qual)
Auslandsengagements ... sind Bestandteil unserer Bemühungen, den Unternehmenswert zu steigern. Sie verbessern nicht nur die existenziell wichtige Präsenz in Schlüsselmärkten, sondern auch die Wettbewerbsfähigkeit. (Intern, Sh Val, M Pos, Wettb)
5:
Shareholder Value als entscheidende Zielgröße. (Sh Val)
Die Stärkung unserer Kernkompetenzen wird ... die Strategie der Metallgesellschaft prägen. (keine Codierung)
Ziel ist bei allen Maßnahmen, den Unternehmenswert im Sinne unserer Aktionäre zu steigern. Im Mittelpunkt der Überlegungen und Entscheidungen des Metallgesellschaft-Konzerns steht somit die Mehrung des Aktionärsvermögens, des Shareholder Value. Die Ausrichtung der Metallgesellschaft auf dieses Ziel schärft den Blick dafür, Investitionen und Geschäfte mit überdurchschnittlichen Ertragspotentialen voranzutreiben. (Sh Val, Ak, G)
Die Ausrichtung auf Wertschaffung ist Bestandteil der Unternehmensziele und zugleich Entscheidungsgrundlage und Entscheidungshilfe ... (Sh Val)
Der Cash Flow ist die zentrale Größe des Wertmanagements. ... Die Lenkung dieser Mittel in ihre bestmögliche Verzinsung steigert den Unternehmenswert und mehrt somit den Shareholder Value. (CF, Sh Val)
9:
Das ehrgeizige Ziel, einen Gewinn in dreistelliger Millionenhöhe zu erzielen, wurde erreicht. (G)
11:
... hierzu haben Maßnahmen zur Internationalisierung, Effizienzsteigerung und Kostensenkung wesentlich beigetragen. (Intern, Effi)
... die Struktur- und Kostensenkungsmaßnahmen ... (Effi)
12:
Die Fokussierung auf die Kernaktivitäten des Metall-Gesellschaft-Konzerns wurde konsequent fortgeführt. Randaktivitäten wurden desinvestiert ... (Konsol)

13:
Besonderes Augenmerk galt der Internationalisierung der Aktivitäten. ... Ziel ist es, den Marktanteil in den wachsenden asiatischen Volkswirtschaften schneller als bisher zu steigern. (Intern, M Pos)
... gründete in Japan eine Vertriebsgesellschaft. Diese diente der Durchdringung des schnell wachsenden Marktes in Fernost und in Südostasien. (Wachs, Intern)
Um die Metallgesellschaft AG langfristig auf eine angemessene Eigenkapitalbasis zu stellen, wurden ... (Kap)
14:
Zur Stärkung der Eigenkapitalbasis der Metallgesellschaft AG haben ... (Kap)
15:
Investitionen dienten im abgelaufenen Geschäftsjahr schwerpunktmäßig der Effizienzsteigerung und Qualitätsverbesserung ... (Effi, Qual)
Derivative Instrumente ... Zur Steuerung der Handelsrisiken werden ... (Sich)
Soweit ... auch derivative Instrumente eingesetzt werden, dienen diese ausschließlich der Absicherung von Risiken ... (Sich)
17:
Konzernweit werden zur Begrenzung des Zinsänderungsrisikos ... (Sich)
22:
Die zwölf Leitsätze der Metallgesellschaft
1. Wir steigern durch Marktorientierung und Kostenbewußtsein unsere Ertrags- und Finanzkraft.
2. Wir erhöhen den Wert unseres Unternehmens für die Aktionäre.
3. Wir konzentrieren uns auf unsere Kernbereiche.
4. Wir handeln zielorientiert ...
5. Wir wollen in unseren Märkten international zu den führenden Unternehmen gehören.
6. Die Kunden bezahlen unsere Löhne und Gehälter. Darum stellen wir die Kunden in den Mittelpunkt unseres Denkens und Handelns.
7. Wir fördern die Ideen und die Eigeninitiative aller Mitarbeiter.
8. Unser Ziel ist die ständige Verbesserung der Qualität.
9. Wir wollen effektive Kommunikation und sind offen für sachliche Kritik.
10. Wir entwickeln Mitarbeiter und Führungskräfte entsprechend unserem Unternehmensleitbild.
11. Wir arbeiten aktiv an Innovationen und bewahren sinnvolle Traditionen.
12. Wir sind ein verantwortungsbewußtes Unternehmen in unserer Gesellschaft und gegenüber der Umwelt.

(Effi, G Erh, Sh Val, Ak, Konsol, siehe S. 12, Intern, M Pos, Ku, Qual, Inno, Ges aök, Umw)
21-25:
Beitrag „Mitarbeiter“ (gemeinsame Leitbildentwicklung, Führungskräfte- und Mitarbeiterentwicklung und -ausbildung Wertschöpfung) (Sp Pers)
32:
Der Metallgesellschaft-Konzern hat sich für 1995/1996 anspruchsvolle Planungsziele gesetzt.
... wird der Schwerpunkt im Geschäftsjahr 1995/1996 auf der weiteren Steigerung der Ertragskraft und der Stärkung des Kerngeschäfts liegen. (G Erh)

VIAG AG

8:
Die VIAG AG hat die mittelfristigen Ziele, die sie sich beim Erwerb des Bayernwerks gesetzt hatte, bereits in 1995 erreicht. ... der Umsatz von ... und ein operatives Ergebnis von ... beweisen, daß die VIAG auch strukturell eine neue Dimension erreicht hat. ... Nun gilt es, in unseren weiteren Aktionen eine Balance zwischen Kontinuität und Dynamik zu erhalten. Einerseits muß das Erreichte bewahrt, andererseits die jetzige Stärke genutzt werden, um die VIAG auch für die Zukunft zu einem attraktiven und erfolgreichen Unternehmen zu gestalten. Wie ein roter Faden zieht sich daher durch die Planungen aller Unternehmensbereiche das Ziel systematischer und durchaus aggressiv angegangener Kostenreduzierungen. ... Zugleich werden wir die Chancen zum Ausbau unserer Gruppe nutzen, sowohl regional als auch sektoral. Um in den Wachstumsregionen, vor allem im asiatisch-pazifischen Raum in Zukunft erfolgreich zu sein ... (Wachs, G, Sich, Schnell, Überl, Effi, Wachs, Intern)

9:
Die VIAG hat in den vergangenen Jahren die Geschäftsfelder Energie, ... als ihre Kernbereiche definiert. In diesem Rahmen werden wir uns weiter stärken: in der Energie nutzen wir die Ausbauchancen ... in der Chemie werden die hervorragenden Marktpositionen ... systematisch ausgebaut; in der Verpackung konzentrieren sich unsere Wachstumsüberlegungen ... kommt der Internationalisierung besondere Bedeutung zu ... (Sach, Wachs, M Pos, Intern)
Die neuen Aktien ... Die daraus zufließenden Mittel sollen neben einer Stärkung der bestehenden ... Kernbereiche vor allem dem forcierten Ausbau der Telekommunikationsdienste dienen. (Wachs)
12:
... einen Konzernumsatz von ... und einen Konzernjahresüberschuß von ... erzielt. Zu dem erfreulichen Gesamtbild trugen alle vier Kernbereiche der VIAG bei. (G komm)
13:
Zur Stärkung der Marktposition und zum Aufbau langfristig zukunftsträchtiger Geschäftsfelder wurden ... (M Pos, Wachs)
Mit dem Ziel, die Konzentration auf Kernaktivitäten voranzutreiben, hat die VIAG die systematische Portfoliobereinigung fortgesetzt und Geschäftsfelder eingestellt oder aufgegeben, die langfristig im Rahmen des VIAG-Konzerns die erwarteten Renditen nicht erreichen können. Dies betrifft vor allem ... (Konsol, Rent Ge)
15:
Deutlich höhere Kosteneinsparungen sollen durch ... andere Rationalisierungsmaßnahmen erzielt werden. (Effi)
17:
Im Chemiebereich stehen Rationalisierungs- und Umweltschutzinvestitionen ... im Vordergrund. (Effi, Umw)
Gerresheimer Glas hat neben Rationalisierungs- und Modernisierungsinvestitionen ... (Effi, Modern)
Die Finanzinvestitionen von ... dienten dem Ziel einer langfristigen Wertsteigerung des VIAG-Portfolios durch die Festigung von Marktpositionen und den weiteren selektiven Ausbau zukünftiger Geschäftsfelder. (Sh Val)
18:
... hat die VAW Aluminium ... einen ersten wichtigen Schritt unternommen, um im Wachstumsmarkt Fernost Fuß zu fassen. (Wachs, Intern)
21:
Beitrag „Mitarbeiter" (Belegschaftszahlen, Personalaufwand) (Sp Pers)
24:
Neben der angestrebten Umsetzung operativer Synergien wurde ein konzernweites Kostensenkungsprogramm mit dem Ziel einer schlankeren Unternehmensorganisation initiiert. (Syn, Effi)
Im Verpackungsbereich wird eine weitere Ertragsverbesserung ... angestrebt. (G Erh)
27:
... hat die VIAG AG Negativerklärungen abgegeben, wonach sie sich unter anderem zur Einhaltung der folgenden Bilanzrelationen verpflichtet: Die Summe der Fremdmittel darf den Betrag der Eigenmittel nicht übersteigen ... (Kap!)
Die Mittel aus der Kapitalerhöhung dienen ... insbesondere einem gezielten Ausbau der Telekommunikationsaktivitäten. (Wachs)
30:
Das unternehmerische Leitbild der VIAG sieht vor, mit einem ausgewogenen Portfolio und dynamischen Wachstum Shareholder Value zu generieren. (Sich, Wachs, Sh Val)
31:
Daneben soll die Dividendenpolitik eine angemessene Beteiligung der Aktionäre am wirtschaftlichen Erfolg des Jahres gewährleisten. (G Verw, Ak)
33:
Die fortschreitende Internationalisierung der VIAG-Gruppe soll sich ... auch in Kapitalmarktmaßnahmen widerspiegeln, die der Verbreiterung der Aktionärsbasis dienen. (Intern, Kap)
Die der VIAG AG aus dieser Kapitalmaßnahme zugeflossenen Mittel von ... dienen der Stärkung der Eigenmittel für Investitionen. (Kap)
Ziel unserer Investor Relations Aktivitäten ist es, aktuelle und potentielle Anleger sowie Finanzanalysten über die Entwicklung der VIAG umfassend zu informieren. (Ak)
36-37:
Beitrag „Personalpolitik" (Restrukturierung, Personalentwicklung, Internationalisierung) (Sp Pers)

Preussag AG

9:
... das Geschäftsjahr 1994/1995 ist erfolgreich verlaufen: Zum einen können wir mit unserem deutlich verbesserten Ergebnis sehr zufrieden sein. Zum anderen sind wir in der Neuausrichtung unseres Unternehmens einen großen Schritt vorangekommen; die Preussag als internationaler Grundstoff- und Technologiekonzern gewinnt schärfere Konturen. (G komm, Sach)
Unsere Strategie ist es, uns auf unsere Kernkompetenzen zu fokussieren und diese gezielt und international auszubauen. Auf diesem Wege haben wir uns in den vergangenen zwei Jahren von Geschäften getrennt, die mittelfristig gefährdet oder mit Verlusten behaftet waren. (Konsol, Wachs, Intern, G Erh)
Unsere Kernkompetenzen liegen in der Stahlerzeugung, in der Erdöl- und Erdgasgewinnung und den daraus abgeleiteten Dienstleistungen, in ... (Sach)
Aufbauend darauf wollen wir unsere Wachstumsziele durch Erweiterung unserer Produkt- und Dienstleistungsangebote sowie die Stärkung unserer Marktstellung sowohl national als auch international erreichen. (Wachs, M Pos)
Im Stahl ist es unser Ziel, unsere Position als leistungsstarker deutscher Stahlerzeuger durch weitere Optimierung unserer Kostenstrukturen und durch Produktinnovation ... nachhaltig zu sichern. (M Pos)
10:
Mit straffen Kostensenkungsprogrammen, der verstärkten Ausrichtung auf Sekundärverhüttung ... haben wir die Grundlagen dafür geschaffen, daß unsere NE-Metallerzeugung ... wirtschaftlich bestehen kann. (Effi)
Mit der Neuordnung des Reparaturgeschäfts ist ein wichtiger Beitrag zur Ertragssicherung geleistet. (G)
11:
In den Bereichen ... setzen wir auf Innovationen in angestammten Produktsegmenten ... (Inno)
Mit Regionalkonferenzen in Prag, Hongkong und Atlanta haben wir die Intensivierung unseres internationalen Geschäfts sorgfältig vorbereitet. ... unsere Holding für die nordamerikanischen Beteiligungsgesellschaften ... wird zukünftig auch den Aufbau von Neugeschäften in den USA vorantreiben. (Intern, Wachs)
Unser Ziel ist es, die Preussag von einem europäisch orientierten Unternehmen in den nächsten Jahren zu einem international agierenden Grundstoff- und Technologiekonzern zu entwickeln. Wir werden unsere Kernkompetenzen nutzen, um durch selektiven Ausbau das in unseren Geschäftsfeldern schon beachtliche Gewinnpotential auch in den ausländischen Märkten fortzuentwickeln. (Intern, Sach, G)
13:
... der strategische Ausbau der Auslandspräsenz und ... kennzeichnen das Geschäftsjahr ... (Wachs, Intern)
... mit 349 Mio. DM einen deutlich verbesserten Jahresüberschuß. Einen wesentlichen Beitrag zu diesem Erfolg ... (G komm)
17:
Die Programme zur Produktivitätssteigerung und Kostensenkung wurden mit Nachdruck fortgeführt. ... Erfolge der Rationalisierungsmaßnahmen ... (Effi)
19:
Um die Metaleurop gegen Wechselkurs- und Metallpreisschwankungen unempfindlicher zu machen, wurden weitere Programme zur Optimierung der Produktionsstandorte in Frankreich auf den Weg gebracht. (Sich)
Preussag Energie verstärkt Auslandsengagements. Die Preussag Energie GmbH richtete ihre Aktivitäten auf den gezielten Ausbau ihrer Produktion und Reserven im Ausland. (Intern, Wachs)
Die Gruppe schloß ... erneut ... mit einem befriedigenden Ergebnis ab. (G komm)
23:
In diesem schwierigen Umfeld haben die Anlagenbaugesellschaften des Preussag-Konzerns dank ihres breitgefächerten Produkt- und Leistungsprogramms und innovativer Produkte und Problemlösungen das Geschäftsjahr wieder mit guten Ergebnissen abgeschlossen. (G komm)
30:
Ein Drittel der Investitionen für Kapazitätserweiterungen. (Wachs)
Investitionsmittel für Beteiligungen an internationalen Erdöl- und Erdgasvorkommen und deren Entwicklung ... (Intern)
31:
... die umfangreichen Investitionsprogramme zur Leistungssteigerung der Anlagen und Qualitätsverbesserung der Produkte fortgeführt. (Qual)
... beachtlicher Betrag ... für die Rationalisierung und Modernisierung der französischen Hüttenbetriebe ... (Effi, Modern)

Vorhaben zur Rationalisierung der Fertigungsabläufe ... (Effi)
39:
Die Preussag Stahl AG ... festigt ihre gute Wettbewerbsposition mit dem anwendungsorientierten Ausbau ihres Produktprogramms und führt die Rationalisierungs- und Investitionsprogramme zur Kostenoptimierung der Produktionsprozesse intensiv fort. (Effi)
Die Metaleurop-Gruppe konzentriert sich auf die Steigerung der Produktivität und Senkung der Kosten ... (Effi)
... steht für die Preussag Energie GmbH die Ausweitung ihrer Aktivitäten im Ausland im Vordergrund. Ziel ist es, durch Akquisition und Exploration die Erdölreserven deutlich aufzustocken, um das Geschäft langfristig zu sichern. (Wachs, Intern, Sich)
41:
... wird mit ... Optimierungsmaßnahmen die Wirtschaftlichkeit der Produktion erhalten. (Effi)
In Nordamerika sollen die Aktivitäten in der Anarbeitung und Bearbeitung von Stahlprodukten auch durch den Abschluß neuer Kooperationen ausgebaut werden. (Wachs, Intern)
... rechnet die Bergmann-Gruppe mit einem steigenden Handelsvolumen. Hierzu sollen neben ... der Ausbau des Aluminiumgeschäfts ... beitragen. (Wachs)
43:
Kompetenz, Sicherheit und Zuverlässigkeit des umfassenden Logistikangebots verbunden mit einer kundenorientierten Flexibilität sichern Lehnkering einen festen Platz in den Märkten und sind die Basis für weiteres Wachstum. (Ku)
45:
...verfolgt die Howaldtswerke-Deutsche Werft AG ihre Rationalisierungs- und Kostensenkungsprogramme mit Nachdruck weiter. (Effi)
... zielt die Minimax-Gruppe über die bisher bearbeiteten Märkte hinaus auf neue Geschäfte in Osteuropa und Fernost. (Wachs, Intern)
47:
Die Finanzierung der Investitionen ist am Cash-flow ausgerichtet. (CF)
51-55:
Beitrag „Mitarbeiter“ (Belegschaftsgröße, Personalaufwand, Aus- und Weiterbildung, Vorschlagswesen, Arbeitsschutz, Betriebskrankenkasse) (Sp Pers)
57-59:
Beitrag „Aktivitäten im Umweltschutz intensiviert“ (Aufwand, Managementsysteme, Luftreinhaltung, Lärmschutz, Gewässerschutz, Abfallwirtschaft) (Sp Umw)

MAN AG

7:
Den Jahresüberschuß konnten wir ... von ... auf ... steigern. Dieses Ergebnis ... läßt uns auch wieder Raum für eine Substanzstärkung, die wir als notwendige Zukunftsvorsorge betrachten. (Kap, Sich)
... wir ... unsere Anstrengungen auf die Rationalisierung und Modernisierung der Wertschöpfungsprozesse ... konzentriert haben. (Effi, Modern)
8:
Alle Personalmaßnahmen, die wir zur Stärkung unserer Wettbewerbsfähigkeit und damit auch zur Sicherung der heute mehr als 56000 Arbeitsplätze unabweisbar treffen mußten ... (Wettb, Ma)
Mit unserer Offensive auf der Produkt- und auf der Prozeßseite haben wir die Voraussetzungen geschaffen, um ... die Marktanteile zu gewinnen und zu sichern ... (M Pos)
Wenn wir unsere Zukunft sichern wollen, müssen wir zu einer überzeugenden Ertragsstärke zurückfinden. (Überl, G Erh)
9:
Der MAN Konzern wird den erfolgreich eingeschlagenen Weg fortsetzen, durch die kontinuierliche Verbesserung seiner Produkte und Prozesse sowie durch die ständige Realisierung von Kostensenkungspotentialen seine Wettbewerbsfähigkeit zu stärken. Hierzu gehört auch, daß wir unser weltweites Vertriebsnetz weiter ausbauen. Besonderes Augenmerk richten wir dabei auf die Märkte in Asien und Amerika. (Wettb, Wachs, Intern)
... unseren Beschäftigte bieten wir ein umfangreiches Angebot an Fortbildungsmaßnahmen. (Ma)

11:
Die in den Vorjahren realisierten und im Jahre 1994/1995 fortgesetzten Anstrengungen bei der Erneuerung des Produktprogramms, der Strukturbereinigung und der Kostenreduzierung haben ihre Früchte getragen. Der Jahresüberschuß ... stieg ... (G komm, Inno, Effi)
13:
Unsere Forschung und Entwicklung ist darauf ausgerichtet, das Produktprogramm des MAN Konzerns kontinuierlich weiterzuentwickeln und es durch Innovationen auszubauen. (Wachs, Inno)
14:
Im Dieselmotorenbereich setzten wir die Politik der Modernisierung und Programmerweiterung konsequent fort. (Modern, Wachs)
Wir sind überzeugt, daß wir ... nur mit technischen Spitzenleistungen unsere Marktstellung sichern und ausbauen können. (M Pos)
Der Teilkonzern Nutzfahrzeuge erzielte ... einen deutlichen Jahresüberschuß ... Diese positive Entwicklung wurde erreicht trotz ... (G komm)
Die in den Vorjahren umgesetzten Maßnahmen zur Kostensenkung und Neustrukturierung ... (Effi)
15:
... setzen wir unsere ergebnisorientierte Dividendenpolitik fort. (G Verw)
Dies führt zu einem anhaltenden Druck, weitere Innovations- und Kostensenkungspotentiale aufzuspüren und zu nutzen. (Inno, Effi)
Ein wettbewerbsfähiges Produktprogramm auf hohem technischen Niveau, die bisher erreichten Erfolge bei unseren unvermindert fortgesetzten Bemühungen um Kosteneinsparungen und eine gute Auslastung der Kapazitäten machen uns zuversichtlich, daß wir im Geschäftsjahr 1995/96 ein weiter verbessertes Ergebnis erwirtschaften können. (Effi)
16-17:
Beitrag „Mitarbeiter" (Personalstand, Personalaufwand, Aus- und Weiterbildung, innerbetriebliche Zusammenarbeit) (Sp Pers)
23:
Das zentrale Finanzwesen sorgt für die finanzielle Flexibilität des Konzerns. (Flex)
25:
Wir verstehen unsere Investor-Relations-Aktivitäten als vertrauensbildende Maßnahmen im Verhältnis zu unseren Aktionären ... (Ak)
... setzen wir unsere ergebnisorientierte Ausschüttungspolitik fort. (G Verw)

Stinnes AG

15:
Welchen Stellenwert die Personalförderung ... bei Stinnes einnimmt, zeigt sich an folgenden ... Beispielen: ... (Ma)
17:
... neu begonnen haben wir ... damit, ... Maßnahmen für eine frauenorientierte Personalentwicklung zu erarbeiten. (Ges aök, Ma)
Zur Steigerung der Effizienz, Kundenorientierung und Wettbewerbskraft haben wir ... (Effi, Ku, Wettb)
Diese Maßnahme war ... als Voraussetzung für eine Verbesserung der künftigen Ertragssituation verbunden ... (G Erh)
19:
Ziel ist es, national und international Großprojekte zu akquirieren ... (Wachs, Intern)
21:
Der strategische Fokus ist darauf ausgerichtet, Wert in Form von höherem Nutzen für den Kunden zu schaffen und bei dieser Wertschaffung Wettbewerbsvorteile aufzubauen. Um diese Zielvorgaben erfolgreich umsetzen zu können ... (Ku, Wettb)
... streben wir eine Partnerschaften mit ausgewählten Kunden an ... Die Strukturveränderungen im Verkehrsbereich dienen neben dem Rationalisierungseffekt insbesondere auch diesem Ziel. (Ku, Effi)
Bei ... stehen Standardleistungen im Vordergrund, die wir einer Vielzahl von Kunden zu einem guten Preis-Leistungs-Verhältnis anbieten können. Die dafür erforderliche operative Überlegenheit im Wettbewerb erreichen

wir durch eine systematische Standardisierung der Geschäftsprozesse und durch die Nutzung von Größenvorteilen ... Auch 1996 wollen wir auf diesem Wege fortschreiten. (Ku, Wettb)
1996 werden wir das Expansionstempo noch verstärken: Es geht dabei im einzelnen um ... die Netzverdichtung im In- und Ausland ... das Erreichen einer flächendeckenden Präsenz ... in Europa ... (Wachs, Intern)
Wir sind zuversichtlich, mit den eingeleiteten Struktur- und Expansionsmaßnahmen die Weichen nicht nur für ein angemessenes Ergebnis im Jahre 1996 ... gestellt zu haben. (Wachs)

Karstadt AG

17:
Der Karstadt-Konzern ist im wesentlichen auf drei Geschäftsfeldern tätig: dem stationären Einzelhandel, dem Versandhandel und dem ... Touristik-Bereich. (Sach)
51:
... dem werden wir mit der Fortsetzung unseres rigiden Kostenmanagements und einem Angebotsverhalten begegnen, das sich in höchstmöglichem Maß an den Nutzenerwartungen unserer qualitätsbewußten Kunden orientiert. (Effi, Qual, Ku)
... werden wir mit strikt kundenorientiertem Marketing unsere Position zumindest behaupten können. Die hierfür erforderliche Flexibilität ... (Ku, Flex)
91-95:
Beitrag „Mitarbeiter" (Mitarbeiterzahl, -struktur, Personalaufwand, Aus- und Weiterbildung) (Sp Pers)

Deutsche Lufthansa AG

2:
... mit einem breitgefächerten Programm unter der Überschrift „Going Global" hat sich die Deutsche Lufthansa 1995 im internationalen Wettbewerb neu positioniert. Auf dieses ehrgeizige Ziel haben wir alle unsere Aktivitäten ausgerichtet: ...die Maßnahmen zur Kostenkontrolle ... (Intern, Effi)
Die jungen Gesellschaften werden mit demselben Auftrag in die Selbständigkeit entlassen, den die bereits bestehenden Gesellschaften schon früher erhalten hatten: International aktiver werden, ... (Intern, Wachs)
Lufthansa will mit den wichtigsten Teilaktivitäten des Konzerns in allen bedeutsamen Märkten der Welt vertreten sein. (Intern)
Hauptziel der Globalisierung ist es, dem Kunden weltweit näher zu kommen. Aber auch der Kostenaspekt des „Going Global" darf nicht übersehen werden. ... Hälfte der Einnahmen in DM ... zwei Drittel des Aufwands in der starken deutschen Währung ... Das Risiko aus diesem Mißverhältnis wollen wir ... verringern. Dadurch kann sich Lufthansa besser gegen Währungsschwankungen wappnen ... (Ku, Effi, Sich)
3:
... Ergebnis des „Going Global", der klar formulierte Strategie, das Netz der Partnerschaften weltweit auszubauen. (Intern, Wachs)
4:
Mit hohen Mengenzuwächsen und konsequentem Kostenmanagement hat die Deutsche Lufthansa AG ... Einbußen ... ausgeglichen. (Effi)
5:
Die geringe Steigerung des Personalaufwandes wurde möglich, weil Maßnahmen zur Produktivitätsverbesserung konsequent fortgesetzt wurden ... (Effi)
7:
In den Jahren 1990 bis 1994 hat der Lufthansa Konzern rund zehn Milliarden DM in Erneuerung und Ausbau der Flottenkapazität investiert. (Modern, Wachs)
9:
Verstärkte Verkaufsanstrengungen, weitere Produktivitätsfortschritte und eine weitgefächerte Palette von Maßnahmen zur durchgreifenden Verbesserung der Kostenstruktur sollen die wirtschaftliche Situation ... verbessern. Das Erreichen der erwarteten Umsatzsteigerung von vier bis fünf Prozent hängt davon ab, ob das jetzige Währungsumfeld stabil bleibt. Alle Anstrengungen sind darauf ausgerichtet, am Ende des Jahres wieder ein Ergebnis auf dem Niveau des Vorjahres zu erreichen. (Wachs, Effi, G)

10-11:
Beitrag „Das Personal" (Personalstruktur, Beschäftigtenzahl, Produktivität, Aus- und Weiterbildung) (Sp Pers)
26-27:
Beitrag „Umweltvorsorge" (Treibstoffverbrauch, Emissionen, Forschung, Umweltbericht, Abfallreduzierung, Umweltziele) (Sp Umw)
62:
Die Sicherung der internationalen Wettbewerbsfähigkeit ... stellt an das Unternehmen unverändert hohe Anforderungen. (Wettb, Intern)
... der Vorstand erhebliche Anstrengungen unternimmt, um die Position der Gesellschaft als ... Luftfahrtunternehmen weiter zu stabilisieren. (M Pos)
... Investitionsmaßnahmen zur Ersetzung ... und zur Erweiterung der ... Interkontinentalflotte.
(Wachs)

Degussa AG

7:
Die Arbeitsgebiete des Metall-Sektors haben wir einer kritischen Prüfung unterzogen. Das Ergebnis war die Stillegung oder Veräußerung ertragsschwacher Unternehmenseinheiten und der Rückzug aus edelmetallfernen Tätigkeiten ... (G)
10:
Dank der guten Auslastung der Kapazitäten und des abgesenkten Kostenniveaus hat sich das Ergebnis des Konzerns überaus erfreulich entwickelt. (G komm)
Die erfreuliche Ergebnisentwicklung erlaubt nicht nur eine Anhebung der Dividende, sondern ermöglicht auch eine deutliche Stärkung der Reserven (G komm)
Damit sind wir unserer Zielvorstellung einer 15%igen Netto-Eigenkapitalverzinsung sehr nahe gekommen ... (Rent EK!)
11:
Die durchgeführten Programme zur Kostensenkung und Effizienzsteigerung ließen zusammen mit der günstigen Kapazitätsauslastung das Ergebnis deutlich steigen. (Effi)
12:
Im Zuge unserer Strategie der Konzentration auf Kernarbeitsgebiete haben wir 70% der Anteile an ... veräußert. (Konsol)
13:
Durch ein gezieltes Projektmanagement haben wir eine deutliche Verkürzung der Entwicklungszeiten erreicht. (Schnell)
Responsible Care - Verantwortliches Handeln ... zur beständigen Verbesserung auf den Gebieten Gesundheit, Sicherheit und Umweltschutz. Responsible Care ist der Beitrag der chemischen Industrie zu Sustainable Development, der Idee des zukunftsverträglichen Wachstums und der Gleichwertigkeit von ökonomischen, ökologischen und sozialen Zielen. Degussa bekennt sich zu Responsible Care. ... Wir richten unser Augenmerk auf sechs Tätigkeitsbereiche: Produktverantwortung, Umweltschutz, Anlagensicherheit und Gefahrenabwehr, Gesundheitsschutz, Transportsicherheit, Dialog. (Ges aök, Umw, Wachs)
37:
Beitrag „Mitarbeiter" (Programme zur Effizienzsteigerung und Kostensenkung, Arbeitszeitmodelle, Mitarbeiterzahl, Personalaufwand, Aus- und Weiterbildung, Arbeitssicherheit) (Sp Pers)

Bertelsmann AG

0:
Der Name Bertelsmann steht für die ganze Welt der Medien. Ob auf Papier, Film, ... (Sach)
4:
Bertelsmann hat ... seinen Entwicklungsprozeß ... vom internationalen Medienhaus zum globalen Kommunikationsunternehmen beschleunigt und wichtige Schritte eingeleitet, um sich auf allen seinen Arbeitsfeldern für den komplexen Wettbewerb der Zukunft zu rüsten (Sach, Wettb)

5:
Bertelsmann räumt der qualitativen Zukunftssicherung der Stammgeschäfte traditionell eine höhere Priorität ein als bloße Expansion oder Diversifikation in neue Geschäftsfelder. (Überl)
Erhebliche Geldmittel wurden zudem für produktivitätssteigernde Maßnahmen ... bereitgestellt. (Effi)
Ein Arbeitsschwerpunkt von erheblicher strategischer Bedeutung war ... Multimedia - der Ausbau eines Online-Dienstes ... (Wachs)
Bertelsmann wird künftig ... auch neue Produkte schaffen. Die digitalen Kommunikationstechnologien erlauben es ... Bertelsmann wird den Trend ... zum Aufbau neuer Geschäfte nutzen. ... Die Strategie zielt darauf ab, das Entstehen des Multimedia-Marktes ... rasch voranzubringen ... (Wachs, Inno)
Bertelsmann wird den Trend zur Spezialisierung ... zum Aufbau neuer Geschäfte nutzen. (Wachs, Inno)
6:
Die Strategie zielt darauf ab, ... marktnahe Mehrwert-Angebote für den Kunden zu schaffen. (Ku)
7:
Die Kulturtechnik des Lesens sollte gefördert und die Jugend ... zu einem selektiven und verantwortungsbewußten Umgang mit Medien erzogen werden. Dies ist eine Aufgabe, der sich das Haus Bertelsmann mit Nachdruck stellt ... (Ges aök)
Asien im Mittelpunkt. Bertelsmann ist heute das internationalste Medienunternehmen der Welt ... Was uns auf dem Weg zum global agierenden Unternehmen noch fehlt, ist die Dimension Fernost ... hier gilt es, die Basis erheblich zu verbreitern. Wir denken dabei an China und Indien sowie an weitere Länder ... Im neuen Geschäftsjahr werden wir unsere Geschäfte in den Ländern Asiens konzentriert ausbauen und dort, wo wir erst ansatzweise vertreten sind, die Grundlagen für ein künftiges Unternehmenswachstum verbreitern. (Intern, Sach, Wachs)
8:
... hat das Unternehmen ... Belastungen bewältigt und ein insgesamt befriedigendes Wachstum von Umsatz und Ergebnis erzielt. (G komm)
9:
Die Ertragslage im Ausland war im Vergleich zu Deutschland gut, zum Teil sogar erfreulich. (G komm)
10:
Der erwirtschaftete Jahresüberschuß ... zeigt erneut, daß die traditionellen Printmedien sehr erfolgreich sind. (G komm)
13:
Die finanzwirtschaftlichen Zielsetzungen des Unternehmens beziehen sich vor allem auf die Kapitalrentabilität, die Kapitalstruktur und die Finanzschulden. ... Bei einer Gesamtkapitalrendite von mindestens 12 Prozent ist eine Dividende von 15 Prozent festgelegt. Im Berichtsjahr wurde eine Rendite von ... und damit die langfristig angestrebte Zielgröße erreicht. Die Eigenkapitalquote soll mindestens 25 Prozent der Bilanzsumme betragen. (Rent Ge!, Kap!, G Verw!)
15:
... Joint Venture ... das sich den Aufbau eines europaweiten Online-Dienstes zum Ziel setzt ... (Wachs, Intern)
Diese Partnerschaften sollen dazu beitragen , den Weg des Unternehmens in die MultiMedia-Welt zu beschleunigen. (Schnell, Wachs)
16:
Vorstand und Führungskräfte haben sich ... gemeinsam mit Betriebsräten ... bemüht, in zukunftsträchtigen Bereichen neue Arbeitsplätze zu schaffen und Arbeitsplätze dort zu sichern, wo sich ... negative Entwicklungen abzeichnen. (Ges ök, Ma)
Es galt, ... einen Konsens für notwendige Maßnahmen zur Verbesserung der Wettbewerbsfähigkeit und der Kostenstrukturen zu finden. ... Das Ziel, Arbeitsplatzverluste ... zu vermeiden, wurde ... (Wettb, Effi, Ma)
Dem Ziel, die Personalkosten ... weitgehend ohne Einkommensverluste für die Mitarbeiter zu senken, diente die Entwicklung und Einführung unterschiedlicher Arbeitszeitmodelle. (Ma)

AEG AG

3:
In den letzten Jahren wurde eine Vielzahl von Maßnahmen und Projekten mit der Zielsetzung umgesetzt, den tiefgreifenden Strukturwandel in den Märkten durch Konzentration auf langfristig ertragsstarke Geschäftsaktivitäten zu bewältigen. Wir waren uns stets dabei bewußt, daß zur Verbesserung der

Wettbewerbsposition in einzelnen Geschäftsbereichen noch erhebliche Anstrengungen zu unternehmen sein würden. (Konsol, G, M Pos)
... ein systematischer Prozeß der Bestandsaufnahme. ... Die dabei angelegten Maßstäbe und Kriterien bezogen sich vor allem auf die Positionierung am Markt, die ... Wettbewerbsgegebenheiten, die Erfüllung von Ergebnis- und Renditezielen, die Risikoeinschätzungen, den Kapitalbedarf und die strategische Rolle im Konzern. Für die Bereiche ... zeigte sich, daß ... keine hinreichend abgesicherte Marktposition vorliegt. ... konsequent, diese Bereiche in einen Unternehmensverbund einzubringen, bei dem sie zu den Kernaktivitäten zählen. In diesem Zusammenhang steht das Konzept, die verbleibenden AEG Geschäftsaktivitäten im Daimler-Benz-Konzern neu zu ordnen, um damit gleich mehrere Ziele zu erreichen: Konzentration der Ressourcen auf ... Stärkung der Marktposition und Sicherung von Arbeitsplätzen durch den Verkauf aller anderen Aktivitäten ... Berücksichtigung der wirtschaftlichen Interessen der Minderheitsaktionäre ... Wahrung der Pensionsansprüche ausgeschiedener Arbeitnehmer ... (M Pos, G, Rent Ge, Sich, Kap, Konsol, Ak, Ma)
4:
Die TEMIC strebt bei ... eine führende Rolle in den Regionen Europa, USA und Fernost an, die in einzelnen Segmenten bereits erreicht werden konnte. (M Pos, Intern)
8:
Das Geschäftsfeld Dieselantriebe erreicht aufgrund konsequent durchgeführter Effizienzsteigerungsmaßnahmen ... (Effi)
9:
Die Investitionstätigkeit konzentrierte sich in Deutschland auf den Ausbau der ... und im Ausland auf die Erweiterung der ... in Frankreich. (Wachs, Intern)
Im Geschäftsjahr 1995 wurden vielfältige Aktivitäten unternommen, um im Umweltschutz auf kontinuierlicher Basis weitere Verbesserungen zu erzielen. (Umw)
28-30:
Beitrag „Personal" (Beschäftigungsentwicklung, Personalaufwand, Sozialplan, Reengineering, Aus- und Weiterbildung, Arbeitssicherheit) (Sp Pers)
31:
Beitrag „Umweltschutz" (Öko-Audit, neue Instrumente, Recycling, Energieverbrauch, Umweltbericht) (Sp Umw)

Kaufhof AG

6:
Das Jahr 1995 stand im Zeichen vielfältiger Maßnahmen, die darauf abzielten, die jeweiligen Stärken im Warenhausgeschäft der Kaufhof Warenhaus AG und der Horten Galeria GmbH in einer gemeinsamen Strategie zusammenzuführen. Die inzwischen abgeschlossene Koordination der Einkaufsaktivitäten ... (Syn)
13:
Im Kaufhof-Konzern ist Umweltschutz Teil der Geschäftspolitik ... (Umw)
15-16:
Beitrag „Mitarbeiter" (Informations- und Meinungsaustausch, Beschäftigtenzahl, Produktivität, Personalstruktur, Personalentwicklung und -aufwand, Alters- und Krankenversorgung) (Sp Pers)
17:
Das Zins- und Währungsmanagement der Gruppe ... ist auf die Reduzierung von Basisrisiken ausgerichtet. (Sich)

Hoesch AG (entfällt)

RWE-DEA AG

6:
... verfolgen wir eigene Engagements im Ausland, um unsere Upstream Position zu stärken. (M Pos)
Die Leistungsfähigkeit unserer Verarbeitungsanlagen haben wir im Berichtsjahr mit weiteren Investitionen und Rationalisierungsmaßnahmen gesteigert und die bereits hohe Qualität der erzeugten Produkte neuen Anforderungen angepaßt. (Effi, Qual)

8:
Unsere Tochtergesellschaft VISTA hat im Berichtsjahr Schritte eingeleitet, um ihr Geschäft mit ... auszuweiten. (Wachs)
In Nanjing, China, beabsichtigt RWE-DEA ... ein Gemeinschaftsunternehmen zur Herstellung oberflächenaktiver Substanzen zu gründen. (Wachs, Intern)
9:
Erfreulich entwickelte sich die Petrochemie, die gute Ergebnisse ... erwirtschaftete. (G komm)
10:
In unseren Raffinerien dienten die Investitionen vor allem der Wirtschaftlichkeit und dem Umweltschutz. (Effi, Umw)
11:
Die inländische Chemie investierte vorrangig in Maßnahmen zur Verbesserung der Wirtschaftlichkeit und in den Umweltschutz. (Effi, Umw)
Die Anforderungen unserer Kunden ... bedingen eine ständige Weiterentwicklung unserer Produkte. ... wobei individuelle Wünsche unserer Kunden eine große Rolle spielen. ... und Umweltaspekte wie biologische Abbaubarkeit stehen dabei im Vordergrund. (Ku, Umw)
12:
Die Eingliederung der EniChem ist für uns im Geschäftsjahr 1995/1996 eine wichtige Aufgabe. ... Herstellung, Vermarktung ... müssen effizient und zügig in unser weltweites Geschäft ... integriert werden ... (Syn, Effi, Schnell)
Mit Nachdruck verfolgen wir überdies Projekte, welche die Basis unserer Öl- und Gasförderung im In- und Ausland verbreitern ... (Wachs, Intern)
13:
Mineralölverarbeitung und -verkauf stehen daher weiterhin unter einem starken Zwang zur Rationalisierung und Produktivitätssteigerung. 1995/96 setzen wir deshalb ... unsere Maßnahmen zur Leistungssteigerung und Kostensenkung weiter fort. (Effi)
30-31:
Beitrag „Umweltschutz" (Emissionsminderung, Investitionen, Energieeinsparung, Altlastensanierung) (Sp Umw)
32-35:
Beitrag „Mitarbeiter" (Belegschaftszahlen, Tarif- und Sozialleistungen, Aus- und Fortbildung, Arbeitszeiten, Betriebskrankenkasse, Arbeitssicherheit) (Sp Pers)
36-37:
Beitrag „Unser Unternehmen in der Gesellschaft" (Förderung wissenschaftlicher, kultureller und sozialer Zwecke) (Sp Ges)

Audi AG

3:
Marktorientierung als durchgängige Veränderung von Denken und Verhalten ist zu einem festen Bestandteil unserer Unternehmenskultur geworden. (Flex)
Globalisierung ist nahezu zum Modewort avanciert. Für ein Unternehmen, das den weitaus größten Teil seines Umsatzes in gesättigten Märkten tätigt, wird sie zum Überlebensthema. Audi wird daher alles daran setzen, seine Präsenz in den jungen, wachstumsstarken Märkten gezielt auszubauen. Ziel dieser Politik ist es, dem Verdrängungswettbewerb durch „economies of scale" trotz eines immer differenzierteren Produktangebots entgegenzuwirken. (Intern, Überl, Wachs)
8:
Ziel ist eine noch intensivere Marktorientierung. Drei verschiedene Typen von Händlerbetrieben werden in Zukunft für mehr Nähe zum Kunden sorgen: ... (Ku)
10:
Den größten Anteil am Gesamtvolumen machten ... Investitionen für die Erneuerung und Erweiterung der Modellpalette aus. Weitere Schwerpunkte lagen in der Modernisierung der Werke und der Fertigungsanlagen ... (Inno, Wachs, Modern)
12:
Durch verschiedene Maßnahmen der Arbeitsflexibilisierung im ersten Quartal 1996 soll der lebhaften Nachfrage entsprochen werden. (Flex)

13:
Neue Umweltinitiative: Abgaszentrum der Automobilindustrie. ... Die deutschen Automobilhersteller Audi, BMW, ... werden ... Konzepte und Verfahren zur Abgasreinigung entwickeln. (Umw)
26-27:
Beitrag „Qualität produzieren" (Qualität als Kundenorientierung) (Qual, Ku)
28-29:
Beitrag „Ressourcen schonen" (Umweltorientierung von Produkten und Anlagen) (Sp Umw)
30-33:
Beitrag „Mitarbeiter" (Belegschaftsentwicklung, Personalaufwand, Arbeitssicherheit, Aus- und Weiterbildung) (Sp Pers)
34-35:
Beitrag „Sport und Kultur" (Sponsoring, Förderung junger Designer) (Sp Ges)

Henkel KGaA

4:
Um so erfreulicher ist deshalb, daß wir den Jahresüberschuß um 5 Prozent auf 488 Mio. DM und damit auf einen neuen Höchstwert steigern konnten. (G komm)
Mit den ebenfalls im Geschäftsjahr 1995 erneuerten Grundsätzen und Zielen zu Umweltschutz und Sicherheit haben wir die Formulierung unseres Selbstverständnisses, unserer Kunden-, Markt- und Mitarbeiterorientierung sowie unserer Bereitschaft zu ökologischer und sozialer Verantwortung abgeschlossen. (Umw, Ku, Ma, Ges aök)
5:
Mit hoher Intensität führen wir unsere 1994 gestartete Innovationsoffensive fort. Ein Innovations-Review ... hat zahlreiche neue Produktideen erbracht. Sie sind geeignet, unsere Wettbewerbsfähigkeit und unsere Marktposition weiter zu verbessern. (Inno)
12:
Dem Umweltschutz dient eine Erweiterung des Abluft-Sammelsystems. (Umw)
Die Ziele der bereits 1992 eingeleiteten Maßnahmen zur grundlegenden Restrukturierung unserer Forschung und Entwicklung wurden erreicht: Konzentration auf die Kernarbeitsgebiete, eine noch stärkere Marktorientierung und gestraffte Abläufe in der Projektbearbeitung. (Konsol, Schnell)
13:
Nach den Kostensenkungsmaßnahmen und Prozeßverbesserungen ... (Effi)
Neben den fortlaufenden Anstrengungen zur Verbesserung der Kostenstruktur und zur Steigerung des Innovationstempos haben wir uns für 1996 folgende Schwerpunkte bei unseren Maßnahmen gesetzt: Wachstum des bestehenden Geschäfts ... Nutzung der Synergiepotentiale ... Fortsetzung der Restrukturierungen im Sinne der Prozeßverbesserung zur Erhaltung und Stärkung der langfristigen Wettbewerbsfähigkeit. (Effi, Inno, Schnell, Wachs, Syn, Wettb)
20-21:
Beitrag „Mitarbeiter" (Entwicklung der Unternehmenskultur, Leitlinien, Personalentwicklung, Belegschaftsentwicklung) (Sp Pers)

Asko Deutsche Kaufhaus AG

7:
... hat Unger einen strikten Rationalisierungskurs eingeleitet ... (Effi)
8:
Die zielgerichtete Expansion erfolgreicher Vertriebslinien kann in einer solchen Struktur schneller und effizienter durchgeführt werden. (Wachs)
9:
In Distribution und Verwaltung sind umfangreiche Kostensenkungen vorgenommen worden. ... Diese Maßnahmenprogramme reichen bis ... (Effi)

Feldmühle Nobel AG (entfällt)

Continental Gummiwerke AG

1:
Wo liegt die Zukunft der Continental AG? Aus einer gesicherten Basis im Heimatmarkt Deutschland weltweit präsent zu sein, um Arbeitsplätze zu sichern und nachhaltig gute Gewinne zu erzielen. (Intern, Ma, G)
2:
Das Ergebnis vor Steuern liegt mit einem Zuwachs von ... Zwar kann eine Nachsteuerrendite von ... % noch nicht befriedigen ... (G komm)
Die Ausschüttung einer Dividende ... beansprucht ... des Konzernergebnisses; der verbleibende Rest dient wiederum der Stärkung des Eigenkapitals. (Kap)
Wir haben in den vergangenen Jahren die Weichen gestellt, um die verlustbringenden Einheiten des Konzerns aus den roten Zahlen zu führen ... (G Erh)
3:
... von dem noch jungen Bereich CONTI International ... versprechen wir uns zunehmende Marktpräsenz und Erträge. Zur zukünftig noch besseren Ausschöpfung der Gewinnmöglichkeiten habe ich ... (G Erh)
Die Internationalisierung wird intensiviert, gemeinsam mit Partnern und neuen Initiativen wollen wir die Basis im Ausland verbreitern. (Intern, Wachs)
8:
Das Konzernergebnis vor Zinsen und Steuern ... stieg um ... auf ... 1995 stellt einen wichtigen Schritt auf dem Weg zu einer zufriedenstellenden, das heißt deutlich höheren Rendite dar. (G komm, G Erh)
9:
Die beiden Ertragssäulen des Konzerns ... konnten ihre bereits positiven Ergebnisse weiter verbessern. ... ContiTech erreichte die gesetzten hohen Ziele trotz der ebenfalls sehr spürbaren Materialpreis- und Lohnerhöhungen. (G Erh)
11:
Wir setzen Derivate zur Reduzierung der Währungsrisiken und zur Steuerung der Zinsbindungen ein. (Sich)
13:
Unserem Ziel, jeden Bereich letztlich dividendenfähig zu machen, sind wir 1995 ein gutes Stück näher gekommen. Wenn dies ... gelungen ist, so liegt es an den besonderen Anstrengungen, die unternommen wurden: Mengensteigerungen, Mixverbesserungen zu ertragsstärkeren Produkten ..., konsequentes Kostenmanagement ... sowie Verlagerung der Produktion an kostengünstigere Standorte. (G Verw, Wachs, G Erh, Effi)
... ist eine weitere Effizienzsteigerung auf den Weg gebracht worden. (Effi)
Zur Verbesserung der auf Dauer nicht akzeptablen Verlustsituation ... (G Erh, G komm)
... hohen Verlust ... entsprechende Gegenmaßnahmen sind eingeleitet, um 1996/1997 wieder den break-even zu erreichen und die Basis für eine dauerhafte Kapital- und Umsatzrendite zu schaffen. (G Erh, Rent Ge, Effi)
14:
Schrittweise werden wir unsere Nfz-Reifenwerke ... zu einer deutlich höheren Effizienz führen müssen. (Effi)
15:
Wir versprechen uns Synergieeffekte und die Beschleunigung der Marktfähigkeit neuer Produkte durch die Zusammenführung von ... (Syn, Schnell)
Produkte und Systeme mit ... guter Rendite bilden auch in Zukunft den Schwerpunkt der Geschäftstätigkeiten von ContiTech. (Rent Ge)
16:
Verhandlungen der Konzernbereiche ... in China zielen auf die zukünftige Belieferung unserer europäischen Kunden vor Ort aus lokaler Fertigung. Zur Stärkung der Position von ContiTech haben wir in Großbritannien ... eine Gesellschaft ... erworben. (M Pos, Intern)
Herkunft und Schwerpunkt unserer Aktivitäten liegen in Deutschland ... höchsten Kosten. Senkung der Kosten muß die eine Antwort sein, technologische Spitzenstellung als Grundvoraussetzung für eine sichere Zukunft ... die andere. (Effi, Überl)
Schwerpunkte bei der Suche nach neuen Technologien und Materialien liegen in der weiteren Reduzierung von Gewicht, Geräusch ... (Inno)
Die engere Verknüpfung unserer europäischen und nordamerikanischen Aktivitäten setzen wir mit Nachdruck fort. (Syn)
Produktentfeinerungen und Flexibilisierung der Fertigung zur Kostensenkung einerseits und Entwicklungen für neue Werkstoffe sowie Produktsysteme zur Zukunftssicherung andererseits sind Schwerpunkte der Produkt- und Verfahrensentwicklung ... (Effi, Inno, Überl)

17:
... um bei grundlegenden Material- und Verfahrensfragen Synergien sicherzustellen ... (Syn)
Mit unserer proaktiven Umweltpolitik zielen wir auf die Vermeidung und Verwertung von Abfällen jeglicher Art ... Als Beitrag zur Schonung von Rohstoffen ... entwickeln wir ... (Umw)
Die Absicherung und weitere Verbesserung des hohen Qualitätsniveaus unserer Produkte ... war Schwerpunkt 1995 und ist es auch für das Jahr 1996. (Qual)
18-20:
Beitrag „Mitarbeiter" (Belegschaftsrückgang, Personalaufwand, Unternehmensentwicklung, Wertschöpfung, Zusammenarbeit mit Arbeitnehmervertretern) (Sp Pers)
20:
Wir werden ... alle möglichen Kostensenkungen konsequent durchsetzen ... (Effi)
Den stark wachsenden Märkten im pazifischen Raum werden wir uns verstärkt widmen; nach den Partnerschaften in Indien, die ausgebaut werden sollen, wenden wir uns nun Indonesien und China zu. (Intern, Wachs)
Dem Umweltschutz als gesellschaftlicher Aufgabe, aber auch als betriebswirtschaftlich vorteilhaftem Faktor messen wir weiter einen hohen Stellenwert bei. (Umw)
Die ... geplanten Aktivitäten sollen beiden Seiten erhebliche Kostenvorteile bringen und die zukünftige Entwicklung der Unternehmen sichern. (Effi, Überl)
Zentrale Aufgabe ist es, ein Ergebnis zu erwirtschaften, das eine nachhaltige, angemessene Rendite auf das eingesetzte Kapital ermöglicht. Wir werden in den nächsten Jahren die Voraussetzungen hierfür weiter verbessern. (G, Rent Ge)
22:
Wir werden den Gang an die Auslandsbörsen fortsetzen, soweit damit auf wirtschaftlich vertretbarer Basis weitere ausländische Aktionäre für ein Engagement in unsere Aktien gewonnen werden können. (Kap, Intern)
23:
Zur Sicherung der langfristigen Kapitalbeschaffung des Konzerns widmen wir dem Informationsbedürfnis unserer Aktionäre besondere Aufmerksamkeit. ... Anläßlich unserer „Road Show" veröffentlichten wir erstmalig Ergebnisziele für den Konzern und die einzelnen Konzernbereiche. Durch diese offene und umfassende Informationspolitik wollen wir auch in Zukunft das Vertrauensverhältnis zu Aktionären ... weiter ausbauen und dadurch zu beiderseitigem Nutzen eine angemessene Bewertung unserer Aktie gewährleisten sowie eine breite Streuung im internationalen Anlegerkreis ermöglichen. (Sich, Kap, Intern, Ak, G)

Anhang:

Teil 2: Übersicht der Codierungen

Erläuterung:
Die folgenden Übersichten stellen zusammenfassend für jedes Herkunftsland der Geschäftsberichte dar , welche Codierungen im Rahmen der Inhaltsanalyse erfolgten:

- Der Eintrag „1“ bedeutet, daß die entsprechende Kategorie im jeweiligen Geschäftsbericht thematisiert und demzufolge codiert wurde. Wurde die Kategorie im betrachteten Geschäftsbericht nicht behandelt, ist das entsprechende Feld leer.
- Erfolgte die Artikulation einer Zielkategorie operational, ist das betreffende Feld zusätzlich gerahmt.
- Die Erläuterung der Abkürzungen der einzelnen Kategorien sind Abschnitt 5.2.3.4.2 der Arbeit zu entnehmen.
- Die Werte der Summenvariablen ergeben sich aus der Summation der jeweiligen artikulierten Ziele.

Geschäftsberichte Deutschland 1990, Codierungen

Unternehmen	Finanzielle Ziele: Liqui	CF	ShVal	RentEK	RentGe	Gewinn	Effi	GVerw	Kap
Daimler-Benz						1	**1**	1	
Volkswagen						1	1		
Siemens			1			1	1	1	
Veba							1		1
BASF						1	1		1
Hoechst			1			1			1
RWE					1		1		1
Bayer						1	1		1
Thyssen							1		
BMW						1	1	1	
Mannesmann							1		
Ford-Werke							1		
Metallgesellschaft									
Viag			1				1	1	**1**
Preussag						1			
MAN							1		
Stinnes									
Karstadt						1			
Lufthansa						1	1	1	
Degussa							1		
Bertelsmann		1	1		**1**	1			**1**
AEG							1		
Kaufhof									
Hoesch							1		1
RWE-DEA							1		
Audi							1		
Henkel						1		1	1
Asko								1	
Feldmühle									
Continental						1	1		
Summe	0	1	4	0	2	13	20	7	9

Unternehmen	Strategische Ziele: Wachs	MPos	Intern	Konsol	KoFü	Qual	Syn	Sanch	Inno	Modern	Schnell	Flex	Unabh	Wettb	Sich	Überl
Daimler-Benz	1	1	1			1	1	1				1			1	1
Volkswagen	1	1	1				1							1		
Siemens	1	1	1					1						1		1
Veba	1	1	1													
BASF		1	1					1	1						1	1
Hoechst			1						1		1	1				1
RWE	1	1	1	1		1			1	1					1	
Bayer			1	1				1								
Thyssen	1					1			1	1						
BMW																
Mannesmann	1	1				1			1		1					
Ford-Werke	1					1			1					1		
Metallgesellschaft	1		1					1								
Viag	1	1	1												1	
Preussag	1		1				1	1	1				1		1	
MAN	1									1			1			
Stinnes	1															
Karstadt							1					1				
Lufthansa	1	1	1			1			1					1		
Degussa	1							1								
Bertelsmann	1						1		1						1	1
AEG	1	1	1	1								1		1		1
Kaufhof	1															
Hoesch	1	1	1			1			1	1		1		1	1	
RWE-DEA						1		1								
Audi		1				1				1						
Henkel	1					1								1	1	
Asko																
Feldmühle	1	1	1	1											1	
Continental	1		1			1			1			1		1	1	
Summe	22	13	16	4	0	11	5	8	11	5	2	6	2	8	10	6

Unternehmen	Soziale Ziele: Gesök	Umw	Gesaök	Prest	Stakeholder-Ziele: Ma	Ak	FK	Li	Ku	Summen-Variablen: Finanz	Strateg	Sozial	Stakehol	Summe	Sonstige Kategorien: Gkomm	G	GErh	GMax	SpPers	SpUmw	SpGes
Daimler-Benz		1						1		3	9	1	1	14		1			1		
Volkswagen									1	2	5	0	1	8			1				
Siemens		1	1			1			1	4	6	2	2	14	1	1			1		
Veba	1	1								2	3	2	0	7	1				1	1	
BASF		1	1		1	1			1	3	6	2	3	14	1	1			1	1	
Hoechst		1				1			1	3	5	1	2	11	1	1			1	1	
RWE	1	1	1		1	1			1	3	8	3	3	17					1		
Bayer		1	1							3	3	2	0	8	1	1			1	1	
Thyssen									1	1	4	0	1	6	1						
BMW		1				1				3	0	1	1	5		1			1		
Mannesmann										1	5	0	0	6					1		
Ford-Werke		1								1	4	1	0	6					1	1	
Metallgesellschaft		1								0	3	1	0	4	1				1		
Viag		1				1				4	4	1	1	10	1				1		
Preussag	1									1	7	1	0	9	1	1			1	1	
MAN										1	3	0	0	4	1				1		
Stinnes										0	1	0	0	1	1						
Karstadt		1								1	2	1	0	4	1	1			1		
Lufthansa		1	1		1	1			1	3	6	2	3	14			1		1	1	
Degussa		1								1	2	1	0	4					1		
Bertelsmann					1					5	5	0	1	11	1	1	1				
AEG		1								1	7	1	0	9					1		
Kaufhof										0	1	0	0	1					1		
Hoesch		1							1	2	9	1	1	13	1				1		
RWE-DEA	1	1								1	2	2	0	5	1				1	1	
Audi		1						1		1	3	1	1	6	1				1		
Henkel		1							1	3	4	1	1	9	1		1		1		
Asko						1				1	0	0	1	2							
Feldmühle										0	5	0	0	5	1				1		
Continental					1	1			1	2	7	0	3	12	1	1	1		1		
Summe	4	19	5	0	5	9	0	2	10	56	129	28	26	239	19	10	5	0	25	8	0

Anzahl operational formulierter Zielkategorien:

4

Geschäftsberichte Schweiz 1990, Codierungen

Unternehmen	Finanzielle Ziele									Strategische Ziele																Soziale Ziele				Stakeholder-Ziele					Summen-Variablen					Sonstige Kategorien						
	Liqui	CF	ShVal	RentEK	RentGe	Gewinn	Effi	GVerw	Kap	Wachs	MPos	Intern	Konsol	KoFü	Qual	Syn	Sach	Inno	Modern	Schnell	Flex	Unabh	Wettb	Sich	Überl	Gesök	Umw	Gesaök	Prest	Mak	Ak	FK	Li	Ku	Finanz	Strateg	Sozial	Stakehol	Summe	Gkomm	G	GErh	GMax	SpPers	SpUmw	SpGes
Nestlé							1			1		1															1								1	2	1	0	4							
Ciba-Geigy									1			1				1					1				1	1	1	1		1				1	1	4	3	2	10	1						
Sandoz							1			1																	1								1	1	1	0	3					1	1	
Hoffmann-La Roche							1			1										1							1							1	1	2	1	1	5	1						
Danzas							1			1					1												1							1	1	2	1	1	5							
Alusuisse-Lonza								1																			1			1	1			1	1	0	1	3	5	1				1		
Sulzer						1	1			1	1						1			1	1						1			1	1			1	2	5	1	3	11	1	1	1		1		
Holderbank							1				1	1			1	1	1				1				1		1							1	1	7	1	1	10							
Oerlikon-Bührle						1											1								1										1	2	0	0	3	1		1				
ADIA							1			1		1												1											1	3	0	0	4	1						
Swissair						1	1				1				1						1			1	1		1							1	2	5	1	1	9	1		1		1		
Schindler								1		1		1						1		1	1													1	1	5	0	1	7							
Ascom										1	1	1									1													1	0	4	0	1	5					1		
Landis & Gyr							1			1			1							1	1						1								1	4	1	0	6	1						
Fischer							1			1			1																						1	2	0	0	3							
von Roll							1			1							1																		1	2	0	0	3							
Summe	0	0	0	0	0	3	11	2	1	11	4	6	2	0	3	2	4	1	0	4	7	0	0	2	4	1	10	1	0	3	2	0	0	9	17	50	12	14	93	8	1	3	0	5	1	0

Anzahl operational formulierter Zielkategorien:
0

Geschäftsberichte Frankreich 1990, Codierungen

Unternehmen	Finanzielle Ziele									Strategische Ziele																Soziale Ziele				Stakeholder-Ziele					Summen-Variablen					Sonstige Kategorien						
	Liqui	CF	ShVal	RentEK	RentGe	Gewinn	Effi	GVerw	Kap	Wachs	MPos	Intern	Konsol	KoFü	Qual	Syn	Sanch	Inno	Modern	Schnell	Flex	Unabh	Wettb	Sich	Überl	Gesök	Umw	Gesaök	Prest	Ma	Ak	FK	Li	Ku	Finanz	Strateg	Sozial	Stakehol	Summe	Gkomm	G	GErh	GMax	SpPers	SpUmw	SpGes
Rhone-Poulenc					[1]	[1]	[1]		[1]	1	[1]	1			1	1	1						1				1								4	7	1	0	12			[1]		1	1	1
Pechiney						1			1	1		1					1													1					2	3	0	1	6	1	1			1	1	
Carrefour										1												1												1	0	2	0	1	3	1						
Lyonnaise			1			1	1		1	1	1	1	1			1	1			1	1		1				1	1			1			1	4	9	2	2	17			1		1		
St. Gobain									1	1		1			1		1	1					1											1	1	6	0	1	8					1		
Michelin					1	1	1		1	1		1	1		1			1					1	1	1									1	4	8	0	1	13		1					
Promodés							1			1	1				1		1				1							1					1	1	1	5	1	2	9							
Bouygues						1	1			1	1	1			1		1	1	1																2	7	0	0	9				1	1		
BSN						[1]	1		1	[1]	[1]	1					1	1																	3	5	0	0	8			[1]		1		
Schneider				[1]	1	1				1	1	1					1							1							1				3	5	0	1	9			1		1		
Groupe Casino										1						1	1																	1	0	3	0	1	4							
Béghin-Say										1	1	1					1																		0	4	0	0	4	1						
Thomson						1	[1]			1	1	1					1						1												2	5	0	0	7		1					
Esso					1	1									1		1		1					1			[1]								2	4	1	0	7	1				1		
Société Générale					1		1			1					1		1		1				1					1			1			1	2	5	1	2	10					1		
Total										1					1		1				1						1							1	0	4	1	1	6							1
Groupe Pinault						1	1			1	1		1		1		1			1	1													1	2	7	0	1	10		1					
Lafarge Coppée			1			1	1		1	1	1	1					1	1			1	1		1						1	1				4	8	0	2	14	1		1				
L'Oréal							1			1		1			1	1	1	1									1	1		1					1	6	2	1	10	1						
Hachette						1				1	1	1					1					1		1						1	1				1	6	0	2	9		1	1				
Groupe Printemps									1	1	1	1			1		1		1														1	1	1	6	0	2	9					1		
L'Air Liquide						1	1			1	1				1		1		1								1	1		1	1			1	2	5	2	3	12			1			1	
SAE			1			1				1		1			1		1				1			1							1			1	2	6	0	2	10		1			1		
BP France							1								1		1										1							1	1	2	1	1	5	1				1	1	1
Docks de France						1	1	1		1		1				1	1		1				1								1				3	6	0	1	10			1		1		
OCP							1			1		1				1	1	1																1	1	5	0	1	7					1		
Alcatel Cable							1			1		1				1		1																1	1	4	0	1	6					1		
CMB						1	1		1	1	1	1					1		1	1							1							1	3	6	1	1	11		1	1				
Summe	0	0	3	1	5	16	17	1	9	26	14	19	3	0	14	7	25	8	7	3	6	3	7	6	1	0	8	5	0	5	8	0	2	16	52	149	13	31	245	7	7	9	1	15	4	3

Anzahl operational formulierter Zielkategorien:

[11]

Geschäftsberichte Schweden 1990, Codierungen

	Finanzielle Ziele									Strategische Ziele																Soziale Ziele				Stakeholder-Ziele					Summen-Variablen					Sonstige Kategorien					
	Liqui	CF	ShVal	RentEK	RentGe	Gewinn	Effi	GVerw	Kap	Wachs	MPos	Intern	Konsol	KoFü	Qual	Syn	Sach	Inno	Modern	Schnell	Flex	Unabh	Wettb	Sich	Überl	Gesök	Umw	Gesaök	Prest	Ma	Ak	FK	Li	Ku	Finanz	Strateg	Sozial	Stakehol	Summe	Gkomm	G	GErh	GMax	SpPers	SpUmw
Volvo					1	1	1					1			1		1						1				1	1		1				1	3	4	2	2	11			1		1	
Electrolux				1		1	1	1		1	1	1	1			1	1										1				1				4	6	1	1	12		1				
Stora					1			1		1		1	1			1	1							1											2	6	0	0	8	1					1
Ericsson										1	1	1					1			1	1													1	0	6	0	1	7	1					
Procordia	1					1	1		1	1	1	1				1								1						1					4	5	0	1	10		1				
Skanska	1					1	1			1					1					1														1	3	3	0	1	7	1	1				
SCA				1	1	1	1		1	1	1	1			1		1							1										1	5	6	0	1	12		1				
SKF						1	1			1	1	1	1		1					1			1	1											2	8	0	0	10	1	1				
Nobel					1	1	1		1	1		1				1	1																		4	4	0	0	8			1			
Trelleborg					1		1	1		1	1																1			1					3	2	1	1	7	1					
Bilspedition					1	1	1	1	1	1	1	1	1		1	1	1			1	1														5	9	0	0	14	1	1	1			
Nordstjernan			1								1	1					1							1											1	4	0	0	5	1					
MoDo					1	1	1		1	1	1	1					1						1	1	1		1				1				4	7	1	1	13		1			1	1
Sandvik							1			1					1		1			1		1	1											1	1	6	0	1	8	1					
Alfa-Laval		1		1	1	1	1	1	1	1	1	1					1									1				1	1				7	4	1	2	14	1		1			
Esselte		1				1	1		1			1					1			1			1												4	4	0	0	8		1	1			
Atlas						1	1	1		1	1	1	1		1		1							1							1			1	3	7	0	2	12		1			1	
Svesnka Stal							1	1			1						1																	1	2	2	0	1	5	1					1
BPA			1		1	1	1		1	1	1	1					1				1			1						1	1			1	5	6	0	3	14		1	1			
Ratos			1			1	1	1	1	1		1					1					1		1							1				5	5	0	1	11	1	1	1			
AGA				1		1		1		1	1						1							1							1				3	4	0	1	8	1	1	1			
Euroc		1	1			1	1		1	1	1	1	1		1		1										1			1	1				5	6	1	2	14		1				
Catena			1			1	1			1													1	1											3	3	0	0	6		1				
Incentive			1			1				1			1			1	1										1	1		1	1			1	2	4	2	3	11		1	1			
Investment Cardo					1	1				1	1	1	1			1	1				1	1													2	8	0	0	10	1	1				
Astra										1	1	1					1	1																	0	5	0	0	5					1	
Summe	2	3	6	4	10	19	19	9	10	22	17	19	8	0	8	7	21	1	0	6	4	3	6	11	1	1	6	2	0	7	9	0	0	9	82	134	9	25	250	13	16	9	0	4	3

Anzahl operational formulierter Zielkategorien:

29

Geschäftsberichte Großbritannien 1990, Codierungen

	Finanzielle Ziele									Strategische Ziele															
	Liqui	CF	ShVal	RentEK	RentGen	Gewinn	Effi	GVerw	Kap	Wachs	MPos	Intern	Konsol	KoFü	Qual	Syn	Sanch	Inno	Modern	Schnell	Flex	Unabh	Wettb	Sich	Überl
Unilever									1	1		1					1		1		1		1		
Shell																									
BP			1					1		1	1	1					1		1						
BAT			1			1	1	1		1		1		1			1	1							
British Telecom						1	1			1	1	1			1		1			1	1				
ICI		1	1			1				1	1	1	1		1		1								
Brit. Aerospace			1			1	1			1	1	1					1								
British Gas						1						1					1			1			1		
Grand Met			1						1	1	1	1				1	1	1					1		
Sainsbury			1			1	1			[1]					1										
Hanson		1	1		1	1		1		1							1								
BTR						1	1			1								1	1				1		
Tesco					1	1	1		1	[1]	1				1		1								
GE			1			1	1			1	1	1			1			1							1
M & S							1			1		1			1		1	1							
Rothmans										1	1	1				1	1								
Allied Lyons			1			1	1	1	1	1	1	1			1		1								
British Steel							1	1		1	1	1			1					1					
P & O								1																	
British Airways						1	[1]				1	1			1		1			1					
Smithkline Beecham		[1]	1			[1]	[1]	[1]	[1]	1	1	1			1	1	1	[1]							
Dalgety			1			1	1			1		1					1							1	
Argyll							1			[1]	1				1		1						1		
Bass		1	1			1									1		1								
Saatchi & Saatchi						1	1		1				1				1								
Hillsdown Hold.						1	1			1	1	1	1		1		1	1						1	
BICC						1	1			1	1	1			1		1								
RTZ			1			1	1	1	1	1	1	1		1	1		1				1		1	1	
Ladbroke						1	1		1	1	1	1	1		1										
Rolls-Royce							1			1		1					1								
Summe	0	4	13	0	2	20	20	8	8	24	17	21	4	2	16	3	23	7	3	4	3	0	6	3	1

	Soziale Ziele				Stakeholder-Ziele					Summen-Variablen					Sonstige Kategorien					
	Gesök	Umw	Gesaök	Prest	Ma	Ak	FK	Li	Ku	Finanz	Strateg	Sozial	Stakehol	Summe	GKomm	G	GErh	GMax	SpPers	SpUmw
Unilever									1	1	6	0	1	8	1				1	1
Shell		1	1							0	0	2	0	2	1					
BP	1	1	1	1	1	1		1	1	2	5	4	4	15					1	1
BAT			1			1			1	4	5	1	2	12			1			
British Telecom			1			1			1	2	7	1	2	12	1	1	1		1	
ICI	1	1	1		1	1			1	3	6	3	3	15	1	1			1	1
Brit. Aerospace						1				3	4	0	1	8	1		1		1	
British Gas	1		1							1	4	2	0	7		1			1	
Grand Met		1	1		1					2	7	2	1	12	1					
Sainsbury		1	1		1	1			1	3	2	2	3	10		1			1	1
Hanson		1	1		1	1			1	5	2	2	3	12	1	1	1			
BTR					1	1			1	2	4	0	3	9	1	1				1
Tesco		1	[1]	1	1	1		1	1	4	4	3	4	15	1		1			
GE		1	1		1	1			1	3	6	2	3	14		1	1			1
M & S		1	1		1	1		1	1	1	5	2	4	12	1				1	1
Rothmans										0	5	0	0	5	1					
Allied Lyons		1	1		1	1			1	5	5	2	3	15			1			1
British Steel	1	1			1				1	2	5	2	2	11						
P & O										1	0	0	0	1						
British Airways		1	1		1				1	2	5	2	2	11	1	1				
Smithkline Beecham			1		1	1			1	6	7	1	3	17		1	[1]			
Dalgety		1	1		1	1				3	4	2	2	11		1	1			
Argyll		1	[1]	1					1	1	5	3	1	10	1					1
Bass		1	1		1	1			1	3	2	2	3	10	1	1				1
Saatchi & Saatchi									1	3	2	0	1	6	1	1				
Hillsdown Hold.									1	2	8	0	1	11		1				
BICC		1							1	2	5	1	1	9	1		1			
RTZ		1	1		1	1				5	9	2	2	18		1			1	1
Ladbroke			[1]	1	1					3	5	2	1	11				1		
Rolls-Royce		1								1	3	1	0	5	1					
Summe	4	18	20	4	17	16	0	3	20	75	137	46	56	314	17	14	10	1	9	11

Anzahl operational formulierter Zielkategorien:

[13]

Geschäftsberichte Deutschland 1995, Codierungen

Finanzielle Ziele / Strategische Ziele:

	Liqui	CF	ShVal	RentEK	RentGe	Gewinn	Effi	GVerw	Kap	Wachs	MPos	Intern	Konsol	KoFü	Qual	Syn	Sach	Inno	Modern	Schnell	Flex	Unabh	Wettb	Sich	Überl
Daimler-Benz			1		1	1	1		1	1	1	1	1										1	1	1
Volkswagen			1			1	1			1	1		1		1		1	1		1	1		1	1	
Siemens	1			[1]		[1]	1			[1]		[1]					1	1		1			1	1	1
Veba		1	1	[1]	1	1	1	1		1	1	1	1		1			1		1	1		1	1	
BASF				1	[1]		1			1		1					1						1		
Hoechst			1	[1]	1	1	1			1	1	1	1			1		1		1			1	1	
RWE			1		1	1	1		1	1	1	1			1				1		1		1		
Bayer		1	1		1	[1]	[1]	1	1	[1]	1	1	1	1			1	1	1				1		
Thyssen							1			1	1	1			1	1		1	1				1		
BMW			1			1	1			1		1						1					1	1	1
Mannesmann			1		1	1	1			1															
Ford-Werke							1			1	1	1			1			1					1		
Metallgesellschaft		1	1		1	1	1		1	1	1	1	1		1		1	1						1	
Viag			1		1	1	1	1	[1]	1	1	1	1			1	1		1	1				1	1
Preussag		1				1	1			1	1	1	1		1		1	1	1					1	
MAN						1	1	1	1	1	1	1						1	1		1		1	1	1
Stinnes						1	1			1		1											1		
Karstadt							1								1		1				1				
Lufthansa						1	1			1	1	1							1				1	1	
Degussa				[1]		1	1			1			1							1					
Bertelsmann					[1]		1	[1]	[1]	1		1					1	1		1			1		1
AEG					1	1	1		1	1	1	1	1											1	
Kaufhof																1								1	
Hoesch	x	x	x	x	x	x	x	x	x	x	x	x	x	x	x	x	x	x	x	x	x	x	x	x	x
RWE-DEA							1			1	1	1			1	1				1					
Audi										1		1			1			1	1		1				1
Henkel							1			1			1			1		1		1			1		
Asko							1			1															
Feldmühle	x	x	x	x	x	x	x	x	x	x	x	x	x	x	x	x	x	x	x	x	x	x	x	x	x
Continental					1		1	1	1	1	1	1			1	1		1		1				1	1
Summe	1	4	10	5	12	17	26	6	9	26	16	21	11	1	11	7	9	15	8	10	6	0	16	14	8

Soziale Ziele / Stakeholder-Ziele / Summen-Variablen / Sonstige Kategorien:

	Gesök	Umw	Gesaök	Prest	Mak	Ak	FK	Li	Ku	Finanz	Strateg	Sozial	Stakehol	Summe	Gkomm	G	GErh	GMax	SpPers	SpUmw
Daimler-Benz	1		1		1	1			1	5	7	2	3	17	1	1	1		1	1
Volkswagen		1			1	1			1	3	10	1	3	17	1	1			1	
Siemens		1				1			1	4	8	1	2	15	1		[1]		1	
Veba	1		1		1	1			1	7	10	2	3	22	1	1	1		1	1
BASF		1	1			1			1	3	4	2	2	11	1					
Hoechst	1		1							5	9	2	0	16	1	1	1		1	1
RWE	1	1				1				5	7	2	1	15	1	1	1		1	
Bayer	1	1	1		1	1			1	7	9	3	3	22	1	1	[1]		1	1
Thyssen		1							1	1	8	1	1	11	1				1	1
BMW					1	1				3	6	0	2	11	1	1	1		1	
Mannesmann		1				1				4	1	1	1	7	1	1	1		1	1
Ford-Werke		1							1	1	6	1	1	9	1				1	1
Metallgesellschaft		1	1			1			1	6	8	2	2	18		1	1		1	
Viag		1				1				6	10	1	1	18	1	1	1		1	
Preussag									1	3	9	0	1	13	1	1	1		1	1
MAN					1	1				4	9	0	2	15	1		1		1	
Stinnes			1		1				1	2	3	1	2	8			1			
Karstadt									1	1	3	0	1	5					1	
Lufthansa									1	2	6	0	1	9		1			1	1
Degussa		1	1							3	3	2	0	8	1	1			1	
Bertelsmann	1		1		1				1	4	7	2	2	15	1					
AEG		1			1	1				4	5	1	2	12		1			1	1
Kaufhof		1								0	2	1	0	3					1	
Hoesch	x	x	x	x	x	x	x	x	x	x	x	x	x	x	x	x	x	x	x	x
RWE-DEA		1							1	1	6	1	1	9	1				1	1
Audi		1							1	0	7	1	1	9					1	1
Henkel		1	1		1				1	1	6	2	2	11	1				1	
Asko										1	1	0	0	2						
Feldmühle	x	x	x	x	x	x	x	x	x	x	x	x	x	x	x	x	x	x	x	x
Continental		1			1	1				4	9	1	2	16	1	1	1		1	
Summe	6	17	10	0	11	14	0	0	17	90	179	33	42	344	20	15	14	0	24	12

Anzahl operational formulierter Zielkategorien:
[15]

x = Geschäftsberichte für 1995 nicht verfügbar

Peter Lang · Europäischer Verlag der Wissenschaften

Hanno Merkt

Beiträge zur Börsen- und Unternehmensgeschichte

Frankfurt/M., Berlin, Bern, Bruxelles, New York, Oxford, Wien, 2001. 382 S.
ISBN 3-631-37284-1 · br. DM 98.–/ € 50.10*

Börsengeschichte und Unternehmensgeschichte sind nicht allein Teilgebiete der allgemeinen Wirtschaftsgeschichte. Auch für die Rechtswissenschaft – und hier natürlich insbesondere für das Wirtschaftsrecht – sind sie von nicht zu unterschätzender Bedeutung, namentlich etwa im Rahmen der rechtspolitischen Diskussion um die Reform des Rechts oder für Fragen der Gesetzesauslegung. Die hier versammelten, mehrheitlich bereits in juristischen Fachpublikationen veröffentlichten Beiträge stammen aus der Feder eines Juristen und sollen auf diesem Wege einer breiteren, auch wirtschaftshistorisch interessierten Leserschaft zugänglich gemacht werden. Die Beiträge spiegeln das Verständnis eines Juristen für die historischen Entwicklungen und Zusammenhänge in den behandelten Bereichen wider. Dabei sind Darstellung und Akzentsetzung von dem Bestreben geleitet, die Entstehung des heutigen Rechts und der heutigen Institutionen für ein Publikum ohne vertiefte Kenntnis der Wirtschaftsgeschichte zu erklären und nachvollziehbar zu machen.

Aus dem Inhalt: Die Geschichte der Unternehmenspublizität in Deutschland, Europa und den USA · Die Geschichte des deutschen Börsenrechts von den Anfängen bis zum zweiten Finanzmarktförderungsgesetz von 1994 · Die Geschichte des US-amerikanischen Gesellschaftsrechts · Die Geschichte der Namensaktie

FSC
www.fsc.org
MIX
Papier | Fördert gute Waldnutzung
FSC® C083411

Kolibri 360 GmbH
Ferdinand-Jühlke-Straße 7
99095 Erfurt, Deutschland
produktsicherheit@kolibri360.de

Druck:
CPI Druckdienstleistungen GmbH
im Auftrag der
Kolibri 360 GmbH
Ferdinand-Jühlke-Str. 7
99095 Erfurt